Chruschtschow erinnert sich

Chruschtschow erinnert sich

Herausgegeben von Strobe Talbott
Eingeleitet und kommentiert von Edward Crankshaw

Büchergilde

Der deutschen Ausgabe liegt die von Strobe Talbott aus dem Russischen übersetzte und 1970 im Verlag Little, Brown and Company (Inc.), Boston, erschienene amerikanische Buchausgabe zugrunde
Ins Deutsche übertragen von
Margaret Carroux, Hubert Deymann, Richard K. Flesch, Ulla Hengst, Eduard Linpinsel, Maja Reithmeier, Friedrich Rethmeyer

Reinhold Neumann-Hoditz bearbeitete und ergänzte die Kommentare, die Fußnoten und den Anhang für die deutsche Ausgabe; er besorgte auch die Schlußredaktion der Übersetzung

Erklärung des amerikanischen Verlages

Dieses Buch verdankt sein Entstehen verschiedenen Quellen, Zeiten und Umständen. Der Verlag zweifelt nicht im geringsten daran, daß es sich hier um authentische Aufzeichnungen Nikita Chruschtschows handelt, und er hat alles darangesetzt, sich dessen zu vergewissern. Die Frage, ob der Autor beabsichtigte oder damit rechnete, daß seine Aufzeichnungen einmal veröffentlicht werden würden, sei es in seinem eigenen Land oder im Westen, läßt sich nicht schlüssig beantworten. Der Verlag übernimmt die volle Verantwortung für die Art und Weise, in der Chruschtschow hier zu Worte kommt. Er tut dies nicht zuletzt in der festen Überzeugung, daß sowohl die Echtheit wie auch die Bedeutung dieser Erinnerungen aus dem Buch selbst hervorgehen.

Mit freundlicher Genehmigung des Rowohlt Verlags, Reinbek bei Hamburg

Schutzumschlag Juergen Seuss, Frankfurt am Main
Gesamtherstellung Clausen & Bosse, Leck/Schleswig
Das Papier lieferte die Peter Temming AG, Glückstadt (Elbe)
Printed in Germany 1971
ISBN 3 7632 1544 1

Inhalt

Einführung von Edward Crankshaw

Als ich von der Existenz der Erinnerungen Nikita Chruschtschows erfuhr, war mein erster Gedanke, daß sie sich als gefälscht erweisen würden. Es hat schon eine ganze Anzahl solcher Dokumente gegeben, die – aus politischen oder kommerziellen Gründen – tatsächlich im Westen fabriziert worden sind.

Ich brauchte dann jedoch nicht sehr weit zu lesen, um ziemlich sicher zu sein, daß dies keine Fälschung war; als ich die Lektüre beendet hatte, war ich davon überzeugt. Hier sprach ganz unverwechselbar Chruschtschow selber – eine Stimme, und zwar eine sehr lebendige Stimme, aus der Vergessenheit. Für jedermann, der ihn in seinen Glanzzeiten sprechen gehört oder seine Reden in Russisch gelesen hat, war ein Zweifel an der Authentizität der Diktion ausgeschlossen. Ich habe fast jedes Wort von Chruschtschow gelesen, das seit den späten zwanziger Jahren veröffentlicht worden ist. Bei einer Reihe von Gelegenheiten bin ich ihm persönlich begegnet, und ich habe ihn innerhalb und außerhalb der Sowjetunion vor der Öffentlichkeit und im kleinen Kreis sprechen hören. Fast fünfzehn Jahre lang – von seiner Rückberufung von Kiew nach Moskau durch Stalin im Winter 1949 bis zu seiner Entmachtung im Oktober 1964 – war ich ständig damit beschäftigt, seine Persönlichkeit zu studieren und zu versuchen, seinen Charakter und seine Motive zu durchleuchten. Und ich bin so sicher, wie man einer Sache sicher sein kann, die sich exakt-wissenschaftlicher Beweisbarkeit entzieht, daß der Mann, der aus diesen Seiten spricht, derselbe ist, den ich auf diese Weise kennengelernt habe – sowohl, was sein ganzes Auftreten in der Öffentlichkeit betrifft, als auch seine Rolle bei den weitgehend unbekannt gebliebenen Vorgängen (und unbekannt bleiben sie leider auch nach Lektüre der vorliegenden Erinnerungen) im Kampf um die Erringung und Erhaltung der Macht. Er ist jetzt alt geworden, müde, von Krankheit geschwächt; er ist nicht mehr so vital wie früher, und doch, irgendwie decouvriert er sich eben darum um so mehr.

Was vor uns liegt, ist eine außerordentliche, eine einzigartige Selbstdarstellung. In all ihrer Begrenztheit, trotz aller Ausflüchte, Verschleierungs- und Täuschungsmanöver und (teils beabsichtigten, teils einwandfrei auf altersbedingte Vergeßlichkeit zurückzuführenden) Auslassungen – dies ist das erste Dokument dieser Art, das wir von einem führenden sowjetischen Politiker der Stalin- und der Nach-Stalin-Ära besitzen. Es führt uns mitten in einen Bereich, der bisher geistiges Sperrgebiet gewesen ist. Das bei weitem Interessanteste und Wertvollste an diesem Bericht liegt für mich in der unbewußten Enthüllung der Grundhaltung des Autors: in Unterstellungen, Unkenntnis, verzerrten Ansichten, die er mehr oder weniger mit allen Sowjetführern geteilt haben muß, die unter Stalin zur Spitze aufrückten und von ihm bevorzugt wurden, weil sie absolute Skrupellosigkeit und fast absoluten Gehorsam auf makabre Weise in sich vereinigten.

Wie wurde dieses bemerkenswerte Dokument zusammengetragen, und warum? Um es vorweg zu sagen: Ich weiß es nicht. Mein persönlicher Befund bezüglich der Authentizität konnte sich nur auf den Aussagewert eines maschinegeschriebenen Manuskripts in russischer Sprache stützen – das war alles. Diese auf den ersten Blick außerordentlich unbefriedigende Situation erscheint mir zwar bizarr, aber im Grunde nicht so sonderbar, wie sie jemandem erscheinen muß, der in einer freien Gesellschaftsordnung lebt und arbeitet und keine Erfahrung mit den Behinderungen hat, mit dem geradezu verschwörerischen Getue, das in der Sowjetunion so ziemlich alle menschlichen Tätigkeiten – außer den elementarsten – umgibt. In der Vergangenheit habe ich mich oft genug nur auf meine Erfahrung und mein eigenes Urteilsvermögen stützen können, wenn es darum ging, bei einem in russischer Sprache abgefaßten Dokument über echt oder unecht zu entscheiden. Umgekehrt hat es auch Fälle gegeben, in denen ich Kenntnis von der Urheberschaft solcher Dokumente hatte, die durch meine Hände gingen und von mir veröffentlicht worden sind, wobei ich die Auflage hatte, keinem Menschen gegenüber etwas über ihre Herkunft verlauten zu lassen. So hatte es nichts Überraschendes oder Bestürzendes für mich, als mir klar wurde, daß es keine Antwort auf meine Fragen geben würde.

Und doch war da noch eine Frage, die ich mir selbst stellen mußte: Wollten diejenigen, die für die Übermittlung des Materials an den Westen verantwortlich waren, es als Waffe in der politischen Kriegführung benutzen? Insbesondere, arbeiteten sie auf den endgültigen Ruin des Autors hin? Mein erster Gedanke war wiederum, daß irgendeine Gruppe im Kreml oder im Umkreis des Kremls daran interessiert sein könnte, entweder Chruschtschow selbst zu kompromittieren, oder aber die Position einzelner Personen oder einer anderen Gruppe innerhalb der derzeitigen sowjetischen Führung zu unterminieren. Nach eingehender Lektüre des Ganzen war jedoch jeder dahingehende Gedanke auszuschließen. Chruschtschow schneidet in diesen Seiten nicht besonders gut ab; er schneidet aber auch wieder nicht allzu schlecht ab, gemessen an dem in der sowjetischen Führungsspitze üblichen. Da ist viel Selbstrechtfertigung; wirklich Belastendes wird nur unbewußt zugegeben; dazu kommen Auslassungen und Ausweichmanöver. Was noch bedeutsamer ist: keine der gegenwärtig aktiven oder im Amt befindlichen Persönlichkeiten wird direkt angegriffen. Die hauptsächliche Zielscheibe der Kritik ist Stalin selbst; es folgen Berija und, mit einigem Abstand, Kaganowitsch und Malenkow. Sie alle sind entweder tot oder nicht mehr im Amt. Wenn diese Erinnerungen nun also in den Westen gelangt sind, dürfen wir wohl davon ausgehen, daß dem (oder den) hierfür Verantwortlichen dabei ein Hauptanliegen vor Augen stand – und es erscheint gewiß, daß es ein Hauptanliegen Chruschtschows ist: den Bemühungen um eine Rehabilitierung Stalins entgegenzutreten, die gegenwärtig unternommen werden.

Was das Buch selbst anbetrifft, so haben wir hier die – höchst unvollständigen – Gedanken und Erinnerungen eines alten Mannes, der sich zu rechtfertigen versucht. Das vorliegende Material ergibt einen mit Wiederholungen durchsetzten, weitschweifigen, manchmal widersprüchlichen, manchmal ungenauen und zumeist tendenziösen Bericht, der in keiner Weise geordnet und voller Lücken ist. Strobe Talbott hat diese fragmentarischen Aufzeichnungen zu einem mehr oder weniger chronologisch geordneten und zusammenhängenden Text zusammengefaßt.

Nun eine Bemerkung zu dem, was in diesem Buch behandelt – und zu dem, was nicht behandelt wird. Es wird zwei Gruppen von Lesern geben: den Durchschnittsleser, der über das Rußland unter Stalin und Chruschtschow einiges gehört und nicht ganz so viel gelesen hat, ohne jedoch die Gelegenheit zu haben, tiefer in die Materie einzudringen, und den Fachmann, der mit der ganzen Geschichte vertraut ist und auf Bestätigung, Berichtigung und, vor allem, Erweiterung bereits vorhandener Kenntnisse hofft.

Für den Durchschnittsleser werden vermutlich viele Episoden, vielleicht überhaupt der ganze Ton dieses Berichts, eine unerwartete Entdeckung sein. Und für ihn – den Durchschnittsleser – habe ich eine kurze Einleitung zu jedem Kapitel und jedem Abschnitt geschrieben und Anmerkungen angefügt, die einzelne thematische Bereiche in einen weiteren Zusammenhang stellen, auf Tatbestände hinweisen, die ausgelassen oder unterdrückt worden sind, ferner nachweislich unrichtige Darstellungen und falsche Folgerungen etc. berichtigen und Angaben über Personen liefern, von denen die Rede ist. Kurz, ich habe mich bemüht, Klarheit zu schaffen.

Den Fachmann hingegen erwarten keine größeren Überraschungen. Er weiß Bescheid und braucht weder mich noch sonst jemanden, der ihn durch den Bericht führt und ihn Punkt für Punkt kommentiert. Aber er wird vieles bestätigt finden, was als Vermutung oder Schlußfolgerung bereits bekannt war, und überdies zahllose neue Details und – in einem übertragenen Sinne – Schnappschüsse, die sein bereits bestehendes Bild ergänzen und aufhellen. Vor allem aber werden Stimmung und Atmosphäre an Stalins Hof wieder lebendig. Das Bild, das hier von Stalin entworfen wird, bestätigt und erweitert jenes, das wir Milovan Djilas (‹*Gespräche mit Stalin*›) und später auch Swetlana Allilujewa (‹*20 Briefe an einen Freund*›) verdanken. Es ist so verschieden von den konventionellen Vorstellungen, die sich etwa dreißig Jahre lang gehalten haben – von Stalins Griff nach der Macht bis in die ersten Jahre nach seinem Tod –, daß wir es gar nicht aufmerksam genug betrachten können.

Chruschtschow trägt auch zur Aufhellung seiner eigenen Persönlichkeit bei. Er ermöglicht es uns, seine Entwicklung als Mensch und als Parteichef vom Beginn seiner Laufbahn bis zum Tode Stalins zu verfolgen. Von 1955 an, als er allmählich zu höchsten Machtstellungen aufrückte, bis zu seinem Sturz im Jahre 1964 gibt er uns tiefe Einblicke in sein Denken und Handeln als Staatsmann auf der weltpolitischen Bühne. Was er uns vorenthält, ist eine wie auch immer geartete Schilderung des Machtkampfes im Kreml, der zunächst mit seinem Sieg und dann in der Folgezeit mit seiner Niederlage endete. Zwar berichtet er Haarsträubendes über die Verhaftung Berijas, die drei Monate nach Stalins Tod erfolgte, aber im weiteren erfahren wir so gut wie nichts über die innenpolitische Szenerie während der Chruschtschow-Ära, wenn man von einer sehr persönlichen Version des XX. Parteitags und des Zustandekommens der Geheimrede absieht, in der Stalin Anfang 1956 gebrandmarkt wurde. Kein Wort von den großen Auseinandersetzungen über die offizielle Parteilinie in bezug auf Industrie, Landwirtschaft und Regierungsstruktur; kein Wort über das Spiel um die Macht, in das Chruschtschow so tief verstrickt war und in dem er soviel Geschick bewies. Dies muß von vornherein klargestellt werden. Für den Durchschnittsleser, der sich für die Manöver in den oberen Rängen der KPdSU nicht in allen Einzelheiten interessiert, bedeutet diese Lücke keinen großen Verlust. Der Fachmann kann nur mit mir hoffen, daß sie eines Tages wenigstens teilweise geschlossen wird.

Inzwischen müssen wir uns mit dem begnügen, was wir haben, und das ist eine ganze Menge. Der Bericht hat zwei Hauptthemen: zum einen die Selbstdarstellung eines höchst bemerkenswerten Mannes, der von bescheidensten bäuerlichen Ursprüngen zum Herrn über eine der beiden Großmächte der Welt aufstieg; zum anderen die Bloßstellung Stalins – mit dem Ziel, die Enthüllungen der berühmten Geheimrede (deren Text im Anhang wiedergegeben ist) zu vertiefen und auszubauen. Chruschtschow zeigt sich zutiefst beunruhigt über die Versuche der letzten Jahre, Stalin zu rehabilitieren, und er tut sein Bestes, um dies so weit wie möglich zu erschweren.

Soweit es sich um die konkreten Verbrechen Stalins handelt, hat Chruschtschow den Enthüllungen der Geheimrede wenig hinzuzufügen; tatsächlich ging diese Ansprache in einigen Punkten noch weiter ins Detail.

Man darf jedoch nicht vergessen, daß die Geheimrede innerhalb der Sowjetunion niemals publiziert worden ist; es wurden lediglich Kopien des Textes unter den Parteisekretären im ganzen Land in Umlauf gebracht und dann ganz oder teilweise vor den in Reih und Glied aufmarschierten Genossen verlesen. Die Anwesenden bekamen soviel davon mit, wie sie behalten konnten. Aber das sowjetische Volk als Ganzes war niemals in der Lage, diese Ansprache selbst zu lesen, und Chruschtschows Bericht über das, was ihn zu dieser Ansprache veranlaßte, stellt bei aller Fragwürdigkeit tatsächlich das erste öffentliche Eingeständnis seinerseits dar, daß eine solche Ansprache je gehalten wurde. Unter diesen Umständen ist es nur natürlich, daß in den vorliegenden Erinnerungen Tatsachen, die außerhalb Rußlands schon längst bekannt sind, so dargestellt werden mußten, als würden sie hier zum erstenmal veröffentlicht. Wie über manches andere ist der Westen auch über die Einzelheiten von Stalins Verbrechen besser informiert als die Russen selber. Das ist schon seit vielen Jahren so.

Der Hauptakzent wird hier jedoch weniger auf Stalins Verbrechen gelegt – obwohl einige von ihnen recht ausführlich behandelt werden – als auf seine allgemeine Haltung und sein Verhalten im privaten Bereich, auf seine Arbeitsweise und seine Beziehungen zu seinen unmittelbaren Untergebenen und deren Beziehungen zu ihm.

Hier gerät Chruschtschow nun in Schwierigkeiten: Wenn er Stalin verurteilt, verurteilt er sich selbst. In der Geheimrede war es ihm möglich, diese Klippe mehr oder weniger erfolgreich zu umschiffen, weil er nicht über seine eigene Lebensgeschichte zu referieren hatte; sein Thema hieß: die Übergriffe Stalins; und er prangerte sie in sorgfältiger Auswahl an. In dem vorliegenden persönlichen Bericht ist er jedoch gezwungen, sich über weite Strecken hin auf außerordentlich dünnem Eis zu bewegen. Und obwohl er seinen eigenen Anteil an den schrecklichen Geschehnissen jener Tage zu verschleiern oder zu vertuschen versteht – etwa die leidenschaftliche und lautstarke Unterstützung Stalins auf dem Höhepunkt der Säuberungsaktionen und der Hochverratsprozesse der Jahre 1936/1937 sowie auch die von ihm selbst durchgeführten Säuberungsaktionen des Jahres 1938 in der Ukraine –, so liegt in dem, was er hier noch sagt, ein völlig ausreichendes unmittelbares Eingeständnis, das ihn schwer belastet: das Eingeständnis langjähriger Komplizenschaft mit Stalin in dessen schlimmster Phase. Das ist ihm auch sichtlich klar, obgleich er sich sogar hier, wo er sich in mühsamer Gelassenheit der widerlichen Barbarei der Vergangenheit erinnert, des Ausmaßes der Korruption nicht im entferntesten bewußt zu sein scheint, in die er und alle seine Kollegen sich allein dadurch verstrickt hatten, daß sie unter Stalin in maßgeblichen Positionen überlebten.

Indem er in der Geheimrede Stalin – und damit implicite sich selbst – verurteilte, verurteilte Chruschtschow zugleich das gesamte Regierungssystem, das einen Stalin möglich gemacht hatte. Dies klang nun natürlich in der Geheimrede in keiner Weise an: Stalin war es, der seit der Mitte der dreißiger Jahre das System pervertiert hatte. Und wenn ein Kommunist im Ausland – vor allem der italienische Parteisekretär Togliatti – zu bedenken gab, jedes System bedürfe wohl einer Generalüberholung, das einem Stalin erlaube, sich solchermaßen zu benehmen, so wurde das einfach beiseite geschoben. Dies war verständlich. Chruschtschow hatte das System von Stalin geerbt und zu seinem eigenen gemacht. Er konnte sich kein anderes vorstellen. Aber jetzt, im hohen Alter, blitzt hier und da etwas auf, das darauf schließen läßt, daß er über eine Reihe von Dingen noch einmal nachgedacht hat. Am interessantesten ist in diesem Zusammenhang vielleicht der kurze Abschnitt über die Kollektivierung der Landwirtschaft, in dem er erstaunlicherweise, aber völlig zutreffend, feststellt, «die Kollektivierung Stalinscher Prägung hat uns nichts als Elend gebracht». Er spricht von der furchtbaren, von Menschenhand hervorgerufenen Katastrophe, die den Tod von Millionen zur Folge hatte, die landwirtschaftliche Produktion der Sowjetunion praktisch um fünfzig Prozent verringerte und mehr als jeder andere Einzelfaktor dazu beitrug, das sowjetische Volk in jenen Zustand der Sklaverei und der wirtschaftlichen Instabilität zurückzuwerfen, der bis zum heutigen Tag eine Bedrohung für die Führungsspitze darstellt. Wäre es Chruschtschow gegeben gewesen, sich zu diesem Eingeständnis durchzuringen, als er noch an der Macht war – weiß der Himmel, was dann alles hätte geschehen können. Andere Bemerkungen, die an kaum weniger Explosives rühren, finden sich über den ganzen Bericht verstreut.

An dieser Stelle möchte ich bemerken, daß ich es nicht für sinnvoll gehalten habe, allen Unterstellungen, Behauptungen und Argumenten zu widersprechen, denen ich nicht zustimme. Für meine Ansichten über Chruschtschow, über seine Erfolge und Mißerfolge, gibt es viele Belegstellen. Hier soll er für sich selbst sprechen. In meinen Kommentaren habe ich mich darauf beschränkt, auf Auslassungen in seinem Bericht hinzuweisen und aufzuzeigen, wo wesentliche Diskrepanzen zwischen seiner Darstellung der Fakten und der im Westen allgemein akzeptierten Version bestehen.

Auch ist dies nicht der Ort, Chruschtschows gesamten Werdegang zu rekapitulieren. Die wichtigsten Stationen, von denen er viele hier gar nicht berührt, sind im Anhang im einzelnen aufgezeichnet.

Aber bei alledem bleibt die Tatsache bestehen, daß sich Chruschtschow in seinem Bericht keine Gerechtigkeit widerfahren läßt. Gewiß, in einem Sinne tut er es: Er unterdrückt große Bereiche seiner eigenen Vergangenheit; er stellt seinen raschen Aufstieg unter Stalin in einem allzu rosigen Licht dar – so betrachtet, wird er sich mehr als gerecht. Aber er gibt uns nicht den Schlüssel, kann ihn uns vielleicht nicht geben, zu seiner erstaunlichen Wandlung von einem der zuverlässigsten Gefolgsleute Stalins zu einer Gestalt der Weltpolitik, zu dem Mann, der am Ende seiner Laufbahn ungeachtet seines Temperaments und seiner Vorurteile Anzeichen von wahrhaft überlegener Weisheit erkennen ließ.

Sicher, er blieb bis zum Schluß ein Gefangener seiner eigenen Vergangenheit. Zwar wuchs er in gewisser Weise über das System hinaus, das ihn hervorbrachte und bei dessen Errichtung er mithalf. Aber er konnte ihm niemals ganz entfliehen, und am Ende wurde er von ihm eingeholt und vernichtet. Er hatte nichtsdestoweniger außerordentliche Erfolge zu verzeichnen. Und die Eigenschaften, die am Ende seiner Laufbahn bei ihm zutage traten, waren ihm nicht plötzlich angeflogen; sie müssen die ganze Zeit über latent vorhanden gewesen sein, während er allem Anschein nach als dezidiert ehrgeiziger, professioneller Parteipolitiker nach oben buckelte und nach unten trat und mit großer Bauernschläue Rivalen ausmanövrierte – ein Schurke unter Schurken, der sich nach außen hin von den anderen nur durch eine gewisse Beweglichkeit der Vorstellungskraft unterschied, durch Gefühlswärme, ein stark ausgeprägtes Selbstvertrauen und gelegentlich auch durch die Unbekümmertheit des geborenen Spielers. Es mag paradox erscheinen bei einem Mann, der so unmittelbar in Stalins Kielwasser schwamm, aber er hatte sich – für meinen Begriff von Anfang an – eine gewisse Eigenständigkeit bewahrt. Er suchte – weit mehr als andere sowjetische Führer vor oder nach ihm – Kontakt mit Menschen aller Art. Im Gegensatz zu allen anderen mir bekannten Parteifunktionären (oder meinethalben auch sowjetischen Fabrikleitern oder Kolchosvorsitzenden) hatte er keine Angst davor, sich die Stiefel schmutzig zu machen. Schon zu Beginn seiner Laufbahn liebte er es, das große Wort zu führen und den Leuten auseinanderzusetzen, was sie zu tun hatten und wie, und was sie falsch machten. Noch auf der Höhe des Ruhms stellte er sich ohne weiteres mitten auf einen lehmigen Acker und erklärte einem Publikum von äußerst skeptischen Bauern, wie man am besten Kartoffeln setzt. Aber er war auch ein guter Zuhörer, und bis zum Schluß faßte er rasch und bereitwillig alles auf. Ich habe gesehen, wie er so stumm und reglos einer Gruppe von Fabrikmanagern zuhörte, daß es aussah, als wolle er das Wissen aus den anderen heraus- und in sich hineinpumpen, es dort speichern und in Eigenenergie umsetzen. Ich habe gesehen, wie er, insbesondere bei seinen ersten Auslandsreisen, in rascher Abfolge einen Fehler nach dem anderen beging – aber er machte nie den gleichen Fehler zum zweitenmal. Und wenn er nicht gerade eine Rede hielt – manchmal in schroffen Tönen, manchmal mit onkelhaftem Wohlwollen, seine Ausführungen mit Bibelzitaten unterstreichend, die sich ihm in seiner Kindheit tief eingeprägt haben müssen –, dann blickten seine kleinen zornigen Augen abwesend; es war der Blick eines Mannes, der Visionen hat. Und Visionen hat er wohl in gewisser Weise tatsächlich gehabt.

Einer der bestürzendsten Aspekte dieses Berichts – des Berichts eines Mannes, der der Macht nachjagte, weil sie unwiderstehlich war, der aber auch von einer besseren Welt für das sowjetische Volk träumte – ist die offensichtliche Bedingungslosigkeit, mit der er sich mit einigen der übelsten Halunken zusammentat. Ihre Namen tauchen in diesen Seiten immer wieder auf. Es sieht so aus, als habe er den Polizeichef Jagoda und den noch abstoßenderen Jeschow gemocht: Sie waren «ehrliche Burschen», bevor sie vom rechten Weg abkamen. Und das gleiche galt seiner Ansicht nach für seinen eigenen obersten Polizisten Iwan Serow, der nett zu Kindern war und seinen Freunden gegenüber ganz reizend sein konnte, wenn er nicht gerade ganze Völkerschaften zusammentrieb, um sie nach Sibirien zu schicken oder auszurotten. Die Erklärung liegt wohl in der Tatsache, daß Chruschtschow selbst von Natur aus gewalttätig und leidenschaftlich war – Eigenschaften, die noch zum Durchbruch kamen, als er schon eine Figur der Weltpolitik war – und daß Gewalttätigkeit zur Grundstimmung der Epoche gehörte. Er und seine Kollegen kämpften verzweifelt mit der Aufgabe, das sowjetische Volk dazu zu zwingen, ein neues Rußland aufzubauen, und das konnte nicht ohne Tränen abgehen. Wer sich diesem Umwandlungsprozeß entgegenstellte – und das war tatsächlich die große Masse des Volkes –, mußte unter Druck gesetzt werden; die Druckmittel waren brutal, und es wurde nicht viel Federlesens gemacht. Eine Maßnahme, der er sich späterhin widersetzte, war die Inhaftierung von Leuten ohne einen ihm einleuchtenden Grund. Insbesondere wandte er sich gegen die Liquidation von «aufrichtigen Kommunisten» unter Stalin. Der Nachdruck, den er in diesem Punkt, wie auch schon in der Geheimrede von 1956, auf Stalins Verbrechen gegen die Partei legt, während er sich zugleich über dessen Verbrechen gegen die einfachen Leute ausschweigt, erscheint somit durchaus logisch. Er glaubte wirklich daran, daß die Partei eine höhere Lebensform darstellte.

Hier ist noch eine andere Überlegung anzustellen. Chruschtschow war offensichtlich so von dem Bewußtsein seiner eigenen Fähigkeiten durchdrungen, daß andere für ihn gar nicht zählten; sie waren bestenfalls brauchbare Kollegen und Untergebene, die an der großen Aufgabe mitwirkten. Die anderen waren Kinder, die man einschüchtern und überreden, denen man schmeicheln mußte, die man belächelte oder bestrafte. Damit soll nicht angedeutet werden, daß Chruschtschow zu Beginn seiner Laufbahn den Gipfel der Macht anvisiert hätte. Offensichtlich war er ehrgeizig, aber er hatte einen untrüglichen Sinn für die eigenen Grenzen: seiner mangelhaften Schulbildung etwa war er sich schmerzlich bewußt, und wahrscheinlich ist es ihm, als er in den frühen dreißiger Jahren die Peripherie des Kreises um Stalin erreichte, nicht in den Sinn gekommen, daß er bald zu diesem Kreis gehören würde. Er war ein Mann von dem Typ, der in einer großen Organisation allmählich aufsteigt und immer weitersteigt, weil ihn etwas treibt, seine Umgebung zu überflügeln und dann zur obersten Spitze zu streben. Auf jeder Stufe seines Aufstiegs wird er – vielleicht zu seiner eigenen Überraschung – gewahr, daß er erheblich besser ist als diejenigen, die eben noch über ihm standen. Auf diese Weise verlief innerhalb von genau zehn Jahren der Aufstieg Chruschtschows von seinem ersten unbedeutenden Parteiposten in Jusowka zum Moskauer Spitzenfunktionär des Jahres 1935. Zu diesem Zeitpunkt dürfte das Gefühl, daß er alles besser konnte als die anderen, die auszumanövrieren er obendrein in der Lage war, zur Gewißheit geworden sein. Und es dürfte ihm schwergefallen sein, sich das nicht anmerken zu lassen.

Dessenungeachtet stand weiteren Beförderungen eine ganze Schar von Ranghöheren erheblich im Wege. Es waren nicht die Männer der ersten Stunde der Revolution – die waren praktisch bereits erledigt, wenn auch noch nicht erschossen; es waren Stalins eigene Leute: die Männer, die ihn gegen Trotzki unterstützt hatten, gegen Sinowjew und Kamenjew, gegen Rykow und Bucharin. Sie hatten nun in Moskau und in der ganzen Sowjetunion die höchsten Parteiämter inne, und Stalin, der ihnen soviel verdankte, hatte die meisten von ihnen schon seit einiger Zeit argwöhnisch beobachtet. Im Jahre 1935 muß Chruschtschow den Eindruck gehabt haben, daß seinem weiteren Aufstieg auf unbestimmte Zeit ein Riegel vorgeschoben war. Aber dann wurde während der nächsten drei Jahre der Weg ganz plötzlich frei durch die Massenvernichtung, der eben jene Männer (zusammen mit mindestens sieben Millionen anderen) zum Opfer fielen, die zwischen ihm und dem inneren Kreis der Macht gestanden hatten. 1938 wurde er Kandidat, ein Jahr später Mitglied des Politbüros.

Das Politbüro (1952 in Parteipräsidium umbenannt) präsentierte sich der Außenwelt als ein allmächtiges Gremium, in dem sturmerprobte Männer saßen, die heil aus den Säuberungsaktionen hervorgegangen waren und nun nach langen Beratungen politische Grundsatzentscheidungen von großer Tragweite trafen. Aber es ist schon seit geraumer Zeit bekannt – hauptsächlich durch die Erinnerungen von Milovan Djilas und Swetlana Allilujewa –, daß diese Vorstellung falsch ist. Stalin ganz allein traf die Entscheidungen, und seine Gefolgsleute durften sie dann ausführen. Obgleich das Bild, das Chruschtschow von Stalin zeichnet, treffender ausgefallen wäre, besäße sein Urheber in höherem Maße die Fähigkeit, die Geistes- und Nervenstärke zu erfassen, die es diesem finsteren Mann ermöglichten, sich zunächst in eine Position zu manövrieren, in der sein Wort Gesetz war, dann einem Churchill erfolgreich die Stirn zu bieten, einen Roosevelt an der Nase herumzuführen und zu guter Letzt die beiden (von denen schließlich keiner befürchten mußte, ins Gefängnis geworfen und erschossen zu werden) gegeneinander auszuspielen – dieses haarsträubende Bild von Stalins Regierungsstil während seiner letzten Jahre ist augenscheinlich wahrheitsgetreu, soweit es erkennbar wird; und eine ganze Menge wird erkennbar. Es gab keine offiziellen Sitzungen. Es konnte immer noch geschehen, daß Stalin die Fähigkeit zu enormem Scharfblick und kühler Überlegung an den Tag legte, wie zum Beispiel bei der für ihn charakteristischen Entscheidung, keine russischen Truppen nach Nordkorea zu entsenden. Aber zumeist regierte er sein riesiges Reich sozusagen aus dem Handgelenk: halbe Nächte lang blieb er auf, sah sich irgendeinen idiotischen Film an, trank, hatte Angst, allein zu sein, und machte doch den Männern, die ihm Gesellschaft leisten mußten, das Leben zur Hölle, indem er mit seinem unverkennbaren georgischen Akzent ganz beiläufig Anweisungen und Drohungen (aber alle seine Anweisungen waren Drohungen) hervorstieß, an eine Schar von Speichelleckern gerichtet, die durch Alkohol und Mangel an Schlaf nicht erfreulicher wurden. Auf ein Wort von ihm waren sie bereit, zu verschwinden und die jeweils erforderliche Maschinerie in Gang zu setzen – ob es nun darum ging, einen einzelnen zu verhaften, von dem keiner von ihnen je gehört hatte, ein ganzes Volk (die kaukasischen Tschetschenen zum Beispiel oder die Krim-Tataren) zusammenzutreiben und zu deportieren, einen ihrer engsten Kollegen zu erschießen, die Geschichte der KPdSU völlig umzuschreiben oder ein neues Landwirtschaftssystem einzuführen, das dann in einem Gebiet von der Größe Westeuropas Mißernten garantierte.

Chruschtschows Beförderung zu Stalins Statthalter in der Ukraine im Jahr 1938 war seine Rettung. Zwölf Jahre lang war er fern von Moskau, fern von dem täglichen Taktieren im Kampf um die Positionen, von den Intrigen, den Schmeicheleien und Verleumdungen, die sich in Stalins engerer Umgebung abspielten und die selbst fähigen Männern wie Malenkow auf die Nerven gingen. Drei Jahre vor dem Krieg, und nach 1944 noch einmal fünf Jahre lang, war er Herr über vierzig Millionen Seelen – Kleinrussen, die zäher sind, praktischer denken und härter arbeiten als die sie beherrschenden großrussischen Moskowiter, und die in einem Grenzgebiet leben, das damals zugleich Kornkammer und wichtigstes Industriegebiet der Sowjetunion war. Hier war Chruschtschow sein eigener Herr, soweit dies unter Stalin überhaupt denkbar war, und hatte die Möglichkeit, Begabungen und menschliche Qualitäten zu entfalten, die anderenfalls hoffnungslos korrumpiert worden wären. Anfänglich regierte er mit der sturen Arroganz eines Kolonialgouverneurs der übelsten Sorte. Dann kam der Krieg. In Uniform einigen der fähigsten Generale als politischer Berater zugeteilt, hatte er zum erstenmal Einblick in eine Welt, die mit der Enge der Kremlmauern wenig gemein hatte. Auf einmal fand er sich an der Seite der Soldaten und im Bund mit ihnen gegen seine Spießgesellen in der Partei. Er bekam auch aus erster Hand den bitteren Haß zu spüren, den der kleine Mann in der Ukraine zu Beginn des Krieges gegen das Regime an den

Tag legte – das Regime, dem er, Chruschtschow, selbst angehörte. Dann aber erlebte er, auch aus erster Hand, die furchtbaren Leiden, die die Bevölkerung zu erdulden hatte; er sah, wie die Stimmung trotz dieser Leiden umschlug: Die Ukrainer hatten die Deutschen zunächst als Befreier betrachtet; jetzt bekämpften sie sie bis aufs Messer und erhoben Stalin, der ihres Vertrauens unwürdig war, zum Halbgott. Abgesehen von A. A. Kusnezow, der im belagerten Leningrad ausharrte und bald danach auf Befehl Stalins erschossen wurde, gab es keinen anderen Spitzenfunktionär, der so nahe und unmittelbar mit den Realitäten des Lebens im Sowjetrußland Stalins in Berührung kam. Das muß ihn wohl gewandelt haben. Ich glaube auch, daß das Selbstvertrauen, das er sich als Herr über die Ukraine erwarb, und die zähe Schläue, mit der er es verstand, sich Stalin vom Leibe zu halten, ihm sehr zustatten kamen, als er gegen Ende 1949 nach Moskau zurückberufen wurde und nach Stalins Tod im Jahre 1953 seine Chance gekommen sah, zur Spitze aufzusteigen.

Zuerst verhielt er sich sehr vorsichtig. Eine Zeitlang spielte er die Farce von der kollektiven Führung mit, nachdem er sich mit den anderen Erben der Macht in einem Komplott zur Ermordung Berijas vereinigt hatte. (Sein Bericht von der Verhaftung Berijas – wenn auch nicht von den Vorgängen, die dazu führten – wird wahrscheinlich die endgültige Darstellung bleiben.) Aber die ganze Zeit über arbeitete er am Sturz Malenkows, seines mächtigsten und fähigsten Rivalen, der seine Macht nicht auf den reaktionären Parteiapparat zu stützen versuchte, sondern auf die neue Generation von Manager-Technokraten. Chruschtschow schaute erst ruhig zu, wie Malenkow alle möglichen Pläne entwickelte, die auf innenpolitische Reformen und internationale Zusammenarbeit abzielten. Dann schlug er zu; im Namen Lenins rief er die reaktionären Kräfte auf den Plan und stürzte den Rivalen – nur, um die Reform- und Koexistenzvorschläge, ohne mit der Wimper zu zukken, als seine eigenen zu übernehmen. So wandte er im Kampf um die Macht, die es ihm dann ermöglichen sollte, mit dem Stalinismus zu brechen, eben jene Methoden an, die er bei Stalin gelernt hatte.

Das war großartig inszeniert und gipfelte im XX. Parteitag und der Entstalinisierung im Jahre 1956. Und obwohl für Chruschtschow alles auf des Messers Schneide stand, als die Entstalinisierung geradewegs zu den Aufständen in Polen und Ungarn und zu einer Demoralisierung des sowjetischen Volkes führte, von der es sich noch heute nicht ganz erholt hat – er schaffte es. Er überlebte. Er weigerte sich, dem Mehrheitsbeschluß des Parteipräsidiums Folge zu leisten, der seinen Rücktritt forderte, und verlangte – in Übereinstimmung mit den Parteistatuten, die seit Jahren unbeachtet geblieben waren –, vom Plenum des Zentralkomitees angehört zu werden. Dann holte er seine Anhänger im Zentralkomitee mittels einer von Marschall Schukow organisierten, sensationellen Luftbrückenaktion aus der ganzen Sowjetunion nach Moskau zusammen, trug seine Sache vor, ließ abstimmen und erhielt die Mehrheit. Malenkow, Molotow, Kaganowitsch und andere wurden ihrer Ämter enthoben und im Büßerhemd in entlegene Provinzen geschickt. Aber sie wurden nicht ins Gefängnis geworfen und nicht erschossen.

Chruschtschow war jetzt, im Jahre 1957 und mit dreiundsechzig Jahren, auf dem besten Wege, ein Staatsmann zu werden. Doch zugleich war er noch immer eine sehr zwiespältige Persönlichkeit. Er konnte sich großen Träumen hingeben, er konnte aufrichtig nach Frieden für die Welt und Wohlstand für die Sowjetunion als Teil einer friedlichen Welt trachten; wenn ihm aber etwas in die Quere kam, so konnte er in bestürzender Weise wieder auf Gewalttätigkeit und Schikanen verfallen. Er erkannte die Notwendigkeit einer dauerhaften Entspannung zwischen der Sowjetunion und den USA, wenn auch nur, um die atomare Massenvernichtung zu vermeiden; aber er hielt es immer noch für vernünftig, auf den Zusammenbruch der kapitalistischen Welt hinzuwirken – und gleichzeitig von ihr neutrales Verhalten gegenüber der Sowjetmacht zu erwarten. So wie er seiner stalinistischen Vergangenheit nie zu entfliehen vermochte, gelang es ihm auch nicht, die Grenzen der beklemmenden Halbwahrheiten seiner Kindergarten-Version vom Wesen des Marxismus zu sprengen. Und seine wachsende Macht und Erkenntnis der Welt gaben nicht nur seinem ehrlich suchenden Geist Spielraum, sie begünstigten nicht nur tiefe Einsicht in die wirklichen Verhältnisse, deren er sich hin und wieder fähig zeigte, sondern leider auch seine Ungeduld jeder Beschränkung gegenüber und seine größenwahnsinnige Vorliebe für pauschale und schlecht vorbereitete Pläne, die darauf abzielten, überall da zu reformieren, wo für ein krankes Regime Symptomatisches zutage trat. In all diesen Bereichen unterschied sich Chruschtschow vielleicht gar nicht so sehr von vielen westlichen Politikern, die es auf unserer Seite ähnlich treiben – ausgenommen den Hang zu gewalttätigem und ungesetzlichem Vorgehen, der zu seinem Wesen gehörte. Das heißt nun allerdings eine ganze Menge ausnehmen. Das Traurige war, daß er zugleich auch so viele Eigenschaften besaß, die den großen Staatsmann ausmachen – und das Erstaunliche andererseits, daß diese Eigenschaften im Klima des nachstalinistischen Rußland überhaupt zutage treten konnten.

Obgleich er wenig über seine Innenpolitik, seinen Kampf um die Vorherrschaft und seinen Sturz zu sagen weiß, vermittelt doch der letzte Abschnitt des Buches bedeutsame Einblicke in die Ansichten des reifen Chruschtschow, in seine Geisteshaltung ganz allgemein. Er behandelt – manchmal ziemlich oberflächlich, manchmal in fesselnder Detailschilderung – Chruschtschows Kontakte mit der Welt außerhalb der Sowjetunion. Wir erkennen darin den andauernden und ungelösten Konflikt zwischen in über vierzig Jahren geprägten Gewohnheiten des Denkens und Handelns und den Lehren, die aus einer neuen Erkenntnis der Realitäten gezogen wurden. Die Widersprüche sind in der Tat so tief, daß man nicht mehr von einer zwiespältigen Persönlichkeit sprechen kann: Chruschtschows Persönlichkeit war zersplittert. Nirgendwo, so scheint es mir, treten diese Widersprüche deutlicher zutage als in dem in schrillen Chauvinismus abgleitenden Kapitel über die Streitigkeiten mit China und jenem über Nasser und Ägypten, in dem die ganze Wärme von Chruschtschows Sympathie aufstrahlt – und zugleich auch wieder seinem scharfen Blick für persönliche und nationale Vorteile im Wege steht.

Was dieses Dokument in seiner Gesamtheit betrifft, so muß der Leser selbst entscheiden, wo Selbstbetrug umschlägt in absichtliche Verfälschung. Beides ist reichlich vertreten. Die Frage wiegt am schwersten in den Kapiteln, die sich mit der gewaltsamen Eingliederung Ostpolens und der baltischen Staaten in die Sowjetunion befassen. Bis zu welchem Grad war sich Chruschtschow darüber im klaren, was er tat, als er es zuließ, daß unter seiner Herrschaft praktisch die gesamte mittelständische Einwohnerschaft des heute West-Ukraine genannten Gebiets verhaftet, eingekerkert oder nach Sibirien deportiert wurde? In welchem Maße glaubte er in seiner Unkenntnis des Lebens außerhalb der Sowjetunion wirklich, damit der Arbeiterklasse einer fremden Gesellschaft unermeßliche Wohltaten zu erweisen? Die Tatsache, daß er dieses Verbrechen einmal als Akt der Befreiung und gleich darauf als Angliederung oder Annexion bezeichnet, macht die Entscheidung nicht leichter. In jüngeren Jahren wiederum hat er – mit Millionen anderen – offensichtlich ehrlich geglaubt, daß, wer sich um Stalin scharte, an der großartigen, wennschon harten und schmerzlichen Umwandlung des alten Rußland in eine Gesellschaft mitarbeite, wie sie gerechter und unparteiischer auf Erden noch nicht bestanden hatte. Gewiß, bald richtete sich sein Interesse darauf, die Macht um ihrer selbst willen zu erringen und festzuhalten. Aber wieviel blieb von dem alten Traum übrig, und in welchem Maße beeinflußte er Chruschtschows Vorstellungen von dem sowjetischen Sendungsauftrag – zunächst in Osteuropa und dann draußen in der Welt? Auf diese Fragen gibt es natürlich keine eindeutige Antwort. Und doch sind es entscheidende Fragen. Wenn man sie überdenkt, sollte man auch nicht außer acht lassen, wie unauslöschlich unsere eigenen Ansichten von Selbstbetrug, Voreingenommenheit und Unwissenheit gefärbt sein mögen. Wenn Chruschtschow auch immer wieder mit dem Säbel rasselte, mit Drohungen und Täuschungsmanövern operierte und seinen Machtapparat zur Schau stellte – er hat doch mit den stalinistischen Denkschablonen gebrochen und der westlichen Welt einen Schimmer der Hoffnung gegeben: ein gewisses Maß an Koexistenz, vollständiger, als er es zu seiner Zeit zu konzipieren vermochte, könnte eines Tages verwirklicht werden. Und das ist eine seiner größten Leistungen.

Vorbemerkung des Herausgebers

Ich habe hier den Versuch unternommen, Nikita Chruschtschows Erinnerungen zu einem zusammenhängenden, wenngleich zwanglosen Bericht zusammenzustellen. Das originale Material befand sich, als es in meine Hände gelangte, in einem ungeordneten Zustand. Bei meinen Bemühungen, ein lesbares Buch daraus zu machen, mußte ich, was die Gliederung des Materials angeht, hin und wieder frei verfahren. Ich habe zugleich alle Sorgfalt darauf verwandt, Chruschtschow getreu wiederzugeben. Das gilt auch dort, wo einzelne Stücke zu Kapiteln zusammengefaßt wurden. Von einer gelegentlichen Verdeutlichung oder einem improvisierten Überleitungssatz abgesehen, hat Chruschtschow jedes Wort in diesem Buch gesagt. Es war mein Bestreben, nicht nur Wortlaut und Sinn dessen, was er sagt, zu erhalten, sondern auch – über die Sprachbarrieren hinweg – eine Vorstellung davon zu vermitteln, wie er es sagt.

Chruschtschows Darstellung ist gekennzeichnet durch einen seltsamen und oft beabsichtigten Wechsel zwischen vorsichtiger Andeutung und kühner Enthüllung, eindeutiger Indiskretion und geschickter Ausflucht, urwüchsigen Vulgarismen und gestelzten Euphemismen. Zuweilen redet er wie der typische Politiker im Ruhestand und erzählt jedem, der ihm zuhört, lange Geschichten über die Höhepunkte seiner Karriere; im nächsten Augenblick tönt er wie ein hartgesottener Propagandaredner, der das Parteiprogramm abspult; dann wieder wie ein großsprecherischer Bauernbursche, der mit Genuß und viel Übertreibung eine Wirtshausschlägerei beschreibt. Und oft klingt es so, als äußere sich hier einer der scharfsichtigsten und intimsten Kenner der Zeitgeschichte. Die Sprache des originalen Materials ist reich an jenen spaßigen umgangssprachlichen Ausdrücken, jenen Lieblingsredensarten und marxistischen Floskeln, theatralischen Ausbrüchen und merkwürdigen archaisch-biblischen Wendungen, die charakteristisch waren für Chruschtschows eigentümlichen Redestil während seiner Jahre im Amt.

Wir haben es hier mit den Erinnerungen eines alten Mannes zu tun, der auf vieles zurückblicken kann und über ein scheinbar unerschöpfliches Reservoir an Großspurigkeit und Intelligenz, polternder Grobheit und spontaner Menschlichkeit verfügt. Sie stellen ein wichtiges und bedeutendes historisches Dokument dar, insbesondere wegen der Zeugenaussagen Chruschtschows zu der von der Geschichte erhobenen Anklage gegen Stalin. Chruschtschows Erinnerungen sind das erdrückendste und überzeugendste Argument für Entstalinisierung, das je vorgebracht wurde; und es ist um so überzeugender, als es von einem loyalen Bürger der Sowjetunion und einem ergebenen Marxisten-Leninisten stammt. Aber das Buch ist auch ein wichtiges und bedeutendes persönliches Dokument, ein lebendiges Selbstporträt des Mannes, der aus dem Schatten Stalins hervortrat, um Stalins Geist in die Schranken zu fordern. Man kann es, meine ich, als den bewußten und aufschlußreichen Versuch einer Selbstrehabilitierung sehen und zugleich als das gültige Vermächtnis eines schlauen Bauern, der zu einem hohen Parteifunktionär wurde, eines Mannes, der die Kohlengruben im Donezbecken verließ und einer der mächtigsten Männer der Welt wurde.

STROBE TALBOTT
Übersetzer und Herausgeber der
amerikanischen Ausgabe

Vorrede

Ich lebe jetzt wie ein Einsiedler am Stadtrand von Moskau, praktisch ohne jede Verbindung zu anderen Menschen. Unterhalten kann ich mich nur mit jenen, die mich von den anderen fernhalten – und die andere von mir fernhalten. Ich nehme an, die Menschen, die mich hier umgeben, verbringen den größten Teil ihrer Zeit damit, andere von mir fernzuhalten.[1]

In diesem Rückblick hebe ich besonders jene Ereignisse der Stalinschen Herrschaft hervor, die dem Gefüge unserer sowjetischen Gesellschaft Schaden zugefügt haben. Die positiven Seiten der Herrschaft Stalins hervorzuheben wäre sinnlos, denn diese sind ausführlich genug von der Regierung, der Presse und der Literatur dargestellt worden. Man könnte geradezu behaupten, Stalins Bild sei aufpoliert und verschönt worden. Auch wenn man achtzig Prozent alles dessen, was zum Lobe Stalins gesagt worden ist, außer acht ließe, bliebe immer noch genug Lob für tausend große Männer übrig.

Überdies brauchen wir auf unsere Tugenden und Errungenschaften nicht eigens hinzuweisen – die Geschichte des Sowjetstaates und der Sieg unserer Kommunistischen Partei sprechen eine genügend deutliche Sprache. Blicken wir auf die vergangenen fünfzig Jahre zurück, dann sehen wir, wo wir angefangen und wie weit wir es gebracht haben. Sogar unsere Feinde haben wir in Erstaunen versetzt.

Dabei kann man sogar heute noch Menschen finden, die glauben, alle diese Fortschritte hätten wir Stalin zu verdanken. Obwohl auf dem XX. Parteitag seine schweren Verbrechen aufgedeckt und seine Schuld unbezweifelbar nachgewiesen wurde[2], gibt es immer noch Leute, die vor

1 Chruschtschow dürfte hier seine Isolierung übertreiben. Tatsächlich sorgt seine Familie für ihn, und er bekommt häufig Besuch von Bekannten, auch von Ausländern. Gelegentlich fährt er, wenn auch in amtlicher Begleitung, in die Hauptstadt, wo er eine Wohnung hat.

2 Am 25. Februar 1956 hielt Nikita Chruschtschow auf dem XX. Parteitag der KPdSU eine geheimgehaltene Rede, in der er die Verbrechen Stalins in vielen Einzelheiten schilderte. Mit diesen Enthüllungen des Parteichefs begann die sogenannte Entstalinisierung der Chruschtschow-Ära und die Rehabilitierung von unschuldig Verschleppten und Hingerichteten. In der Sowjetunion wurde

Stalins schmutziger Wäsche zittern, die davor strammstehen und salutieren und keinen Moment bezweifeln, daß alle von Stalin veranlaßten Morde historisch unvermeidlich und relativ unbedeutend waren, verglichen mit der Größe unseres Führers, dieses «Vaters des Volkes», dieses «Genius» und Meisters. Immer noch gibt es Menschen, die als «Stalinisten» jemanden bezeichnen, der getan hat, was Stalin befahl – und sie finden, daß dies eine gute Eigenschaft ist. Ich meine, das ist eine schlechte Eigenschaft.

Wie stand es nun wirklich um Stalins Genie? Was für eine Art «Vater» ist er uns gewesen? Wieviel Blut wurde in unserem Lande auf sein Wort hin vergossen? Auf diese und andere Fragen sollte endlich offen geantwortet werden. Stalin sollte dem sowjetischen Volk endlich nackt gezeigt werden, damit man ihm den gebührenden Platz in der Geschichte anweisen kann.

Selbstverständlich hat er sich Verdienste erworben, erhebliche Verdienste sogar. Doch im ganzen gesehen ist unser Erfolg ein Erfolg des Volkes gewesen, und die Kraft, die es dazu befähigte, entstammt den Lehren Lenins. Lenin hat unsere Partei begründet und unser System erschaffen. Die Theorie, auf der unser Staat ruht, stammt von ihm. Das Fundament alles dessen, was wir erreicht haben, sind seine Gedanken. Lenin hat uns ja auch ausdrücklich vor Stalin gewarnt. Schon zu Beginn von Stalins Karriere hat Lenin uns auf seine Fehler hingewiesen, sehr zu Recht, wie sich dann zeigte. Solange Lenins Gedanken richtig angewendet wurden, waren die Ergebnisse positiv, und trotz der Entstellung von Lenins Ansichten und Direktiven durch Stalin ist der Marxismus-Leninismus immer noch die fortschrittlichste Lehre unserer Zeit. Er hat unser Volk bereichert, gestärkt und bewaffnet und uns die Kraft verliehen, zu erreichen, was wir heute erreicht haben.

Daß Stalin ein Revolutionär war und gute Seiten hatte, weiß jeder, davon hat die Partei wieder und wieder gesprochen. Seine besondere Rolle in unserer Geschichte beansprucht er zu Recht, denn er war wirklich ein Mann von außerordentlicher Begabung und Intelligenz. Er hat tatsächlich alle überragt, die um ihn waren, und wenn ich auch nach wie vor seine Methoden und den Mißbrauch der Macht verdamme, so erkenne ich doch seine Stärke an. Aber eben diese Stärke kann man so sehen und auch anders. Daß er sie benutzte, um die Errungenschaften der Revolution zu festigen, war eines; ganz anders sah es aus, wenn er sie – unter dem Vorwand, die Partei vor ihren Feinden schützen zu müssen – eben gegen die Revolution kehrte. Die Rache, die Stalin an seinen

diese Rede nie veröffentlicht, wohl aber vor ausgewählten Parteimitgliedern verlesen und diskutiert. Dem amerikanischen Außenministerium war eine Kopie zugespielt worden, so daß die Rede im Westen bekannt wurde (Wortlaut siehe Anhang).

persönlichen Feinden übte, die er als Feinde der Partei brandmarkte, hat uns unberechenbaren Schaden zugefügt. Seine Unduldsamkeit, vor der der große Lenin uns ausdrücklich gewarnt hatte, bewirkte die Vernichtung von Tausenden, die der marxistisch-leninistischen Sache treu ergeben waren.

Eines muß man Stalin lassen: er hat nicht versucht, uns mit nackter Gewalt zu unterwerfen. Nein. Seine Überlegenheit zeigte sich darin, daß er es verstand, sich Menschen gefügig zu machen und sie zu manipulieren – ein großer Führer braucht diese Fähigkeit unbedingt. Alles an ihm war sowohl bewundernswert und korrekt und zugleich barbarisch. Nichts an ihm ließ sich ohne weiteres einordnen. Alles muß im Lichte seiner sehr komplexen Persönlichkeit gesehen werden.

Immerhin, wenn er heute noch lebte, und man würde abstimmen, so würde ich dafür stimmen, ihn vor Gericht zu stellen und ihn für seine Verbrechen abzuurteilen.

Man hat mich oft gefragt: «Wie war das nur mit Stalin? Wie konnte ein so kluger Mensch so schreckliche Dinge tun?» Das gleiche habe ich mich selber oft gefragt. Aber auch hier weiß Lenin die Antwort. 1923, als Lenin sein Testament aufzeichnete, hat er sehr wohl gesehen, wohin Stalin die Partei führen würde, falls man ihn auf dem Posten des Generalsekretärs beließ. Lenin kannte bereits die Ursachen der Stalinschen Tyrannei, lange ehe die Hinrichtungen und die anderen Verbrechen begannen. Zwar habe Stalin Führerqualitäten, schrieb Lenin, doch sei er im Grunde ein brutaler Mensch und neige dazu, seine Macht zu mißbrauchen. Er schlug vor, Stalin einen anderen Posten zu geben und ihn durch einen gemäßigteren, gewissenhafteren Genossen zu ersetzen, einen, der toleranter sei und nicht zu Machtmißbrauch neige.[3] Das Zentralkomitee hörte nicht auf Lenin, und folgerichtig mußte die gesamte Partei darunter leiden.

Ganz zweifellos war an Stalin etwas Krankhaftes. Mir scheint, daß es

3 Das üblicherweise Testament genannte Schriftstück besteht aus mehreren Briefen, die Lenin Ende 1922 und Anfang 1923 in der Absicht verfaßte, eine Spaltung der Partei nach seinem Tode zu vermeiden. In diesen Äußerungen Lenins heißt es: «Genosse Stalin hat dadurch, daß er Generalsekretär geworden ist, eine gewaltige Macht in seinen Händen vereinigt, und ich bin durchaus nicht sicher, daß er es immer verstehen wird, diese Macht mit genügender Behutsamkeit zu benutzen ... Stalin ist zu grob, und wenn dieser Fehler auch in unserem Kreis und in den Beziehungen unter uns Kommunisten erträglich ist, so wird er ganz unerträglich im Geschäftszimmer des Generalsekretärs. Darum schlage ich den Genossen vor, einen Weg zu finden, um Stalin aus dieser Position zu entfernen und dafür einen anderen Mann auszuwählen, der sich aber in jeder Beziehung nur dadurch von Stalin unterscheiden darf, daß er geduldiger, loyaler, höflicher, aufmerksamer gegen die Genossen ist, nicht so launisch, usw.» (Siehe auch die Geheimrede Chruschtschows im Anhang.)

heutzutage einen ähnlichen Krankheitsfall gibt, auf den man hinweisen sollte. Meine Generation erinnert sich noch gut daran, wie die Glorifizierung Stalins immer mehr zunahm, und alle wissen, wohin das geführt hat. Wenn ich heute im Fernsehen chinesische Filme sehe, dann kommt es mir vor, als kopiere Mao Tse-tung Stalins Personenkult. Er benutzt sogar einige von dessen Parolen. Macht man die Augen zu und hört, wie die Chinesen ihren Mao nennen, dann fühlt man sich gleich in unsere Vergangenheit versetzt – man braucht für «Genosse Mao» nur «Genosse Stalin» einzusetzen. Riesenaufmärsche, wie sie heute in Peking organisiert werden, wurden auch bei uns in Moskau veranstaltet. Ich habe geglaubt, einzig Stalin habe diese Neigung zur Selbstverherrlichung besessen, aber Stalin und Mao gleichen einander offenbar in wenigstens dieser Hinsicht: Um an der Macht zu bleiben, scheint es ihnen unumgänglich, ständig ihre Autorität sichtbar zu machen; die Leute sollen nicht nur gehorchen, sie sollen auch Angst vor ihnen haben.

Ich unterstreiche die negativen Aspekte der Ära Stalin, um deutlich zu machen, daß wir wesentlich weiter wären, wenn er nicht so schreckliche Übergriffe vorgenommen hätte. Ich zähle seine Verbrechen auf, weil ich verhindern will, daß noch einmal geschieht, was er der Arbeiterklasse, den Bauern, der Intelligenz angetan hat – allen Werktätigen der Sowjetunion und auch der anderen sozialistischen Länder.

Bedauerlicherweise wird noch vieles sorgsam geheimgehalten. Vieles ist noch unbekannt, noch nicht enthüllt, so manches wird noch aufs strengste verschwiegen. Doch auch das wird ans Licht kommen. Am Ende wird alles herauskommen, auch die am sorgfältigsten gehüteten Geheimnisse werden offenbar werden.

Vielleicht werden meine Genossen, Männer, die mit mir unter Stalin zu den Führern gehörten, Memoiren hinterlassen. Ich hoffe, daß sie objektiv sind, daß sie sich nicht fürchten, der Geschichte anzuvertrauen, was sie von Stalins Fehlern wußten. Sie haben die gleichen Dinge mitangesehen, die ich gesehen habe. Allein war ich nur sehr selten mit Stalin. Meist waren fünf oder sechs, manchmal sogar zehn andere zugegen.

Wer die Partei auf echte Leninsche Normen zurückführen will, der muß Stalin nach Kräften bloßstellen und die stalinistischen Methoden anprangern. Wenn wir verhindern wollen, daß die Gespenster dieser Jahre aus ihren Gräbern auferstehen und uns verfolgen, dann müssen wir unbedingt *alle* Opfer Stalins rehabilitieren. Auf dem XX. Parteitag hat man vielen Opfern wieder den ihnen gebührenden Platz in der Geschichte eingeräumt, doch viele andere erwarten die Rehabilitierung, und noch ist nicht bekannt, warum sie sterben mußten. Das ist eine Schande – eine wahre Schmach! Und schon nimmt man wieder den Mann in Schutz, der alle diese Morde auf dem Gewissen hat. Ich weiß, das ist nicht zu begreifen, aber es ist eine Tatsache.

Erstaunt bin ich besonders über einige unserer einflußreichen militärischen Führer, die in Ansprachen und Memoiren versuchen, Stalin reinzuwaschen und ihn wieder als Vater des Volkes auf seinen Sockel zu stellen.[4] Ohne Stalin, so behaupten sie, hätten wir den Krieg gegen Hitlerdeutschland verloren und wären dem Joch des Faschismus ausgeliefert gewesen. Was für stupide Überlegungen, die nur einer Sklavenmentalität entstammen können. Unterliegen wir denn dem Einfluß der Deutschen, der Engländer oder der Amerikaner, bloß weil Stalin nicht mehr da ist? Keinesfalls. Das Sowjetvolk wird immer die Führer hervorbringen, die es benötigt, und wird in Zukunft so gut imstande sein, sein Land zu verteidigen wie in der Vergangenheit.

Ich brauche wohl nicht näher auszuführen, wie absurd diese militärischen Persönlichkeiten sich verhalten, wenn sie versuchen, gleichzeitig Stalin und seine Opfer zu rehabilitieren. Als ich mal in Bulgarien eine Rede zu halten hatte, habe ich aus Puschkins ‹*Mozart und Salieri*› zitiert, wo Mozart, der nicht ahnt, daß Salieri ihn vergiften will, sagt, Genie und Verbrechen seien unvereinbar.[5]

Das gilt auch für Stalin. Man kann nicht zugleich Genius und Mörder sein. Einerlei, welche Motive ihn leiteten, die Hinrichtung Tausender war ein fürchterliches Verbrechen. Manche sagen, Stalin habe nicht aus Eigensucht gehandelt, sondern zum Wohle des Volkes. Das ist ja verrückt! Da hat ihm also das Wohl des Volkes am Herzen gelegen, während er die besten Söhne dieses Volkes ausrotten ließ? Eine schöne Logik! Aber es ist eben nicht einfach, einen Massenmörder von aller Schuld freisprechen zu wollen.

Auch heute noch gibt es Leute, die sagen zu mir: «Genosse Chruschtschow, Sie sollten vielleicht besser nicht alle diese Geschichten über Stalin verbreiten.» Wer so spricht, ist nicht einmal immer ein Mitschuldiger an Stalins Übeltaten. Meist sind es ältere, schlichte Gemüter, die sich angewöhnt haben, Stalin zu verehren, und die einfach die alten Vor-

4 Als vorläufiger letzter der sowjetischen Militärs hat Marschall Georgij Konstantinowitsch Schukow 1969 seine Erinnerungen veröffentlicht. Er erwähnt zwar die Säuberungen der dreißiger Jahre, rehabilitiert aber Stalin als Feldherrn und behauptet im Gegensatz zu Chruschtschow auch, Stalin habe das Land auf einen Angriff Deutschlands vorbereitet. Chruschtschow – der den Marschall 1957 als Verteidigungsminister ablösen und aus den höchsten Parteigremien ausstoßen ließ – hatte Stalin des völligen militärischen Versagens am Vorabend des Krieges und während des Zweiten Weltkrieges beschuldigt. (Siehe die Geheimrede im Anhang.) Offen bleibt allerdings, ob Chruschtschow Schukows Memoiren kannte, als er seine Erinnerungen niederschrieb.

5 Puschkin griff in seinem Versdrama ein zeitgenössisches Gerücht auf, wonach der Wiener Komponist Antonio Salieri (1750–1825) auf dem Totenbett gestanden haben soll, aus Neid Mozart vergiftet zu haben. Der große russische Dichter stellt dabei die Frage, ob ein Genie, für das sich Salieri hielt, zu einem Verbrechen fähig sein kann. Der Mörder (in der Dichtung) bekommt nach der Tat Zweifel, ob er überhaupt ein Genie sei.

stellungen aus der Ära Stalin nicht ablegen können. Es fällt ihnen schwer, sich an die Wahrheit zu gewöhnen. An ihnen zeigen sich deutlich alle Fehler jener Parteierziehung, die unter Stalin üblich war. Stalin benutzte sämtliche Indoktrinierungstechniken zu seinen eigenen Zwecken. Er verlangte unbedenklichen Gehorsam, unerschütterliches Vertrauen. Daß man ohne den geringsten Zweifel in den Tod geht, im Kriege zum Beispiel, ist durchaus in Ordnung, aber die Medaille hat auch eine andere Seite: unerschütterliches Vertrauen verwandelt sich in bittersten Haß, wenn man erkennen muß, daß Vertrauen mißbraucht wird. Staatsmänner können nicht davon ausgehen, daß ihre Völker immer nur die Augen zumachen und nicht sehen wollen, was um sie her geschieht. Und wenn Männer in verantwortungsvoller Position nach diesem Rezept handeln, dann untergraben sie damit das Vertrauen des Volkes in die Partei und in die Regierung.

Eben darum bin ich immer dafür eingetreten, daß wir gegenüber der Partei, dem Komsomol und dem Volke aufrichtig sind – und heute trete ich mehr denn je dafür ein. Nur durch Aufrichtigkeit können wir das Vertrauen des Volkes gewinnen. Für die Partei ist Wahrheit immer eine unerschöpfliche Kraftquelle gewesen, und so muß es auch bleiben.

Vielleicht wird mancher immer noch nicht verstehen, warum ich Dinge erwähne, die unserer Partei so furchtbar geschadet haben, warum ich die Motive aufdecke, die Stalin verleitet haben, Zehntausenden unserer besten Söhne das Leben zu nehmen, den besten Söhnen der Partei, des Landes. Die Antwort lautet: Ich tue es, weil ich damit, auch wenn es unangenehm ist, zu einem Prozeß der Selbstreinigung in der Partei beitrage. Es schadet der Partei nicht, bei Betrachtung ihrer eigenen Geschichte sich Fragen zu stellen. Und überdies werden noch mehr Menschen zu uns kommen, wenn sie sehen, daß die Partei Stalin beim Mißbrauch der Macht nicht unterstützt, sondern daß sie darunter gelitten hat.

Die Partei hat bereits mit der Korrektur ihrer Fehler den Anfang gemacht und garantiert dafür, daß das, was unter Stalin geschah, sich nicht wiederholt. Und eben darum fürchte ich mich nicht davor, alles auszusprechen, was ich weiß. Was ich zu sagen habe, ist keine Verleumdung, ist keine üble Nachrede. Es soll einem wichtigen, konstruktiven Zweck dienen – der Selbstreinigung unserer Partei. Ich spreche als einer, der sein Leben in engster Berührung mit dem Volk verbracht, der aber auch jahrelang neben Stalin in der Führung von Partei und Staat gestanden hat. Als Zeuge jener Jahre richte ich mich an kommende Generationen in der Hoffnung, daß sie die Fehler vermeiden werden, die in der Vergangenheit gemacht wurden.

I

Von den Kohlengruben in den Kreml

I
Anfänge einer Karriere

Harte Jahre

Als Chruschtschow 1918, wenige Monate nach der Oktoberrevolution, der Partei beitrat, war er vierundzwanzig. Der Sohn eines Bergarbeiters und Hütejunge hatte bis dahin als Maschinenschlosser und Monteur in der Grubenstadt Jusowka gearbeitet (dem späteren Stalino und heutigen Donezk), die im Donezbecken liegt, in der Ukraine. Im Ersten Weltkrieg war er als Facharbeiter vom Militärdienst befreit. Anfang 1919 allerdings trat er in die Rote Armee ein und nahm am Bürgerkrieg teil. Erst 1922 kehrte er nach Jusowka zurück, nun aber als gestählter Parteiaktivist und mit der speziellen Aufgabe, die Gruben wieder in Betrieb zu nehmen, auf deren Erträge das hungernde, zerstörte Land angewiesen war. Im folgenden gibt er ein Bild von der Stimmung jener Tage, als unvorgebildete Bauern und Arbeiter allein darum verantwortungsvolle Posten übertragen bekamen, weil sie ihre Parteitreue bewiesen hatten. Seit 1921 war Lenin gezwungen, schrittweise den Sozialismus zugunsten der Neuen Ökonomischen Politik (NEP) aufzugeben, welche neuerlich das private Unternehmertum ermunterte und notgedrungen den bürgerlichen Händlern, den Kleinunternehmern und den Spezialisten aller Schattierungen Privilegien einräumte, weil anders die zerstörte Wirtschaft nicht wieder auf die Beine zu bringen war. Für die getreuen Parteimitglieder war die NEP eine schlimme Enttäuschung. Sie wurde erst 1926, zwei Jahre nach Lenins Tod, von Stalin beendet.

Vor gar nicht so langer Zeit haben mich viele meiner alten Genossen angerufen aus Anlaß des Jahrestages der Gründung der Roten Armee. Das war ein großes Fest. Anlaß zum Feiern, ein Anlaß, unsere Armee zu ehren. Sie ist unter der Führung Lenins entstanden und hat in den ersten Jahren der Revolution den weißgardistischen Klassenfeinden schwere Niederlagen beigebracht. Im großen vaterländischen Krieg haben wir dann die Faschisten zurückgeworfen, die es auf die Vernichtung unserer marxistisch-leninistischen Gesellschaftsordnung abgesehen hatten. Dank unserer Armee konnten wir uns der Hitlerschen Bedrohung des Sowjetlandes und des russischen Volkes entgegenstellen. Wir haben unsere Feinde zerschlagen. Immer haben unsere Soldaten das Banner des Kampfes hochgehalten, die Rote Fahne der Arbeiterklasse, die rot ist vom Blut des sowjetischen Volkes, das im Kampf gegen den Klassenfeind geflossen ist.

Unsere Armee hat eine lange Entwicklung hinter sich, eine sehr lange Entwicklung. Mit Stolz darf ich sagen, daß ich die Ehre gehabt habe, in den allerersten, den gefährdetsten Jahren der jungen Sowjetrepublik in unseren ruhmreichen Streitkräften zu dienen. Von Januar 1919 bis zum Ende des Bürgerkrieges habe ich in den Reihen der Roten Armee so manche Strapaze erlebt. Ich diente in der Neunten Schützendivision. Anfangs mußten wir von Orel auf Mzensk zurückgehen. Dann griffen wir an und marschierten unter schwerem feindlichen Feuer nach Taganrog. Das war Weihnachten 1919. Unterdessen waren wir der Ersten Reiterarmee unter Semjon Michailowitsch Budjonny unterstellt worden.[1] Wir folgten den zurückgehenden Weißen und erreichten im April 1920 das Schwarze Meer. Wir stürmten Anapa und warfen die weißen Banden ins Meer. Unsere Division blieb fünf oder sechs Tage in Ruhe in Anapa, dann ging es auf die Halbinsel Taman. Ich weiß noch, daß wir den großen Feiertag des Proletariats, den 1. Mai, dort begingen.

Als ich Anfang 1922 wieder ins Donezbecken kam, waren die Zeiten sehr schwer. Lenin versuchte, die Atempause am Ende des Bürgerkrieges zu nutzen, um die Industrie wiederaufzubauen, die Wirtschaft in Gang zu setzen, den Lebensstandard des Volkes zu heben. Ausgestattet mit nichts als unserem festen Vertrauen auf die Ideen Lenins machten wir uns daran, in wenigen Jahren zu schaffen, wozu die kapitalistischen Länder Jahrzehnte benötigt hatten. Wir mußten den Gürtel enger schnallen, und wir ertrugen Kälte, Hunger und Entbehrungen. Wir schreckten vor keinem Opfer zurück, um unsere Schwerindustrie und unsere Armee aufzubauen, damit uns kein Feind an unseren Grenzen mehr bedrohen konnte.

1922 herrschte unter den Grubenarbeitern des Donezbeckens Hungersnot, es gab sogar vereinzelt Fälle von Kannibalismus. In den Dörfern sah es noch schlimmer aus als in den Grubenstädten. Meine erste Frau, Galina, starb 1921 während der Hungersnot. Ihr Tod war ein schwerer Schlag für mich. Sie hinterließ mir unsere beiden Kinder, meinen Sohn Leonid und meine Tochter Julia. 1924 heiratete ich Nina Petrowna. Diese ersten Jahre der Sowjetmacht waren Jahre des Kampfes, der Entbehrungen, der Opfer. Doch das Volk hatte weiterhin Vertrauen zur Partei; selbst wer nicht lesen und schreiben konnte, verstand doch die Parolen der Partei, ihre Aufrufe. Das Volk begriff, daß es die Bourgeoisie war, die uns diese Entbehrungen aufzwang, die Bourgeoisie der ge-

1 Chruschtschow war der kämpfenden Truppe als politischer Kommissar zugeteilt. S. M. Budjonny, ehemals Feldwebel der zaristischen Armee und späterer Marschall der Sowjetunion, operierte gegen die Truppen General Denikins, die zeitweilig die ernsteste Bedrohung für das junge bolschewistische Regime darstellten.

Der junge Chruschtschow

samten Welt, die zur Konterrevolution gegen uns hetzte und zur Intervention. Wir sagten uns, einerlei, wie schlimm die Dinge stehen, vor der Revolution ist es noch schlimmer gewesen.

Allerdings traf das nicht auf alle zu. Die höchst qualifizierten Grubenarbeiter hatten im Donezbecken vor der Revolution besser gelebt als unmittelbar danach, und auch was mich selber angeht, möchte ich sagen, als stellvertretender Grubenleiter habe ich schlechter gelebt als vor der Revolution als einfacher Metallarbeiter.

Doch die meisten von uns nahmen diese Entbehrungen auf sich, weil wir einsahen, daß wir unsere Kräfte bis zum äußersten anspannen mußten, wenn wir das Land so rasch als möglich industrialisieren wollten. Und wenn wir überleben wollten, mußten wir die Kapitalisten einholen. Wer dieses Ziel erreichen wollte, kam gelegentlich nicht mit materiellen Opfern aus, er mußte auch moralische Grundsätze opfern. Doch allgemein darf man sagen, daß die Bevölkerung diese Leiden um der Partei willen gerne ertrug. Und innerhalb weniger Jahre war dann auch eine moderne Industriegesellschaft entstanden.

Wer damals Kommunist sein wollte, durfte nicht darauf bauen, daß seine Opfer irgendwann einmal belohnt werden würden. Es war sehr anders als heute. Auch heute findet man selbstverständlich noch Menschen mit Grundsätzen unter den Kommunisten, aber es gibt doch auch sehr viele Opportunisten, Speichellecker und Karrieristen darunter. Der Parteiausweis bedeutet heute nur allzuoft nichts anderes als den Beweis dafür, daß sein Inhaber darauf rechnet, ein stilles warmes Plätzchen in der sozialistischen Gesellschaft zu finden. Heutzutage bringen es gerissene Leute fertig, sehr viel mehr aus unserer Gesellschaft herauszuholen, als sie selber hineinstecken. Diese Haltung steht in striktem Widerspruch zu dem Grundsatz, daß der Bürger nach Menge und Güte der Arbeit zu entlohnen ist, die er dem Aufbau des Kommunismus widmet. Es ist traurig, aber wahr. Diese Zustände sind eine der Geißeln unserer Zeit.

Ich will damit nicht sagen, daß es nicht auch ein gewisses Maß an Opportunismus unter Möchtegernkommunisten in den ersten Revolutionsjahren gegeben hätte. Auch das kam vor, aber es war doch nicht annähernd so verbreitet. Ich erinnere mich, daß mich nach der Einnahme von Maloarchangelsk ein bescheuerter Schullehrer fragte, was man ihm denn für einen Posten geben würde, falls er der Partei beiträte? Schon die Frage stieß mir sauer auf, aber ich hielt mich zurück und sagte: «Sie bekommen einen sehr verantwortungsvollen Posten, den ehrenvollsten Posten von allen.»

«Und welcher ist das?»

«Sie bekommen ein Gewehr in die Hand und dürfen gegen die Weißgardisten kämpfen. Sie dürfen mit darüber entscheiden, ob die Sowjetmacht sich in unserem Lande durchsetzt oder nicht. Kann man sich eine höhere Verantwortung vorstellen?»

Als Maschinenschlosser im Donezbecken

. . . mit seinen Arbeitskollegen (erste Reihe, zweiter von links)

«Und wenn ich der Partei nicht beitrete?»

«Dann schadet es auch nichts. Auf Leute wie Sie kann die Partei gut verzichten.»

Während dieser Zeit des Bürgerkrieges und der Jahre der Entbehrungen, die unmittelbar darauf folgten, gelangte Stalin in den Ruf des «Spezialistenfressers». Als Spezialistenfresser bezeichnete man Leute, die sich rundheraus weigerten, jenen bürgerlichen Spezialisten zu vertrauen, deren Hilfe sich Lenin versichert hatte, insbesondere bei Aufstellung der Roten Armee. Damals war Trotzki Volkskommissar für die Verteidigung, und selbstverständlich befolgte er Lenins Weisung, Kommandeure der Roten Armee auch unter den bürgerlichen Offizieren auszuwählen, die auf zaristischen Kriegsschulen ausgebildet waren.[2] Stalin hat später gerne genießerisch erzählt, wie er sich immer geweigert hätte, irgend etwas mit den bürgerlichen Offizieren zu tun zu haben, die Trotzki nach Zarizyn schickte und die sich unweigerlich als Verräter entpuppt hätten.

Ein gewisses Maß an Mißtrauen der bürgerlichen Intelligenz gegenüber war damals allerdings am Platze. Zu Beginn der Revolution bezogen nur die wenigsten Intellektuellen eindeutig Stellung dafür oder dagegen. Manche gingen gleich ins Ausland. Andere warteten ab, wie alles ausgehen würde. Wieder andere betrieben Sabotage, und die übrigen schlossen sich dem bewaffneten Kampf gegen die Revolution an. Daher der Abscheu im Volk vor den Spezialisten.

Den Parteiorganisationen, die auf Lenins Weisung dieser Haltung entgegentreten mußten, fiel das gar nicht leicht. Es war aber nicht nur das Mißtrauen, sondern mehr noch waren es die Privilegien der Spezialisten, die das Volk gegen sie aufbrachten. Unvermeidliche, aber eben doch sehr ärgerliche Entwicklungen innerhalb der Gesellschaft verschärften noch die Feindschaft des Volkes gegen die von Lenin rekrutierten bürgerlichen Intellektuellen. Das Land war verheert, vielen Arbeitern ging es schlechter als je unter den Kapitalisten. Sie hungerten. Die Arbeiter waren zwar bereit, für die Industrialisierung des Landes Opfer zu bringen, sie meinten aber auch, daß der Sieg der Revolution eine Besserung ihrer Verhältnisse bewirken würde. Sie sahen also mit Wut, daß die bürgerlichen Spezialisten nicht den gleichen Entbehrungen ausgesetzt

2 Als Vorsitzender des Obersten Kriegsrats war Leo Dawidowitsch Trotzki im beginnenden Bürgerkrieg der Schöpfer der Roten Armee. Da Trotzki 1918 ehemals zaristische Offiziere einstellte, bezichtigte ihn Stalin, unterstützt von Kommandeuren wie Budjonny und Woroschilow, des Verrats an der Revolution. Von da datiert der Streit zwischen Trotzki und Stalin, der für Trotzki tödlich enden sollte. In seiner Geheimrede hatte zwar auch Chruschtschow den Gegner Stalins und dessen Rivalen um die Gunst Lenins nicht rehabilitiert, wohl aber die physische Vernichtung von wirklichen oder vermeintlichen Anhängern Trotzkis kritisiert. In der Sowjetunion werden Trotzkis Verdienste um die Revolution noch heute totgeschwiegen, und sein Name ist verfemt.

waren wie alle anderen. Jetzt, da jedermann vor dem Gesetz gleich war, hatten auch alle den gleichen Anspruch auf materielle Sicherheit. Die Partei hatte in Aussicht gestellt, daß alle Werktätigen das gleiche erhalten würden, sobald man mit dem Aufbau des Kommunismus anfangen könnte. Und nun wurden die bürgerlichen Spezialisten mit Privilegien überschüttet und bekamen hohe Gehälter, während die Löhne der Arbeiter niedriger lagen als vor der Revolution.

Dies geschah aus folgenden Gründen: Unter dem Kapitalismus hatten die Spezialisten eine eigene Wohnung mit allem Zubehör und die Arbeiter hatten nichts. «Kommunale Dienstleistungen», das waren für den Arbeiter Brunnen oder Wasserfässer, oft weit entfernt von Wohnung und Arbeitsplatz. Immer waren die Arbeiter von und zum Markt durch den Schlamm gewatet, während die Spezialisten zu Pferde daherkamen. Man haßte die Spezialisten, ganz besonders ihre Frauen und Dienstboten.

Lenin und die Partei mußten nun aber einsehen, daß man trotz aller damit verbundenen Ungerechtigkeit nicht umhinkonnte, bürgerliche Spezialisten in Dienst zu nehmen, weil ohne deren Spezialkenntnisse die technische Grundlage für die neue Gesellschaft nicht zu erstellen war. Die Errichtung einer kommunistischen Gesellschaft erfordert bedeutende wissenschaftliche Kenntnisse.

Es war Lenin und der Partei aber auch klar, daß man Spezialisten nur dadurch zum Dienst gewinnen konnte, wenn man an ihr Gewinnstreben appellierte. Und dies wiederum hieß, daß man ihnen Privilegien einräumte, die wenigstens einigermaßen jenen glichen, die ihnen der Kapitalismus geboten hatte. Man mußte ihnen brauchbare Wohnungen stellen und ausreichende Transportmittel. Ein Chefingenieur bekam zwei Pferde und einen Kutscher, ein gewöhnlicher Ingenieur nur ein Pferd samt Kutscher. Das war nun nicht gerade luxuriös, aber den Arbeitern kam es so vor.

Wenn Lenin bürgerliche Offiziere für die Rote Armee gewinnen wollte, dann, das wußte er, mußte er ihnen Entscheidungsbefugnis einräumen. Politische Kommissare sollten die Offiziere überwachen, sich aber nicht einmischen. Man stelle sich vor: ein ehemaliger zaristischer Oberst bekommt plötzlich ein Kommando in der Roten Armee! Während des Bürgerkrieges habe ich viele Meinungsverschiedenheiten zwischen solchen Offizieren und den Kommissaren erlebt, die sie zu überwachen hatten. Wie Stalin uns später häufig ins Gedächtnis rief, hat es unter diesen bürgerlichen Offizieren viele Verräter gegeben. Mit einem gewissen Maß von Verrat mußte man schon rechnen. Diese Menschen waren unter dem alten kapitalistischen System herangewachsen, manche kamen zu uns aus Furcht, andere aus Neugier, wieder andere, weil ihnen nichts anderes übrigblieb – sie mußten sich ihren Unterhalt verdienen. Manche kamen gleich in der Absicht zu verraten.

Doch die Partei hatte keine Wahl. Wir mußten so viele Spezialisten als möglich für unsere Sache gewinnen. Es ist ein Beweis für das Genie Lenins, daß er in einem solchen Augenblick noch von den Kapitalisten zu lernen und sich ihre Erfahrung und Sachkenntnis zunutze zu machen verstand.

Stalin ist sein Lebtag ein Spezialistenfresser geblieben. Eine weitere, sehr umstrittene Maßnahme Lenins war die Neue Ökonomische Politik. Das war ein kühner, entscheidender und gefährlicher, aber ganz unvermeidlicher Schritt. Ein weiteres Beispiel für Wladimir Iljitschs Weisheit und Voraussicht. Im wesentlichen bedeutete die NEP die Restauration des Privateigentums und das Wiederauferstehen des Mittelstandes, einschließlich der Kulaken. Der Handel kam wieder auf die Beine. Das war naturgemäß bis zu einem gewissen Grade ein Rückzug an der ideologischen Front, doch half es uns, die Folgen des Bürgerkrieges zu überwinden. Kaum war die NEP verkündet, da gingen auch schon Chaos und Hungersnot zurück. Die Städte belebten sich, Waren erschienen auf den Märkten und die Preise sanken.

Die Partei gab damals die Parole aus: «Lernt den Handel!» Wir sollten die Privateigentümer, die NEP-Leute, nicht durch die Anwendung administrativer Maßnahmen außer Gefecht setzen, sondern indem wir sie auf ihrem eigenen Gebiet überragten. Wir übernahmen soviel vom Handel als möglich und verstaatlichten ihn. In den staatlichen Kooperativen bemühte man sich, die Preise der NEP-Leute zu unterbieten und ihre Qualität zu übertreffen, doch großen Erfolg hatten wir damit nicht. Händler, die auf eigene Rechnung arbeiteten, konnten ihre Ware besser zur Schau stellen und ihren Kunden mehr Aufmerksamkeit widmen. Privatläden lockten die Hausfrauen an, die gerne gründlich auswählen, sich in aller Ruhe umsehen wollen, ehe sie kaufen.

In Jusowka ging ich fast jeden Tag über den Markt und immer gleich in die Arbeiterkooperative. Sobald mein alter Freund Wanja Kowinskij, der Leiter der Kooperative, mich hereinkommen sah, sagte er: «Na, du kommst wohl wieder schimpfen, Genosse? Aber was soll man machen? Wir bemühen uns, so gut es geht, den NEP-Leuten Konkurrenz zu machen, aber sie haben immer noch mehr Zulauf als wir.»

Im Südwesten des Industriebezirkes von Jusowka lebten Griechen, die Vieh züchteten. Die verkauften Fleisch billig – aber privat. Im Herbst 1925 gab es schon wieder Gemüse, Wassermelonen und Geflügel in Fülle. Fleisch kostete nur 15 Kopeken das Pfund. Wir waren zum Vorkriegsstandard zurückgekehrt. Auch die politische Lage ließ sich zum Glück damals gut an. Die Werktätigen verstanden die Richtlinien der Partei und befolgten sie. Und doch war es für uns schwer und schmerzlich, uns der Neuen Ökonomischen Politik anzupassen.

Erste Stufen auf der Parteileiter

Chruschtschow stieg sehr rasch in der Partei auf. Obschon er in diesem und in anderen Kapiteln immer wieder betont, daß er sich nur widerwillig befördern ließ, ist doch klar, daß er schon bald nach der Rückkehr nach Jusowka gesehen haben muß, daß die hauptberufliche Parteiarbeit ihm bessere Chancen böte als die Leitung eines Betriebes. Die eigentliche Bedeutung von Stalins bösartiger und erfolgreicher Kampagne gegen Trotzki war Chruschtschow damals unbekannt; doch seine anfänglichen Förderer – Lasar Kaganowitsch und der Parteisekretär von Jusowka, K.W. Moissejenko – waren enge Parteigänger Stalins. In diesem und auch in späteren Kapiteln wird deutlich, daß Chruschtschow keine klare Vorstellung von den unterschiedlichen politischen Ideen der oppositionellen Kommunisten hatte. Sein Marxismus war primitiv, auswendig gelernt; Parolen-Marxismus oder auch Hurrah-Marxismus könnte man ihn mit Recht nennen. Feind, Ketzer war ein jeder, der Stalin nicht bedingungslos vertraute. Schon vom Temperament her gehörte Chruschtschow zu den blindwütigen Praktikern, die rücksichtslos vorgehen; er war gegen jene meist aus dem Bürgertum stammenden Intellektuellen, häufig Juden, eingestellt, die oft Jahre im Exil verbracht hatten und die Stalin so bald schon vernichten sollte. Nach Lenins Tod im Januar 1924 verband sich Stalin mit Sinowjew (dem Parteichef von Leningrad und Chef der Komintern) und Kamenjew (dem Leiter des Moskauer Parteiapparates) zur Vernichtung Trotzkis. Ihren Sieg feierten sie auf dem XIV. Parteitag im Dezember 1925, an dem auch Chruschtschow als Delegierter aus der Provinz teilnahm. Nun wurde offiziell Stalins Parole vom «Sozialismus in einem *Lande» ausgegeben, und seit diesem Parteitag gab es keine freie Diskussion mehr innerhalb der Partei. Danach verband Stalin sich mit Rykow und Bucharin gegen Sinowjew und Kamenjew. 1927 – Chruschtschow verwaltete im Auftrag Stalins den Parteibezirk Jusowka – wurde Trotzki aus der Partei ausgeschlossen. Als Chruschtschow 1929 in Moskau eintraf, war der erste Fünfjahresplan (1928–1932) verabschiedet, und das Land stand an der Schwelle jener grausigen Ereignisse, die sich im Zusammenhang mit der Zwangskollektivierung der Landwirtschaft ereigneten.*

Man könnte vielleicht sagen, meine politische Schulung hat schon in Kalinowka begonnen, wo ich geboren bin und als Kind gelebt habe. Ich hatte dort eine Lehrerin namens Lydia Schtschewtschenko. Sie war Revolutionärin und Atheistin. Sie verhalf mir zu politischem Bewußtsein und wirkte als Gegenkraft gegen meine streng religiöse Erziehung. Meine Mutter war sehr religiös und auch ihr Vater, mein Großvater, den man als Leibeigenen auf fünfundzwanzig Jahre in die zaristische Armee geschickt hatte. Wenn ich an meine Kindheit denke, sehe ich immer noch sehr deutlich die Heiligenbilder an der Wand unserer Holzhütte, deren Gesichter vom Qualm der Petroleumlampen gedunkelt waren. Ich erinnere mich auch, daß man mich lehrte, mit den Erwachsenen in der Kirche vor den Heiligenbildern zu knien und zu beten. Lesen lernten wir aus der Schrift. Doch Lydia Schtschewtschenko wies mir einen Weg, der ganz woanders hinführte.

Schon vor der Revolution war ich eifriger Leser der sozialdemokratischen Presse. Seitdem die *Prawda* 1915 regelmäßig erschien, war ich ihr ständiger Leser; ich war damals Einrichter auf der Generatorenstation der Grube Pastuchow bei Jusowka. Das war eine von mehreren Arbeitsstellen, die ich innehatte, seit ich mich 1912 an einem Streik beteiligt hatte und deshalb entlassen worden war. 1915 führte ich die ersten ernst zu nehmenden politischen Gespräche in der Grube. Dort arbeiteten eine ganze Menge Kriegsgefangene, meist Österreicher, aber auch einige Tschechen. Mit den Tschechen kam ich sehr gut aus. Sie hielten uns Russen immer wieder vor, daß wir Slawen alle Brüder seien; sie hätten keinen Krieg gegen uns führen wollen, sie wollten Frieden und Freundschaft. Insbesondere erinnere ich mich an zwei Tschechen, die ich häufig zu mir in mein Quartier mitnahm, wo ich ihnen Tee und Marmelade vorsetzte. Sie revanchierten sich, indem sie mir das technische Zeichnen beibrachten, was mir in meinem Beruf sehr nützlich war. Die Tschechen sprachen viel von der Panslawistenbewegung und daß unser gemeinsames slawisches Blut uns eine. Ich hörte zum erstenmal vom Panslawismus und war recht beeindruckt. Daß ich mich so davon beeindrucken ließ, zeigt, wie weit ich noch von einem echten Verständnis der marxistisch-leninistischen Auffassung von Klassensolidarität entfernt war.

Als ich Émile Zolas ‹*Germinal*› las, glaubte ich, nicht eine Beschreibung aus Frankreich zu lesen, sondern eine der Gruben, in der mein Vater und ich arbeiteten. Das Los der Arbeiter war in Frankreich das gleiche wie in Rußland. Auch wenn ich später Vorlesungen in Politökonomie hörte und die Rede auf das Lohnsystem des Kapitalismus und die Ausbeutung der Arbeiter kam, dann meinte ich immer, Karl Marx habe die Grube vor Augen gehabt, auf der Vater und ich beschäftigt waren. Es war, als habe er seine Gesetze nach eingehender Beobachtung unseres Arbeitslebens dort gefunden und daraufhin wissenschaftlich bewiesen, daß die Arbeiter sich von der kapitalistischen Sklaverei befreien müssen, und dargelegt, warum und wie sie die sozialistische Gesellschaft erbauen sollen.

Bolschewik und Mitglied der Partei wurde ich nach der Revolution, und kurz darauf ging ich als Parteiarbeiter und Propagandist zur Roten Armee. Kaum aus dem Bürgerkrieg zurück, setzte die Parteileitung von Jusowka mich als stellvertretenden Leiter der Rutschenkow-Gruben ein. Da hatte ich schon zehn Jahre zuvor gearbeitet, als die Gruben einer französischen Gesellschaft gehörten. 1922 war der Betriebsleiter mein

Chruschtschow (erste Reihe, dritter von links) an der Arbeiterfakultät von Jusowka, Anfang der zwanziger Jahre

guter Freund Jegor Trofimowitsch Abakumow, und zwar der Abakumow, der später Minister für die Kohlenindustrie wurde, nicht der, der unter Stalin Innenminister war.

Man trug mir die Leitung der Pastuchow-Gruben an, aber ich bat statt dessen um Entbindung von allen Parteipflichten, weil ich an der Arbeiterfakultät von Jusowka studieren wollte. Nach mehreren Versuchen gelang es mir schließlich, vom Sekretär des örtlichen Parteikomitees, Abram Pawlowitsch Sawenjagin, auf die Rabfak geschickt zu werden.

Ich habe dann verschiedene Ämter in der Parteiorganisation von Jusowka innegehabt und wurde 1925 zum Delegierten des XIV. Parteitages in Moskau gewählt. Leiter der Parteiorganisation von Jusowka war damals ein Medizinstudent namens Kostjan Moissejenko, ein Mann von kleinbürgerlichem Zuschnitt, der Kontakte zu Leuten unterhielt, die schon fast zu denen von der NEP gehörten. Wir haben ihn dann später aus dem Sekretariat herausgewählt, was zu einem gewaltigen Aufsehen führte, so daß sich sogar das ZK der Ukrainischen KP einschaltete und eine Kommission nach Jusowka schickte, die Moissejenkos Absetzung zu untersuchen hatte. Die Kommission gab uns schließlich recht, aber Moissejenko war ein blendender Redner und guter Organisator – das muß man ihm lassen –, und zur Zeit des XIV. Parteitages hatte er bei den Kommunisten unseres Gebietes noch starken Einfluß. Von den örtlichen Parteigenossen dort konnte ihm bei weitem keiner das Wasser reichen.[3]

Zum Parteitag wurden vier stimmberechtigte und vier nicht stimmberechtigte Delegierte mit beratender Funktion gewählt. Zu letzteren gehörte ich. Die Wahl ging ganz demokratisch vor, ausschlaggebend war, wie viele Parteimitglieder ein Delegierter jeweils vertrat. Ich war Sekretär des Bezirks Petrowsko-Marinsk, der, nach der Zahl der Mitglieder gemessen, im Gebiet von Jusowka erst an sechster oder siebenter Stelle rangierte, und daher war es durchaus angemessen, daß ich als beratender, nicht als stimmberechtigter Delegierter nach Moskau fuhr.

Die Aussicht, Moskau zu sehen und an einem Parteitag der Gesamtpartei teilzunehmen, erfüllte mich mit großer Freude. Wir wohnten im Haus der Sowjets, Karetnygasse 3. Das Quartier war primitiv und überfüllt, man schlief auf blanken Holzpritschen, dicht aneinandergedrängt. Postyschew, der Parteisekretär von Charkow, lag zusammen mit seiner Frau in unserer Reihe, was zu vielen Scherzen auf Kosten Postyschews Anlaß gab, aber ein jeder verstand Spaß.[4] Wir waren alle jung, und Postyschew war übrigens in der Partei besonders beliebt und geachtet. Am

3 Moissejenko tat sich unter denen hervor, die beim XIV. Parteitag die Opposition gegen Stalin niederschrien. Im Jahr darauf wurde Moissejenko degradiert; er gehörte zu den vielen örtlichen Parteisekretären, die wegen Korruption gemaßregelt wurden.

4 Pawel Postyschew, bis zu den großen Säuberungen ergebener Anhänger Stalins und von ihm mit der Liquidierung nationalistischer Strömungen in der

ersten Morgen in Moskau wollte ich mit der Straßenbahn zum Kreml fahren, aber da ich ihre Nummer nicht wußte, verirrte ich mich. Von da an ging ich immer schon früh zu Fuß zum Kreml. Das dauerte zwar länger, doch lernte ich mich orientieren. Ich ließ sogar das Frühstück aus, um rechtzeitig hinzukommen und einen guten Platz zu ergattern.

Zwar hatte jede Delegation einen Sitzblock zugeteilt bekommen, doch innerhalb dieses Blocks hieß es, wer zuerst kommt, mahlt zuerst. Ich war immer darauf aus, einen Platz ganz vorn am Podium zu bekommen. Der Parteitag tagte in dem Saal, in dem sich heute der Oberste Sowjet versammelt. Damals war er noch nicht umgebaut worden und hieß auch noch Wladimirsaal. Die ukrainischen Delegationen saßen in der Saalmitte, und die Delegierten von Jusowka hatten die ersten Reihen in der Mitte des Blockes. Angesichts der strategisch wichtigen Stellung, die die proletarische Donezorganisation innerhalb der ukrainischen Partei innehatte, wurden ihre die besten Plätze eingeräumt.

Chef der ukrainischen Parteiorganisation war Lasar Moissejewitsch Kaganowitsch; zu seinem Politbüro gehörten Petrowskij, Tschubar, Schichter und Skrypnik. Kaganowitsch war Erster Sekretär des Zentralkomitees der KP der Ukraine und Tschubar war Vorsitzender des ukrainischen Rates der Volkskommissare.[5]

Der XIV. Parteitag machte mir einen nachhaltigen Eindruck. Da saß ich doch wirklich nur wenige Meter entfernt von den eigentlichen Führern unseres Staates und unserer Partei! Zum erstenmal sah ich Stalin leibhaftig. Ich war tief beeindruckt von ihm, und ich möchte das näher erklären, indem ich einen Vorfall erzähle, der sich auf dem Parteitag ereignete.

Bei irgendeiner Gelegenheit bat der Genosse Moissejenko, der Leiter unserer Parteiorganisation, den Genossen Stalin, er möge sich doch mit unserer Delegation fotografieren lassen. Man sagte uns, Stalin sei einverstanden und werde uns wissen lassen, wann er Zeit hätte. Wir warteten endlos. Schließlich sagte man uns, wir sollten uns während einer Tagungspause im Katharinensaal versammeln. Stalin kam auch wirklich und setzte sich; der Fotograf, ein Mann namens Petrow, stellte sich hinter seinen Apparat und ordnete die Gruppe. Petrow war in seinem Fach ein geachteter Spezialist. Seit Jahren fotografierte er schon im

Ukraine beauftragt, wurde Ende der dreißiger Jahre selbst ein Opfer der Tschistka. (Siehe die Geheimrede Chruschtschows im Anhang.)

5 Abgesehen von Kaganowitsch sind Tschubar und Skrypnik von Bedeutung. Tschubar war Regierungschef der Ukraine und wurde später liquidiert. Skrypnik leitete das Volkskommissariat für Erziehung in dieser Sowjetrepublik. Er widersetzte sich mutig der ersten großen Säuberung der Ukraine durch Postyschew (siehe Anmerkung 4) und beging 1933 Selbstmord. Im dritten Kapitel seiner Erinnerungen geht Chruschtschow auch auf das Schicksal der ukrainischen Parteifunktionäre näher ein.

Kreml, und bei den Genossen war er wohlbekannt. Er ordnete nun an, wie sich jeder aufstellen und was für ein Gesicht er machen sollte. Plötzlich sagte Stalin sehr vernehmlich: «Genosse Petrow kommandiert die Leute gerne herum. Das ist hier aber nicht mehr gestattet. Nie wieder wird hier irgendwer andere Leute herumkommandieren.» Er sagte das zwar im Scherz, doch nahmen wir es alle sehr ernst und waren sehr angetan von dem demokratischen Geist, von dem das zeugte.

Etwas Ähnliches ereignete sich Jahre später, als mein Freund Lew Abramowitsch Rimskij mit seinen Studenten nach Moskau kam, um sich die Hauptstadt anzusehen. Rimskij ließ bei Stalin anfragen, ob er bereit sei, eine Abordnung seiner Studenten zu empfangen. Lew Abramowitsch erzählte mir: «Ich rief im Kreml an und wurde gleich mit Stalin verbunden. Man stelle sich das vor – gleich mit ihm! Stalin war bereit, uns zu empfangen. Als wir in seinem Büro waren, sagte ich: ‹Genosse Stalin, wir kommen aus dem ehemaligen Jusowka, das jetzt Stalino heißt, und wir möchten gerne einen Gruß von Ihnen an die Arbeiter von Stalino mit nach Hause nehmen. Würden Sie einen kleinen Brief für uns schreiben?› Und was erwiderte Stalin? Stalin erwiderte: ‹Wofür haltet ihr mich? Für einen Grundbesitzer? Die Arbeiter in euren Fabriken sind doch nicht Leibeigene auf meinem Gut, es wäre ganz unpassend, ja eine Beleidigung, wenn ich einen solchen Brief an sie schriebe. Ich tue etwas Derartiges nicht und habe es auch nicht gerne, wenn andere so was tun!›» Lew Abramowitsch war angenehm überrascht. Wieder zu Hause, erzählte er diese Geschichte überall, um darzutun, wie demokratisch Stalin war, wie zugänglich für jedermann und wie sehr er sich des ihm zukommenden Platzes bewußt war.

Fast alles, was ich in jenen Jahren von Stalin sah und hörte, sagte mir sehr zu. In den zwanziger Jahren wurden an alle Parteiorganisationen die Protokolle der Politbürositzungen verteilt, und von den Parteiaktivisten gründlich studiert. Aus einem dieser Protokolle erinnere ich mich noch an eine Auseinandersetzung zwischen Stalin und entweder Trotzki oder Sinowjew und besonders daran, was Stalin gesagt hatte. Er drückte sich etwa so aus: «Ich jedenfalls werde alles daransetzen, die Einheit der Partei und ihre absolute Geschlossenheit zu wahren. Sehen Sie denn nicht, was Sie da anrichten? Guter Gott, Mann, begreifen Sie gar nicht, was Sie da sagen? Na, einerlei – Gott sei mit Ihnen, Gott sei mit Ihnen.» Nun war Stalin, obschon ehemaliger Priesterseminarist, ganz gewiß kein religiöser Mensch und solche Ausdrücke waren bestimmt nicht typisch für ihn. Ich verstand sein «Gott sei mit Ihnen» so, als wollte er sagen, «Ihnen ist nicht zu helfen. Ich wünsche Ihnen nichts Böses, aber Gott beschütze Sie und verleihe Ihnen Einsicht in Ihre Irrtümer». Ich bin natürlich ebenfalls kein religiöser Mensch und nie einer gewesen, doch freute es mich zu sehen, welche Toleranz Stalin seinen politischen Gegnern entgegenbrachte.

1925 wußte die Öffentlichkeit nichts von dem harten Kampf, der innerhalb der Partei tobte. Stalin war noch zu Lebzeiten Lenins und als Trotzki noch aktiv war, Generalsekretär geworden. Es dauerte Jahre, ehe Stalins ganz besondere Rolle in der Partei den Genossen bekannt wurde – von den Massen ganz zu schweigen.

1927 nahm ich – wiederum als Delegierter der Parteiorganisation von Jusowka – am XV. Parteitag teil, auf dem Stalin und seine Anhänger mit Sinowjew und seinen Anhängern abrechneten, der «Leningrader Opposition», wie man auch sagte. Ich weiß noch, daß wir alle sagten, nun pfeifen es schon die Spatzen von den Dächern, daß es in der Partei ein Schisma gibt.

Wir wohnten wieder im Haus der Sowjets, Karetnygasse 3. Gleich nach unserer Ankunft hieß es, Jakow Arkadjewitsch Jakowlew wolle uns über gewisse Entwicklungen innerhalb der Partei informieren und uns auf das vorbereiten, was sich auf dem Parteitag ereignen würde.[6] Ich glaube, Jakowlew war einer der Stellvertreter von Sergo Ordschonikidse.[7] Da man uns sagte, es dürfe außer uns ukrainischen Delegierten niemand an der Sitzung teilnehmen, konnten wir uns schon denken, daß es sich um Fragen der Fraktionsbildung handeln würde.[8] Es war uns auch klar, daß Jakowlew uns vertrauliche Informationen und Instruktionen erteilen würde, die unmittelbar von Stalin stammten.

Jakowlew erklärte uns, inwiefern unsere Auffassung sich von der Sinowjews unterscheide und was wir zu tun hätten, mit anderen Worten, er bereitete uns darauf vor, daß wir als eine Fraktion gegen die Opposition von Sinowjew und Kamenjew aufzutreten hatten, die damals immer mehr Zulauf fand. Sinowjew war Vorsitzender der Komintern, und als die Hauptperson der internationalen kommunistischen Bewegung genoß er große Autorität und großes Ansehen. Jakowlew erklärte uns, Sinowjew sei neben Stalin als Hauptredner des Parteitages vorgesehen.

6 J. A. Jakowlew, ehemals Volkskommissar für die Landwirtschaft, war mitverantwortlich für die Exzesse bei der Zwangskollektivierung und wurde von Stalin bei vielen Gelegenheiten damit beauftragt, Druck auszuüben. Dennoch wurde er 1938 der Rechtsopposition beschuldigt und später erschossen.

7 Sergo Ordschonikidse, Altrevolutionär und georgischer Kampfgefährte Stalins, kritisierte vor dem Zentralkomitee die Verfolgung und Liquidierung der Altbolschewiki. Er nahm sich 1937 das Leben.

8 Die hier angedeutete Isolierung der Parteidelegationen voneinander ist interessant. Sie zeigt, daß Stalin bereits 1927 verhinderte, daß Delegierte des Parteitags aus den einzelnen Republiken miteinander ins Gespräch kamen. Damit wurde eine langwährende Tradition begründet. Selbst auf dem Treffen der kommunistischen Parteien in Moskau im Jahre 1960, beklagten sich ausländische Delegierte darüber, daß die sowjetischen Genossen – nun war Chruschtschow an der Macht – sie daran hinderten, untereinander Kontakt aufzunehmen.

(Nach Lenins Tod hatte er den Rechenschaftsbericht abgegeben und war auch auf dem vorhergehenden XIV. Parteitag 1925 neben Stalin der Hauptredner gewesen.) Jakowlew sagte, die Leningrader Delegation zum XV. Parteitag habe vom Parteitagspräsidium gefordert, Sinowjew auf Grund der Parteistatuten wiederum die gleiche Redezeit zu gewähren wie Stalin.

Als der Parteitag eröffnet wurde, sahen wir, daß wir wieder in der Mitte des Saales untergebracht waren. Links von uns saß die Leningrader Delegation, rechts die Moskauer. Wir hatten mit der Moskauer Delegation Verbindung aufgenommen und mit ihr unsere Aktionen gegen die Leningrader Opposition verabredet. Überall fanden Diskussionen statt, in kleinen und größeren Gruppen, während der Sitzung und in den Pausen, im St. Georgssaal und in den Korridoren.

Mit Bedauern sah ich meinen alten Genossen Abramson im feindlichen Lager. Als ich 1922 aus dem Bürgerkrieg zurückgekommen war, redigierte er in Jusowka die Zeitung *Diktatur der Werktätigen*; jetzt war er Sekretär eines Parteibezirkes von Leningrad. Er war ein guter Kommunist, doch wie alle Leningrader ein Anhänger Sinowjews. Dessen Leute hatten auch noch Badajew und Nikolajewa[9] auf ihre Seite gezogen, um der Opposition noch mehr Gewicht zu verleihen. Die beiden waren aktive, gute Parteimitglieder. Jetzt sind sie allesamt tot.

Die Linie des Zentralkomitees – d. h. Stalins Linie – wurde von Stalin, Rykow und Bucharin vertreten. Es gab nur die Linie des ZK und die der Opposition, nichts anderes.

Eine Bemerkung zu Bucharin. Er war sehr populär und geachtet. Ich hatte ihn schon 1919, als ich in der Roten Armee war, gesehen und reden gehört. Als Sekretär der Parteizelle unserer Einheit war ich zu einer Versammlung der Parteiarbeiter des Gebiets Kursk eingeladen worden, wo Bucharin eine Rede hielt. Er kam bei allen gut an, und mir verschlug er geradezu den Atem. Er war ein sehr einnehmender Mensch mit einem ausgeprägt demokratischen Geist. Später habe ich dann Genossen kennengelernt, die unter ihm gearbeitet hatten – einfache, aber fortschrittlich gesinnte Kommunisten aus Moskau, die etwa auf dem gleichen Niveau der politischen Entwicklung standen wie ich – und die erzählten, daß Bucharin stets das Quartier und die Mahlzeiten mit ihnen teilte. Das machte mir tiefen Eindruck. Bucharin war auch Herausgeber der *Prawda*, er war der erste Theoretiker der Partei. Lenin nannte ihn immer zärtlich «Unseren Buchartschik», und auf Lenins Weisung schrieb er auch *‹Das A-B-C des Kommunismus›*, und wer der Partei beitrat, lernte Marxis-

9 K. I. Nikolajewa war neben Lenins Witwe, Nadjeschda Krupskaja, am Vorabend der großen Säuberung das einzige weibliche Vollmitglied des Zentralkomitees. Obwohl sie sich wirklich für Sinowjew einsetzte, überlebte sie die Säuberungen und war auch nach Beendigung des Terrors noch im Amt.

mus-Leninismus aus dieser Arbeit Bucharins. Kurzum, Bucharin war in der Partei sehr beliebt.

Eine der Delegationen überreichte dem Parteitagspräsidium einen Stahlbesen, und Rykow, als Vorsitzender des Präsidiums, übergab den Besen Stalin mit den Worten: «Hiermit überreiche ich diesen Besen unserem Genossen Stalin, auf daß er damit unsere Feinde hinwegfege.» Das gab großen Beifall und Gelächter. Rykow selber mußte auch lachen; augenscheinlich traute er Stalin zu, diesen Besen klug zu gebrauchen, zum Wohl der Partei, gegen parteifeindliche Elemente und die Gegner der Parteilinie. Rykow hat wohl nicht vorhergesehen, daß er von diesem Besen, den er Stalin 1927 übergab, selber weggefegt werden würde.[10]

Damals, auf dem XV. Parteitag, zweifelten wir nicht einen Augenblick daran, daß Stalin und seine Anhänger im Recht waren und die Opposition im Unrecht. Ich glaube auch heute noch, daß Stalins ideologische Position im Grunde richtig war. Es war uns klar, daß ein gnadenloser Kampf gegen die Opposition geführt werden mußte. Aber wir hielten es mit dem Sprichwort: Wo gehobelt wird, da fallen Späne. Schließlich war Stalin nicht durch Zufall erster Mann in der Partei, und ebensowenig war es Zufall, daß die Partei ihn gegen so mächtige Opponenten wie die Trotzkisten, die Sinowjewisten und später gegen den Rechts-Links-Block von Syrzow und Lominadse stützte.[11] Stalin war eine machtvolle Persönlichkeit und ihm war in hohem Maße die Mobilisierung der Parteikräfte zwecks Wiederaufbau von Landwirtschaft und Industrie und die Stärkung der Armee zu danken. Man darf auch nicht übersehen, daß Stalins Name in den ersten Jahren der Revolution bei den Massen sehr bekannt war. Er hatte in kurzer Zeit einen weiten Weg zurückgelegt und Partei und Volk auf diesem Weg mitgenommen.

10 Alexej Iwanowitsch Rykow, direkter Nachfolger Lenins als Vorsitzender des Rats der Volkskommissare (Regierungschef der Sowjetunion), und Nikolaj Iwanowitsch Bucharin, der Intellektuelle und Theoretiker der Partei, hatten Stalin geholfen, den Stab über Trotzki, Sinowjew und Kamenjew zu brechen. Zehn Jahre später standen sie selbst als Rechtsoppositionelle vor Gericht. Sie wurden im März 1938 erschossen.

11 S. Syrzow, Kandidat des Politbüros und Regierungschef der Russischen Sowjetrepublik (RSFSR), und W. W. Lominadse, einer der nächsten Freunde Stalins, hatten Stalin zunächst sowohl gegen Trotzki wie gegen Bucharin beigestanden. Später stellten sie sich jedoch gegen ihn und verlangten offen Stalins Absetzung als Generalsekretär der Partei. Sie wurden verhaftet. Im Prozeß Bucharins wurden sie als Mitverschwörer genannt. Was wirklich aus ihnen geworden ist, weiß man nicht. Chruschtschows Hinweis auf einen «Rechts-Links-Block» rührt vermutlich daher, daß der «Prozeß der Einundzwanzig» gegen Bucharin und andere 1938 amtlich als Prozeß gegen den «Antisowjetischen Block der Rechten und Trotzkisten» bezeichnet wurde.

1928 rief Kaganowitsch mich nach Charkow [damals die Hauptstadt der Ukraine] und bot mir an, stellvertretender Leiter der Organisationsabteilung beim ZK der Partei der Ukraine zu werden. Im ZK der ukrainischen Partei, so erläuterte Kaganowitsch, gäbe es viel zuwenig Arbeiter, und er wolle mich von Stalino nach Charkow versetzen lassen, um die genügende Anzahl von echten Proletariern im Parteiapparat vorweisen zu können. Ich hatte keine Lust, anzunehmen. Ich kannte die Charkower Organisation bereits gut genug, um zu wissen, daß sie voller Leute war, denen man nicht trauen durfte. Ganz gewiß würde ich dort nur Schwierigkeiten bekommen. Die Charkower waren eifersüchtig auf die Parteiorganisation von Jusowka, und das nicht ohne Grund: wir dort waren Grubenarbeiter und Metallarbeiter, das echte Proletariat, das Salz der Erde und der Fels, auf dem die Partei stand. Ich sagte also zu Kaganowitsch: «Sie haben ganz recht, wenn Sie mehr Arbeiter in den Apparat des ZK bringen wollen. Ich möchte aber aus Stalino nicht weg. Ich fühle mich da sehr zu Hause. Ich weiß, was dort vorgeht, und kenne jeden Mann, während mir hier alle unbekannt sind. Und ich glaube auch nicht, daß ich mich in der Organisationsabteilung des ZK eingewöhnen könnte.»

«Na schön, wenn Sie das so ansehen, kann das ZK auf Sie verzichten. Wenn Sie so sehr gegen eine Versetzung sind, bleiben Sie eben in Stalino.»

Auf der Heimfahrt ließ ich mir die Sache aber noch mal durch den Kopf gehen. Ich überdachte meine Beziehung zu Kaganowitsch und die Aussicht, die sich böte, wenn ich ihn als direkten Vorgesetzten hätte. Kaganowitsch mochte mich gut leiden. Ich hatte ihn in den ersten Tagen der Februarrevolution in Jusowka kennengelernt, auf einer Versammlung, auf der ich die Arbeiter der Rutschenkow-Gruben vertrat. Eine oder zwei Wochen darauf trafen wir uns wieder. Damals kannte ich ihn nicht als Kaganowitsch, sondern als Schirowitsch. Ich vertraute ihm ganz und achtete ihn hundertprozentig. Und ich wußte, er brauchte in Charkow jegliche Hilfe. Ein guter Verwaltungsmann war er nicht, ein echter Führer schon überhaupt nicht. Seine Stellung im Führungskollektiv der Ukraine war unsicher, seine Beziehungen zu den anderen Mitgliedern des ZK, milde ausgedrückt, kompliziert. Die alten Männer im Führungskollektiv versuchten ständig, seine Autorität zu untergraben. Weder Petrowskij noch Tschubar standen hinter ihm. Die Gruppe aus Dnjepropetrowsk war im Grund gegen ihn. Kaganowitsch mußte sich fast ganz auf die Parteiorganisation im Donezbecken stützen und ganz besonders auf die von Jusowka.

Und noch etwas sprach trotz allem für die Versetzung nach Charkow. Man hatte kein rechtes Vertrauen mehr zu Stroganow, dem Sekretär des Parteikomitees von Jusowka, und die Leute kamen jetzt lieber zu mir als zu ihm, zum Teil deshalb, weil ich seit meiner Kindheit in Jusowka gelebt hatte. Mein Vater hatte in Uspensk in der Grube gearbeitet, vier

Werst[12] südlich von Jusowka; ich selber hatte in der Fabrik von Bosse gelernt und hatte seit damals einen großen Bekanntenkreis. Als nun die Leute anfingen, ihm aus dem Wege zu gehen und sich an mich zu wenden, wurde mein Verhältnis zu Stroganow gespannt, denn ich war nominell sein Stellvertreter. Übrigens ist auch er später umgekommen. (Der arme Kerl hat gewiß nicht verdient, daß man ihn erschossen hat.) Es schien mir jedenfalls geraten, von Jusowka wegzugehen, bevor ich ernstliche Schwierigkeiten mit Stroganow bekam.

Nach ausführlichem Bedenken aller dieser Umstände beschloß ich dann doch, Kaganowitschs Angebot anzunehmen. Ich sagte ihm, ich hätte meinen Entschluß geändert und sei einverstanden mit der Versetzung nach Charkow – unter einer Bedingung: daß man mich bei der ersten sich bietenden Gelegenheit von dort versetze, einerlei wohin, solange ich im Industriegebiet bliebe, denn in einer landwirtschaftlichen Region wäre ich fehl am Platze gewesen, weil ich von Landwirtschaft kaum etwas verstand.

Ich wurde also Stellverteter von Nikolaj Nesterowitsch Demtschenko, dem Leiter der Organisationsabteilung beim ZK in Charkow. Er war ein guter Mensch und guter Kommunist, absolut der Generallinie der Partei, dem Zentralkomitee und Stalin ergeben. Doch auch ihn ließ Stalin später umbringen.[13]

Meine Arbeit in Charkow erwies sich, ganz wie erwartet, als recht unerfreulich. Nichts als Papierkram. Ich bin aber ein Mann der Aktion, ein Tatmensch, ein Bergarbeiter, ich bin gewöhnt, mit Eisen und Chemikalien zu hantieren. Schreibtischarbeit liegt mir überhaupt nicht, sie ist mir völlig fremd. Ich finde es abscheulich, wenn man die Welt nur über einen Schreibtisch voller Akten zu sehen bekommt. Der Posten in Charkow war eine Sackgasse, ich fühlte mich da gefangen und bekam keine Luft.

Mehrere Male erinnerte ich Kaganowitsch daran, daß er versprochen hatte, mich bei erster Gelegenheit aus Charkow wegzulassen. Eines Tages rief er mich an. «Ich habe was für Sie in Kiew. Demtschenko ist jetzt dort Sekretär des Parteikomitees und will, daß Sie die Organisationsabteilung in Kiew übernehmen. Wenn Sie einverstanden sind, können Sie gleich losfahren.»

Ich nahm sofort an. Es war Sonntag. Montagfrüh stieg ich in Kiew aus dem Zug. Ich war noch nie zuvor dort gewesen, und mit Kiew verglichen, war Jusowka natürlich ein Dorf. Kaum angekommen, ging ich ans Dnjeprufer und betrachtete den berühmten Strom, immer noch mit dem Koffer in der Hand.

12 1 Werst = 1,067 km

13 Petrowskij, Stroganow, Demtschenko – drei von zahllosen im Westen unbekannten sowjetischen Parteifunktionären, die Stalin beseitigen ließ.

Die Kiewer Organisation galt nicht gerade als ein Ruheplätzchen unter den Außenposten der Partei, im Gegenteil, die Gegend war berüchtigt als Hochburg der ukranischen Nationalisten, und diesen Ruf hatte sie zu Recht. Das örtliche Proletariat war schwach und labil; die Intelligenz, in ihrem Mittelpunkt die Ukrainische Akademie der Wissenschaften, stand unter der Führung von Gruschizkij, einem Nationalisten und Anhänger von Petljura.[14] Außerdem gab es ein beachtliches Kontingent von Trotzkisten in der Gegend. Ich weiß jedenfalls, daß ich schon bald bei den Nationalisten in Kiew als hoffnungsloser «Rusak»[15] verschrien war.

Trotz meiner Befürchtungen verlief das Jahr in Kiew sehr befriedigend. Ich habe an die damalige Zeit viele angenehme Erinnerungen. Das Arbeiten fiel mir dort leicht. Die Leute mochten mich gern und vertrauten mir. Ich möchte fast sagen, sie achteten mich.

Nicht, daß es keine Schwierigkeiten gegeben hätte, weit gefehlt, Menschewiki, Sozialrevolutionäre, ukrainische Nationalisten und Trotzkisten versuchten, die schwierige Lage auszunutzen, in der sich die Partei in Kiew befand. Es gab viele Arbeitslose, die mit roten Fahnen durch die Straßen zogen. Wir beriefen eine Versammlung ins Gebäude des Stadtsowjets von Kiew ein, um diese Dinge zu erörtern, und ich sagte den Leuten, die dahin kamen: «Ich weiß, wo es Arbeit für euch gibt, reichlich Arbeit für alle.» Das gefiel ihnen. «Wo?» fragte sie.

«Im Donezbecken.»

«Lieber wollen wir hier arbeitslos sein als im Donezbecken arbeiten», sagten sie.

Das machte mich wütend, denn schließlich stammte ich von dort, und die Bergleute, mit denen ich großgeworden war, vermißte ich hier sehr. Aber für die Kiewer war das Donezbecken die hinterste Provinz. Außerdem war es Bergbaugebiet, und vom Bergbau verstanden sie nichts.

1929 wurde ich fünfunddreißig Jahre alt, und mir war klar, daß, wenn ich überhaupt noch etwas lernen wollte, der letzte Augenblick gekommen war. Über die Arbeiterfakultät von Jusowka war ich nie hinausgekommen, und es wurde allerhöchste Zeit. Ich beschloß, um Fortbildungsurlaub einzukommen. Anfangs wollten meine Vorgesetzten mich nicht gehenlassen. Kaganowitsch saß jetzt im ZK in Moskau, und sein Nachfolger war Genosse Kossior.[16] Ich galt als enger Vertrauter von

14 Simon W. Petljura war der bekannteste ukrainische Nationalistenführer der Bürgerkriegsjahre. Er tat sich zunächst mit den Deutschen, dann mit den alliierten Interventen und mit den Polen zusammen, um zu verhindern, daß die Ukraine an die Sowjetrepubliken angeschlossen wurde.

15 Ein abschätziger ukrainischer Ausdruck für Russe.

16 Stanislaw W. Kossior, Mitglied des Moskauer Politbüros, Parteichef der Ukraine bis 1938, dann verhaftet. Sein Nachfolger in der Ukraine wurde Chruschtschow. (Siehe Geheimrede Chruschtschows im Anhang.)

Kaganowitsch, und das war ja auch richtig; darum glaubten viele Leute, ich sei um Urlaub eingekommen, weil ich mit Kossior nichts zu tun haben wollte, aber das stimmte nicht. Ich kannte Kossior nicht näher, achtete ihn aber. Er war ein eher stiller Mensch, intelligent und liebenswürdig. Er übertraf Kaganowitsch in der Fähigkeit, mit Menschen umzugehen, aber als Organisator reichte er nicht an ihn heran. Kaganowitsch gehörte zu den Leuten, die was zustande bringen. Wenn das ZK ihm eine Axt in die Hand drückte, legte er los wie ein Sturm; unglücklicherweise schlug er oft gleich die gesunden Bäume mit den kranken um, aber jedenfalls flogen die Fetzen – das muß man ihm lassen.

Ich fuhr also nach Charkow und legte vor Kossior meine Karten auf den Tisch: «Ich bin jetzt fünfunddreißig. Ich möchte gern meine Ausbildung abschließen. Wollen Sie mir eine Empfehlung geben? Ich möchte an die Moskauer Industrieakademie und dafür vom ZK empfohlen werden. Ich will Metallurge werden.»

Kossior war sehr verständnisvoll. Er ließ mich zu Ende reden und erteilte seine Zustimmung. Demtschenko aber wurde ganz aufgeregt und wollte mich unbedingt festhalten, obschon auch er Verständnis dafür hatte, daß jemand seine Ausbildung abschließen wollte. Das Parteibüro beriet darüber, ob ich den Urlaub bekommen sollte oder nicht. Einige meinten, ich wolle nur von Demtschenko weg, und gaben mir zu verstehen, sie würden ein Versetzungsgesuch unterstützen. Ich mußte sie erst davon überzeugen, daß mein Urlaubsgesuch nicht das mindeste mit meinem Verhältnis zu Demtschenko zu tun hatte und daß ich wirklich nur meine Ausbildung beenden wollte. Nach mehreren Sitzungen und Beratungen entschloß sich das Büro, mich von meinen Parteiverpflichtungen in der Ukraine zu entbinden, damit ich auf die Industrieakademie in Moskau gehen könnte. Bald darauf fuhr ich nach Moskau.

2

Parteiarbeit in Moskau

Von der Industrieakademie ins Politbüro

Im nachhinein betrachtet, ist es mehr als wahrscheinlich, daß der fünfunddreißigjährige ukrainische Parteifunktionär zur Industrieakademie in Moskau weniger deshalb zugelassen wurde, um dort zu studieren, als um sich in der politischen Arbeit zu bewähren und dabei die Akademie in eine Hochburg der Stalinisten zu verwandeln. 1929 und 1930 war nämlich dieses Treibhaus der kommunistischen Elite Sammelpunkt der Antistalinisten. Doch wie dem auch sei, Chruschtschow jedenfalls gewann sehr bald das Kommando über die Parteizelle an der Akademie und schlug die Opposition mit Methoden, die sowohl rauh und rücksichtslos als auch listig waren. Er war so erfolgreich, daß er schon nach zwei Jahren die Akademie verlassen und im Schatten von Kaganowitsch jenen raschen Aufstieg beginnen konnte, der ihn so bald zum Chef der Moskauer Parteiorganisation machen sollte. Den Hintergrund zu diesem Kapitel liefern die durch den ersten Fünfjahrplan erforderlichen Bemühungen um die schnelle Industrialisierung des Landes und die Zwangskollektivierung der Landwirtschaft, über die Chruschtschow an anderer Stelle noch sprechen wird.

In meinem ersten Jahr auf der Akademie hatte ich Schwierigkeiten. Man sagte, ich hätte nicht genügend Erfahrung in leitenden Stellungen und könnte darum nicht dort studieren. «Dies hier ist eine Schule für Organisatoren und Direktoren», sagten die Genossen, «Sie bringen dafür nicht die Voraussetzungen mit. Sie sollten vielleicht an dem Kurs in Marxismus-Leninismus teilnehmen, der vom ZK veranstaltet wird.» Ich mußte schließlich Kaganowitsch um Hilfe bitten. Lasar Moissejewitsch war einer der Sekretäre des ZK, und er sorgte dafür, daß ich bleiben durfte. Es waren dort alle möglichen Leute, Studenten der unterschiedlichsten politischen und bildungsmäßigen Herkunft. Viele waren bloß in der Dorfschule gewesen und verstanden bestenfalls die Grundformen des Rechnens. Andere hatten die höhere Schule absolviert, und da ich auf der Arbeiterfakultät von Jusowka gewesen war, rechnete man mich zu diesen.

Die Unterrichtsräume der Akademie befanden sich in der Nowo-Bassmannaja unweit von dem Wohnheim in der Pokrowka 40, wo ich mein

Krassin, Molotow und A. S. Jenukidse mit einer Leninbüste, 1924

Zimmer hatte. Das war ein idealer Zustand. Ich marschierte täglich in die Akademie. Die Straßenbahn benutzte ich nie.

Vorsteher der Akademie war Genosse Kuibyschew, der Vorsitzende des Obersten Volkswirtschaftsrates [1], und wer wäre dazu besser geeignet gewesen? Er war ein achtbarer einflußreicher Mensch und widmete der Akademie viel von seiner Kraft. Unser Direktor war G. M. Kaminskij, ein alter Bolschewik und guter Genosse.[2] Ich erinnere mich noch, daß wir ihn 1930 anzufragen baten, ob Genosse Stalin einige Vertreter der ersten Absolventen empfangen würde. Wir wollten in der Säulenhalle [3] eine Abschlußfeier organisieren und wünschten, daß Genosse Stalin bei dieser feierlichen Gelegenheit die Festrede hielt.

Man sagte uns, Stalin würde eine Abordnung von sechs oder sieben Studenten empfangen. Obwohl ich nicht selber zu den Absolventen gehörte, nahm man mich doch in die Delegation auf, weil ich Sekretär der Parteiorganisation der Akademie war. Stalin gab uns bei dieser Gelegenheit Ratschläge folgender Art: Lernt euer Fach, bis ihr es perfekt beherrscht, werdet Experten auf eurem Gebiet; ihr müßt sowohl die allgemeine Verwaltung beherrschen wie auch euer Spezialgebiet. Ein guter Rat, wenn auch nicht gerade neu für uns. Das hatte man mir schon auf der Arbeiterfakultät von Jusowka geraten. Während Stalin sprach, dachte ich bei mir: «Da steht nun ein Mensch, der es versteht, unsere Gedanken und Energien auf das wichtigste Ziel zu lenken – die Industrialisierung des Landes und die Stärkung unserer Grenzen gegen die kapitalistische Welt; das Wohl des Volkes liegt augenscheinlich in guten Händen.»

Nachdem er uns seine Ratschläge erteilt hatte, sagte Stalin: «Zu eurer kleinen Feier heute abend werde ich nicht kommen können, aber Genosse Kalinin [4] wird dort sein.» Unsere Zusammenkunft mit Stalin hatte schon länger als vorgesehen gedauert, und wir mußten laufen, um zur Feier zu kommen. Als wir ankamen, war Kaminskijs Rede schon vorbei, doch Kalinins Rede bekamen wir noch mit. Wir respektierten ihn alle sehr und lauschten aufmerksam seinen Worten.

1 W. W. Kuibyschew, Altbolschewik und Vorsitzender des Obersten Volkswirtschaftsrates, tat sich schon früh mit Stalin zusammen, galt aber eher als gemäßigt. Er starb unvermutet 1935, möglicherweise auch auf Stalins Anordnung. Beim Prozeß Bucharins 1938 war von der Anklage behauptet worden, die Verschwörer hätten mit Hilfe von ihnen ergebenen Ärzten Kuibyschew und andere (so Maxim Gorkij) beseitigt.

2 G. M. Kaminskij, ehemaliger Volkskommissar für das Gesundheitswesen, unterschrieb sowohl Kuibyschews als auch Ordschonikidses Totenschein. Sein Schicksal wird in Kapitel 3 beschrieben.

3 Im Moskauer Gewerkschaftshaus, für feierliche Zusammenkünfte bestimmt.

4 Michail Iwanowitsch Kalinin (1875–1946), der 1923 erstes Staatsoberhaupt der Sowjetunion wurde.

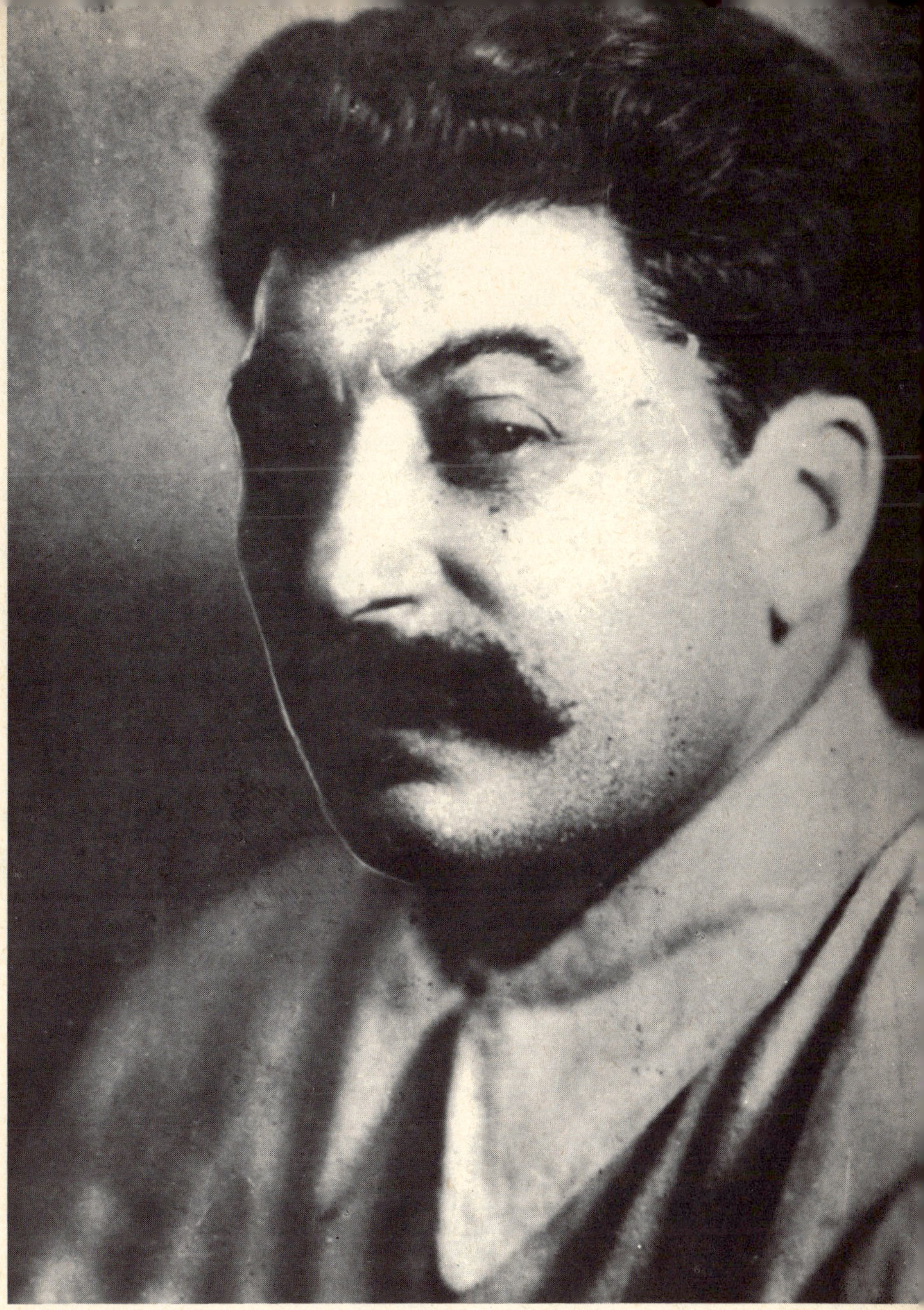

Stalin 1931

Ich möchte erklären, wie es dazu kam, daß man mich zum Sekretär der Parteiorganisation der Akademie wählte. Das ist eine etwas längere Geschichte, es lohnt aber, sie zu erzählen.

Als ich 1929 nach Moskau kam, waren die Studenten der Akademie zumeist unzuverlässige, unerwünschte Elemente. Aus irgendwelchen Gründen hatten sie ihre Ämter in Partei, Gewerkschaft oder Industrie hingeschmissen und sich dort ein warmes Plätzchen gesucht. Sie taten weiter nichts als faulenzen. Wir hatten zwei Tage in der Woche frei, sonntags und einen anderen Tag, der dazu benutzt werden sollte, den Lehrstoff der Woche zu «verarbeiten». Nun, an diesen Tagen sah ich diese Nichtsnutze immer wieder schon am frühen Morgen aus dem Wohnheim gehen und erst spätabends zurückkommen. Was sie tagsüber trieben, ahne ich nicht, aber «verarbeiten» taten sie gewiß nichts. Die meisten waren überhaupt nicht zum Studieren an der Akademie; sie waren nur dort, weil sie glaubten, sie könnten dort in Ruhe abwarten, bis der politische Sturm sich gelegt hätte. Sie suchten sich ihr lauschiges Eckchen in der Akademie und gingen jedem politischen Engagement aus dem Wege. Das führte zu einer wirklich absurden Situation: die politischen Gegner des ZK waren so ungefähr die einzigen im Lande, die von unseren höheren Bildungseinrichtungen Gebrauch machen durften. Ich weiß noch, wie Molotow mich einmal fragte: «Genosse Chruschtschow, finden Sie Zeit zu lesen?»

«Sehr wenig», entgegnete ich.

«Mir geht es ebenso. Nie hört die Arbeit auf. Ich möchte gerne lesen, ich weiß auch, daß ich es eigentlich tun müßte, doch ich komme einfach nicht dazu.»

Ich verstand ihn sehr gut. Seit ich 1922 aus dem Bürgerkrieg zurück war, hatte ich keine Zeit mehr zum Lesen gefunden. Ich war Parteiaktivist, und daher war meine gesamte Zeit dem Kampf für die Generallinie des ZK gewidmet. Mein Leben gehörte mir gar nicht mehr selber. Wer Literatur genießen wollte, wurde beschuldigt, seine Pflichten als Bürger und Parteimitglied zu vernachlässigen. Ich erinnere mich, daß Stalin einmal treffend sagte: «So also hat sich das entwickelt – Trotzkisten und Rechtsabweichler bekommen zum Lohn für ihre Tätigkeit auch noch die beste Ausbildung! Das ZK traut ihnen nicht und entbindet sie von ihren Ämtern, und schon findet man sie in unseren technischen und wissenschaftlichen Lehranstalten. Diejenigen aber, die tagtäglich für die Parteilinie eintreten und die praktische Arbeit machen, die haben keine Gelegenheit, sich fortzubilden.»

Tatsächlich wimmelte es an der Akademie von Rechtsabweichlern, und diese kontrollierten auch die Parteizelle. Als ich 1929 hinkam, war Chacharew Sekretär. Er besaß Einfluß und war bereits vor der Revolution in der Partei gewesen, ich glaube seit 1906. Umgeben war er von der Alten Garde, wie wir sie nannten, Leute, die Rechte wie Rykow, Bucharin und Uglanow[5] gegen Stalin und seine Generallinie stützten. Die Alte Garde der Akademie bestand aus Altbolschewiki, ehemaligen Fabrikdirektoren und Gewerkschaftsführern – achtbaren Männern also, die die Akademie besuchten, angeblich um ihr technisches Können aufzupolieren.

Immerhin gab es an der Akademie eine Gruppe, die wie ich für die Generallinie eintrat und gegen die Rechten: Rykow und Bucharin, Uglanow, die Sinowjewisten, die Trotzkisten und den Rechts-Links-Block von Syrzow und Lominadse. Die Rechten, die Oppositionellen, die Rechts-Linken, die Abweichler – alle diese Leute hatten im wesentlichen die gleichen politischen Vorstellungen, und unsere Gruppe war dagegen. Wir kamen alle aus dem Süden – aus dem Donezbecken, aus Dnjepropetrowsk, aus Charkow. Überdies waren wir alle erst nach der Revolution der Partei beigetreten. Wenn jemand für irgendein Amt in der Parteiorganisation der Akademie vorgeschlagen wurde, mußte er vortreten und sagen, woher er kam und seit wann er in der Partei war. Da hatte es die Alte Garde leicht, die Leute zu erkennen, von denen Widerstand zu erwarten war, und ihre Wahl zu verhindern.[6]

Meine Wahl ins Präsidium der Akademie wurde zwei- oder dreimal verhindert, und man wählte mich nicht einmal zum Delegierten auf den XVI. Parteitag. Allerdings war ich, obschon erst seit kurzem in Moskau, in der Partei kein ganz Unbekannter mehr, man wußte, daß ich für die Generallinie eintrat, und das ZK teilte mir einen Gastausweis für den Parteitag zu. Auf diese Weise hatte ich Gelegenheit, Stalins Rechenschaftsbericht zu hören. Alle Sitzungen des Parteitages besuchte ich nicht, und obschon mein Gastausweis nicht übertragbar war, lieh ich ihn doch einigen Genossen, damit auch sie den Parteitag besuchen konnten. Zum Glück hat man mich dabei nicht erwischt, die Weitergabe solcher Ausweise wurde hart bestraft.

So um den XVI. Parteitag fingen wir an, uns gegen die Rechten durchzusetzen, und ich führte den Kampf um die Eroberung der Akademie für die Generallinie des ZK an. Meine Rolle im Kampf für die Parteilinie war wirklich keine kleine, nein, ohne Bescheidenheit möchte ich sagen, sie war die führende. Im Parteibüro der Akademie wußte man das auch, und man versuchte mich wegzuschicken, damit ich nicht den Plan

5 N. A. Uglanow, Erster Sekretär der Moskauer Parteiorganisation und daher verantwortlich für die Akademie. Nach seiner Absetzung 1928 folgten ihm erst kurzfristig K. J. Baumann, dann Molotow, Kaganowitsch und schließlich Chruschtschow selber.

6 Chruschtschow gibt hier einen interessanten Einblick. Den Intellektuellen und den Gemäßigten in der Partei, zumeist Altbolschewiki, stellte Stalin eine Gruppe rücksichtsloser Scharfmacher gegenüber – insbesondere Chruschtschow und seine Kollegen aus den Industriegebieten der Ukraine, Leute, die erst relativ kurz der Partei angehörten.

hintertreiben könnte, zur Parteikonferenz des Baumann-Bezirkes 1930 rechte Delegierte zu entsenden. Man schickte mich aufs Land, ich sollte eine Kollektivwirtschaft inspizieren, für die die Parteiorganisation der Akademie die Patenschaft übernommen hatte.

Als ich nach Moskau zurückkam, war die Bezirksparteikonferenz bereits in vollem Gange, und die Akademie wurde von den Rechten vertreten. Genosse Tabakow weihte mich in alles ein, was sich während meiner Abwesenheit ereignet hatte. Tabakow war Jude, einer meiner treuesten Anhänger auf der Akademie, politisch sehr versiert, ein Kommunist von höchsten Graden. Später wurde er dann erschossen. Tabakow sagte mir also, die Parteizelle hätte eine Liste von etwa zehn bis dreizehn Delegierten aufgestellt, darunter Stalin, Rykow, Bucharin und, ich glaube, Uglanow. Diese Taktik der Rechten war schlau, denn so konnte niemand Stalin wählen, ohne zugleich auch Rykow und Bucharin zu wählen.

Am Abend rief man mich ans Telefon. Ich hatte keinerlei Bekannte in Moskau und ahnte nicht, wer anrufen könnte. Es meldete sich Mechlis, der Chefredakteur der *Prawda*.[7] «Können Sie gleich mal in mein Büro kommen? Ich schicke Ihnen meinen Wagen. Es gibt Dringendes zu besprechen.»

Gleich darauf fuhr sein Wagen vor dem Wohnheim vor. Ich fuhr ins Büro der *Prawda*. Mechlis war mir unbekannt. Er las mir einen Brief vor, der von politischen Machenschaften an der Akademie handelte und die illegalen Prozeduren beschrieb, mit deren Hilfe eine Delegation von Rechten zur Bezirksparteikonferenz gewählt worden war.

«Stimmen Sie mit dem Inhalt dieses Briefes überein?» fragte Mechlis.

«Durchaus. Er schildert zutreffend die Lage an der Akademie.»

«Sind Sie bereit, Ihre Unterschrift darunterzusetzen?»

«Wie kann ich das? Ich habe ihn nicht entworfen. Ich weiß nicht einmal, wer ihn verfaßt hat.»

«Das ist nicht wichtig. Weder Ihr Name noch der des Verfassers werden in dieser Angelegenheit genannt werden. Ich fordere Sie auf, zu unterschreiben, weil ich Ihnen traue. Ich habe von Ihnen und Ihrer Tätigkeit gehört, und wenn Sie unterschreiben, dann nehme ich an, daß der Brief zutreffend darstellt, was vorgeht.»

«Gut, dann unterschreibe ich.» Das tat ich und wurde sofort wieder nach Hause gefahren.

Am Tage darauf fand ich den Brief unter den Leserzuschriften in der

7 L. S. Mechlis wurde als Vertrauensmann Stalins mit der Leitung der *Prawda* betraut. Er hatte alle Anlagen eines Geheimdienstlers und machte als Chef der Politischen Hauptverwaltung der Roten Armee Karriere. Diesen Posten erhielt er am Vorabend der großen militärischen Säuberungen. Als NKWD-General war er besonders gehaßt und gefürchtet. Zuletzt war er Minister für Staatskontrolle und starb 1953 eines, nach allen Berichten, natürlichen Todes.

Prawda.[8] Das war ein Blitz aus heiterem Himmel, und in der Akademie ging sofort ein Donnerwetter los. Die Vorlesungen fielen aus, und es wurde eine Versammlung einberufen, auf der sämtliche Delegierte zur Bezirksparteikonferenz abgewählt wurden, mit Ausnahme von Stalin. Es kann sein, daß wir Befehl von oben hatten, auch Bucharin nicht abzuwählen, aber das weiß ich nicht mehr. Jedenfalls wurden Rykow, Uglanow und die anderen rechten Delegierten der Akademie abgewählt und neue Delegierte gewählt. Mich bestimmte man zum Vorsitzenden der Versammlung und machte mich auch zu einem der neuen Delegierten.[9]

Dieser Wechsel ging so rasch vonstatten, daß nicht einmal Zeit blieb, neue Ausweise für die Delegierten zu drucken, wir übernahmen also einfach die Ausweise der alten Delegierten. Das führte zu Überraschungen auf der Konferenz. Man hielt mich sogar einmal an, weil auf meinem Ausweis ein anderer Name stand. «Ich weiß schon», sagte ich, «der Ausweis wurde ursprünglich für den Mann ausgestellt, dessen Name darauf steht, aber jetzt gehört er mir.» Mehr sagte ich nicht. Die meisten Delegierten verstanden das wohl auch.

Unsere Delegation beauftragte mich, unseren Standpunkt vorzutragen. Als ich zu reden anfing, erklangen mißfällige Zwischenrufe: «Wir kennen euch und eure Industrieakademie!» Die Akademie war als Hochburg der Rechten berühmt, ich mußte also erst mal klarmachen, daß wir einen anderen Standpunkt vertraten als die alten, abgelösten Delegierten. Erst nachdem ich glaubhaft gemacht hatte, daß auch wir die Parteilinie vertraten, fanden wir bei den übrigen Delegierten Vertrauen.

Nachdem ich Sekretär der Parteiorganisation der Akademie geworden war, gingen wir daran, den Nichtsnutzen Beine zu machen, die sich in der Akademie herumdrückten in der Hoffnung, dem Sturm zu entgehen, der innerhalb der Partei entfesselt worden war. Wir erinnerten die Studenten daran, daß sie nicht nach Moskau gekommen waren, um die Sehenswürdigkeiten zu betrachten, sondern um zu studieren, um sich die theoretischen und praktischen Kenntnisse anzueignen, die sie brauchten, um sich beim Aufbau des Sozialismus nützlich zu machen. Bald schon spielte die Akademie eine führende Rolle bei der Bekämpfung der Opposition. Resolutionen, die auf unseren Versammlungen gefaßt wurden, kamen häufig in die *Prawda* als Vorbild und Richtschnur für andere Parteiorganisationen.

8 Der Brief erschien am 30. Mai 1930. Man glaubte seit langem zu wissen, daß Chruschtschow entscheidend damit zu tun hatte. Wenn er es nun zugegeben hat, so dürfte seine Darstellung des Vorganges doch übermäßig vereinfacht sein.

9 In Wahrheit war das alles komplizierter. Die Anhänger Bucharins sträubten sich aus Leibeskräften, doch war ihre Sache bereits verloren.

Damit begann meine Parteiarbeit in Moskau. Als Resultat meiner Führungstätigkeit in der Parteiorganisation der Akademie wurde mein Name in der Partei und im ZK noch bekannter. Damals wurden alle sechs bis zwölf Monate Bezirksparteikonferenzen einberufen. Auf einer Konferenz des Baumann-Bezirkes im Januar 1931 wurde ich zum Sekretär des Parteibezirkes an Stelle von Schirin gewählt, der sich noch vor einem Jahr meiner Wahl zum Delegierten des XVI. Parteitages widersetzt hatte. Schirin war politisch unreif. Gewiß hatte er seine Gründe, 1930 gegen mich zu stimmen, aber das war jetzt erledigt. Meine Zukunft als Parteiarbeiter sah vielversprechend aus.[10]

Anfangs glaubte ich, meinen Aufstieg im Moskauer Parteiapparat Kaganowitsch zu verdanken, merkte aber bald, daß er weniger auf ihn zurückzuführen war als auf Stalin selber. Stalin hatte offenbar ein Auge auf mich, durch seine Frau Nadjeschda Sergejewna Allilujewa.[11] Sie lobte mich Stalin gegenüber, und Stalin wies Kaganowitsch an, mir den Weg zu ebnen.

Nadjeschda Sergejewna und ich waren Kommilitonen. Sie studierte Textilchemie und spezialisierte sich auf Kunstfasern. Sie gehörte zu den Organisatoren der Parteigruppe, und ich traf mit ihr regelmäßig als Sekretär der Parteiorganisation zusammen. In dieser Eigenschaft mußte ich ihr Anweisungen geben, und ich wußte, daß sie Stalin zu Hause über mich berichtete. Ich kam mir vor wie Pinja, der Held in der Erzählung von Wintschenko.[12]

Nadjeschda Sergejewna mißbrauchte niemals ihr Verhältnis zu Stalin. Es wußten nicht einmal alle, daß sie Stalins Frau war. Man nannte sie Allilujewa, nichts weiter. Es gab noch einen Allilujew auf der Akademie, einen Grubeningenieur aus dem Fernen Osten, der dem Büro der Parteizelle angehörte, und Nadjeschda Sergejewna ließ die Leute bei der Meinung, er sei ihr Bruder oder ihr Mann. Die Privilegien, die ihr als Stalins Frau zustanden, benutzte sie nie. Nie nahm sie für den Weg vom Kreml

10 Tatsächlich war dies der Zeitpunkt von Chruschtschows Durchbruch und das Ende der Bucharinisten an der Akademie. A. P. Schirin wurde abgesetzt, und Chruschtschow trat an seine Stelle, die erste vieler derartiger Beförderungen.

11 Nadjeschda Sergejewna Allilujewa, die zweite Frau Stalins und Mutter von Swetlana Allilujewa-Stalina. Aus Gram über die beginnende Terrorherrschaft hat sie sich am 9. November 1932 im Alter von 31 Jahren das Leben genommen.

12 Mehr als einmal hat sich Chruschtschow mit dem kleinen Pinja verglichen, der mutig nach vorn ging, als alle anderen es mit der Angst bekamen. Wintschenkos Held war ein unscheinbarer Jude, den einige hartgesottene Strafgefangene, um ihn zu verspotten, zu ihrem Anführer machten. Als die Probe aufs Exempel – der Ausbruch aus dem Gefängnis – kam, beschämte er sie alle durch sein wagemutiges Verhalten und erwies sich als ein echter Führer.

zur Akademie einen Wagen, immer die Straßenbahn. Nichts unterschied sie von den Studenten um sie her. Es war sehr klug von ihr, nicht merken zu lassen, wie nahe sie dem Mann stand, der sowohl von ihren politischen Freunden wie Feinden als der große Mann betrachtet wurde.

Damals nannte ich sie Nadja. Später nannten wir sie dann Nadjeschda Sergejewna.[13] Erst als ich im Moskauer Stadtparteikomitee zu arbeiten begann und regelmäßig zum Essen bei den Stalins geladen wurde, erkannte ich, wie ausführlich Nadja Stalin über meine Tätigkeit in der Industrieakademie und vom Kampf für die Generallinie berichtet hatte. Manchmal erinnerte Stalin mich an Vorfälle, die ich bereits vergessen hatte.

Während der folgenden Jahre blieb ich am Leben, während die meisten meiner Altersgenossen, meiner Kollegen von der Akademie, die Freunde, mit denen ich in der Parteiorganisation gearbeitet hatte, als Volksfeinde ihren Kopf verloren. Ich habe mich oft gefragt: Wie kommt es, daß dir nichts geschehen ist? Daß ich der Partei seit eh und je ergeben war, ist eine bekannte Tatsache. Doch die Genossen, die liquidiert wurden, waren ebenfalls der Partei ergeben, und auch sie sind für Stalins Generallinie eingetreten. Warum ist ihr Schicksal mir erspart geblieben? Ich glaube, zum Teil liegt es daran, daß Nadjas Berichte Stalins Einstellung zu mir bestimmt haben. Ich nenne das mein Lotterielos. Als es sich so fügte, daß Stalin mich durch Nadjeschda Sergejewnas Augen zu sehen bekam, zog ich das große Los. Ihretwegen hat Stalin mir vertraut. Er hat mich später angegriffen und beleidigt, hat grobe Bemerkungen über mich gemacht, aber nie hat er mir was nachgetragen, und bis zum letzten Tag seines Lebens hat er mich gemocht. Es wäre dumm und sentimental, wollte man sagen, dieser Mann habe irgendwen geliebt, aber geachtet hat er mich, daran ist kein Zweifel.

Vor Nadjeschda Konstantinowna Krupskaja und Maria Iljinitschna Uljanowa hatte Stalin kaum Achtung. Er sagte oft, er sei der Meinung, keine dieser Frauen trage irgend etwas zum Kampf der Partei um den Sieg bei.

Nach Stalins Tod fand sich in einem Geheimfach ein Umschlag mit einem von Lenins Hand geschriebenen Brief, der Stalin beschuldigte, Nadjeschda Konstantinowna beleidigt zu haben. Wladimir Iljitsch verlangt darin, daß Stalin sich bei ihr entschuldige, andernfalls könne Lenin in Stalin nicht mehr den Genossen sehen. Ich war erstaunt darüber, daß dieser Zettel aufbewahrt worden war – Stalin hatte ihn vermutlich längst vergessen.[14]

13 Auch in der sowjetischen Gesellschaft ist es (wie von jeher in Rußland) ein Zeichen von Respekt, wenn man dem Vornamen den Vatersnamen hinzufügt.

14 Der Wortlaut dieses Briefes wurde erstmals von Chruschtschow in seiner Geheimrede enthüllt. Als Lenin ihn schrieb, hatte er bereits mehrere Schlagan-

Es war immer sehr peinlich, mitansehen zu müssen, wie respektlos Stalin sich gegen Nadjeschda Konstantinowna betrug, solange sie noch lebte. Sie opponierte gegen Stalin während des Kampfes gegen die Rechten und verteidigte Bucharin und Rykow auf der Konferenz des Baumann-Bezirkes 1930. Dafür wurde sie von den meisten Delegierten angegriffen, und nach der Konferenz erging eine vertrauliche Anweisung an alle Parteizellen, sie nicht mehr zu beachten. Was Maria Iljinitschna Uljanowa betrifft, so war bekannt, daß sie mit Bucharin befreundet war; sie war Sekretärin bei der *Prawda,* als er Chefredakteur war.

Ich selber, der ich ein relativ junges Parteimitglied war, hatte stets Lenin als unseren großen Führer verehrt und darum auch die größte Achtung vor Nadjeschda Konstantinowna, war sie doch Lenins unzertrennliche Begleiterin gewesen. Es fiel mir schwer, mitanzusehen, wie auf dieser Bezirkskonferenz einer nach dem anderen über sie herfiel. Mir ist sie als gebrochene alte Frau in Erinnerung. Man ging ihr aus dem Wege wie der Pest. Auf Stalins Weisung wurde sie scharf überwacht, weil sie von der Parteilinie abgewichen war.

Wenn ich die damaligen Vorgänge jetzt analysiere, finde ich, daß Nadjeschda Konstantinowna mit dem Standpunkt, den sie einnahm, recht hatte. Das sage ich, weil man hinterher immer klüger ist. Damals war alles für mich ein großes Durcheinander, und alle bewarfen Nadjeschda Konstantinowna und Maria Iljinitschna mit Dreck.

Als ich später im Moskauer Stadtparteikomitee arbeitete, war Nadjeschda Konstantinowna Leiterin der Beschwerdestelle. Wer sich vom Stadtsowjet ungerecht behandelt fühlte, konnte sich dort beschweren. Zweifellos machte der Moskauer Stadtsowjet in seiner Arbeit viele Fehler. Arbeiter, Büroangestellte und Intellektuelle lebten unter bedrückenden Verhältnissen. Wer in den Mühlen der Bürokratie gescheitert war,

fälle erlitten und versuchte verzweifelt, seine Mitarbeiter vor dem unmäßigen Ehrgeiz Stalins zu warnen. (Im Westen war sogar die Version aufgetaucht, Stalin habe die Krupskaja vorsätzlich beleidigt, in der Annahme, Lenin würde, wie geschehen, davon erfahren und sein Tod könnte durch die Aufregung beschleunigt werden.) Lenins Brief, mit Kopien an Kamenjew und Sinowjew, trägt das Datum vom 5. März 1923 und lautet: «Lieber Genosse Stalin! Du hast Dir erlaubt, meine Frau in grober Form ans Telefon zu zitieren und sie sehr grob zu tadeln. Obwohl sie Dir gesagt hat, sie wolle Deine Bemerkungen vergessen, haben Sinowjew und Kamenjew dennoch durch sie von der Sache erfahren. Ich habe nicht die Absicht, etwas so leicht zu vergessen, was gegen mich gerichtet ist, und ich brauche hier wohl nicht zu betonen, daß ich alles als gegen mich gerichtet betrachte, was meiner Frau angetan wird. Ich ersuche Dich deshalb, sorgfältig zu prüfen, ob es Dir lieber ist, Deine Worte zurückzunehmen und Dich zu entschuldigen, oder ob Du den Abbruch der Beziehungen zwischen uns vorziehst. Lenin.» Dieses Schreiben gehört zu den Dokumenten, die als Lenins «Testament» verstanden werden. (Siehe Chruschtschows Geheimrede im Anhang.)

wandte sich an Nadjeschda Konstantinowna, sozusagen als letzte Rettung. Aber sie war in ihrer Kompetenz sehr eingeschränkt, sie hatte nicht einmal genug Einfluß, die willkürlichsten Ungerechtigkeiten rückgängig zu machen, von denen man ihr berichtete. Oft genug legte sie mir ihre Fälle im Moskauer Stadtkomitee vor. Bedauerlicherweise konnte auch ich trotz meiner hohen Stellung kaum helfen. Damals herrschte in Moskau furchtbare Wohnungsnot, es war geradezu ein Albtraum. Wir industrialisierten das Land, überall wurden Fabriken gebaut, doch niemand hatte daran gedacht, für die wachsende Arbeiterbevölkerung Moskaus vorzusorgen. Es wurden nur die allernötigsten Wohnhäuser gebaut, und die konnten längst nicht alle jene aufnehmen, deren Häuser abgerissen wurden, um Platz zu schaffen für Fabriken.

Für die Leute, die Nadjeschda Konstantinowna mit ihren Klagen zu mir schickte, tat ich, was ich konnte. Ich berichtete ihr dann, was ich veranlaßt hatte, oder daß wir machtlos waren, zu helfen. Manchmal traf ich sie auch. Sie wußte genau, wo ich stand, daß ich mich strikt an die Generallinie der Partei hielt und ein Produkt der Stalinschen Generation war. Und sie behandelte mich entsprechend.

Nadjeschda Konstantinowna Krupskaja hatte ganz recht: ich folgte hundertprozentig Stalin als unserem Führer und Wegweiser. Ich glaubte fest, daß alles, was Stalin im Namen der Partei verkündete, genialische Äußerungen waren, die ich nur auf mein eigenes Leben anzuwenden brauchte.

Immerhin fühlte ich mich nicht wohl in meiner Haut, als Nadjeschda Konstantinowna bei der Partei in Ungnade fiel, vielmehr brachte ich ihr menschliches Mitgefühl entgegen.

Vor seinem engeren Kreis pflegte Stalin häufig zu sagen, es bestünden Zweifel daran, ob Nadjeschda Konstantinowna wirklich Lenins Witwe sei, und falls die Dinge noch länger so weitergingen, würde er diesen Zweifeln öffentlich Ausdruck geben. Er sagte, falls notwendig, würden wir einfach eine andere Frau zu Lenins Witwe erklären, und er erwähnte auch ein zuverlässiges weibliches Parteimitglied. Diese Person lebt noch. Nun, ich möchte zu solchen Sachen weiter nichts sagen.[15]

Meiner Ansicht nach war Stalins Haltung gegenüber der Krupskaja nur ein weiterer Beweis für seine Respektlosigkeit gegenüber Lenin. Stalin war nichts heilig, nicht einmal Lenins guter Name. Stalin erlaubte sich in der Öffentlichkeit nicht die geringste Bemerkung gegen die Krupskaja, doch in seinem engeren Kreis sagte er die unerhörtesten Dinge über sie. Und das war nicht bloß frivoles Geschwätz. Er wollte unsere

15 Laut Alexander Orlow, einem hohen NKWD-Offizier, der sich in den Westen absetzte, sollte Jelena Stasowa die Ersatzwitwe werden, die später Jahre in Arbeitslagern zubrachte und nach Stalins Tod rehabilitiert wurde. Ein immer noch in Moskau umlaufendes Gerücht bezeichnet die Altbolschewikin R. S. Semljatschka als Kandidatin für die «amtliche Witwe».

grenzenlose Liebe zu Lenin zerstören, sich selber als den unanfechtbar größten Führer und bedeutendsten Denker des Zeitalters hinstellen. Zu diesem Zweck träufelte er seinen nahen Mitarbeitern behutsam, aber wohlberechnet den Gedanken ein, daß er insgeheim keineswegs so über Lenin dachte, wie er es öffentlich zu tun vorgab.

In diesem Zusammenhang muß ich Kaganowitsch erwähnen. Sein Benehmen war mir ekelhaft, anderen übrigens auch. Er war ein echter Lakai. Stalin brauchte ihn nur am Ohr zu kraulen, schon legte er los. Er stieß seinen Stuhl zurück, richtete sich zu voller Größe auf und bellte: «Genossen! Es wird Zeit, dem Volke die Wahrheit zu sagen. Jeder in der Partei redet immer nur von Lenin und vom Leninismus. Aber seien wir doch ehrlich, Lenin ist 1924 gestorben. Wie viele Jahre hat er für die Partei gearbeitet? Was wurde denn unter seiner Führung zustande gebracht? Vergleicht das doch mal mit den Leistungen unter Stalin! Es wird Zeit, daß wir die Parole ‹Es lebe der Leninismus› ersetzen durch die Parole ‹Es lebe der Stalinismus!›»

Während er so vor sich hin faselte, saßen wir alle schweigend da und sahen zu Boden. Stalin war immer der erste und auch der einzige, der Kaganowitsch widersprach.

«Was reden Sie da?» pflegte er zu sagen. «Wie können Sie es wagen?» Man konnte seinem Ton aber genau anmerken, daß er heimlich hoffte, irgendwer würde ihm widersprechen. Das ist ja ein in unseren Dörfern sehr verbreiteter Trick. Die Mutter, die ins Nachbardorf gehen muß und ihr kleines Kind mitnehmen will, sagt: «Du bleibst zu Hause! Komm mir ja nicht nach!» und sie droht mit dem Zeigefinger. Und wenn der, der sie abholen gekommen ist, nicht hinschaut, flüstert sie dem Kleinen zu: «Komm, lauf hinter mir her.» Und das Kleine folgt ihr. Das habe ich oft gesehen, und auf genau die gleiche Weise pflegte Stalin Kaganowitsch zurechtzuweisen.

Stalin benutzte dabei gern folgenden Vergleich: «Wer ist Lenin? Lenin ist ein hoher Turm. Und wer ist Stalin? Stalin ist ein kleiner Finger.» Manchmal gebrauchte er auch ein anderes Bild, das man hier vielleicht besser nicht wiedergibt. Das feuerte Kaganowitsch nur an, und er wiederholte seine Behauptungen betreffend Stalin immer von neuem. Kaganowitsch spürte haargenau, wann Stalins Entrüstung nur gespielt war.

Dieser «Streit» zwischen Kaganowitsch und Stalin wiederholte sich immer häufiger und ging so fort bis zum Tode Stalins. Niemand hat sich da je eingemischt, und immer behielt Stalin das letzte Wort.

Es war dies typisch für beide. Kaganowitsch war an Bösartigkeit gar nicht zu übertreffen. Stalin stellte ihn immer als Beispiel für «entschlossenes Klassenbewußtsein» und «Unversöhnlichkeit dem Klassenfeind gegenüber» dar, und später haben wir dann herausbekommen, wie entschlossen und unversöhnlich Kaganowitsch gewesen ist. Er war der Mann, der nicht ein einziges Wort zugunsten seines eigenen Bruders vorbrachte,

Chruschtschow am Anfang seiner politischen Karriere

Mit Delegierten des Moskauer Parteibezirkes Krasnaja Presnja

als Michail Kaganowitsch beschuldigt wurde, ein deutscher Spion und von Hitler gedungen zu sein, nach der Einnahme von Moskau durch die Deutschen eine Marionettenregierung zu bilden. Was für ein Blödsinn! Hitler sollte ausgerechnet Michail Kaganowitsch, einen Juden, zum Chef einer faschistischen russischen Regierung machen wollen? Vom Standpunkt der Nazis gesehen, wäre das geradezu kriminell gewesen. Aber genau das wurde Michail Kaganowitsch vorgeworfen, und als er keinen Ausweg mehr sah, nahm er sich das Leben. Ich habe später niemals jemanden diesen Vorfall erwähnen hören, und Lasar Moissejewitsch ignorierte die Tragödie seines Bruders einfach. Was ihn betraf, war die Sache erledigt – es hatte einmal einen Volkskommissar für die Luftfahrtindustrie namens Michail Kaganowitsch gegeben, dann gab es ihn nicht mehr. Es war, als habe er nie existiert. Und währenddessen hörte Lasar Moissejewitsch nicht auf, sich vor Stalin auf dem Bauch zu wälzen.[16]

Aber ich greife vor.

Als ich ein halbes Jahr Sekretär des Baumann-Bezirkes gewesen war, bekam ich 1931 den Bezirk Krasnaja-Presnja. Das war zweifellos ein Schritt nach oben auf der Parteileiter. Dank seiner historischen Rolle während der Revolution von 1905 war dieser Bezirk wichtiger als der Baumann-Bezirk, ja, das Komitee von Krasnaja-Presnja war das führende Bezirkskomitee von Moskau. Nach einem weiteren halben Jahr wählte man mich auf einer Stadtkonferenz zum Zweiten Sekretär des Stadtparteikomitees von Moskau. Die Ehre und die Verantwortung wußte ich zwar zu schätzen, doch bedauerte ich, daß ich nun ohne Abschlußexamen von der Industrieakademie fortmußte. Als ich das Amt im Moskauer Stadtkomitee übernahm, begrub ich jede Hoffnung darauf, je meine höhere Ausbildung abschließen zu können. Überdies, wie ich Kaganowitsch anvertraute, fürchtete ich die Schwierigkeiten, die mich gewiß im Stadtparteiapparat erwarteten. Doch ich bewährte mich, und im Jahr darauf wurde ich Zweiter Sekretär des Moskauer Gebietsparteikomitees.

Auf dem XVII. Parteitag 1934 wurde ich zum Mitglied des Zentralkomitees der KPdSU(B) gewählt. Der Wahlvorgang schien mir außerordentlich demokratisch zu sein. Das ging folgendermaßen: Kandidaten wurden nominiert und auf eine Liste geschrieben. Die Liste wurde unter den Delegierten herumgereicht. Die Delegierten hatten zugegebenerma-

16 Tatsächlich scheint Lasar Kaganowitsch seines Bruders Ächtung und Selbstmord ohne Wimperzucken hingenommen zu haben. In seinen Erinnerungen ist Chruschtschow, was die Persönlichkeit Kaganowitschs betrifft, immer irgendwie in einem Zwiespalt. Denn Kaganowitsch hatte Chruschtschow als seinen Schützling ja gefördert, und Chruschtschow verdankte ihm viel. 1957 schließlich gehörte Kaganowitsch zu der Gruppe der «Parteifeinde», die Chruschtschow als Gegner seiner Politik entmachtete und in die politische Verbannung schickte. Außer Kaganowitsch waren es: Malenkow, Molotow und Schepilow.

ßen keine besonders große Auswahl, denn es standen auf der Liste nur genauso viele Namen, wie Personen im ZK gebraucht wurden. Vollmitglieder und Kandidaten sowie die Mitglieder der Kontrollkommission. Immerhin hatte jeder Delegierte Gelegenheit, seine Meinung über die Bewerber auszudrücken, indem er entweder ihre Namen auf der Liste stehenließ oder sie ausstrich. Stalin sammelte dann die Listen aller Delegierten ein, wobei er jedem scharf in die Augen blickte, was zeigen sollte, daß er nicht sah, wie der Delegierte gestimmt hatte. (Ich habe erst später herausbekommen, daß ohne Stalins Zustimmung überhaupt keine Namen auf die Liste kamen.) Dann wurden die Stimmen für und gegen jeden einzelnen Bewerber gezählt und bekanntgegeben.

Ich erinnere mich, daß Stalin auf dem XVII. Parteitag nicht einstimmig gewählt wurde. Sechs Stimmen gingen gegen ihn. Warum ich mich so genau daran erinnere? Weil mir, als die Stimmen ausgezählt wurden, ebenfalls genau sechs Stimmen an der einstimmigen Wahl ins ZK fehlten! Das heißt, ich war in der gleichen Lage wie Stalin. Andere Kandidaten hatten zwanzig, dreißig, manchmal hundert Stimmen gegen sich. Um gewählt zu werden, brauchte man die Mehrzahl der Stimmen.

1935 wurde Kaganowitsch zum Volkskommissar für das Transportwesen ernannt und seiner Verpflichtungen im Moskauer Parteiapparat entbunden. An seiner Stelle übernahm ich die Ämter des Ersten Sekretärs im Gebiets- und im Stadtkomitee von Moskau.[17]

Auf der nächsten Vollsitzung des ZK wählte man mich zum Kandidaten des Politbüros. Ich freute mich, war auch geschmeichelt, fürchtete mich aber auch sehr vor der schweren Verantwortung, die mit diesem Amt verbunden war. Ich war jetzt hauptamtlicher Parteiarbeiter, aber immer hatte ich mein Handwerkszeug dabei – Richtscheit, Zollstock, Litermaß, Schieblehre. Ich mochte mich nicht gänzlich von meinem alten Beruf trennen. Meiner Ansicht nach wurde man in ein Parteiamt hineingewählt, und wenn ich nicht wiedergewählt würde, könnte ich jederzeit wieder als Einrichter arbeiten.

Ich nahm jetzt regelmäßig an den Sitzungen des Politbüros teil. Damals hielt Stalin sich jedenfalls noch bis zu einem gewissen Grade an die Leninsche Tradition. Wer von den Mitgliedern des ZK sich zufällig in Moskau befand und Lust hatte, durfte an den Sitzungen des Politbüros teilnehmen, wenn er sich still verhielt und nicht störte. Auf diesen Sitzungen lernte ich begreifen, wie die Parteiführung ihre Entscheidungen fällte. Daß ich an den Sitzungen des Politbüros teilnehmen durfte, daß ich neben den Führern der Partei sitzen und Stalin nahe sein durfte, das schien mir der Höhepunkt meiner Laufbahn. Seit Jahren war ich Stalin und dem Zentralkomitee von ganzem Herzen ergeben. Seit ich Stalin

17 Dies bedeutete, daß Chruschtschow, unter Stalin, die volle Herrschaft über die Hauptstadt und das umliegende Gebiet ausübte.

zum erstenmal auf einer Massenveranstaltung in Moskau sprechen gehört hatte, bewunderte ich ihn um seines scharfen Verstandes und seines präzisen Ausdrucks willen. Die gleichen Eigenschaften hatten mich auch beeindruckt, als ich ihn 1932 vor einer geschlossenen Versammlung von Industrieleitern seine Sechs Großen Voraussetzungen formulieren hörte. Und nun, als Mitglied des Politbüros, hatte ich Gelegenheit, Stalin regelmäßig und aus der Nähe bei der Arbeit zu sehen. Meine Bewunderung nahm nur noch zu. Seine Geduld und das Verständnis, das er anderen auf jenen Politbürositzungen Mitte der dreißiger Jahre erwies, verschlugen mir den Atem.

Ich könnte mehrere Beispiele dafür anführen, will mich aber auf eines beschränken. Es war ein ungewöhnlicher Fall, es ging um einen jungen Diplomaten, der einer unserer Handelsmissionen nach Lateinamerika beigegeben war und der sich von der dortigen Presse hatte hereinlegen lassen. Man brachte ihn während einer Politbürositzung herein, und er war augenscheinlich sehr aufgeregt und verlegen. Stalin eröffnete das Gespräch.

«Erzählen Sie mal alles, was passiert ist. Verschweigen Sie nichts.»

Der junge Diplomat erzählte nun, daß er kurz nach seiner Ankunft in dem lateinamerikanischen Land ein Lokal aufgesucht habe, um etwas zu essen. «Man wies mir einen Tisch, ich bestellte. Ein Mann setzte sich zu mir und fragte, ob ich aus Rußland komme. Ich bejahte. Nun fragte er alles mögliche – was wir hier kaufen wollten, ob ich in der Armee gedient hätte, ob ich schießen könne? Ich sagte, ich sei bei der Kavallerie gewesen, sei auch kein übler Schütze – lauter so Sachen. Zu meinem Entsetzen stand dann am nächsten Tag in der Zeitung allerhand Unsinn. Ich sei ein kaukasischer Cowboy und Scharfschütze; ferner lauter lügenhafte Begründungen für unsere Reise, was wir kaufen und was wir bezahlen wollten und so fort. Die Botschaft hat mich dann heimgeschickt, ich sollte mich hier melden. Das war alles. Ich bitte nur zu bedenken, daß ich diesen Fehler aus Unerfahrenheit begangen habe, nicht aus böser Absicht.»

Ich bedauerte diesen jungen Menschen; offenbar war er ein Opfer seiner Naivität geworden. Wir rutschten auf unseren Stühlen herum, flüsterten mit dem Nachbarn – wir waren gespannt, was passieren würde. Plötzlich sagte Stalin: «Tja, soweit ich sehe, ist hier ein vertrauensseliger Bursche auf einen Halunken reingefallen. Sieht es jemand anders?»

«Nein.»

«Na, damit ist es dann erledigt.» Stalin sah den jungen Diplomaten fest an und sagte: «Seinen Sie nächstens vorsichtiger.» Der arme Kerl saß offenen Mundes da, während alle übrigen aufstanden. Er war von seinem Glück so erschlagen, daß er sich nicht rühren konnte. Dann packte er seine Aktentasche und machte, daß er wegkam.

Ich war sehr beeindruckt von der Schlichtheit und dem Verständnis, das Stalin hier gezeigt hatte, und die anderen übrigens auch.

Herrscher in einer Stadt

Von 1932, als er, unter Kaganowitsch, Zweiter Sekretär des Moskauer Stadtparteikomitees wurde, bis 1938, als man ihn zum Ersten Sekretär der KP der Ukraine ernannte, hatte Chruschtschow meist mit der Verwaltung von Moskau zu tun. 1935 herrschte er über die Parteiorganisationen von Stadt und Gebiet Moskau. In jenen Jahren verschaffte er sich den Ruf eines unerbittlichen und rücksichtslosen Antreibers, der, anders als so viele hochgestellte Russen, nicht davor zurückscheute, seine Stiefel schmutzig zu machen. Seine spektakulärste Unternehmung war der Bau der Moskauer Untergrundbahn, jenes gefeierten Schaustücks des sowjetischen Regimes, mit den marmornen und vergoldeten unterirdischen Sälen, die ein neues Weltwunder darstellten. Die Metro wurde nach Kaganowitsch benannt, der den Anstoß zu ihrer Erbauung gab; Chruschtschow war sein Gehilfe. Allerdings übernahm Chruschtschow sehr bald allein die Aufsicht über die Arbeiten und brachte sie erfolgreich zum Abschluß. Chruschtschow gibt eine Beschreibung jener von fieberhafter Arbeit erfüllten Jahre. Ihm unterstanden nicht nur die Freiwilligen des Komsomol, sondern auch zahllose Zwangsarbeiter, die von Jagoda gestellt wurden, dem Chef des NKWD. Von 1936 an, während der sogenannten Säuberungen, zeichnete sich Chruschtschow dadurch aus – allerdings erwähnt er das nicht –, daß er auf Massenveranstaltungen alle seine Kollegen in der Lobpreisung Stalins übertraf und die Todesstrafe für die Opfer der Hochverratsprozesse forderte.

Vom ersten Tag meiner Parteiarbeit in Moskau gab es in relativ kurzer Zeit sehr viel zu bewältigen. Ich spielte eine führende Rolle bei der Verwaltung und Erneuerung unserer sowjetischen Hauptstadt in den frühen und mittleren dreißiger Jahren. Meine Genossen und ich arbeiteten mit Begeisterung und Hingabe. Außer der Arbeit hatten wir keinen anderen Lebenszweck. Ruhe kannten wir nicht. An freien Tagen besuchten wir Massenveranstaltungen oder trafen uns zu Beratungen, und meist arbeiteten wir bis in die Nächte. Die Arbeit hatte für uns etwas Romantisches. Jedermann lebte auf den Tag hin, da Lenins Worte wahr werden sollten: Nach zehn Jahren wird die Sowjetmacht unbezwinglich sein. Heutzutage ist der Partei viel von dieser Begeisterung und Opferbereitschaft verlorengegangen; man findet überall den Geist des Kleinbürgertums. Damals, als ich half, Moskau zu verwalten, wäre es niemandem in den Sinn gekommen, eine Datscha für sich zu verlangen. Schließlich waren wir Kommunisten! Wir trugen nie etwas anderes als schlichtes Arbeitszeug, niemand von uns trug einen Anzug. Unsere Uniform war das Hemd mit offenem Kragen oder die weiße Bauernbluse. Stalin gab uns in dieser Hinsicht ein gutes Beispiel.

Kaganowitsch war nicht nur Erster Sekretär der Stadt- und Gebietsparteiorganisationen von Moskau, sondern auch Zweiter Sekretär des ZK. Damit war er Stalins Stellvertreter und mußte den Großteil seiner Zeit der Arbeit für das ZK widmen. Der Hauptanteil der Arbeit für die Stadt Moskau ruhte daher auf meinen Schultern, denn ich war Zweiter Sekretär der Stadt- und Gebietskomitees. Das verlangte Fleiß, Ausdauer und große Umsicht. Was mir an Erfahrung fehlte, mußte ich durch Energie wettmachen. Mit den Genossen der Moskauer Parteiorganisation kam ich gut aus, und meine Leistung rechtfertigte offenbar auch das Vertrauen, das man in mich setzte, als man mich beförderte.

Selbstverständlich gab es Krisen. Ich erinnere mich eines Vorfalls aus dem Jahre 1932: In Moskau herrschte Hunger, und als Zweiter Sekretär widmete ich mich der Beschaffung von Nahrungsmitteln für die Bürger – die «arbeitende Klasse», wie wir sagten.[18]

Stalin hatte angeregt, überall Kaninchen zu züchten. Ich fand diesen Plan sehr gut und sorgte dafür, daß seine Anweisungen ausgeführt wurden. Alle Fabriken, Betriebe und Werkstätten legten sich Kaninchen für die eigenen Küchen zu. Sodann ließen wir in Kellern und Gräben von Moskau Pilze züchten. Manche Betriebe steuerten ihren Teil bei, doch bei solchen Massenbewegungen gibt es immer irgendwelche üblen Elemente, und nicht alle Fabrikdirektoren unterstützten uns. Als es ans Austeilen von Lebensmittelkarten ging, hatten wir noch größere Schwierigkeiten. Es gab nie genug Karten, und man konnte einen gewissen Schleichhandel damit nicht unterbinden. Die Kartenknappheit reizte einzelne Elemente, die Verordnungen zu hintergehen oder sogar rundheraus zu stehlen. Es gab unterschiedliche Karten für Arbeitende und Nichtarbeitende, und für Arbeitende gab es wieder je nach Art ihrer Arbeit unterschiedliche Rationen. Auch dieser Umstand führte dazu, daß Betrügereien, ja, sogar Diebstahl vorkamen.

Eines Tages sagte Kaganowitsch zu mir: «Sie müssen dem Politbüro berichten, welche Maßmahmen Sie treffen, um zu verhindern, daß Unberechtigte in den Besitz von Lebensmittelkarten kommen.» Das machte mir nicht nur Sorge, ich möchte geradezu sagen, ich hatte Angst davor, unserem höchsten Führungsgremium berichten zu müssen; Stalin würde dabeisein und sich meinen Bericht anhören.

Damals übernahm Stalin bei den Sitzungen des Politbüros allerdings nie den Vorsitz. Den überließ er Molotow. Molotow war Stalins ältester Freund, sie kannten einander schon aus der illegalen Arbeit vor der Re-

18 Moskau spürte die Folgen der Hungersnot, die durch die Zwangskollektivierung hervorgerufen worden war. Obwohl die Bauern oft mit militärischer Gewalt gezwungen wurden, ihre Produkte für die Bevölkerung der Industriestädte herauszugeben, reichte es längst nicht für alle. Welche Zustände unter den Bauern herrschten, wird im nächsten Kapitel beschrieben.

Molotow und Stalin

Molotow, Chruschtschow und Stalin auf der Tribüne des Lenin-Mausoleums während einer Maiparade

volution. Molotow war immer als Stalins getreuester, unerschütterlichster Kampfgenosse gefördert worden. Angeblich hat er das selber gesagt, als man ihn gegen Ende 1930 auf einem ZK-Plenum zum Vorsitzenden des Rates der Volkskommissare nominierte. Nachdem ich Sekretär der Moskauer Stadt- und Gebietskomitees geworden war, ging ich oft in Stalins Arbeitszimmer, und fast immer war Molotow bei ihm. Sie verbrachten auch den Urlaub miteinander, und Molotow war Stalins rechte Hand beim Kampf gegen die Opposition. Darum nannten die Oppositionellen ihn auch Stalins Knüppel. Stalin benutzte Molotow dazu, Mitgliedern des Politbüros auf die Finger zu klopfen, die sich ihm widersetzten. Damals allerdings erschien mir Molotow als ein willensstarker, unabhängiger Mann, der selbständig dachte.

Ich berichtete also dem Politbüro über alle Maßnahmen, die wir getroffen hatten, um den Mißbrauch der Lebensmittelkarten abzustellen, und behauptete, wir hätten bereits große Erfolge.

«Prahlen Sie nicht, Genosse Chruschtschow», sagte Stalin. «Es gibt immer noch einen Haufen Diebe – sehr viele sogar –, glauben Sie nur nicht, Sie hätten schon alle erwischt.»

Stalin machte diese Bemerkung in väterlichem Ton, und sie beängstigte mich nicht. Er hatte ja recht. Ich hatte mir bereits eingeredet, wir hätten alle Kartenbetrüger gefaßt, und ich staunte darüber, daß Stalin – der ja kaum je aus dem Kreml ging – in seiner Allwissenheit offenbar genau wußte, wie viele Betrüger sich noch auf freiem Fuße befanden! Dadurch gewann er in meinen Augen nur noch an Größe.

Kurz darauf erfuhr ich, daß eine Delegation aus Leningrad dem Politbüro ebenfalls über Maßnahmen im Zusammenhang mit Lebensmittelkarten berichten würde. Das interessierte mich, weil wir mit den Leningradern in ständiger Konkurrenz lagen, insbesondere in Angelegenheiten vertraulichen Charakters. Sergej Mironowitsch Kirow, der Erste Sekretär der Leningrader Parteiorganisation, ließ diesen Bericht durch einen der anderen Sekretäre vortragen – irgendeinen Mann mit lettischem Namen. Soweit ich verstand, war der Bericht insofern sehr positiv, als die Leningrader bei der Versorgung solche Fortschritte gemacht hatten, daß sie die Bewirtschaftung einschränken konnten.

Nachdem der Bericht verlesen war, wurde eine Pause gemacht, und man begab sich in ein Vorzimmer, wo Erfrischungen gereicht wurden. Das Land hungerte, und auch Leute in meiner Position lebten sehr bescheiden, um es milde auszudrücken, und daheim hatten wir nicht genug zu essen. Darum stopften wir uns während der Arbeitssitzungen im Kreml immer voll mit belegten Broten, Wurst, saurer Sahne und süßem Tee. Während die Genossen ans Büfett stürmten, blieb ich noch einen Augenblick zurück, und dabei wurde ich ganz unabsichtlich Zeuge einer scharfen Auseinandersetzung zwischen Stalin und Sergej Mironowitsch Kirow. Sergej Mironowitsch machte eine lobende Bemerkung über den Bericht

Sergo Ordschonikidse (links) und Stalin (rechts)

Chruschtschow und Stalin am 1. Mai 1932

seiner Delegation, und Stalin erwiderte darauf mit einer beleidigenden Bemerkung über den Sekretär, der den Bericht verlesen hatte.[19] Das bestürzte mich.

Damals war ich, was die Parteimoral angeht, Idealist. Ich konnte mir nicht vorstellen, daß Stalin, unser Parteiführer, ein Parteimitglied ohne jede Achtung behandelte. In meinen Augen war jeder, der den Parteiausweis hatte und ein echter Kommunist war, mein Bruder – ja noch mehr als das, wir waren durch das unsichtbare Band des Glaubens an die Erhabenheit unseres gemeinsamen Kampfes verbunden. Die Erbauung des Kommunismus war für mich etwas beinahe Heiliges. Wenn ich mal wie ein religiöser Mensch sprechen soll, so möchte ich sagen, ich sah in jedem Mitglied der kommunistischen Bewegung einen Apostel, der bereit war, sich für unsere gemeinsame Sache zu opfern.

Damals erschien mir die Bemerkung Stalins unerklärlich und nicht mit seinem sonstigen Auftreten vereinbar.

Ich sah Stalin, nachdem ich in der Moskauer Stadtparteiorganisation zu arbeiten begonnen hatte, nun auch öfter bei formlosen Zusammenkünften. Zusammen mit Bulganin, dem Vorsitzenden des Moskauer Stadtsowjets, wurde ich regelmäßig an den Familientisch in Stalins Wohnung geladen. Stalin und Nadjeschda Sergejewna waren Gastgeber, und auch seine Schwiegereltern, Mama und Papa Allilujew, waren häufig da. Ebenfalls Nadjeschdas Bruder und seine Frau sowie ihre Schwester Anna Sergejewna und deren Mann, Redens. Redens war Chef des Moskauer Gebietsbüros des NKWD. Stalin ließ Bulganin und mich stets in seiner unmittelbaren Nähe sitzen und hörte uns während der Mahlzeit aufmerksam zu. Er fragte gerne: «Na, wie geht es, meine Stadtväter?»

Anfangs kam es mir sonderbar vor, daß ein Stalin leichte Konversation bei Tisch machen könnte. Da ich ihn verehrte, konnte ich mich nicht daran gewöhnen, ihn gelockert in anderer Umgebung zu sehen. Dieser hoch über den Alltag erhabene Mensch lachte und redete wie andere gewöhnliche Sterbliche! Nach einer Weile bewunderte ich ihn dann nicht nur als einen unvergleichlichen politischen Führer, sondern auch als Mitmenschen.

Gelegentlich, wenn er mit uns Angelegenheiten der Stadtverwaltung besprechen wollte, ließ Stalin Bulganin und mich ins Theater kommen.

19 Auch Sergej Mironowitsch Kirow gehörte zu den engen Mitarbeitern Stalins. Aber er war Vertreter einer milderen Politik, und vor allem zeigte er stets eine selbstbewußte und unabhängige Haltung, die auch in dieser Episode zum Ausdruck kommt. Das hat ihm wahrscheinlich, und wie man vermutet auf Weisung Stalins, den Tod eingetragen. Die Umstände seiner Ermordung am 1. Dezember 1934 sind bis heute ungeklärt geblieben. Sie war der Auftakt zu der großen Säuberung der dreißiger Jahre. (Siehe Kapitel 3 und die Geheimrede Chruschtschows im Anhang.)

Wir horchten aufmerksam auf jedes seiner Worte und taten dann genau, was er uns aufgetragen hatte.

Einmal – es war vor dem XVII. Parteitag – sagte man mir, ich solle eine bestimmte Nummer anrufen, die ich sofort als die von Stalins Wohnung erkannte. Stalin meldete sich selber am Apparat.

«Genosse Chruschtschow», sagte er, «wie ich höre, haben Sie einen ganz traurigen Zustand in der Frage der öffentlichen Bedürfnisanstalten einreißen lassen. Offenbar können Bürger, die sich dringend erleichtern wollen, nirgendwo eine passende Gelegenheit finden. Das kann nicht so bleiben. Die Bürger geraten dadurch in eine peinliche Lage. Reden Sie mal mit Bulganin darüber und veranlassen Sie was.»

Es könnte scheinen, als sei das eine für Stalin zu geringfügige Angelegenheit gewesen, doch machte gerade das Eindruck auf mich. Bulganin und ich machten uns sofort an die Arbeit. Persönlich inspizierten wir Gebäude und Hinterhöfe. Wir machten der Miliz Beine, damit sie uns unterstütze. Stalin beauftragte uns dann damit, saubere, moderne Münztoiletten zu installieren. Auch dies geschah. Auf einer Konferenz der auswärtigen Parteisekretäre fragte mich später einmal der Sekretär von Nowosibirsk Eiche in seiner typisch lettischen Unkompliziertheit: «Ist es wahr, was man hört, Genosse Chruschtschow, daß Sie sich in Moskau um die Installation von Toiletten kümmern, noch dazu auf Stalins Weisung?»[20]

«Doch, das stimmt», antwortete ich. «Und daran kann man sehen, daß wir für unsere Bürger sorgen. In einer großen Stadt wie Moskau kann man ohne anständige Toiletten nicht auskommen.»

Diese Episode, so trivial sie wirken mag, zeigt doch, wie Stalin, der Führer der Arbeiterklasse der Welt, sich nicht zu gut war, über ein so wichtiges Detail des Stadtlebens nachzudenken, wie es öffentliche Toiletten sind.

1934 arbeiteten Kaganowitsch, Bulganin und ich bei der Moskauer Stadtsanierung zusammen und überwachten auch die Errichtung vieler neuer Gebäude. Als wir einmal einen Neubau nahe dem Moskauer Stadtsowjet besichtigen, zeigte Kaganowitsch auf das Marx-Engels-Institut und fragte: «Wer, zum Teufel, hat denn diesen Schandfleck da entworfen?»

Die umherstehenden Architekten wurden nervös, und der Chefarchitekt von Moskau, Tschernyschew, sagte sehr betreten: «Ich habe es ent-

20 Den Fall des ehemals führenden Parteifunktionärs R. I. Eiche hat Chruschtschow in seiner Geheimrede auf dem XX. Parteitag besonders herausgestellt. Eiche war im April 1938 verhaftet und durch Folterungen zur Unterzeichnung eines Geständnisses gezwungen worden, das er später widerrief. Er wandte sich direkt an Stalin und beteuerte seine Unschuld. Dennoch wurde er im Februar 1940 erschossen. Eiche wurde auf Initiative Chruschtschows posthum rehabilitiert. (Siehe die Geheimrede im Anhang.)

worfen, Lasar Moissejewitsch.» Kaganowitsch entschuldigte sich lächelnd und nahm sein hartes Urteil zurück. Die flachen, niedrigen grauen Betonmassen des Marx-Engels-Instituts waren tatsächlich ein düsterer Anblick.

Es war eine Periode fieberhafter Aktivität, und in kurzer Zeit wurden staunenswerte Leistungen vollbracht. Es schien, als seien hundert wichtige Projekte gleichzeitig im Gange: der Bau einer Kugellagerfabrik, die Vergrößerung der Flugzeugwerke, die Errichtung von Gas- und Kraftwerken, die Ausschachtung des Moskwa-Wolga-Kanals und die Verbesserung der Brücken über die Moskwa – um nur einige zu nennen. Und die Aufsicht über alles dies lag fast ausschließlich bei mir, weil Kaganowitsch bis über die Ohren in Arbeiten außerhalb der Moskauer Parteiorganisation steckte.

Wir mußten nicht nur Neubauten hochziehen, sondern auch die bestehenden städtischen Versorgungseinrichtungen dringend modernisieren. Die Abwässerbeseitigung war längst überaltert und Hauptwasserleitungen gab es überhaupt keine in der Stadt. Die meisten Straßen waren mit Kopfstein gepflastert, viele überhaupt nicht, Transportmittel war fast ausschließlich der Pferdewagen. Schaut man heute darauf zurück, so klingt es unglaublich, daß damals noch alles so primitiv war.

Während dieser Stadtsanierung war es mir vergönnt, die ersten O-Buslinien der Sowjetunion einzurichten. Es fiel mir ziemlich schwer, mit meiner Überzeugung durchzudringen, daß Trolleybusse das geeignete Massentransportmittel sind; dieser Gedanke fand viele Gegner. So war beispielsweise mein verstorbener Freund Alexej Iwanowitsch Lichatschew in den Explosionsmotor verliebt und bekämpfte den O-Bus mit Zähnen und Klauen. Sogar bei Stalin stieß ich auf Widerstand. Nachdem wir die Leitungen installiert hatten und die erste Probe machen wollten, sagte mir Kaganowitsch telefonisch, das ganze Unternehmen müsse abgeblasen werden. Offenbar hatte Stalin sich eingeredet, die Busse würden in der Kurve vor dem Haupttelegrafenamt umstürzen. Es war aber bereits zu spät, abzusagen, und zum Glück verlief alles glatt. Wir berichteten Stalin, daß die Busse, weil sie elektrisch angetrieben wurden, weder Lärm machten noch die Luft verseuchten, kurzum, dieses System war das fortschrittlichste und konnte nur von Vorteil sein für die Stadt. Stalin unterstützte mich nun. Allerdings stimmt es, daß Stalin später, als wir elektrisch betriebene Doppeldeckerbusse angeschafft hatten, uns rundheraus verbot, sie in Betrieb zu nehmen. Er fürchtete, sie könnten umstürzen, und wir mochten sagen, was wir wollten, er blieb bei dieser Vorstellung. Man kann aber sagen, daß Stalin im allgemeinen jede Modernisierung und Verbesserung unterstützte.

Als wir mit dem Bau der Moskauer Metro begannen, hatten wir nur eine sehr nebelhafte Vorstellung von dem, was uns da erwartete. Wir waren sehr unbekümmert, unerfahren. Wir meinten, eine Untergrund-

Kontakt mit der Bevölkerung

bahn, das ist geradezu etwas Übernatürliches. Ich glaube, heute ist es einfacher, sich mit Raumfahrt zu beschäftigen, als es Anfang der dreißiger Jahre für uns war, den Bau der Metro zu planen.

Man empfahl uns, Pawel Pawlowitsch Roter mit der Bauaufsicht zu beauftragen, er galt in Moskau als der beste Baufachmann. Er war Russe deutscher Abstammung und hatte eines der ehrgeizigsten Bauvorhaben der Regierung beaufsichtigt – das Regierungsgebäude auf dem Dserschinskijplatz in Charkow.

Anfangs hatte ich selber mit der Metro gar nichts zu tun. Nach einer Weile sagte dann Kaganowitsch: «Die Sache läuft nicht richtig. Sie haben doch Erfahrungen im Bergbau, übernehmen Sie lieber die Aufsicht über den Bau der Metro. Am besten geben Sie Ihre Arbeit im Stadtkomitee ab. Sie müssen in die Schächte steigen und sich mit der Sache vertraut machen. Bulganin übrigens auch.» Dieser Vorschlag Kaganowitschs war durchaus vernünftig. Damals verehrte ich Lasar Moissejewitsch noch sehr. Kein Zweifel, er war der Partei und der Sache ergeben. Wenn er hobelte, flogen zwar die Späne, aber seine Energie war unerschöpflich. Er war ausdauernd, und er war der Partei ergeben.

Nachdem ich mich unten in den Schächten umgesehen hatte, verstand ich schon besser, was es mit der Metro auf sich hatte. Ich sah, daß etwa so gearbeitet wurde wie in den Gruben, die ich aus meiner Jugendzeit kannte. Bulganin bekam sofort einen Hautausschlag und mußte auf lange Zeit ins Bett, und darum lastete nun die Aufsicht über die Arbeiten an der Metro auf mir. Ich erstattete Kaganowitsch regelmäßig Bericht über unsere Fortschritte und sagte ihm gleich, daß es an gelernten Arbeitskräften fehlte. Auf mein Drängen schauten wir uns nach Grubeningenieuren um, die die Arbeiten im Schacht leiten konnten.

Etwa um diese Zeit standen auch im Kohlenrevier im Donezbecken die Dinge nicht zum besten. Wir konnten nicht genügend Kohle für den zunehmenden Bedarf produzieren, und man schickte Molotow ins Donezbecken, damit er nach dem Rechten schaue. Viel konnte er nicht machen, denn von Kohleförderung verstand er nichts. Jegor Trofimowitsch Abakumow war damals Leiter der Gruben im Donezbecken, und seit wir 1912 auf derselben Grube gearbeitet hatten, waren wir befreundet; nach dem Bürgerkrieg war ich sein Stellvertreter gewesen. Er war ein guter Verwaltungsmann und galt überall als erfahrener Grubenarbeiter. Molotow empfahl dem Politbüro, Abakumow von seinem Posten im Donezbecken abzulösen. Kaganowitsch informierte mich darüber und fragte: «Kennen Sie diesen Abakumow?»

«Ja, sehr gut.»

«Warum machen wir ihn nicht zum stellvertretenden Bauleiter unter Roter?»

«Einen besseren könnten Sie nicht finden. Er wäre sogar ein guter Erster Bauleiter.»

Chruschtschow beaufsichtigt den Bau der Moskauer Untergrundbahn

«Danach habe ich Sie nicht gefragt. Wir haben schon einen Bauleiter, nämlich Roter.»

Abakumow kam also zu uns. Nun wurde meine Arbeit leichter. Wir kannten und vertrauten einander. Wir machten uns sofort daran, erfahrene Grubeningenieure einzustellen.

Eines Tages fragte Kaganowitsch: «Was würden Sie sagen, wenn wir Sie zum Ersten Bauleiter der Metro machten?»

«Das will ich nicht.»

«Warum nicht? Sie haben gezeigt, daß Sie die nötige Fähigkeit und Erfahrung besitzen. Wir alle betrachten Sie ohnehin als denjenigen, der von Tag zu Tag die Arbeit einteilt. Warum also machen wir es nicht amtlich und übertragen Ihnen die Oberleitung?»

«Wenn Sie das wirklich wollen, werde ich alles tun, um mich Ihres Vertrauens würdig zu zeigen, nur müßten Sie mich dann als Sekretär des Stadtparteikomitees ablösen lassen, denn beide Ämter kann ich nicht zugleich ausfüllen.»

«O nein, das ist ausgeschlossen.»

Später kam ich dahinter, daß es Stalins Gedanke gewesen war, mich mit der Oberleitung des Metrobaus zu beauftragen. Kaganowitsch hat mir das selber nie gesagt, doch offenbar hatte Stalin ihn angewiesen, bei mir anzufragen, ob ich die Metro noch zu meinen übrigen Pflichten im Stadtparteikomitee übernehmen würde. Als ich sagte, ich könne nicht beides gleichzeitig machen, ließen sie den Vorschlag fallen.

Es kam dann so, daß ich zwar den Sekretärsposten behielt, aber doch achtzig Prozent meiner Zeit der Metro widmete. Den Hin- und Rückweg ins Parteibüro legte ich durch den Schacht zurück. Morgens kletterte ich in der Nähe meiner Wohnung in den Schacht und kam nahe dem Parteibüro wieder ans Licht. Es läßt sich kaum beschreiben, wie schwer wir damals gearbeitet haben; wir schliefen sowenig wie möglich, um soviel Zeit wie möglich an die Sache wenden zu können.

Eines Tages erschien ein junger Ingenieur aus dem Planbüro bei mir, der eine Idee hatte, wie man die Metro verbessern könnte. Er hieß Makowskij. Mir gefiel er gleich, er war gescheit und sah gut aus, einer der Spezialisten unserer neuen sozialistischen Generation. Er sagte folgendes:

«Genosse Chruschtschow, wir bauen die Metro nach dem deutschen System, dem sogenannten Grabensystem. Diese Methode ist aber für die Verwendung in der Stadt denkbar ungeeignet. Ich schlage daher vor, daß wir zur englischen Methode übergehen und die Tunnel unter der Erde vorantreiben. Wir müßten zwar tiefer gehen und es würde auch etwas teurer werden, aber wenn Sie daran denken, daß es zum Krieg kommen könnte, dann werden Sie gleich sehen, daß diese Tunnel mit den abgestützten Decken und Wänden sehr gute Schutzräume abgeben. Und noch einen Vorteil hat die englische Methode: wir brauchen uns nicht an die Hauptverkehrsstränge zu halten, wir können unsere Tunnel direkt

Chruschtschow als Redner mit seinem ersten Leninorden am Rockaufschlag, der ihm für seine Verdienste beim Bau der Moskauer Untergrundbahn verliehen wurde

Auf einer Parteiversammlung in den dreißiger Jahren

unter den Gebäuden hindurch vortreiben. Und noch etwas. Man muß überlegen, wie wir die Passagiere zum Ein- und Aussteigen nach unten und nach oben befördern. Pawel Pawlowitsch Roter hatte schon Anordnung gegeben, Fahrstühle zu bauen. Auch das ist die deutsche Methode. Ich meine aber, wir sollten Rolltreppen benutzen.» Ich gebe zu, ich hörte das Wort Rolltreppe zum erstenmal, und ich fragte ihn, was das sei. Ich folgte seinen Erklärungen, so gut ich konnte. Alles klang höchst kompliziert. Makowskij schloß mit den Worten: «Bitte denken Sie über meinen Vorschlag nach. Wenn Sie wollen, kann ich Ihnen einen schriftlichen Bericht geben, in dem alles erklärt wird. Erzählen Sie aber bitte nicht Pawel Pawlowitsch, daß ich bei Ihnen war. Er ist sehr eifersüchtig und streng, und ich habe Ihnen meine Ideen ohne seine Erlaubnis vorgetragen. Es hätte keinen Sinn gehabt, vorher mit ihm zu sprechen. Er ist sehr von sich eingenommen und hätte meinen Vorschlag abgelehnt, ohne ihn auch nur anzuhören.»

«Gut», sagte ich. «Ich werde das mit dem Genossen Kaganowitsch besprechen, und wir sagen Ihnen dann Bescheid.»

Ich erstattete Kaganowitsch Bericht. Er erwiderte kurz angebunden: «Lassen Sie sich von Ihrem Makowskij ausführlich seine Rolltreppen erklären, dann werden Sie gleich verstehen, warum wir Aufzüge brauchen. Die Rolltreppen müßten wir in England oder Deutschland bestellen, und wir können unser Geld nicht im Ausland ausgeben, nicht mal für die Metro.»

Ich berief eine Zusammenkunft ein, auf der sowohl Roter als auch Makowskij anwesend sein sollten. Ich wollte die Sache ein für allemal entscheiden. Es kamen auch noch andere Leute dazu. Nun muß man sich vorstellen: Makowskij, jung, gut aussehend, geradezu zart, dagegen Roter, alt und feist, wie er Makowskij unter seinen buschigen Brauen hervor anstarrt wie das Krokodil das Karnickel. Makowskij war sichtlich nervös, hielt sich aber gut; er legte überzeugend dar, daß wir ein veraltetes System anwandten und daß sein Vorschlag eine Verbesserung darstellte. Immer wieder führte er England als Beispiel an: Piccadilly Station, der beste U-Bahnhof in London, direkt im Herzen des feinsten Stadtviertels, ist sehr tief gelegen und hat nicht Aufzüge, sondern Rolltreppen. Roter überhäufte Makowskij mit Verachtung, er nannte ihn einen ahnungslosen grünen Jungen, doch Makowskij hatte seinen Standpunkt dargelegt, und als wir dem ZK berichteten, stellte ich mich auf seine Seite. Roter war sehr dickköpfig und entschlossen, seine Stellung bis zum bitteren Ende zu verteidigen. Kaganowitsch, der mit mir die Partei Makowskijs ergriffen hatte, fand die Lage peinlich, denn da keine Einigung zustande kam, mußten wir die Frage vors Politbüro bringen. Roter würde seinen Standpunkt selber darlegen, und es bestand die Gefahr, daß er Stalin auf seine Seite ziehen könnte. Es blieb uns aber keine Wahl.

Roter berichtete dem Politbüro, danach waren wir an der Reihe. Es kam zum Streit, und irgendwann sagte Roter: «Was Sie da vorschlagen, wird zu teuer!»

Da unterbrach ihn Stalin scharf: «Genosse Roter, was teuer ist, entscheidet die Regierung. Sie sollen uns nur sagen, was technisch ausführbar ist, nicht, was finanziell zu machen ist. Sagen Sie jetzt also: ist der Vorschlag dieses jungen Ingenieurs hier technisch durchführbar?»

«Ja, aber er kommt viel zu teuer.»

«Ich sagte doch soeben, Genosse Roter, was teuer ist, bestimmt die Regierung. Also, Genosse Makowskijs Plan für die tiefe Tunnelführung wird angenommen.»

Ich war entzückt. Stalin hatte Weisheit und Kühnheit bewiesen. Er hatte die auf lange Sicht wichtige Frage der Schutzräume nicht außer acht gelassen und in diesem Sinne beschlossen, daß die Tunnel den größeren Geldaufwand wert waren. Und richtig, Anfang des Krieges befand sich der Gefechtsstand der Stadtverteidigung in der Metrostation Mjasnizkij-Tor, und die Tunnel dienten als Luftschutzräume.

1935 feierten die Moskauer die Fertigstellung des ersten Teilstückes der Metro, und es wurden viele Orden verliehen. Ich bekam den Leninorden, meine erste derartige Auszeichnung. Bulganin bekam den Orden vom Roten Stern. Und die Metro wurde nach Kaganowitsch benannt. Schon hatte zwischen Politbüromitgliedern ein Wettstreit angefangen, wer die meisten Fabriken, Kollektivwirtschaften, Städte usw. für sich «verbuchen» konnte. Diese bedauerliche Praxis war unter Stalin aufgekommen, und Kaganowitsch war bereits Meister darin.

3
Der Terror

Kollektivierung

Was man später als den Großen Terror bezeichnete, begann 1935. Die Anwendung von Terror ganz allgemein zur Niederschlagung jeglicher Opposition, die sich von vielen Seiten gegen das bolschewistische Regime ebenfalls mit Gewalt erhoben hatte, war schon bald nach der Oktoberrevolution durch Lenin persönlich 1918 ganz offen proklamiert worden. Die Kollektivierung (1928–1933) war die Anwendung des Terrors gegen die Landbevölkerung, und niemand weiß, noch wird man es je erfahren, wie viele Millionen Menschen bei diesem Wahnsinnsunternehmen ums Leben gekommen sind. Jahre später hat Stalin selbst im Gespräch mit Winston Churchill zugegeben, daß die Kollektivierung für den Bestand der Sowjetunion viel gefährlicher gewesen sei, als irgendeine der Krisen des Zweiten Weltkrieges. Als 1933 alles vorüber war, waren Agrarproduktion und Viehbestand auf weniger als die Hälfte zusammengeschrumpft. Als die Deutschen 1941 ins Land einfielen, war man immer noch nicht wieder bei den Zahlen des Standes vor 1928 angekommen. Interessant ist an diesem Kapitel, daß Chruschtschow zum erstenmal eingesteht, daß «die Stalinsche Methode der Kollektivierung uns nichts als Elend gebracht hat». Fast vierzig Jahre lang hatte die sowjetische Führung, Chruschtschow eingeschlossen, sogar so getan, als sei die Kollektivierung, der Bucharin und andere sich erbittert widersetzten, eine notwendige und glänzend erfolgreiche Operation gewesen. In Wahrheit war sie eine Grausamkeit kolossalen Ausmaßes, die der Sowjetwirtschaft einen dauernden Schaden zugefügt hat.

Die Kollektivierung begann im Jahr vor meiner Versetzung nach Moskau, aber erst, nachdem ich schon eine ganze Weile dort an der Arbeit war, bekam ich eine Ahnung davon, was sie für die Landbevölkerung bedeutete, und erst Jahre später begriff ich das Ausmaß der Hungersnot und der Repressalien, von denen die Stalinsche Kollektivierung begleitet war.

Den ersten Eindruck von der Wirklichkeit bekam ich 1930, als das Büro der Parteizelle an der Industrieakademie mich, um mich loszuwerden, zu einer Inspektionsreise aufs Land schickte. Die Akademie war Pate der Kollektivwirtschaft Stalin im Gebiet Samara [dem späteren

Kuibyschew], und ich sollte Geld überbringen, das wir zur Anschaffung von landwirtschaftlichem Gerät gesammelt hatten. Sascha Sdobnow, ein Mitstudent von der Akademie, begleitete mich, ein braver Genosse aus dem Ural, der 1937 in den Fleischwolf geriet.

Wir blieben nur wenige Tage auf der Kolchose und waren entsetzt über das, was wir zu sehen bekamen. Die Bauern verhungerten. Wir beriefen eine Versammlung ein, um das Geld zu übergeben, das wir gesammelt hatten. Die meisten Bauern waren Tschuwaschen [1], wir mußten also einen Dolmetscher heranzuziehen. Als wir sagten, mit dem Geld sollten landwirtschaftliche Geräte beschafft werden, sagten sie, landwirtschaftliche Geräte interessierten sie überhaupt nicht – sie wollten Brot. Sie bettelten uns buchstäblich um Nahrung an. Sdobnow und ich wurden in der Hütte einer alten verwitweten Frau untergebracht, die so arm war, daß sie uns nichts anbieten konnte; wir teilten mit ihr die Nahrungsmittel, die wir mitgebracht hatten.

Ich hatte nicht geahnt, wie schlimm die Lage war. In der Industrieakademie hatten wir in der von der *Prawda* geförderten Illusion gelebt, die Kollektivierung mache glänzende Fortschritte, und auf dem Lande stehe alles zum besten.

Plötzlich und unerwartet hielt dann Stalin seine berühmte Rede «Schwindlig vom Erfolg», worin er die örtlichen Parteifunktionäre für die Exzesse bei der Kollektivierung verantwortlich machte.[2] Eben die Leute, die die Kollektivierung mit solch rücksichtslosem, viehischem Eifer betrieben hatten, wurden nun von der *Prawda* gerügt. Damals hielten wir Stalins Rede für ein Meisterstück, einen schweren Schlag von seiten der Parteiführung gegen diejenigen, die für die Exzesse verantwortlich waren.[3] Ich erinnere mich aber, daß ich besorgt dachte: wenn wirklich alles auf den Kollektivgütern so glatt gegangen ist, wie Stalin uns immer versichert hatte, wozu dann plötzlich diese «Schwindlig vom Erfolg»-Rede?

Die Kontroverse über die Kollektivierung führte zu einem raschen Personalverschleiß innerhalb der Moskauer Parteiführung. Auf Uglanow, einen Gegner der Kollektivierung, folgte Baumann [4]. Dieser wurde

1 Volksstamm asiatischen Ursprungs an der mittleren Wolga.

2 Stalin hielt diese Rede am 2. März 1930. Er erklärte, seine ganz eindeutigen Anweisungen seien mißverstanden worden. Hier tadelte der Herr seine Diener dafür, daß sie seine Anweisungen ausgeführt hatten.

3 Wen meint Chruschtschow hier mit «wir»? Stalin sprach überraschend vor dem ZK und dem Politbüro. Das ZK hatte tatsächlich noch das Rückgrat, sich dagegen zu verwahren, daß ihm die Verantwortung für das Chaos angelastet werden sollte.

4 Die «Rechten», insbesondere Bucharin, nahmen die Kollektivierung zum Anlaß ihres letzten Aufbegehrens. Die Ironie wollte es, daß Stalin die Kollektivierung abgelehnt hatte, als Trotzki und die «Linken» sie als erste forderten.

ein Opfer der Maßnahmen gegen die Exzesse, und sein Nachfolger war Molotow [5], an dessen Stelle wiederum Kaganowitsch trat. Unter Kaganowitschs Führung wurden die ersten Gerüchte über Mißstände auf den Kollektivwirtschaften laut – wobei das Wort Mißstände mich gar nicht auf den Gedanken kommen ließ, daß es sich um Bauernrevolten handeln könnte, die von Parteigenossen aus Moskau niedergeschlagen werden mußten.

Ich erinnere mich, daß Kaganowitsch 1932, als ich im Moskauer Stadtkomitee arbeitete, plötzlich ankündigte, er müsse dienstlich nach Krasnodar. Er blieb eine oder zwei Wochen weg. Damals erzählte er nichts davon, doch tatsächlich hatte es sich um einen Streik der Kubankosaken gehandelt – einen Sabotageakt, wie man damals sagte –, die sich weigerten, ihren Boden zu bestellen. Kaganowitschs Aufenthalt dort hatte zur Folge, daß die Bewohner ganzer Kosakensiedlungen nach Sibirien verschickt wurden.

Einer meiner Freunde, der Leiter der Politischen Abteilung des Moskauer Militärbezirkes, Weklischew, sagte mir, überall in der Ukraine seien Streiks und Sabotage an der Tagesordnung, und die Rote Armee sei zum Unkrautjäten auf den Zuckerrübenfeldern eingesetzt worden. Ich war entsetzt. Ich wußte aus Erfahrung, wie empfindlich Zuckerrüben sind; das Unkraut muß im richtigen Augenblick und mit der gebotenen Sorgfalt entfernt werden. Man durfte nicht annehmen, daß Rotarmisten, von denen viele nie zuvor einen Rübenacker gesehen hatten und bestimmt nie wieder einen sehen wollten, diese Arbeit gewissenhaft erledigten. Natürlich wurde nichts geerntet.

Dann hörte man, in der Ukraine herrsche Hungersnot. Ich konnte es nicht glauben. Ich war doch erst 1929, also vor nur drei Jahren, aus der Ukraine hergekommen, und damals hatte sie den Vorkriegsstandard wieder erreicht. Lebensmittel waren reichlich vorhanden und billig gewesen, und jetzt verhungerten die Menschen dort? Das war nicht zu glauben.

Erst viele Jahre später erfuhr ich aus Erzählungen von Anastas Iwanowitsch Mikojan, wie schlimm es Anfang der dreißiger Jahre in der Ukraine gewesen war. Bei einem Aufenthalt in Moskau erzählte ihm der Genosse Demtschenko, der Erste Sekretär des Gebietsparteikomitees von Kiew: «Weiß eigentlich der Genosse Stalin, weiß irgend jemand im Politbüro überhaupt, was in der Ukraine vorgeht? Nun, ich werde Ihnen mal eine kleine Ahnung davon vermitteln, Genosse Anastas Iwanowitsch. Neulich kam ein ganzer Güterzug voller Leichen auf dem Kiewer Bahn-

5 Wjatscheslaw Michailowitsch Molotow war von 1928 bis 1930 Leiter der Moskauer Parteiorganisation. Danach Vorsitzender des Rats der Volkskommissare (sowjetischer Regierungschef). Im Mai 1939 wurde er auch Außenkommissar, als Nachfolger Litwinows.

hof an, mit Leuten, die verhungert waren. Man hatte sie auf der Strecke zwischen Poltawa und Kiew aufgelesen. Man sollte Stalin vielleicht über diese Zustände unterrichten.»

Man sieht hieran, daß innerhalb der Partei schon sonderbare Zustände herrschten, wenn ein Genosse wie Demtschenko, ein Mitglied des Politbüros der Ukraine, sich fürchtete, selber zu Stalin zu gehen. Wir waren bereits in jenem Stadium angelangt, da ein einziger Mann die kollektive Führung in der Hand hatte und alle anderen vor ihm zitterten. Demtschenko berichtete Mikojan, weil er wußte, Mikojan arbeitete eng mit Stalin zusammen, und glaubte, vielleicht könne er etwas tun. Parteiarbeiter bezeichneten damals häufig Stalin, Ordschonikidse und Mikojan als die kaukasische Clique. Für Anastas Iwanowitsch Mikojan habe ich stets die größte Hochachtung gehabt. Wir haben alle Fehler, und darum hat gewiß auch Anastas Iwanowitsch welche, doch ist er ein aufrechter, kluger und fähiger Genosse, dem Staat und Partei viel zu danken haben.

Wie es bei der Kollektivierung zuging, hat Scholochow in seinem Roman ‹*Neuland unterm Pflug*› beschrieben. Dieses Buch entstand noch zu Stalins Lebzeiten, er mußte also die Kollektivierung so beschreiben, wie Stalin sie ausgelegt sehen wollte. Als sich der Fehlschlag der Kollektivierung abzeichnete, brachte man uns bei, die Verantwortung dafür auf intrigierende Kulaken zu schieben, auf die Rechten, die Trotzkisten und die Sinowjewisten. Immer konnte man alles mit konterrevolutionärer Sabotage erklären.

Jetzt aber, da Stalins Machtmißbrauch offen zutage liegt, müssen wir eine gründliche Analyse der Kollektivierung vornehmen, um zu erkennen, was wirklich geschehen ist. Wir werden vielleicht nie erfahren, wie viele Menschenleben die Kollektivierung gekostet hat, unmittelbar oder mittelbar auf Grund von Stalins Neigung, anderen die Schuld anzulasten. Zwei Dinge aber sind gewiß. Erstens: die Stalinsche Methode der Kollektivierung hat uns nichts als Elend und Brutalisierung gebracht; zweitens: Damals war es Stalin, der die Macht über das Land ausübte. Rykow, Bucharin, Sinowjew und Kamenjew waren bereits ihrer Ämter enthoben, Trotzki war im Exil. Wenn wir also denjenigen suchen, der für die damaligen Ereignisse verantwortlich war, dann kann es nur Stalin sein.

Das alles aber sind nachträgliche Erkenntnisse. Damals kannten wir die Wahrheit nicht. Wir glaubten noch an Stalin und vertrauten ihm.

Die Jahre der Säuberung

Es folgt eine unvermeidlich einseitige und verzerrte Schilderung der schrecklichsten Periode der Geschichte der Sowjetunion. Anders als etwa Molotow und Malenkow wurde Chruschtschow aktiv erst in die Exzesse der Säuberungen verstrickt, als man ihn 1938 in die Ukraine schickte, damit er die große Säuberung dort abschlösse, ehe er den zerschlagenen Parteiapparat neu aufbaute. Er wußte aber sehr gut, was vorging; er profitierte unmittelbar von der Erschießung dienstälterer Genossen, und er läßt erkennen, so in der Affäre Jaroslawskij, daß er, wie jeder andere höhere Parteifunktionär damals, so manche Übeltat begangen hatte, bevor er in Kiew ankam. Man muß dieses Kapitel neben jene Stellen aus Chruschtschows Geheimrede halten, die sich mit der Verhaftung, Folterung und Hinrichtung von Menschen befassen, die überhaupt nichts von dem begangen hatten, was man ihnen vorwarf – wenn sie auch in anderer Beziehung keineswegs schuldlos waren. Der gesamte abstoßende Vorgang war im Westen sehr genau bekannt, doch in der Geheimrede bestätigte zum erstenmal eine sowjetische Amtsperson, daß es wirklich so gewesen ist. Aber auch Chruschtschow, das darf man nicht vergessen, gab mit dieser Rede noch kein Bild vom bloßen Ausmaß der Schlächterei. Zugleich beschränkte er sich auf die Verbrechen, die Stalin an Partei und Armee begangen hat – nicht ein Wort hatte er übrig für das, was den kleinen Parteimitgliedern und den Hunderttausenden geschehen war, die der Partei nicht angehörten. Mit anderen Worten, Chruschtschow spricht immer nur von Stalins Verbrechen gegen die Partei, nicht von seinen Verbrechen am sowjetischen Volk als Ganzes. Die verbreitetste Schätzung besagt, daß nahezu eine Million Parteimitglieder verhaftet wurden. Die Zahl der verhafteten Nichtmitglieder beträgt mindestens das siebenfache. Man sollte erwähnen, daß die vorsätzliche Folterung von Gefangenen beim Verhör (zum Unterschied von spontanen Tritten, Schlägen u. ä.) bis 1937 ausdrücklich verboten war. Anfang 1937 oder Ende 1936 wurde die Anwendung der Foltern durch geheime Anweisung erlaubt und 1939 auch vom Zentralkomitee gebilligt.[6]

Wenn man Stalins Schattenseiten objektiv analysieren will, muß man auch jene Praxis erwähnen, die er einführte und die darin bestand, Parteimitglieder grundlos als Volksfeinde zu brandmarken, sie vor Gericht

6 Im Westen sind ungezählte Beschreibungen des Stalinschen Terrorsystems erschienen. Was die Säuberung für ein von ihr betroffenes sowjetisches Parteimitglied bedeutete, schildert vielleicht am anschaulichsten Jewgenija Semjonowna Ginsburg in ihren Erinnerungen ‹*Marschroute eines Lebens*›, erschienen 1967 in deutscher Sprache im Rowohlt Verlag, Reinbek.

zu stellen und zu liquidieren. Unsere Partei weist noch heute die Narben der Wunden auf, die ihr die Säuberungen geschlagen haben. Die Haltung, die Stalin in vielen Parteimitgliedern gezüchtet hat, bildet sozusagen Krusten im Bewußtsein vieler Genossen, insbesondere langsam denkender, beschränkter Genossen. Auch heute findet man noch Leute, die meinen, Stalins Methode, den Sozialismus aufzubauen, sei die einzig richtige, die in unserem Lande einzig anwendbare. Ich selber finde, daß es von einem sklavischen Geist zeugt, wenn man annimmt, daß nur solche Leute arbeiten, über denen jemand steht, der die Peitsche schwingt. Wer an das Vorhandensein einer Gesellschaft von Sklaven glaubt, wer meint, daß man die Menschen mit Gewalt unterdrücken muß, weil sie sonst revoltieren, der wird auch glauben, daß die Leiden, die Stalin dem sowjetischen Volk auferlegt hat, historisch unvermeidlich gewesen sind. Ich halte diese Behauptung für Unsinn. Sie steht auch im Widerspruch zu einem der Postulate des Marxismus-Leninismus, demzufolge das Volk die Geschichte macht und nicht irgendeine mächtige Einzelperson. Die Oktoberrevolution kam zustande, weil Lenin sie kraft seiner Vernunft und seiner Führereigenschaften auslöste, nicht weil er mit der Peitsche knallte. Das Volk folgte Lenin nicht, weil es ihn fürchtete, sondern weil es an ihn glaubte. Lenin weckte und lenkte die Hoffnungen des Volkes. Stalin dagegen versuchte, Volk und Partei zum Gehorsam zu zwingen.

Alles nahm an einem Abend im Jahre 1934 seinen Anfang. Kaganowitsch rief mich an. «Ich bin im Politbüro. Kommen Sie sofort her, es ist dringend.»

Ich ging hinüber in den Kreml. Kaganowitsch empfing mich, er sah schrecklich aus. Ich war sofort wachsam, auf alles gefaßt. Was mag passiert sein? dachte ich.

«Es ist etwas Entsetzliches geschehen. Kirow ist in Leningrad ermordet worden. Ich sage Ihnen gleich Näheres. Im Politbüro wird die Sache gerade erörtert. Wir stellen eine Delegation für Leningrad zusammen – Stalin, Woroschilow, Molotow; dazu sechzig Leute aus der Moskauer Parteiorganisation und Arbeiterschaft, die Sie führen werden. In Leningrad gehören Sie zur Ehrenwache, und dann überführen Sie die Leiche nach Moskau.»

«Gut.»

Ich ging sogleich ins Büro, stellte die Delegation zusammen und fuhr noch in der Nacht nach Leningrad. Stalin, Woroschilow und Molotow bekam ich nicht zu sehen, sie fuhren in einem Sonderzug. Es kam mir vor, als sei ganz Leningrad in Trauer, obwohl ich hier vielleicht meine eigenen Empfindungen auf andere projizierte. Keiner wußte, was eigentlich geschehen war, wir wußten nur, daß Kirows Mörder ein Mann namens Nikolajew war, der wegen trotzkistischer Opposition aus der Partei ausgeschlossen worden war – was darauf hindeutete, daß die

Trotzkisten hinter dem Anschlag standen. Jedenfalls waren wir alle außer uns vor Empörung.[7]

Ich weiß nicht mehr, wie lange wir in Leningrad blieben – zwei oder drei Tage vielleicht. Abwechselnd standen wir Ehrenwache am Sarge von Sergej Mironowitsch, während die Leningrader von ihm Abschied nahmen. Ich sah, daß Kaganowitsch tief erschüttert war, ja sogar verschreckt. Was die anderen Führer angesichts von Kirows Tod empfanden, kann ich nicht sagen. Ich beobachtete Stalin aufmerksam, als er am Sarg stand, aber er konnte sich außerordentlich gut beherrschen, und seinem Gesicht war überhaupt nichts anzusehen. Es kam mir nicht in den Sinn, daß er an etwas anderes denken könnte als an Kirows Tod.

Es gehörte in Moskau zu meinen Pflichten, über das Moskauer Büro des NKWD die Aufsicht zu führen. Leiter des Büros war der Genosse Redens[8], Stalins Schwager und von Geburt ein Pole. Er war ein guter Genosse, seit 1914 in der Partei. Stalin ließ ihn dann später erschießen.

7 S. M. Kirow, der schon im 2. Kapitel erwähnt wurde, hatte sich als Nachfolger Sinowjews in Leningrad eine starke Position aufgebaut. Nachdem er Stalin beim Kampf gegen die Opposition beigestanden hatte, lehnte er eine Weiterführung von Stalins rachsüchtigen Verfolgungsmaßnahmen ab, insbesondere wenn diese zur Ermordung der Opfer führten. Als einziger der Männer um Stalin war er stark genug, zu sagen, was er dachte, und er war der einzige, in dem Gleichgesinnte eine mögliche Alternative zu Stalin erblickten. Am 1. Dezember 1934 wurde er in seinem Leningrader Büro von einem unzufriedenen ehemaligen Parteimitglied erschossen.

In seiner Geheimrede geht Chruschtschow ausführlich auf den mysteriösen Mord an Kirow ein und vertritt die Ansicht, daß der Mörder von jemandem unterstützt wurde, der Kirow eigentlich hätte schützen müssen (siehe Anhang).

Die amtliche Version lautete nach dem Untersuchungsergebnis der trotzkistische bzw. sinowjewistische Student Nikolajew habe auf Anweisung einer aus dem Ausland gelenkten Verschwörerorganisation den Mord ausgeführt. Der Prozeß gegen Nikolajew und andere Angeklagte ging unter Ausschluß der Öffentlichkeit über die Bühne. Nikolajew wurde hingerichtet. Allerdings war Nikolajew nicht, wie Chruschtschow zumindest damals dachte, als Trotzkist aus der Partei ausgeschlossen worden, sondern weil er mit der Parteibürokratie in Konflikt geraten war. Kirow erhielt ein Staatsbegräbnis, und Stalin schien tief betroffen. Schon bald kam jedoch das Gerücht auf, daß Stalin hinter dem Mord stehe, und Chruschtschow hat Ähnliches auf dem XX. Parteitag angedeutet. Auf dem XXII. Parteitag 1961 griff Chruschtschow den Fall Kirow noch einmal auf und kündigte eine «gründliche Untersuchung» an. Ob diese je stattgefunden hat, ist unbekannt. Der Mord an Kirow war der Auftakt zu den Säuberungen der dreißiger Jahre, die in Leningrad begannen und sich unter verschiedenen Polizeichefs über das ganze Land erstreckten. Sie erstickten die Sowjetunion in Terror und ließen die Überlebenden in tödlicher Angst zurück.

8 S. Redens war während der Säuberungen sehr aktiv; er verschwand 1939, nachdem Berija Geheimdienstchef geworden war. Er war mit Anna Sergejewna verheiratet, der Schwester von Stalins zweiter Frau.

In der Säulenhalle des Moskauer Gewerkschaftshauses

Mit Bulganin in mongolischer Nationaltracht

Vom Genossen Redens nun erfuhr ich, daß die Verfahrensweise des NKWD sich seit Kirows Ermordung gründlich änderte.

Vor der Ermordung Kirows bediente sich die Tscheka selten administrativer Methoden, womit ich Verhaftung und Prozeß meine. Das kam eigentlich nur vor, wenn es sich um Fälle von offen antisowjetischem Charakter handelte.[9] So waren wir zum Beispiel, wenn es in Moskau zu Arbeitsniederlegungen und Streiks gekommen war, immer in die Fabriken und Arbeiterunterkünfte gegangen und hatten den Arbeitern erklärt, daß wir eben die Normen heraufsetzen müßten, um unsere Feinde einzuholen. Die Arbeiter, die vom Lande kamen, lebten in unbeschreiblichen Verhältnissen – Dreck, Läuse, Schaben, nicht genug Essen, nichts anzuziehen –, und sie wurden noch unzufriedener, wenn ihre Normen einfach erhöht wurden. Wir setzten uns mit ihnen zusammen und erklärten ihnen, daß eben manchmal das Interesse des Staates dem des einzelnen vorgeht, und meist waren die Arbeiter auch sehr verständig und weiterhin eifrig bei ihrer Arbeit, auch wenn bei gleichen Löhnen die Norm um zehn oder fünfzehn Prozent heraufgesetzt worden war. Falls gewisse Individuen sich nicht anpassen wollten, wurden sie von der Partei offen gebrandmarkt, aber administrative Maßnahmen ergriffen wir so gut wie nie gegen die Arbeiter.

Das alles änderte sich nun plötzlich nach Kirows Ermordung. Redens erzählte mir, er habe Weisung bekommen, in Moskau eine «Säuberung» zu veranstalten. Nun, eine tüchtige Säuberung konnte Moskau schon gebrauchen, es befanden sich eine Menge unerwünschte Elemente in der Stadt – Parasiten, Profitmacher, Arbeitsscheue. Wir stellten Listen von Leuten auf, die wir aus der Stadt entfernen wollten. Wohin diese Leute geschickt wurden, weiß ich nicht, danach habe ich nie gefragt. Bei uns galt die Regel: was man dir nicht sagt, brauchst du auch nicht zu wissen; das waren Staatsangelegenheiten, und je weniger man davon wußte de-

9 Es hat natürlich auch vor dem Kirow-Mord zahlreiche Verhaftungen durch den Geheimdienst, mit oder ohne Prozeß, gegeben, und «antisowjetische Betätigung» war ein dehnbarer Begriff. Doch war die Einheit der Partei ein geheiligter Grundsatz, und es wurde erst nach Kirows Ermordnung ein Verbrechen, innerhalb der Partei auch nur um Bruchstücke von der Linie Stalins abzuweichen oder jemals abgewichen zu sein. Der sowjetische Staatssicherheitsdienst ist seit der Oktoberrevolution unter einem Dutzend verschiedener Bezeichnungen aktiv gewesen. Die bekanntesten sind Tscheka (Abkürzung für: Außerordentliche Kommission zum Kampf gegen Konterrevolution und Sabotage) seit Dezember 1917 und GPU (Staatliche Politische Verwaltung) seit 1922; im Sommer 1934 wurde das NKWD (Volkskommissariat für Innere Angelegenheiten) mit den Fragen der Sicherheit betraut; nach der Umbenennung aller sowjetischen Volkskommissariate in Ministerien im März 1946 hießen die Sicherheitsdienste entsprechend MGB (Ministerium für Staatssicherheit), MWD (Innenministerium) und seit 1954 KGB (Komitee für Staatssicherheit beim Ministerrat der UdSSR).

35: Erster Sekretär der Parteikomitees von Stadt und Gebiet Moskau

1938: Parteichef der Ukraine

sto besser. Jedenfalls war die Deportation krimineller Elemente aus Moskau das erste Stadium der Repression, die nach Kirows Ermordung einsetzte.[10]

Dann begann auch schon bald der politische Terror. In dessen Maschinerie bekam ich nur ganz gelegentlich einen kurzen Einblick. Während des Prozesses gegen die Leningrader Oppositionellen übernahmen Kaganowitsch und Sergo Ordschonikidse das Kommando, falls Stalin und Molotow von Moskau abwesend waren. Einmal traf ich in Kaganowitschs Büro außer Ordschonikidse auch den Dichter Demjan Bedny. Man sprach über den Prozeß gegen die Oppositionellen, und wie man ihn in der Presse am besten präsentieren könnte. Schon erschienen eine Reihe von scharfen Artikeln, die das Publikum auf die harten Urteile vorbereiten sollten, die bereits feststanden. Ich erinnere mich an diese Szene noch genau. Sergo und Kaganowitsch fragten Demjan Bedny: «Nun, Genosse Demjan, haben Sie ein Gedicht geschrieben, das wir benutzen können?»

«Ja», sagte Demjan und rezitierte das Gedicht.

Nachdem er geendet hatte, herrschte peinliches Schweigen. Schließlich sagte Kaganowitsch: «Ganz so hatten wir uns das nicht gedacht, Genosse Demjan.» Sergo, der ein feuriges Temperament hatte, machte weiter keine Umschweife, sondern forderte Demjan schroff auf, sich was Besseres einfallen zu lassen. Demjan Bedny war ein beleibter Mensch und kahlköpfig. Sein Kopf sah aus wie ein mächtiger Kupferkessel. Er schaute sie gutmütig an und sagte: «Was Besseres bringe ich nicht zustande. Ich habe es versucht, aber mehr will nicht herauskommen. Ich kann meine Hand nicht gegen die Oppositionellen erheben, ich kann es einfach nicht, mir fehlt die Kraft dazu.» In Wahrheit benutzte er einen gröberen, mehr männlichen Ausdruck.

Ich weiß nicht, ob veröffentlicht wurde, was Demjan geschrieben hatte. Ganz offenbar glaubte er nicht recht daran, daß die Oppositionellen Verbrecher waren. Darum fehlten ihm auch die Inspiration und das Parteibewußtsein, sie in seinen Versen gehörig anzuprangern. Er war eben nicht überzeugt davon, daß sie Feinde waren. Ich selber stand natürlich ganz auf seiten von Kaganowitsch, also auf seiten Stalins, und darum warf ich Demjan damals auch mißbilligende Blicke zu. Ich verstehe jetzt aber, warum Demjan Zweifel hatte.[11]

10 Das erste Stadium der nach Kirows Ermordung beginnenden Repression war in Wahrheit eine Welle politisch motivierter Verhaftungen in Leningrad. Chruschtschows sogenannte kriminelle Elemente in Moskau hatten mit der ganzen Angelegenheit nichts zu tun.

11 D. Bedny, ein Dichter minderen Grades, hat damals möglicherweise wirklich gezweifelt, was ihn aber nicht daran hinderte, schon bald eine Serie übler «Gedichte» zu verfassen, in denen er die Angeschuldigten beschimpfte und ihre strengste Bestrafung forderte.

Stalin, Molotow, Kaganowitsch und Ordschonikidse

Kurz nachdem ich Zeuge dieses Auftritts in Kaganowitschs Büro geworden war, wurde die Blüte der Partei durch einen Wirbelsturm von Gewalt vernichtet. Viele der alten Partei- und Staatsführer wurden ausgelöscht. Wo waren denn Männer wie Molotow, Kaganowitsch, Woroschilow oder Mikojan gewesen, als Sinowjew, Kamenjew, Trotzki, Bucharin und Rykow das Land regierten? Fast das gesamte Politbüro, das zum Zeitpunkt von Lenins Tod amtierte, wurde gesäubert. Man betrachte Sinowjew und Kamenjew, die als Führer der Opposition liquidiert wurden; sie hatten sich während der Revolution Fehler zuschulden kommen lassen, das weiß jeder. Es ist aber ebenso bekannt, daß, nachdem sie ihre Fehler eingesehen hatten, Lenin selber sie in die Führung berief. An Lenins Seite bewährten Sinowjew und Kamenjew sich bei der Führung der Partei. Als die Regierung von Petrograd nach Moskau übersiedelte, blieb Sinowjew in Petrograd. Man vertraute ihm die Leitung unserer ursprünglichen Hauptstadt an, der Wiege unserer Revolution, in der das Banner des Aufstandes während der Oktoberrevolution gehißt wurde. Und Kamenjew vertraute man Moskau an. Aber nun standen diese Männer als Verbrecher vor Gericht und sollten bald als Volksfeinde liquidiert werden![12]

Stalins Säuberung der Partei traf 1936 die Oppositionellen und 1938 die «Rechten», als Rykow, Bucharin und anderen Führern des Volkes und der Partei der Prozeß gemacht wurde. Mit Recht muß man diese Männer unsere Führer nennen. Nehmen wir Rykow. Nach Lenins Tod wurde er Vorsitzender des Rates der Volkskommissare. In den Augen der Partei war er ein Mann von hohen Verdiensten und ein würdiger Vertreter der Sowjetmacht. Und doch erschoß man ihn. Und Bucharin. Lenin nannte ihn «unseren Buchartschik», und sein ‹*A-B-C des Kommunismus*› war die Fibel, aus der die gesamte ältere Generation ihre Kenntnisse des Marxismus-Leninismus bezogen hatte. Auch ihn stellte man vor Gericht und liquidierte ihn.[13]

12 Im geheimen Mordprozeß Kirow wurde Sinowjew zunächst zu zehn und Kamenjew zu fünf Jahren Zwangsarbeit verurteilt.

13 Grob umrissen war der zeitliche Ablauf wie folgt: Während die Säuberungen 1935 immer weiter um sich griffen, bereitete Stalin den ersten großen Schauprozeß vor, den Chruschtschow hier den Prozeß gegen die Leningrader Oppositionellen nennt. Stalin bediente sich dabei Jagodas, des Chefs des NKWD. Dieser «Prozeß der 16» fand im August 1936 statt. Er hieß offiziell: Verfahren gegen das Vereinigte Terroristenzentrum Trotzki-Sinowjew, und er endete mit der Erschießung Sinowjews, Kamanjews und vierzehn anderer.

Bald darauf fiel Jagoda in Ungnade. Er wurde durch Jeschow ersetzt. Unter Jeschow nahm der Terror unvorstellbare Ausmaße an («Jeschowschtschina» nannte man diese Zeit der blutigen Unterdrückung). Das zweite von Jeschow vorbereitete Schauverfahren – der «Prozeß der 17» – fand im Januar 1937 statt. Offiziell hieß er: Verfahren gegen das Antisowjetische Trotzkistische Zen-

In diesem Zeitraum verlor die Partei ihre Autorität und geriet unter die Herrschaft der NKWD. Ich erinnere mich, wie es 1937 auf der Moskauer Parteikonferenz zuging. Alle Kandidaten, die für die Stadt- und Gebietsparteikomitees nominiert werden sollten, mußten vom NKWD zuvor überprüft und genehmigt werden. Weder das ZK noch die Gesamtpartei konnte eigene Kandidaten durchbringen. Das NKWD entschied über die Verwendung eines jeden Genossen, auch darüber, ob er in höhere Parteiämter gewählt werden durfte oder nicht. Man hatte uns weisgemacht, nur so könnten die örtlichen Parteiorganisationen jene Feinde entlarven, die sich in die führenden Parteigremien eingeschlichen hätten. Insbesondere an einen Vorfall auf dieser Parteikonferenz von 1937 erinnere ich mich deutlich. Es gab da einen Kommissar von der Militärakademie Frunse, der nach Ansicht des Moskauer Parteikomitees ein guter Genosse und guter Kommunist war. Als man ihn zum Kandidaten vorschlug, wurde das von den Delegierten mit großem Beifall aufgenommen. Plötzlich erhielt ich eine Meldung vom NKWD. «Dieser Mann darf auf keinen Fall gewählt werden. Er ist nicht vertrauenswürdig. Er hat Verbindungen zu Volksfeinden und wird demnächst verhaftet.» Wir

trum. Dieser Prozeß wird von Chruschtschow kaum erwähnt. Prominenteste Angeklagte waren: Pjatakow (Todesstrafe), Muralow (Todesstrafe), Sokolnikow und Radek (je zehn Jahre Gefängnis).

Der dritte und spektakulärste Schauprozeß ging im März 1938 über die Bühne. Er war ebenfalls von Jeschow vorbereitet. Es war das Verfahren gegen den Antisowjetischen Block der Rechten und Trotzkisten, der «Prozeß der 21». Angeklagt waren 21 Personen, unter ihnen Bucharin, Rykow und Jagoda, Jeschows Vorgänger.

In den Prozessen warf man den Angeklagten Hochverrat, Mordverschwörung zur Beseitigung Stalins und anderer führender Persönlichkeiten und – im letzten Verfahren – Zusammenarbeit mit fremden Mächten, vor allem Deutschland, zum Sturz des bolschewistischen Regimes und zur Aufspaltung der Sowjetunion vor.

Im Sommer 1937 fanden außerdem die geheimen Verfahren gegen die oberste Führung der Roten Armee statt, der Stalin Staatsstreichabsichten unterstellte. Prominentestes Opfer war Marschall Tuchatschewskij. Im Zuge dieser Säuberung wurde etwa das halbe Offizierskorps der Roten Armee, einschließlich der Generale, liquidiert.

Die Säuberung ging in diesen wahnwitzigen Ausmaßen bis gegen Ende 1938 weiter. Dann war Jeschow selbst an der Reihe. Es begann die Säuberung der Säuberer. Jeschow wurde verhaftet und verschwand spurlos. Sein Nachfolger war Lawrentij Pawlowitsch Berija. Die meisten Opfer, darunter jene eifrigen Anhänger Stalins, die sich an den ersten Säuberungen beteiligt hatten, wurden ohne jedes Verfahren und ohne alle Publizität liquidiert. Oft waren sie durch Folterungen zu Geständnissen gezwungen worden. Sie verschwanden einfach von der Bildfläche. Während dieses Blutbad die Sowjetunion erschütterte, war Chruschtschow, der das Vertrauen Stalins besaß, Chef der Moskauer Parteiorganisation, bis er im Januar 1938 in die Ukraine versetzt wurde.

gehorchten und verhinderten seine Nominierung, doch war das für die Delegierten eine niederschmetternde Erfahrung. Der Kommissar wurde in der darauffolgenden Nacht verhaftet.

Der Fall Emeljan Jaroslawskij war ähnlich.[14] Er war Altbolschewik, in der Partei höchst geachtet, Sekretär des Parteikollegiums der Zentralen Kontrollkommission, das heißt also vom Standpunkt der Partei war er unbedingt einwandfrei. Man wollte ihn als Kandidaten für das Moskauer Gebietsparteikomitee nominieren. Unvermutet sagte man mir telefonisch, Jaroslawskijs Nominierung müsse verhindert werden. Es fiel mir sehr schwer, diesen Befehl auszuführen, aber ich mußte. Ich wies die anderen Komiteesekretäre an, unter den Delegierten eine Flüsterkampagne gegen Jaroslawskij einzuleiten, ohne daß er etwas davon merken sollte. Es war aber schon zu spät. Trotz unserer Bemühungen wurde er mit, ich glaube einer Stimme Mehrheit, gewählt. Nach der Konferenz ließ die Genossin Semljatschka, die ich hoch achtete, es sich nicht nehmen, in einem Brief an das ZK mich als den Sekretär des Moskauer Stadtkomitees dafür zu tadeln, daß man dem Genossen Jaroslawskij auf der Konferenz so respektlos begegnet sei. Selbstverständlich erklärte ich ihr damals nicht, daß ich nur meine Befehle befolgte. Und ihr Brief blieb ebenso selbstverständlich ohne Folgen.

Worauf es hier aber ankommt, ist, daß jegliche Veränderung im Status des Parteipersonals und jede Versetzung nur mit Genehmigung des NKWD möglich war. Die Partei hatte ihre führende Rolle eingebüßt. Es war eine Schande.

Ich kannte viele Opfer des politischen Terrors persönlich, manche schon vom Donez her. So zum Beispiel Iwan Tarassowitsch Kirilkin, 1925 bis 1926 Leiter der Rutschenkow-Gruben und dann der Eisenwerke Makajew, die er sehr tüchtig führte. Ferner Wassilij Basulin, auch er ein kompetenter Werksleiter in der Nähe von Jusowka. Beide sind 1937 umgekommen. Sie verschwanden einfach spurlos vom Erdboden. Niemand konnte mir sagen, was ihnen zugestoßen war. Ich ahne nicht, wie viele Werksleiter und Ingenieure auf diese Weise verschwunden sind. Damals war es einfach genug, sich unbeliebter Personen zu entledigen; man brauchte nur jemanden als Volksfeind zu denunzieren, die örtliche Parteiorganisation warf einen Blick auf den Bericht, schlug sich in gerechter Empörung an die Brust und sorgte dafür, daß der Denunzierte verschwand.

Ich kannte auch Treiwas persönlich. In den zwanziger Jahren war er im Komsomol gut bekannt. Er war klug, tüchtig, anständig. Ich lernte ihn im Moskauer Apparat kennen, als wir ein halbes Jahr im Baumann-Bezirk miteinander zu tun hatten. Kaganowitsch ließ mich einmal ver-

14 E. Jaroslawskij war als Führer der Gottlosen-Bewegung bekannt geworden.

Kalinin, Kaganowitsch, Ordschonikidse, Stalin und Woroschilow

Woroschilow und Stalin

traulich wissen, Treiwas' Parteiakte sei nicht ganz sauber; offenbar hatte er zu den 93 Komsomolzen gehört, die früher einmal eine Entschließung zur Unterstützung Trotzkis unterschrieben hatten. Auch er fand ein trauriges Ende. Als Stalin meinte, die Komiteesekretäre sollten die NKWD-Gefängnisse ihrer Bezirke inspizieren, stieß ich während meiner Runden auch auf Treiwas. Und er entging dem Fleischwolf nicht, als die Schlächterei 1937 anfing.

Gelegentlich hört man den Namen Lomow im Radio. Es heißt dann, Lenin wies Lomow an, dies oder das zu tun. Wo steckt dieser Lomow jetzt? Ich habe ihn gut gekannt. Nach dem Bürgerkrieg bin ich ihm im Donezbecken oft begegnet. Er war für die ukrainische Kohlenförderung verantwortlich, und ich habe ihn häufig in seinem Büro in Charkow aufgesucht. In der Partei schätzte man ihn als alten Genossen aus der Zeit der Untergrundarbeit vor der Revolution. Aber Sie wollen immer noch wissen, wo dieser Lomow jetzt ist? Die Antwort lautet: erschossen! Kein Lomow mehr.[15]

Selbst die nächsten Mitarbeiter Stalins waren vor der irrsinnigen Verfolgung nicht sicher. Sehen Sie sich Ordschonikidse an. Genosse Sergo, wie wir ihn immer nannten, war beliebt.[16] Man schätzte ihn, und das zu Recht, überall in der Partei. Viele Jahre waren die drei Kaukasier – Stalin, Mikojan und Sergo – unzertrennlich. Doch obwohl Stalin und Sergo beide alte Bolschewiki und Georgier waren, glichen sie sich doch in nichts. Trotz eines explosiven Temperaments war Sergo ein ritterlicher Mensch, er war zugänglich, gerecht, menschlich. Und Sergo billigte nicht im geringsten die Schlächterei, die in der Partei vorging. So weiß ich noch, daß er sehr viel für Lominadse übrig hatte.[17] Er rief mich sogar einmal im Moskauer Stadtkomitee an und fragte in seinem georgischen Akzent, ob ich mich nicht für Lominadse verwenden wollte. Ich erwiderte, ich könne da nicht viel machen, denn Lominadse habe aktiv opponiert und der Partei Grund gegeben, ihn zu verstoßen. Sergo drängte mich, doch dafür zu sorgen, daß man Lominadse in Ruhe lasse. Trotz aller seiner Bemühungen wurden aber immer mehr Menschen als Volksfeinde verhaftet, und Sergo konnte es schließlich nicht mehr ertragen. Anfang 1937 erschoß er sich. Ich habe erst viele Jahre später erfahren, was da vorgegangen ist, denn Stalin vertuschte die ganze Sache sehr geschickt. Ich erfuhr von Sergos Tod an einem meiner freien Tage durch

15 G. I. Lomow (eigentlich Oppokow), Mitglied der Kontrollkommission beim Rat der Volkskommissare. Auf Molotows Weisung verhaftet und erschossen.

16 Siehe 1. Kapitel Anmerkung 7 und die Geheimrede Chruschtschows im Anhang.

17 W. W. Lominadse wurde als Mitverschwörer im ersten und dritten Schauprozeß genannt.

Abel Sofrenowitsch Jenukidse, der mich anrief. «Genosse Chruschtschow, kommen Sie gleich in mein Büro, es ist dringend.»[18]

Ich fuhr sofort in den Kreml und fragte: «Nun, was gibt es, Abel Sofrenowitsch?»

«Sergo ist tot.»

«Was? Neulich habe ich ihn doch noch gesehen.»

«Er ist sehr plötzlich gestorben. Sie wußten wahrscheinlich nicht, daß er sehr krank war. Die Regierung hat eine Kommission zur Vorbereitung seiner Bestattung eingesetzt, und Sie gehören dazu.»

Man traf alle Vorbereitungen für ein Staatsbegräbnis. Ich selber hielt bei der Feier am Lenin-Mausoleum als Vertreter des Moskauer Parteikomitees die Trauerrede. Ich trauerte aufrichtig um Sergo. Er war immer besonders freundlich zu mir gewesen, und ich hatte aus seiner väterlichen Protektion großen Nutzen gezogen.

Erst nach dem Krieg erfuhr ich, daß er Selbstmord begangen hatte, als beim Essen mit Stalin – es waren noch andere zugegen – die Rede zufällig auf Sergo kam.

«Sergo, na, das war ein Kerl. Schade, daß er vor seiner Zeit sterben mußte. Was für ein Verlust.»

Peinliche Stille. Ich merkte, daß ich was Verkehrtes gesagt hatte, und fragte Malenkow nach dem Essen: «Wieso habe ich denn ins Fettnäpfchen getreten?»

«Wissen Sie das nicht?»

«Nein.»

«Soll das heißen, Sie haben geglaubt, daß Sergo eines natürlichen Todes gestorben ist? Sie wußten nicht, daß er sich erschossen hat? Das verzeiht Stalin ihm nie. Sie haben ja gesehen, wie peinlich es ihm war, als Sie Sergo erwähnten. Da hätten Sie besser aufpassen müssen.»

Malenkow wußte damals, als Sergo starb, natürlich auch nichts Näheres. Er stand Stalin nicht so nahe wie ich. Er hat es später nur irgendwie erfahren.

Nach Stalins Tod erzählte mir Anastas Mikojan, der mit Sergo sehr befreundet gewesen war, er habe noch wenige Stunden vor dessen Selbstmord mit Sergo gesprochen. An einem Samstagabend hatten sie gemeinsam einen Spaziergang im Kreml unternommen, und Sergo hatte gesagt, er könne so nicht weiterleben. Es sei unmöglich mit anzusehen, was Stalin der Partei antue, und er habe nicht mehr die Kraft, dagegen zu kämpfen. Am Tage darauf, am Sonntag, erschoß er sich dann. Genosse Sergo war ein ungewöhnlich ehrenhafter Mensch.

18 Hier muß sich Chruschtschow bezüglich seines Gesprächspartners irren, denn Jenukidse wurde nach glaubwürdigen Berichten schon früher abgesetzt. Jenukidse war wie Stalin Georgier und dessen persönlicher Freund, aber er widersetzte sich wie Kirow und Ordschonikidse dem brutalen Terror. Er wurde 1937 erschossen.

Kurz nach Sergos Tod nahm Stalin sich die Alte Garde der Roten Armee vor. Ich kann nicht alle Generale aufzählen, die er liquidieren ließ, aber einige wenige will ich doch erwähnen.

Tuchatschewskijs Verhaftung kam wie ein Blitz aus heiterem Himmel. Er war unser glänzender Stellvertretender Volkskommissar für die Verteidigung. Mit 26 Jahren hatte er im Bürgerkrieg die Westfront kommandiert. Lenin übertrug ihm die Operation Kronstadt und die Aktionen gegen Antonow und Koltschak. Als Tuchatschewskij hingerichtet wurde, krähten eine Menge Leute, die ihn vom Bürgerkrieg her kannten, Leute, die ihm nicht bis ans Knie reichten, geschweige denn zum Nabel. Sie stießen seinen Leichnam mit Füßen und machten ihn für ihre eigenen Fehlschläge im Bürgerkrieg verantwortlich. Fachleute hingegen waren der Ansicht, die Fehlschläge seien darum eingetreten, weil Tuchatschewskij keinen genügend hohen Rang bekleiden durfte. Und es bleibt Tatsache, daß Lenin ihm so manchen Auftrag erteilte, von dessen Ausgang Wohl und Wehe des Landes abhingen.

Ich hatte während meiner Zeit in Moskau flüchtig seine Bekanntschaft gemacht. Wir telefonierten miteinander, trafen uns auch auf den Plenarsitzungen der Parteikomitees. Manchmal lud er mich ein, neue Waffen oder Ausrüstungsgegenstände zu besichtigen. Er verstand etwas von militärischen Neuerungen, und ich bin überzeugt, daß unsere Armee viel besser ausgebildet und ausgerüstet Hitler hätte entgegentreten können, wäre Tuchatschewskij nicht exekutiert worden.

Dann war da Gamarnik, der Leiter der Politischen Hauptverwaltung der Roten Armee,[19] also nicht nur ein guter Soldat, sondern auch politisch eine Persönlichkeit. Er hatte beim Aufbau der Roten Armee eine bedeutende Rolle gespielt. Man wird einwenden, Gamarnik sei nicht hingerichtet worden. Das stimmt. Er hat sich erschossen. Er wußte, daß man ihn verhaften würde; und als man ihn abholen kam, setzte er die Pistole an und schoß sich tot. Die Henker kamen, ihn auf den Richtplatz zu schleifen, aber er fand es besser, selber seinem Leben ein Ende zu machen. Gamarnik war ein ehrenhafter Mensch.

Weiter sind da Jegorow[20] – im Bürgerkrieg Kommandeur der Südfront und einer unserer größten militärischen Führer – und Jakir[21].

19 Vorgänger von Mechlis, siehe 2. Kapitel, Anmerkung 7.

20 Marschall A. Jegorow war kurze Zeit Tuchatschewskijs Nachfolger als Stellvertretender Verteidigungskommissar gewesen, ehe er relativ spät bei der Säuberung der Armee erschossen wurde.

21 General Iona Emmanuilowitsch Jakir (geb. 1896), berühmter Truppenführer im Bürgerkrieg, wurde im Juni 1937 hingerichtet. Nach dem XX. Parteitag rehabilitiert, erschien sein Bild sogar auf einer sowjetischen Briefmarke. Sein Sohn Pjotr Jakir war 17 Jahre in sowjetischen Straflagern inhaftiert. Er ist heute Historiker und gehört zu den sowjetischen Intellektuellen, die gegen die Auswüchse des Systems und gegen die Restalinisierung aufbegehren. Angeb-

General Jakir war noch relativ jung. Er hatte weder am Ersten Weltkrieg noch an der Revolution teilgenommen. Seine Laufbahn begann während des Bürgerkrieges, wo er in einer neuaufgestellten Formation diente. Damals benutzten wir alles als Waffe, was wir finden konnten, doch die eigentliche Waffe war unser Haß auf das alte bürgerlich-kapitalistische Regime und unsere Liebe zu der neuen sozialistischen Lebensweise, um deretwillen wir den Bürgerkrieg führten. Jakirs Einheit wuchs langsam zur Division, und er bekam das Kommando. Er und seine Truppen wurden im Süden abgeschnitten, doch durchbrach er den Kessel der Weißgardisten und stieß wieder zu unserer Hauptmacht. Nach dem Bürgerkrieg war er Kommandeur in der Ukraine und auf der Krim. Dann wurde er plötzlich verhaftet und hingerichtet. Das gleiche geschah Eidemann, einem unserer besten militärischen Führer, der überdies ein Dichter war.[22]

Und nun zu Blücher.[23] In den Zeitungen wird er oft erwähnt: Blücher erhielt als erster den Orden vom Roten Banner, Blücher hat dies getan, hat jenes getan, Blücher, Blücher, Blücher. Blücher war Proletarier, von Beruf Klempner. Seine militärischen Kenntnisse hat er sich selber beigebracht. Seine ersten Erfahrungen hat er im Ersten Weltkrieg gesammelt, dann, im Bürgerkrieg, hat er große Truppenteile kommandiert. Wir haben ihn Tschiang Kai-schek als Berater geschickt, und er war Oberkommandierender der Fernostarmee. Wir vertrauten ihm, sowohl als Militärführer wie auch als Politiker. Wo also war dieser Blücher, als wir ihn im Krieg gegen Hitler gebraucht hätten? Tot war er. Und woran gestorben? Eines natürlichen Todes vielleicht? Nein. Hingerichtet. Verhaftet und erschossen als Feind des Volkes.

Jetzt bekommt er ein Denkmal. Das wird auch Zeit. Aber dieses Denkmal sollte auch die ganze Wahrheit über ihn sagen, und die, die das nicht wollen, sollten sich schämen. Ein Denkmal für Blücher muß dem Volk sagen, daß nicht ein natürlicher Tod uns seiner Talente beraubt hat, sondern die Hand eines Menschen, von dem Lenin gesagt hat, wir sollten ihm nicht vertrauen.

Ich habe in den vergangenen Jahren mehrmals den Film ‹*Der eiserne Strom*› gesehen, und jedesmal beeindruckt er mich wieder tief. Er ist nach einem Buch gedreht, dem ersten Buch über den Bürgerkrieg, das ich je gelesen habe. Serafimowitsch, unser begabter Autor, hat es verfaßt. Jetzt

lich stand Pjotr Jakir mit Chruschtschow in Verbindung, als dieser seine Erinnerungen verfaßte.

22 General R. P. Eidemann, Armeekommandeur während des Bürgerkrieges. Zur Zeit seiner Verhaftung Leiter der Zivilverteidigung. Erschossen.

23 Marschall Blücher war Befehlshaber der Fernostarmee und möglicherweise der fähigste aller Kommandeure der Roten Armee. Im August 1938 wurde er verhaftet und später von Berija persönlich verhört, der gerade die Nachfolge von Jeschow angetreten hatte.

also ist es als Film zu sehen, und immer, wenn ich diesen Film sehe, packt mich der Gedanke, wo habe ich nur schon diesen tapferen klugen General gesehen, der die tamanische Armee kommandiert? Im Film und im Buch heißt er Koschuch, aber in Wahrheit hieß er Kowtjuch [24], und er war es, der sich beim Ausbruch aus dem Kessel der Weißen als ein so glänzender Stratege erwies, er war es, der den Ausbruch der tamanischen Armee organisierte, und wer diesen General in Aktion gesehen hat, konnte nicht anders als ihn loben. Man könnte fragen: «Nun? Wo ist dieser Koschuch-Kowtjuch heute? Was ist mit ihm? Was hat er im Kriege gegen Hitler geleistet?» Aber er war gar nicht mehr da, als der Zweite Weltkrieg begann. Man hatte ihn zusammen mit anderen Feinden des Volkes verhaftet und erschossen.

Iwan Naumowitsch Dubowoj [25] habe ich persönlich gut gekannt. Er entstammte einer Proletarierfamilie, der Vater war Grubenarbeiter am Don. Während des Ersten Weltkrieges beendete Dubowoj seine Offiziersausbildung, und im Bürgerkrieg wurde er Stellvertreter des Divisionskommandeurs Schtschors. Ich bin Dubowoj später auf den Parteitagen der KP der Ukraine begegnet, und 1928/29, als ich die Organisationsabteilung im Parteikomitee von Kiew leitete, lernte ich ihn näher kennen, denn er war Kommandeur des Militärbezirks Kiew. Ich habe häufig zusammen mit ihm die Truppen inspiziert. Ich fand es sehr beruhigend, daß wir Kommandeure wie ihn in der Roten Armee hatten – Männer, die aus ganzem Herzen der Revolution, der Sowjetmacht und dem Sozialismus ergeben waren. Als die Feinde des Volkes entlarvt wurden, verteilte Stalin die Geständnisse von Tuchatschewskij, Jakir und anderen im Politbüro. Es war auch eines in Iwan Naumowitsch Dubowojs eigener Handschrift dabei: er gestand, seinen Kommandeur Schtschors im Bürgerkrieg ermordet zu haben. Er schrieb:

«Schtschors und ich lagen in Deckung und beobachteten den Kampf. Plötzlich eröffnete ein feindlicher MG-Schütze das Feuer auf uns. Die Kugeln schwirrten umher. Schtschors lag vor mir. Er drehte sich um und sagte: ‹Wanja, Wanja, da haben die Weißen einen guten MG-Schützen. Sieh doch, wie genau er auf uns feuert.› Gleich darauf drehte er sich wieder um, weil er noch etwas sagen wollte. Ich schoß ihn in den Kopf. Ich tötete ihn, weil ich selber die Division kommandieren wollte.»

Man kann sich vorstellen, wie angewidert ich war, als ich dieses Geständnis las. Immer hatte ich Dubowoj geachtet, und da stellte sich nun heraus, daß er etwas so Verwerfliches getan hatte. Ich warf mir vor: wie konntest du nur so blind sein? Warum hast du nicht immer schon geahnt, daß Dubowoj der Mörder von Schtschors war?

Als wir aber vor dem XX. Parteitag 1956 die Archive öffneten und

24 General Kowtjuch wurde im Juli 1938 erschossen.
25 I. N. Dubowoj wurde ebenfalls im Juli 1938 erschossen.

die Akten aller jener durchgingen, die als Volksfeinde erschossen oder gehenkt worden waren, da sah ich, daß Dubowojs Geständnis eine Lüge gewesen war. Zweimal war ich getäuscht worden: Einmal, als sich Dubowoj selbst zu dem Mord an Schtschors bekannte, und das zweitemal von Dubowojs Mörder – Stalin selber.

Ende der dreißiger Jahre bereitete Hitler bereits seinen Angriff vor, und er tat alles, um unsere militärische Führung zu demoralisieren. Wir halfen ihm dabei, indem wir die Blüte unserer Verantwortlichen, der Parteiführung und der wissenschaftlichen Intelligenz vernichteten. 1937 nahm das Blutbad aberwitzige Ausmaße an. Kein Zufall, daß wir 1937 zum erstenmal nicht den Plan der Industrialisierung erfüllten. Das alles muß man bedenken, wenn man die Ereignisse gleich nach Kriegsbeginn objektiv analysieren will. Aber jahrelang hat kein Mensch den Vorhang vor diesen Tatsachen weggezogen. Die Vernichtung der Alten Garde der Roten Armee ist lange Jahre jenen, die dafür verantwortlich waren, als Verdienst angerechnet worden und nicht als ein Verbrechen, für das sie bestraft werden müßten. Wer hat denn aber für diese Verbrechen bezahlt? Die Armee hat bezahlt, unser Volk und unser Land.

Man könnte ein ganzes Buch mit nichts als den Namen von bedeutenden Partei- und Armeeführern, Verwaltungsfachleuten und Diplomaten füllen – lauter Männer aus der Schule Lenins –, die als erste Opfer Stalins fielen. Die loyalen, aufrechten Leninisten, die der Revolution ergeben waren, das waren die ersten, die verschwinden mußten, als Stalin seine Willkürherrschaft über die Partei errichtete.

Von den Generalen, die durch Stalins Hand umkamen, haben die meisten ihren guten Namen zurückerhalten. Sie wurden auf dem XX. Parteitag rehabilitiert. Seit kurzem hört man aber kaum noch etwas von ihnen. Allen Ermordeten sollte aber nicht nur ihr guter Name zurückgegeben werden, sie sollten dem Volke als Märtyrer jenes Terrors vorgestellt werden, den Stalin unter der Parole «Kampf den Feinden des Volkes» verbreitete.

Warum hat Stalin diese Verbrechen begangen? Wurde er getäuscht? Und wenn ja, von wem? Und wie viele Menschenleben hat diese Täuschung gekostet?

Berijas Aufstieg zur Macht

In diesem Abschnitt geht Chruschtschow vom Beginn seiner Amtszeit in der Ukraine, Anfang 1938, zurück ins Moskau der Säuberungen und wieder nach Kiew. Man könnte annehmen, daß Chruschtschow erst nach Abschluß der Säuberung in der Ukraine zum Ersten Sekretär der Ukrainischen KP ernannt wurde, und verständlicherweise sieht auch Chruschtschow rückblickend die Sache gerne so an. Tatsächlich aber war seine erste Amtshandlung in Kiew eine neuerliche Säuberung in eigener Regie. Bis zum Sommer 1938 hatten von den Angehörigen des Zentralkomitees der Ukraine, das im Vorjahr 86 Mitglieder zählte, nur noch drei überlebt. Chruschtschow schuf nach seinen eigenen Vorstellungen einen neuen Parteiapparat und eine neue Regierung. «Ich verpflichte mich, mit allen Kräften die Verfolgung und Vernichtung aller Agenten des Faschismus, aller Trotzkisten und Bucharinisten und aller verächtlichen bürgerlichen Nationalisten auf ukrainischem Boden zu betreiben», erklärte er im Mai 1938 öffentlich. Und im Spätsommer erschien im Parteiorgan der Ukraine folgendes Loblied auf ihn: «Die gnadenlose Entlarvung der Feinde des Volkes – der Trotzkisten, Bucharinisten, bürgerlichen Nationalisten und des übrigen spionierenden Abschaums – kam erst richtig in Gang, als das ZK der KPdSU (B) den unerschütterlichen Bolschewiken und Stalinisten Nikita Sergejewitsch Chruschtschow zur Leitung des ZK der KP der Ukraine entsandte.» Das war eine starke Übertreibung, doch Chruschtschow sah sich damals gern so dargestellt. Dies muß man bedenken, wenn man liest, welche Vorwürfe er gegen Stalin ganz allgemein erhebt, und wenn er sich jetzt insbesondere dem Aufstieg des Lawrentij Pawlowitsch Berija zuwendet, dieses berüchtigten georgischen Polizeichefs, der in unmittelbarer Nähe Stalins soviel unheimliche Macht ausübte.

Anfang 1938 bot mir Stalin den Posten des Ersten Sekretärs des ZK der KP der Ukraine an. Kossior, so sagte er, leiste schlechte Arbeit. Ich fuhr nach Kiew und löste Kossior ab.[26] Er wurde nach Moskau versetzt und

26 S. W. Kossior war seit 1929 Erster Sekretär in der Ukraine. Zwar unterstützte er Stalin, doch wie viele ukrainische Parteiführer war er nicht unempfänglich für den ukrainischen Nationalismus, der sich der absoluten Oberherrschaft der Moskauer widersetzte. So versuchte Kossior auch vergeblich, die schlimmsten Auswüchse der Säuberungen zu verhindern. 1937 wurde sein gleichgesinnter Zweiter Sekretär Postyschew verhaftet, und er selber wurde 1938 abberufen und Stellvertreter Molotows. Kossior wurde aber bald verhaftet und im Februar 1939 zum Tode durch Erschießen verurteilt. Er gehörte zu denen, die auf dem XX. Parteitag posthum rehabilitiert wurden. (Siehe die Geheimrede Chruschtschows im Anhang.)

unter Molotow Stellvertretender Vorsitzender des Rates der Volkskommissare. Im Jahre darauf hieß es, ob nicht ich Molotows Stellvertreter werden sollte – Molotow selber schlug mir das vor. Einmal, als ich zu Beratungen in Moskau war, nahm Stalin mich auf die Seite und sagte: «Molotow besteht darauf, daß Sie sein Stellvertreter werden. Ich finde, man sollte ihm da nachgeben. Was meinen Sie?» Ich widersprach heftig, weil ich mich eben erst in Kiew etabliert hatte. Die Bevölkerung hatte mich akzeptiert, und ich war dabei, in der Ukraine eine starke Parteiorganisation aufzubauen. Wichtiger noch: es war klar, daß wir auf Krieg zusteuerten, und wenn jetzt ein neuer Mann in die Ukraine kam, konnte er beim Ausbruch eines Krieges Schwierigkeiten haben. Ich überzeugte Stalin davon, daß es nicht sachdienlich sei, mich gerade jetzt, nachdem ich mich eingearbeitet hatte, von Kiew wegzuholen; für Molotow würde sich in Moskau leicht jemand finden. Stalin stimmte zu: «Schluß der Diskussion – Chruschtschow bleibt in der Ukraine.»[27]

Manchmal, wenn man Stalin hartnäckig genug widersprach und wenn er sich überzeugte, daß man recht hatte, gab er seinen eigenen Standpunkt auf. Solche Flexibilität und Verständigungsbereitschaft sind echte Tugenden, doch kann man leider an den Fingern einer Hand die Gelegenheiten herzählen, bei denen Stalin sie zeigte. Meistens zwang Stalin einen zu tun, was er beschlossen hatte – ob dies nun klug war oder dumm, nützlich oder schädlich. Und man tat es dann auch.

So jedenfalls kam es, daß ich in der Ukraine blieb.

Ehe ich auf meine Jahre als Erster Sekretär der KP der Ukraine zu sprechen komme, muß ich aber noch eine wichtige Entwicklung erwähnen, die vor meiner Versetzung nach Kiew eingeleitet worden war und nach meiner Versetzung weiterging. Mir liegt daran, darzustellen, wie Lawrentij Berija eine immer größere Rolle in der Partei spielen konnte.

Um zu erklären, wie es kam, daß Berija einen solchen Einfluß in der Partei gewinnen konnte, muß man zurückgehen in die Periode, als die Schlächterei der Säuberungen in vollem Gange war. Sechs Monate vor der Entlarvung der Gruppe Tuchatschewskij hatte Stalin geäußert, der Volkskommissar für Inneres, Jagoda, leiste nicht genügend gute Arbeit und müsse abgelöst werden. Damals hatten wir noch unbedingtes Vertrauen zu Stalin, und wir machten uns Vorwürfe, weil wir nicht alle die Feinde sahen, von denen wir umringt waren. Wir meinten, uns fehle Stalins tiefe Einsicht in die politischen Zusammenhänge, und darum seien wir nicht imstande, die Feinde in unserer Mitte zu gewahren, wie Stalin es konnte.

Stalin machte Jeschow zum Nachfolger Jagodas.[28] Bislang war Je-

27 Daß Chruschtschow stellvertretender Regierungschef werden sollte, war bisher unbekannt.

28 Dies geschah durch jenes berühmt gewordene Telegramm: aus ihrem Ur-

schow Leiter für personelle Angelegenheiten beim ZK gewesen. Sein Erster Stellvertreter war Malenkow, und er übernahm Jeschows Posten, als dieser zum NKWD versetzt wurde. Jeschow blieb aber Malenkows Vorgesetzter, woraus sich erklärt, wie die Aufsicht über das Personal beim ZK in die Hände des NKWD geriet.

Jagoda war mir seit je sympathisch gewesen, und ich konnte in seinem Verhalten nichts Parteifeindliches entdecken. Was Stalin an Gründen für Jagodas Ablösung vorbrachte, leuchtete mir nicht ein, und welche geheimen Motive er dabei hatte, wußte ich nicht. Andererseits hatte ich auch gegen Jeschow nichts einzuwenden.[29] Er war fleißig und verläßlich. Ich wußte, er war Arbeiter aus Petrograd, Parteimitglied seit 1918, was ihn empfahl. Als ich zum Sekretär der Parteizelle an der Moskauer Industrieakademie gewählt worden war, unterstand ich ihm direkt, weil die Industrieakademie in die Zuständigkeit des Personalbüros beim ZK fiel. Anweisungen, Studenten für besondere Arbeiten oder für Agitation zu mobilisieren, kamen direkt von dort, und ich hatte Jeschow häufig Bericht zu erstatten über Fortschritt und Stand der Arbeiten.

Nachdem Jeschow 1936 das NKWD übernommen hatte, wurden die Unterdrückungsmaßnahmen schlimmer als je. Es begann buchstäblich ein Schlachten, und Unmengen von Menschen wurden durch den Fleischwolf gedreht.

Einige Zeit später meinte Stalin, Jeschow brauche gewiß Hilfe, er solle einen Stellvertreter haben. Er fragte Jeschow, wen er haben wolle, und Jeschow schlug Malenkow vor, der schon im Personalbüro sein Stellvertreter gewesen war. Ich glaube, es gab da mehrere Unterhaltungen über dieses Thema, bis Stalin eines Tages entschied: «Nein, wir wollen Malenkow lieber doch nicht zu Ihnen versetzen. Soll er doch im Sekretariat des ZK bleiben.»[30]

Stalin schlug schließlich Berija als Jeschows Stellvertreter vor. Da war

laub in Sotschi am Schwarzen Meer wiesen. Stalin und Schdanow am 25. September 1936 Kaganowitsch, Molotow «und andere Mitglieder des Politbüros» an, Jagoda durch Jeschow zu ersetzen, weil man «bei der Entlarvung des trotzkistisch-sinowjewistischen Blockes vier Jahre im Verzug» sei. Dies war das Signal für die Verdoppelung des Terrors. Am Tag darauf trat Jeschow sein Amt an.

29 Es ist interessant, daß Chruschtschow bei allen aufeinanderfolgenden Sicherheitschefs, die für den Ablauf der Säuberungen verantwortlich waren, freundliche Seiten entdeckte. Abgesehen von seiner Rolle beim großen «Prozeß der 16» wurde Jagoda dadurch «berühmt», daß er beim Bau des Weißmeerkanals das Zwangsarbeitssystem in großem Umfang einführte.

30 Wenn Chruschtschow hier Malenkow immer wieder mit Jeschow in Verbindung bringt, so will er damit seinen alten Kontrahenten belasten. Tatsächlich arbeiteten Malenkow und Jeschow eng zusammen. Als Leiter der Kaderverwaltung des ZK lieferte Malenkow die Parteigenossen aus, die Jeschow dann liquidieren ließ.

Berija (rechts) mit Woroschilow

schon zu merken, daß er mit Jeschow nicht zufrieden war. Bei den Demonstrationen wurden nicht mehr Plakate herumgetragen, auf denen die Eiserne Faust zu sehen war, und Stalin nannte Jeschow nicht mehr «unsere eiserne Faust» und «unsere Brombeere».[31]

Als Stalin Berija zu Jeschows Stellvertreter machte, war es klar, daß Jeschows Absetzung unmittelbar bevorstand. Jeschow begriff das ebenfalls. Er wußte, daß sein Stern im Sinken war. Seine Laufbahn war zu Ende, vielleicht ahnte er gar, daß auch sein Leben dem Ende zuging. Er sagte zu Stalin: «Genosse Berija ist ein sehr würdiger Mann. Er könnte nicht nur Stellvertreter sein, sondern geradesogut Volkskommissar.»

«Das bezweifle ich», entgegnete Stalin, «aber einen guten Stellvertreter wird er schon abgeben.»

So wurde also Berija Stellvertreter von Jeschow. Da ich damals mit Berija auf gutem Fuße stand, ging ich nach der Sitzung zu ihm und gratulierte ihm halb im Scherz, halb im Ernst.

«Ich kann Ihre Glückwünsche nicht annehmen», sagte er.

«Warum nicht?»

«Sie haben sich nicht zu Molotows Stellvertreter machen lassen, warum also soll ich mich darüber freuen, daß ich der von Jeschow geworden bin? Lieber wäre ich in Georgien geblieben.» Das meinte Berija, glaube ich, ehrlich. Doch einerlei, er wurde aus Georgien ins Zentralbüro des NKWD nach Moskau versetzt, und anfangs schien sich seine Tätigkeit ganz vielversprechend anzulassen. Wenn ich in Moskau war und Berija traf, pflegte er zu sagen: «Was geht hier eigentlich vor? Wir verhaften wild drauflos, rechts und links, sogar Sekretäre von Gebietskomitees. Das Ganze ist bereits viel zu weit gegangen, wir müssen unbedingt Schluß machen damit, ehe es zu spät ist.»

Unterdessen wurde Jeschows Position immer wackeliger, und an einem Vorfall – es ging dabei um Uspenskij, den Volkskommissar für Inneres der Ukraine – ließ sich sein baldiger Sturz deutlich ablesen.[32] Stalin rief mich eines Tages in Kiew an. «Wir haben Beweise gegen Uspenskij, die keinen Zweifel an seiner Schuld zulassen. Könnt ihr ihn selbst verhaften?»

«Selbstverständlich können wir das, wenn Sie es anordnen.»

«Also, dann verhaften Sie ihn.» Anfangs klang es am Telefon so, als

31 Anspielung auf Jeschows Namen: Jeschewika = Brombeere.

32 A. I. Uspenskij, ein Mann Jeschows, Chef des NKWD der Ukraine, führte unter Chruschtschow die Säuberung der Ukraine durch. Im Juni 1938 erklärte er: «Ich bin ein Schüler von Nikolaj Iwanowitsch Jeschow.» Und weiter: «Erst seit der getreue Stalinist Nikita Sergejewitsch Chruschtschow in die Ukraine gekommen ist, hat die Vernichtung der Volksfeinde ernsthaft begonnen.» Wochen nach dieser Erklärung verschwand Uspenskij spurlos. Chruschtschows Bericht über sein Ende ist daher eine Neuigkeit. Berija übernahm Jeschows Posten schließlich im Dezember 1938.

rede Stalin von Usenko, nicht Uspenskij. Wir hatten in Kiew im Komsomol einen Usenko, gegen den zufällig ebenfalls etwas vorlag. Doch als Stalin ins einzelne ging, begriff ich, daß er wirklich Uspenskij meinte, den Ukrainischen Volkskommissar für Inneres. Kaum hatte ich aufgelegt, rief Stalin wieder an. «Lassen Sie die Sache Uspenskij ruhen. Unternehmen Sie nichts. Wir machen das selber von hier aus. Wir werden ihn nach Moskau bestellen und unterwegs verhaften lassen.»

Ich hatte gerade eine Dienstreise nach Dnjepropetrowsk geplant und fuhr ab, ehe Uspenskij nach Moskau zitiert wurde. Ich ahnte schon, daß er nicht fahren würde. Er muß gewußt haben, warum man ihn bestellte und daß man ihn festnehmen wollte. Deshalb sagte ich vor meiner Abreise zu Korotschenko [33], dem Vorsitzenden des Rates der Volkskommissare der Ukraine: «Halten Sie ein Auge auf Uspenskij, wenn ich weg bin.»

Kaum war ich in Dnjepropetrowsk angekommen, rief Berija an – nicht Jeschow, sondern Berija! – und sagte: «Während Sie in der Gegend umherfahren, ist Uspenskij entkommen.»

«Was?»

«Ganz recht. Entkommen ist er.»

Ich fuhr sofort zurück nach Kiew. Richtig. Uspenskij war weg. Er hatte einen Zettel zurückgelassen, auf dem stand, er wolle sich in den Dnjepr stürzen. Wir suchten mit Netzen und Tauchern nach ihm – ohne Erfolg. Er schien sich in Luft aufgelöst zu haben. Man hat ihn später – ich glaube in Woronesch – aufgespürt und erschossen.

Als ich kurz nach diesen Vorfällen in Moskau war, sagte Stalin, es sähe doch so aus, als habe Jeschow den Uspenskij gewarnt. «Jeschow hat unser Gespräch mitangehört», sagte Stalin, «und statt Uspenskij herzuzitieren, wie er sollte, hat er es ihm gesteckt, daß er unterwegs verhaftet werden sollte.»

Stalin war also bereits der Meinung, Jeschow sei ein Volksfeind und nicht vertrauenswürdig. Kurz darauf wurde Jeschow verhaftet, und an seine Stelle trat Berija. Dieser begann sogleich damit, seine Kräfte zu konsolidieren. Nachdem Uspenskij verschwunden war, fehlte in der Ukraine ein Volkskommissar für Inneres, und darum schickte Berija sofort Kabulow nach Kiew. Dies war der jüngere Bruder jenes Kabulow, der in Georgien unter Berija gearbeitet hatte und der nun sein Stellvertreter im NKWD in Moskau war.

Nach Jeschow wurden alle seine Stellvertreter und sonstigen, auch die

33 D. S. Korotschenko ist – trotz der Endung seines Namens – kein Ukrainer. Eigentlich heißt er Korotschenkow. Er war unter Chruschtschow im Moskauer Parteiapparat und wurde auf dem Höhepunkt der Säuberungen nach Weißrußland geschickt. In Smolensk zeichnete er sich durch besondere Härte aus. Chruschtschow nahm ihn 1938 mit in die Ukraine.

entferntesten Mitarbeiter festgenommen. Auch Malenkow war dieser Gefahr ausgesetzt, denn Jeschow hatte ihn zu seinem Ersten Stellvertreter machen wollen. Man wußte ja auch, daß die beiden befreundet waren. Ich war übrigens ebenfalls jahrelang mit Malenkow befreundet. Wir waren im Moskauer Parteikomitee Kollegen gewesen. Aber nach dem Vorfall, den ich jetzt beschreiben werde, machte ich mir über die Verdachtsmomente, die Malenkow umgaben, meine eigenen Gedanken.

Als ich eines Tages aus Kiew in Moskau eingetroffen war, lud Berija mich auf seine Datscha ein. «Fahren wir hinaus zu mir», sagte er. «Ich bin ganz allein, wir können spazierengehen, und Sie können dort übernachten.»

«Gut», sagte ich, «ich bin ebenfalls allein.»

Wir fuhren hinaus auf seine Datscha und machten einen Spaziergang im Wald.

Berija eröffnete die Unterhaltung. «Was halten Sie eigentlich von Malenkow?»

«Was meinen Sie – was soll ich von ihm halten?»

«Na ja, jetzt, nachdem Jeschow verhaftet worden ist.»

«Malenkow und Jeschow waren befreundet – was weiter? Sie waren auch mit Malenkow befreundet und ich ebenfalls. Ich glaube nach wie vor, Malenkow ist ehrlich, und man kann ihm nichts vorwerfen.»

«Das ist Nebensache. Sie sind immer noch mit Malenkow befreundet. Denken Sie lieber mal gründlich nach. Wirklich, denken Sie darüber nach.» Ich dachte darüber nach, kam aber zu keinem besonderen Ergebnis. Nach wie vor verkehrte ich freundschaftlich mit Malenkow. Wenn ich in Moskau war, verbrachte ich meine gelegentlichen freien Tage gern auf seiner Datscha. Möglicherweise hat Stalin versucht, mich durch Berija vor Malenkow zu warnen. Der Kelch ging übrigens an Malenkow vorbei; er und Berija wurden später unzertrennliche Freunde.

Anfang 1939 verurteilte eine Plenarsitzung des ZK Auswüchse und Mißbräuche der Arbeit des NKWD. Daß der Terror nachließ, nachdem er drei Jahre gewütet hatte, wurde hauptsächlich Berijas Einfluß zugeschrieben. Man nahm an, Berija habe eine Untersuchung der Tätigkeit des NKWD veranlaßt, nachdem er sein Amt übernommen hatte, und Stalin dazu gebracht, einige Empfehlungen anzunehmen. Es zeichnete sich aber auf eben diesem ZK-Plenum ab, daß der Terror keineswegs vorüber war, sondern nur in verfeinerter Form weiterging.

Dieses Februar-Plenum war eine sehr kritische Versammlung. Jeder hatte über die anderen etwas Abfälliges vorzutragen. Der einzige hohe Parteifunktionär, der ungeschoren davonzukommen schien, war ich selber, Chruschtschow. Dann plötzlich brachte Jakowlew, der in Wahrheit Jakow Arkadjewitsch Epstein hieß, eine höchst ungewöhnliche und originelle Anschuldigung gegen mich vor. Er tadelte mich dafür, daß jedermann im Moskauer Apparat mich Nikita Sergejewitsch nannte. Weiter sagte er nichts. Ich erwiderte, jawohl, es sei wahr, daß die Genossen mich allesamt mit Vor- und Vatersnamen anredeten, und deutete an, daß sein eigener Name übrigens nicht Jakowlew sei, sondern Epstein. Nach der Sitzung nahm Mechlis, damals noch Chef der *Prawda*, mich beiseite. Er war wütend über Jakowlew. Obwohl Mechlis selber Jude war, sagte er: «Jakowlew ist Jude, er begreift nicht, daß man unter Russen durchaus diese Form der Anrede gebrauchen kann.»[34]

Nach Beendigung der ganztägigen Sitzung des ZK ging man zum Essen. Ich blieb noch einen Moment sitzen. Als ich aufstand, rief Stalin: «Wohin, Chruschtschow?»

«Zum Essen.»

«Kommen Sie mit mir. Essen wir zusammen.»

Ich fragte mich: warum lädt er dich zum Essen ein? Als wir gingen, folgte Jakow Arkadjewitsch Jakowlew, der sich unentschlossen herumgedrückt hatte, uns unaufgefordert in Stalins Wohnung. Wir aßen zu dritt. Meist sprach Stalin. Epstein-Jakowlew war sehr unruhig, man sah ihm an, daß irgend etwas ihm innerlich zusetzte. Er fürchtete, verhaftet zu werden, und diese Befürchtung täuschte ihn auch nicht. Kurz nach der kollegialen Abendunterhaltung an Stalins Tisch wurde er verhaftet und liquidiert. Ich erzähle das nur, um zu zeigen, wie auch jemand, der Stalin so nahestand wie Jakowlew – er war der Leiter der Abteilung Landwirtschaft beim ZK und früher einer der engsten Vertrauten Stalins beim Kampf gegen die Opposition gewesen – plötzlich merken mußte, daß sein Leben an einem Faden hing. Diese Episode war bezeichnend für den tückischen Charakter Stalins.

Ein weiterer Vorfall auf jenem Februarplenum des ZK zeigte, daß Berija, obwohl er eine Überprüfung der Mißbräuche im NKWD angeordnet hatte, doch selber großer Tücke fähig war. Auch Grischa Kaminskij hielt auf dem Plenum eine Rede, der Volkskommissar für das Gesundheitswesen der RSFSR, ein hochgeachteter Genosse, Parteimitglied der Jahre vor der Revolution. Ich hatte ihn bei meiner Arbeit im Moskauer Apparat kennengelernt. Er sprach ohne Umschweife, offen, aufrichtig. Seine Führung in der Partei war gewiß einwandfrei. Vor dem ZK sagte er folgendes:

«Genossen. Hier bringt jeder vor, was er Schlechtes über die anderen weiß. Auch ich möchte etwas sagen, was die Partei erfahren soll. Als ich in Baku arbeitete, gingen dort Gerüchte um, denen zufolge Berija wäh-

34 Jakowlew stand zu diesem Zeitpunkt schon unter dem Verdacht der Rechtsopposition (siehe Kapitel 1, Anmerkung 6). Es handelt sich hier um ein Beispiel dafür, daß Chruschtschow gern die Gelegenheit wahrnimmt, einem Juden eins auszuwischen. Auch die russischen Juden benutzen den Vor- und Vatersnamen. In seiner Rede vor dem ZK hat Jakowlew vermutlich Chruschtschow Selbstverherrlichung vorgeworfen (siehe Kapitel 2, Anmerkung 13).

rend der Besetzung Bakus durch die Engländer im mussawatischen Spionageapparat tätig gewesen sein soll. Dieser Apparat wurde, wie bekannt, von den Engländern kontrolliert, und es hieß daher dort unten, Berija war ein englischer Agent.»[35] Kaminskij setzte sich und niemand äußerte sich dazu, keiner wies diesen Vorwurf zurück oder suchte etwas zu klären. Auch Berija nicht. Sogleich nach der Sitzung wurde Kaminskij verhaftet und verschwand spurlos. Dieser Fall hat mir nie Ruhe gelassen, denn Kaminskij habe ich rückhaltlos vertraut. Ich weiß, daß er sich so etwas nie ausgedacht hätte. Er sprach immer die Wahrheit.[36]

Ich erinnere mich auch an Malenkows Rede. Er warf sowohl dem Sekretär des Zentralasiatischen Parteibüros wie auch Berija Selbstverherrlichung vor. Malenkow sagte, etliche Bergsteiger hätten einen der höchsten Gipfel in Zentralasien bezwungen, und ihn dann nach diesem Parteisekretär benannt, der später verhaftet wurde. Berija wurde, wie gesagt, ebenfalls aus dem gleichen Grunde kritisiert, und Anlaß dazu gab es bereits reichlich.

Das Plenum des ZK verabschiedete eine Resolution, welche die Übergriffe des NKWD verurteilte. Das ließ uns hoffen, die Willkürherrschaft, der die Partei ausgesetzt gewesen war, würde nun ein Ende nehmen. Mehr als drei Jahre lang hatte man nie wissen können, ob man den Tag überleben oder spurlos verschwinden würde. Angst und Ungewißheit hatten die Moral der Partei untergraben. Nach dem Februarplenum wurden die Säuberungen gebremst, was aber keineswegs heißt, daß es mit den Unterdrückungsmaßnahmen zu Ende war; nach wie vor verschwanden Leute für immer, als wären sie auf dünnem Eis eingebrochen und verschluckt worden.

Berija und ich trafen uns immer häufiger bei Stalin. Anfangs gefiel er mir. Wir unterhielten uns ganz freundschaftlich, scherzten auch gelegentlich, doch allmählich wurde mir sein politisches Verhalten sehr deutlich bewußt. Seine unheimliche, doppelzüngige, intrigante Heuchelei schockierte mich. Schon bald nach seiner Versetzung nach Moskau wurde die Atmosphäre in der kollektiven Führung und in Stalins Innerem Kreis merklich anders. Es war eine Veränderung zum Schlechten. Einmal vertraute mir sogar Stalin an, daß er über Berijas Einfluß nicht sehr glücklich war: «Ehe Berija hier war, ging es bei unseren gemeinsamen Mahlzeiten

35 Die Mussawaten waren Nationalisten (Mohammedaner), die zur Zeit der englischen Intervention in Baku gegen die Bolschewiki kämpften. Die Beschuldigung der Spionage wurde im Hochverratsprozeß gegen Berija wiederaufgenommen. In der Begründung des Todesurteils hieß es im Dezember 1953 neben anderen, zum Teil phantastischen Anklagen, Berija habe schon 1919 Verbindung zum englischen Geheimdienst aufgenommen.

36 G. M. Kaminskij, Volkskommissar für das Gesundheitswesen. In dieser Eigenschaft hatte er den Totenschein mitunterschrieben, auf dem angegeben wurde, daß Sergo Ordschonikidse eines natürlichen Todes gestorben sei.

Berija

doch sehr viel zwangloser zu, und es kam dabei auch was raus. Berija aber fordert immerzu irgendwen zum Wetttrinken auf und jetzt sind alle dauernd betrunken.»

Ich stimmte Stalin darin zwar aus vollem Herzen zu, mußte meine Antwort aber sehr vorsichtig formulieren. Es war einer der von Stalin gerne verwendeten Kniffe, jemanden zu veranlassen, seine Meinung zu äußern – oder auch nur einer ausgesprochenen Meinung zuzustimmen – und so die wirkliche Ansicht von Genossen über ihre Kollegen zu erfahren. Mir war ganz klar, daß Stalin und Berija sehr vertraut miteinander waren. Ob es sich dabei um echte Freundschaft gehandelt hat, weiß ich nicht, ich wußte aber, daß Berija nicht zufällig von Stalin zum Nachfolger Jeschows gemacht worden war. Berija war nicht nur der Beherrscher eines mächtigen Volkskommissariats, er hatte auch ein gewichtiges Wort in der kollektiven Führung mitzureden. Wer bei Stalin gut angeschrieben sein wollte, mußte Berija die Stiefel lecken. Besonders Kaganowitsch verstand es, sich durch Schmeichelei hervorzutun. Zugeben muß ich, daß ich an Molotow niemals eine Neigung zu dieser würdelosen Erniedrigung bemerkt habe. Ich selber habe mich vor Berija ebenfalls nicht erniedrigt, und die Folge war, daß er oft genug gegen mich intrigiert hat. Da ich wichtige Ämter in Partei und Staat innehatte, machte ich selbstverständlich häufig Verbesserungsvorschläge. Meist unterstützte mich Stalin dabei, aber wenn er es nicht tat, dann immer nur, weil Berija und Malenkow gegen mich arbeiteten. Ich bin überzeugt, daß dies hauptsächlich aus Mißgunst geschah.

Berija wachte besonders eifersüchtig darüber, daß sein Einfluß auf die kollektive Führung und auf Stalin nicht geschmälert wurde. Ich zeige an einem Beispiel, wozu er imstande war:

Stalins Schwager Redens war einmal Berijas Stellvertreter als Volkskommissar für Staatssicherheit in Georgien gewesen. Ehe Berija nach Moskau versetzt wurde, beschloß er, Redens aus Georgien zu entfernen. Warum? Damit Stalin in Georgien keinen anderen Informanten haben sollte als ihn selber, Berija. Aus dem gleichen Grund hatte Berija auch Sergo Ordschonikidse nie leiden können. Was also tut Berija, um Redens loszuwerden? Er nutzt Redens Hang zum Alkohol, läßt ihn durch seine Leute in eine Kneipe locken und betrunken machen und dann auf die Straße werfen. Die Miliz findet Redens in diesem Zustand im Rinnstein liegen. Berija sorgt dafür, daß Stalin davon erfährt, und so wird Redens aus seinem georgischen Amt entfernt und findet sich im NKWD-Büro für das Gebiet Moskau wieder.[37] Man sieht also, was für ein Provoka-

37 Was Redens betrifft, so hat sich Chruschtschow in seiner Erinnerung offensichtlich getäuscht, denn wie er früher in diesem Kapitel sagte, war der Schwager Stalins schon 1934, zum Zeitpunkt der Ermordung Kirows, beim Moskauer Büro des NKWD.

teur dieser Berija war. Jahre später, nach Berijas Sturz, bekam das ZK einen Brief von einem ehemaligen georgischen Häftling, in dem er haufenweise Leute nannte, die das Opfer ähnlicher Provokationen von seiten Berijas geworden waren.

Berija erzählte gerne, wie er allen möglichen Leuten gefällig gewesen war, die sich in Schwierigkeiten befanden. Aber sogar diese Geschichten – von denen die meisten erfunden waren – klangen unheimlich. So erzählte er mir einmal, wie man Marschall Merezkow gezwungen habe zu gestehen, er sei englischer Agent, ein Volksfeind und so fort. Ich habe dieses Geständnis nie gelesen. Stalin verteilte es nicht an uns; dies geschah während des Krieges, und damals war Stalin der einzige Richter im Lande. Er ganz allein entschied, wer ausgelöscht werden sollte, und brauchte dabei keinerlei fremde Hilfe. Auf jeden Fall, so wie Berija es darstellte, gebührte ihm das Verdienst, daß Merezkow freigelassen wurde und wieder ein Kommando bekam:[38]

«Ich fragte den Genossen Stalin: ‹Ich höre, Merezkow sitzt als englischer Spion? Wie kann der ein englischer Spion sein? Er ist ein ehrlicher Mann. Überdies ist Krieg, und wir brauchen ihn an der Front. Man könnte ihm ein Kommando geben.› Stalin erwiderte: ‹Da haben Sie nicht unrecht. Reden Sie mal mit ihm.› Ich bestellte also Merezkow und sagte: ‹Was Sie hier gestanden haben, ist ja lauter Unsinn. Sie sind kein Spion. Sie sind ein ehrlicher Mensch, ein guter Russe. Wie können Sie sich als englischen Spion bezeichnen?› Merezkow sah mich völlig hilflos an und sagte: ‹Mehr kann ich nicht gestehen. Ich habe mein Geständnis selber niedergeschrieben. Ich weiß nicht, warum Sie mich noch mal verhören wollen.› – ‹Ich verhöre Sie doch nicht, Genosse Merezkow, ich will Ihnen nur sagen, wir wissen, daß Sie kein Spion sind. Gehen Sie in Ihre Zelle und überlegen Sie noch mal. Überschlafen Sie es. Morgen reden wir weiter.› Man brachte ihn weg. Am nächsten Tag fragte ich ihn: ‹Nun? Haben Sie es sich überlegt?› Er fing an zu weinen, er dankte mir immer wieder und sagte: ‹Wie soll ich denn ein Spion sein? Ich bin ein guter Russe. Ich liebe mein Volk. Ich glaube an mein Volk.› Man ließ ihn also laufen, zog ihm eine Generalsuniform an, und er ging als Kommandeur an die Front.»

Nun, ich weiß genau, so einfach war die Sache nicht. Vor seiner Verhaftung war Merezkow ein kräftiger junger und gutaussehender General

38 Chruschtschow drückt sich hier mißverständlich aus. General Merezkow war schon vor Ausbruch des Krieges mit Deutschland verhaftet worden. Er gehörte zu jenen hohen Offizieren der Roten Armee, die im Gefängnis oder Lager überlebten, nach dem Überfall Hitlers freigelassen wurden und ein Frontkommando erhielten. Angesichts des Aderlasses im Offizierskorps hatte Berija überdies nach dem Sturz Jeschows eine Rehabilitierungskommission eingesetzt. Zu den dort Überprüften und Freigelassenen gehörte der spätere Heeresführer des Zweiten Weltkrieges Marschall Rokossowskij.

gewesen. Entlassen wurde er als ein Schatten seiner selbst. Berijas Schilderung befremdet mich auch noch aus anderen Gründen. So begreife ich nicht, wer eigentlich Merezkow ursprünglich hatte verhaften lassen. Berija gab die Schuld W. S. Abakumow, aber wer war Abakumow? Einer von Berijas eigenen Leuten. Abakumow meldete alles immer zuerst Berija, sogar noch ehe Stalin davon erfuhr. Abakumow kann also Merezkow gar nicht verhaftet haben, es sei denn, Berija hätte es befohlen.[39]

Während Berija mir schilderte, wie er Merezkow aus dem Gefängnis erlöste, ging mir eine seiner Lieblingsbemerkungen durch den Kopf. Diese wandte er auf jeden an, der irgendwie in Verdacht geraten war. «Überlassen Sie ihn mir für eine Nacht, dann gesteht er, daß er der König von England ist.» Wie ich das eigentlich verstehen sollte, habe ich nie ganz begriffen, aber ich bezweifle nicht, daß Berija schon wußte, wie er das rauszuholen hatte, was er haben wollte. Mit seiner Machtfülle wuchsen auch seine Tücke und seine Arroganz.

39 W. S. Abakumow, berüchtigter Geheimdienstbeamter. Nach dem Zweiten Weltkrieg Minister für Staatssicherheit. Ein Jahr nach der Hinrichtung Berijas und dessen sechs Mitangeklagter wurde auch Abakumow der Prozeß gemacht (Dezember 1954). Das Gericht tagte in Leningrad.

Abakumow und drei andere Angeklagte wurden als Mitverschwörer Berijas zum Tode verurteilt und erschossen. Man nimmt an, daß ihm auch vorgeworfen wurde, 1949 die sogenannte «Leningrader Affäre» fabriziert zu haben. Als Chruschtschow 1955 die Aussöhnung mit Jugoslawien betrieb, bezeichnete er Berija und Abakumow als die Schuldigen am Bruch mit Tito.

4
Rückkehr in die Ukraine

Wiederherstellung der Partei

Die dringlichste Aufgabe Chruschtschows als Erster Sekretär des ZK der KP der Ukraine bestand im Jahre 1938 darin, an Stelle des Parteiapparats, den Kossior seit zehn Jahren geleitet hatte und der nun vernichtet war, praktisch aus dem Nichts einen von Grund auf neuen einzusetzen. Doch während Chruschtschow damit beschäftigt war, hörte die Säuberung keineswegs auf. Im folgenden Teil können wir einen aufschlußreichen Blick auf die Vorgänge werfen. Was Chruschtschow hier überhaupt nicht erwähnt, ist seine zweite Aufgabe: die Russifizierung der Ukraine durch Entfernung solcher Ukrainer aus Vertrauensstellungen, die im Verdacht standen, «bürgerliche Nationalisten», also ukrainische Patrioten zu sein. Ein zweites Mittel war die Förderung des Russischen zu Lasten der ukrainischen Sprache in den Schulen und anderswo. Stalin hielt das für äußerst wichtig. Der ukrainische Nationalismus war sehr stark, und das in einem Land, das nicht nur die Kornkammer der Sowjetunion war, sondern auch das wichtigste Industriegebiet. Amtlich wurde diese Politik, die mit großer Rücksichtslosigkeit ausgeführt wurde, mit der Begründung entschuldigt, die Chruschtschow selber im Sommer 1938 gab, nämlich daß alle jene ausgemerzt werden müßten, «die die deutschen Faschisten, die Gutsbesitzer und die Bourgeoisie ins Land holen, die ukrainischen Arbeiter und Bauern zu Sklaven des Faschismus machen und die Ukraine in eine Kolonie der polnisch-deutschen Faschisten verwandeln wollen».

«Sie sollen in die Ukraine gehen und dort die Führung der Partei übernehmen. Kossior wird allein nicht fertig damit. Den versetzen wir nach Moskau als Ersten Stellvertretenden Vorsitzenden des Rates der Volkskommissare und als Vorsitzenden der Kommission des ZK.»

Als Stalin mir das oberste Parteiamt der Ukraine 1938 anbot, zögerte ich aus drei Gründen anzunehmen: Erstens mochte ich Kossior gern und wollte nicht sein Nachfolger werden. Ich kannte ihn, seit er 1929 an Stelle von Kaganowitsch Erster Sekretär der KP der Ukraine wurde. Gerade damals hatte ich mich um Aufnahme in die Moskauer Industrieakademie beworben, und Kossior war es gewesen, der mir dabei geholfen hatte. Zweitens zweifelte ich daran, daß ich die Qualifikation und die Erfahrung besaß, Kossior im Amt zu folgen; ich fürchtete, der Mantel des Ersten Sekretärs der Ukraine würde mir zu weit sein. Und drittens fiel mir sofort die Nationalitätenfrage ein. Zwar hatte ich in der Ukraine bereits gearbeitet und war mit den dortigen Parteimitgliedern ebensogut ausgekommen wie mit den Nichtmitgliedern, doch fühlte ich mich als Russe unter Ukrainern nicht ganz wohl. Ich verstand zwar Ukrainisch, beherrschte es aber nicht gut genug, um Reden in dieser Sprache zu halten. Ich legte Stalin meine Bedenken dar und sagte, die Ukrainer, insbesondere die Intelligenz, würden mich sehr kühl aufnehmen. «Es ist, glaube ich, nicht sehr geschickt, mich, einen Russen, in die Ukraine zu schicken.»

«Kossior ist auch kein Russe, sondern Pole. Warum sollte es ein Russe schwerer mit den Ukrainern haben als ein Pole?»

«Kossior mag Pole sein», gab ich zu, «er kann aber auf ukrainisch Reden halten. Außerdem hat Kossior viel mehr Erfahrung als ich.»

«Keine Wiederrede, Sie gehen in die Ukraine.»

«Gut. Ich werde mich nach Kräften bemühen, das Vertrauen zu rechtfertigen, daß Sie in mich setzen, und die Partei dort wieder auf die Beine stellen.» Immer noch fürchtete ich, der Aufgabe nicht gerecht werden zu können, ich streite aber nicht ab, daß es mir schmeichelte, daß das ZK mich mit einem so hohen Amt beauftragte.

Ich wußte, daß die Parteiorganisationen dort gründlich durchgesiebt worden waren. Daß Kossior abgesetzt wurde, zeigte deutlich, wie gründlich man vorgegangen war. Ich wußte auch, was aus Tschubar geworden war, dem ehemaligen Vorsitzenden des Rates der Volkskommissare der Ukraine, den ich aus den zwanziger Jahren von Parteikonferenzen und Bergarbeiterversammlungen her kannte.[1] Eine Weile hatte er die Kohleproduktion im Donezbecken beaufsichtigt. Seine Haltung in der Partei war vorbildlich. Eines Tages, ich saß in Stalins Büro im Kreml, wurde ich Zeuge eines kurzen Telefongespräches. Stalin sagte, das sei Tschubar gewesen, der ihn, mit den Tränen kämpfend, angerufen habe, um ihm zu beteuern, er sei ein ehrlicher Mensch. In Stalins Stimme lag geradezu Mitgefühl, als er mit Tschubar sprach. Er schien gut zu begreifen, daß Tschubar so aufgeregt war. Schon Tags darauf wurde Tschubar verhaftet und ausgelöscht.

Die KP der Ukraine war aus den Fugen, zum Teil wegen der Säuberungen unter den Polen und Westukrainern. Die Führer der Polnischen Partei konnte Stalin mühelos beseitigen, denn die meisten lebten und arbeiteten in Moskau bei der Komintern.[2] Daß Bierut und Gomulka am

1 W. Tschubar wurde 1923 Regierungschef der Ukraine und 1935 zugleich mit Mikojan Mitglied des Moskauer Politbüros an Stelle des ermordeten Kirow. 1938 verschwand er, und im Februar 1939 wurde er exekutiert.

2 Dies ist ein lässiger Hinweis darauf, daß Stalin 1937–1939 die polnische KP systematisch vernichtet hat. Diese Säuberung war, wie Chruschtschow zutref-

Woroschilow (Mitte) und Budjonny (rechts)

Gleich nach Kriegsausbruch: rechts neben Chruschtschow General Timoschenko

Leben blieben, verdankten sie dem Umstand, daß sie in Parteikreisen relativ unbekannt waren.

Die KP der Westukraine war voller unzuverlässiger, ja geradezu subversiver Elemente, und wen immer wir erwischen konnten, den eliminierten wir als Provokateur, Verräter oder Agent Pilsudskis. Da das ZK der Ukraine jedenfalls theoretisch für die Partei in der Westukraine verantwortlich war, gerieten auch viele der mir aus den zwanziger Jahren bekannten Genossen in die Säuberungen, darunter Genosse Demtschenko, der Erster Sekretär des Kiewer Gebietsparteikomitees gewesen war, als ich dort 1928/29 die Organisationsabteilung leitete.[3]

Als Stalin mich nach Kiew schickte, sagte er, nicht nur müsse ich das Sekretariat der KP der Ukraine leiten, sondern ich würde als Erster Sekretär auch die Parteikomitees von Stadt und Gebiet Kiew leiten müssen. Ich sagte, ich könne unmöglich so viele Ämter ausfüllen, doch Stalin ließ nicht locker.

«Das schaffen Sie schon», sagte er. «Suchen Sie sich nur aus, wen Sie wollen, sobald Sie an Ort und Stelle sind.»

Ich bat Malenkow, mir einige Ukrainer als Helfer zuzuteilen. Malenkow machte einen seiner eigenen Stellvertreter, Burmistenko, zu meinem Zweiten Sekretär. Das war ein Mann von meiner Art.[4] Ich beauftragte ihn, sich im Moskauer Apparat und unter dem Personal des ZK etwa zehn Leute zusammenzusuchen.

Als wir in der Ukraine eintrafen, unterrichtete Genosse Kossior uns über die Schwierigkeiten, mit denen er zu kämpfen hatte, und stellte uns die wenigen Parteiführer vor, die die Säuberungen überlebt hatten. Er machte uns in aller Form auf einem außerordentlichen Plenum des ZK der KP der Ukraine bekannt. Die Säuberung der Partei war vollkommen gelungen. Es schien, als sei nicht ein einziger Gebietssekretär, kein Sekretär des Rates der Volkskommissare, nicht ein einziger Delegierter übriggeblieben. Die Parteiführung war fast völlig ruiniert. Wir mußten ganz von vorne anfangen.[5]

fend bemerkt, leicht auszuführen, weil die prominenten polnischen Kommunisten sich vor dem polnischen Diktator Marschall Pilsudski nach Moskau geflüchtet hatten. Damals wurden auch viele deutsche, spanische und andere führende ausländische Kommunisten, die in Moskau lebten, hingerichtet oder verschleppt.

3 Die von Chruschtschow so bezeichnete Westukraine gehörte damals zu Polen; erst 1939, nach dem deutschen Überfall auf Polen, nahm sich die Sowjetunion dieses Gebiet (siehe Kapitel 5).

4 M. O. Burmistenko wurde durch die Brutalität bekannt, mit der er bei der Zwangskollektivierung vorging. Als Malenkows Stellvertreter in der ORPO (Abteilung für Führende Parteiorgane) spielte er bei den Säuberungen eine aktive Rolle. Allein schon seine Entsendung mit Chruschtschow nach Kiew ließ erkennen, was dort noch bevorstand.

5 Bedenkt man, was in der Ukraine vor Chruschtschows Eintreffen geschah, ganz zu schweigen von dem, was unter seiner Herrschaft vorging, so wird klar,

Ich bat Stalin darum, mir Lukaschow aus Moskau zu schicken. Der lebt noch, ist aber schon lange nicht mehr im Amt. Er leitete damals die Beschaffung von Gemüse und Obst für die Einkaufsgenossenschaften der Moskauer Arbeiter. Ich schätzte ihn wegen seiner Tüchtigkeit. Ich sagte Stalin, ich wollte Lukaschow zum Volkskommissar für Binnenhandel machen, und Stalin stimmte zu.

Plötzlich wurde Lukaschow verhaftet.[6] Das war nun für mich sehr unangenehm, erstens weil ich Lukaschow gerne hatte, und zweitens weil ich ihn für eine verantwortungsvolle Tätigkeit vorgeschlagen hatte. Mir war klar, daß es üble Folgen für mich haben könnte, daß man Lukaschow als Volksfeind verhaftet hatte. Nach ziemlich langer Zeit kam Lukaschow frei. Er erschien in der Ukraine, zusammengeschlagen, verkrüppelt an Körper und Geist. Er erzählte, man habe ihn gefoltert, damit er mich als Mitglied einer Verschwörung denunzieren sollte. Nun hatte ich früher einmal, noch in Moskau, angeregt, daß Lukaschow nach Polen und Litauen reisen und dort Gemüsesamen einkaufen sollte, und nach seiner Verhaftung wollte man ihn zwingen, zu gestehen, daß diese Dienstreise nach Polen in Wahrheit den Zweck gehabt habe, bei einem geheimen Treffen Kontakt zu antisowjetischen Organisationen im Ausland herzustellen. Er gestand nicht und wurde freigelassen – ein seltener Fall. Ich berichtete Stalin darüber. «O ja, ich verstehe, was Sie meinen. Es gibt da gewisse Exzesse. Auch gegen mich sammelt man Material.»

Nach dem folgenden Vorfall wurde ich beim Gedanken an das NKWD noch nervöser: Als ich in Kiew ankam, war Uspenskij Volkskommissar für Inneres. Ich kannte ihn flüchtig und mochte ihn. Er war Russe, trotz des polnischen Namens. Er hatte unter Jagoda in der NKWD-Zentrale gearbeitet, dann als NKWD-Beauftragter für das Gebiet Moskau und später als Kommandant des Kreml. Von dort war er in die Ukraine versetzt worden. Das ZK setzte offenbar Vertrauen in ihn, und mein erster Eindruck war, daß dies Vertrauen gerechtfertigt war. Bald jedoch kamen mir Zweifel.

Zweiter Sekretär des Stadtparteikomitees von Kiew war ein Mann namens Kostenko. Ich kannte ihn nicht näher, doch machte er einen fleißigen, zuverlässigen Eindruck. Er war jedenfalls ein ehrlicher, schlichter Mensch. Ob er aus einer Bauern- oder Arbeiterfamilie stammte, habe ich vergessen. Plötzlich jedoch wurde er verdächtigt und verhaftet. Man legte mir ein Geständnis vor, in dem er Verbindung zu Volksfeinden zugab. Das verwunderte mich denn doch sehr. Ich sagte zu Uspenskij:

daß er spätestens 1938 sehr genau gewußt haben muß, was Stalin da anrichtete. Hier und in den vorangegangenen Abschnitten sagt er genug, um seine eigene Behauptung zu widerlegen, er habe erst nach Stalins Tod begriffen, daß dieser ein Verbrecher gewesen sei.

6 Die hier genannten Personen sind von zweitrangiger Bedeutung, aber was ihnen geschah, geschah vielen Tausenden.

«Ich möchte mal mit diesem Kostenko sprechen, den Sie da verhaftet haben.»

«Das kann arrangiert werden, Genosse Chruschtschow.»

Ich ging in das Kommissariat für Inneres, und man brachte Kostenko. Er bestätigte alles, was er in seinem Geständnis gesagt hatte.

«Jawohl», sagte er. «Das alles habe ich gemacht. Ich habe an einer Verschwörung teilgenommen. Ich habe aber alles gestanden, alles, was ich weiß. Ich habe nichts verschwiegen.»

Das befriedigte mich nicht. Kostenkos Geständnis warf mehr Fragen auf, als es beantwortete, und das beunruhigte mich. Beim Hinausgehen ermahnte ich Uspenskij: «Genosse Uspenskij, falls Sie Kostenko als einen Volksfeind zum Tode verurteilen, kann es passieren, daß er in seinem Schlußwort noch weitere Personen beschuldigt. Wenn dies geschieht, wünsche ich, daß Kostenko nicht hingerichtet wird, bevor seine Beschuldigungen nachgeprüft worden sind. Wir müssen dafür sorgen, daß er nicht beliebige Personen grundlos verleumdet.»

Bald darauf brachte Uspenskij mir ein Dokument, aus dem hervorging, daß Kostenko vor seiner Hinrichtung behauptet hatte, sein Nachfolger im Gebietsparteikomitee, Tscherepin, habe die gleichen Verbrechen begangen. Ich mochte Tscherepin gut leiden, er war ein schlichter Bauer aus Poltawa, aber schlau. Ich zweifelte nicht an seiner Ehrlichkeit, und als ich sah, daß Kostenko versucht hatte, ihn zu denunzieren, wurde ich wütend.

«Wie konnte das passieren, Genosse Uspenskij? Habe ich nicht ausdrücklich angeordnet, daß alle Beschuldigungen geprüft werden sollten, ehe Sie Kostenko erschießen?»

Ich rief sofort bei Malenkow an, denn der leitete das Personalbüro des ZK und konnte vielleicht helfen. Ich berichtete ihm, was vorgefallen war.

«Vertrauen Sie Tscherepin?» fragte Malenkow.

«Ja.»

«Dann lassen Sie ihn im Amt.»

Ich war erleichtert. Es dauerte aber nicht lange, da rief Malenkow zurück und sagte: «Es sieht jetzt so aus, als wäre es besser, Tscherepin doch nicht im Sekretariat zu belassen. Ich weiß, daß Sie ihm vertrauen, es liegen aber schwerwiegende Beweise gegen ihn vor.»

«Was für Beweise? Etwa Kostenkos Beschuldigungen? Das sind keine Beweise, sondern Verleumdungen!»

Malenkow wollte aber nicht nachgeben. Ich versuchte alles, um Tscherepin seinen guten Ruf in der Partei zurückzugeben. Schließlich hatten wir ihn schon zum Stellvertretenden Volkskommissar für die Landwirtschaft gemacht. Immer wieder fragte ich im ZK an, ob wir ihm nicht einen Parteiauftrag geben könnten, denn mein Gewissen ließ mir seinetwegen keine Ruhe. Immer wieder sagte ich, er sei schuldlos und ohne jeden Grund beschuldigt worden. Schließlich gab Malenkow nach, und Tscherepin wurde Erster Sekretär des Parteigebietskomitees von Sumskij. Nach Kriegsausbruch schlug ich vor, ihn in den Militärrat der Küstenarmee zu delegieren. Er ist dann beim Einmarsch der Deutschen gefallen und hat so sein Leben ehrenhaft für das Land, das Volk und die Sowjetunion gegeben.

Als Stalin mich in die Ukraine schickte, sagte er unter anderem: «Ich weiß, Sie haben eine Schwäche für die Städte und die Industrie, ich muß Sie also ermahnen, Ihre Verpflichtungen der Landwirtschaft gegenüber nicht zugunsten der Stadtverwaltungen und der Industrie zu vernachlässigen. Vor allem dürfen Sie Ihre Zeit nicht ausschließlich im Donezbecken verbringen. Ihre Schwierigkeiten liegen weniger auf dem Industriesektor als vielmehr in der Landwirtschaft. Und denken Sie daran: Die Landwirtschaft der Ukraine ist für die Sowjetunion von besonderer Bedeutung. Versuchen Sie mal, die Landwirtschaft da unten etwas besser zu organisieren.»

Ich beachtete diese Mahnung, wenn es mir auch nicht immer leicht wurde, meine eigentlichen Neigungen – Bergbau und Industrie – hintanzustellen. Die Fabriken, die Bergwerke und die Werkstätten zogen mich magisch an. Immerhin versuchte ich, von Landwirtschaft zu lernen, was in meinem Kopf gehen wollte. Ich reiste viel umher, besuchte Dörfer und Kollektivwirtschaften, redete mit Agronomen und Kolchos-Vorsitzenden.

Burmistenko und ich kamen im Januar oder Februar 1938 in der Ukraine an, gerade rechtzeitig zur Frühjahrsbestellung. Schon sahen wir uns sehr folgenschweren Problemen gegenüber. Überall in den westlichen Bezirken entlang der polnischen Grenze, krepierten die Pferde. Niemand konnte herausbekommen, woran die Pferde erkrankten. Auf einer meiner Reisen fragte ich einen Stallknecht im Gebiet von Winniza, was seiner Ansicht nach die Ursache dieser Pferdekrankheit sei. Er behauptete, die Pferde würden vergiftet.

«Ich habe gesehen, wie ein Mann den Pferden Gift gab. Wir haben ihn einsperren lassen, und wissen Sie, was das für einer war? Ein Tierarzt.»

Das war einleuchtend. Wir überlegten, daß die Deutschen, die ja schon den Krieg gegen uns vorbereiteten, daran interessiert waren, unsere Wirtschaftskraft und unsere Militärmacht zu schwächen. Damals waren Pferde ja nicht nur einfach Nutztiere, sie waren, was heute Panzer, Flugzeuge und Geländewagen sind.

Ich beschloß, mir die Sache doch noch etwas näher zu betrachten, und fragte Uspenskij: «Haben Sie noch welche von den Leuten in Haft, die als Pferdevergifter festgenommen worden sind?»

«Ja.»

«Was sind das für welche?»

Er nannte einen jüdischen Professor vom Tiermedizinischen Institut in

Charkow und den Direktor des Instituts für Viehzucht in Charkow, einen Ukrainer.

«Ich möchte mit ihnen reden, aber nicht im Gefängnis, sondern in Ihrem Büro.»

«Wozu? Sie haben bereits gestanden, daß sie Saboteure und deutsche Agenten sind. Sie werden nur ihr Geständnis wiederholen.»

«Vielleicht, aber irgendwas stimmt da doch nicht. In ihren Geständnissen nennen sie die Formel des Giftes, das sie angeblich benutzt haben, und ich habe unseren Chemikern Auftrag gegeben, dieses Gift herzustellen. Wir haben es an Pferde verfüttert, und nichts ist passiert. Ich möchte wissen, warum dieses angebliche Gift nicht wirkt, und darum will ich selber mit ihnen reden.»

«Gut, ich veranlasse das.»

Ich ging ins NKWD-Gebäude, und man brachte den jüdischen Professor, einen grauhaarigen Mann von etwa fünfzig Jahren.

«Nun, was haben Sie zu sagen?»

«Ich habe bereits zweimal gestanden, und ich kann nur wiederholen, was ich gestanden habe. Jawohl, wir sind deutsche Agenten und hatten den Auftrag, Pferde zu vergiften.»

«Wie erklären Sie, daß das von Ihnen angeblich benutzte Gift die Pferde nicht krank macht?»

«Das kann schon sein. Wir bekamen aus Deutschland eine fertige Zutat, die wir dem von uns bereiteten Mittel zusetzen mußten. Was dieses deutsche Zeug war, wissen wir nicht.»

Das genügte mir nicht. Dieses Geständnis war mir nicht fundiert genug, und ich ließ die Sache nicht ruhen. Ich hatte ihm Gelegenheit geboten, seine Unschuld zu beteuern, doch er hielt sich an sein Geständnis. Und noch etwas beunruhigte mich: Würde ausgerechnet ein Jude sich in den Dienst seiner schlimmsten Feinde stellen, der antisemitischen deutschen Faschisten? Das ergab doch keinen Sinn. Selbstverständlich könnte man es mit Klassenkampf und so fort erklären, aber meine Zweifel blieben.

Ich rief den anderen Arzt herein, den vom Viehzuchtinstitut. Auch er wiederholte sein Geständnis. Der Sabotage angeschuldigt zu werden, war keine Kleinigkeit; vielleicht hofften sie, ihre Lage zu erleichtern, wenn sie ein volles Geständnis ablegten, aber dennoch ...

Ich beschloß, eine Kommission mit der Untersuchung des geheimnisvollen Pferdesterbens zu beauftragen. Auch das war nicht einfach, denn es hatte schon mehrere solche Kommissionen gegeben, und als die Pferde weiterhin krepierten, hatte man die Kommissionen aufgelöst und die Mitglieder verhaftet und ausgeschaltet. Es hieß also mit einem gewissen Recht, daß die Berufung in eine solche Kommission das Schicksal eines Mannes besiegelte.

Ich ließ mir den Genossen Bogomolez kommen, den Präsidenten der

Akademie der Wissenschaften der Ukraine. Er war nicht in der Partei, eine Formalität, die ich noch keinem guten Sowjetbürger und fortschrittlich gesinnten Menschen zum Vorwurf gemacht habe.

«Genosse Bogomolez», sagte ich. «Wie Sie wissen, krepieren uns die Pferde nach wie vor. Man muß dagegen etwas tun.»

«Was soll man machen?»

«Ich kann nicht glauben, daß die Wissenschaft in diesem Fall völlig hilflos sein sollte. Wenn wir uns nur genug Mühe geben, müssen wir die Ursache feststellen können. Ich meine, man sollte eine neue Kommission einsetzen, die die Sache untersucht. Ich begreife, daß Ihre Kollegen einer solchen Kommission nicht beitreten wollen, weil die Mitglieder früherer Kommissionen verhaftet worden sind, aber wenn Sie als Präsident der Akademie den Vorsitz übernehmen, dann würden andere Spezialisten gewiß mitmachen. Ich verspreche Ihnen, daß ich persönlich an allen Plenarsitzungen der Kommission teilnehmen und mir anhören will, was die Wissenschaftler zu sagen haben. Auch der Genosse Uspenskij, der Volkskommissar für Inneres, wird teilnehmen, damit vermieden wird, daß man Ihrer Kommission irgendwelche Vorwürfe machen kann. Ich möchte sogar noch eine andere Vorsichtsmaßnahme empfehlen: Wir setzen eine zweite Kommission ein, die eine Paralleluntersuchung führt. So verdoppeln wir unsere Aussichten, daß eine Kommission die Antwort findet.»

Mein Grund, diese zweite Kommission vorzuschlagen, war allerdings ein anderer. Ich konnte die Möglichkeit nicht ausschließen, daß wirklich Sabotage getrieben wurde, und ich hoffte, daß, falls ein Saboteur in eine Kommission gelangte, doch die andere Kommission aus ehrlichen Männern bestehen würde.

Bogomolez stimmte ohne Begeisterung zu.

Die Zusammensetzung beider Kommissionen wurde vom Volkskommissariat für Landwirtschaft der UdSSR gebilligt, und um ganz sicherzugehen, bildeten wir noch eine dritte Kommission, der unter Leitung von Professor Wertinskij lauter russische Wissenschaftler aus Moskau angehörten. Alle drei Kommissionen begaben sich aufs Land und an die Arbeit.

Bald darauf kam die eine ukrainische Kommission unter Professor Dobrotko zu dem Ereignis, daß die Pferde an einem Pilz erkrankten, der sich in feuchtem Heu entwickelte.

«Als ich den Erreger erkannt hatte», berichtete mir Genosse Dobrotko, «infizierte ich mich selber damit, um zu sehen, was geschehen würde, und ich erkrankte an einer ähnlichen Krankheit wie die, an der die Pferde eingingen.»

Professor Wertinskij wollte Dobrotkos Entdeckung nicht gelten lassen; Wertinskij stammte aus Moskau, und Dobrotko war Ukrainer, und damals war das noch ein sehr bedeutsamer Unterschied. Um einen Streit zu vermeiden, ordnete ich an, daß die Untersuchung bis zu einem ganz sicheren Ergebnis fortzuführen sei.

Es verging eine lange Zeit, bis Wertinskij mir endlich meldete, er stimme mit Dobrotko überein. Die Untersuchungen wurden eingestellt und dem Plenum in Kiew ein Bericht vorgelegt. Man beschloß dann als Maßnahme zur Bekämpfung dieser Krankheit ein einfaches Mittel – das Heu trocken zu halten.

Stalin hatte die Angelegenheit sehr aufmerksam verfolgt. Daß in der Ukraine angeblich Pferde vergiftet wurden, erschütterte ihn tief. Als ich nun in Moskau über die erfolgreichen Untersuchungen berichtete, empfahl ich auch gleich, die jeweiligen Vorsitzenden der Kommissionen zu dekorieren. Professor Dobrotko bekam den Orden der Roten Arbeitsfahne, obschon er meiner Ansicht nach den Leninorden verdient gehabt hätte. Professor Wertinskij schlug ich für den Verdienstorden vor, obschon er bei dieser Angelegenheit nicht viel mehr als ein Katalysator gewesen war.

Wir hatten da mehr als bloß einen Sieg für unsere Landwirtschaft errungen, es war auch ein moralischer und ein politischer Sieg. Aber wie viele Vorsitzende von Kollektivwirtschaften, wie viele Viehzüchter, Agronomen und sonstige Spezialisten und Wissenschaftler hatten als Saboteure ihren Kopf verloren, ehe ich die Sache in die Hand nahm?

Es dauerte lange, bis die Atmosphäre von Mißtrauen und Denunziation sich in der Ukraine verzog. Immer wieder stieß ich auf Reste jener Haltung, die aus den Säuberungen herrührte. Es gab da in der Ukraine einen Arzt, der auch Politiker war, Medwed[7] hieß er. Als er Jahre später zur ukrainischen Delegation bei der Gründungssitzung der UNO in San Francisco gehörte, pflegte er unsere Feinde oft zu ärgern, und sie sagten dann: «Da brummt wieder der ukrainische Bär!» Wirklich hatte er eine Stimme wie ein Bär und auch ein wildes Temperament. Damals erzählte man sich von diesem Medwed eine Geschichte, aus der man ersehen kann, zu welchen Auswüchsen es auf dem Höhepunkt der Säuberungen gekommen war.

Als Medwed stellvertretender Leiter für das Gesundheitswesen in Kiew oder in Charkow war, zeigte bei einer Parteiversammlung eine Frau mit dem Finger auf ihn und sagte: «Ich kenne diesen Mann da weiter nicht, aber ich sehe es an seinen Augen, daß er ein Volksfeind ist.» Kann man sich so was vorstellen?[8]

Zum Glück verlor Medwed nicht die Geistesgegenwart, sondern entgegnete sofort: «Ich kenne zwar diese Frau nicht, die mich da denunziert hat, aber ich erkenne am Ausdruck ihrer Augen, daß sie eine Prostituierte ist» – er benutzte allerdings ein stärkeres Wort. Diese Geistesgegenwart hat ihm wahrscheinlich das Leben gerettet. Hätte er sich in

7 Russisch = Bär.

8 Dies ist ein gutes Beispiel für die bösartigen oder hysterischen Denunziationen, die Millionen in den Tod oder die Arbeitslager schickten.

die Verteidigung drängen lassen und bestritten, ein Volksfeind zu sein, so wäre er gerade in Verdacht geraten, und die Frau, die ihn denunzierte, hätte ihre Beschuldigungen nachdrücklicher vorgebracht, wohl wissend, daß sie dafür nicht zur Verantwortung gezogen worden wäre.

Solche Sachen kamen nach meinem Amtsantritt in der Ukraine immer seltener vor – und nachdem Uspenskij als Volkskommissar für Inneres abgelöst worden war.

Ich möchte etwas über Serow sagen, Uspenskijs Nachfolger. Serow ist noch zu meiner Zeit gemaßregelt worden. Ich glaube, daß er nachlässig gewesen ist, aber trotz seiner Fehler war er ein ehrlicher, unbestechlicher, verläßlicher Genosse. Ich achtete ihn und vertraute ihm. Er war ein schlichter Mensch, ja beinahe naiv. Ich lernte ihn kennen, als er noch ganz jung und unerfahren war. Er hatte gerade einen Artillerielehrgang beendet. Als wir Militärpersonen ins NKWD versetzten, war er darunter. Selbstverständlich hatte er keinerlei Erfahrung im Sicherheitsdienst, und das war für ihn zugleich von Vorteil und von Nachteil. Die Leute, die vor Serow im Sicherheitsdienst arbeiteten, hatten sich Erfahrungen angeeignet, die für das Land und die Partei schädlich waren und auch für sie selber. Sie waren erfahren darin, zu provozieren, unschuldige Menschen zu verhaften und durch ausgeklügelte Foltern Geständnisse zu erpressen. Serows Vorgänger im NKWD waren nicht unbedingt grausame Menschen, aber sie hatten sich in Automaten verwandelt. Ihr einziger Gedanke war: «Wenn ich dies nicht anderen antue, tun andere es mir an, und da ist es schon besser, ich tue es selber.» Es ist angsterregend, daß in unserer Zeit, im Zeitalter des Sozialismus, der Partei ergebene Kommunisten nicht dem Gebot ihres Gewissens oder ihrer Vernunft folgten, sondern einzig aus Angst um das eigene Fell handelten. Um sich am Leben zu halten, löschten sie das Leben völlig unschuldiger Menschen aus. Zum Glück war Serow kein Produkt dieser Zeit und Mentalität.[9]

9 Trotz Chruschtschows freundlicher Charakterisierung war gerade General Iwan Serow eng mit dem Terror der Stalin-Zeit verbunden. Allerdings war er eher Organisationsfachmann. Von seinem NKWD-Posten in der Ukraine aus organisierte er am Vorabend von Hitlers Überfall auf die Sowjetunion die Massendeportationen aus dem besetzten Baltikum und aus Ostpolen. Er führte alle Sicherheitsaufträge der Partei entsprechend der jeweiligen Linie als ergebener Diener des Apparats aus. Nach Kriegsende organisierte er den Sicherheitsapparat in der Sowjetischen Besatzungszone Deutschlands und war später an der blutigen Unterdrückung des Ungarnaufstandes maßgeblich beteiligt. Er war ein Mann Chruschtschows und wurde auf dem XX. Parteitag in das Zentralkomitee gewählt. Von 1954 bis 1958 war Serow Vorsitzender des Komitees für Staatssicherheit (KGB). Dann ließ ihn Chruschtschow fallen. Möglicherweise wollte Chruschtschow, nun auch Ministerpräsident, einen völlig «unbelasteten» persönlichen Sicherheitschef haben, der ihn auch ins Ausland begleiten konnte, ohne, wie es bei Serow der Fall war, Protestdemonstrationen auszulösen.

Mit seiner Hilfe gelang es mir, die Ukraine wieder auf die Füße zu stellen. Die Industrie erfüllte ihr Soll, und in der Landwirtschaft traten geordnete Verhältnisse ein. Die Unterdrückungsmaßnahmen ließen nach, und allmählich wurden alle führenden Stellungen in Partei und Wirtschaft wieder besetzt.

Akademiemitglied Paton

Im folgenden sehen wir den Praktiker Chruschtschow in Aktion. Wenn er sagt, daß endlose Parteiversammlungen anderweitig beschäftigten Menschen nur die Zeit stehlen, dann hat er recht. Doch sind diese Versammlungen Bestandteil des Systems. Wenn er schildert, mit welcher Empörung er es abgelehnt hat, daß die neue Brücke in Kiew nach ihm benannt würde, dann vergißt er dabei zu erwähnen, daß er in seinen Tagen als Herrscher der Ukraine einen recht hübschen eigenen «Personenkult» gefördert hat, sehr zum Neid der ihm gleichgestellten Genossen in Moskau, die sich in Stalins Schatten nicht recht entwickeln konnten.

Kurz nach meiner Amtsübernahme in der Ukraine bat ein bekannter Ingenieur namens Jewgenij Oskarowitsch Paton um eine Unterredung. Das war ein untersetzter Mann, grauhaarig, nicht mehr jung, mit einem Löwengesicht und einem durchdringenden Blick. Gleich nach der Begrüßung holte er ein Stück Metall aus der Tasche und legte es vor mich auf den Tisch.

«Sehen Sie sich das an, Genosse Chruschtschow. So etwas bringen wir in unserem Institut zustande! Dies ist ein Stück Stabeisen, zehn Millimeter dick, und sehen Sie mal die Schweißnaht!»

Ich betrachtete die Naht aufmerksam. Als Metallarbeiter hatte ich jede Menge Schweißnähte gesehen, und diese war so glatt, als wäre es *ein* gegossenes Stück.

«Das nennen wir Schmelzschweißung», sagte das Akademiemitglied Paton.

Ich hörte zum erstenmal davon und fragte ihn, was es bedeutete. Paton, der schon einige Erfindungen auf seinem Konto stehen hatte, erklärte, daß er diese neue bessere Schweißtechnik entwickelt hatte. Er machte mir eine Skizze von tragbaren Schmelzschweißapparaten, die auf Werften und beim Brückenbau verwendet werden konnten. Das Akademiemitglied Paton verzauberte mich geradezu. Alle Arten der Metallbearbeitung haben mich seit je fasziniert. Mein Vater wollte, daß ich Schuster werde, aber ich wurde lieber Schlosserlehrling. Als Junge habe ich sogar aus Schrott ein Motorrad gebastelt. Vom ersten Augenblick an wußte ich, das Akademiemitglied Paton ist ein Mann nach deinem Herzen. Ich beschloß auf der Stelle, dafür zu sorgen, daß seine Erfindung die Aufmerksamkeit bekam, die sie verdiente.

Bei meinem nächsten Moskau-Aufenthalt erzählte ich Stalin von Paton. Stalin war sehr beeindruckt und fragte, ob ich glaubte, Paton paßte in die Kommission beim Rat der Volkskommissare. «Würde er mit den Bürokraten fertig werden und erreichen, daß sie tun, was er sagt, wenn wir ihm die Befugnis geben, seine neue Schweißmethode in allen Fabriken und auf allen Baustellen einzuführen?»

«So wie ich Paton einschätze, Genosse Stalin, haben die Bürokraten gegen ihn keine Chance.»

Paton wurde also die Autorität gegeben, seinen Schmelzschweißprozeß in der gesamten Industrie einzuführen. Eines Tages fragte ich ihn, ob man diese Methode nicht auch im Fließbandverfahren anwenden könne.

«Was meinen Sie, Genosse Paton, könnte man ihr Verfahren auch bei Panzerplatten anwenden?»

«Das müßte ich mir erst mal ansehen. Wie dick wäre denn die Panzerung?»

«Nun, so gegen 100 Millimeter.»

«Das dürfte schwierig werden. Aber versuchen kann man es ja mal.»

Ich schickte Paton in die Panzerfabrik nach Charkow und beauftragte den Genossen Jepischew, den jetzigen Leiter der Politischen Hauptverwaltung der Sowjetarmee, ihn mit den Technikern und Vorarbeitern bekannt zu machen. Hiermit begann ein neuer Abschnitt in der Laufbahn von Paton. Er hat in der Kriegsproduktion eine wichtige Rolle gespielt. Dank der Verbesserungen, die er bei der Panzerherstellung einführte, produzierten die Fließbänder Panzer wie Pfannkuchen. Als wir zu Beginn des Krieges die Produktionsanlagen von Charkow nach dem Ural verlegen mußten, ging er mit.

1943, Stalin hatte mich soeben zu einer Beratung von der Front nach Moskau befohlen, traf ich dort Paton. Er hatte einen Brief an das Zentralkomitee aufgesetzt, in dem Folgendes stand:

«Im Jahre 1917 habe ich die Revolution nicht ernst genommen. Mein Vater war Konsul des Zaren in Italien, und ich war ein Produkt des alten Regimes, ich bin nach der alten zaristischen Methode erzogen worden. Die Oktoberrevolution war nichts für mich, andererseits habe ich mich nie an antisowjetischen Handlungen beteiligt. Aber von Jahr zu Jahr habe ich immer stärker mit der Sowjetmacht sympathisiert. Bislang habe ich nicht geglaubt, von seiten der Partei Anerkennung oder Vertrauen zu verdienen, denn ich habe meine Kurzsichtigkeit bei Beginn der Revolution nicht vergessen. Nun aber stehe ich schon sehr lange auf seiten der Sowjetmacht, und da ich glaube, in jüngster Zeit einen erheblichen Beitrag zur Verteidigung geleistet zu haben, indem ich die Produktion von Panzern beschleunigte, meine ich auch die moralische Berechtigung zu haben, die Partei zu bitten, mich in ihre Reihen aufzunehmen. Ich lege einen Aufnahmeantrag bei und bitte das Zentralkomitee um Befürwortung.»

Ich brauche nicht zu sagen, daß dieser Brief mich freute – er ergriff mich aufs tiefste. Ich sagte Paton, er dürfe darauf rechnen, aufgenommen zu werden, und dann legte ich seinen Brief unmittelbar Stalin vor. Auch Stalin war augenscheinlich bewegt, wenn man ihm seine Gefühle auch fast nie ansah. Er sagte einfach: «Paton will also der Partei beitreten. Und warum sollte er nicht? Erlassen wir doch gleich eine Verordnung, daß Paton sofort Vollmitglied und von der üblichen Bewährungsfrist ausgenommen wird.» Parteianwärter, die aus der ehemaligen Bourgeoisie oder Intelligenzschicht stammten, mußten sich damals mindestens zwei Jahre bewähren, bevor sie Vollmitglieder werden konnten. Wir machten also für Paton eine Ausnahme.

Nach dem Krieg kehrte Paton wieder an seine Arbeit an der Ukrainischen Akademie der Wissenschaften zurück. Später wurde er dann Vizepräsident der Akademie. Bald darauf traf die Ukraine, und ganz besonders deren Wissenschaftler, ein schwerer Schlag: Genosse Bogomolez, der Präsident der Akademie, starb. Da man wußte, welch große Hochachtung ich dem Genossen Paton entgegenbrachte, glaubte man allgemein, daß dieser die Nachfolge von Bogomolez antreten würde.

Ich muß hier wohl einschieben, daß Paton an der Akademie sehr umstritten war. Ich entsinne mich, daß sich der Leiter der Abteilung Agitation und Propaganda beim ZK der KP der Ukraine bei mir über ihn beklagte. Paton habe bei einer Parteiversammlung, zu der er eingeladen worden sei, seine Mißachtung gegenüber dem Zentralkomitee bekundet, indem er einfach mittendrin fortgegangen sei.

«Worüber wurde auf der Versammlung diskutiert?» fragte ich.

«Über ideologische Fragen», sagte er.

«Dann ist es kein Wunder, daß er weggegangen ist. Genosse Paton kann seine Zeit nicht mit solchen Sachen verschwenden. Wahrscheinlich hat er dringende wissenschaftliche Arbeit zu erledigen gehabt.»

Das war typisch Paton. Für diese fruchtlosen, abstrakten Diskussionen, wo ein Haufen alberne, eingebildete Leute herumsitzen und gelehrt tun, hatte er nichts übrig. Solche Leute fühlten sich natürlich von Paton bedroht.

Mit etwas Druck hätten wir ihn zum Präsidenten der Akademie wählen lassen können, wir ließen es aber. Paton wollte auch gar nicht. Er hatte genug um die Ohren mit seinen Forschungen und der Leitung seines Institutes.

Als Paton starb, war die neue Brücke über den Dnjepr fast fertig, die größte Brücke Kiews. Sie ist völlig geschweißt, keine einzige Niete in der ganzen Brücke. Die Ukrainer erwogen, diese Brücke nach mir zu nennen. Ich war entsetzt, denn schon hatten wir eine Verordnung erlassen, die es verbot, Fabriken, Kollektivwirtschaften oder überhaupt öffentliche Einrichtungen aller Art nach noch lebenden Parteimitgliedern zu benennen. Wir hatten sogar einige Namen, die wir als unpassend empfanden, geändert, kurzum, wir hatten mit diesem ungesunden, unter Stalin aufgekommenen Wettbewerb aufgeräumt, wer die meisten Städte, Fabriken und so fort auf seinem Privatkonto buchen konnte.

Ich sagte den Ukrainern also: «Wenn ihr die Brücke nach mir nennt, übertretet ihr damit eine Verordnung des ZK. Ich bin um so mehr gegen einen solchen Vorschlag, als diese Verordnung auf meine eigene Anregung erfolgt ist. Da würdet ihr mich in eine sehr peinliche Lage bringen. Warum nennen wir die Brücke nicht nach dem Akademiemitglied Paton?»

Und so geschah es denn auch. Heute ist die Brücke munter und fidel, wie man so sagt, und wer sie benutzt, erinnert sich mit Dankbarkeit und Hochachtung des Mannes, der die autogene Schweißtechnik in der Sowjetunion eingeführt hat – das Akademiemitgliedes Jewgenij Oskarowitsch Paton!

Hausputz in der Reifenindustrie

Die etwas längliche Anekdote, die nun folgt, zeigt Chruschtschow in seinem Element – den Mann der Praxis, der dem Vorarbeiter über die Schulter sieht, der die Leute herumkommandiert und dem Werksdirektor sagt, wie er seine Arbeit machen soll. Dabei werden zwei Sachverhalte deutlich: zum einen die sinnlose Vergeudung, die mit dem Kampf um die Übererfüllung der Planziele ohne Rücksicht auf Qualität verbunden ist, und zum anderen der ungewöhnlich wackelige Zustand, in dem die sowjetische Industrie sich 1939 befand, nachdem in zwei Fünfjahresplänen sämtliche Kräfte auf die Errichtung einer Schwerindustrie verwendet worden waren. Man ersieht daraus auch, daß Stalin notgedrungen seine fähigsten Leute immer wieder zum Beheben kleiner Pannen einsetzen mußte – er lebte sozusagen von der Hand in den Mund. Chruschtschow war jetzt immerhin Vollmitglied des Politbüros und Vizekönig der Ukraine mit vierzig Millionen Untertanen. Und doch wurde er aus seinem Amtsbereich abberufen, um technische Pannen in einer Reifenfabrik in Jaroslawl zu untersuchen, so mißtrauisch war Stalin und über so wenig brauchbare Fachleute verfügte er damals.

Kurz vor dem Kriege war es allen Mitgliedern des ZK und des Politbüros verboten worden zu fliegen. Dies geschah, nachdem Mikojan sich in Weißrußland zu einem kleinen Kunstflug hatte mitnehmen lassen. Der Vorfall kam in die Presse, und als Stalin las, daß einer seiner Leute in einem Flugzeug Akrobatenstücke vollführte, verpaßte er Mikojan einen

Rüffel und ordnete an, daß ab sofort Mitglieder des ZK und die Ersten Sekretäre der Republiken nicht mehr fliegen durften. Ich war ziemlich enttäuscht, denn ich flog gerne. So mußte ich eine Zeitlang zwischen Kiew und Moskau die Bahn benutzen oder das Auto.

Alexander Georgiewitsch Schurawlew war fast dreißig Jahre lang mein Fahrer. Meine Kinder nannten ihn Onkel Sascha. Er verstand seine Arbeit und tat sie gerne. Ich achtete ihn und vertraute ihm.

Als wir 1939 einmal von Kiew nach Moskau fuhren, sagte Alexander Georgiewitsch, die Reifen, die wir derzeit bekämen, nutzten sich viel zu schnell ab, ja, sie platzten bereits nahe der Wulst, während sie noch so gut wie neu seien. Ich berichtete Stalin dann in Moskau, daß dieser Fabrikationsfehler uns eine Menge Zeit und Geld koste.

Stalin hörte es ungern, wenn jemand etwas kritisierte, was in der Sowjetunion hergestellt wurde. Er hörte mir mit merklichem Unmut zu und wies mich dann gereizt an, diesen Zustand abzustellen und den Schuldigen zu finden. Er sagte: «Sie kritisieren also unsere Reifenindustrie, was? Alle kritisieren die Reifenindustrie. Aber jetzt geben wir Ihnen den Auftrag, die Lage zu bereinigen. Sie selber werden sich der Sache annehmen, die nötigen Empfehlungen geben und dafür sorgen, daß künftig nur Qualitätsreifen aus unseren Fabriken kommen.»

Ich entgegnete: «Genosse Stalin, mit Freuden würde ich diese Aufgabe übernehmen, wenn ich nur was von der Reifenherstellung verstünde. Ich habe was mit Bergbau, mit Metallbearbeitung und mit dem Bauwesen zu tun gehabt, aber von Reifenherstellung verstehe ich nichts.»

«Dann lernen Sie es eben. Sie übernehmen das jetzt auf der Stelle. Sie fahren nicht in die Ukraine zurück, ehe Sie das nicht erledigt haben.»

Eine Kommission wurde einberufen, und ich übernahm den Vorsitz. Etwas unbehaglich war mir dabei schon. Ich ahnte nicht, wie lange das dauern und ob ich mit der Angelegenheit fertig werden würde. Ich versammelte die Kommission um mich, dazu Experten aus dem Reifenwerk von Jaroslawl, aus Leningrad und Moskau und aus den Ministerien. Mit Hilfe des Apparates des ZK trommelte ich alle Leute zusammen, die überhaupt etwas von der Reifenherstellung verstanden. Die Beratungen fanden im Gebäude des ZK statt. Jeder bekam Gelegenheit, seine Meinung zu äußern, und ich erinnere mich, daß der Direktor des Werkes in Jaroslawl von Anfang an einen besonders guten Eindruck auf mich machte.

Nach der ersten Beratungsrunde gab ich Stalin einen zusammenfassenden Bericht und fügte meine eigenen Schlußfolgerungen an. Stalin sagte: «Am besten ist, Sie fahren nach Jaroslawl und sehen sich die Sache an Ort und Stelle an. Das Werk dort ist unsere beste Reifenfabrik.»

Ich fuhr also nach Jaroslawl, begleitet von einigen meiner Moskauer Spezialisten. Sekretär des Gebietsparteikomitees war Genosse Patolitschew, der später Außenhandelsminister wurde, und Vorsitzender des Exekutivkomitees war ein junger Armenier, ebenfalls Metallurge wie

Patolitschew. Beide beeindruckten mich. Ich sagte ihnen gleich, warum ich nach Jarolawl gekommen war, und erbat ihre Unterstützung.

Zunächst wollte ich mir ansehen, wie die Karkassen gemacht wurden. Zum Werksdirektor sagte ich: «Beschreiben Sie mir jetzt nicht den ganzen Produktionsprozeß, damit verschwenden wir nur Zeit. Lassen Sie mich mal ans Fließband, ich will mir alles von Anfang an ansehen.» Ich prüfte nun eingehend die Arbeiten am Fließband, und überall, wo ein Arbeitsvorgang mich besonders interessierte, blieb ich stehen. Den Vulkanisierungsprozeß anzusehen hatte ich keine Zeit, den ließ ich mir nur schildern.

Besonders interessierte mich das Einlegen der Drahtstränge in die Reifenwulst. Hier schaute ich lange zu. Die Arbeiter machten das rasch und geschickt, sie schauten gar nicht mehr hin. Ihre Hände bewegten sich wie die von Musikern. Man erklärte mir, wie viele Drahtstränge in den Reifen gegeben werden, und wozu sie dienen. Aus allem, was ich da erfahren hatte, kam ich zu dem Schluß, daß hier die schwache Stelle liegen müsse. Ich hatte gesehen, wie rasch die Arbeiter die Drähte einlegten, und ich wußte jetzt, daß dies sehr sorgsam zu geschehen hat, damit alle einzelnen Stränge gleichmäßig stark beansprucht werden. Wurden die Drähte gleichmäßig eingelegt, so vervielfachte sich die Haltbarkeit des einzelnen Stranges um die Zahl aller Stränge. Wurden die Stränge jedoch ungleichmäßig angeordnet, dann wurde jeder einzelne Strang für sich allein belastet und einer nach dem anderen mußte reißen. Und darum hielten die Reifen nicht. Es gab auch noch andere Gründe, aber dies war der wesentliche.

Ich ließ den Direktor kommen. «Genosse Mitrochin, zeigen Sie mir die Anweisung für die Reifenherstellung, die Sie benutzen. Ich möchte sehen, was für ein Verfahren da empfohlen wird. Wir haben die Fabrikausrüstung ja von den Amerikanern gekauft, und die haben doch bestimmt Anweisungen für die Produktion gegeben.»

«Ja, alles ist vorhanden.»

«Dann vergleichen Sie mal diese Anweisungen mit denen, die derzeit in Kraft sind, und berichten Sie mir genau, welche Veränderungen gegenüber dem empfohlenen Verfahren vorgenommen worden sind.»

Mitrochin berichtete, daß wirklich einige Veränderungen vorgenommen worden waren. Es wurden zwei bis drei Drahtstränge weniger in die Wulst eingelegt, weil man meinte, auch so sei die Haltbarkeit gewährleistet. Insbesondere an den Kanten habe man die Drahtverstärkung eingeschränkt. Dies alles, um die Produktion wirtschaftlicher zu machen. Da war mir gleich klar, daß hier der Hund begraben lag.

«Wann hat man diese Veränderungen vorgenommen?» fragte ich.

«Diese Veränderungen sind vom Genossen Kaganowitsch empfohlen worden, nachdem er das Werk besichtigt und unsere Produktionsmethoden geprüft hat.» Das war zu der Zeit, als Kaganowitsch Volkskommissar für das Transportwesen war; offenbar hatte er damals auch Sergo Ordschonikidse nach Jaroslawl mitgebracht.

«Geben Sie mir Ihr Protokoll von der Sitzung mit Kaganowitsch, dann kann ich dem ZK und dem Genossen Stalin berichten. Und Sie nehmen die Produktion genau nach den amerikanischen Anweisungen wieder auf.»

Auf meinem Rundgang durch die Fabrik hatte ich das Schwarze Brett bemerkt, an dem die Fotos der besten Arbeiter, der sogenannten Stoßarbeiter hingen. Ich fragte den Direktor: «Wie verhält sich unsere Arbeitsproduktivität verglichen mit jener der amerikanischen Reifenarbeiter?» Er sagte, wir hätten sie weit hinter uns gelassen.

Wir verfaßten einen auf unseren Ergebnissen basierenden Resolutionsentwurf, dann fuhr ich zurück nach Moskau. In meinem Bericht an Stalin betonte ich, daß wir schlechte Reifen produzierten, weil wir in unserem Sparsamkeitsdrang die Produktionsvorschriften der Firma veränderten, von der wir die Anlagen gekauft hatten. Wir hatten den amerikanischen Hersteller «korrigiert» und seinen Produktionsprozeß «verbessert», doch das Ergebnis war, daß ein amerikanischer Reifen zehnmal so lange hielt wie unsere. Das war echte Sparsamkeit!

Ferner sagte ich zu Stalin, ich hielte es für falsch, die Normen zu sehr zu steigern. Wir dürften nicht auf Kosten der Qualität die Produktivität steigern und in der Produktion sparen wollen. Die Reifenarbeiter hätten vielleicht ihr Soll übererfüllt, aber dabei wohl etwas übertrieben. Man hätte die Arbeiter anhalten sollen, bei der Reifenherstellung besonders auf die Qualität zu achten. Das würden sie aber nur tun, wenn die Norm gesenkt würde. Wir lernten begreifen, daß man den Arbeiter nicht zu einer Leistung zwingen darf, die ihm nicht mehr erlaubt, die Qualität einzuhalten. Dann wird das Produkt schlecht. Die Stoßarbeiter am Schwarzen Brett dieser Fabrik produzierten Ausschuß, sie verringerten die Produktivität der Kraftfahrer, sie hinderten uns daran, den optimalen Gebrauch von unseren Kraftfahrzeugen zu machen.

Stalin hörte aufmerksam zu. Ich merkte, daß alles, was ich sagte, ihn ganz fürchterlich ärgerte, und ich verstand auch warum. Jeder, dem das Wohl des Staates am Herzen lag – und schon ganz und gar der, der an führender Stellung steht –, mußte bei solch einem Bericht nervös werden. Stalin sagte: «Sie haben recht. Geben Sie Ihre Empfehlungen, wir werden sie ausführen lassen.»

In meinem Bericht empfahl ich die Senkung des Produktionssolls, die Erhöhung der Löhne und noch eine Reihe weiterer Maßnahmen, zu denen mir die Spezialisten des Werkes, die Leute von den naturwissenschaftlichen Forschungsanstalten und Genossen von den Volkskommissariaten geraten hatten. Stalin sagte dann: «Wir dürfen in dieser Reifenfabrik nicht mehr die besten Arbeiter am Schwarzen Brett bekanntmachen, damit dieser Wettbewerb um Quantität auf Kosten der Qualität aufhört.»

Woroschilow

Grundsätzlich war ich dagegen. Lenin hat den Wettbewerb immer als einen gesunden Anreiz der Produktivität verstanden, und ohne Produktivität gibt es keine industrielle Entwicklung. In diesem besonderen Fall stimmte ich aber mit Stalin überein.

Ich freute mich darüber, daß es mir mit Hilfe der Spezialisten gelungen war, die schwache Stelle in der Reifenproduktion ausfindig zu machen und zu liquidieren. Damals ahnten wir schon, daß es zum Kriege kommen würde, und in Kriegszeiten hängt die Mobilität einer Armee von der Qualität des Transportwesens ab. Ich sah mit Freude, daß, kaum nachdem wir die Defekte ausgemerzt und die angemessenen Produktionsmethoden wiederaufgenommen hatten, hochwertige Reifen hergestellt wurden. Wir führten in mehreren Fabriken Leistungsprüfungen für Reifen ein, und die Fabriken, deren Reifen die Prüfung bestanden, erhielten einen Preis, der unter alle Arbeiter aufgeteilt wurde. Kurz darauf wurde Mitrochin, der Direktor des Reifenwerkes Jaroslawl, Volkskommissar für die chemische Industrie. Stalin hatte also nicht vergessen, daß ich diesen tüchtigen Mann sehr empfohlen hatte, und ihm einen verantwortungsvollen Posten gegeben. Gemessen an dem Umfang unserer gesamten Industrieproduktion war natürlich diese Episode in der Reifenproduktion eine Kleinigkeit, und doch hatte sie für mich eine besondere Bedeutung. Ich habe dieses Beispiel angeführt, weil ich zeigen will, daß Stalin gelegentlich fähig war, Probleme auf durchdachte, staatsmännische Weise anzugehen. Er war ein eifriger Herr und Meister seines Staates, er bekämpfte Bürokratie, Korruption und alle möglichen anderen Mängel. Er war ein großer Mann, ein großer Organisator und ein Führer, aber auch ein Despot. Oft bekämpfte er die Primitivität, unter der unsere Industrie noch zu leiden hatte, mit harten Methoden. In seiner Sorge um die Wohlfahrt des Staates liquidierte er erbarmunglos jeden Defekt, der ihm bekannt wurde. Man darf aber nicht vergessen, daß Stalin als Despot auch viel Schaden angerichtet hat, besonders in der Behandlung der Führung von Partei und Militär. Das war ein Resultat seines krankhaften Mißtrauens gegen andere Menschen.

Immer noch klappt es bei uns nicht mit der Produktivität und der Produktion. Jeder hat schon mal beobachtet, wie im Winter Männer und Frauen mit dem Brecheisen das Eis vom Straßenpflaster entfernen. Das ist unproduktive Arbeit, und wenn man so etwas sieht, bedrückt es einen. In unserem Lande ist soviel geschehen, komplizierte Produktionsprozesse zu mechanisieren, es sind so viele Maschinen zur Erleichterung der Arbeit eingeführt worden. Man hat sogar die ersten künstlichen Erdtrabanten entwickelt, aber noch sind wir nicht dahintergekommen, Brecheisen und Schaufel durch eine Maschine zu ersetzen. Solchen Dingen schenken wir zuwenig Aufmerksamkeit, wir betrachten sie als zu gewöhnlich. Sind das aber wirklich gewöhnliche Sachen? Nein, eben diese «gewöhnlichen Sachen» bedeuten für viele Menschen die tägliche Arbeit.

5
Vorspiel zum Krieg

Die sowjetisch-deutschen Beziehungen

Es ist verständlich, daß Chruschtschow der Außenpolitik in den gefährlichen Vorkriegsjahren wenig Aufmerksamkeit geschenkt hat: er war ganz damit beschäftigt, erst Moskau und dann die Ukraine zu verwalten. Stalin erzählte ihm wenig von dem, was vorging. Deshalb hat er über Hitlers Aufstieg und Litwinows Kampagne für «kollektive Sicherheit» nichts zu sagen. Er beginnt mit dem Pakt zwischen Hitler und Stalin vom 23. August 1939, der Europa verblüffte und Hitler für den Einfall in Polen grünes Licht gab. Der Einmarsch fand dann auch am 1. September statt. England und Frankreich erklärten Deutschland am 3. September den Krieg. Am 17. September rückte die Rote Armee in Ostpolen ein. In seiner Stellungnahme zu den Beweggründen und dem Verhalten der Sowjetunion, Deutschlands, Großbritanniens und Frankreichs gibt Chruschtschow den offiziellen sowjetischen Standpunkt wieder.

Der Krieg war offensichtlich schon lange unvermeidlich gewesen, ehe Hitler und unsere Feinde tatsächlich begannen, den Angriff auf uns vorzubereiten. Seit die Faschisten in Deutschland an die Macht gekommen waren, hatten wir immer gewußt, daß sie früher oder später Krieg gegen uns führen würden. In seinem Buch ‹*Mein Kampf*› – das mich so anwiderte, daß ich es nicht zu Ende lesen konnte – legte Hitler die aggressiven Absichten dar, die er gegen die Welt hegte, und die menschenfeindliche Philosophie, die ihn dazu bewog. Die Vernichtung des Kommunismus und die Erstürmung seiner Hochburg, der Sowjetunion, sah er als seine beschworene Pflicht an. Als er an die Macht kam, begann er sofort, seine Armee entsprechend vorzubereiten. Das war kein Geheimnis. Überall in Deutschland wurden Militärparaden veranstaltet und kriegerische Reden voller Drohungen gegen die Sowjetunion gehalten. In ‹*Mein Kampf*› findet sich nichts über friedliche Koexistenz mit uns, sondern nur der Vorsatz, uns zu Staub zu zermalmen. Und es war kein Gesinnungswechsel, der Hitler bewog, Ribbentrop am 23. August 1939 nach Moskau zu schicken. Nein, es war immer noch derselbe Hitler, der sich als Krieger und Eroberer sah, entschlossen, das russische Volk vom Bolschewismus zu «befreien».

Ich hörte zuerst von Ribbentrops Besuch am Tag vor seiner Ankunft. Ich war eines Samstags in Stalins Datscha, und er erzählte mir, daß Ribbentrop am nächsten Tag mit dem Flugzeug käme. Stalin lächelte und beobachtete mich scharf, um zu sehen, welchen Eindruck diese Neuigkeit auf mich machte. Zuerst war ich sprachlos. Ich starrte ihn an und glaubte, er habe einen Witz gemacht. Dann sagte ich: «Warum sollte Ribbentrop uns sprechen wollen? Will er etwa überlaufen?»

«Nein», sagte Stalin. «Hitler hat uns eine Nachricht geschickt, in der es heißt: ‹Ich bitte Sie, Herr Stalin, meinen Minister Ribbentrop zu empfangen, der einige konkrete Vorschläge überbringt.› Wir haben uns bereit erklärt, ihn morgen zu treffen.»

Ich sagte Stalin, daß ich vorhätte, am nächsten Tag mit Bulganin und Malenkow in Woroschilows Revier auf die Jagd zu gehen. Stalin sagte: «Tun Sie das ruhig. Für Sie wird es hier morgen nichts zu tun geben. Molotow und ich werden uns mit Ribbentrop treffen und hören, was er zu sagen hat. Wenn Sie von der Jagd zurückkommen, werde ich Sie wissen lassen, was Hitler vorhat und was bei unserer Unterhaltung mit Ribbentrop herausgekommen ist.»

An jenem Abend fuhren Bulganin, Malenkow und ich in das Jagdgebiet von Sawidowa. Als wir ankamen, war Woroschilow schon da, also konnte er nicht bei Stalin und Molotow sein, um an der Zusammenkunft mit Ribbentrop teilzunehmen.[1] Es waren noch andere Marschälle und Generale da, und wir gingen alle zusammen auf die Jagd. Es war ein herrlicher Tag. Es war warm, und die Jagd war ein großer Erfolg – besonders für mich. Bitte mißverstehen Sie mich nicht: ich will mich nicht mit meiner Geschicklichkeit als Jäger brüsten, aber an jenem Tage habe ich eine Ente mehr geschossen als Woroschilow. Ich erwähne das nur, weil die Presse damals schon angefangen hatte, Woroschilow als unseren besten Schützen herauszustreichen.

Nach der Jagd fuhren wir gleich zurück zu Stalins Datscha. Ich wußte, daß Stalin uns alle zum Essen zusammenrufen würde, deshalb nahm ich meine Enten mit, um sie mit den anderen Mitgliedern des Politbüros zu teilen. Ich erzählte Stalin von der Jagd und prahlte ein bißchen mit unserem Erfolg. Er war sehr guter Laune und machte selbst viele Witze. Stalins Einstellung zur Jagd hing gewöhnlich davon ab, in welcher Stim-

1 Die britische und die französische Regierung hatten einen verspäteten und halbherzigen Versuch unternommen, mit den Russen ein Bündnis abzuschließen, und als Ribbentrop nach Moskau flog, glaubten ihre Beauftragten noch an den Erfolg solcher Verhandlungen. Marschall Woroschilow, der Volkskommissar für Verteidigung, war der russische Wortführer bei den Gesprächen mit den Vertretern der beiden Westmächte. Es ist interessant, daß er an dem schicksalhaften Tag, als der Hitler-Stalin-Pakt abgeschlossen wurde, auf der Entenjagd war, während die Engländer und Franzosen – London und Paris hatten nur untergeordnete Vertreter entsandt – völlig ahnungslos abwarteten.

mung er war. Bei besonders guter Laune hatte er sogar Lust, selbst auf die Jagd zu gehen. Dann wieder saß er zu Hause und beklagte sich bitter über die Jäger. Seine sporadische Abneigung gegen die Jagd beruhte nicht auf der Überzeugung, daß alles Leben heilig sei – beileibe nicht! –, sondern lediglich auf dem Gefühl, daß Jagen Zeitverschwendung ist. Was allerdings Zeitverschwendung betrifft, so glaube ich nicht, daß es je einen Führer von vergleichbarer Verantwortlichkeit gegeben hat, der mehr Zeit mit Essen und Trinken verschwendete.

Wir trafen uns also an jenem Sonntag im August 1939 zum Abendessen bei Stalin, und während unsere Jagdtrophäen zubereitet wurden, berichtete Stalin, daß Ribbentrop den Entwurf eines Freundschafts- und Nichtangriffspakts mitgebracht habe, und daß wir unterzeichnet hatten.[2] Stalin schien sehr mit sich zufrieden zu sein. Er sagte, wenn die Engländer und Franzosen, die noch in Moskau seien, morgen von dem Vertrag hörten, würden sie sofort abreisen. Die englischen und französischen Vertreter, die in Moskau mit Woroschilow verhandelten, wollten sich nicht wirklich mit uns gegen Deutschland verbünden. Unsere Gespräche mit ihnen waren fruchtlos. Wir wußten, daß sie das Bündnis mit uns nicht ernstlich suchten, daß sie in Wirklichkeit nur Hitler gegen uns aufhetzen wollten. Mochten sie ruhig abreisen.

Auf diese Weise kam der Hitler-Stalin-Pakt, wie er im Westen genannt wurde, zustande. Wir wußten ganz genau, daß Hitler versuchte, uns mit dem Vertrag hereinzulegen. Ich habe mit eigenen Ohren gehört, wie Stalin sagte: «Natürlich ist alles ein Trick, um zu sehen, wer wen zum Narren halten kann. Ich weiß, was Hitler im Schilde führt. Er glaubt, er ist schlauer als ich, aber in Wirklichkeit habe ich ihn überlistet!» Stalin sagte zu Woroschilow, Berija und mir sowie einigen anderen Mitgliedern des Politbüros, durch diesen Vertrag würden wir vom Krieg ein wenig länger verschont bleiben. Wir könnten neutral bleiben und unsere Kräfte sammeln. Im übrigen heiße es abwarten.

Natürlich gab es Leute, die glaubten, wenn Hitler mit uns verhandelt, dann hat er Angst, uns anzugreifen. Diese Interpretation des Vertrages war sehr schmeichelhaft für uns. Viele Menschen in der UdSSR glaubten sie bereitwillig und beglückwünschten sich. Aber wir, die Führer der Regierung, wußten es besser. Wir machten uns nichts vor. Wir wußten, daß wir zuletzt doch in den Krieg hineingezogen werden würden, obwohl ich vermute, daß Stalin hoffte, die Engländer und Franzosen könnten Hitler zermürben und seinen Plan vereiteln, zuerst den Westen zu zerschmettern und sich dann nach Osten zu wenden. Diese Hoffnung Stalins dürfte bei dem Entschluß mitgespielt haben, den Vertrag zu unterzeichnen.

Ich glaube, daß der Hitler-Stalin-Pakt von 1939, historisch gesehen,

2 Streng geheime vorbereitende Gespräche waren auf Wunsch Hitlers schon seit einiger Zeit im Gang gewesen.

in Anbetracht der Umstände unvermeidlich und letzten Endes für die Sowjetunion vorteilhaft war. Es war wie beim Schach: hätten wir den Zug nicht gemacht, dann hätte der Krieg früher begonnen, was für uns sehr ungünstig gewesen wäre. So hatten wir eine Atempause gewonnen. Ich glaube, die überwiegende Mehrheit der Partei hielt die Unterzeichnung des Vertrages für taktisch klug, obwohl niemand das öffentlich sagen konnte. Wir durften den Vertrag nicht einmal in Parteiversammlungen diskutieren. Unsere Gründe für die Unterzeichnung des Vertrages unverblümt auszusprechen, hätte bedeutet, die Genossen schwer zu kränken, außerdem hätte uns niemand geglaubt. Es war sehr schwer für uns Kommunisten und Antifaschisten, die der philosophischen und politischen Position der Faschisten unverändert feindlich gegenüberstanden, den Gedanken eines Bündnisses mit Deutschland zu akzeptieren. Es war schon für uns schwierig genug, uns mit diesem Paradoxon abzufinden. Es dem Mann auf der Straße zu erklären, wäre unmöglich gewesen. Daher konnten wir nicht rundheraus zugeben, daß wir mit Hitler ein Abkommen über friedliche Koexistenz geschlossen hatten. Koexistenz mit den Deutschen im allgemeinen wäre möglich gewesen, aber nicht mit den Hitlerfaschisten.

Für die Deutschen war der Vertrag ebenfalls ein Mittel, Zeit zu gewinnen. Ihre Absicht war es, jene Staaten, die sich im Ersten Weltkrieg gegen Deutschland verbündet hatten und die sich vielleicht wieder gegen Deutschland zusammentun würden, zu spalten und einen nach dem anderen niederzuwerfen. Hitler war überzeugt, daß Deutschland im Ersten Weltkrieg besiegt worden war, weil es an zwei Fronten zugleich gekämpft hatte. Der Vertrag, den er mit uns abgeschlossen hatte, war sein Versuch, den bevorstehenden Krieg auf eine Front zu beschränken.

Engländer, Franzosen und die gesamte bürgerliche Presse versuchten unterdessen, Hitler auf die Sowjetunion zu hetzen, und verkündeten laut: «Rußland ist nur ein Koloß auf tönernen Füßen.» England und Frankreich hätten es liebend gern gesehen, wenn Deutschland und die Sowjetunion aufeinanderlosgegangen wären und sich gegenseitig vernichtet hätten. Sie wollten händereibend zusehen, wie Hitler unsere Menschen, unser Territorium, unseren Reichtum verwüstete. Wenn man den Krieg als ein Glücksspiel ansieht, dann könnte man es so ausdrücken: Wir setzten auf die Möglichkeit, im Schutze des Vertrages den Kugeln zu entgehen, die bald pfeifen würden – und damit dem Schicksal zu entrinnen, das die Westmächte uns zugedacht hatten. Wenn es so vor sich gegangen wäre, dann, glaube ich, wäre der Hitler-Stalin-Pakt voll gerechtfertigt gewesen.

Hitler ließ uns seinen Vorschlag, einen Vertrag abzuschließen, zuerst durch Schulenburg, seinen Boschafter in Moskau, unterbreiten. Wie die Geschichte gezeigt hat, war Schulenburg aufrichtig bemüht, den Frieden zwischen Deutschland und der Sowjetunion zu stärken.[3] Es besteht kein Zweifel daran, daß er Hitlers Plan, Krieg gegen uns zu führen, scharf ablehnte. Als Molotow ihn zu sich bat, um einige Punkte des Vertrages zu besprechen, strahlte Schulenburg: «Gott selbst ist uns zu Hilfe gekommen!» Damals glaubten wir, daß er bloß Theater spiele, aber später wurde uns klar, daß seine Freude über den Vertrag echt war. Er erkannte die Notwendigkeit, Deutschlands Verhältnis zur Sowjetunion auf dem Fundament des Friedens, der Freundschaft und des für beide Seiten bindenden Grundsatzes des Verzichts auf einen Angriff aufzubauen. Er muß Hitler seine Ansichten irgendwann unterbreitet haben, aber Hitler hörte nicht auf ihn. Schulenburg war an der Verschwörung gegen Hitler im Jahre 1944 beteiligt. Die Verschwörung schlug fehl, und er wurde hingerichtet.

Unmittelbar nach der Unterzeichnung des Vertrages erfüllten Stalin und Hitler die Verpflichtungen, die der Vertrag ihnen auferlegte – oder taten zumindest so, als ob sie sie erfüllten. Es kam zu einem recht eingehenden Informationsaustausch, wie ich mich erinnere, und Molotow berichtete Stalin häufig darüber. «Schulenburg hat gesagt... Schulenburg hat mitgeteilt...» und so weiter. Natürlich war Schulenburg mehr daran interessiert, Informationen von uns zu erhalten, als uns welche zukommen zu lassen. Ich erinnere mich, daß Molotow, als ich einmal bei Stalin war, folgende Geschichte erzählte: Er hatte Schulenburg in sein Büro gebeten, und Schulenburg fiel auf, daß dort Stenographen damit beschäftigt waren, Rundfunksendungen mitzuschreiben. Er bemerkte: «Warum müssen Sie das denn stenographisch aufnehmen lassen...?» Dann biß er sich auf die Zunge, aber Molotow merkte sich den Vorfall gut. Aus dem, was Schulenburg herausgerutscht war, schloß er, daß die Deutschen offenbar irgendeine mechanische Vorrichtung hatten, Rundfunksendungen aufzuzeichnen, und daher keine Stenographen brauchten. Erst nach dem Krieg entdeckten wir, daß es Tonbandgeräte gab, was erklärte, warum der deutsche Nachrichtendienst so viel besser imstande war als wir, Funksendungen aufzunehmen und abzuhören. Geheime Funksprüche werden so schnell durchgegeben, daß ein Stenograph sie nicht mitschreiben kann. Außerdem sind sie verschlüsselt. Ein Tonbandgerät kann sie aufnehmen und dann langsam abspielen, so daß sie entschlüsselt werden können. Schulenburgs spontane Äußerung gegenüber Molotow hat uns also den ersten Hinweis gegeben, daß die Deutschen das Tonbandgerät erfunden hatten.

Vertragsgemäß hatten wir den Deutschen Weizen, Öl und andere Erzeugnisse zu liefern. Wir lieferten pünktlich. Hitler sollte uns dafür einen Schlachtkreuzer bauen. Er schickte sogar Fachleute, die uns bei der Ar-

3 Graf Werner von der Schulenburg tat wirklich alles, um den Frieden zwischen Deutschland und der UdSSR zu erhalten.

mierung des Kreuzers helfen sollten. Ein hoher deutscher Marineoffizier kam nach Leningrad, um bei der Überwachung der Werftarbeiten behilflich zu sein. Er wurde angemessen untergebracht, doch kam es zu einem Skandal, weil in seiner Unterkunft Abhör- und Fotoeinrichtungen installiert worden waren. Dieser Admiral scheint ein besonderer Bewunderer des weiblichen Geschlechts gewesen zu sein. Deshalb trug unser Nachrichtendienst mit einer jungen Schönheit zu seiner Unterhaltung bei und versuchte ihn in kompromittierenden Situationen mit ihr zu fotografieren. Das ging einige Nächte lang gut, bis der Admiral ein surrendes Geräusch hörte. Er durchsuchte das Zimmer, fand hinter einem großen Bild versteckt eine Kamera und beschwerte sich. Unsere Tschekisten hatten geglaubt, ihn mit diesem Material erpressen und in ihren eigenen Dienst nehmen zu können, doch den Vorgesetzten des deutschen Admirals waren dessen Liebesaffären völlig gleichgültig.

Hitler selbst machte einen Mordsspektakel wegen des Vorfalls. Ich erinnere mich, daß Stalin sehr wütend auf Berija war und darüber, wie unsere Tschekisten die Sache gehandhabt hatten. Auf diese Weise erfuhr ich von dem Kreuzer. Später, als der Krieg zu Ende war, lag der Kreuzer immer noch unfertig in Leningrad. Manche Leute meinten, Hitler habe uns den Kreuzer gegeben, weil er seine militärische Macht mit uns teilen wollte. In Wirklichkeit glaubte Hitler, ehe der Kreuzer fertig sei, würde er die Sowjetunion zerschmettert haben, und der Kreuzer gehöre dann wieder ihm.

Ich erinnere mich eines anderen Beispiels dafür, wie Hitler versuchte, den Eindruck zu erwecken, als hielte er redlich an den Bedingungen des Nichtangriffspakts fest. Wir hatten einen Vertrag mit den tschechoslowakischen Skoda-Werken, die 8,8-cm-Flakgeschütze für uns herstellen sollten, außerdem Kanonen vom Kaliber 20,5 cm. Als Hitler in die Tschechoslowakei einmarschierte, annullierte Skoda den Vertrag. Hitler griff selbst ein und befahl Skoda, weiterzumachen und unseren Auftrag auszuführen. Skoda gehorchte und lieferte einige wenige 20,5-cm-Kanonen. Die 8,8-cm-Flakgeschütze bauten wir in unseren Fabriken nach den von Skoda bereits gelieferten Mustern nach, und sie leisteten im Krieg gute Dienste bei der Abwehr von Flugzeugen und Panzern.

Während dieser ganzen Zeit schätzten die Deutschen unser technologisches Können ab, besonders unsere maschinelle Ausrüstung. Sie erkannten unsere Schwäche, und das ermutigte sie. Wie sich dann herausstellte, haben sie uns natürlich sehr stark unterschätzt.

Von 1940 an verschlechterten sich unsere Beziehungen zu Hitler, weil es immer wieder zu gegensätzlichen Auffassungen kam. Nach längeren Beratungen unter uns beschlossen wir, Molotow nach Berlin zu schikken. Ich kam im Oktober oder November 1940 nach Moskau, als Molotow von seiner Reise zurück war. Für seine Eisenbahnfahrt von der sowjetischen Grenze nach Berlin waren strenge Sicherheitsmaßnahmen getroffen worden, und während der Verhandlungen hatten die Engländer einen Luftangriff unternommen, der Hitler und seine Umgebung zwang, einen Luftschutzkeller aufzusuchen. Molotow meinte, der Luftschutzkeller sei gewiß schon oft benutzt worden. Molotow, selber von Natur aus schweigsam, bezeichnete Hitler als wortkarg; er rühre nie einen Tropfen Alkohol an. Bei dem offiziellen Essen habe Hitler nicht einmal sein Weinglas erhoben, und während der Mahlzeit sei ihm Tee serviert worden.[4]

Aus Molotows Antworten auf Stalins Fragen schloß ich, daß die Ergebnisse seiner Reise uns in der Überzeugung bestärkt hatten, daß der Krieg unvermeidlich war und möglicherweise unmittelbar bevorstand. Stalins Gesicht und Verhalten ließen Anzeichen von Besorgnis erkennen, aber an seinen Sorgen ließ er uns selten teilhaben, und er fragte uns auch nicht um unsere Meinung. Ich erinnere mich, daß ich, als Heß nach England geflohen war und die Deutschen die Falschmeldung verbreiteten, er sei geflohen, zu Stalin sagte: «Die Deutschen verheimlichen etwas. Ich glaube nicht, daß Heß' Flug nach England wirklich eine Flucht ist. Ich glaube, er führt einen Geheimauftrag von Hitler aus und soll mit den Engländern verhandeln, um den Krieg im Westen abzukürzen, damit Hitler freie Hand hat für den Vorstoß nach Osten.»[5]

Stalin hörte mich an und sagte dann: «Ja, so ist es. Sie haben es richtig verstanden.» Seine Gedanken über dieses Thema spann er nicht weiter aus. Er stimmte mir nur zu. Es war uns schon lange zur Gewohnheit geworden, nicht zu fragen, wenn uns nichts erzählt wurde. Das mag die richtige Art und Weise für den Umgang mit Funktionären sein, aber es ist keine Art, Regierungsmitglieder zu behandeln. Wer mit Angehörigen der Führung von Partei und Staat so umspringt, verletzt alle Regeln, die eingehalten werden müssen, wenn die Partei wirklich demokratisch sein soll. Aber so erging es unserer Partei, Lenins Partei, in den dreißiger und vierziger Jahren. Informationen, die ins Politbüro gelangten, waren von Stalin zuvor sorgfältig präpariert worden. Nach den Parteistatuten hatte er kein Recht, das zu tun. Die Tatsache, daß er es überhaupt

4 Am Abend des 13. November 1940, als Ribbentrop und Molotow bei ihren Gesprächen über «Interessensphären» an einem kritischen Punkt angelangt waren, griff die RAF Berlin an. Wie Stalin später Churchill in Teheran erzählte, behaupteten die Deutschen während des Angriffs beharrlich, daß Großbritannien erledigt sei. «Wenn das so ist», erwiderte Molotow, «warum sind wir dann im Luftschutzkeller, und woher kommen die Bomben?» Einen Monat später gab Hitler Anweisung, die Vorbereitungen zur Vernichtung der Sowjetunion noch vor einem Sieg über England zu treffen. Das «Unternehmen Barbarossa» nahm Gestalt an.

5 Auch heute noch lassen sowjetische Kommentatoren diese Ansicht durchblicken, und das dürfte mit der Grund sein, warum die Russen Rudolf Heß, den letzten der in Nürnberg verurteilten Kriegsverbrecher, nicht freigeben.

tat, war ein weiterer Beweis für die Willkürherrschaft, die unter Stalin für Gesetzlichkeit gelten mußte.

Im Winter kam ich wieder nach Moskau, entweder Ende 1940 oder Anfang 1941. Stalin wollte mich sofort in der Nahen Datscha [so wurde Stalins Datscha allgemein genannt] sehen. Als ich eintraf, lag er auf dem Sofa und las. Er sagte, er fühle sich nicht sehr gut. Dann fing er an, von militärischen Dingen zu sprechen. Das war, glaube ich, das einzige Mal, daß er mit mir unter vier Augen über militärische Dinge sprach. Anscheinend wollte er nur mit irgend jemandem reden, und es war ihm gleich, wer das war. Er war immer deprimiert, wenn er allein war. Es war, als ob ihm die Decke auf den Kopf fiele. Ich glaube, unsere Unterhaltung über den bevorstehenden Krieg war nur ein Vorwand, mich dazubehalten, damit ich ihm Gesellschaft leistete. Anders kann ich es mir nicht erklären, denn für gewöhnlich verspürte er kein Verlangen, anderer Leute Meinung zu hören. Er schätzte seine eigenen Fähigkeiten und Ansichten sehr viel höher ein als die von irgend jemandem sonst.

Bei dieser Gelegenheit, im Winter 1940–41, klagte Stalin darüber, daß er nicht an den militärischen Beratungen teilnehmen könne, die damals im Gange waren. Während ich bei ihm war, telefonierte er mit Timoschenko [6] und stritt mit ihm herum, weil er meinte, die Artillerie würde zugunsten anderer Waffengattungen vernachlässigt. Offenbar war er sehr besorgt über den Zustand unserer Verteidigung, und ich konnte ihm das sehr nachfühlen. Es hing wirklich eine dunkle Wolke über unserem Land.

Ich erinnere mich, wie wir alle zusammen im Kreml die Nachricht hörten, daß die französische Armee kapituliert hatte und die Deutschen in Paris waren.

Stalin verlor die Nerven, als er von Frankreichs Niederlage erfuhr. Er fluchte auf die Regierungen von England und Frankreich. «Konnten sie denn überhaupt keinen Widerstand leisten?» fragte er verzweifelt. Molotow und ich waren damals bei ihm. Wahrscheinlich waren Berija und Schdanow [7] auch da.

Hitler war bei seiner Eroberung Europas verblüffend erfolgreich gewesen. Er hatte seine Truppen rasch bis an die Grenzen der Sowjetunion vorgeschoben. Nach Polens Niederlage gab es zwischen Hitlers Truppen und der Sowjetunion nur eine sehr hypothetische Grenze. Deutschland, Italien und Japan waren mächtige Länder, und sie waren gegen uns verbündet. Die Sowjetunion sah sich der bedrückendsten und tödlichsten

6 Marschall Semjon Konstantinowitsch Timoschenko wurde im Mai 1940 nach dem finnischen Krieg Woroschilows Nachfolger als Volkskommissar für Verteidigung.

7 Andrej Alexandrowitsch Schdanow (1892–1948), Parteitheoretiker, führte Sonderaufträge Stalins aus. Zu jener Zeit war er Parteichef von Leningrad.

Bedrohung ihrer ganzen Geschichte gegenüber. Wir hatten das Gefühl, daß wir dieser Bedrohung mutterseelenallein gegenüberstanden. Amerika war zu weit weg, uns zu helfen, und außerdem war damals nicht bekannt, wie Amerika auf einen Angriff gegen die Sowjetunion reagieren würde. Und Englands Schicksal hing an einem Faden. Niemand wußte, ob die Engländer standhalten würden, wenn die Hitler-Leute eine Invasion jenseits des Kanals versuchen sollten.

Hitler wußte, wie gefährlich unsere Lage war, und er tat sein möglichstes, uns zu demütigen. Ich erinnere mich, daß Stalin mir erzählte, Hitler habe ihn auf geheimem Wege ersucht, ihm einen Gefallen zu tun. Stalin, als der Mann mit der größten Autorität und dem größten Prestige in der kommunistischen Welt, sollte die französische Kommunistische Partei überreden, im Widerstand gegen die deutsche Besetzung Frankreichs nicht die Führung zu übernehmen. Stalin war empört. Es war nicht zweifelhaft, wie er antworten würde. Hitler hatte sich von neuem zu abgrundtiefer Schmutzigkeit und Gemeinheit erniedrigt. Wie konnte er von Stalin eine derartig entwürdigende Handlungsweise erwarten? Wie konnte er annehmen, daß Stalin mit den Faschisten gegen die Kommunistische Partei Frankreichs gemeinsame Sache machen würde? [8]

Ich entsinne mich noch eines anderen Beispiels für Hitlers Unverschämtheit. Die Deutschen inszenierten die Einnahme von Danzig wie für einen Film. Sie hatten schon vorher Kameras aufgestellt und filmten die Schlacht von der See und vom Land aus. Diesen Film versuchten sie in allen Ländern der Welt an den Mann zu bringen. Hitler wollte mit seiner Macht protzen und seine künftigen Gegner schrecken und lähmen. Er wollte, daß die ganze Welt sah, welche fürchterlichen Schläge die faschistischen Truppen austeilten, und daß sie vor Angst zitterte. Hitler schlug vor, Stalin solle den Film in unseren Kinos laufen lassen. Stalin war einverstanden unter einer Bedingung: «Wir werden Ihren Film zeigen, wenn Sie unsere zeigen.» Wir hatten einige sehr eindrucksvolle Filme von unseren Truppen bei Manövern und Paraden. Natürlich war Hitler, wie Stalin erwartet hatte, mit diesem Austausch nicht einverstanden. So ging Stalin gegen Hitlers Versuch an, unsere Willenskraft zu zerrütten. Hitlers Film wurde uns trotzdem geschickt, und wir sahen ihn uns mit Stalin im Kreml an. Es war überaus deprimierend. Wir wußten sehr gut, daß wir das nächste Land waren, gegen das Hitler seine Truppen einzusetzen plante.

Damals spielten unsere Theater ein Stück, das ‹*Die Schlüssel von Berlin*› hieß. Es gehörte zu unseren Bemühungen, das Land psychologisch auf den bevorstehenden Krieg vorzubereiten. Die Deutschen posaunten überall aus, sie seien unbesiegbar, und bald werde jedes Land der Erde

8 Bei seiner Entrüstung erwähnt Chruschtschow nicht, daß Stalin zum Beispiel deutsche Kommunisten an Hitler ausgeliefert hat.

ihrer Macht erliegen. Unser Stück erinnerte daran, daß es Zeiten gegeben hatte, als russische Truppen die Deutschen besiegt, die Stadt Berlin eingenommen und bei dieser Gelegenheit die Schlüssel der deutschen Hauptstadt erhalten hatten. Leider haben wir am Ende des Zweiten Weltkriegs nicht die Schlüssel von Berlin überreicht bekommen, aber von Rechts wegen hätte uns das zugestanden.

Die Besetzung Ostpolens

In diesem und dem nächsten Kapitel behandelt Chruschtschow ein besonders düsteres Kapitel der sowjetischen Geschichte – die Einverleibung Ostpolens, der sogenannten polnischen Ukraine, in Übereinstimmung mit dem Geheimprotokoll des Hitler-Stalin-Pakts. Damit war die vierte Teilung Polens vollzogen. Als Statthalter der Ukrainischen Sowjetrepublik war Chruschtschow verantwortlich für den Aufbau einer Zivilverwaltung mit Sitz in Lemberg (Lwow) sowie für die praktische Sowjetisierung des annektierten Gebiets. Dies geschah mit äußerster Härte. Der Roten Armee unter Timoschenko oblag es, ganze Verbände der polnischen Armee zusammenzutreiben und in Gefängnisse und Arbeitslager im Inneren der Sowjetunion zu transportieren. Fünfzehntausend polnische Offiziere und Soldaten verschwanden spurlos, bis auf viertausend Offiziere, deren Leichen später in Massengräbern im Wald von Katyn in der Nähe von Smolensk entdeckt wurden, erschossen vom NKWD. Mehr als zweihunderttausend Polen, «Kriegsgefangene», Männer und auch Frauen, wurden in Lager verschleppt, wo viele umkamen. Andere, die auf Grund des Stalin-Sikorski-Abkommens nach dem deutschen Einfall in Rußland freigelassen worden waren, durften sich im Sommer 1942 in Mittelasien zu Kampfverbänden (Anders-Armee) formieren und die Sowjetunion nach dem Nahen Osten verlassen. Sie kämpften unter britischem Oberbefehl in Nordafrika und an der Italienfront gegen die deutsche Wehrmacht.

Nachdem Armee und Bourgeoisie liquidiert waren, setzte Chruschtschow auf Grund von Wahlen nach sowjetischem Muster eine Marionettenregierung ein, die darum bat, das besetzte Gebiet möge der Sowjetunion angeschlossen werden. Es ist unmöglich zu sagen, ob sich Chruschtschow über das Ausmaß dieser Ungeheuerlichkeit klar war. Er spricht munter von Verhaftungen und behauptet, sie seien notwendig gewesen. Aber es ist dennoch nicht wahrscheinlich, daß er detaillierte Kenntnis von allen Vorgängen hatte. Er war umgeben von Schmeichlern und Renegaten, und auch von einigen, die sich ehrlich für die Sowjetunion begeisterten. Er pflegte der jubelnden Menge, die auf sorgfältig überwachten öffentlichen Versammlungen «spontan» demonstrierte, strah-

lend zuzulächeln. Da er von den Lebensbedingungen außerhalb der Sowjetunion keine Vorstellung hatte und vom leninistischen Dogma überzeugt war, fiel es ihm wohl nicht schwer, zu glauben, daß er den Unterdrückten wirklich Trost und Erleuchtung bringe. (Die «schmutzige» Arbeit wurde vom Chef des ukrainischen NKWD, Iwan Serow, erledigt.) Tatsächlich fühlte sich jedoch die Mehrheit der Ukrainer *im Vorkriegspolen unterdrückt, denn die Warschauer Regierung hatte eine diktatorische Minderheitenpolitik praktiziert.*

Dieses Kapitel der Erinnerungen Chruschtschows ist von besonderem Wert, weil es eine Vorstellung von der Haltung des Kreml gegenüber Osteuropa vermittelt, die von der westlichen Einstellung so wesentlich abweicht.

Wie sahen die deutsch-sowjetischen Beziehungen von meinem Standpunkt in der Ukraine aus?

Wie alle, die an die bürgerliche Ideologie glauben, nahmen die Deutschen an, die Sowjetunion als Vielvölkerstaat werde beim ersten Bajonettstich zusammenbrechen. Sie erwarteten den Nationalitätenstreit und den Zusammenbruch der Volkssolidarität. Dieser Irrtum tröstete die Feinde der Sowjetunion überall in der Welt und ermutigte die Deutschen, ihren Druck auf die Ukraine zu konzentrieren.[9]

Nach Polens Niederlage schob Hitler seine Truppen bis an unsere Grenze vor mit dem Blick nach Osten. Da wir den Nichtangriffs- und Freundschaftspakt mit den Deutschen abgeschlossen hatten, wirkten Hitlers fieberhafte Anstrengungen, die Grenze zu befestigen, verdächtig. Wir berichteten Stalin, was vor sich ging. Stalin muß sich über die Gefahr klargewesen sein, aber um unsere Befürchtungen zu beschwichtigen, pflegte er unsere Berichte entweder zu ignorieren oder unserer Einschätzung dessen, was die Deutschen vorhatten, zu widersprechen.

Ein Vorfall ist mir besonders im Gedächtnis geblieben. Wir hatten engen Kontakt mit den Deutschen, als wir begannen, die Eisenbahngleise in der West-Ukraine von der schmalen europäischen Spur auf unsere Spurbreite umzustellen. Bei verschiedenen Gelegenheiten erschienen Deutsche und rieten uns davon ab, mit der Umstellung der Spurbreite fortzufahren. Ich wußte, was sie dachten. Ich berichtete Stalin sofort, daß die Deutschen offenbar vorhatten, in naher Zukunft unsere Gleise zu benutzen. In diesem Fall mußte Stalin mir recht geben. Er fluchte zornig und sagte: «Machen Sie nur weiter, geben Sie Befehl, die restlichen Gleisanlagen so rasch wie möglich umzustellen.» Das taten wir, aber es nützte nicht viel, denn nach ihrem Angriff haben die Deutschen die Glei-

9 Tatsächlich wurden die deutschen Truppen in der Ukraine – aus unterschiedlichen Gründen – zunächst vielfach als Befreier begrüßt. Aber die Ernüchterung kam schnell genug.

se während des Vormarsches einfach wieder auf schmale Spur umgestellt. Bauarbeiter kamen unmittelbar hinter den faschistischen Truppen, rissen die Bolzen heraus, verschoben die Schienen und schlugen neue Bolzen ein.

Trotz all ihrer höhnischen Überheblichkeit nach Polens Niederlage hüteten sich die Deutschen, eine militärische Auseinandersetzung mit uns zu provozieren, ehe sie für einen massiven Einmarsch gerüstet waren. Ich hatte Gelegenheit, sie aus nächster Nähe zu beobachten. Als Mitglied des Militärrats für den Militärbezirk Kiew fuhr ich oft mit dem Befehlshaber Timoschenko zur Inspektion unserer Truppen, die an der Grenze zusammengezogen waren. Wir waren entsetzt über den völligen Zusammenbruch der polnischen Kriegsmaschinerie und der polnischen Regierung, nachdem die Deutschen am 1. September 1939 angegriffen hatten. Die Polen waren stolz und hochnäsig gewesen und hatten unseren Vorschlag, uns mit ihnen zu verbünden, in beleidigender Weise abgelehnt. Und jetzt war ihre Armee ein schmählicher Trümmerhaufen.[10]

Der Hitler-Stalin-Pakt hatte eine neue Grenze zwischen Polen und der Sowjetukraine festgesetzt. Wir überschritten die alte Grenze, rückten nach Westen vor und stießen praktisch auf keinen Widerstand. Ternopol war unser erstes Ziel. Wir zogen durch polnische Dörfer, die zumeist von Ukrainern bewohnt waren. Am zweiten oder dritten Tag des Feldzuges näherten wir uns Lwow. Wir kamen dort ganz kurz vor den Deutschen an. Uns lag daran, nicht mit den Deutschen darüber aneinanderzugeraten, wer Lwow besetzen sollte, und deshalb beschlossen wir, Jakowlew, der heute Marschall der Artillerie ist, zu den Deutschen zu schicken, um mit ihnen zu verhandeln. Er konnte ein bißchen Deutsch. Wenn es nach dem Willen der Deutschen gegangen wäre, dann wären sie zuerst in Lwow eingerückt und hätten die Stadt geplündert. Aber da unsere Truppen unter dem Befehl von Golikow vor ihnen da waren, bemühten sich die Deutschen, uns gegenüber keine Feindseligkeit zu zeigen. Sie hielten sich an den Buchstaben des Vertrags und sagten zu Jakowlew sinngemäß: «Bitte, nach Ihnen!» Hitler spielte mit hohem Einsatz, und er wollte keinen Streit mit uns um Kleingeld. Er wollte, daß wir ihn für einen Mann von Wort hielten. Deshalb wurden die deutschen Truppen bis zu der im Vertrag festgesetzten Grenze zurückgenommen.

Es herrschte große Begeisterung bei unseren Truppen und der örtlichen Bevölkerung über den Anschluß der West-Ukraine an die Sowjetukraine. Historisch gesehen waren diese Gebiete immer von den Ukrainern bewohnt gewesen. Die einzige Ausnahme waren die großen Städte. In

10 Weil Polen einen eventuellen Durchmarsch sowjetischer Truppen im Kriegsfall strikt ablehnte, hatte die Regierung Beck britische Vorschläge zurückgewiesen, die auf ein gemeinsames Bündnis zwischen Großbritannien, Frankreich und der Sowjetunion abzielten.

Lwow zum Beispiel gab es viel mehr Polen als Ukrainer. Aber das war eine künstliche Mehrheit. Ukrainer hatten in den Städten keine Arbeitserlaubnis; nicht einmal beim Straßenbau durften sie eingesetzt werden. Diese Diskriminierung war eine politische Maßnahme, die gewährleisten sollte, daß die Polen in den Städten dominierten.

Wenn man die Erwerbung der West-Ukraine durch die Sowjetunion unter rein territorialem Gesichtspunkt betrachtet, dann wird ersichtlich, daß wir praktisch nichts gewannen als das, worauf wir einen rechtlichen Anspruch hatten – nämlich die weißrussischen und ukrainischen Gebiete, die 1920 von Pilsudski in Besitz genommen worden waren.[11] Natürlich gab es einige Ukrainer, die aus nationalistischen Gründen über den Hitler-Stalin-Pakt nicht glücklich waren. Sie glaubten, das sowjetische Regime in der Ukraine sei nur ein Übergang, und sie hätten die Curzon-Linie vorgezogen, die ein Stück westlich von der vom Hitler-Stalin-Pakt festgesetzten neuen Grenze lag.[12]

Zwischen der Unterzeichnung des Vertrages im Jahre 1939 und dem Ausbruch des Krieges 1941 machten uns die ukrainischen Nationalisten mehr Schwierigkeiten als irgend jemand sonst. Wir fanden Beweise dafür, daß sie von den Deutschen Instruktionen und Geld erhielten. Diese Informationen wiederum erbrachten den endgültigen Beweis, daß Hitler den Angriff gegen uns vorbereitete. Er setzte ukrainische Nationalisten als Agenten in der West-Ukraine ein, und als er einmarschierte, halfen die nationalistischen Banden in diesem Gebiet dem deutschen Nachrichtendienst mehr als einmal.

11 Diese Gebiete mit überwiegend nichtpolnischer Bevölkerung gehörten vor der Oktoberrevolution zum zaristischen Rußland. In den Bürgerkriegswirren hatten Truppen des neugegründeten polnischen Staates unter Marschall Pilsudski große Teile Weißrußlands und der Ukraine besetzt. Im Gegenangriff drang die Rote Armee unter Tuchatschewskij fast nach Warschau vor. Der sowjetisch-polnische Krieg wurde schließlich durch den Frieden von Riga 1921 beendet, in dem Sowjetrußland auf die von Polen beanspruchten Gebiete *östlich* der Curzon-Linie verzichtete. Gerade dieses umstrittene sogenannte Ostpolen wurde nun mit der vierten polnischen Teilung zwischen Stalin und Hitler wieder zu Rußland geschlagen. Bei der Grenzziehung hielt sich Stalin an die Curzon-Linie (genannt nach dem englischen Außenminister Lord Curzon), die von den Westalliierten 1919 der Versailler Friedenskonferenz vorgeschlagen worden war. Möglicherweise rechnete Stalin schon damals damit, daß die Westmächte bei einer Friedensregelung im Nachkriegseuropa dann nicht umhinkämen, diese Grenze als polnische Ostgrenze anzuerkennen, wie es 1945 dann auf der Konferenz in Jalta geschehen ist. Die Sowjetunion erzielte somit einen Gebietszuwachs von 200 000 qkm mit (1939) rund 13 Millionen Einwohnern, davon sieben Millionen Ukrainern und drei Millionen Weißrussen.

12 Stalin konzedierte Hitler – im Austauschverfahren – einige Gebietsteile östlich der Curzon-Linie, die aber kaum weiter ins Gewicht fielen. (Siehe Anmerkung 11).

Vor dem Einmarsch hatten die ukrainischen Nationalisten den bevorstehenden Krieg herbeigesehnt, weil sie die Lügen von Goebbels glaubten, daß Hitler die «Moskowiter» aus der Ukraine vertreiben und den Ukrainern die Unabhängigkeit auf silbernem Tablett servieren würde. Diese Nationalisten waren zu blind, als daß sie sehen konnten, was das Sowjetregime – gegründet auf den Marxismus-Leninismus, die fortschrittlichste Lehre der Welt – zu bieten hatte.

Als wir in Lwow einrückten, begingen wir den Fehler, den Führer der ukrainischen Nationalisten, Stepan Bandera, aus dem Gefängnis zu entlassen. Wer war dieser Stepan Bandera? Viele Leute wissen es heute noch nicht. Manche verwechseln ihn sogar mit der Ilf- und Petrow-Figur Ostap Bender. Wie sein Vater war Stepan Bandera Priester in der Gegend von Stanislaw. Früher hatte er am Polytechnischen Institut in Lwow studiert. Er saß im Zusammenhang mit der Ermordung des polnischen Innenministers in Lwow im Gefängnis. Wir neigten nicht gerade dazu, den Tod eines Ministers des reaktionären polnischen Staats zu betrauern, doch bewiesen wir einen gewissen Mangel an Urteilsvermögen, als wir Leute wie Bandera aus dem Gefängnis entließen, ohne sie zuvor genau zu überprüfen. Wir waren beeindruckt von Banderas Ruf als Gegner der polnischen Regierung, aber wir hätten in Rechnung stellen müssen, daß Männer wie er auch Feinde der Sowjetunion sein konnten. Sie waren ukrainische Nationalisten und daher von einem pathologischen Haß auf das sowjetische Regime beseelt. Bandera selbst war ein regelrechter Agent des deutschen Faschismus und bereitete uns später eine Menge Schwierigkeiten. Allerdings hat Bandera, als er merkte, daß die Hitlerleute ihr Versprechen, eine unabhängige Ukraine zu fördern, nicht zu halten beabsichtigten, seine Verbände gegen sie eingesetzt. Aber selbst damals hörte er nicht auf, die Sowjetunion zu hassen. In der zweiten Hälfte des Krieges kämpfte er gegen uns und gegen die Deutschen. Später, nach dem Krieg, verloren wir Tausende von Leuten in einem erbitterten Kampf zwischen den ukrainischen Nationalisten und den Kräften der Sowjetmacht.[13]

Ich möchte noch etwas über eine Tragödie sagen, die sich in der Ukraine gleich nach der Unterzeichnung des Hitler-Stalin-Pakts ereignete. Ich

13 Einige Jahre lang stellte Stepan Bandera nach dem Krieg ein sehr ernstes Problem für die sowjetischen Behörden dar. Aus naheliegenden Gründen wurde über seine Tätigkeit nichts veröffentlicht. Es bedurfte aber umfangreicher militärischer und Polizeiaktionen mit Panzern, Flugzeugen und Artillerie, die Verbände der Rebellen aufzureiben, die sich aus überzeugten ukrainischen Nationalisten, Deserteuren der sowjetischen Streitkräfte, ehemaligen Kriegsgefangenen und Verschleppten aller Art und verschiedener Nationalität zusammensetzten. Es war ein regelrechter Partisanenkrieg, der in den ukrainischen Wäldern geführt wurde. Bandera wurde 1959, wahrscheinlich im Auftrag des KGB, in München ermordet.

hatte keine Zeit, mich selbst mit diesen Angelegenheiten zu befassen. Außerdem wäre es für mich in meiner sehr wichtigen Stellung als Mitglied des Politbüros und Sekretär des Ukrainischen Zentralkomitees politisch unklug gewesen, direkt einzugreifen. Diese Ereignisse wurden mir vom Genossen Serow, dem Volkskommissar für Inneres in der Ukraine, berichtet.

Serows Aufgaben machten Kontakte mit der Gestapo erforderlich. Ein Vertreter der Gestapo pflegte zur Erledigung dienstlicher Angelegenheiten nach Lwow zu kommen. Ich weiß nicht, was für ein Agentennetz die Gestapo in der Ukraine hatte, aber jedenfalls war es ausgedehnt. Als Tarnung diente ein Austauschabkommen, wonach Personen, die sich im deutschbesetzten Gebiet aufhielten und in ihre Heimat in ehemals polnischen, jetzt von den sowjetischen Truppen besetzten Gebiet, zurückkehren wollten, dies tun durften; und ebenso konnte von der ukrainischen Bevölkerung auf sowjetischem Gebiet jeder, der wollte, in das deutschbesetzte Polen zurückkehren.

Serow beschrieb mir die folgende Szene: «Vor dem Haus, wo die Genehmigungen zur Rückkehr auf polnisches Gebiet erteilt werden, stehen die Leute Schlange. Wie ich genauer hinschaue, sehe ich zu meiner Bestürzung, daß die meisten in der Schlange Juden sind. Die bestechen die Gestapo, um so bald als möglich in ihre Heimat zurückkehren zu dürfen.»

Die Gestapobeamten nahmen die Bestechungsgelder nur allzugern an, wurden reich und schickten diese Leute gleich in die Gaskammern. Wir konnten nichts tun, um es zu verhindern. Sie wollten nach Hause. Vielleicht hatten sie Verwandte in Polen. Vielleicht wollten sie auch nur an ihre Geburtsorte zurückkehren. Sie müssen gewußt haben, wie die Deutschen mit Juden verfuhren. Polnische Juden, die sich zufällig auf sowjetischem Gebiet befanden, aber in ein Land heimkehren wollten, wo jetzt der Faschismus herrschte, hatten selbstverständlich auch kein besseres Ende zu erwarten.

Die polnische Intelligenz in der West-Ukraine reagierte unterschiedlich auf das Eintreffen der Roten Armee. Viele Intellektuelle standen noch unter einem Schock. Sie hatten die Einführung eines Hitlerstaats in Polen erlebt. Sie hatten gesehen, wie die polnische Regierung liquidiert wurde. Warschau lag in Trümmern, und andere Städte waren stark zerstört. In einer bürgerlichen Kultur und mit bürgerlichem Gedankengut aufgewachsen, hatten die Polen das Gefühl, ihre nationale Identität zu verlieren. Da sie die marxistisch-leninistischen Lehren weder verstanden noch akzeptierten, konnten sie sich nicht vorstellen, daß ihre Kultur durch die Eingliederung ihres Gebietes in die Sowjetunion tatsächlich bereichert würde. Mit anderen Worten, während die ukrainische Bevölkerung in der West-Ukraine das Gefühl hatte, durch die Rote Armee befreit zu werden, fühlte sich die polnische Bevölkerung unterdrückt.

Die meisten Polen auf sowjetisch-besetztem Gebiet waren gegen das sowjetische System, aber angesichts dessen, was Hitler dem übrigen Polen zugefügt hatte, entschieden sie sich für das, was sie für das kleinere von zwei Übeln hielten. Leider sind einige polnische Intellektuelle geflohen, und die Mehrzahl von ihnen ist in den fahrbaren Gaskammern und Krematorien der Gestapo umgekommen.

Ich erinnere mich an einen Vorfall, der mich sehr verblüffte und betrübte. Als wir nach Lwow einrückten, lebte dort eine berühmte polnische Opernsängerin, Wanda Bandrowska. Ich bat unsere Leute, die die Kulturangelegenheiten bearbeiteten, mit ihr zu verhandeln und ihr in Aussicht zu stellen, in den Opern von Kiew, Charkow und Odessa zu singen. Ich glaubte, ein so verlockendes Angebot würde sie zum Bleiben veranlassen. Ich wollte nicht, daß eine berühmte Sängerin wie sie in das jetzt von den Faschisten besetzte polnische Gebiet zurückkehrte. Ihr Auftreten in Polen wäre ein Affront für das polnische und auch für das sowjetische Volk gewesen. Aber die Bandrowska schlug uns ein Schnippchen. Sie tat so, als sei sie an unserem Angebot sehr interessiert, während sie gleichzeitig hinter unserem Rücken mit den Faschisten verhandelte. Sie ließ sich von ihnen heimlich in das deutsch-besetzte Gebiet bringen, und eines Tages sagte Serow zu mir: «Die Bandrowska ist weg. Sie hat schon in Krakau im Theater vor deutschen Offizieren gesungen.»

Trotz solcher Mißerfolge waren wir sicher, daß die polnischen Intellektuellen ebenso wie die polnischen Arbeiter und Bauern der West-Ukraine die Notwendigkeit des Hitler-Stalin-Pakts verstehen und die sowjetische Herrschaft akzeptieren würden. Es war nicht unsere Schuld gewesen, daß wir den Vertrag unterzeichnen mußten. Es war die Schuld einer unklugen polnischen Regierung – der Regierung der Pilsudski-Anhänger, die blind waren in ihrem Haß auf die Sowjetunion und in ihrer Feindseligkeit gegenüber den Arbeitern und Bauern in ihrem eigenen Land. Sie befürchteten, jeder Kontakt mit uns könne die freiheitliebenden Elemente in ihrer eigenen Gesellschaft ermutigen. Vor allem fürchteten sie die Kommunistische Partei Polens, und sie wollten nichts unternehmen, was diese Partei stärken konnte. Die Pilsudski-Nachfolger wußten, daß ihr Schicksal, wenn sie sich mit uns verbündeten, vom Willen des polnischen Volkes abhing. Deshalb lehnten sie unseren Beistand ab, und infolgedessen fiel der größte Teil von Polen an Hitler, während die West-Ukraine mit der Ost-Ukraine vereinigt wurde und ihre Bevölkerung Gelegenheit erhielt, Bürger der Sowjetunion zu werden.

Die Sowjetisierung der West-Ukraine

Hier setzt Chruschtschow seinen Bericht über die Eingliederung der polnischen Ukraine in die Sowjetunion fort und erwähnt auch die Besetzung der baltischen Staaten im Jahre 1940. Die Sowjetisierung von Litauen, Lettland und Estland – mit Verhaftungen, Deportationen und allem übrigen – wurde in der bereits in der Ukraine perfektionierten Weise durchgeführt, doch bestand insofern ein Unterschied, als diese kleinen Völker den Russen nicht verwandt waren und einen Lebensstandard erlangt hatten, der sehr viel höher war als der in der Sowjetunion übliche, was selbstverständlich nicht geduldet werden konnte. Dies allerdings gesteht Chruschtschow nicht ein.

Unter meiner Leitung kamen wir mit der Aufgabe, die Sowjetmacht zu errichten und die Lage in den von Polen angegliederten Gebieten zu normalisieren, gut voran. Unterstützt vom Genossen Serow, konzentrierte ich mich darauf, die örtlichen Parteiorganisationen ins Leben zu rufen. Gebietskomitees wurden gebildet, und ihnen gehörten hauptsächlich Leute aus der Sowjetukraine an, während sich die Bezirkskomitees weitgehend aus ortsansässigen Parteiaktivisten rekrutierten. Trotz starker ukrainischer nationalistischer Einflüsse und des Widerstands unter der polnischen Intelligenz gab es doch noch viele Menschen, die bereit waren, die sowjetische Realität anzuerkennen. Und obwohl die Kommunistische Partei der West-Ukraine während der Säuberungen von 1936–37 aufgelöst worden war, gab es viele Kommunisten in diesem Gebiet, die noch mit uns sympathisierten.

Einige der örtlichen Parteifunktionäre in der West-Ukraine hatten das Herz auf dem rechten Fleck, waren aber ziemlich unerfahren. Ich entsinne mich insbesondere einer amüsanten Episode. Einmal suchte ich das Revolutionskomitee in Lwow auf, weil ich sehen wollte, wie der Vorsitzende zurechtkam. In seinem Büro wimmelte es von Leuten, die ihn wegen allen möglichen städtischen Angelegenheiten sprechen wollten – Zustand der städtischen Verkehrsmittel, Straßen, die ausgebessert werden mußten, und vor allem die Strom- und Wasserversorgung der Stadt. Es waren lauter Polen, die diese Dienststellen bisher geleitet hatten und zum Revolutionskomitee gekommen waren, um von der neuen Verwaltung in ihrem Amt bestätigt zu werden und Instruktionen zu empfangen. Mitten unter ihnen saß der Vorsitzende, ein riesengroßer Mann, der hohe Filzstiefel und einen gewaltigen Mantel über seiner Schafpelzjacke trug. Es war Spätherbst und wurde schon kühl. In seinen Manteltaschen steckten deutlich sichtbar zwei Revolver. Es sah aus, als sei der einzige

Grund, warum er nicht auch noch ein Gewehr über die Schulter gehängt hatte, daß es zu schwer gewesen wäre. Die Leute, die um ihn herumsaßen, waren offensichtlich eingeschüchtert. Als seine Bürozeit vorbei war, sagte ich zu ihm, ich sei entsetzt, daß der Vorsitzende des Revolutionskomitees so aussehe. «Hör mal», sagte ich, «das geht nicht. Du machst einen schrecklichen Eindruck auf die Leute, du bringst dich selbst und unsere Partei in Verruf. Was willst du machen, wenn ein Terrorist hier hereinkommt und versucht, dich umzulegen? Er ist imstande und erschießt dich mit deinen eigenen Pistolen! Von jetzt an – wenn du schon einen Revolver bei dir haben willst, dann sorge dafür, daß der Griff nicht so aus dem Mantel herausschaut.»

Noch etwas überraschte mich in Lwow und anderen Städten der West-Ukraine, und das war die Haltung der ortsansässigen Juden. Es gab viele Juden, sowohl unter den Arbeitern wie unter der Intelligenz, und einige von ihnen waren in antisowjetische Aktivitäten dieser oder jener Art verwickelt. Einige Juden gehörten zusammen mit Ukrainern einer antipolnischen, nationalistischen Organisation an, die sich Kommunistische Partei für die Verteidigung der Ukraine nannte. Ich erinnere mich, daß wir einmal Ukrainer, Juden und Polen – zumeist Arbeiter, aber auch ein paar Intellektuelle – zu einer Versammlung in der Oper von Lwow einluden. Ich fand es sehr merkwürdig, daß sich die jüdischen Redner auf dieser Versammlung selbst als «Schidse» oder «Schid» bezeichneten. Sie sagten Sätze wie: «Wir Schidse erklären uns für dies oder das.»

Nach der Versammlung hielt ich draußen im Foyer einige dieser Männer an und fragte sie: «Wie können Sie es wagen, das Wort ‹Schid› zu gebrauchen? Wissen Sie nicht, daß das ein herabsetzender Ausdruck ist, eine Beleidigung der jüdischen Bevölkerung?»

«Hier in der West-Ukraine ist es gerade umgekehrt», erklärten sie. «Wir nennen uns Schidse und sehen das Wort Jewrej als eine Beleidigung an.»

Offenbar stimmte es, was sie sagten. Wenn man sich die ukrainische Literatur ansieht – Gogol zum Beispiel –, dann findet man, daß «Schid» nicht abfällig oder beleidigend gebraucht ist. Aber selbst nachdem uns der Brauch erklärt worden war, ging es uns sehr gegen den Strich, bis wir uns daran gewöhnt hatten.[14]

Während wir uns bei der Intelligenz der West-Ukraine um Unterstützung für unsere Sache bemühten, hörte ich von einer Schriftstellerin mit Namen Wanda Lwowna Wassilewska, deren Stimme unter den polnischen Intellektuellen viel Gewicht hatte. Sie und ich haben uns sehr angefreundet. Sie war ein guter Mensch, sehr gescheit und sehr anständig.

14 «Schid» ist im Russischen der abfällige Ausdruck für «Jude». Offiziell ist er im sowjetischen Sprachgebrauch abgeschafft. Die amtliche Bezeichnung lautet Jewrej = Jude.

Sie wurde eine Kommunistin von untadeliger Ehrenhaftigkeit und grenzenloser Loyalität. Später gehörte sie zu den wenigen, die Stalin die Meinung sagen konnten und trotzdem weiterhin einen Stein bei ihm im Brett hatten. Sie war zu Fuß aus Warschau in das von unseren Truppen besetzte Gebiet geflohen, angezogen wie eine schlichte Bäuerin im Schafpelz und mit einfachen schwarzen Stiefeln. Sie stammte aus einer vornehmen polnischen Familie und war die Tochter eines Ministers in der Regierung Pilsudski. Gerüchteweise hieß es sogar, sie sei Pilsudskis Patentochter gewesen, aber ich habe sie nie gefragt, ob das stimmte. Wichtig war, daß sie fest und entschlossen für die Einführung der Sowjetmacht in dem ehemals polnischen Territorium eintrat und uns half, diejenigen Polen in der West-Ukraine zu überzeugen, die starrsinnig an dem Gedanken festhielten, wir hätten den Hitler-Stalin-Pakt auf ihre Kosten abgeschlossen. Später lernte ich Wanda Lwownas Tochter Eva kennen, die in der Sowjetunion lebte und in einer der großen Bibliotheken in Moskau arbeitete.[15]

Meine Hauptaufgabe war, Organisationen einzusetzen, die das Volk der West-Ukraine vertreten und ihm die Möglichkeit geben sollten, sich zu erklären: wollte es sich dem sowjetischen Staat anschließen oder nicht? Es wurden Delegierte zur Volksvertretung in Lwow gewählt, die diese Frage entscheiden sollten. Als die Versammlung zusammentrat, saß ich in einer Loge und beobachtete, wie die erste Sitzung ablief. Es war sehr ermutigend. Das örtliche Präsidium bestand aus Leuten aus der West-Ukraine. Wir wußten, wo sie politisch standen, denn sie hatten sich auf öffentlichen Versammlungen und in der Presse schon erklärt. Aber wenn uns diese Männer auch gut bekannt waren, so waren sie keineswegs unsere Marionetten oder unsere eingeschmuggelten Agenten. Sie waren Kommunisten aus Überzeugung.

Die unter großem Jubel und voll politischer Leidenschaft geführten Beratungen der Volksvertretung erstreckten sich noch über eine Reihe von Tagen. Ich hörte keine einzige Rede, in der auch nur der leiseste Zweifel darüber zum Ausdruck kam, ob die Sowjetmacht in der West-Ukraine errichtet werden solle. In bewegten und freudigen Worten sagten die Redner einer nach dem anderen, es sei ihr schönster Traum, in die Ukrainische Sowjetrepublik aufgenommen zu werden. Es war erfreulich für mich zu sehen, daß die Arbeiterklasse, die Bauern und die werktätige Intelligenz begannen, die marxistisch-leninistischen Lehren zu begreifen, und daß sie alle ihre Zukunft auf diesem Fundament aufbauen wollten.

15 Wanda Wassilewska war naturgemäß unter ihren polnischen Kollegen sehr umstritten. Sie nahm die sowjetische Staatsbürgerschaft an und heiratete später den ebenfalls regimetreuen sowjetischen Schriftsteller Kornejtschuk. Wegen ihrer Verdienste um die Sowjetunion wurde sie sogar zu einem der stellvertretenden Ministerpräsidenten der Ukraine ernannt.

So groß war die Macht von Lenins Ideen! Trotz aller Bemühungen der polnischen Machthaber, die leninistische Doktrin zu verdrehen und das Volk einzuschüchtern, waren Lenins Ideen in der West-Ukraine lebendig und wirksam.

Gleichzeitig führten wir immer noch Verhaftungen durch. Nach unserer Ansicht dienten diese Verhaftungen dazu, den sowjetischen Staat zu stärken und den Weg zu bahnen für den Aufbau des Sozialismus nach marxistisch-leninistischen Grundsätzen. Unsere bürgerlichen Feinde interpretierten diese Verhaftungen jedoch auf ihre Weise und versuchten, uns damit in ganz Polen zu diskreditieren. Aber trotz dieser intensiven Verleumdungskampagne hieß das Volk der West-Ukraine die Rote Armee so willkommen, wie ein werktätiges Volk seine Befreier willkommen heißen sollte.[16]

Die Volksvertretung in Lwow setzte ihre Arbeit erfolgreich fort. Den Abgeordneten standen Freudentränen in den Augen, als sie ihre Reden hielten. Endlich, sagten sie, erleben wir den Tag, da es eine einzige Ukraine gibt und wir mit unseren ukrainischen Brüdern vereint sind. Die nationalen Bestrebungen des ukrainischen Volkes hätten ihr Ziel erreicht – und gleichzeitig würden die Grenzen des sowjetischen Staates gestärkt. Unsere Grenze habe sich nach Westen verschoben, und das Unrecht, das die Geschichte dem ukrainischen Volk zugefügt hat, sei wiedergutgemacht worden. Niemals zuvor sei das ukrainische Volk in einem einzigen ukrainischen Staat zusammengeschlossen gewesen. Erst jetzt, in der sowjetischen Ära, habe sich der Traum endlich erfüllt.

Indes spiegelte die Volksvertretung in Lwow nur die Gefühle des Volkes wider, das von polnischer Unterdrückung befreit worden war, die Vereinigung der Ukraine und die offizielle Aufnahme des ehemals polnischen Gebiets in die Sowjetunion waren noch nicht rechtlich erfolgt. Doch das war nur eine Formalität. Niemand erwartete, daß die Ukrainer in den östlichen Gebieten etwas gegen die Einbeziehung der West-Ukraine in die Ukrainische Sowjetrepublik einzuwenden haben würden. Nach der repräsentativen oder Gründungsversammlung in Lwow beschlossen wir, die Verhandlungen über all diese Fragen in Kiew zu führen, wo die Delegierten zuerst bei der ukrainischen und dann bei der sowjetischen Regierung den Antrag stellten, die West-Ukraine möge als Teil der Sowjetukraine angesehen werden. Dann stellten sie auf einer Sondersitzung des

16 Was Chruschtschows Auffassung von der «Befreiung» betrifft, vergleiche die Einleitung zum Abschnitt «Die Besetzung Ostpolens» in diesem Kapitel. Die Verhaftungen bezweckten in der Tat, den sowjetischen Staat zu «stärken», indem man alle wirklichen oder vermeintlichen Opponenten gegen das neue Regime in Gefängnisse und Lager verschleppte oder liquidierte. In den ehemals polnischen Gebieten und in den besetzten baltischen Staaten (im Sommer 1940 wurden Litauen, Lettland und Estland durch den Einmarsch der Roten Armee in Sowjetrepubliken umgewandelt) waren Hunderttausende betroffen.

Obersten Sowjet der UdSSR, der in Kiew zusammentrat, den Antrag, in die Sowjetunion aufgenommen zu werden. Die Sitzung fand in sehr gehobener Stimmung statt. Es erfüllte mich mit Freude und Stolz, diesen Versammlungen beizuwohnen, denn ich hatte schließlich von Anfang an die Einsetzung der Sowjetmacht in der West-Ukraine organisiert und überwacht.

Allerdings lebten immer noch einige Ukrainer jenseits der Karpaten. Nach der Liquidierung der Tschechoslowakei war die Karpato-Ukraine zu Ungarn geschlagen worden. Die Ukrainer pflegten untereinander zu sagen: «Nun, zur Zeit gehören die transkarpatischen Ukrainer noch nicht zu unserem ukrainischen Staat. Aber der Tag wird kommen, da sie sich uns anschließen.» Und genau das geschah nach dem Krieg. Als Hitler niedergeworfen war, schloß sich die Karpato-Ukraine der Ukrainischen SSR an, und alle Ukrainer waren endlich in einem einzigen Staat vereint.

Unterdessen ging die Etablierung der Sowjetmacht auch in Weißrußland voran. Die Weißrussen feierten ebenso wie die Ukrainer freudig den Sieg des sowjetischen Systems und die historische Vereinigung der gesamten weißrussischen Völker in einem einzigen weißrussischen Sowjetstaat.

Die Angliederung von Litauen, Lettland und Estland erfolgte etwas später. Als Mussolini seine militärischen Aktionen gegen Griechenland begann, als Hitler Jugoslawien angriff und Norwegen fast ohne einen Schuß besetzte und ganz dicht an unsere nördliche Grenze bei Murmansk heranrückte, nahmen wir Verhandlungen mit Litauen, Lettland und Estland auf.[17] Wir verlangten eine Garantie, daß uns die baltischen Staaten nicht angreifen würden. Es bedarf keiner Erwähnung, daß es in jedem dieser Länder bald zu einem Regierungswechsel kam. Was dort vorging, erfuhr ich aus Unterhaltungen mit Stalin, als ich aus Kiew nach Moskau zurückkehrte. Wir waren alle sehr froh, daß die Litauer, Letten und Esten wieder zum sowjetischen Staat gehören sollten. Das bedeutete eine Gebietserweiterung, eine Bevölkerungszunahme, eine Verstärkung unserer Grenzen und die Erlangung einer ausgedehnten Seegrenze an der Ostsee.[18]

Die Angliederung der baltischen Staaten förderte auch unsere progressiven Ziele im Hinblick auf die Völker dieser Gebiete. Während zwischen den Weißrussen und Ukrainern einerseits und den Russen andererseits starke nationale Bande bestehen, gehören die Balten einer anderen

17 Im Juni 1940. (Siehe Anmerkung 16.) Der deutsche Angriff gegen Jugoslawien war allerdings erst im April 1941. Nachdem italienische Truppen Albanien besetzt hatten, griffen sie von dort aus Griechenland im Oktober 1940 an.

18 Ein bemerkenswert kühles Eingeständnis des Grundsatzes, daß Macht vor Recht geht, den die sowjetische Großmacht von nun an verfolgen sollte.

Völkerfamilie an. Dennoch wurden ihnen Lebensbedingungen geboten, die denjenigen der Arbeiterklasse, der Bauern und werktätigen Intelligenz in Rußland entsprachen. Wir waren absolut überzeugt, daß die Angliederung für die baltischen Völker wie auch für die Sowjetunion ein gewaltiger Triumph war. Die Arbeiterklasse und die werktätigen Bauern der baltischen Staaten wußten, daß die Liquidierung der ausbeutenden Klassen, die wir in Rußland durchgeführt hatten, sich auch auf sie wie auf alle Völker erstrecken würde, die sich der Sowjetunion anschließen sollten.

Eine Zeitlang sahen sich die Litauer, Letten und Esten einem Problem gegenüber. Ihre Führer waren mit der Bourgeoisie geflohen. Einige Führer, die keine Zeit gehabt hatten zur Flucht, erhielten Posten in den neuen Regierungen, aber meist mußten wir neue Leute finden. Wir führten den Umwandlungsprozeß allmählicher durch als in der Ukraine und in Weißrußland. Zuerst wurden Regierungen eingesetzt, die der Sowjetunion wohlwollend gegenüberstanden, und die örtlichen Kommunistischen Parteien erhielten einen legalen Status. Dann begannen fortschrittliche Kräfte bei den Massen die Freundschaft mit der Sowjetunion zu propagieren. Nach einer gewissen Zeit gaben die baltischen Völker ihren Wunsch bekannt, Teil der Sowjetunion zu werden. Die Errichtung der sowjetischen Herrschaft wurde mit demokratischen Methoden und unter Wahrung der erforderlichen rechtlichen Formalitäten herbeigeführt.[19]

Das sowjetische Volk begrüßte den Beitritt der baltischen Staaten zur Sowjetunion mit derselben Begeisterung, mit der wir die Vereinigung der Ukraine und Weißrußlands begrüßt hatten. Es waren Siege, die sich über nationale Unterschiede hinwegsetzten.

Wir glaubten unbedingt an die Weisheit von Stalins Führung. Wir rühmten die Voraussicht, mit der er die Sicherheit unseres Landes gewährleistete. Wir vertrauten auf seine Fähigkeit, die Unüberwindlichkeit unserer Grenzen zu garantieren. Es war keine Kleinigkeit, daß wir die Grenze der Sowjetukraine nach Westen verschoben und auch einen neuen Zugang zur Ostsee erlangt hatten. Vorher hatten wir nur einen schmalen Ausgang durch den Finnischen Meerbusen gehabt, und jetzt hatten wir eine lange Seegrenze. Wir sahen es so: wenn ein großer Krieg ausbrechen und England, Frankreich oder Deutschland versuchen würden, in unser Land einzudringen, dann hätten sie womöglich Litauen, Lettland und Estland zu ihrem Aufmarschgebiet gemacht. So hatte die Angliederung der baltischen Staaten unsere Verteidigung erheblich ver-

19 Natürlich ist es so keineswegs gewesen. Die auf Druck des Kreml und nach dem Einmarsch der Roten Armee eingesetzten Marionettenregierungen wurden von Moskau angewiesen, die Einverleibung ihrer Staaten in die Sowjetunion zu beantragen – und sie gehorchten (Juli 1940). «Spontane» Volksdemonstrationen und «Wahlen» nach sowjetischem Muster vervollständigten das Bild.

bessert. Das war von großer Bedeutung, denn damals waren unsere Wirtschaft und unsere Industrie schwach, und wir waren eingekreist von den feindlichen – und überlegenen – Kräften des bürgerlichen imperialistischen Lagers.

Der finnische Winterkrieg

Chruschtschows Bericht über den berühmten Winterkrieg von 1939–40 stimmt ziemlich genau mit den allgemein anerkannten Tatsachen überein. Die Verhandlungen, bei denen Stalin versuchte, die Finnen im Interesse der Sicherheit Leningrads zur Preisgabe eines Teils von Karelien zu überreden, sind am besten in Väino Tanners Buch, ‹Der Winterkrieg›, *dargestellt. Obwohl Tanner ein unversöhnlicher Widersacher der sowjetischen Expansion war, stellt er doch klar, daß Stalin absolut nicht darauf aus war, Gewalt anzuwenden, und daß er ehrlich überrascht war, als sich die Finnen seinen Forderungen nicht beugen wollten. Nachdem er einmal zu der Erkenntnis gelangt war, daß es nicht ohne Gewaltanwendung ging, erwartete er, daß sich die Finnen sofort ergeben würden, und der finnische Altbolschewik Kuusinen war dazu ausersehen, die Regierung in dem besetzten Gebiet zu übernehmen. Aber es kam nicht so. Feldmarschall Mannerheim und die Finnen leisteten heldenhaften Widerstand und demütigten die Rote Armee des übermächtigen Nachbarn. Erst als Woroschilow durch Marschall Timoschenko ersetzt wurde, der das ganze gewaltige Gewicht der Roten Armee in den Kampf warf, ergaben sich die Finnen schließlich. Es war eine traumatische Erfahrung für die Russen. Nach dem deutschen Überfall auf die Sowjetunion im Juni 1941 wurden die Finnen dann gezwungen, Hitlers Forderungen nachzugeben und auf deutscher Seite zu kämpfen. Es stimmt, daß Stalin nach der Niederlage Hitlers ganz Finnland hätte in Besitz nehmen können. Chruschtschows Bemerkungen über Stalin in diesem Zusammenhang sind zutreffend. Aber abgesehen von Karelien war Finnland für die Sowjetunion ohne Bedeutung. Auch sind die Finnen den Russen nicht ganz geheuer, denn sie sind schwierige Untertanen. Überdies war Finnland isoliert, und im Falle eines neuen Krieges in Europa konnte es mit Leichtigkeit niedergeworfen werden.*

Als wir uns über unsere Verteidigung im Falle eines Angriffs von Norden her immer mehr Sorgen machten, erhob sich die Frage Finnland. Wir mußten die Sicherheit von Leningrad garantieren, das in Artilleriereichweite von der finnischen Grenze lag und von finnischem Gebiet aus mit Leichtigkeit beschossen werden konnte. Überdies verfolgte die finnische Regierung eine feindselige Politik gegenüber der Sowjetunion. Sie liebäugelte demonstrativ mit Hitlerdeutschland. Der finnische Oberbefehlshaber, Carl Mannerheim, war ein ehemaliger zaristischer Offizier und geschworener Feind der Sowjetunion. Väino Tanner war ein alter Sozialdemokrat, aber bis an sein Lebensende blieb er ein unversöhnlicher Gegner unserer marxistisch-leninistischen Ideologie.[20] Finnland stellte eine wirkliche Gefahr für uns dar, weil mächtigere Regierungen von seinem Territorium Gebrauch machen konnten; daher war es vernünftig, ja sogar entscheidend wichtig, daß der sowjetische Staat Schritte unternahm, um Leningrad zu schützen.

Zuerst nahmen wir Verhandlungen mit Finnland auf, um irgendein diplomatisches Abkommen zu erzielen. Diese Gespräche fanden statt, während ich in der Ukraine war. Wir wollten, daß uns die Finnen ein bestimmtes Gebiet abtraten, damit die Grenze nicht mehr so dicht bei Leningrad verlief. Das hätte unser Bedürfnis nach Sicherheit für Leningrad befriedigt. Die Finnen weigerten sich, darauf einzugehen, und so blieb uns keine andere Wahl, als die Frage durch Krieg zu entscheiden.

Fast immer, wenn ich aus Kiew nach Moskau kam, ließ Stalin mich rufen. Gelegentlich war er allein, wenn ich zu ihm kam. Ein offener Meinungsaustausch mit ihm war immer einfacher, wenn wir allein waren. Aber meistens hatte Stalin Molotow, Woroschilow, Kaganowitsch und manchmal auch Schdanow bei sich, wenn ich ihn besuchte. Schdanow war Erster Sekretär des Leningrader Gebietskomitees. Auch Mikojan und Berija waren oft zugegen. Eines Tages, als ich nach Moskau kam, lud mich Stalin zum Essen in seine Wohnung ein. Er sagte, Molotow und Kuusinen würden da sein. Kuusinen war damals bei der Komintern.

Als ich in Stalins Wohnung im Kreml eintraf, hatte ich das Gefühl, daß Stalin, Molotow und Kuusinen eine früher begonnene Unterhaltung über Finnland fortsetzten. Offenbar hatten sie schon beschlossen, Finnland ein Ultimatum zu stellen. Es war vereinbart worden, daß Kuusinen Regierungschef einer neuen Karelio-Finnischen Sowjetrepublik werden sollte. Bis dahin war Karelien eine autonome Republik gewesen, die der Russischen Föderation angeschlossen war. Nun sollte es eine eigenständige Unionsrepublik werden. Die Anwesenden waren einhellig der Meinung, daß die Finnen noch eine letzte Chance haben sollten, die territorialen Forderungen zu akzeptieren, die sie bei den erfolglosen Verhandlungen bereits abgelehnt hatten. Wenn sie auf unser Ultimatum nicht eingingen, würden wir militärisch gegen sie vorgehen. Das war Stalins Gedanke. Natürlich widersprach ich ihm nicht. Außerdem hielt ich das in diesem Fall auch für den richtigen Weg. Wir brauchten bloß einmal auf den Tisch zu schlagen, dann würden die Finnen schon parieren. Sollte

20 Väino Tanner war 1926–27 Ministerpräsident und von 1937–44 mehrfach Minister. Bei drei Besuchen in Moskau verhandelte er im Herbst 1939 ergebnislos mit den Russen.

das nicht klappen, könnten wir einen Schuß abfeuern, und die Finnen würden die Hände heben und sich ergeben. Das jedenfalls glaubten wir. Als ich in die Wohnung kam, sagte Stalin gerade: «Fangen wir gleich an.»

Wir saßen lange Zeit beieinander. Die Stunde des Ultimatums stand fest. Nachdem der Termin verstrichen war, wurde der Marschall der Artillerie Kulik entsandt, um die Beschießung der finnischen Grenze zu überwachen.[21] Wir saßen da und warteten ab, was geschehen würde. Stalin war zuversichtlich. Keiner von uns glaubte, daß es einen Krieg geben würde. Wir waren überzeugt, daß die Finnen unsere Forderungen annehmen und uns nicht zwingen würden, einen Krieg zu führen. Ich wiederhole: unser einziges Ziel war, unsere Sicherheit im Norden zu gewährleisten. Verglichen mit unserem eigenen gewaltigen Territorium und unseren Naturschätzen, hatte uns Finnland an Land und Wäldern wenig zu bieten. Unsere einzige Erwägung war Sicherheit – Leningrad war in Gefahr.

Plötzlich läutete das Telefon. Wir hatten unsere Salven abgegeben, und die Finnen hatten mit Artilleriefeuer darauf geantwortet. Der Krieg hatte also de facto begonnen. Es gibt natürlich noch eine andere Version: es hieß, die Finnen hätten zuerst mit Schießen angefangen, so daß wir gezwungen waren, zurückzuschießen. So ist es immer, wenn ein Krieg angefangen wird. Die Leute sagen: «Du hast den ersten Schuß abgegeben», oder «Du hast mich zuerst geschlagen, ich schlage nur zurück.» Früher gab es ein Ritual, das man manchmal in der Oper sieht: jemand wirft einen Handschuh auf den Boden, wenn er einen anderen zum Zweikampf herausfordern will; wird der Handschuh aufgehoben, dann heißt das, die Herausforderung ist angenommen. Vielleicht wurde das früher so gemacht, aber in unserer Zeit ist es nicht immer so eindeutig, wer einen Krieg anfängt.

Es erhebt sich die Frage, ob wir legal oder moralisch zu unserem Vorgehen gegen Finnland berechtigt waren. Ein juristisches Recht hatten wir natürlich nicht. Was die moralische Berechtigung betrifft, so war unser Wunsch, uns zu schützen, in unseren Augen eine ausreichende Rechtfertigung.

Ein paar Tage später begann der Krieg. Ich fuhr wieder in die Ukraine. Wie jeder andere auch, war ich zuversichtlich, daß unsere Überlegenheit sich als unermeßlich erweisen und der Streit mit den Finnen schnell beigelegt sein würde, ohne große Verluste für uns. Das glaubten wir, und das hofften wir. Aber die Geschichte dieses Konflikts verlief ganz anders.

21 Marschall Kulik war ursprünglich NKWD-General. Wie Chruschtschow später erwähnt, sollte Stalins Anhänglichkeit an ihn, der von strategischen Problemen kaum etwas verstand, die Sowjetunion in den ersten Tagen des deutschen Vormarsches teuer zu stehen kommen.

Der Krieg zog sich beharrlich in die Länge. Die Finnen erwiesen sich als gute Soldaten. Sie hatten ihre Befestigungen entlang der Mannerheim-Linie auf der karelischen Landenge vortrefflich angelegt, und sie vereitelten unseren Versuch, an dieser strategisch wichtigen Stelle durchzubrechen. Wir erkannten bald, daß wir uns zuviel vorgenommen hatten. Wir sahen uns Stahlbetonbunkern und geschickt verteilter Artillerie gegenüber. Die Mannerheim-Linie war uneinnehmbar. Unsere Verluste stiegen beängstigend. Im Winter wurde beschlossen, die karelische Landenge zu umgehen und vom Ladoga-See aus nach Norden vorzustoßen, wo keine Befestigungen waren. Aber als wir von hinten angriffen, waren wir in einer noch schwierigeren Lage als zuvor. Die Finnen, ein nordisches Volk und sehr sportlich, können skifahren, fast ehe sie laufen lernen. Unsere Armee stieß auf sehr bewegliche Skitruppen, bewaffnet mit Schnellfeuergewehren. Wir versuchten, auch unsere Truppen auf Skier zu stellen, aber es war nicht einfach für die gewöhnlichen, ungeübten Soldaten der Roten Armee, auf Skiern zu kämpfen. Wir begannen, Berufssportler zu rekrutieren. Es gab nicht viele davon. Wir mußten sie aus Moskau und der Ukraine und aus Leningrad kommen lassen. Wir schickten sie mit allen guten Wünschen auf den Weg. Alle waren überzeugt, daß unsere Sportler siegreich heimkehren würden, und sie gingen voll guten Muts. Arme Teufel, sie wurden total aufgerieben. Ich weiß nicht, wie viele lebend zurückkamen.

Es war eine schreckliche Zeit – schrecklich wegen unserer Verluste und noch schlimmer unter allgemeineren Gesichtspunkten. Die Deutschen schauten mit unverhohlener Schadenfreude zu, wie wir von den Finnen Prügel bezogen.

Unsere Marine wurde gegen die finnische Flotte eingesetzt. Man hätte nicht gedacht, daß die Finnen uns zur See überlegen seien, aber unsere Marine konnte nichts richtig machen. Ich erinnere mich, gehört zu haben, als ich bei Stalin in Moskau war, daß eines unserer U-Boote nicht imstande gewesen war, ein schwedisches Handelsschiff zu versenken, das irrtümlich für ein finnisches Fahrzeug gehalten worden war. Die Deutschen beobachteten diesen Zwischenfall und brachten uns dadurch in peinliche Verlegenheit, daß sie uns ihre Hilfe anboten. «Ist es so schlimm? Könnt ihr nicht mal ein unbewaffnetes Schiff versenken? Braucht ihr vielleicht Hilfe von uns?» Es läßt sich denken, wie unangenehm das für uns war. Hitler gab uns zu verstehen, daß er unsere Hilflosigkeit erkannte und sich hämisch darüber freute.

Ich erinnere mich, daß Stalin voll Bitterkeit und Trauer über den Verlauf des Krieges sprach: «Der Schnee ist tief. Unsere Truppen sind auf dem Marsch. Es sind viele Ukrainer in den Verbänden. Zuerst sind sie voller Schwung und sagen: ‹Wo sind diese Finnen? Wir wollen es ihnen geben!› Plötzlich knallt es, und schon liegen sie auf der Nase.»

Die Finnen wandten folgende Taktik im Wald an. Sie kletterten auf die Tannen und schossen unsere Patrouillen aus nächster Nähe ab. Im Schutz der Zweige und mit weißen Mänteln über ihren Uniformen, waren die Finnen völlig unsichtbar. Die ukrainischen Truppen nannten die Finnen «Kuckucke», weil sie immer in den Bäumen hockten. Gegen diese Kuckucke wurde ein besonderer Feldzug geführt. Aber das erforderte Zeit, und inzwischen erlitten wir schwere Verluste.

Stalin war wütend auf die Militärs und auf Woroschilow – mit Recht, meiner Ansicht nach. Woroschilow war seit vielen Jahren Volkskommissar für Verteidigung gewesen. Er war als unser bester Schütze herausgestrichen worden, um das Volk in dem Glauben zu wiegen, die Landesverteidigung liege in zuverlässigen Händen. Woroschilow geschah es recht, daß er die Hauptverantwortung für den Verlauf des finnischen Krieges tragen mußte, aber er war nicht der Alleinschuldige. Er schob die Schuld an der schlechten Kriegführung dem unzulänglichen Nachrichtendienst zu.

Ich entsinne mich, daß Stalin einmal in der Nahen Datscha fuchsteufelswild aufsprang und anfing, Woroschilow zu beschimpfen. Auch Woroschilow kochte vor Wut. Er sprang auf, wurde ganz rot und überschüttete Stalin seinerseits mit Vorwürfen. «Sie selbst sind an allem schuld!» schrie Woroschilow. «Sie haben die Alte Garde der Armee ausgerottet; unsere besten Generale haben Sie umgebracht!» Stalin verbat sich das, und daraufhin hob Woroschilow eine Platte mit einem gebratenen Spanferkel hoch und schmetterte sie auf den Tisch. Es war das einzige Mal in meinem Leben, daß ich Zeuge eines solchen Auftritts war. Woroschilow wurde schließlich von seinem Posten als Volkskommissar für Verteidigung abgelöst. Noch lange Zeit danach mußte er als Prügelknabe herhalten.

Marschall Timoschenko, der Befehlshaber des Militärbezirks Kiew, suchte mich in Kiew auf und sagte: «Ich bin nach Moskau gerufen worden. Es ist ziemlich sicher, daß ich an die finnische Front gehen werde.» Ihm wurde an Stelle von Merezkow der Befehl über unsere Truppen auf der karelischen Landenge übertragen. Unsere Armee hatte ihre Lektion gelernt. Es wurde beschlossen, die Stellungen nicht zu umgehen und von hinten anzugreifen, sondern frontal, und die finnischen Befestigungen auf der karelischen Landenge zu zerstören. Man mag sich mit Recht darüber wundern, warum diese Strategie eines konzentrierten Frontalangriffs nicht schon viel früher geplant worden war. Jedenfalls wurden nun die notwendige Artillerie, Flugzeuge und Infanterie für den Angriff zusammengezogen. Die finnischen Bunker wurden weggefegt. Nichts ließ unsere Artillerie stehen.

Auch die Luftwaffe spielte ihre Rolle bei dem Angriff. Ich erinnere mich, daß Stalin sagte, und das war sehr typisch: «Unsere Luftwaffe ist zum Einsatz gekommen. Das Ziel ist, die finnischen Nachschublinien zur Front zu unterbrechen, die Eisenbahnstrecken unbenutzbar zu machen,

Brücken zu bombardieren und Lokomotiven im Tiefflug anzugreifen. Viele Brücken sind schon zerstört. Viele Züge wurden ausgeschaltet. Die Finnen haben nur noch ihre Skier. Ohne Skier können die Finnen nicht leben, die gehen ihnen nie aus.»

Finnland bat um Waffenstillstand. Es wurden Verhandlungen aufgenommen. Wir einigten uns über die Friedensbedingungen und unterzeichneten einen Friedensvertrag. Die Finnen zogen sich etwa fünfzehn Kilometer von Leningrad zurück und gaben uns einen Stützpunkt auf der Halbinsel Hangö.

Und so endete der Krieg mit Finnland. Wir machten uns daran, die Gründe zu erforschen, warum wir so schlecht vorbereitet gewesen waren und warum uns der Krieg so teuer zu stehen kam. Ich schätze, wir verloren eine Million Mann. Timoschenko sagte mir, unzulängliche Spionagearbeit sei keineswegs der Grund. Tatsächlich stellte sich heraus, daß unser Nachrichtendienst seit langem über die finnischen Verteidigungsanlagen Bescheid gewußt hatte. Die Bunker und Artilleriestellungen der Mannerheim-Linie waren sogar schon vor dem Krieg auf unseren Karten eingezeichnet gewesen. Der Fehler war, daß keine Nachrichtenoffiziere zugezogen worden waren, als unser erster Angriff geplant wurde. Ich kann mir einfach nicht vorstellen, wie man eine solche Dummheit durchgehen lassen konnte. Schließlich ist es eine Grundregel, daß militärischen Operationen sorgfältige Erkundigungen des Gebiets vorangehen, wo sie durchgeführt werden sollen, und daß die strategische Planung eng mit dem Nachrichtendienst zusammenarbeiten muß. Wenn wir unsere Kräfte so gegen die Finnen eingesetzt hätten, wie es nach einem Blick auf die Karte selbst ein aufgewecktes Kind getan hätte, dann wären die Dinge für die Sowjetunion und auch für Finnland anders verlaufen.

Die Richtigkeit unserer Annahme, daß die finnische Regierung vor nichts zurückschrecken und ihr Gebiet unseren Feinden zur Verfügung stellen würde, wurde durch die späteren Ereignisse bestätigt. Schon bevor Hitler in die UdSSR einmarschierte, stellten wir fest, daß er seine Truppen in Finnland zusammenzog. Es könnte behauptet werden, daß die Finnen das zuließen, weil sie wütend auf uns waren und zurückhaben wollten, was sie in dem Krieg von 1940/41 verloren hatten. Sei dem, wie ihm wolle, die Tatsache bleibt bestehen, daß Leningrad in Gefahr gewesen war und wir keine andere Wahl gehabt hatten, als das Problem mit militärischen Mitteln zu lösen.

Es wäre falsch zu behaupten, daß Stalin den Krieg mit der Absicht begann, Finnland einzuverleiben. Man könnte fragen, warum wir Finnland nicht während des Zweiten Weltkrieges kassierten, als die finnische Armee praktisch vernichtet war. Stalin bewies in diesem Fall staatsmännische Weisheit. Er wußte, daß das finnische Territorium nicht wesentlich war für die fundamentalen Bedürfnisse der proletarischen Weltrevolution. Als wir daher noch während des Zweiten Weltkrieges einen Vertrag mit den Finnen abschlossen, der einfach den Krieg beendete, war das nützlicher für uns als eine Besetzung des Landes. Dadurch, daß Finnland die Feindseligkeiten einstellte, gab es den anderen Satelliten von Hitlerdeutschland ein gutes Beispiel, und wir machten uns damit beim finnischen Volk einen guten Namen.

Der Winterkrieg mit Finnland führte uns unsere sehr ernst zu nehmenden Schwächen vor Augen. Er zeigte auch Hitler unsere Schwächen auf. Man braucht nicht viel Phantasie, um zu erraten, zu welchen Schlußfolgerungen Hitler gelangte, nachdem er unseren Versuch, gegen die Finnen Krieg zu führen, mitangesehen hatte: «Die Sowjetunion hat es knapp geschafft, mit einem Land fertig zu werden, das wir in ein paar Stunden hätten erledigen können. Was würde von den Russen übrigbleiben, wenn wir sie mit unserer besten Ausrüstung und mit Massen unserer bestausgebildeten und bestorganisierten Truppen angriffen?» Kurz, unsere jämmerliche Leistung im finnischen Feldzug ermutigte Hitler bei seinen Plänen für den Blitzkrieg, sein «Unternehmen Barbarossa».

In unserem Krieg gegen die Finnen hatten wir Gelegenheit gehabt, Zeit und Ort zu wählen. Wir waren unserem Feind zahlenmäßig überlegen, und wir hatten Zeit genug gehabt, die Operation vorzubereiten. Doch trotz dieser überaus günstigen Voraussetzungen vermochten wir erst nach großen Schwierigkeiten und ungeheuren Verlusten zu gewinnen. Ein Sieg um einen solchen Preis war in Wirklichkeit eine moralische Niederlage.

Unser Volk erfuhr natürlich nie, daß wir eine moralische Niederlage erlitten hatten, denn nie wurde ihm die Wahrheit gesagt. Ganz im Gegenteil. Als der finnische Krieg beendet war, wurde unserem Land gesagt: «Laßt die Siegestrompeten erschallen!»

Aber die Saat des Zweifels war ausgestreut. Der Krieg gegen die Finnen war eine dunkle Stunde für unsere Armee, deren Wahlspruch der Unbesiegbarkeit lautete: «Falls es morgen Krieg gibt, sind wir heute marschbereit!»

Die Rote Armee vor «Barbarossa»

Wenn Chruschtschow davon spricht, daß die Rote Armee auf den Krieg nicht vorbereitet war, betont er immer wieder, daß er, obwohl Mitglied des Politbüros, des höchsten Führungsgremiums also, nicht habe ahnen können, wie unzulänglich die berühmte Rote Armee geführt wurde und wie schlecht ausgerüstet sie war, obwohl seit mehr als einem Jahrzehnt das ganze Gewicht der sowjetischen Industrie auf sie konzentriert gewesen war. Wenn man bedenkt, wie Stalin regierte, dann klingt das ziemlich einleuchtend. Chruschtschow war vollauf mit der Zivilverwaltung der

Ukraine beschäftigt. Er verließ sich darauf, daß der Kommandeur seines Militärbezirks für die Verteidigung der Ukraine sorgen würde, und er nahm an, daß Stalin und Woroschilow (als Verteidigungskommissar) gemeinsam die Armee und ihre Versorgung mit Waffen und Munition gut organisiert hätten. Es gab keine regelmäßigen Ministerbesprechungen, bei denen Chruschtschow den Verteidigungskommissar hätte ins Kreuzverhör nehmen können, wozu er übrigens nicht imstande gewesen wäre. Gewaltige Summen wurden für die Armee ausgegeben; Manöver und Paraden waren überaus eindrucksvoll. Aber selbst Chruschtschow wußte, daß das Oberkommando im Jahre 1937 von Stalin und Jeschow weitgehend liquidiert worden war, obwohl er sich vielleicht nicht darüber klar war, daß etwa vierzigtausend Offiziere niedrigerer Dienstgrade ebenfalls den Säuberungen zum Opfer gefallen waren. Er muß beunruhigt gewesen sein über das Versagen der Roten Armee in Finnland. Und es scheint fast unbegreiflich, daß ihn die hohen Militärs, mit denen er in Kiew zu tun hatte – zunächst Timoschenko, dann Schukow –, nicht auf die Mißstände aufmerksam gemacht haben. Allerdings war Timoschenko 1938 selbst als Feind des Volkes denunziert worden und wäre möglicherweise erschossen worden, hätte Chruschtschow nicht persönlich für ihn interveniert.

Wir alle – und Stalin insbesondere und am stärksten – empfanden unseren Sieg als eine Niederlage durch die Finnen. Es war eine gefährliche Niederlage, denn sie stärkte die Überzeugung unserer Feinde, daß die Sowjetunion ein Koloß auf tönernen Füßen sei. Aber es genügte nicht, unsere Niederlage einfach einzugestehen und Selbstkritik zu üben, weil wir den Krieg gegen Finnland schlecht geführt hatten. Auch war es nicht ausreichend, einfach Woroschilow zu entlassen und einen neuen Volkskommissar für Verteidigung zu ernennen. Wir mußten aus dem, was geschehen war, Lehren für die unmittelbare Zukunft ziehen. Wir mußten besser und genauer verstehen, was bei unseren Vorbereitungen für den finnischen Feldzug nicht geklappt hatte. Wir mußten die Mängel in unserer Organisation, die unsere Niederlage verursacht hatten, feststellen und beseitigen. Wir mußten das Kampfpotential der sowjetischen Armee verbessern. Und das bedeutete vor allem, die Qualität unserer militärischen Führung zu heben.

Ich weiß nicht, was unsere Armee mehr geschwächt hatte – der Mangel an Ausrüstung oder die Unzulänglichkeit unserer Befehlshaber. Zweifellos waren beide Faktoren sehr wichtig. Einerseits spielten unsere militärischen Paraden und Truppenmanöver eine positive Rolle insofern, als sie die Moral des Volkes hoben. Andererseits spielten sie eine negative Rolle insofern, als sie die Mängel unserer Armee verschleierten und uns in dem Glauben wiegten, wir seien sicher. Wir hätten nach dem finnischen Krieg unsere Armee überprüfen müssen, besonders unsere motorisierten

Verbände; und wir hätten viel früher anfangen müssen, unsere Industrie auf Kriegsbedarf umzustellen. Wir wußten nicht, wieviel Zeit wir noch hatten, ehe der Feind angriff, aber viele Dinge blieben ungetan bis zu dem Tag, an dem der Krieg ausbrach. Dafür gibt es keine Entschuldigung, und wir mußten mit Land und Blut bezahlen. Zur Vorbereitung eines Krieges gehört mehr, als nur Aufmarschpläne zu zeichnen. Die Grundlage der militärischen Bereitschaft ist die Waffenproduktion. Das bedeutet Flugzeuge, Artillerie, Panzer, Gewehre, Pionierausrüstung, chemische und bakteriologische Waffen – kurz, alles, was nötig ist, um einen Angriff zurückzuschlagen und den Feind zu vernichten.

Zum Teil lag die Schwierigkeit darin, daß Stalin versuchte, die Herstellung von Munition und motorisiertem Kriegsgerät ganz allein zu überwachen, und die Folge davon war, daß niemand wirklich wußte, wie wir eigentlich mit Waffen versorgt waren. Zum Beispiel erinnere ich mich, daß Stalin mir 1941 den Auftrag gab, zu prüfen, ob es möglich sei, Dieselmotore für Flugzeuge zu verwenden. Sein Gedanke war, daß Dieselmotore weniger Brennstoff brauchen und die Bomber daher einen größeren Aktionsradius bekämen. Er sagte mir, in der Lokomotivenfabrik von Charkow würden Dieselmotore hergestellt. Ich kannte diese Fabrik natürlich, aber daß Dieselmotore dort hergestellt wurden, hörte ich zum erstenmal. Es war eine besondere Erlaubnis nötig, dort hineinzukommen, und Stalin sorgte dafür, daß niemand außer denjenigen, die direkt mit dem Projekt zu tun hatten, in der Fabrik herumschnüffelte. Selbst ich, der Erste Sekretär des Ukrainischen Zentralkomitees, hatte nichts von diesen starken Dieselmotoren gewußt, die dort in Charkow hergestellt wurden. Ich hatte keine Zeit, um zu einem Schluß zu kommen, ob die Motore für Bomber geeignet seien oder nicht, aber sie erwiesen sich als sehr wirkungsvoll bei unseren T-34-Panzern. Leider hatten wir nicht genügend von diesen Panzern, als der Krieg ausbrach.

In den ersten Monaten des Krieges herrschte eine entsetzliche Knappheit an Waffen aller Art. Ich war Mitglied des Politbüros und gehörte zum engeren Kreis um Stalin, aber trotzdem hatte ich keine Gelegenheit zu erfahren, daß wir so jämmerlich knapp an Gewehren und Maschinengewehren waren, ganz zu schweigen von Panzern und schwerer Artillerie. Ich konnte mir nicht vorstellen, daß wir in so entscheidenden Dingen unvorbereitet waren. Sogar der Zar hatte, als er 1914 gegen Deutschland in den Krieg zog, einen größeren Vorrat an Gewehren als wir an dem Tag, als Hitler einmarschierte, und unser industrielles Potential war unvergleichlich größer als das der zaristischen Regierung, deshalb gab es keine Entschuldigung für uns.

Nach meiner Ansicht war es vor allem Woroschilows Schuld. Bis zu seiner Entlassung während des finnischen Krieges war in erster Linie er für den Zustand unserer Streitkräfte verantwortlich gewesen. Wir hatten gewaltige Summen für Waffen bereitgestellt, und ich habe niemals gehört, daß

Stalin irgendwann eine Geldanforderung abgelehnt hätte. Woroschilow forderte einfach keine Mittel an. Seine Fahrlässigkeit war sträflich. Seine Untergebenen müssen ihm berichtet haben, wie schlecht die Lage war, aber diese Berichte liefen an ihm ab wie Wasser an der Ente. Er vernachlässigte seine Pflichten, er lächelte nur für die Fotografen und stolzierte vor den Filmkameras einher. Die Leute pflegten zu sagen, daß Woroschilow mehr Zeit in Gerassimows Atelier verbrachte als im Kommissariat für Verteidigung.[22] Auch verbrachte er viel Zeit im Theater. Er stand in dem Ruf, ein Kenner und Kritiker der Oper zu sein. Ich erinnere mich, daß einmal in meiner Gegenwart der Name einer Opernsängerin erwähnt wurde, und Woroschilows Frau bemerkte mit niedergeschlagenen Augen: «Kliment Jefremowitsch hält nicht besonders viel von ihr.» Woroschilow schmeichelte sich, selbst ein guter Sänger zu sein, sogar nachdem sein Gehör nachgelassen hatte. Meiner Ansicht nach sang er recht gut. Ebenso wie Stalin war er einst in einem Kirchenchor gewesen.

Kurz und gut, Woroschilow war weit mehr daran interessiert, sein eindrucksvolles militärisches Gebaren bei öffentlichen Feierlichkeiten zur Geltung zu bringen, als die Waffenbeschaffung zu überwachen und den Truppeneinsatz zu organisieren. Solange Gamarnik, Tuchatschewskij und die anderen Mitglieder der Alten Garde noch da waren, ehe man sie 1937 beseitigte, wurden die verwaltungsmäßigen und politischen Aufgaben des Volkskommissariats für Verteidigung überhaupt ganz ohne Woroschilow erledigt.[23]

Stalin seinerseits überschätzte die Bereitschaft unserer Armee sehr stark. Wie so viele andere war er beeindruckt von den Filmen über unsere Paraden und Truppenmanöver. Er sah die Dinge nicht, wie sie wirklich waren. Er kam selten aus Moskau heraus. Den Kreml verließ er nur, um zu seiner Datscha oder in seinen Ferienort Sotschi zu fahren. Seine Informationen bezog er sämtlich von Woroschilow, der selbst kein Verhältnis zur Wirklichkeit hatte.

Die Gründe für die Schwäche des militärischen Oberkommandos sind wohlbekannt. Unsere besten Befehlshaber sind als Feinde des Volkes ausgelöscht worden. Daran traf Stalin mehr Schuld als Woroschilow. Manchmal verteidigte Woroschilow die angeklagten Generale und stritt mit Stalin, aber zu anderen Zeiten hetzte er Stalin bewußt auf. Über die anderen Mitglieder des Politbüros ist nicht viel zu sagen. Wenn Entscheidungen zu treffen waren, hörte Stalin am meisten auf Molotow, und obwohl die Überwachung des militärischen Oberkommandos nicht in Molotows Bereich fiel, hat auch er manchmal Stalins Wut auf die Alte Garde

22 Gerassimow war Präsident der Sowjetischen Akademie der Künste und praktisch Stalins Hofmaler.

23 Westliche Quellen bestätigen das, was Chruschtschow an Woroschilow kritisiert.

Mit Kalinin

Mit Wassilij Stalin

angefacht. Allerdings war Molotow nicht verantwortlich für Fragen der Rüstung.

Es besteht kein Zweifel, daß wir die faschistische Invasion viel leichter hätten zurückschlagen können, wenn die höhere Führung der Roten Armee nicht beseitigt worden wäre. Sie bestand aus Männern von beträchtlicher Sachkenntnis und Erfahrung. Viele von ihnen hatten die Militärakademien absolviert und den Bürgerkrieg mitgemacht. Sie waren bereit, gegenüber dem Vaterland ihre Soldatenpflicht zu erfüllen, aber sie erhielten nie Gelegenheit dazu. Nachdem sie beseitigt waren, mußten wir neue Kommandeure ernennen. Der militärische Führungsstab erlebte zwei, drei, sogar vier Wechsel an der Spitze. Männer, die vorher einen dritt- oder viertklassigen Rang innegehabt hatten, gelangten an die Spitze, nachdem die Männer im höchsten oder zweithöchsten Rang erschossen worden waren.

Die Mehrzahl der Beförderten war anständig und loyal, doch mangelte es ihnen an Erfahrung, und diese Erfahrung mußten sie erst im Krieg gegen Hitlerdeutschland sammeln. Ihre Lehrzeit kostete unserem Volk unendlich viele Menschenleben und unserem Land fürchterliche Verwüstungen.

Als Timoschenko 1940 zum Volkskommissar für Verteidigung ernannt wurde, übernahm Schukow seinen Posten als Befehlshaber des Militärbezirks Kiew. Schukow war mehr als nur ein ausreichender Ersatz für Timoschenko. Er war ein begabter Organisator und ein starker Führer. Seine Fähigkeiten hat er dann im Krieg unter Beweis gestellt. Ich habe noch heute große Hochachtung vor ihm als Truppenführer, obwohl sich unsere Wege später trennten. Er hatte nicht die richtige Auffassung von seiner Aufgabe als Verteidigungsminister, und wir waren gezwungen, gegen ihn vorzugehen, um zu verhindern, daß er gewisse Pläne ausführte, die er geschmiedet hatte. Aber selbst damals schätzte ich ihn als Soldaten sehr hoch, und ich weiche auch heute in nichts von meiner Wertschätzung für ihn ab. Auch habe ich meine Bewunderung für Schukow nicht verhehlt, als er nach dem Krieg bei Stalin in Ungnade fiel.[24]

Ende 1940 oder Anfang 1941 wurde Genosse Schukow von Kiew nach Moskau versetzt, wo er in der Operationsabteilung im Hauptquartier arbeitete. Seinen Posten in Kiew übernahm Kirponos. Kirponos war ein typischer Vertreter der gutwilligen, aber unerfahrenen Kommandeure,

24 Damals wurde Marschall Georgij Konstantinowitsch Schukow, gefeiertes Symbol des sowjetischen Sieges über Deutschland, von Stalin auf zweitrangige Posten versetzt, weil dem Diktator die große Popularität des Feldherrn im Wege war. Chruschtschow, auf dessen Betreiben Schukow Verteidigungsminister geworden war, setzte den Marschall jedoch 1957 von diesem Posten wieder ab und ließ ihn auch aus dem Parteipräsidium ausstoßen. Man machte ihm den Vorwurf persönlicher Selbstherrlichkeit und beschuldigte ihn des Versuchs, die Streitkräfte über die Partei zu stellen, daß heißt, die führende Rolle der Partei zu mißachten (vergleiche Anmerkung 4 zur Vorrede Chruschtschows, S. 27).

die befördert wurden, damit das durch die Säuberung des Oberkommandos der Roten Armee entstandene Vakuum ausgefüllt wurde. Kirponos wurde einfach deshalb zum Befehlshaber des Militärbezirks Kiew ernannt, weil es keinen anderen gab, den man hätte ernennen können. Er führte eine Division im finnischen Feldzug, zeichnete sich aus und erhielt den Titel «Held der Sowjetunion». Aber er war den Aufgaben des Kiewer Postens nicht gewachsen.

Der Militärbezirk Kiew lag direkt auf dem Weg von Hitlers Vormarsch. Er bot die günstigsten topographischen Bedingungen für eine motorisierte Offensive. Die Straßen waren gut, und es gab kaum Sümpfe. Um Hitler zu dem Angriff auf uns zu ermuntern, pflegte die ausländische bourgeoise Presse zu schreiben, das Gebiet zwischen Polen und Kiew sei geradezu eine «Panzerrennbahn», wo Hitler seine Panzer zur Schau stellen und der Welt zeigen könne, wozu er imstande sei.

Stalin hielt Kirponos, was Anständigkeit und Ergebenheit betraf, für geeignet, das Kommando in Kiew zu führen, und damit hatte er recht. Aber Kirponos besaß nicht die notwendige Erfahrung, um ein so gewaltiges Truppenkontingent befehlen zu können. Überdies spiegelte sich die unzulängliche Bereitschaft der Landesverteidigung sehr stark im Militärbezirk Kiew wider, der unsere gefährdetste und exponierteste Grenze schützen sollte.

Auf Grund meiner eigenen Beobachtungen, die allerdings, wie ich zugebe, sehr sporadisch waren, schien es mir, daß das Kommissariat für Verteidigung besser zu arbeiten begann, nachdem Marschall Timoschenko es übernommen hatte. Ich hatte Timoschenko immer bewundert, seit er und ich in Kiew zusammengearbeitet hatten, wo er Befehlshaber und ich Mitglied des Militärrats war. Er war tüchtig und ein guter Soldat. Ich lernte ihn noch besser kennen, als wir 1940 Bessarabien von der rumänischen Besetzung befreiten.[25]

Ich war aktiv beteiligt an dieser Operation, die auf unseren Vertrag mit den Deutschen zurückging und den Wunsch, unsere historischen Rechte wiederzuerlangen, die nach der Oktoberrevolution durch die rumänische Monarchie verletzt worden waren. Damals war Timoschenko bereits Volkskommissar für Verteidigung. Ich begleitete ihn einmal auf einem Flug nach Bessarabien, weit hinter den rumänischen Linien; er wollte seine Verwandten in dem Dorf Furmanka besuchen, wo er aufgewachsen war. Er war nicht wieder dort gewesen, seit er zu Beginn des Ersten Weltkriegs eingezogen wurde. Wir landeten auf einem Acker in der Nähe von Furmanka und wurden von den Dorfbewohnern herzlich begrüßt. Marschall Timoschenko wurde als heimkehrender Held gefeiert. Ich ver-

25 Bessarabien war nach dem Ersten Weltkrieg von Rußland an Rumänien gefallen. Nun trat es Rumänien – auf Grund der geheimen Absprachen zwischen Hitler und Stalin – wieder an die Sowjetunion ab.

brachte die Nacht in einer Hütte in der Nähe des Hauses seines Bruders, während Timoschenko die ganze Nacht aufblieb, Wein trank und mit seinem Bruder, seiner Schwester und Freunden über alte Zeiten plauderte. Timoschenko war als Kommissar für Verteidigung gewiß eine Verbesserung gegenüber Woroschilow.

Leider waren Männer wie Timoschenko und Schukow Ausnahmen. Nach der Vernichtung der Alten Garde kamen Männer wie Mechlis, Schtschadenko und Kulik ans Ruder, und im Kommissariat für Verteidigung ging es zu wie in einem Zwinger voll tollwütiger Hunde.[26] Einmal schleppte mich Genosse Timoschenko zu einer Sitzung des Verteidigungsrates. Ich sollte selber sehen, wie die Leute, mit denen er zusammenarbeiten mußte, sich gegenseitig an der Gurgel packten. Mechlis war einer der schlimmsten. Er hatte einen besonders großen Einfluß auf Stalin. Oft überschritt er die Grenzen seines Amtes als Leiter der Politischen Hauptverwaltung der Roten Armee. Seit Stalin ihn zum Nachfolger Bucharins als Chefredakteur der *Prawda* ernannt hatte, gehörte Mechlis zu den Männern, die man als Stalins rechte Hand bezeichnen konnte. Ich hatte früher ein sehr gutes Verhältnis zu ihm gehabt. Unsere Freundschaft war aus unseren gemeinsamen Bemühungen im Kampf gegen die Rechtsabweichler in den Jahren 1929–30 erwachsen. Er hatte mich sehr unterstützt, als ich Sekretär der Parteiorganisation an der Industrieakademie war. Aber in den Jahren seither hatten wir uns voneinander entfernt. Als er Chef der Politischen Hauptverwaltung wurde, hielt ich ihn für einen Nichtskönner, und ich war entsetzt, daß jemand wie er Stalins unbegrenztes Vertrauen genießen konnte. Mechlis gab Stalin oft militärische Ratschläge, und Stalin hörte gewöhnlich auf ihn. Mechlis' Einfluß war für die Armee und das Land äußerst schädlich und trug zu dem unentschuldbar jämmerlichen Zustand unserer Verteidigung unmittelbar vor Kriegsausbruch bei.

Es gereicht unserem Volk und unserer Armee zur Ehre, daß wir die ersten Katastrophen des Krieges überlebten und schließlich den Sieg davontrugen. Wir lernten aus unseren Fehlern, trieben schließlich den Feind zurück und vernichteten ihn auf seinem eigenen Territorium. Aber um welchen Preis! Vielleicht wäre der Krieg auch ausgebrochen, wenn Stalin unsere besten Generale nicht beseitigt hätte. Aber er wäre uns bei weitem nicht so teuer zu stehen gekommen wie unter «unserem teuren Vater, dem großen Genius».

26 Alle drei waren sogenannte «politische Generale», die sich bei den Säuberungen ausgezeichnet hatten und von militärischen Problemen kaum etwas verstanden.

6
Der große vaterländische Krieg

Die dunkelsten Stunden

Chruschtschows Bericht über die Kriegsjahre ist, wenn er auch aufschlußreiche Anekdoten und aus nächster Nähe gewonnene Ansichten über das militärische Oberkommando enthält, im wesentlichen impressionistisch. In erster Linie scheint ihm daran zu liegen, Stalins Fehler aufzudecken und sich als den Mann hinzustellen, der an Ort und Stelle mit den Truppenkommandeuren zusammenarbeitete, während seine Kollegen in Moskau saßen und es zuließen, daß die «Politischen» die Generale an der Front in der Befehlsgewalt behinderten, gegen sie intrigierten und ihnen bürokratische Hindernisse in den Weg legten. Chruschtschow war natürlich selbst ein «Politischer», aber bei seiner praktischen Veranlagung und seiner Leidenschaft, «Nägel mit Köpfen zu machen», scheint er sehr bald mit den Berufssoldaten besser gestanden zu haben als mit seinen Kollegen in Moskau, den NKWD-Generalen und den anderen politischen Beratern – und er scheint ihre Partei gegen den Kreml ergriffen zu haben. Während des Krieges war er dem Kanonendonner näher als irgendein anderes Mitglied des Politbüros mit Ausnahme von Schdanow in Leningrad. Als die Deutschen in die Ukraine einrückten, wurde Chruschtschow über Nacht vom obersten Herrscher über dieses riesige, reiche Land, die Kornkammer der Sowjetunion und ihr wichtigstes Industriegebiet, zum Vertreter des Politbüros im Hauptquartier an der Front. Sehr bald war die Front aufgerissen, und es war bitter für ihn, mitanzusehen, wie sein Wirkungsbereich rasch von der deutschen Militärmaschinerie besetzt wurde. Chruschtschows Anekdoten und Kommentare gewähren Einblick in die Verwirrung, die Schmach und den Heroismus jener ersten Tage, als die deutsche Wehrmacht in großen Kesselschlachten ganze Armeen vernichtete, die Ukraine überrannte und bis nach Leningrad und Moskau vorstieß.

In den Jahren, da ich als Erster Sekretär des Zentralkomitees und als Vorsitzender des Ministerrats einen hohen Posten in der Regierung innehatte, ermahnte ich unsere Militärs häufig, sie sollten beim Schreiben von Kriegserinnerungen sehr vorsichtig verfahren. Ich habe immer gefunden, daß man von jemandem, der aktiv an einer Schlacht teilnahm, keine objektive Beurteilung dieser Schlacht erwarten kann. Doch glaube ich, daß ich als Mitglied des Militärrats und Vertreter des Politbüros an mehreren Fronten im Krieg die Geschehnisse bei einer Reihe von Schlüsseloperationen erläutern kann.

Zuerst möchte ich erklären, wie der Beginn des Krieges aus meiner Perspektive aussah, und einen Überblick darüber geben, welche Rolle einige Generale und Regierungsvertreter spielten, mit denen ich zu tun hatte.

Kurz vor Ausbruch des Krieges war ich in Moskau. Ich wurde dort lange festgehalten, saß herum und hatte nichts zu tun. Stalin sagte immer wieder zu mir: «Warum haben Sie es so eilig, wieder in die Ukraine zu fahren? Lassen Sie die in Kiew mal eine Weile ohne Sie auskommen. Sie brauchen noch nicht fort.» Mir erschien es nicht sinnvoll, mich in Moskau herumzudrücken. Von Stalin erfuhr ich bestimmt nichts Neues. Es gab nur ein ausgedehntes Essen nach dem anderen. Diese Essen waren mir allmählich ein Greuel geworden. Ich hatte dabei Gelegenheit, Stalin genau zu beobachten, und was ich sah, gefiel mir nicht. Offenbar hatte er alles Zutrauen zur Kampftüchtigkeit unserer Armee verloren. Es war, als ob er vor Verzweiflung die Hände erhoben und sich ergeben hatte, als Hitler die französische Armee zerschlug und Paris besetzte. Wie schon erwähnt, war ich bei Stalin, als wir von Frankreichs Kapitulation hörten. Er stieß ein paar handfeste Flüche aus und sagte, nun würde Hitler uns bestimmt fertigmachen.

Derlei Gerede tat mir gar nicht wohl. Ich bat immer wieder um Erlaubnis, nach Kiew zurückzukehren. Schließlich sagte ich ihm geradezu: «Genosse Stalin, jeden Augenblick kann jetzt der Krieg ausbrechen, und es wäre sehr schlimm, wenn ich hier in Moskau oder unterwegs davon überrascht würde. Es wäre doch besser, wenn ich sofort nach Kiew zurückkehrte.»

«Ja, das ist wahrscheinlich richtig. Sie fahren besser los.» Seine Antwort bestätigte meine Vermutung: daß er überhaupt keine Ahnung hatte, warum er mich eigentlich in Moskau festhielt. Er wußte, daß mein Platz in Kiew war. Er hatte mich bloß dabehalten, weil er Gesellschaft brauchte, besonders, wenn er Angst hatte. Er konnte es nicht ertragen, allein zu sein.

Am nächsten Morgen fuhr ich nach Kiew und begab mich gleich zum Ukrainischen Zentralkomitee, um die neuesten Nachrichten zu hören. Am Abend ging ich nach Hause. Um zehn oder elf Uhr abends wurde ich angerufen und ersucht, gleich ins Büro des Zentralkomitees zurückzukommen, es sei gerade ein Bericht aus Moskau gekommen. In einem Begleitbrief hieß es, als Erster Sekretär der Ukrainischen Partei solle ich mich selbst mit dem Inhalt des Berichts vertraut machen. Ich ging hinüber zum Zentralkomitee und stellte fest, daß die Nachricht aus Moskau sehr beunruhigend war. Es war eine Warnung, daß mit dem Krieg in den nächsten Tagen oder gar Stunden zu rechnen sei und wir uns bereitmachen sollten.

Dann bekamen wir einen Telefonanruf von unserem Befehlsstand in

An der Front

Mit den Generalen Jepischew (Mitte) und Moskalenko (rechts)

Ternopol mit der Mitteilung, ein deutscher Soldat sei gerade zu uns übergelaufen; er behauptete, daß Deutschland die Sowjetunion am nächsten Morgen um drei Uhr angreifen wollte. Diese Information schien den Bericht zu bestätigen, den wir aus Moskau erhalten hatten. Wir verhörten den Soldaten gründlich, und was er sagte, war einleuchtend. Als wir ihn fragten, woher er wisse, daß die Deutschen am nächsten Tag angreifen würden, sagte er, die Truppen hätten Rationen für drei Tage bekommen. Und warum sollte der Angriff um drei Uhr morgens beginnen? Weil, so erklärte er, die Deutschen immer in den frühen Morgenstunden angriffen. Er sei übergelaufen, weil er Kommunist sei, ein Antifaschist und Gegner von Hitlers militärischen Abenteuern. Wir neigten dazu, ihm zu glauben.

Statt wieder nach Hause zu gehen, wartete ich in jener Nacht bis drei Uhr morgens, was geschehen würde. Und tatsächlich, als es gerade dämmerte, erhielten wir Bescheid, daß die deutsche Artillerie das Feuer eröffnet hatte. Als der Feind die Invasion begann, erhielten wir aus Moskau Befehl, das Feuer nicht zu erwidern. Unsere Führer gaben diesen seltsamen Befehl heraus, weil sie glaubten, der Artilleriebeschuß sei möglicherweise eine Provokation durch irgendeinen deutschen Truppenkommandeur, der auf eigene Faust und nicht auf Weisung Hitlers handelte. Mit anderen Worten, Stalin hatte solche Angst vor dem Krieg, daß er sich, als die Deutschen schon versuchten, uns zu überrumpeln und unseren Widerstand zu brechen, noch einredete, Hitler werde sein Wort halten und uns nicht wirklich angreifen.[1]

Doch nach wenigen Stunden waren unsere Truppen mit den deutschen Invasoren in Kämpfe verwickelt und schlugen ihren ersten Angriff zurück. Als es hell geworden war, hörten wir vom Hauptquartier des Militärbezirks, daß deutsche Flugzeuge im Anflug auf Kiew seien. Bald waren sie über der Stadt und bombardierten den Flugplatz. In den Hangars brach Feuer aus, aber zum Glück waren zu dem Zeitpunkt keine Flugzeuge da. Alle unsere Flugzeuge waren unter Tarnnetzen entlang der Grenze konzentriert. Unsere Luftwaffe, Panzer, Artillerie und Munitionslager waren bei dem ersten Angriff des Feindes weitgehend unversehrt geblieben.

Die Lage verschlechterte sich rasch, hauptsächlich deshalb, weil so wenig

1 In seiner Geheimrede stellt Chruschtschow die Dinge nicht so ambivalent dar. Dort läßt er erkennen, daß Stalin nicht im entferntesten an einen Kriegsausbruch «jeden Augenblick» dachte. Auch ist dort keine Rede von einer Warnung aus dem Kreml kurz vor dem deutschen Überfall, sondern immer nur von Hinweisen auf «Provokationen» (siehe Anhang). Marschall Schukow neigt in seinen Memoiren zu der Auffassung, Stalin sei sich über den unmittelbar bevorstehenden deutschen Überfall trotz aller Warnungen, auch von seiten der Engländer, nicht im klaren gewesen. Im übrigen läßt der Marschall anklingen, auch Chruschtschow habe als Parteisekretär in der Ukraine keine Ahnung gehabt, daß der Angriff unmittelbar bevorstehe.

Hilfe von Moskau kam. Kurz nach Ausbruch des Krieges, während des deutschen Vormarschs auf Kiew, wurde das Volk von einer großen Welle des Patriotismus erfaßt. Die Arbeiter aus der Lenin-Schmiede und anderen Fabriken in der Nähe von Kiew kamen in Scharen zum Zentralkomitee und baten um Gewehre, damit sie sich gegen die Invasoren zur Wehr setzen konnten. Ich telefonierte mit Moskau, um zu veranlassen, daß Waffen geschickt würden für diese Bürger, die an die Front gehen wollten, um die Rote Armee zu unterstützen. Der einzige, den ich erreichen konnte, war Malenkow.

«Hören Sie», sagte ich, «wo können wir Gewehre bekommen? Hier sind Fabrikarbeiter. Sie wollen gegen die Deutschen kämpfen. Womit sollen wir sie bewaffnen?»

«Schlagen Sie sich das aus dem Kopf. Sie können keine Gewehre bekommen. Die Gewehre der Zivilverteidigung hier sind alle nach Leningrad gegangen.»

«Womit sollen wir denn kämpfen?»

«Weiß ich nicht – mit Spießen, Säbeln, selbstgebastelten Waffen, mit allem, was ihr in euren Fabriken herstellen könnt.»

«Also mit Lanzen gegen Panzer?»

«Macht es so gut, wie ihr könnt. Ihr könnt Brandsätze aus Benzin- oder Ölkanistern herstellen. Das ist gut für die Panzer.»

Man kann sich vorstellen, wie entsetzt und empört ich war, als ich Malenkow so reden hörte. Hier versuchten wir eine Invasion aufzuhalten, ohne Gewehre und Maschinengewehre, ganz zu schweigen von Geschützen oder automatischen Waffen! Ich wagte niemandem zu erzählen, was Malenkow gesagt hatte. Wer weiß, wie die Reaktion gewesen wäre. Und ich konnte dem Volk gewiß nicht sagen, wie ernst die Lage war. Aber das Volk muß es sich selbst zusammengereimt haben, wie jämmerlich schlecht wir ausgerüstet waren. Und warum waren wir so unzureichend bewaffnet? Wegen der Selbstgefälligkeit im Kommissariat für Verteidigung und der Demoralisierung und des Defätismus in der Führung. Diese Einstellung hatte verhindert, daß wir unsere Rüstungsindustrie aufbauten und unsere Grenzen befestigten. Und jetzt war es zu spät.

Die Deutschen stießen rasch in die Ukraine, nach Weißrußland und in die Russische Föderation vor. Durch die Besetzung der Ukraine verloren wir unser wichtigstes Bergbau- und Agrargebiet. Wir verloren den europäischen Teil der Sowjetunion, in dem unsere Industrie konzentriert war. Ein großer Teil unserer Automobilproduktion fiel in Feindeshand, als die Deutschen unser Industriegebiet in der Gegend von Moskau erreichten. Moskau und Leningrad waren unsere politischen, militärischen und industriellen Zentren, und 1941 wurde Leningrad belagert. Wir verloren auch Rostow, Woronesch, Stalingrad und den nördlichen Kaukasus.

Wir mußten unsere Industrie evakuieren. Unser Volk, insbesondere unsere Ingenieure und Techniker, übernahmen die Mammutaufgabe, unsere Produktionsausrüstung außer Reichweite des Feindes zu bringen, so daß die Herstellung von Panzern, Geschützen, automatischen Waffen, Gewehren, Maschinengewehren, Minen und dergleichen weitergehen konnte. Das erforderte eine übermenschliche Anstrengung und totale Kooperation. Zu guter Letzt machte sich die Evakuierung unserer Industrie bezahlt, und sie ermöglichte es unserer Armee, den Feind aus der Heimat zu vertreiben.

Nachdem der Krieg ausgebrochen war, mußte ich manchen harten Strauß mit Stalin ausfechten. Obwohl er mich hätte fertigmachen können, versuchte ich hartnäckig, ihn zu meinem Standpunkt zu bekehren. Manchmal gelang es mir. Ich merkte, daß er, wenn ich ihm genügend zusetzte, die Dinge vielleicht mit meinen Augen sehen würde. Dennoch war es immer sehr schwierig, mit ihm zu diskutieren – und sehr gefährlich.

Nach dem erfolgreichen Abschluß unserer Operation vor Moskau, an der wir – das heißt, die Südwestfront – teilgenommen hatten, wurde ich zur Beratung mit Stalin nach Moskau gerufen. Ich sah mich einem neuen Menschen gegenüber. Er war nicht mehr der Mann, der er zu Kriegsbeginn gewesen war. Er hatte sich zusammengerissen, sich aufgerafft und verhielt sich wie ein richtiger Soldat. Auch hatte er begonnen, sich für einen großen militärischen Strategen zu halten, was es noch schwieriger machte, mit ihm zu verhandeln. Er legte die ganze willensstarke Entschlossenheit eines heroischen Führers an den Tag. Aber ich wußte, was für ein Held er war. Ich hatte ihn gesehen, als er gelähmt war durch seine Angst vor Hitler wie ein Kaninchen vor einer Riesenschlange. Und meine Meinung über ihn hatte sich inzwischen nicht geändert. In der ersten Hälfte des Krieges, als die Dinge sehr schlecht für uns standen, war mir nicht verborgen geblieben, daß Stalins Unterschrift auf keinem einzigen Dokument und keinem Befehl erschien. «Oberkommando», «Generalstab» oder irgend etwas anderes stand da, aber nie sein Name. Diese Handhabung änderte sich nicht einmal, nachdem wir die Deutschen von Moskau zurückgetrieben hatten und Stalin wieder Selbstvertrauen erlangte. Anweisungen von ihm wurden nach wie vor ohne seine Unterschrift herausgegeben. Manchmal waren sie mit seinem Titel «Oberkommandierender» gezeichnet, aber nie mit seinem Namen. Und das war kein Zufall. Nichts, was Stalin tat, war je Zufall. Jede Maßnahme von ihm war wohlüberlegt und kalkuliert. Jeder Schritt, den er tat, ob gut oder schlecht, war sorgfältig erwogen.[2]

2 Auch auf Stalins angebliche Inaktivität zu Beginn des Krieges und auf seine Inkompetenz bei der strategischen Planung ist Chruschtschow in seiner Rede auf dem XX. Parteitag eingegangen (siehe Anhang). Schukow dagegen bescheinigt in seinen Erinnerungen (1969 erschienen) dem Oberbefehlshaber einen klaren und sachlichen Arbeitsstil und eine exakte Analyse. Stalin habe, so Schukow, besonders seit Stalingrad gutes strategisches Talent bewiesen, und er sei ein «würdiger Oberkommandierender» gewesen.

Ein weiteres Beispiel dafür, daß Stalin es ablehnte, die direkte Verantwortung für das, was an der Front geschah, zu übernehmen. Viele unserer Generale, die während des deutschen Vormarschs in Gefangenschaft geraten waren, wurden auf Stalins Befehl zu Verrätern erklärt, und ihre Familien wurden nach Sibirien geschickt. Ich erinnere mich, daß dies bei Musytschenko und Ponjedelin und ihren Familien der Fall war, und auch bei Potapow. Erst nach Stalins Tod durften diese Leute aus dem Lager zurückkehren. Musytschenko, Ponjedelin und Potapow erhielten wieder Posten in der sowjetischen Armee und wurden rehabilitiert. Kurz, Stalin behandelte seine Generale sehr schlecht.

Nicht besser verfuhr man mit den Mannschaften und Offizieren niedriger Dienstgrade. Ich erinnere mich, daß wir einen Kommandeur mit Namen Gordow hatten, der allgemein gerühmt wurde wegen seiner Tüchtigkeit, seiner Energie und seines Muts. Er war klein und schwächlich, aber das hinderte ihn nicht, seine Offiziere und Leute regelmäßig zu prügeln. Später erfuhr ich, daß Andrej Iwanowitsch Jeremenko einmal ein Mitglied des Militärrats geschlagen hatte. Es wurde hingenommen, ja sogar erwartet, daß ein Kommandeur seine Untergebenen mit Fäusten züchtigte. Wenn ein Kommandeur Stalin von Unfähigkeit oder Versagen berichtete, pflegte Stalin zu fragen: «Haben Sie ihm in die Schnauze gehauen? Wenn so was wieder vorkommt, geben Sie ihm gleich eins auf die Schnauze!»

Noch etwas, das mich beunruhigte, war, daß Stalin sich hinsichtlich des militärischen Nachrichtendienstes auf die Tscheka verließ. Im großen und ganzen waren die Tschekisten, die Stalins Vertrauen besaßen, ein recht verächtlicher Haufen. Sergijenko zum Beispiel. Er war in der Zentrale des Staatssicherheitsdienstes in Moskau tätig, ein geschickter Bursche. Die Erfahrung lehrte mich aber, daß er auch unaufrichtig und heimtückisch war. Folgendes war geschehen: Zu Beginn des Krieges, als die Dinge schlecht für uns standen, blieb dem Kommandeur und mir keine andere Wahl, als unser Hauptquartier von Kiew nach Browary zu verlegen. Plötzlich bekam ich ein Telegramm von Stalin, in dem er mich zu Unrecht der Feigheit beschuldigte und drohte, er werde Schritte gegen mich unternehmen. Er warf mir vor, ich wolle Kiew übergeben. Das war eine gemeine Lüge. Ich war sicher, daß kein anderer als dieser Schuft Sergijenko Stalin den Gedanken eingegeben hatte. Ich wußte, daß für Stalin die Tschekisten über jeden Tadel erhaben waren und er alles glaubte, was sie ihm sagten. Dann war Sergijenko hinter den deutschen Linien. Als die Deutschen Kiew einschlossen, blieb er im Rücken des Feindes und schlich sich, als Bauer verkleidet, aus dem Kessel heraus.

Nach diesem Vorfall habe ich Sergijenko immer mit tiefem Mißtrauen betrachtet. Ich wußte, daß er zu jeder Verleumdung fähig war, solange für ihn dabei eine Heldenrolle heraussprang, gleichgültig, ob es auf Kosten eines anderen geschah. Aber die Geschichte hat mich von Sergijenkos verleumderischem Vorwurf, daß wir die Übergabe Kiews planten, reingewaschen. Wir fügten den Deutschen schwere Verluste zu und schlugen sie zurück, als sie einen Frontalangriff versuchten. Kiew fiel; aber nicht, weil es von unseren Truppen, den Verteidigern, einfach aufgegeben wurde, sondern wegen der Zangenbewegung, die die Deutschen von Norden und Süden her, aus Richtung Gomel und Krementschug, ausführten.

Einer der niederträchtigsten Charaktere in Stalins Umgebung während des Krieges war Schtscherbakow.[3] Er war eine Giftschlange. Ich hörte einmal, daß Schtscherbakow zu der Zeit, als Gorkij Vorsitzender des Schriftstellerverbandes war, dem Dichter als Sekretär beigegeben wurde und sich mit den ideologischen Angelegenheiten befassen sollte, damit Gorkij sich den Verwaltungsaufgaben widmen könne. Gorkij war nicht der Mann, den Schtscherbakow herumkommandieren konnte, und so endete die Sache damit, daß Schtscherbakow auf Gorkijs Wunsch versetzt wurde.

Eine Episode war bezeichnend für Schtscherbakow und auch für Stalin. Sie ereignete sich 1943. Alexander Petrowitsch Dowschenko – ein anerkannter Filmregisseur und ausgezeichneter Journalist – hatte ein Drehbuch mit dem Titel ‹*Die Ukraine in Flammen*› geschrieben. Viele der Szenen darin beruhten auf Zeitungsartikeln von ihm, in denen er auf die Mängel der Roten Armee hingewiesen hatte. Dowschenko, der einen scharfen Verstand hatte und eine scharfe Feder führte, übte insbesondere an den Männern Kritik, die an der ungenügenden Vorbereitung der Armee schuld waren. Er schickte das Drehbuch dem Zentralkomitee, und Malenkow und einige der anderen Genossen lasen es. Bei einer meiner Reisen nach Moskau fragte mich Stalin, ob ich es gelesen hätte. Ich bejahte das. In Wirklichkeit hatte ich es nicht selbst gelesen, sondern Dowschenko hatte es mir während der deutschen Offensive im Juli 1943 vorgelesen. Allerdings waren drei Viertel meiner Aufmerksamkeit durch den Angriff des Feindes in Anspruch genommen, und ich hatte mich nicht auf den Text von Dowschenkos Arbeit konzentriert. Ich erklärte Stalin das. Er sagte, ich versuche, mich meiner Verantwortung für das, was geschehen sei, zu entziehen, und er erging sich in scharfen Vorwürfen gegen Dowschenko, kritisierte ihn von oben bis unten und warf ihm ukrainischen Nationalismus und alle möglichen anderen Sünden vor. Damals war es geradezu Mode, den Ukrainern Nationalismus vorzuwerfen, ob es nun Beweise dafür gab oder nicht. Das war wäh-

3 Alexander S. Schtscherbakow, die «graue Eminenz» des Politbüros, stand Stalin sehr nahe. Zeitweilig war er auch Leiter der Politischen Hauptverwaltung der Roten Armee. Er starb 1945. Im Januar 1953, kurz vor Stalins Tod, wurde er unter den Opfern der sogenannten Ärzte-Verschwörung genannt (wie auch Gorkij zur Zeit der großen Säuberungen). Die Ärzte wurden nach Stalins Tod (März 1953) als erste rehabilitiert.

rend Kaganowitschs Amtszeit in der Ukraine so üblich geworden. Er pflegte gern zu sagen, jeder Ukrainer sei ein potentieller Nationalist – was natürlich Unsinn ist.

Jedenfalls berief Stalin eine Versammlung ein, um über Dowschenkos Drehbuch zu diskutieren. Schtscherbakow vertrat dabei die Anklage. Er gab sich offensichtlich die größte Mühe, Stalins Zorn auf Dowschenko zu schüren, indem er immer wieder auf der Behauptung herumritt, das Drehbuch sei überaus nationalistisch. Malenkow saß schweigend dabei, obwohl er das Drehbuch doch schon gebilligt hatte.

Stalin ließ die Sache nicht auf sich beruhen. Er sagte mir, ich solle eine Versammlung der ukrainischen Partei- und Regierungsführer einschließlich der für die Propaganda zuständigen Sekretäre des Zentralkomitees einberufen. Wir sollten Selbstkritik üben und eine Resolution über den unbefriedigenden Stand der Dinge an der ideologischen Front in der Ukraine vorbereiten. Dann ließ er Dowschenko selbst zu sich kommen und stauchte ihn zusammen. Auf lange Zeit blieb Dowschenko als Künstler kaltgestellt.

Diese ganze schändliche Geschichte war hauptsächlich Schtscherbakows Werk, der sich in Stalins Vertrauen eingeschlichten hatte und tat, was er konnte, um allen anderen das Leben schwerzumachen. Es könnte so klingen, als sagte ich das bloß, weil ich einen besonderen Groll auf Schtscherbakow hatte. Das stimmt nicht. Ich habe Schtscherbakow so bewertet, wie er es verdiente, und er verdiente das Schlechteste. Aber der Hauptschuldige war Stalin. Stalin hatte es möglich gemacht, daß Leute wie Schtscherbakow einen so unheilvollen Einfluß ausübten.

Ich möchte jetzt noch etwas über einige der Kommandeure sagen, die ich während des Krieges kennenlernte. Ich bin mit sehr vielen Generalen sehr lange zusammengewesen und habe mit den meisten ein ausgezeichnetes Verhältnis gehabt. Natürlich gab es gelegentlich auch Konflikte. Ein gewisses Maß an Reibereien in Kriegszeiten ist unvermeidlich. Es werden Fehler gemacht, und manche Leute verlieren die Nerven. Vollkommen ist schließlich niemand. Ich bin auch kein Heiliger. Im großen und ganzen war ich aber sehr beeindruckt von den Männern, mit denen ich an den verschiedenen Frontabschnitten zusammenarbeitete. Fast immer konnten wir uns miteinander verständigen. Dann und wann waren wir verschiedener Meinung, aber ich will hier nicht auf Einzelheiten eingehen. Der Krieg ist lange vorbei, und der Feind ist besiegt worden. Viele der betreffenden Kommandeure sind mit hohen Orden ausgezeichnet worden und in Ehren in den Ruhestand getreten. Es hat keinen Zweck, hier schmutzige Wäsche zu waschen.

Ehe ich jedoch von den Kommandeuren spreche, die sich im Krieg hervorgetan haben, möchte ich etwas über Pawlow sagen, der für den Zusammenbruch unseres Widerstands in Weißrußland gleich zu Beginn des

Krieges verantwortlich gemacht worden war.[4] Ich hatte in bezug auf Pawlow immer Zweifel gehegt, schon ehe ihm das weißrussische Kommando übertragen wurde. Ich erinnere mich, daß ich ihn 1940 beobachtete, als er, damals Kommandeur unserer Panzertruppen, in Charkow den neuen T-34-Panzer testete. Nach der kurzen Unterhaltung, die ich mit ihm führte, kam ich zu dem Schluß, daß er einen sehr begrenzten Horizont hatte. Obwohl er sich im spanischen Krieg ausgezeichnet hatte, hielt ich ihn für ungeeignet für eine Position von hoher Verantwortlichkeit. Ich beschloß, meine Zweifel an Pawlows Fähigkeiten Stalin zu unterbreiten. Ich ging dabei sehr behutsam vor.

«Genosse Stalin, kennen Sie Pawlow gut?»

«Ja, sehr gut.»

«Ich habe nur ein paar Minuten mit ihm gesprochen, aber offen gesagt, er machte auf mich keinen guten Eindruck. Er scheint nur begrenzte Fähigkeiten zu haben. Das soll nicht heißen, daß er nicht mit Panzern umgehen kann, aber ich glaube nicht, daß er für ein Kommando geeignet ist.»

Stalin war offensichtlich verärgert. «Wie können Sie das sagen? Sie kennen den Mann ja gar nicht.»

«Ich habe ja zugegeben, daß ich ihn nicht sehr gut kenne.»

«Aber ich kenne ihn. Er hat sich als Panzerkommandeur in Spanien bewährt.»

«Dann ist es ja gut. Ich wollte Ihnen nur sagen, daß er auf mich keinen sehr guten Eindruck gemacht hat. Ich möchte Ihnen auch meine Zweifel an Marschall Kulik nicht verhehlen. Er ist für unsere gesamte Artillerie verantwortlich. Der Krieg steht vor der Tür, und ich glaube nicht, daß Kulik der Aufgabe gewachsen ist.»

Stalin war wütend. «Erst beklagen Sie sich über Pawlow und jetzt über Kulik. Sie kennen Kulik überhaupt nicht. Ich kenne ihn seit dem Bürgerkrieg, als er die Artillerie bei Zarizyn kommandierte. Er versteht was von der Artillerie.»

«Genosse Stalin, ich bezweifle nicht, daß Kulik bei Zarizyn ein guter Artillerieoffizier war, aber wie viele Geschütze hatten Sie damals? Zwei oder drei? Und jetzt untersteht ihm die ganze Artillerie des Landes.»

Stalin platzte nun völlig der Kragen. Er sagte, ich solle den Mund halten und meine Nase nicht in Dinge stecken, die mich nichts angingen. Daß es so kommen würde, hatte ich gefürchtet. Stalin glaubte, die Rote Armee sei seine Sache, und kein anderer verstünde genug, um etwas dar-

4 General D. G. Pawlow galt vor dem Krieg als *der* sowjetische Panzerexperte. Aber er glaubte nicht, daß Panzer so eingesetzt werden könnten, wie die Deutschen es dann taten – nämlich in Formationen, die tief in feindliches Gebiet vorstießen. Er meinte, Panzer sollten nur zur Unterstützung der Infanterie dienen. So kam es in den ersten Tagen des Krieges zu einer sinnlosen Vernichtung sowjetischer Panzer.

über zu sagen. Der Gang der Ereignisse bewies allerdings, daß, was Pawlow und Kulik betrifft, Stalin unrecht und ich recht gehabt hatte.

Stalin machte Pawlow zum Befehlshaber des Weißrussischen Militärbezirks. Ich erfuhr von der Ernennung überhaupt erst, nachdem sie vollzogen war – auch das war typisch. Stalin machte sich kaum je die Mühe, sich mit den Mitgliedern des Politbüros zu beraten. So wurde Pawlow der Militärbezirk anvertraut, der direkt in der Angriffslinie von Westen her lag, und er tat nichts, um seine Truppen auf Hitlers Invasion vorzubereiten. In den ersten Tagen des Krieges wurden Pawlows Truppen vernichtend geschlagen und seine Luftwaffe auf den Rollfeldern zerstört. Stalin ließ Pawlow, seinen Stabschef und die Mitglieder des örtlichen Militärrats vor ein Kriegsgericht stellen und erschießen. Stalin muß erkannt haben, welcher Fehler es gewesen war, Pawlow das weißrussische Kommando zu übertragen, aber es war schon zu spät. Die Front war auseinandergebrochen, und die Deutschen stießen tief in unser Land vor.

Was Kulik betrifft, so erwies er sich als ein völlig unfähiger militärischer Führer. Ich erinnere mich, daß Watutin und ich 1943 anwesend waren, als Kulik Schepilow Bericht erstattete, der Mitglied des Militärrats für den Frontabschnitt Woronesch war. Sein Bericht war die reinste Karikatur. Schließlich gab Stalin unserem Drängen nach und degradierte Kulik vom Marschall zum Generalmajor. Nach dem Kriege wurde Kulik verhaftet und erschossen.

Viele Jahre später, als Stalins Machtmißbräuche auf dem XX. Parteitag enthüllt wurden, wurde beschlossen, Pawlow und die anderen Generale, die in den ersten Tagen des Krieges vor ein Kriegsgericht gestellt und erschossen worden waren, zu rehabilitieren. Ich hatte einige Bedenken gegen diese Rehabilitierung; ich wußte, daß es berechtigte Gründe dafür gegeben hatte, Pawlow und die anderen vors Kriegsgericht zu bringen. Aber ich wußte auch, daß Stalin der eigentliche Schuldige gewesen war, weil schließlich er Männer wie Pawlow auf diese Posten berufen hatte. Daher machte ich meinen Einfluß nicht geltend, um ihre Rehabilitierung zu verhindern.

Schukow hatte ich zu Beginn des Krieges mehrmals gesehen. Ich war immer sehr froh, wenn er herübergeflogen kam, um das Kommando von Kirponos zu übernehmen. Einmal, nachdem er ein paar Tage bei uns gewesen war, erhielt er einen Anruf von Stalin mit dem Befehl, er solle alles stehen- und liegenlassen und nach Moskau zurückkehren. «Nun», sagte er, «ich fürchte, euer Kommandeur hier ist ziemlich schwach. Aber was können wir tun? Es gibt keinen besseren. Wir müssen dem Genossen Kirponos unter die Arme greifen, so gut wir können, und das Beste hoffen.» Er hatte recht; das war alles, was wir tun konnten. Ich meinte es sehr aufrichtig, als ich Schukow sagte, wie leid es uns tät, daß er gehe.

Die Leute, die zu Beginn des Krieges aus Moskau an die Front kamen, waren nicht immer so nützlich und willkommen wie Schukow. Zum Beispiel wurde uns Marschall Budjonny aus Moskau geschickt, als die Deutschen Kiew einkesselten. Ich war bei der Besprechung anwesend, als der Chef unserer Operationsabteilung, Oberst Bagramjan, Budjonny über die allgemeine Lage unterrichtete, die damals bedrohlich aussah.[5] Ich entsinne mich nicht genau an das, was gesagt wurde – die ganze Diskussion war mit militärischen Fachausdrücken gespickt –, aber ich erinnere mich, wie die Unterhaltung endete. Budjonny sagte mit erhobener Stimme zu Bagramjan: «Ich habe mir angehört, was Sie gesagt haben, und mir scheint, Sie haben nicht einmal Ihre eigenen Truppen fest in der Hand. Ich glaube, wir sollten Sie erschießen.»

«Semjon Michailowitsch», antwortete Bagramjan, «warum mich erschießen? Wenn ich als Chef der Operationsabteilung nichts tauge, geben Sie mir das Kommando über eine Division. Aber warum mich ausgerechnet erschießen?»

Budjonny wollte von einer Versetzung oder Degradierung nichts hören und versuchte hartnäckig, Bagramjan dazu zu bringen, mit seiner Erschießung einverstanden zu sein. Natürlich war Bagramjan damit nicht einverstanden.

Nun sollte berücksichtigt werden, daß diese «freundschaftliche» Unterhaltung nach einer herzhaften Mahlzeit und einer Menge Wodka stattfand. Trotz dieser mildernden Umständen war ich doch entsetzt. Ich fand es empörend, daß ein Vertreter des Oberkommandos wie Budjonny sich einem guten Soldaten wie Bagramjan gegenüber so aufführte. Gewiß trug Budjonny nicht dazu bei, auch nur eines der ernsten Probleme, denen wir uns gegenübersahen, zu lösen. Unsere Lage hatte sich nicht gebessert, nachdem Budjonny gekommen war, und sie wurde nicht schlimmer, nachdem er wieder fort war.

Zum Glück hatte Budjonnys Drohung keine Folgen. Iwan Christoforowitsch Bagramjan ist noch am Leben, und es geht ihm gut – möge er noch tausend Jahre leben! Er war immer ein anständiger Mann und guter Soldat. Später wurden ihm bei unseren Anstrengungen, Hitler zurückzuschlagen, viele wichtige Frontabschnitte anvertraut.

Ich sollte auch von meiner Verbindung mit Wlassow berichten, der später seine Heimat verriet und ein Abtrünniger wurde. Vor dem Krieg hatte er die heroische 99. Division befehligt, die in die Geschichte einging als die erste Division des Zweiten Weltkriegs, die den Orden des Roten Banners erhielt. Er war allgemein geachtet als ein rechtschaffener

5 Semjon Michailowitsch Budjonny, Freund Stalins und legendärer Reiterführer im Bürgerkrieg. Im Zweiten Weltkrieg schon betagt, war er völlig unerfahren in moderner Kriegführung. Bagramjan wurde als hervorragender Truppenführer noch während des Krieges zum General und dann zum Marschall befördert.

Mann und sehr fähiger Kommandeur. Als Kirponos und ich jemanden suchten, der das Kommando über die 37. Armee übernehmen könnte, die wir zur Verteidigung von Kiew aufstellten, empfahl die Personalabteilung des Militärbezirks Kiew Wlassow. Ich beschloß, in Moskau Erkundigungen über ihn einzuziehen. Damals waren wir immer noch von dem Argwohn erfüllt, daß die Feinde des Volkes überall seien – und besonders unter den Militärs –, und ich wollte mich vergewissern, ob wir Wlassow mit der Auswahl eines Stabes für die 37. Armee und mit der Verteidigung von Kiew betrauen könnten.

Ich rief Malenkow an, der für Personalfragen beim Zentralkomitee zuständig war. Natürlich hatte ich nicht erwartet, daß er persönlich etwas über Wlassow wisse, aber ich dachte, er könne ein paar seiner Leute beauftragen, etwas über seine Vergangenheit herauszufinden. Als ich ihn schließlich am Telefon erreichte, fragte ich Malenkow: «Was für Referenzen gibt es über Wlassow?»

Malenkow sagte: «Sie können sich nicht vorstellen, wie es hier aussieht. Unser ganzer Betrieb liegt still. Ich kann niemanden entbehren, der Ihnen helfen könnte. Sie müssen tun, was Sie für richtig halten, und die Verantwortung dafür selbst übernehmen.»

Da blieb mir nichts übrig, als mich nach den Empfehlungen anderer Militärs zu richten. Und da sie gut waren, beschlossen Kirponos und ich, ihm den Posten anzuvertrauen. Er packte die Aufgabe sehr energisch und erfolgreich an. Er stellte seine Armee aus Einheiten zusammen, die auf dem Rückzug waren oder sich aus dem deutschen Kessel herausgekämpft hatten, und bewies, daß wir mit ihm eine gute Wahl getroffen hatten. Im Kampf war er kaltblütig und sorgte bei der Verteidigung von Kiew für eine feste, intelligente Führung. Er erfüllte sein Pflicht und verhinderte, daß die Deutschen Kiew im Frontalangriff nahmen. Als Kiew schließlich fiel, war die Ursache eine Einkesselung [der Truppen Wlassows] und eine Konzentration deutscher Truppen beträchtlich weiter östlich. Es lag nicht etwa daran, daß Wlassow die Stadt nicht standhaft verteidigt hätte.

Wlassow brach aus dem Kessel aus und schlug sich zu Fuß bis zu unseren Linien durch; Stalin befahl, er solle nach Moskau geflogen werden. Ich nahm an, das Oberkommando habe irgendwelches Beweismaterial gegen ihn, und er sollte sich rechtfertigen. Später erfuhren wir, daß er nach Moskau gerufen worden war, um einen Orden zu empfangen. Stalin selbst lobte ihn und übertrug ihm den Befehl bei unserer Gegenoffensive gegen die Deutschen vor Moskau, und Wlassow zeichnete sich wiederum aus. Nun gab ihm Stalin den schwierigen Auftrag, den Waldaj-Abschnitt zu verteidigen. Von neuem geriet Wlassow in einen Kessel, wieder brach er aus und gelangte zurück zu unseren Linien. Stalin erwog sogar, Wlassow zum Befehlshaber der Stalingrad-Front zu machen. Ich erinnere mich, daß Stalin mir einmal in Gegenwart von Zeugen sagte, wenn Wlassow verfügbar gewesen wäre, hätte er ihm das Kommando in Stalingrad lieber gegeben als Jeremenko.

Als Wlassow zum Verräter wurde,[6] erinnerte mich Stalin in drohendem Ton daran, daß ich es gewesen sei, der Wlassow zum Befehlshaber der 37. Armee gemacht habe. Ich antwortete nur kurz, daß er es gewesen sei, der Wlassow mit der Moskauer Gegenoffensive betraut und sogar angedeutet habe, er wolle Wlassow zum Befehlshaber der Stalingrad-Front machen. Stalin ließ das Thema fallen und kam nie wieder darauf zurück.

Natürlich war die Wlassow-Affäre eine bittere Pille für uns – für mich und auch für Stalin. Es war schwer zu verstehen, wie ein Mann, der soviel Treue, Tapferkeit und Können bewiesen und sich soviel Hochachtung erworben hatte, sein Land verraten konnte. Wlassow muß einen sehr labilen Charakter gehabt haben, daß er sich von den Deutschen als Agent anwerben ließ. Er galt als Kommunist, aber er kann ideologisch nicht wirklich gefestigt gewesen sein. Im Zivilleben war er Lehrer. Anscheinend war er kein schlechter Kerl. Im ersten Kriegsjahr scheint er tatsächlich der Sowjetmacht gegenüber loyal gewesen zu sein. Natürlich ist es auch möglich, daß er sich einfach von Gewinnsucht leiten ließ, als er Soldat wurde. Vielleicht hoffte er auch, sich eine bequeme Stellung als Parteifunktionär schaffen zu können. Leider hat es bei uns in der Vergangenheit solche Karrieristentypen gegeben, und ich fürchte, heutzutage sind sie noch zahlreicher. Natürlich hat sich Wlassow mehr zuschulden kommen lassen als nur Postenjägerei. Er hat sich des Hochverrats schuldig gemacht, was ein Verbrechen ganz anderer Art ist.

Er erhielt die Strafe, die er verdiente. Er wurde verurteilt und gehängt.

Die Katastrophe von Charkow

Im Frühjahr 1942, die Deutschen waren in den Vororten von Leningrad zum Stehen gebracht und im letzten Augenblick vor Moskau zurückgeschlagen worden, beschlossen die Russen, in der Ukraine eine Offensive in drei Stoßkeilen vorzutreiben. Den Hauptstoß führte Timoschenko gegen Charkow, und er endete mit einer Katastrophe für die Rote Ar-

6 General Andrej Andrejewitsch Wlassow, geb. 1901, geriet 1942 am Wolchow in deutsche Kriegsgefangenschaft, stellte sich an die Spitze einer nach ihm benannten Bewegung, die mit den Deutschen zusammenarbeitete und für einen antibolschewistischen russischen Nationalstaat eintrat; bei Kriegsende Kommandeur zweier Freiwilligendivisionen aus russischen Kriegsgefangenen; im Mai 1945 gefangengenommen, zum Tode verurteilt und am 1. August 1945 hingerichtet.

mee. Chruschtschow, damals in Timoschenkos Hauptquartier, war an der Planung und Durchführung der Offensive stark beteiligt. Ihr Fehlschlag war eine traumatische Erfahrung für ihn. In der Geheimrede (siehe Anhang) gab er sich die größte Mühe, sich reinzuwaschen und die ganze Schuld Stalin zuzuschieben. Hier behandelt er das Thema noch einmal. Schukow sagt in seinen nach Chruschtschows Sturz veröffentlichten Memoiren, die unheilvolle Offensive sei tatsächlich eine Idee von Stalin gewesen und er, Schukow, sei aus gutem Grund dagegen gewesen. Das ist sicher richtig. Aber Schukow sagt auch, Stalin sei von Timoschenko und Chruschtschow in seiner Absicht bestärkt worden. Auch das ist wahrscheinlich. Dann deutet er an (doch hier wird der zeitliche Ablauf, vielleicht absichtlich, nicht deutlich), daß Timoschenko und Chruschtschow keinen Versuch unternahmen, die Offensive abzubrechen, ehe sie zur Katastrophe wurde. Zur Katastrophe wurde sie, weil die Deutschen ihrerseits zu einer Offensive angetreten waren mit dem Ziel, einen Vorsprung in der russischen Front zu begradigen, und gerade an diesem Frontvorsprung konzentrierte Timoschenko seine Armee, die dadurch in eine Zange geriet.

Stalins Unzufriedenheit mit mir erreichte ihren Höhepunkt während unseres Rückzuges; er glaubte, wir wollten die Ukraine aufgeben. Er war der Oberste Befehlshaber, aber die Verantwortung für Niederlagen wollte er nicht übernehmen. Er begann, nach einem Sündenbock zu suchen. Es lag auf der Hand, daß ich als Erster Sekretär des Ukrainischen Zentralkomitees und Mitglied des Militärrats dieser Sündenbock sein würde.

Die gefährlichste Stunde für mich war vielleicht der verhängnisvolle Gegenangriff auf Charkow im Jahre 1942. Die Operation hatte recht verheißungsvoll begonnen. Wir stießen mit Leichtigkeit – vielleicht mit zu großer Leichtigkeit – durch die feindlichen Linien, ohne merklichen Widerstand zu finden. Der Weg schien frei zu sein, bis tief hinein in feindliches Gebiet. Das war beunruhigend und bedeutete, daß wir in eine Falle geraten waren. Die Aufklärung ergab, daß der Feind Truppen im Abschnitt Alwajansk an der Südfront zusammenzog. Offenbar wollten die Deutschen in unsere linke Flanke stoßen und die vorgeschobenen Stellungen zurückerobern, die wir während des Winters gehalten hatten. Wir erkannten, daß unsere Flanke länger wurde, je weiter nach Westen wir vorstießen, so daß es für die Deutschen um so leichter sein würde, uns abzuschneiden und einzukesseln. Wir hatten die Pläne des Feindes kaum durchschaut, als es schon zu spät war. Jetzt blieb uns nichts übrig, als um die Genehmigung zu bitten, die Offensive ganz abzubrechen und uns zurückzuziehen.

Ich habe vergessen, auf wessen Initiative die Operation von Charkow ursprünglich zurückging. Später warf Stalin mir vor, ich hätte die Offensive befohlen. Ich leugne nicht, daß ich vielleicht daran beteiligt war, aber als ich Stalin fragte: «Und der Kommandeur – Timoschenko?», antwortete Stalin: «Nein, es war Ihre Idee, und Timoschenko hat Ihnen bloß nachgegeben.»

«Das ist unmöglich», sagte ich. «Sie scheinen Timoschenko nicht gut zu kennen. Er ist sehr eigenwillig und hätte der Operation nicht zugestimmt, wenn er sie nicht für ausführbar gehalten hätte.»

In Wirklichkeit war es Genosse Bagramjan gewesen, der den Angriffsplan für die Charkower Gegenoffensive ausgearbeitet hatte. Unser Hauptquartier für die Südwestfront billigte den Plan, und ebenso das Oberkommando. An der ursprünglichen Entscheidung waren wir alle gemeinsam beteiligt gewesen, und jetzt mußte ich den Generalstab dazu überreden, die Operation abzubrechen. Ich wußte, es würde nicht leicht sein.

Als wir erkannt hatten, wie gefährlich es war, auf Charkow vorzurücken, brachen wir die Offensive ab und richteten uns zur Verteidigung ein. Artillerie, Panzer und Panzerabwehreinheiten wurden zur Deckung der ungeschützten Flanke eingesetzt. Als alle erforderlichen Befehle erteilt waren und Verteidigungsbereitschaft gemeldet worden war, ging ich in mein Quartier. Es war drei Uhr morgens und begann schon hell zu werden. Ich zog mich gerade aus, um mich hinzulegen, als Genosse Bagramjan hereinstürzte. Er war sehr erregt. «Es tut mir leid, Sie zu stören, Genosse Chruschtschow», sagte er, «aber es ist wohl besser, wenn Sie gleich hören, daß Moskau unseren Befehl widerrufen hat, die Offensive abzubrechen.»

«Was? Wie kann das sein? Wer hat das befohlen?»

«Das weiß ich nicht. Ich weiß nur, daß es eine Katastrophe geben wird, wenn wir die Offensive fortsetzen. Unsere Truppen in der vorgeschobenen Stellung sind dann verloren. Ich beschwöre Sie, sprechen Sie mit dem Genossen Stalin persönlich. Sie müssen ihn davon abbringen, unseren Befehl zu widerrufen. Das ist unsere letzte Chance.»

Ich hatte den Genossen Bagramjan noch nie so erregt gesehen. Er ist ein vernünftiger, anständiger Mann. Ich mag ihn. Ich kann sogar sagen, ich habe ihn sehr gern. Ich habe ihn immer bewundert wegen seines klaren Verstandes, seiner Parteigesinnung, seiner umfangreichen Kenntnisse in militärischen Dingen, wegen seiner unbestechlichen Integrität und Aufrichtigkeit. Überdies war ich ganz wie er der Meinung, daß ich unbedingt mit Stalin sprechen mußte. Ich mußte versuchen, Stalin umzustimmen, obwohl ich auf das Schlimmste gefaßt war.

Der Genosse Bagramjan war bei mir, als ich das Gespräch mit dem Oberkommando anmeldete. Alexander Michailowitsch Wassilewskij, der Chef des Generalstabs, war am Apparat. Er wußte schon, was geschehen war.

«Alexander Michailowitsch», sagte ich, «als Offizier, der Karten lesen kann und die Strategie des Feindes kennt, wissen Sie über die Situation besser Bescheid als Genosse Stalin. Bitte nehmen Sie eine Karte mit und erklären Sie dem Genossen Stalin, was geschehen wird, wenn wir diese Offensive fortsetzen.» Wassilewskij wußte, worauf ich hinauswollte. Wir hatten es beide miterlebt, wie Stalin versuchte, Schlachtpläne aufzustellen, indem er mit dem Finger auf einem Globus den Frontverlauf festlegte.

«Stalin ist jetzt in der Nahen Datscha», sagte Wassilewskij.

«Dann fahren Sie hin und sprechen Sie dort mit ihm. Sie wissen, daß er Sie jederzeit empfängt. Schließlich ist Krieg. Nehmen Sie eine Landkarte mit und zeigen Sie ihm, warum unser Entschluß, die Offensive abzubrechen, das einzig Vernünftige ist.»

«Nein, Genosse Chruschtschow. Genosse Stalin hat sich schon entschieden. Er hat seine Befehle bereits erteilt.»

Jeder, der einmal mit Wassilewskij zu tun gehabt hat, kennt die ruhige, dröhnende Stimme, mit der er so etwas sagte. Ich stand sehr gut mit ihm; deshalb beschloß ich nach einer Weile, ihn noch einmal anzurufen und es erneut zu versuchen. Diesmal bat ich ihn dringend um Hilfe, aber er weigerte sich immer noch: «Nikita Sergejewitsch, der Genosse Stalin hat seinen Entschluß gefaßt, und dabei bleibt es.» Wenn nur Schukow im Oberkommando gewesen wäre statt Wassilewskij, er wäre bestimmt gleich zur Nahen Datscha hinausgefahren und hätte für uns interveniert.

Jedenfalls blieb mir keine andere Wahl, als selbst zu versuchen, den Genossen Stalin anzurufen. Es war ein sehr gefährlicher Augenblick für mich. Ich wußte, daß Stalin sich mittlerweile für einen großen Strategen hielt. Ich rief die Nahe Datscha an, und Malenkow war am Apparat. Wir begrüßten uns, und dann fragte ich: «Kann ich bitte mit dem Genossen Stalin sprechen?» Ich kannte die Einrichtung der Datscha sehr gut. Ich wußte genau, wo jeder seinen Platz hatte und wie viele Schritte Stalin zum Telefon brauchte. Ich hatte oft genug zugesehen, wie er ans Telefon ging, um ein Gespräch zu führen. Ich hörte, wie Malenkow sagte, Chruschtschow ist am Apparat, und wie er Stalin aufforderte, mit mir zu sprechen. Gleich darauf sagte er: «Genosse Stalin sagt, Sie sollen mir sagen, was Sie wollen, ich werde es an ihn weitergeben.» Das war ein übles Vorzeichen.

Ich war hartnäckig. «Ich möchte mit dem Genossen Stalin selber sprechen. Ich muß ihm über die Lage an der Front Bericht erstatten.»

Malenkow gab das an Stalin weiter und kam dann wieder ans Telefon: «Genosse Stalin wiederholt, Sie sollen mir sagen, was Sie wollen.»

Also mußte ich Malenkow erklären, daß wir durch die Fortsetzung unserer Offensive dem Feind direkt in die Hände spielen würden. Wir hatten unsere Front zu weit auseinandergezogen und geschwächt; die Deutschen konnten uns in die Flanke fallen. Neue Pause, während Malenkow das Stalin unterbreitete. Dann sagte er: «Genosse Stalin weiß, daß Sie die Offensive nicht mit der Einwilligung des Frontkommandeurs abgebrochen haben, sondern aus eigenem Entschluß. Er sagt, es war allein Ihre Idee, und er ist dagegen.» Ich kann es immer noch nicht glauben, daß Timoschenko Stalin gesagt haben soll, ich hätte ihm die Entscheidung aufgezwungen. Ich glaube, Stalin versuchte einfach, mich aus der Fassung zu bringen und meine Argumente abzuschneiden.

«Genosse Malenkow, Sie kennen Timoschenko gut genug, um zu wissen, daß das nicht stimmt. Er hätte die Entscheidung nie akzeptiert, wenn er nicht auch überzeugt wäre, daß die Operation abgebrochen werden muß.»

«Es hat keinen Zweck, weiter darüber zu diskutieren. Stalin sagt, die Offensive soll fortgesetzt werden.»

«Gut», sagte ich, «Befehl ist Befehl. Die Offensive fortsetzen ist einfach, weil wir keine feindlichen Truppen vor uns haben. Gerade das macht uns Sorgen.»

Malenkow legte auf. Genosse Bagramjan war bei mir und hatte dieses Gespräch mitangehört. Ihm gingen die Nerven durch, und er brach in Tränen aus. Er sah voraus, was kommen würde. Er weinte um unsere Armee.[7]

Das Verhängnis ereilte uns einige Tage später, genau wie wir erwartet hatten. Wir konnten nichts tun, um es abzuwenden. Viele Generale, Oberste, Offiziere und Mannschaften fielen. Der Stab der 57. Armee fiel völlig aus. Fast keinem gelang es zu fliehen. Die Armee war tief in feindliches Gebiet vorgestoßen, und für den Rückmarsch aus dem Kessel fehlte der Treibstoff. Für Fußmärsche war die Entfernung zu groß. Viele Soldaten fielen, aber die meisten gerieten in Gefangenschaft. General Gurow gelang es, in einem Panzer zu entkommen. Man schlug vor, ihn wegen Fahnenflucht vors Kriegsgericht zu stellen, aber ich sagte: «Wir haben schon genug Generale verloren. Wollt ihr auch noch auf die wenigen verzichten, die fliehen konnten? Seid ihr alle verrückt geworden?»

Natürlich wollte Stalin seinen Fehler nicht zugeben. Ein paar Tage nach der Katastrophe erhielt ich einen Anruf aus Moskau. Nicht Timoschenko, der Frontkommandeur, wurde nach Moskau beordert, sondern ich. Wie man sich denken kann, war ich sehr deprimiert. Ich brauche kaum zu beschreiben, was ich empfand. Wir hatten viele, viele tausend Soldaten verloren. Vor allem aber hatten wir die Hoffnung verloren,

7 Diese Version des Telefongesprächs stimmt mit dem Bericht in der Geheimrede überein mit Ausnahme einer neuen Einzelheit: nämlich daß Stalin über Malenkow Chruschtschow vorwarf, unabhängig von Timoschenko gehandelt zu haben. Timoschenko wie auch sein Stabschef Bagramjan warteten verzweifelt auf die Erlaubnis, die Offensive abzubrechen und alle Truppen herauszuziehen, die noch gerettet werden konnten. Malenkow war damals Mitglied des Staatlichen Verteidigungskomitees.

daß sich 1942 das Blatt wenden und wir imstande sein würden, die Invasion zurückzuschlagen. Die Niederlage bei Charkow war schlimm genug, schlimmer wurde die Sache aber für mich dadurch, daß es so aussah, als ob ich die Verantwortung dafür persönlich würde übernehmen müssen. Ich wußte, es würde keine Rolle spielen, daß ich versucht hatte, die Offensive abzubrechen und das Verhängnis abzuwenden. Hätte Stalin zugegeben, daß wir recht hatten, die Operation einzustellen, hätte er damit seinen eigenen Irrtum eingestanden. Und diese Art Großmut lag ihm nicht. Er würde vor nichts zurückschrecken, wenn es galt, die Verantwortung für einen Fehlschlag auf andere abzuwälzen.

Als ich nach Moskau flog, hatte ich die Tragik meiner mißlichen Lage sehr deutlich vor Augen. Ich überließ mich meinem Schicksal. Ich war auf alles gefaßt, auch auf Verhaftung.

Zuerst ließ Stalin nicht erkennen, ob er mir grollte. Er war ein guter Schauspieler. Sein Gesicht war eine undurchdringliche Maske. Dann sagte er: «Die Deutschen haben bekanntgegeben, sie hätten mehr als zweihunderttausend unserer Soldaten gefangengenommen. Lügen sie?»

«Nein, Genosse Stalin, sie lügen nicht. Diese Zahl klingt richtig. Wir hatten ungefähr so viele Truppen, vielleicht einige mehr. Es ist anzunehmen, daß die meisten in Gefangenschaft gerieten.»

Stalin sagte nichts mehr, aber ich merkte jetzt, daß er kochte. Ich wußte nicht, wann der Kessel explodieren und wer dabei verbrüht werden würde. Aber er beherrschte sich. Im Augenblick sagte er nichts mehr.

Später berieten wir eingehend. Was sollten wir nun tun? Konnten wir den Feind am Donez aufhalten? Wie sollten wir mit unseren begrenzten Hilfsmitteln den deutschen Vormarsch zum Stehen bringen? Anschließend setzten wir uns zum Essen.

Ich blieb mehrere Tage in Moskau. Je länger ich blieb, um so beschwerlicher und quälender wurde das Warten auf das, was mir widerfahren würde. Ich bezweifelte sehr stark, daß Stalin die Niederlage vergessen konnte. Er mußte immer noch den Wunsch haben, einen Sündenbock zu finden. Hier hatte er Gelegenheit, seine unerbittliche Härte und die Unvermeidlichkeit einer harten Bestrafung zu demonstrieren, wenn die Interessen des Volkes auf dem Spiel standen. Ich wußte genau, welche Form Stalins Rache annehmen würde. Solche Dinge verstand er meisterhaft.

Als ich eines Tages mit ihm bei Tisch saß, sagte Stalin ganz gelassen und beiläufig: «Als unsere Armee im Ersten Weltkrieg in Ostpreußen in den deutschen Kessel geriet, stellte der Zar den kommandierenden General vor ein Kriegsgericht. Er wurde verurteilt und gehängt.» Dabei sah er mich scharf an.

«Genosse Stalin», antwortete ich, «ich erinnere mich gut. Der Zar tat das einzig Richtige. Mjasojedow war ein Verräter. Er war ein deutscher Agent.»

Stalin sagte nichts. Was er über diese Angelegenheit dachte, spann er nicht weiter aus. Aber er hatte schon genug gesagt, um mir eine Vorstellung davon zu geben, wie es um mich stand. Es läßt sich denken, wie mir zumute war. Ich sah die Parallele, die er andeutete, zwischen der Einkesselung der Truppen in Ostpreußen im Ersten Weltkrieg und der Einkesselung unserer Truppen östlich von Charkow. Stalin erinnerte das Mitglied des Militärrats, das an der Niederlage von Charkow schuld gewesen war, daran, daß so etwas in der Geschichte schon einmal vorgekommen war. Außerdem gab es einen Präzedenzfall im Zweiten Weltkrieg: die Verhaftung, Aburteilung und Hinrichtung des Generals Pawlow, seines Stabschefs und des Mitglieds des örtlichen Militärrats, nachdem die Deutschen in den ersten Tagen des Krieges ungehindert Weißrußland überrannt hatten.

Stalin bereitete mich psychologisch vor, damit ich einsah, warum er im Interesse des Vaterlandes und um die öffentliche Meinung zu beruhigen vielleicht alle diejenigen würde streng bestrafen müssen, die für die Katastrophe von Charkow verantwortlich waren.

Da saß ich also und wartete auf das mir zugedachte Schicksal.

Der einzige Umstand, der es Stalin erschwerte, mir die Schuld an dem, was geschehen war, zuzuschieben, war, daß ich ihn hartnäckig zu überreden versucht hatte, die Offensive abzubrechen – und zwar in Gegenwart von Zeugen. Ich hatte ihm meine Ansicht und meinen Rat durch Malenkow übermittelt, und ich bin überzeugt, daß auch Berija, Mikojan, Molotow und vielleicht sogar Woroschilow in der Datscha waren, als ich von der Front anrief. Obwohl diese Männer Stalin sehr nahestanden, konnte er unmöglich die Tatsache außer acht lassen, daß ich mich nachdrücklich gegen die Fortsetzung der Offensive ausgesprochen hatte. Diese Männer wären für mich sehr lästige Zeugen gewesen, wenn die Offensive anders ausgegangen wäre, aber so, wie die Dinge lagen, waren sie lästige Zeugen für Stalin.

Schließlich rief mich Stalin zu sich in sein Büro und sagte, ich könne an die Front zurückkehren. Ich war erleichtert, aber mir war klar, daß ich mich noch nicht in Sicherheit wiegen konnte. Ich wußte, daß Stalin häufig in seinem Arbeitszimmer auch solche Leute zuversichtlich stimmte, die später ergriffen und irgendwohin verschleppt wurden. Doch nichts geschah in der Nacht, nachdem ich sein Büro verlassen hatte, und am nächsten Morgen flog ich zurück an die Front.[8]

Als ich zurückkam, fand ich eine sehr schlechte Lage vor. Marschall Timoschenko sagte mir, die Armee sei vom Feind so wirkungsvoll zerschlagen worden, daß die Truppen sich, wenn überhaupt, dann nur vom Hunger getrieben um fahrbare Feldküchen sammeln würden. Er kannte

8 Timoschenko wurde nach der Katastrophe von Charkow degradiert. Schukow wurde zum Stellvertretenden Obersten Befehlshaber direkt unter Stalin ernannt.

das schon aus dem Bürgerkrieg. Wir schickten Feldküchen los und bauten langsam, aber sicher unsere Verteidigung wieder auf.

An Charkow denke ich nach all den Jahren noch oft zurück als an einen qualvollen Augenblick in der Geschichte unserer Heimat und als an einen Meilenstein in meinem Leben.

Stalingrad

Stalingrad brachte Chruschtschows große Stunde. Als politischer Berater von Marschall Jeremenko, der die Verteidigung von Stalingrad leitete, bis Schukow zum Angriff überging, war er am Schauplatz des Geschehens – wenn auch Jeremenkos Stab, als die Deutschen die Stadt zerstört hatten und in den Ruinen gekämpft wurde, auf das andere Wolgaufer verlegt wurde. Sein Bericht über den Verlauf der Schlacht bietet aufschlußreiche Einblicke in diesen grausigen Kampf, der mit der Vernichtung der deutschen 6. Armee endete und die Wende im Kriegsgeschehen bezeichnete.

Als die Schlacht um Stalingrad begann, waren unsere Streitkräfte noch sehr schwach. Es fehlte an schwerer Artillerie, an Maschinengewehren, an Flak und Pak. Die Deutschen bedrängten uns noch hart. Aber mittlerweile leisteten unsere Truppen hartnäckigen Widerstand. Es kam nicht mehr zu ungeordneter Flucht, wie sie für die Lage zu Beginn des Krieges charakteristisch gewesen war. Unsere Truppen kämpften jetzt heroisch und zogen sich nur zurück, wenn es keinen anderen Ausweg gab. Sie wichen diszipliniert von einer Stelle zur anderen aus und ließen es zu keinem fluchtartigen Rückzug mehr kommen.

Unsere Rückschläge, wenngleich weniger häufig, waren immer noch schmerzlich. Während der Schlacht erhielt ich die Nachricht, daß Rubén Ibarruri gefallen war.[9] Zu Anfang des Krieges hatten Rubén Ibarruri und mein Sohn Leonid im selben Lazarett in Kuibyschew gelegen. Leonid, der Flieger war, ist später gefallen. Dann erfuhr ich, daß auch der Sohn von Anastas Iwanowitsch Mikojan gefallen war, ebenfalls als Flieger. Das war mir alles sehr vertraut. Es war Krieg. Aber die Rote Armee erlitt stärkere Verluste, als nötig gewesen wäre, weil sie schlecht vorbereitet und unzulänglich mit Waffen versorgt war.

Ich entsinne mich eines tragischen Zwischenfalls, den ich in der Kampfzone südlich der Stadt in der Nähe der Norimanschlucht miterlebte. Einige unserer Jagdbomber flogen über uns hinweg zur Front. Plötzlich tauchten deutsche Messerschmitts auf. Direkt vor unseren Augen wurden

9 Der Sohn von Dolores Ibarruri, der berühmten spanischen Kommunistin, die unter dem Namen La Pasionaria bekannt ist und in Moskau lebt.

unsere Bomber einer nach dem anderen getroffen und gingen in Flammen auf. Unsere Flieger sprangen mit Fallschirmen ab. Unsere Flugzeuge sahen nicht viel anders aus als die Messerschmitts. Unsere Infanterie glaubte, die getroffenen Jagdbomber seien deutsche, und so eröffneten sie das Feuer auf unsere an ihren Fallschirmen herabschwebenden Flieger. Ich erinnere mich, daß ein Flieger – er war schon ganz nahe – schrie: «Ich bin einer von euch! Ich bin einer von euch!» Dann kam eine Maschinengewehrsalve, und alles war vorbei.

Unsere Luftwaffeneinheiten wurden von Chrjukin befehligt, einem noch jungen Mann, der für seine Leistungen im Krieg gegen Japan, als wir auf Tschiang Kai-scheks Seite in China kämpften, zum Helden der Sowjetunion ernannt worden war.

Die Deutschen erreichten die Wolga und schlossen uns halb ein, schnitten uns von der Eisenbahnverbindung mit dem Norden ab und brachten die Schiffahrt auf dem Fluß zum Erliegen. Stalin rief mich an und fragte drohend: «Ich höre, Sie wollen die Stadt evakuieren?»

«Genosse Stalin, wer sagt etwas von Evakuieren? Wer hat Ihnen das berichtet? Nichts dergleichen ist auch nur geplant. Ich weiß nicht, woher Sie diese Information haben, aber sie ist absolut unwahr.»

Er hängte auf. Ich fragte mich, wer sich diese dreckige Lüge ausgedacht haben könnte. Sie war ganz offenbar gegen mich persönlich gerichtet. Ich fühlte Malyschew auf den Zahn, obwohl ich nicht glaubte, daß er sich so weit erniedrigen konnte.[10] Ich erzählte ihm von Stalins Anruf, und er sagte: «Ach, ich habe gerade selbst einen empörten Anruf von Stalin bekommen. Er sagte mir dasselbe wie Ihnen. Ich habe keine Ahnung, wer diese Lüge ausgestreut hat.»

Nun verfiel ich auf Tschujanow, obwohl auch ihm so etwas kaum zuzutrauen war. Ich rief ihn trotzdem an. Er sagte, auch er habe einen unangenehmen Anruf von Stalin erhalten.

Stalin erwähnte die Evakuierung nie wieder. Später wurde mir klar, daß Stalin selbst das Gerücht von der Evakuierung aufgebracht hatte. So etwas pflegte er eine Präventivmaßnahme zu nennen. Jeder andere, der von Evakuierung gesprochen hätte, hätte damit sehr unerfreuliche Konsequenzen für sich selbst heraufbeschworen, deshalb ergriff Stalin die Initiative, damit wir seine Einstellung wußten für den Fall, daß der Gedanke wirklich eines Tages auftauchte. Das war typisch für Stalins Kriegführung. Er wollte alles von Moskau aus leiten. Durch die übertriebene zentrale Kontrolle, lähmte Stalin seine Kommandeure und Kommissare an der Front.

Unser Gefechtsstand in Stalingrad lag an der Zariza in einer Schlucht, die Regen und schmelzender Schnee in vielen Jahren gegraben hatten.

10 W. A. Malyschew, damals Volkskommissar für die Rüstungsindustrie, gehörte später zu der Gruppe der einflußreichen Technokraten um Malenkow.

Offiziersbesprechung

Vor Stalingrad, Oktober 1942, mit General Jeremenko und Stabsoffizieren

Bei der Ankunft in Stalingrad hatten wir zu unserer Überraschung entdeckt, daß es schon einen Befehlsbunker tief an der steilen Böschung dieser Schlucht gab. Er war schon lange vor dem Krieg angelegt worden. Der Eingang war gegen Stoßwellen von Explosionen geschützt, und die Türen waren so verstärkt, daß sie nicht eingedrückt werden konnten. Alles an diesem unterirdischen Bunker an der Zariza erschien mir merkwürdig vertraut. Er war ganz nach Stalins Geschmack ausgestattet, die Wände mit eichenfurniertem Holz verkleidet wie in allen Datschas von Stalin. Es gab sogar eine Toilette. Kein wirklicher Soldat wäre auf die Idee gekommen, in Kriegszeiten auf einer solchen Toilette zu bestehen. Ich habe nie erfahren, für wen dieser Befehlsbunker ursprünglich gebaut worden ist.

Zu Anfang der Schlacht flog der Feind heftige Luftangriffe. Eine Welle deutscher Flugzeuge nach der anderen bombardierte die Stadt. Stalingrad stand in Flammen. Wir waren vom linken Ufer der Wolga abgeschnitten. Ohne Verbindung zum linken Ufer konnten wir aber die Operationen nicht leiten. Jeremenko, der Befehlshaber der Front, und ich gelangten zu der Überzeugung, daß unsere weitere Anwesenheit in Stalingrad nicht ratsam war.

Wir erbaten vom Oberkommando Genehmigung, unseren Gefechtsstand auf das linke Ufer zu verlegen, damit wir unmittelbaren Kontakt zu allen Truppenteilen halten konnten. Ein Tag verging, es kam keine Antwort. Wir wiederholen unsere Bitte. Wiederum kein Wort aus Moskau. Ohne Genehmigung konnten wir den Gefechtsstand nicht verlegen.

Dann rief Stalin wegen einer ganz anderen Sache an. Ich sprach selbst mit ihm und sagte: «Genosse Stalin, wir haben schon zweimal um die Genehmigung ersucht, unseren Gefechtsstand auf das linke Ufer zu verlegen, aber das Oberkommando hat immer noch nicht geantwortet. Die Zeit drängt, deshalb bitte ich Sie, uns die Erlaubnis jetzt gleich zu geben.»

«Nein, das geht nicht. Wenn die Truppe hört, daß der Kommandeur nicht mehr in Stalingrad ist, wird die Stadt fallen.»

Ich versuchte, Stalin, so gut ich konnte, zu erklären, daß seine Befürchtungen unbegründet waren: «Genosse Stalin, ich sehe das nicht so. Die 62. Armee unter Tschuikow hat die Verteidigung von Stalingrad übernommen. Wir haben Gurow dem Militärrat beigeordnet und ihn angewiesen, in der Stadt zu bleiben und die Armeeführung zu unterstützen. Wir sind absolut überzeugt, daß Tschuikow und Gurow ihre Aufgabe erfüllen werden. Sie werden den Feind daran hindern, in unsere Verteidigungsanlagen einzudringen und die Stadt zu nehmen.»

«Na, gut. Wenn Sie meinen, daß die Front hält und unsere Verteidigung nicht zusammenbricht, können Sie meinethalben auf das linke Ufer überwechseln. Lassen Sie aber noch einen zuverlässigen Mann in Stalingrad, der Ihnen berichten kann, wie die Lage ist. Wir müssen unbedingt jemanden in der Stadt haben, der Tschuikows Berichte bestätigt.»

Jeremenko und ich bereiteten die Verlegung unseres Gefechtsstandes vor. Wir baten unseren Stabschef Sacharow, uns zu helfen. (Sacharow und Jeremenko gaben entsprechend Stalins «Anweisung» den Leuten häufig mal was auf die Schnauze.) Wir beschlossen, General Golikow in Stalingrad zu lassen, damit er uns darüber unterrichtete, wie sich Tschuikow bei der Verteidigung der Stadt anließ. Golikow war uns als Erster Stellvertretender Kommandeur der Front von Stalin geschickt worden.[11] Ich kannte ihn von Lwow her und als Personalchef der Roten Armee, hatte ihn oft in Stalins Gegenwart gesehen, als er Chef des Heeresnachrichtendienstes war, doch bis jetzt nie Gelegenheit gehabt, ihn als Menschen und Kommunisten zu beurteilen.

Wir riefen Golikow zu uns, und Jeremenko sagte zu ihm: «Genosse Golikow, wir haben Genehmigung erhalten, unseren Gefechtsstand auf das linke Ufer zu verlegen. Wir möchten, daß Sie hier bleiben und Verbindung zum Genossen Tschuikow halten.»

Entsetzen malte sich in Golikows Gesicht, aber noch beherrschte er sich. Kaum hatte Jeremenko das Zimmer verlassen, da bat Golikow mich inständig, ihn nicht allein in der Stadt zu lassen. Während des ganzen Krieges habe ich niemanden, weder einen Soldaten noch einen Zivilisten, in einem solchen Zustand gesehen. Er war weiß wie ein Bettlaken und flehte mich an, ihn nicht zu verlassen. Er sagte immer wieder: «Stalingrad ist verloren! Laßt mich nicht zurück! Bringt mich nicht um! Laßt mich mit euch gehen!»

«Was reden Sie da! Wie können Sie es wagen, zu sagen, Stalingrad sei verloren? Sehen Sie denn nicht, daß sich die Lage geändert hat? Wir weichen nicht mehr vor dem Feind zurück. Unsere Armee leistet Widerstand. Was ist mit Ihnen los? Reißen Sie sich zusammen. Wie können Sie es wagen, sich so aufzuführen? Ihnen ist befohlen worden, in der Stadt zu bleiben, und Sie werden gehorchen.»

Ein paar Tage später erhielten wir von einem Offizier in Stalingrad die Mitteilung, daß Golikow vollkommen den Kopf verloren habe und sich wie ein Verrückter benehme. Seine Anwesenheit bei der Armee war für uns nicht von Nutzen, sondern eher schädlich. Der Offizier, der sich beschwerte, forderte geeignete Maßnahmen. Wir entbanden Golikow von seinen Pflichten und ließen ihn zurückkommen.

Später beklagte er sich bei Stalin über uns. Während eines meiner Besuche in Moskau warf Stalin mir vor, ich hätte nicht die richtige Einstellung zu unseren Generalen, und gäbe ihnen nicht die Unterstützung, die sie brauchten. Ich fragte ihn: «An welchen General denken Sie dabei?»

11 Ein gutes Beispiel für die Überwachung der eigentlichen Kampfkommandeure durch Stellvertretende (politische) Kommandeure und für das Mißtrauen Stalins gegenüber der militärischen Führung. Generaloberst P. I. Golikow war ein «politischer» General. Nach dem Krieg Leiter der Politischen Hauptverwaltung der sowjetischen Streitkräfte.

«Na, zum Beispiel Golikow. Wir haben ihn geschickt, damit er Ihnen hilft, und wie haben Sie ihn behandelt!» Dann schimpfte er auf Jeremenko los und nannte ihn einen nichtsnutzigen ich-weiß-nicht-was. Ich war erschüttert. Früher hatte ich Stalin Jeremenkos Lob in den höchsten Tönen singen hören, er verehrte ihn geradezu als unseren besten General im Feld und so fort. Ein Grund für Stalins Enttäuschung über Jeremenko mag gewesen sein, daß die Deutschen immer noch weiter nach Stalingrad eindrangen; blutige Straßenkämpfe waren im Gange. Aber statt mir zu sagen, was ihn eigentlich ärgerte, zeterte Stalin immer noch darüber, daß Jeremenko angeblich Golikow schlecht behandelt habe.

«Genosse Stalin, ich weiß nicht, was der Genosse Golikow Ihnen erzählt hat, aber wenn er sich darüber beklagt hat, wie wir ihn behandelt haben, dann bleibt mir nichts übrig, als Ihnen die Gründe für unser Verhalten zu sagen.» Dann erzählte ich Stalin, wie Golikow sich aufgeführt hatte, nachdem wir ihm befohlen hatten, beim Stab in der Stadt zu bleiben. Daran, wie Stalins Gesichtsausdruck sich änderte, sah ich, daß er nichts von dem Vorfall wußte. «Daher war es», schloß ich, «absolut gerechtfertigt, daß wir ihn wegschickten. Ich sehe wirklich nicht ein, warum Sie auf Jeremenko und mir herumdreschen. Ich werde jeden verteidigen, der ungerecht bestraft wurde, aber Golikow bekam genau, was er verdiente.»

Dann sagte mir Stalin, es sei bereits beschlossen worden, Jeremenko des Kommandos in Stalingrad zu entheben. Ich sagte ihm, ich hielte das für einen schweren Fehler. «Ich merke, daß hier unterschiedliche Meinungen über Jeremenko herrschen», sagte ich. «Wie jeder hat auch er Feinde, und es gibt Leute, die ihn nicht respektieren. Aber in meiner Eigenschaft als Mitglied des Militärrats habe ich zusammen mit Jeremenko eine kritische Periode durchgestanden, und nach meiner Ansicht ist er seines Ranges würdig und seiner jetzigen Aufgabe gewachsen. Ich spreche nur von seinen Fähigkeiten als Kommandeur, alles andere lasse ich außer Betracht. Wichtig ist allein, daß er tüchtig, erfahren und ein guter Truppenführer ist.»

Zuerst sträubte sich Stalin hartnäckig, aber nach einer Weile wurde er milder. Schließlich sagte er, ich könne wieder an die Front fliegen. Als ich mich verabschiedete, schüttelte er mir die Hand und sagte: «Ich freue mich, daß wir Sie zur Beratung hergerufen haben. Hätten Sie mir die Sache nicht so dargestellt, hätten wir Jeremenko gefeuert. Ich war schon dazu entschlossen. Ihre Argumente haben mich umgestimmt. Jeremenko kann auf seinem Posten bleiben.»

«Sie werden es nicht bereuen, Genosse Stalin. Diese Entscheidung ist richtig.»

Inzwischen bedrängte uns der Feind weiter, aber unsere Armee ließ die Deutschen jeden Fußbreit Boden, den sie vorwärts kamen, mit Blut bezahlen. Unsere Parolen waren: «Nicht einen Schritt zurück!» – «Wir halten die Stellung an der Wolga!» und «Kämpft bis zum Tod; gebt Stalingrad nicht preis!»

Immer wenn die Lage sich zuspitzte, wurde Malenkow mit Wassilewskij, Woronow, Nowikow und einigen anderen Vertretern des Generalstabs eingeflogen.[12] Offen gesagt, ich freute mich nie, sie zu sehen. Sofern sie uns nicht materielle Hilfe brachten – und das hätte bedeutet: Truppenverstärkung, Luftunterstützung, Infanterie- und Artillerieeinheiten – nützte uns ihr Kommen gar nichts, da wir ohnehin alle Hände voll zu tun hatten. Diese hohen Tiere suchten sich immer die falsche Zeit aus, um persönlich zu erscheinen, und sie waren nicht sehr beliebt auf unserem Gefechtsstand. Es war dann so eng, daß man sich kaum rühren konnte. Ich hatte das Gefühl, daß Stalin immer im kritischsten Augenblick ganz besonders scharf auf mich aufpaßte und Malenkow schickte, um mich im Auge zu behalten. Ich bemerkte, daß Wassilewskij und Malenkow miteinander flüsterten. Malenkow würde Stalin berichten müssen, warum es mit der Schlacht so schlecht ging, und natürlich wollte er sich um jede Verantwortung für das, was geschah, drücken. In seinen geflüsterten Unterhaltungen mit Wassilewskij bereitete Malenkow eine Denunziation vor, und ich argwöhnte, daß die Wahl auf mich gefallen war. Von militärischen Dingen verstand er nichts, aber er war mehr als fachkundig, wenn es darum ging, Ränke zu spinnen.

Schließlich erklärten Wassilewskij und Malenkow, sie hätten Befehl bekommen, nach Moskau zurückzukehren. Als sie fort waren, blieben Jeremenko und ich mit einem kleinen Operationsstab im Gefechtsstand zurück. Unheimliche Stille schien sich auszubreiten, wie es oft nach einem Sturm im Wald geschieht.

Einmal während der Schlacht kam Konstantin Simonow nach Stalingrad und fragte, wo er an die Front gehen sollte, um etwas von den Kämpfen zu sehen. Ich sagte ihm, wo, warnte ihn aber, daß es ein sehr gefährlicher Abschnitt sei. «Ist schon gut», sagte er und ging los.[13]

12 Für die Dispositionen des Oberkommandos in Moskau war die Lage an der Stalingrader Front von höchster Bedeutung. Es ging um die Versorgung mit Nachschub und darum, wie lange die Verteidiger mit einem Minimum an Verstärkungen aushalten konnten, während Schukow seine gewaltige Gegenoffensive vorbereitete. Deshalb kam häufig hoher militärischer Besuch aus Moskau in die verzweifelt unkämpfte Stadt. Wassilewskij war Chef des Generalstabs, Woronow Befehlshaber der Artillerie und Nowikow Oberkommandierender der Luftstreitkräfte. Malenkow (Mitglied des Staatlichen Verteidigungskomitees) fungierte als Sonderbeauftragter Stalins und hielt sich in Jeremenkos Hauptquartier – sehr zum Mißfallen Chruschtschows – meist längere Zeit auf.

13 Sowjetischer Schriftsteller. Eins seiner Gedichte, «Warte auf mich, ich kehre zurück», war während des Krieges überall in der Sowjetunion verbreitet und brachte den Durchhaltewillen zum Ausdruck. Sein Roman ‹*Opfer und Helden*› ist ein erschütternder Bericht von Verwirrung, Verrat und Heldentum bei dem großen Rückzug.

Als die Schlacht ihren Fortgang nahm, schwenkte die Stalingrad-Front nach Süden gegen Manstein. Die Armeen von Rokossowskij und Tschistjakow näherten sich den Deutschen.[14]

Ich wurde mit Tschistjakows Stabschef bekannt, General Penkowskij, der mir gut gefiel. Er war eifrig und tüchtig, und später trug er erheblich zu dem Erfolg der 6. Garde-Armee bei. General Penkowskij ist noch am Leben, und es geht ihm gut. Ich wünsche ihm hundert glückliche Jahre.[15]

Als der Feind in Richtung auf Kotjelnikowo zurückwich, wurde es immer schwieriger, gleichzeitig zwei ganz verschiedene Operationen durch ein einziges Kommando zu leiten, das heißt gegen Paulus in Stalingrad zu operieren und gleichzeitig unseren Angriff in Richtung Rostow zu führen. Daher schlug der Generalstab vor, daß wir die Front teilen sollten in eine Don-Front gegen Paulus und eine Süd-Front gegen Manstein. Ich weiß nicht, ob Stalin oder jemand anders im Oberkommando diese Idee gehabt hat.[16]

Angesichts der eingetretenen Komplikationen war es sinnvoll, die Stalingrad-Front aufzuteilen; trotzdem fiel es Jeremenko und mir schwer, uns von den Armeen der neuen Don-Front trennen zu müssen, die sich ihren Platz in der Geschichte bereits verdient hatten – Armeen wie die 62., die den Hauptschlag des Feindes pariert und die ganze Wucht von Paulus' Angriff aufgefangen hatte. Dann die 64., unter dem Befehl des Genossen Schumilow, die 75. und andere. Alle diese Männer waren uns ans Herz gewachsen, aber ich wußte, daß es jetzt ihre Aufgabe war, den Ring um Stalingrad zu schließen, während wir nach Süden vorstießen. Als Stalin anrief, sagte ich ihm, ich sei mit der Entscheidung, die Front aufzuteilen, einverstanden.

Dann rief Stalin Jeremenko an. Ich weiß nicht, wie ihre Unterhaltung verlief, aber danach fand ich Jeremenko buchstäblich in Tränen.

«Andrej Iwanowitsch», sagte ich, «was um alles in der Welt ist los? Sehen Sie nicht ein, daß wir die Front aufteilen müssen? Unsere Armeen sind nach Süden eingeschwenkt, und unsere Aufgabe ist es jetzt, dem Feind im nördlichen Kaukasus in die Flanke zu fallen. Stalingrad wird allein fertig werden. Der Feind muß nur eingekreist und abgeschnitten werden. Dann brauchen unsere Kameraden nur darauf zu warten, daß ihm Verpflegung und Munition ausgehen.»

«Genosse Chruschtschow, Sie verstehen das nicht. Sie sind Zivilist. Sie wissen nicht, was wir durchgemacht haben. Sie vergessen, daß wir in den frühen Tagen des Krieges glaubten, wir seien verloren, daß Stalin uns immer wieder fragte, ob wir noch drei Tage durchhalten könnten. Wir

14 Der Beginn des Gegenschlags, des Kessels von Stalingrad, der mit der Vernichtung der 6. Armee unter Generalfeldmarschall Paulus endete.

15 Großonkel von Oleg Penkowskij, dem MGB-Obersten, der als Agent des Westens 1963 hingerichtet wurde.

16 Der Ausdruck *Front* wurde für eine Heeresgruppe verwandt.

alle glaubten, die Deutschen würden Stalingrad einnehmen, und wir würden zu Sündenböcken für die Niederlage gemacht werden. Und nun sehen Sie sich das an! Wir haben die Offensive ergriffen. Vielleicht können Sie nicht voraussehen, was geschehen wird, aber ich kann es: die neue Don-Front wird den ganzen Ruhm einstecken für den Sieg von Stalingrad, und unsere Armeen der neuen Süd-Front werden unbeachtet bleiben.» Er weinte immer noch bitterlich.

Ich versuchte, ihn zu beruhigen, und sagte: «Natürlich ist die persönliche Befriedigung eines Soldaten oder eines Kommandeurs wichtig, aber das ist nicht die Hauptsache. Die Hauptsache ist der Ruhm des Volkes, der Sieg unseres Volkes und unserer Sache.» Aber ich vermochte ihn nicht zu trösten. Er tat mir wirklich sehr leid. Ich wußte, wieviel er durchgemacht hatte. Mit seiner ganzen Kraft und seinem ganzen Können hatte er sich für unseren Sieg eingesetzt. Ich finde in der russischen Sprache keine Worte, die meine Bewunderung für Jeremenkos Leistung als Kommandeur der Stalingrad-Front angemessen zum Ausdruck bringen.[17]

Wir schlossen Paulus' Armee im Herbst ein und gaben ihr im Winter den Rest. Es war ein entsetzliches Bild, als wir zu Beginn des Frühlings in die Stadt einrückten. Natürlich gibt es immer Schreckliches in Kriegszeiten. Unsere Truppen waren damit beschäftigt, die Leichen deutscher Soldaten einzusammeln. Wir fürchteten uns vor den Folgen, wenn man sie liegen ließ, da nun der Frühling und ein heißer Sommer vor der Tür standen. Wir wußten, wenn nicht rasch etwas geschah, würden sie verwesen, und es könnte eine Epidemie ausbrechen. Aber es war nicht einfach. Die Erde war noch gefroren, und es war schwierig, den Boden aufzugraben. Wir sammelten Tausende von Leichen, schichteten sie aufeinander und legten immer eine Lage Eisenbahnschwellen dazwischen. Dann wurden diese riesigen Scheiterhaufen angezündet. Ich ging einmal hinaus, um mir das anzusehen, aber ich bin kein zweites Mal hingegangen. Napoleon oder sonst jemand hat einmal gesagt, brennende Feindesleichen riechen gut. Nun, was mich betrifft, ich bin anderer Meinung. Es war ein sehr unerfreulicher Geruch und überhaupt eine sehr unerfreuliche Szene.

Bei Stalingrad fanden wir tote deutsche Soldaten, die halb nackt waren. Oft fehlten Hosen und Stiefel. Die waren nicht von den Wölfen geholt worden. Das war das Werk von Plünderern, es tut mir leid, das sagen zu müssen. Ich vermute, daß Soldaten und Zivilisten gleichermaßen am Plündern beteiligt gewesen sind.

Als wir nach der Schlacht von Stalingrad vorstießen, sah ich erschos-

17 Jeremenko wurde zugunsten von Rokossowskij zurückgesetzt, der die Offensive der Don-Front übernahm. Er mußte Rokossowskij drei Armeen abtreten, darunter die berühmte 62., die die letzten Ruinenreste der Stadt gehalten hatte.

sene deutsche Soldaten in vielen großen Haufen beieinanderliegen. Ich fragte General Wolskij: «Sind diese Leute exekutiert worden?»

«Nein, sie sind alle im Kampf gefallen.»

Nun, der Feind erleidet immer gewaltige Verluste, wenn eine Armee vorrückt, aber ich schloß die Möglichkeit nicht aus, daß sich einige unserer Soldaten über unsere strikte Anweisung, Gefangenen gegenüber keine Gewalt anzuwenden, hinweggesetzt hatten. Abgesehen von moralischen Erwägungen, wollten wir der Feindpropaganda keinen Vorwand für die Behauptung liefern, vorrückende sowjetische Truppen würden ihre Gefangenen erschießen. Indes war es absolut verständlich, wenn einige unserer Leute von ihrem Haß auf die Deutschen überwältigt wurden und jeden faschistischen Soldaten töteten, den sie in die Finger bekamen, als Rache für die Grausamkeiten, die die Deutschen auf dem besetzten sowjetischen Territorium begangen hatten.

General Malinowskij

Die Karriere von Marschall Malinowskij, der später unter Chruschtschow Verteidigungsminister wurde, erscheint hier in neuem Licht. Dieser Abschnitt bietet auch einen anschaulichen Einblick in die Atmosphäre von Intrigen und Verdächtigungen in Stalins Umgebung, die jeden zu ersticken oder zu vernichten drohte, der mit ihrem Miasma in Berührung kam. Es ist zu beachten, daß sich die Affäre Larin nicht in den ersten Monaten des Krieges abspielte, als Verwirrung und Unsicherheit herrschten, sondern nach dem Sieg von Stalingrad.

In den ersten Kriegsjahren lernte ich Rodion Jakowlewitsch Malinowskij sehr gut kennen. Er fiel eine Weile in Ungnade, nachdem Rostow sich den Deutschen ergeben hatte, aber er galt weit und breit als einer unserer fähigsten Kommandeure. Er pflegte mir sehr spannende Geschichten aus seinem früheren Leben zu erzählen. Ich glaube, seine Mutter war nicht verheiratet gewesen, jedenfalls hat er seinen Vater nie gekannt. Er wurde von einer Tante großgezogen und verlebte seine Kindheit in Odessa. Für seine Mutter empfand er nur Groll, aber von seiner Tante sprach er immer sehr liebevoll. Er arbeitete als Laufbursche in Odessa, und als der Erste Weltkrieg ausbrach, brannte er durch und schloß sich einem Regiment an, mit dem er an die Front ging. So kam er zur Armee. Zuletzt war er MG-Schütze bei einer russischen Truppeneinheit, die zu den nach Frankreich entsandten russischen Expeditionsstreitkräften gehörte.

Viele Jahre später, als er Verteidigungsminister der UdSSR war, begleitete mich Malinowskij auf meiner Reise nach Paris, wo ich die Regierungschefs der drei Großmächte treffen sollte. Die Konferenz platzte,

Mit General Malinowskij, 1944

. . . und zwei anderen Generalen

ehe sie überhaupt begonnen hatte, weil die Amerikaner eines ihrer U 2-Spionageflugzeuge über unser Land schickten und wir es abschossen – ein Wendepunkt in der Geschichte unseres Kampfes gegen die amerikanischen Imperialisten, die den Kalten Krieg gegen uns führten. Als wir in Paris waren, schlug Malinowskij vor: «Besuchen wir doch das Dorf, wo meine Einheit während des Ersten Weltkriegs stationiert war. Der alte Bauer, in dessen Haus wir einquartiert waren, ist sicher tot, aber seine Frau war damals jung. Vielleicht lebt sie noch.» Wir nahmen ein Auto und fuhren über eine der schönen französischen Straßen. Malinowskij wies uns ohne Schwierigkeiten den Weg zu dem Dorf. Wir fanden das Haus, wo er gewohnt hatte. Die Hausfrau und ihr Sohn, der jetzt selbst Kinder hatte, begrüßten uns freundlich. «Mein Mann ist schon lange tot», sagte sie uns.

Freunde kamen herbei, Champagner wurde ausgeschenkt, Malinowskij begann in Erinnerungen zu schwelgen und Fragen nach Leuten und Orten zu stellen, die er gekannt hatte.

«War hier nicht irgendein Bistrot in der Nähe, wo sich die Bauern immer trafen?»

«Daran erinnern Sie sich noch?»

«Ja, ich erinnere mich sehr gut daran.»

«Dann erinnern Sie sich gewiß auch an das Mädchen Sowieso?»

«Ja», sagte Malinowskij lächelnd, «natürlich.»

Alle lachten. «Er weiß es noch! Sie war bildhübsch. Aber sie ist schon lange tot.»

Immer mehr Franzosen kamen. Die Nachricht verbreitete sich rasch, daß der sowjetische Verteidigungsminister hier zu Gast sei, der vor fast fünfzig Jahren mit einer russischen Einheit in diesem Dorf stationiert gewesen war.

«Natürlich erinnern wir uns an Sie!» sagten alle. «Sie hatten einen russischen Bären bei Ihrer Einheit, nicht wahr?» Malinowskij lachte und erklärte mir, daß er und seine Kameraden auf dem Weg nach Frankreich einen jungen Bären gefunden und mitgenommen hatten. Malinowskij war noch in Frankreich, als die Revolution in der Heimat ausbrach. Ich erinnere mich, daß Malinowskij, als er mir seine Lebensgeschichte erzählte, sagte: «Es hat mich lange bedrückt, daß ich bei Ausbruch der Revolution bei den russischen Expeditionstruppen im Ausland war.» Unter großen Schwierigkeiten kehrte er über Wladiwostok nach Rußland zurück und durchquerte Sibirien, das damals in Koltschaks Hand war. Schließlich stieß er auf die Rote Armee. Ich erzähle diesen Teil von Malinowskijs Lebensgeschichte, weil er wichtig ist für das Verständnis der Stalinzeit. Jahrelang schwebte das Damoklesschwert des Mißtrauens über ihm, einmal, weil er während des Ersten Weltkrieges den zaristischen Expeditionstruppen angehört hatte, und zum anderen, weil er in dem von den Weißen besetzten Gebiet gewesen war, ehe er in die Rote Armee eintrat.

Stalins persönliches Mißtrauen gegen ihn erwachte wieder, als wir nach der Schlacht von Stalingrad an der Süd-Front zusammenarbeiteten. Folgendes war geschehen:

Eines Tages stürzte Malinowskij in mein Quartier in Werchne-Zarizynk. Er war sehr erregt. Tränen rannen ihm über das Gesicht.

«Rodion Jakowlewitsch, was um alles ist los? Was ist geschehen?»

«Etwas Schreckliches. Larin hat sich erschossen.»

Larin war Mitglied des Militärrats der 2. Garde-Armee. Er war ein echter Soldat und guter General. Er und Malinowskij waren eng befreundet. Larin war sein Kommissar gewesen, als Malinowskij sein erstes Korpskommando erhielt, und seitdem hatte er mehr als einmal Larin als seinen Kommissar angefordert.

Larins Adjutant berichtete mir später die Umstände seines Todes. Es ist eine an sich unglaubliche Geschichte. Offenbar wollte er vor dem Feind fallen, als er unsere Truppen an der Front inspizierte. Statt hinter einem Heuschober Deckung zu nehmen, als die Deutschen das Feuer eröffneten, stolzierte er umher, bot dem Feind ein verlockendes Ziel und suchte bewußt den Tod. Er wurde verwundet, aber nicht schwer. Die Kugel saß in der Wade, hatte aber den Knochen nicht beschädigt. Als ich ihn in seinem Quartier besuchte, saß er im Bett und plauderte vergnügt mit einer armenischen Ärztin. Er schien guten Mutes zu sein bis zu dem Augenblick, als er sich erschoß.

Wir wissen, wie Larin Selbstmord beging, aber wir wissen nicht, warum. Es wäre noch verständlich gewesen zu Beginn des Krieges, als sich mehrere Generale während des Rückzuges erschossen. Aber jetzt hatte sich das Blatt gewendet, und wir griffen an. Wir hatten Paulus eingeschlossen, und die 2. Garde-Armee, die Larin im Militärrat vertrat, hatte sich im Kampf gegen Manstein bewährt. Es schien überhaupt keinen Grund für seinen Selbstmord zu geben – zumindest keinen, der mit unserem Kampf gegen die Deutschen zusammenhing.

Larin hinterließ einen Brief. Auch dieser Brief war sehr seltsam. Der Kernpunkt war einfach, daß er nicht länger leben könne. Über seiner Unterschrift stand: «Lang lebe Lenin!» Wir schickten Larins Brief sofort nach Moskau, wo Schtscherbakow ihn in die Finger bekam. Man soll nichts Unfreundliches über Tote sagen, deshalb will ich über Schtscherbakow nur sagen, daß er seit vielen Jahren hoher Parteiarbeiter gewesen war und während des Krieges Leiter der Politischen Hauptverwaltung der Roten Armee.[18] Schtscherbakow zeigte sein wahres Gesicht, als er Larins Abschiedsbrief in die Hand bekam. Er benutzte ihn dazu, Stalins Mißtrauen gegen Malinowskij zu schüren und mir eins auszuwischen, da ich Mitglied des Militärrats jener Front war, wo sich der Vorfall ereignet hatte.

18 Siehe Anmerkung 3 dieses Kapitels.

Kurz nachdem wir Larins Brief abgeschickt hatten, wurde ich nach Moskau gerufen. Wie üblich gab es ein nicht enden wollendes Essen mit allem Drum und Dran bei Stalin.

Während der Mahlzeit fragte mich Stalin: «Wer ist dieser Malinowskij?»

«Über Malinowskij habe ich Ihnen schon mehr als einmal berichtet», antwortete ich. «Er ist ein ziemlich bekannter General, der zu Beginn des Krieges ein Korps kommandierte und dann eine Armee. Anschließend war er Befehlshaber der Süd-Front, wo er einige Rückschläge erlitt, wie Sie wissen.»

Malinowskij wurde nach dem Fall von Rostow von seinem Posten abgelöst und stellte hinter der Front die 2. Garde-Armee auf.

Schtscherbakow schürte nun Stalins Argwohn gegen Malinowskij und indirekt auch gegen mich: «Wissen Sie», sagte er, «die ganze Sache ist sehr rätselhaft. Vielleicht ist es kein Zufall, daß Larin schrieb: ‹Lang lebe Lenin› und nicht ‹Lang lebe Stalin›. Warum hat er wohl Lenin geschrieben statt Stalin? Was wollte er damit sagen?»

«Ich habe keine Ahnung», antwortete ich. «Larin war offensichtlich unter starkem seelischen Druck, als er sich erschoß.»

Schtscherbakow war unverkennbar daran gelegen, daß ich Larin und auch Malinowskij denunzierte, aber ich gedachte nicht, mich von ihm dazu mißbrauchen zu lassen.

Später fragte mich Stalin noch einmal: «Wer ist dieser Malinowskij?»

«Genosse Stalin, ich kenne Malinowskij seit Beginn des Krieges und kann ihm nur das beste Zeugnis ausstellen, als General und als Mensch.»

Ich merkte, daß Malinowskij gefährdet war. Seine frühere Laufbahn, der Mißerfolg bei Rostow und jetzt Larins Selbstmord – all das hing nach Stalins Ansicht miteinander zusammen. Die Beweise gegen Malinowskij häuften sich trotz meiner standhaften Versuche, für ihn einzutreten.

«Wenn Sie wieder zur Front gehen», sagte Stalin, «sollten Sie ihn scharf beobachten. Ich möchte auch, daß Sie das Hauptquartier der 2. Garde-Armee im Auge behalten. Überprüfen Sie alle seine Befehle und Entscheidungen. Folgen Sie ihm auf Schritt und Tritt.»

«Sehr gut, Genosse Stalin. Ich werde Malinowskij nicht aus den Augen lassen.»

Als ich zur Front zurückkam, mußte ich Malinowskij zu allen Stunden des Tages nachspionieren. Sogar wenn er ins Bett ging, mußte ich ihn bespitzeln und nachsehen, ob er auch die Augen schloß und wirklich schlief. Das gefiel mir kein bißchen.

Erst nach Stalins Tod, als Malinowskij und ich einmal auf die Jagd gingen, erzählte ich ihm, wie Stalin auf Larins Selbstmord reagiert hatte und wie ich im Oberkommando über ihn Bericht erstatten mußte. Malinowskij sagte, er habe die ganze Zeit gewußt, warum ich ihm überallhin folgte und sogar ein Quartier neben dem seinen bezogen hatte. Er sagte, er habe für meine mißliche Lage Verständnis gehabt und es mir nicht übelgenommen. Er wußte, solange er seine Aufgabe anständig und gewissenhaft erfüllte, würde ich ihm nicht schaden und Stalin Gutes über ihn berichten.

Ich weiß nicht, was Malinowskij davor bewahrt hat, ein Opfer von Stalins Zwangsvorstellung zu werden, Menschen verhaften und auslöschen zu müssen. Vielleicht nötigten die praktischen Erfordernisse der Kriegszeit Stalin, seine Wut und sein Mißtrauen in Grenzen zu halten. Vielleicht lag es aber auch an meinem Eintreten für Malinowskij, daß er verschont blieb. Schließlich war mein Einfluß bei Stalin nicht unbeträchtlich.[19]

Ein Besuch des Genossen Ulbricht

Hier können wir einen Blick auf Walter Ulbricht werfen, der zusammen mit anderen deutschen Kommunisten die Kriegsjahre in der Sowjetunion verbrachte.

Der hier berichtete Vorfall muß sich im Dezember 1942 abgespielt haben, als die Russen Mansteins verzweifelten Versuch abwehrten, die in Stalingrad eingeschlossene 6. Armee zu entsetzen.

Einmal kam Walter Ulbricht zusammen mit ein paar anderen deutschen Kommunisten nach Werchne-Zarizynsk, um über Lautsprecher Propaganda beim Feind zu machen. Sie forderten die deutschen Truppen auf, sich zu ergeben. Dies geschah gewöhnlich nachts. Ulbricht und ich aßen oft gemeinsam, wenn er von der Front zurückkam. Ich machte häufig Witze, wenn wir zusammen saßen: «Na, Genosse Ulbricht, es sieht nicht so aus, als ob Sie heute Ihr Abendbrot verdient hätten. Es haben sich keine Deutschen ergeben.»

Dann wurde mir eines Tages gemeldet, daß ein deutscher Soldat übergelaufen sei. «Bringt ihn her», sagte ich. «Wollen mal sehen, was für ein Typ das ist, und wir wollen auch hören, was er über die Moral seiner Kameraden zu sagen hat.»

Sie brachten den Mann zu mir. «Wer sind Sie?» fragte ich. «Und welche Nationalität?»

«Ich bin Pole.»

«Wie sind Sie in die deutsche Armee gekommen?»

19 Als Protegé Chruschtschows wurde Malinowskij 1957 zum Verteidigungsminister ernannt. Er löste Marschall Schukow ab, dem die Parteiführung selbstherrliches Verhalten vorwarf. Malinowskij starb 1967.

«Ich stamme aus dem Teil Polens, der Deutschland angegliedert wurde. Ich wurde eingezogen.»

Ich hatte ein unbehagliches Gefühl bei diesem Mann. «Wir haben vor, eine polnische Armee aufzustellen, die euer Land befreien soll», sagte ich zu ihm. «Was halten Sie davon?»

«Das freut mich. Natürlich möchte ich, daß Polen befreit wird.»

«Schön, wollen Sie in die polnische Armee eintreten?»

«Nein.»

«Wie soll Polen dann befreit werden?»

«Die Russen werden Polen befreien.»

Mir gefiel der Ton nicht, in dem er das sagte. Ich wandte mich an den Genossen Ulbricht: «So was haben Sie also hergelockt mit Ihrer Propaganda. Er ist überhaupt kein deutscher Soldat, sondern ein Pole, der vor den Deutschen flieht. Und er ist nicht einmal bereit, sich an der Befreiung seines eigenen Landes zu beteiligen.»

Später liefen ein paar echte Deutsche über und wurden gefangengenommen. Zu Weihnachten ordnete ich an, daß sie Gäste in unserem Hauptquartier sein sollten – das heißt, in Malinowskijs Hauptquartier. Aber ich gab Anweisung, daß sie zuerst ins Bad gebracht und entlaust wurden und Gelegenheit erhielten, sich zu waschen und saubere Uniformen anzuziehen. Dann nahmen wir sie mit in unser Quartier und gaben jedem 100 Gramm Wodka und etwas zu essen. Ulbricht war auch da. In der Unterhaltung sagte einer der deutschen Kriegsgefangenen, er sei gegen die Nazis, gegen Hitler und gegen den Krieg. Er machte den besten Eindruck der Gruppe. Ulbricht fragte ihn: «Wären Sie bereit, für uns zu arbeiten, wenn wir Sie zu den deutschen Linien zurückschicken?»

«Ich bin bereit», sagte der Deutsche. «Lassen Sie jeweils nur einen gehen; wir werden unseren Offizieren sagen, wir seien geflohen.»

Es kam zu einer Debatte unter den Gefangenen. Ein anderer sagte: «Wenn wir zu unseren Linien zurückgehen, werden wir erschossen. Keiner wird uns glauben, daß wir geflohen sind. Und auch keine andere Geschichte, die ihr euch ausdenkt.»

‹Unser› Deutscher erwiderte heftig: «Du Feigling! Ich werde gehen! Sollen sie mich doch erschießen! Mir macht's nichts aus, für die gute Sache zu sterben.»

Genosse Ulbricht und ich waren uns völlig einig, daß es wünschenswert sei, die deutschen Überläufer wieder zurückzuschicken. Dann erfuhr Tolbuchin von unserem Plan. Er kam zu mir und sagte: «Genosse Chruschtschow, lassen Sie diesen Gedanken fallen. Die deutschen Gefangenen kennen die Lage unseres Hauptquartiers. Wenn wir sie laufenlassen, könnten sie uns verraten, und dann werden wir bombardiert.»

«Da besteht keine Gefahr», sagte ich. «Sie sind mit verbundenen Augen ins Hauptquartier gekommen und ebenso wieder weggebracht worden. Sie haben keine Ahnung, wo sie sind.»

«Trotzdem kann ich es nicht riskieren. Zumindest schicken Sie sie nicht zurück, ehe ich mein Hauptquartier verlegt habe.»

Ich merkte, daß es keinen Zweck hatte, auf der Sache zu bestehen. Ich wußte, daß Stalin mich nicht unterstützen würde, wenn Tolbuchin sich über meinen Kopf hinweg direkt an ihn wendete. Ich erzählte Ulbricht nichts von Tolbuchins Bedenken, sondern sagte nur: «Genosse Ulbricht, es wäre wohl besser, wenn wir diesen Plan aufgeben, denn es besteht die Gefahr, daß diese Deutschen die Lage unseres Hauptquartiers verraten, wenn wir sie laufenlassen.»

«Nun gut.» Er zuckte die Schultern. «Dann ist das erledigt.» Und er fuhr fort, Propaganda über die deutschen Linien hinweg zu machen.

Kursk

Die Schlacht im Kursker Bogen (ein Frontvorsprung der Russen) war die größte Panzerschlacht der Geschichte. Stalingrad war der Wendepunkt des Krieges gewesen, aber nun, im Juli 1943, rissen die sowjetischen Armeen bei Kursk endgültig die Initiative an sich. Der deutsche Angriff, der die Moral der Truppen nach Stalingrad wieder festigen sollte, brach zusammen, und die Russen stießen in breiter Front nach Westen, bis an den Dnjepr nach. Es war eine von sowjetischer Seite sorgfältig geplante Operation in gewaltigem Maßstab (6000 Panzer und Geschütze auf Selbstfahrlafetten wurden von den Russen in die Schlacht geworfen). Die Befehlshaber auf sowjetischer Seite waren: Schukow, Wassilewskij, Rokossowskij und Generalleutnant Watutin, Kommandeur der Woronesch-Front. Chruschtschow war während dieser Sommeroffensive politischer Berater Watutins.

Unsere Verleumder pflegten zu sagen, der einzige Grund, warum wir Paulus' gewaltige Armee in Stalingrad besiegen konnten, sei die Tatsache, daß wir den russischen Winter auf unserer Seite hatten. Das gleiche sagten sie, als wir 1941 die Deutschen vor Moskau besiegten. Seit Rußland Napoleon geschlagen hatte, haben die Leute immer behauptet, der Winter sei unser Hauptverbündeter. Indes konnten die Deutschen damit nicht ihre Niederlage im Kursker Bogen im Jahre 1943 erklären. Sie feuerten den ersten Schuß ab; sie wählten den Termin, den Ort, die Art der Schlacht. Hitler und seine Halsabschneider hatten alle Karten in der Hand. Es war Hochsommer. Wenn Sie es poetisch ausdrücken wollen, könnten Sie sagen, das Land stand in voller Blüte, von Saft und süßen Düften strotzend.

Unsere Armeen unter Rokossowskij sollten am 20. Juli von sich aus eine Offensive beginnen. Wir waren überzeugt, daß wir Erfolg haben, die Deutschen schlagen und nach Westen zum Dnjepr treiben würden. Wir waren alle von einem einzigen Wunsch beseelt – die deutschen Linien zu durchbrechen und Charkow zu befreien.

Ungefähr fünfzehn oder sechzehn Tage vor dem vorgesehenen Beginn unserer Operation erhielten wir plötzlich einen Anruf von der 6. Armee. Der Kommandeur sagte uns, ein deutscher Soldat von einer SS-Division sei übergelaufen und bringe wichtige Nachrichten mit: «Er sagt, die Deutschen werden morgen früh um drei Uhr angreifen.» Wir gaben Befehl, den Gefangenen sofort zu uns zu bringen. Watutin und ich verhörten ihn.

«Warum glauben Sie, daß ein Angriff bevorsteht?» fragte ich.

«Natürlich habe ich die Befehle für die Offensive nicht selbst gesehen», antwortete er, «aber die Truppe spürt es, wenn etwas im Gange ist. Und es ist mehr als nur eine Vermutung. Erstens haben wir Verpflegung für drei Tage bekommen. Zweitens sind Panzer vorverlegt worden. Drittens ist Befehl ergangen, Munition gleich an den Geschützen aufzustapeln, um beim Laden keine Zeit zu verlieren, wenn die Artillerie das Feuer eröffnet.»

«Aber warum sind Sie so sicher, daß der Angriff um drei Uhr morgens beginnt?» fragte ich.

«Das können Sie sich selbst ausrechnen. Jetzt wird es ungefähr um diese Stunde hell, und dann greift das deutsche Oberkommando gern an.»

Dieser Überläufer war jung und sah gut und gepflegt aus – offensichtlich stammte er nicht aus einer Arbeiterfamilie. Er gehörte zu einer der ziemlich bekannten SS-Panzerdivisionen – «Adolf Hitler» oder «Das Reich» oder «Totenkopf». Diese drei Divisionen waren alle gegen uns eingesetzt. Ich habe öfter zu Watutin gesagt, ganz gleich, wo ich an die Front ginge, immer stieße ich auf die «Totenkopf»-Division.

Ich fragte den Deutschen, ob er Nazi sei.

«Nein, ich bin gegen die Nazis. Darum bin ich ja übergelaufen.»

«Aber Sie sind bei der SS, und die sind alle Nazis.»

«Nicht mehr. Im ersten und zweiten Jahr des Krieges war es so, aber jetzt nimmt die SS jeden, den sie kriegen kann. Mich haben sie wegen meiner Größe und wegen meines Aussehens genommen. Ich stamme übrigens auch nicht aus Verhältnissen wie die Nazis. Meine Eltern sind Elsässer, ich bin als Franzose großgeworden. Meine Eltern sind gegen Hitler, und so haben sie mich erzogen. Ich will meinen Kopf nicht für Hitler hinhalten. Darum bin ich übergelaufen. Für das deutsche Volk wäre es nur gut, wenn Hitler besiegt und vernichtet würde.»

Als wir mit der Vernehmung des Gefangenen fertig waren, nahmen unsere Abwehroffiziere ihn mit. Wir riefen sofort in Moskau an, um das Oberkommando zu warnen, daß die Deutschen eine Offensive planten.

Kurz danach rief Stalin zurück. Er wollte mich sprechen. Ich weiß

Als einer der Sieger: Nach der Schlacht im Kursker Bogen

nicht, ob er vorher mit Watutin gesprochen hatte oder nicht. Wenn ich so oft erwähne, daß Stalin mich anrief, dann soll das nicht heißen, daß er den Kommandeur nicht auch anrief. Die Leute sollen nicht denken: «Dieser Chruschtschow macht sich wieder wichtig und sagt die ganze Zeit ich-ich-ich.»

Nein, meine verehrten Freunde, ich mache mich nicht wichtig. Ich versuche Ihnen nur ein Bild von den Ereignissen zu geben, wie ich sie sah. Ich gehörte dem Militärrat und dem Politbüro an; Stalin kannte mich und vertraute mir. Auch wenn er mich manchmal zum Sündenbock für seine eigenen Fehler machte und dann und wann seine Enttäuschung und Besorgnis an mir ausließ, so hatte er doch großes Vertrauen zu mir. Oft rief er an und fragte nach meiner Meinung. Das tat er, als ich in Stalingrad und im Süden war und ebenso hier im Kursker Bogen.

Stalin hörte ruhig zu, als ich ihm die Situation erklärte. Er war nicht grob oder ungeduldig, wie früher manchmal. Das freute mich. Ich habe keine Ahnung, warum er diesmal so gelassen und beherrscht war, während er sich bei anderen Gelegenheiten so maßlos aufregte. Es war, als ob der Teufel selbst eine Schnur an Stalins Hauptnerv befestigt hätte, und niemand wußte, wann er an der Schnur zupfen und Stalin damit in einen seiner Wutanfälle versetzen würde. Stalins Temperament und ebenso seine Selbstbeherrschung gingen über das übliche Maß hinaus. Kurz, er war eine überwältigende Persönlichkeit.

Nachdem ich ihn über die Lage unterrichtet hatte, fragte mich Stalin: «Was sollten wir Ihrer Ansicht nach tun?»

«Der Kommandeur und ich haben unsere Meinungen ausgetauscht, und wir sind sehr optimistisch. Wir freuen uns geradezu, daß die Deutschen morgen eine Offensive beginnen.»

«Warum?»

«Weil unsere Stellungen gut sind und der Feind blutig dafür bezahlen wird, wenn er versucht durchzubrechen. Obwohl wir noch Verstärkungen erwarten, werden wir standhalten können. Bei der Verteidigung braucht man weniger Truppen als beim Angriff. Wir haben das in der Theorie und auch in der Praxis schon gelernt.»

Auch der Feind war siegessicher. Später sah ich einen Befehl, den wir bei einer vernichteten deutschen Panzereinheit fanden. Es war ein Aufruf an die deutschen Truppen, der ungefähr so lautete: «Ihr unternehmt jetzt eine Offensive mit Panzern, die den russischen T-34 weit überlegen sind. Bisher waren die T-34 die besten Panzer der Welt, sogar besser als unsere. Aber jetzt habt ihr unsere neuen Tiger-Panzer. Es gibt keine, die ihnen gleichkommen. Mit einer solchen Waffe werden deutsche Soldaten den Feind unweigerlich niederwerfen.»

Ihre neuen Panzer waren wirklich sehr bedrohlich, aber unsere Truppen lernten rasch, mit ihnen fertig zu werden. Bei Kursk gewannen wir eine Schlacht, die in diesem Krieg den Ausschlag zu unseren Gunsten gab.

Meiner Ansicht nach war die Schlacht im Kursker Bogen der Wendepunkt im großen vaterländischen Krieg. Sie war entscheidend für Hitlerdeutschlands Niederlage und den schließlichen Triumph unserer Sowjetarmee, unserer Ideologie und unserer Kommunistischen Partei.

Sieg

Chruschtschow zog im November 1943 in Kiew ein. Er war jetzt Generalleutnant und fühlte sich gewiß eins mit der Truppe, zu der er seit mehr als zwei Jahren gehörte. Er rückte mit der Armee weiter vor bis zur polnischen Grenze, aber damit war seine Militärzeit vorüber, und er mußte nach Kiew zurückkehren und sich der Aufgabe zuwenden, Partei und Regierung der Ukraine wieder auf die Beine zu stellen.

Nach ihrer Niederlage bei Kursk wichen die Deutschen unter den Schlägen unserer Armee nach Westen zurück. Auch ich habe menschliche Schwächen, unter anderem Stolz, und es erfüllt mich mit Befriedigung, daß ich Mitglied des Militärrats jener Fronten war, die an den gewaltigen Schlachten der Roten Armee bei Stalingrad und Kursk beteiligt waren.

Nach Kursk blieb ich zunächst bei der Woronesch-Front, dann wurde ich der Ersten Ukrainischen Front zugeteilt. Wir kämpften uns hartnäkkig an Kiew heran. Es war eine Stunde des Triumphs, als wir das Westufer des Dnjepr erreichten. Wir kämpften um die Befreiung der Hauptstadt der Ukraine, der Mutter der russischen Städte. Jeder spürte Freudentränen in sich aufsteigen. Seit 1941 waren wir bis Stalingrad zurückgetrieben worden. Und jetzt, morgen oder übermorgen, würden wir in Kiew sein!

Als wir noch vor der Stadt waren, kam Schukow vom Oberkommando zu uns. Ein unterirdischer Bunker wurde für ihn und mich bereitgemacht, in dem wir schliefen. Tagsüber saßen wir herum, erzählten uns Witze und erörterten die Lage. Am zweiten oder dritten Tag machten wir uns gar nicht mehr die Mühe, in den Unterstand zu gehen. Wir hatten die Deutschen in die Wälder getrieben, und unsere Truppen schossen sich am Stadtrand mit ihnen herum. Dank unserem Brückenkopf westlich der Stadt konnten wir verhindern, daß der Feind auf der Straße Schitomir–Kiew ausbrach.

Stellvertretender Befehlshaber der Woronesch-Front war Gretschko[20], und dessen Stab lag in Meschgora. Ich erinnere mich, daß die Sonne

20 Generaloberst A. A. Gretschko; später Marschall; Verteidigungsminister als Nachfolger von Malinowskij; Oberkommandierender der Streitkräfte des Warschauer Pakts.

gerade unterging, als Gretschko auf unserem Gefechtsstand vor Kiew eintraf. Es war ein warmer Abend, obwohl es schon Herbst wurde. Wir saßen draußen und hatten Burkas[21] umgehängt. Gretschko fuhr vor und erstattete mir direkt Meldung. Ich kannte ihn schon lange und hatte große Hochachtung vor ihm, deshalb erlaubte ich mir einen Scherz über seine unwahrscheinliche Größe: «Genosse General, treten Sie doch bitte ein wenig zurück, damit ich Ihnen in die Augen sehen kann.» Er lachte. Ich erinnere mich nicht genau, was er in seinem Bericht sagte, aber der Hauptpunkt war das, was wir schon wußten: der Feind war vernichtend geschlagen.

Kurz danach gab es eine heftige Explosion, und eine Rauchwolke stieg vor der Stadt auf. Ich kannte Kiew wie meine Westentasche und sagte: «Die Deutschen sprengen die Fabrik Bolschewik im westlichen Teil der Stadt. Wenn sie Gebäude sprengen, dann müssen sie auf der Flucht sein.»

Vor unserer Offensive hatte ich Sonderkommandos zusammenstellen lassen, die sofort zum Gebäude des Zentralkomitees, zum Sitz des Militärbezirks Kiew, dem Gebäude des Ministerrats, der Akademie der Wissenschaften und anderen wichtigen Punkten vorstoßen und verhindern sollten, daß die Deutschen Feuer legten oder Sprengladungen zündeten. Sie sollten die deutschen Sprengtrupps vertreiben und alle Ladungen entschärfen.

Als die Explosionen begannen, sagte ich zum Kommandeur der Artillerie: «Genosse Warenzow, geben Sie Befehl, Kiew mit Streufeuer zu belegen.» Er sah mich überrascht an. Er wußte, daß ich ein treuer Kiewer war und die Stadt sehr liebte. Warum gab ich ihm nun den Befehl, Kiew zu beschießen?

«Genosse Warenzow, wenn Sie das Feuer auf die Stadt eröffnen», erklärte ich ihm, «werden die Deutschen in Panik geraten. Sie werden noch schneller davonlaufen, und in der Stadt weniger Schaden anrichten. Die Beschädigung durch ein paar verstreute Granaten können wir immer noch beseitigen.»

Unsere Truppen rückten am 6. November [1943] in Kiew ein, einem besonders triumphalen Tag, weil es der Vorabend des Jahrestages der Großen Oktoberrevolution war. Es sah so aus, als hätten wir die Befreiung Kiews absichtlich so eingerichtet zur Feier dieses Jahrestages, aber in Wirklichkeit war es nur ein glücklicher Zufall.

Früh am Morgen des 6. November schickte ich meinen Fahrer, Genossen Schurawlew, nach Kiew hinein, um den Straßenzustand zu erkunden. Er berichtete, daß die Straßen völlig frei seien. Einige ukrainische Persönlichkeiten und ich machten uns auf in die Stadt. Ich kann nicht

21 Burka = brauner Filzmantel.

Nach der Einnahme von Rostow, Februar 1943

Bei Kiew, Oktober 1943

beschreiben, welche Bewegung mich überwältigte, als ich nach Kiew hineinfuhr. Es war die altvertraute Straße, über die wir vor dem Krieg immer zu unserer Datscha hinausgefahren waren. Wir fuhren durch die Vorstädte und kamen dann zum Kreschtschatik[22]. Ich ging gleich zum Ministerrat, um das Gebäude zu inspizieren. Äußerlich war es in Ordnung. Auch das Gebäude des Zentralkomitees stand noch und ebenso die Akademie der Wissenschaften und die Theater, aber die Fabriken Bolschewik und Kreschtschatik waren beide zerstört.

Die Stadt wirkte unheimlich. Sie war so geräuschvoll, lebhaft und voller Jugend gewesen, und jetzt war kein Mensch zu sehen. Als wir den Kreschtschatik hinuntergingen und in die Leninstraße einbogen, hallten unsere Schritte auf dem leeren Pflaster wider. Bald kamen Leute aus ihren Verstecken. Es schien, als seien sie aus dem Erdboden aufgetaucht.

Als wir in lebhaftem Gespräch die Leninstraße in Richtung Oper hinuntergingen, hörten wir plötzlich ein hysterisches Schreien, und ein junger Mann kam auf uns zugerannt. Er rief immerzu: «Ich bin der einzige Jude, der noch übrig ist! Ich bin der letzte Jude in Kiew, der noch am Leben ist!» Ich versuchte, ihn zu beruhigen. Ich merkte, daß er sehr erregt war, und fürchtete, er sei vielleicht verrückt geworden. Ich fragte ihn, wie er hatte am Leben bleiben können. «Meine Frau ist Ukrainerin», sagte er, «und sie hat mich auf dem Dachboden versteckt. Sie hat mir zu essen gebracht und mich versorgt. Hätte ich mich in der Stadt sehen lassen, wäre ich mit all den anderen Juden zusammen umgebracht worden.»[23]

Später trafen wir einen alten Mann mit grauem Bart, der einen ebensolchen Brotbeutel trug, wie ich ihn immer zur Arbeit in der Fabrik in Jusowka mitgenommen hatte. Er umarmte mich und küßte mich auf beide Wangen. Ich war sehr gerührt. Ein Fotograf konnte ein Bild von dieser Szene machen, und es erschien in vielen Zeitungen und Zeitschriften.

Meinen ersten flüchtigen Eindruck von Amerikanern bekam ich im Spätfrühling oder Frühsommer des Jahres 1944 in der Nähe von Kiew. Es war ein sonniger, warmer Tag. Plötzlich hörten wir in der Ferne ein dröhnendes Geräusch. Wir schauten zum Himmel auf und sahen eine große Formation von Flugzeugen auf uns zukommen. Diesen Flugzeugtyp hatte ich noch nie gesehen. Ich dachte mir, es müßten Amerikaner sein, denn unsere Luftwaffe hatte keine derartigen Maschinen. Jedenfalls

22 Die Prachtstraße von Kiew.

23 Eine Anspielung auf das Massaker der Kiewer Juden. Deutsche SS- und Polizeiverbände hatten nach Feststellung deutscher Gerichte am 29. und 30. September 1941 in der Schlucht Babij Jar vor den Toren der Stadt 33 771 Juden exekutiert. Um die Spuren zu verwischen, wurden die Wände der Schlucht gesprengt und der Leichenberg zugeschüttet. Insgesamt sind während der deutschen Besetzung in der Ukraine allein 80 000 jüdische Sowjetbürger ermordet worden.

In Charkow, August 1943

Im befreiten Kiew, November 1943

hoffte ich, daß es Amerikaner wären, denn sonst hätten es nur Deutsche sein können. Später erfuhr ich, daß es «Fliegende Festungen», B-17, gewesen waren, die ihren Stützpunkt bei Poltawa hatten, eine Folge unseres Abkommens mit Roosevelt. Nach ihren Bombeneinsätzen über Deutschland nahmen sie bei uns neue Bomben an Bord und tankten auf. Wir sahen sie oft des Nachts auf ihrem Weg zu Zielen in Deutschland, und bei Tagesanbruch kehrten sie zurück. Irgendwie gelang es den Deutschen, die Spur der amerikanischen Bomber bis Poltawa zu verfolgen und ihren Flugplatz zu bombardieren. Ich erhielt einen Bericht, daß viele Flugzeuge zerstört und viele Menschenleben zu beklagen waren. Die Mehrzahl der Gefallenen waren unsere eigenen Leute, die wir als Wartungspersonal für den Luftstützpunkt zu Verfügung gestellt hatten.[24]

Als wir die Deutschen nach Westen trieben, stießen wir auf einen alten Feind – ukrainische Nationalisten. Wir erfuhren vom Genossen Begma, dem Befehlshaber unseres Parteihauptquartiers in der Ukraine, daß die Anhänger Banderas eigene Partisanenverbände aufstellten. Sie hatten ihre Stützpunkte in den Wäldern um Rowno. Ihr Führer wurde (nach dem Helden Gogols) Taras Bulba genannt. Wir beauftragten Begma, genau herauszufinden, was die Banderisten-Partisanen vorhatten. Dann sagten wir ihm, er solle Bulba vorschlagen, gemeinsam mit uns gegen die Deutschen zu kämpfen. Bulba lehnte das ab. Wir wurden uns bald darüber klar, daß die Banderisten ihre Kräfte schonen und in unserem Rücken einen Partisanenkrieg gegen uns anfangen wollten, sobald wir die Deutschen aus der Ukraine vertrieben hatten.

Im Winter 1944 fuhr ich selbst nach Rowno, um mich mit dem Genossen Begma und dem Kommandeur, der die Stadt eingenommen hatte und nun die weitere Umgebung befreite, zu beraten. Ich glaube, es war Moskalenko.[25] Es lag noch Schnee und war bitterkalt. Ich beschloß, nach Kiew zurückzukehren, sobald die Besprechung im Divisionsstab beendet war. Der Kommandeur wollte mich überreden, über Nacht zu bleiben, aber ich blieb dabei, daß ich sofort nach Kiew zurück wollte. Ich fuhr nach Norden entlang unserer alten Grenze mit Polen. In einem un-

24 Abgesehen von einer Jagdstaffel der RAF in der Nähe von Murmansk war die Einrichtung des amerikanischen Luftstützpunktes bei Poltawa Stalins einzige Konzession an die westlichen Alliierten, die von russischem Territorium aus Einsätze fliegen wollten. Der deutsche Luftangriff, den Chruschtschow erwähnt, fand im Juni 1944 statt. Es wurden fünfzig amerikanische Bomber zerstört und etwa dreißig russische und zwei amerikanische Soldaten getötet. Trotz hochgespannter Erwartungen kam bei dieser «Bombardierung Deutschlands im Pendelflug» nicht viel heraus. Nur 18 Einsätze wurden geflogen. Die Operation wurde ständig behindert durch politisches Mißtrauen und bürokratische Schwerfälligkeit der sowjetischen Stellen.

25 Marschall K. S. Moskalenko, damals Kommandeur einer Armee der Ersten Ukrainischen Front.

1943, in der befreiten Ukraine

serer Nachschublager machte ich Rast und bemerkte, daß dort merkwürdig viele Leute herumlungerten. Ich fragte mich, wie viele von ihnen wohl verkleidete Banderisten waren, die sich von unserer Verpflegung nährten, sich an unseren Feuern wärmten und uns ausspionierten. Ich war gewarnt worden, daß die Gegend von Banderisten wimmelte. Statt die Nacht in diesem Nachschublager zu verbringen, fuhr ich weiter in ein kleines Dorf an der alten polnischen Grenze und blieb dort.

Ich wünschte, ich hätte Gelegenheit gehabt, unsere Hauptquartiere an der Front zu besuchen, nachdem unsere Truppen nun die polnische Grenze überschritten hatten. Zu gern hätte ich etwas davon gesehen, wie wir die Deutschen in Osteuropa verfolgten, aber ich hatte in Kiew alle Hände voll zu tun und mußte den Wiederaufbau der Ukraine und die Reorganisation der Partei überwachen.

Es herrschte eine sehr gehobene Stimmung in der Armee, als wir den Feind aus unserem Lande vertrieben. Insbesondere die Garde-Einheiten zeichneten sich im letzten Kriegsjahr aus. Ihre Parole war: «Auf nach Berlin! Von Stalingrad nach Berlin!»

Ein beliebtes Thema für Scherze und Trinksprüche war, wer wohl Kommandant von Berlin werden würde, wenn wir die deutsche Hauptstadt schließlich erobert hätten. Jeder wollte den Posten haben. Jeder, der die Schrecken gesehen hatte, die dieser Krieg über unser Land gebracht hat, oder der persönlich gelitten hatte, wollte sein Teil beitragen, um sicherzustellen, daß die Deutschen für das, was sie angerichtet hatten, bezahlten.

Ich erinnere mich, daß ich eines Tages in Kiew einen Anruf von Schukow erhielt. Er frohlockte. «Bald werde ich diese abscheuliche Bestie Hitler in einen Käfig sperren», sagte er. «Und wenn ich ihn nach Moskau schicke, soll der Weg über Kiew führen, damit Sie ihn sich ansehen können.» Ich wünschte Schukow guten Erfolg. Ich wußte, wenn er die Front kommandierte, lag unsere Offensive in guten Händen. Als Deutschland dann kapituliert hatte, rief Schukow mich wieder an und sagte: «Mein Versprechen kann ich nun doch nicht halten. Dieser schändliche Hitler ist tot. Er hat sich erschossen, und sie haben seine Leiche verbrannt. Wir haben seinen verscharrten Kadaver gefunden.»

So endete das große Epos unseres Volkskrieges gegen die Hitler-Invasoren. Wir waren außer uns vor Freude über die Vernichtung unseres Feindes, und wir empfanden eine hohe moralische Befriedigung über unseren Sieg. Die Worte von Alexander Newskij klangen uns in den Ohren: «Wer mit dem Schwert zu uns kommt, soll durch das Schwert umkommen.»

Ich hätte es besser wissen müssen, aber ich beschloß, Stalin anzurufen, um ihm zu Deutschlands Kapitulation zu gratulieren. Als er am Apparat war, sagte ich: «Genosse Stalin, erlauben Sie mir, Ihnen zum Sieg unserer Streitkräfte und unseres Volkes über das deutsche Heer zu gratulieren.» Und was gab er mir zur Antwort? Er schnitt mir grob das Wort ab und sagte, ich vergeudete seine Zeit. Ich war einfach sprachlos. Ich machte mir Vorwürfe, daß ich ihn überhaupt angerufen hatte. Ich wußte, wie er war, und ich hätte voraussehen müssen, daß es so kommen würde. Wie ich schon erwähnt habe, war Stalin ein guter Schauspieler. Er tat so, als ob er nun, da der Krieg aus und vorbei war, bereits an andere, wichtigere Dinge zu denken habe; wie konnte ich wagen, ihm seine Zeit zu stehlen mit meinem Gerede von gestern, wenn er sich schon den Kopf zerbrach über die Zukunft? Er gab vor, nicht im mindesten überrascht zu sein über unseren Sieg. Er wollte mir weismachen, daß er immer gewußt habe, wie der Krieg enden würde. Ich wußte es besser. Ich hatte ihn in kritischen Augenblicken beobachtet. Ich wußte, daß er sich während des Krieges mehr Sorgen gemacht und mehr Angst gehabt hatte als seine Umgebung.

Stalin und die Alliierten

In diesem Kapitel gibt ein sowjetischer Politiker zum erstenmal zu, welche ungeheure Rolle das Pacht- und Leihprogramm und die amerikanische und britische Hilfe für die sowjetische Armee gespielt haben. Allerdings hat Chruschtschow das niemals ausgesprochen, solange er an der Macht war. Das sowjetische Volk hat nie erfahren, um welch gewaltige Summen es sich bei dieser Hilfe handelte. Chruschtschow sagt beileibe nicht alles, aber er rückt die Dinge ins rechte Licht. Im übrigen wird uns wieder der Streit um die Zweite Front vor Augen geführt, das tiefe Mißtrauen gegenüber den Motiven der Alliierten, war doch der Sprung über den Kanal in den Augen der Russen ein vergleichsweise leichtes militärisches Unternehmen. Dieser Abschnitt zeigt auch, daß Chruschtschow fast völlig im unklaren gelassen wurde über die gewaltigen Entwicklungen, die Stalin einleitete. Schließlich war Chruschtschow auch seit langem Mitglied des Politbüros, jener obersten Körperschaft, die die Richtlinien der Politik festlegt; dennoch besteht kein Zweifel, daß er in außenpolitischen Fragen nicht nur nicht konsultiert, sondern auch über Stalins Pläne und seine Verhandlungen mit Churchill und Roosevelt nicht einmal informiert wurde, außer gelegentlich in Form von Anekdoten, die Stalin beim Essen zum besten gab. In diesem Zusammenhang ist beachtenswert, daß Chruschtschow, wie er später noch erwähnt, bis er Ende 1949 endgültig nach Moskau zurückgerufen wurde, nicht einmal auf der Verteilerliste für Aktenstücke stand, die bei seinen Kollegen in Moskau in Umlauf waren. Es war eine merkwürdige Vorbereitung für den Mann, der später der Hauptakteur der sowjetischen Politik werden sollte. Gleichzeitig sagt es viel aus über Chruschtschows scharfen Verstand und seine Fähigkeit zu lernen, wenn man bedenkt, wie erfolgreich er als Außenpolitiker seines Landes gewesen ist. Es erklärt aber auch seine Schwächen.

Für den 24. Juni 1945 war eine Siegesparade auf dem Roten Platz anberaumt. Ich kam zu diesem Anlaß nach Moskau. Ich wollte unsere Truppen marschieren sehen und an der Freude unseres ganzen Volkes in der Hauptstadt unserer Heimat teilhaben. Eisenhower kam auch nach Moskau. Er stand mit uns auf dem Lenin-Mausoleum, um die Parade abzunehmen. Es war das erste Mal, daß ich Eisenhower begegnete. Stalin gab ein gewaltiges Bankett. Alle unsere militärischen Führer waren da. Ebenso Eisenhower. Montgomery, der englische Oberbefehlshaber, war, glaube ich, nicht da. Stalin hatte ein gutes Verhältnis zu Eisenhower gewonnen und ein sogar noch besseres zu Roosevelt. Das Verhältnis zu Churchill war schlecht; und noch schlechter das zu Montgomery.

Nach dem Krieg, aber vor meiner Rückkehr von der Ukraine nach Moskau, hörte ich oft, daß Stalin bei Unterhaltungen im vertrauten Kreis von Eisenhowers noblen Charaktereigenschaften sprach. Immer betonte Stalin Eisenhowers Anständigkeit, Großzügigkeit und Ritterlichkeit im Umgang mit seinen Verbündeten. Wenn Eisenhower nicht gewesen wäre, sagte Stalin, hätten wir Berlin nicht einnehmen können. Die Amerikaner hätten als erste dort sein können. Die Deutschen hatten ihre Truppen gegen uns konzentriert und wollten sich den Amerikanern und Engländern ergeben. Stalin bat Eisenhower in einem Brief, seine Armeen zurückzuhalten. Er schrieb Eisenhower, daß entsprechend seiner Absprache mit Roosevelt und in Anbetracht der Blutopfer unseres Volkes unsere Truppen verdient hätten, vor den westlichen Allierten in Berlin einzuziehen. Eisenhower hielt dann seine Truppen zurück und stoppte die Offensive, und so konnten unsere Truppen Berlin einnehmen. Hätte Eisenhower das nicht getan, wäre Berlin von den Amerikanern besetzt worden, ehe wir die Stadt erreichten, und in diesem Fall, sagte Stalin, wäre die Deutschlandfrage vielleicht anders entschieden worden und unsere Lage wäre vielleicht erheblich schlechter gewesen. Eisenhower bewies ritterliche Großzügigkeit. Er stand treu zu Roosevelts Wort.

Damals war allerdings Truman Präsident, und Stalin empfand für Truman überhaupt keine Hochachtung. Er hielt nichts von Truman. Mit Recht. Truman verdiente keine Hochachtung. Das ist eine Tatsache.

Bei Kriegsende fürchtete Stalin, daß die Amerikaner die Demarkationslinie im Westen überschreiten würden. Er hatte seine Zweifel, ob sie das Gebiet wieder räumen würden, das wir nach der Absprache mit Roosevelt in Teheran bekommen sollten. Die Amerikaner hätten sagen können, daß die Linie, die ihre Truppen erreicht hatten, die neue Grenze zwischen den Besatzungszonen sein sollte. Aber sie zogen ihre Truppen hinter die in Teheran festgesetzte Linie zurück. Auch das spricht für Eisenhowers Anständigkeit.

Die Deutschen wurden hart bedrängt durch unsere Truppen und konnten keinen Widerstand mehr leisten. Sie sollten ihre Waffen niederlegen und sich uns ergeben. Das taten sie jedoch nicht, sondern wichen nach Westen aus, um sich den Amerikanern zu ergeben. Wiederum wandte sich Stalin an Eisenhower und sagte, die sowjetischen Truppen hätten ihr Blut vergossen, um die Deutschen niederzuwerfen, und nun würden sich die Deutschen den Amerikanern ergeben. Er beklagte sich: Das sei nicht recht und billig. Dies hatte sich an der österreichischen Front ereignet, wo Malinowskij unseren Vormarsch leitete. Eisenhower befahl dem Führer der deutschen Armee, sich den Russen zu ergeben, die seine Armee besiegt hatten.

Einmal richtete Stalin ein ähnliches Ersuchen an Churchill. Die Deutschen flohen vor Rokossowskij und ergaben sich den Engländern in einem von Montgomery besetzten Gebiet. Stalin bat die Engländer, keine Gefangenen zu machen und die Deutschen zu zwingen, sich unseren Truppen zu ergeben. «Aber nichts dergleichen geschah!» sagte Stalin wütend. «Montgomery nahm sie alle und nahm auch ihre Waffen. So fielen die Früchte unseres Sieges über die Deutschen Montgomery in den Schoß!»

General Eisenhower und Feldmarschall Montgomery waren Vertreter derselben Klasse, der Bourgeoisie. Dennoch entschied jeder von ihnen in dieser Frage anders. Die Begriffe Partnerschaft, Übereinkunft und Ehre interpretierten sie unterschiedlich. Immer, wenn ich in späteren Jahren mit Eisenhower zu tun hatte, erinnerte ich mich seiner Haltung während des Krieges. Ich hatte mir Stalins Worte über ihn gemerkt. Stalin konnte man nicht vorwerfen, daß er jemanden grundlos schätzte, besonders nicht einen Klassenfeind. In Klassenfragen war er unbestechlich und unversöhnlich. Es war eine seiner ausgeprägtesten Eigenschaften, und er wurde deswegen geachtet.[26]

Stalin hatte Eisenhower zu unserer Siegesparade eingeladen und brachte seine Anerkennung von Eisenhowers Verdiensten durch die Verleihung unserer höchsten Auszeichnung, des Siegesordens, zum Ausdruck. Allerdings erhielt Feldmarschall Montgomery denselben Orden, aber in diesem Fall war es nur eine Formsache, wir erfüllten unsere Pflicht als Verbündete, denn die Engländer hatten auch unseren militärischen Führern Orden verliehen. Es war eine bloße Geste.

Welchen Eindruck machten mir die Ansichten, die Stalin hinsichtlich der Beziehungen zwischen den Alliierten während des Krieges und insbesondere über Roosevelt und Churchill äußerte? Nach dem zu urteilen, was er sagte, war ihm Roosevelt sympathischer als Churchill, weil Roose-

26 Stalin hatte völlig recht, wenn er Chruschtschow sagte, daß er mit Roosevelt besser auskomme als mit Churchill. Roosevelt war argwöhnisch gegenüber den britischen Absichten und überzeugt, er könne persönlich zu einer Verständigung mit Stalin kommen.

velt beträchtliches Verständnis für unsere Probleme zu haben schien. Roosevelt und Stalin war eine Antipathie gegen die Monarchie und ihre Institutionen gemein. Einmal erzählte er mir folgende Episode. Als sie in Teheran beim Essen saßen, hob Roosevelt sein Glas und brachte einen Toast auf den Präsidenten der Sowjetunion aus: «Mr. Kalinin.» Alle tranken, und nach ein paar Minuten hob Churchill sein Glas und brachte einen Toast auf den König von Großbritannien aus. Roosevelt sagte, darauf könne er nicht trinken. Churchill war empört, aber Roosevelt blieb fest. «Nein», sagte er, «ich trinke darauf nicht. Ich kann nicht auf einen englischen König trinken. Niemals werde ich die Worte meines Vaters vergessen.» Stalin erklärte mir dann, als Roosevelts Vater aus England oder Irland nach Amerika auswanderte, habe er auf dem Schiff zum jungen Roosevelt gesagt: «Der König ist unser Feind.» Daß sein Vater den König von England verachtete, hatte Roosevelt nie vergessen. Obwohl die Etikette es eigentlich erfordert hätte, hob Roosevelt sein Glas nicht.[27]

Bei Streitigkeiten während der Besprechungen in Teheran erlebte Stalin oft, daß Roosevelt seine Partei gegen Churchill ergriff. So waren Stalins Sympathien entschieden Roosevelt vorbehalten, obwohl er auch Churchill sehr hochschätzte. Churchill war nicht nur ein großer englischer Staatsmann; er hatte eine führende Stellung in der Weltpolitik. Als die Alliierten in Schwierigkeiten geraten waren, wurde Stalin von Churchill gebeten, wir sollten die deutschen Streitkräfte auf uns ablenken. Das bedeutete, daß wir zur Entlastung eine Offensive beginnen mußten, die damals nicht in unsere Pläne paßte, denn sie war erst für viel später vorgesehen; sie erwies sich dann aber als sehr vorteilhaft für uns. Stalin hat das Richtige getan, als er unserem Verbündeten in einer Zeit der Not unseren guten Willen bekundete.

Churchill spielte im Krieg gewiß eine wichtige Rolle. Er erkannte die Gefahr, die England drohte, und darum tat er, was er konnte, um den Blick der Deutschen auf die Sowjetunion zu lenken – um die Sowjetunion in einen Krieg mit Deutschland zu verwickeln. Als Hitler uns angriff, erklärte Churchill sofort, England halte es für notwendig, einen Bündnisvertrag mit uns gegen Deutschland abzuschließen. Auch hier hat Stalin das Richtige getan. Er nahm Churchills Angebot an und unterzeichnete den Vertrag. Nach einiger Zeit trat auch Amerika in den Krieg ein, und es kam zu einer Koalition der drei Großmächte.

Es ist schwer zu beurteilen, welche Absichten die Alliierten gegen Ende des Krieges hatten. Ich möchte die Möglichkeit nicht ausschließen, daß

27 Es sieht hier allerdings so aus, als habe Chruschtschow eine von Stalins Anekdoten über das kühle Verhältnis zwischen Roosevelt und Churchill in Teheran mit einer dunklen Erinnerung an die Vorfahren von Präsident Kennedy durcheinandergebracht.

sie den Wunsch hatten, der Sowjetunion eine noch größere Bürde aufzuladen und uns noch mehr zur Ader zu lassen. Oder vielleicht war es so, wie sie sagten, daß sie nämlich für eine Landung nicht genügend vorbereitet waren. Ihre Rüstungsproduktion sei nicht ausreichend, sie brauchten mehr Zeit, behaupteten sie usw. Beides stimmte wahrscheinlich, aber ich glaube, ihre Haltung war hauptsächlich von dem Wunsch diktiert, uns ausbluten zu lassen; sie wollten erst im letzten Stadium eingreifen und das Schicksal der Welt bestimmen. Sie wollten aus den Ergebnissen des Krieges Vorteil ziehen und ihren Willen nicht nur ihrem Feind, Deutschland, aufzwingen, sondern auch ihrem Verbündeten, der UdSSR. Ich kann mir gut vorstellen, daß diese Überlegung in ihrem Denken eine große Rolle spielte.

Wenn man es vom Klassenstandpunkt aus betrachtet, so lag es im Interesse der Alliierten, sich auf die Sowjetunion als Verbündeten im Kriege verlassen zu können, obwohl unser Land nach sozialistischen Grundsätzen aufgebaut war. Wir mußten unsere Kräfte gegen einen gemeinsamen Feind vereinigen. Keiner von uns hätte den Krieg auf eigene Faust gewinnen können. Doch während wir kollektiv alle Kräfte gegen den gemeinsamen Feind anspannten, verharrte jeder auf seinem Klassenstandpunkt. Die westlichen Alliierten waren gewiß nicht daran interessiert, uns zu stärken. Von ihrem Klassenstandpunkt aus wußten England und Amerika, daß sie uns in einem gewissen Ausmaß helfen mußten, aber dennoch wollten sie, daß die Sowjetunion nach dem Krieg erheblich schwächer als sie sei, damit sie uns ihren Willen diktieren konnten.

Wir unsererseits wußten, daß es vorteilhaft sein würde, bei Kriegsende beträchtlich stärker zu sein, damit unsere Stimme bei der Regelung der internationalen Fragen mehr Gewicht erhielt. Wenn uns das gelungen wäre, wäre die deutsche Frage nicht so entschieden worden, wie sie in Potsdam geregelt wurde. Der Potsdamer Beschluß war ein Kompromiß, der auf der Machtverteilung unter den Alliierten zu Ende des Krieges beruhte. Die Einseitigkeit dieses Abkommens spiegelte sich besonders in den Bestimmungen bezüglich Berlin und Wien wider. Diese Städte lagen in der von sowjetischen Truppen besetzten Zone, und man hätte annehmen sollen, daß sie auch Teil unserer Zone würden. Dennoch gaben die Alliierten sie uns nicht. Berlin und Wien wurden in vier Sektoren geteilt. Wir erhielten einen Sektor, und die Westmächte – England, Amerika und Frankreich – erhielten die anderen drei. Das besagt einiges über die Machtverteilung am Ende des Krieges.[28]

28 Eine auch aus sowjetischem Mund neue und ungewöhnliche Auslegung des Berlin-Problems. Chruschtschows Gedächtnis setzt hier, sicherlich nicht zufällig, aus, denn im Potsdamer Abkommen vom 2. August 1945 ist vom Status Berlins (oder Wiens) überhaupt nicht die Rede. Dieser wurde in den Londoner Dreimächteabkommen vom September und November 1944 völkerrechtlich verbindlich festgelegt. Chruschtschow verschweigt auch, daß in Ausführung desselben

Als wir unseren Vormarsch nach Westen begannen und uns der deutschen Grenze näherten, mußten sich die Alliierten beeilen und ihre Landung unternehmen. Sie fürchteten, wir könnten beträchtlich weiter vorstoßen, als bis zu den in Jalta festgelegten Linien.

Dennoch müssen wir den Alliierten ihren Beitrag zum gemeinsamen Sieg über Hitlerdeutschland hoch anrechnen. Um übertriebenen Hochmut zu vermeiden, müssen das Volk und die Partei der Sowjetunion angemessen unterrichtet werden über das, was die Alliierten zur gemeinsamen Sache beigetragen und für die Sowjetunion selbst getan haben. Wird die Vergangenheit nicht objektiv analysiert, wird das Gebäude der Zukunft auf Illusionen und primitivem Patriotismus begründet sein, statt auf erwiesenen Tatsachen. Leider haben unsere Geschichtswerke über den Zweiten Weltkrieg eine falsche Vorstellung erweckt. Sie sind aus falschem Stolz heraus geschrieben worden und aus Furcht, die Wahrheit über den Beitrag unserer Alliierten zu sagen – und zwar nur deshalb, weil Stalin selbst einen falschen, unrealistischen Standpunkt vertrat. Er kannte die Wahrheit, aber er gestand sie sich nur im stillen Kämmerlein ein. Er fand sie zu beschämend und zu demütigend für unser Land, als daß er sie öffentlich zugab.

Aber die Wahrheit einzugestehen, hätte nicht demütigend sein müssen. Die Verdienste unserer Kriegspartner anzuerkennen, hätte unsere eigenen Verdienste nicht geschmälert. Im Gegenteil, eine objektive Feststellung hätte uns in den Augen aller Völker noch mehr aufgewertet und unsere Würde und die Bedeutung unserer Siege nicht im mindesten herabgesetzt. Aber in diesem Fall war Aufrichtigkeit für Stalin undenkbar. Er versuchte, unsere Schwächen zu verschleiern. Er bildete sich ein, das würde uns stärker machen als unseren Feind, und wir würden mehr gefürchtet. Das war töricht. Er hätte wissen müssen, daß man den Feind nicht täuschen kann. Der Feind kann sich immer selbst ein Bild machen und seine eigenen Schlüsse ziehen. Es ist auch möglich, daß Stalin fürchtete, wenn die Geschichte des Krieges offen dargelegt würde, könnte das für ihn persönlich nachteilige Folgen haben. Das ist eine andere Sache. Aber dennoch glaube ich, wir hätten offen zugeben sollen, wie die Dinge lagen, und sie nicht vertuschen dürfen. Wir hätten unserem Land und unserer Sache genützt, wenn wir nicht versucht hätten, unsere Fehler zu verheimlichen, sondern wenn wir auf sie hingewiesen hätten, damit das Volk sie erkennt, wie schmerzlich das auch immer gewesen wäre. Das Volk hätte uns verstanden und unterstützt. Falls notwendig, hätte es uns die begangenen Fehler verziehen. Als ich die schlechte Kriegführung ent-

Londoner Protokolls vom 12. September 1944, das die Unterschrift der Vertreter der Sowjetunion, der USA und Großbritanniens trägt, die westalliierten Truppen Mecklenburg, Sachsen, Anhalt und Thüringen räumten und zusammen mit Frankreich ihre Sektoren in Berlin übernahmen.

hüllte, konnte das Volk sagen: «Hier übt Chruschtschow Kritik an Stalin, aber Stalin ist für ihn nur ein Mittel, eine konstruktive Analyse anschaulich zu machen.» Das ist völlig richtig. Ich glaube nicht, daß es für die neue Generation, die bald an die Stelle der jetzigen Führung unseres Landes treten wird, je zu spät sein kann, den Beginn des Krieges in einem objektiven Licht zu sehen. Wir müssen die Vergangenheit erforschen, damit in unserer Zeit jene Mißgriffe nicht geduldet werden, die früher geduldet wurden. Wir müssen sie in der Gegenwart und auch in der Zukunft verhindern.

Wenn wir die materielle Hilfe anerkennen, die wir in der Vergangenheit von unseren gegenwärtigen Kontrahenten erhielten, dann hat das keinerlei Einfluß auf die Lage von heute. Wir sollten uns nicht rühmen, daß wir die Deutschen ganz allein besiegt hätten und die Alliierten nur noch kamen, um das angeschossene Wild zur Strecke zu bringen. Darum habe ich meine persönliche Ansicht über den Beitrag der Alliierten zum Ausdruck gebracht und hoffe, daß sie durch die Forschung von Historikern bestätigt wird, die die Entwicklung der Lage zwischen 1941 und 1945 objektiv untersuchen. Die Engländer halfen uns beharrlich und unter großer Gefahr für sie selbst. Sie schickten Frachter nach Murmansk und erlitten dabei schwere Verluste. Überall auf der Strecke lauerten deutsche U-Boote. Deutschland hatte Norwegen besetzt und rückte dicht an Murmansk heran.

Wie Mikojan nach seiner Amerikareise bestätigte, erhielten wir militärische Ausrüstung, Schiffe und umfangreiche Warenlieferungen von den Amerikanern, die uns die Kriegführung sehr erleichterten. Nach Stalins Tod schien es, daß unsere gesamte Artillerie auf amerikanischen Lafetten montiert war. Ich erinnere mich, daß ich den Vorschlag machte: «Wollen wir nicht die ganze Fahrzeugproduktion dem militärischen Sektor überlassen, damit die motorisierte Ausrüstung bei unseren Paraden sowjetisches Fabrikat ist?» Fast die gesamte Artillerie in der DDR war auf amerikanischen Studebakers montiert. Ich sagte: «Das geht einfach nicht. Es ist eine Schande. Denkt nur, wie viele Jahre seit dem Kriege vergangen sind, und immer noch fahren wir mit amerikanischen Sachen herum!» Damit will ich nur verdeutlichen, wie viele Autos und Lastwagen wir von den Amerikanern erhalten hatten. Wie hätten wir ohne sie von Stalingrad nach Berlin gelangen sollen. Unsere Verluste wären gewaltig gewesen, denn wir hätten keine Manövrierfähigkeit gehabt.

Außerdem erhielten wir Stahl und Aluminium, woraus wir Geschütze, Flugzeuge und so weiter herstellten. Unsere eigene Industrie war zerstört und teilweise dem Feind in die Hände gefallen. Auch Lebensmittel erhielten wir in großer Menge. Zahlen kann ich nicht nennen, denn sie sind nie veröffentlicht worden. Sie sind in Mikojans Gedächtnis hinter Schloß und Riegel. In der Armee machten viele Witze – manche waren nicht ganz stubenrein – über die amerikanischen Fleischkonserven die Runde; sie schmeckten trotzdem gut. Ohne dieses Dosenfleisch hätten wir unsere Armee nicht ernähren können. Wir hatten unsere fruchtbarsten Gebiete verloren – die Ukraine und den nördlichen Kaukasus.

Ich wiederhole, die Alliierten gewährten uns diese Hilfe nicht aus Mitleid mit unserem Volk, nicht weil sie unser politisches System respektierten oder auf den Sieg des Sozialismus und den Triumph des Marxismus-Leninismus hofften. Die Alliierten halfen uns, weil sie die Lage nüchtern abschätzten. Es war für sie selbst eine Frage von Leben oder Tod. Sie halfen uns, um zu verhindern, daß unsere sowjetische Armee unter den Schlägen Hitlerdeutschlands zusammenbrach; sie gaben uns moderne Ausrüstung, damit wir die Hauptmacht des Feindes vernichten sollten, und sie hofften, daß wir in diesem Kampf gleichzeitig selbst geschwächt würden. Aktiv in den Krieg eingreifen wollten sie erst, wenn die Sowjetunion schon ihre Kraft eingebüßt hatte und nicht mehr in der Lage war, bei der Lösung der Weltprobleme eine entscheidende Rolle zu spielen.

7
Hunger in der Ukraine

Die große Hungersnot der Jahre 1946–47 in der Ukraine blieb im Westen fast unbemerkt. Erst im Dezember 1947 wurde sie von Andrej Schdanow in einer seiner letzten öffentlichen Reden erwähnt; sie sei durch die schlimmste Dürre in der Geschichte der Ukraine – schlimmer noch als die große Dürre von 1890 – hervorgerufen worden, erklärte er. Die Hungersnot war jedoch nicht so groß wie jene in den Jahren der Kollektivierung, die bis zum heutigen Tag noch nicht offiziell bestätigt worden ist. In der Hauptsache war sie tatsächlich eine Folge der Dürre – aber die Dürre wirkte sich auf eine Landwirtschaft aus, die ruiniert war. Chruschtschow weiß einiges über den Arbeitskräftemangel der Kolchosen zu berichten – in den ersten Nachkriegsjahren war in den Kollektivwirtschaften nicht nur in der Ukraine, sondern in der ganzen Sowjetunion kaum ein voll einsatzfähiger Mann zu finden; Frauen, Kinder und Greise verrichteten die Arbeit mit primitiven Geräten. Die Zerstörungen waren so groß, daß der überwiegende Teil der Bevölkerung Weißrußlands und der Ukraine in Erdlöchern lebte, die notdürftig mit einem Dach versehen waren.

So also lagen die Dinge, als Chruschtschow zum zweitenmal Herr über die Ukraine wurde. Seine Berichte über Hunger und Fälle von Kannibalismus sind keineswegs übertrieben und geben doch nur ein blasses Bild von den grauenhaften Zuständen. Aber er läßt etwas unerwähnt, das zur Verschärfung der Hungersnot beigetragen hat. Es war nach Kriegsende Aufgabe der Partei, das Kolchossystem wieder fest zu etablieren. Der Widerstand war groß, denn in vielen Fällen wurde Kolchosland privat bewirtschaftet und selbst Kolchosvorsitzende drückten bei Bestechungsfällen ein Auge zu. Damit mußte Chruschtschow fertig werden, und zwar so schnell wie möglich. Es war zu diesem Zeitpunkt klar, daß er in Schwierigkeiten war, und Moskau hatte ihm Kaganowitsch persönlich vor die Nase gesetzt, um die Rekollektivierung rücksichtslos zu beschleunigen. Das Bild, das wir von Chruschtschow gewinnen, wie er für seine Ukrainer gegen «den Staat» kämpft, wie er es nennt (gemeint ist die Parteiführung in Moskau, der er doch selber angehörte), ist aufschlußreich genug. In gewissem Sinne war es die gleiche Situation wie 1930 – wieder mußten die Bauern hungern, damit die Städte zu essen hatten; aber diesmal saß

Chruschtschow zwischen zwei Stühlen: Einerseits war er verantwortlich für das Wohlergehen der Ukrainer, andererseits sollte er Stalins Anordnungen ausführen. Wir erfahren, wie diese Anordnungen konzipiert wurden, und wir sehen, gleichsam in Großaufnahme, die persönlichen Intrigen zwischen Stalins engsten Mitarbeitern in Moskau. Sommerweizen oder Winterweizen, flach oder tief pflügen – Fragen, die hitzige Debatten auslösten, die ihrerseits nur Nebenschauplätze eines großen, allgemeinen Gerangels zwischen einzelnen darstellten, die wie immer darauf aus waren, jedes technische Teilproblem als Waffe in ihrem nie endenden Kleinkrieg zu benutzen und Stalins Vorurteile zu mobilisieren, um ihn gegen ihre Rivalen aufzubringen. In all diesen Bereichen war Malenkow sehr aktiv (Chruschtschow erwähnt es nicht, aber als die Deutschen gerade erst zurückgeworfen worden waren und er sich noch bei Frontstäben aufhielt, war Malenkow in die Ukraine geschickt worden, den Wiederaufbau einzuleiten).

Nachdem die Ukraine 1944 von den Hitlerinvasoren befreit war, arbeitete ich mit aller Kraft daran, die Partei zu reorganisieren und die Wirtschaft wieder in Gang zu setzen. Alle dienstfähigen Männer waren eingezogen worden. Auf ihrem Vormarsch fand die Rote Armee Verstärkung in den Männern, die sich im besetzten Gebiet aufgehalten hatten. Die Rekruten aus den befreiten Landstrichen begriffen, was ihre Aufgabe war; es bedurfte keiner langen Predigt über ihre Pflicht, sich in die Sowjetarmee einzureihen und gegen Hitlerdeutschland zu kämpfen.

So standen neben Greisen, Kriegsversehrten und Dienstuntauglichen, die von der vorrückenden Roten Armee zurückgelassen worden waren, hauptsächlich Frauen zur Verfügung, als es darum ging, die Volkswirtschaft, vorab die Landwirtschaft der Ukraine, wieder anzukurbeln. Einige Ingenieure, Bergleute und Industriearbeiter waren vom Militärdienst freigestellt worden. Wer nun für die Industrie dienstverpflichtet wurde, leistete willig Folge, auch viele junge Mädchen. Dieser Eifer war verständlich. Einerseits stellten sich viele aus Patriotismus in den Dienst der Sache; die Partei betonte in Agitation und Propaganda immer wieder, daß die einzige Rettung vor der wirtschaftlichen Katastrophe, die einzige Möglichkeit, den Lebensstandard des Volkes zu heben, im Wiederaufbau der Industrie liege. Andererseits wurden Bezirke, in denen der industrielle Wiederaufbau im Gang war, besser versorgt als die landwirtschaftlichen Gebiete. In den Städten gab es mehr zu essen als in den Dörfern.

Im Donezbecken wurden sämtliche Kohlengruben, Stahlwerke, Maschinenfabriken und kleinere Industriebetriebe wieder instand gesetzt. Der Wiederaufbau ging rasch voran. Es war erstaunlich, wie verbissen die Menschen arbeiteten und wie gut sie die Notwendigkeit begriffen, alle Kraft daranzusetzen, Industrie und Landwirtschaft wieder funktionsfähig zu machen. Die weise und vorausschauende Politik Lenins nach der Oktoberrevolution hatte viel dazu beigetragen, die nationalistischen Antagonismen zwischen Russen und Ukrainern abzubauen. Natürlich gab es noch Probleme. Es wird noch Jahrzehnte dauern, bis alle Mißstände der Vergangenheit ausgerottet sind. Aber jedermann war damals klar, wovon alles Weitere abhing. Arbeiter, Bauern und Angehörige der Intelligenz hatten begriffen, daß wir nur durch Einigkeit erstarken und materielles wie kulturelles Wachstum erreichen konnten. Der Krieg hatte uns ein für allemal geeint und die Hoffnung unserer Feinde zunichte gemacht, wir könnten inneren Spaltungskräften zum Opfer fallen. Als der Krieg zu Ende und der Jubel des Volkes verklungen war, kehrten unsere Arbeiter zurück in die Fabriken und Werkstätten, in Bergwerke, Sowchosen und Kolchosen. Der Wiederaufbau ging noch schneller voran.

Aber das Jahr 1946 war sehr trocken, und die Landwirtschaft der Ukraine litt schwer darunter. Eine schlechte Ernte wurde erwartet; sie war unvermeidlich durch das Zusammenwirken von ungünstiger Witterung und mangelhafter Mechanisierung unserer Landwirtschaft. Es fehlte an Traktoren, Pferden und Ochsen. Hinzu kam, daß die Organisation des Arbeitskräfteeinsatzes noch auf schwachen Füßen stand. Männer kamen aus dem Krieg zurück, zur Arbeit bereit, aber keiner paßte mehr so recht an den alten Arbeitsplatz. Manche waren nach der langen Abwesenheit keine qualifizierten Kräfte mehr, und andere waren es von vornherein nie gewesen.[1]

Alle denkbaren Maßnahmen wurden eingeleitet, um den Staat ausreichend mit Getreide zu versorgen. Es muß betont werden, daß die ukrainischen Kolchosmitglieder sehr wohl begriffen, was ihre Pflicht war. Sie taten das Menschenmögliche, um das übrige Land mit Brot zu versorgen. Sie hatten selber Hunger gelitten, als ihre Heimat von den Deutschen besetzt war, und sie wußten, was es bedeutet, genug zu essen zu haben. Sie begriffen, daß man mit leerem Magen keine Schwerindustrie wiederaufbauen kann. Das gleiche galt natürlich für Bergwerke und chemische Fabriken. Außerdem hatten die Kollektivbauern volles Vertrauen zur Partei. Schließlich war der Sieg über die Deutschen unter der Führung der Partei erkämpft worden. Die Menschen, die in den Kolchosen der Ukraine arbeiteten, waren sich ihrer Verantwortung bewußt: Sie muß-

1 Mehrere Faktoren trugen zur Verschärfung der Situation bei: Die ungeheuren Verluste der Kriegsjahre, die um die zwanzig Millionen (fast ausschließlich körperlich voll einsatzfähige Menschen) lagen; der gewaltige Arbeitskräftebedarf der Industrie für Wiederaufbau und Produktion; schließlich Stalins Politik, die darauf abzielte, entlassene Soldaten an Arbeitsplätze zu schicken, die weit von ihren Heimatorten entfernt waren, um zu verhindern, daß sie durch Berichte von dem höheren Lebensstandard im Westen Unzufriedenheit in ihre Dörfer brachten. Dies beruhte auf der Überlegung, daß sie Fremden gegenüber zurückhaltender sein würden, was ihre Eindrücke betraf.

ten zur Sicherheit des übrigen Landes beitragen, indem sie die nötigen Agrarprodukte lieferten.

Es wurde von uns erwartet, daß wir den Staat zuerst versorgten, und erst dann uns selber. Unser Produktionsplan sah für 1946 etwa 400 Millionen Pud[2] vor. Dieses Soll war, obgleich die Sache in der Presse mit allen möglichen wissenschaftlichen Daten garniert wurde, willkürlich festgesetzt. Es war nicht auf der Basis unserer realen Produktionskapazität berechnet worden; der Staat hatte über den Daumen gepeilt, wieviel man wohl aus uns herausschinden könnte. Das System der Produktionssoll-Festsetzung war in Wirklichkeit ein System der Ausbeutung. Ich sah voraus, daß in diesem Jahr eine Katastrophe drohte. Es war schwer, vorauszusagen, wie es enden würde. Immer wieder erhielt ich Briefe von Kolchosarbeitern und -vorsitzenden. Es waren herzzerreißende Briefe. Einer fällt mir gerade ein – ein besonders typischer; ein Kolchosvorsitzender schrieb da: «So, Genosse Chruschtschow – jetzt haben wir unser Soll erfüllt. Aber wir haben dem Staat alles gegeben. Für uns selber ist nichts übriggeblieben. Wir sind davon überzeugt, daß der Staat und die Partei uns nicht vergessen haben und uns zu Hilfe kommen.» Offensichtlich glaubte er, daß dies von mir abhing. Ich war der Vorsitzende des Rates der Volkskommissare der Ukraine und Erster Sekretär des Ukrainischen Zentralkomitees. Er dachte wohl, daß ich ihm helfen könne, weil ich an der Spitze der Ukraine stand. Nun, da täuschte er sich. Ich konnte rein gar nichts mehr tun, sobald das Getreide an den staatlichen Sammelstellen abgeliefert war. Es lag nicht mehr in meiner Macht, darüber zu verfügen. Ich mußte selber beim Staat um Getreide für die Ernährung der ukrainischen Bevölkerung betteln gehen.[3]

Ich sah schon voraus, daß unser Produktionsplan nicht erfüllt werden würde. Ich beauftragte eine Gruppe von Landwirtschafts- und Wirtschaftsexperten unter dem Genossen Startschenko, auf Grund der realen Gegebenheiten zu berechnen, wieviel Getreide wir tatsächlich erzeugen konnten. Die Berechnung ergab eine Zahl, die etwa zwischen 100 und 200 Millionen Pud lag. Das war sehr wenig. Vor dem Krieg hatte die Ukraine 500 Millionen Pud geliefert, und der Staat hatte uns für 1946 schon einen Plan auferlegt, der die Produktion von 400 Millionen Pud vorsah. Ich hielt es für das Beste, ganz ehrlich an die Lösung des Problems heranzugehen. Ich hoffte, Stalin werde mir glauben, wenn ich ihm die Lage offen darlegen und meinen Bericht mit Fakten und Zahlen untermauern

2 1 Pud = 16,37 kg.

3 1938 war Chruschtschow als Stalins Bevollmächtigter in die Ukraine gegangen; er hatte keine Fragen gestellt und keine Rücksichten genommen. Jetzt aber zeigt sich die Wirkung dessen, was er im Krieg erlebt hat und in Gestalt des Leidens der Bevölkerung täglich erlebt: Er wirft sich für das Volk in die Bresche gegen denselben Staat, dessen Repräsentant er ist.

Wiederaufbau nach dem Krieg

In der Ukraine, 1947, mit Kaganowitsch und Manuilskij (rechts), dem Außenminister der Ukrainischen Sowjetrepublik

würde. Ich wollte alles tun, was in meiner Macht stand, um ihm unsere Lage verständlich zu machen.

In der Vergangenheit war es mir gelegentlich gelungen, die Mauer der Bürokratie des Moskauer Apparats zu durchbrechen und mich in der einen oder anderen Angelegenheit direkt an Stalin zu wenden. Wenn ich in der Lage gewesen war, sorgfältig ausgesuchte Unterlagen zu präsentieren, die nur eine logische Schlußfolgerung zuließen, so daß die Tatsachen für sich selber sprachen, hatte ich manchmal Stalins Unterstützung gewinnen können.

Ich hoffte, auch diesmal beweisen zu können, daß ich im Recht war, und Stalin davon zu überzeugen, daß meine Anforderung keine «Sabotage» darstellte. Mit diesem Wort war man immer schnell bei der Hand, wenn es darum ging, landwirtschaftliche Produkte aus den Kolchosen herauszupressen. In diesem Fall wollte ich versuchen, Stalin davon zu überzeugen, daß wir nicht in dem gewünschten und erforderlichen Maße liefern konnten: Die Ukraine brauchte selber, was sie produzierte. Stalin wollte jedoch auch andere sozialistische Länder beliefern – insbesondere Polen und unsere Besatzungszone in Deutschland, die ohne unsere Hilfe verhungern mußten. Stalin baute bereits ein Bündnissystem auf und schmückte sich in Gedanken schon mit der Toga des siegreichen Feldherrn in künftigen militärischen Unternehmen. Er würde bestimmt nicht begeistert sein, wenn er erfuhr, daß die Ukraine nicht nur ihr Soll nicht erfüllen konnte, sondern überdies noch Lebensmittellieferungen vom Staat brauchte, um ihre eigene Bevölkerung zu ernähren.

Es blieb mir jedoch keine andere Wahl, als Stalin mit den Tatsachen zu konfrontieren: Wir standen vor dem Ausbruch einer Hungersnot, und es mußte etwas geschehen. Ich gab Anweisung, einen Bericht für den Ministerrat der UdSSR fertigzustellen, worin ich die Ausgabe von Lebensmittelkarten forderte, damit wir die bäuerliche Bevölkerung mit einer bestimmten Menge von Lebensmitteln versorgen und die Verpflegung der Hungernden organisieren konnten. Ich zweifelte stark am Erfolg des Unternehmens. Ich zögerte, das Dokument nach Moskau zu schicken, weil ich Stalin kannte, seine Rücksichtslosigkeit und sein hitziges Temperament. Aber die Genossen überredeten mich. Sie sagten: «Wir haben es schon so eingerichtet, daß Stalin dieses Dokument niemals persönlich zu sehen bekommt, wenn Sie es an ihn schicken. Wir haben mit Kossygin gesprochen, und er hat sich bereit erklärt, uns die erforderlichen Lebensmittelkarten zu geben.» Kossygin war damals zuständig für diese Angelegenheiten.[4]

4 Alexej Nikolajewitsch Kossygin, gegenwärtig Ministerpräsident der UdSSR. Während des Krieges war er verantwortlich für die Koordination der verschiedenen Bereiche der Lebensmittelindustrie und, soweit vorhanden, der Konsumgüterindustrie.

Besuch einer Industrieanlage im befreiten Gebiet

Ich zögerte lange, aber schließlich unterschrieb ich das Dokument. Als es in Moskau eintraf, machte Stalin gerade Urlaub in Sotschi. Aber Malenkow und Berija lasen es und erkannten die Chance, mich bei Stalin in Mißkredit zu bringen. Anstatt selber eine Entscheidung zu treffen – was sie ohne weiteres im Namen Stalins hätten tun können –, schickten sie ihm das Dokument nach. Alle offiziell an die Regierung gerichteten Schriftstücke wurden an Stalin persönlich adressiert, aber die meisten bekam er so wenig zu Gesicht wie viele Regierungserlasse, die mit seiner Unterschrift veröffentlicht wurden. Mein Gesuch jedoch wurde, dank Malenkow und Berija, direkt an Stalin nach Sotschi weitergeleitet.

Stalin antwortete mit einem außerordentlich groben und beleidigenden Telegramm. Ich sei ein dubioser Charakter, hieß es da; ich schriebe Memoranden, um nachzuweisen, daß die Ukraine nicht imstande sei, sich selbst zu versorgen, und ich fordere Karten für eine unverschämte Menge von Lebensmitteln für die Bevölkerung. Dieses Telegramm deprimierte mich unsäglich. Ich sah die ganze Tragödie klar vor mir, die nicht nur auf mich persönlich, sondern auf das ganze ukrainische Volk zukam. Eine Hungersnot war nun unvermeidlich geworden; Stalins Antwort hatte unsere letzten Hoffnungen zerstört, sie noch abwenden zu können.

Als Stalin aus Sotschi zurückkehrte, machte ich mich sofort von Kiew nach Moskau auf, um ihn dort zu treffen. Ich war darauf gefaßt, fürchterlich heruntergemacht zu werden. In einer solchen Situation war einfach alles möglich. Man konnte im Handumdrehen auf der Liste der Volksfeinde landen. Man konnte auch, ehe man sich's versah, in die Lubjanka geworfen werden. Ich erklärte Stalin, daß ich mich bemüht hatte, in meinem Memorandum die Lage der Ukraine exakt wiederzugeben, und ich beharrte darauf, daß die Ukraine tatsächlich Hilfe brauche. Meine Argumente machten ihn jedoch nur noch wütender; er lehnte unseren Antrag auf Lebensmittelkarten glatt ab.

Inzwischen war die Hungersnot ausgebrochen, wie ich es vorausgesagt hatte. Schon bald erhielt ich amtliche Berichte und private Briefe, in denen von Todesfällen durch Unterernährung die Rede war. Dann kam es zu Kannibalismus. Man berichtete mir, daß unter einer kleinen Brücke in der Nähe von Wassilkow, einem Städtchen bei Kiew, Kopf und Fußsohlen eines Menschen gefunden worden waren; die Leiche war offenbar gegessen worden. Es gab ähnliche Fälle. Kiritschenko[5], der damalige Sekretär des Gebietskomitees von Odessa, erzählte mir von seinem Be-

5 Alexej Illarionowitsch Kiritschenko, enger Mitarbeiter Chruschtschows in der ukrainischen Parteiorganisation. Später Erster Parteisekretär der Ukraine. In der Chruschtschow-Ära auch an führender Stelle in der Moskauer Parteispitze. Einige Jahre vor dem Sturz Chruschtschows allerdings von allen führenden Parteiämtern abgelöst und ohne Begründung in der Versenkung verschwunden.

such auf einer Kolchose, wo er sich darüber informieren wollte, wie die Leute über den Winter kamen. Man schickte ihn zu einer Frau, die dort arbeitete. Hier ist seine Schilderung: «Mir bot sich ein grauenhafter Anblick. Die Frau stand vor einem Tisch und zerlegte darauf die Leiche ihres eigenen Kindes. Und während sie so beschäftigt war, schwatzte sie munter drauflos: ‹Manetschka haben wir schon gegessen; jetzt pökeln wir Vanetschka ein. Der wird eine Weile vorhalten ...› Ist das nicht unvorstellbar? Die Frau war vor Hunger verrückt geworden und hatte ihre eigenen Kinder geschlachtet!» Bei dieser Geschichte stehen jene Jahre wieder deutlich vor mir; die grauenhafte Szene wird plastisch. Bei alledem konnte ich damals gar nichts tun. Ich berichtete Stalin von diesen Dingen, aber damit goß ich nur Öl ins Feuer. «Sie sind ein Waschlappen», pflegte er zu sagen, «die lügen Ihnen die Hucke voll, um an ihre Sentimentalität zu appellieren! Die wollen Sie mit solchen Berichten doch nur dazu zwingen, die Vorratsreserven verteilen zu lassen.» Stalin hatte offensichtlich Kanäle, durch die ihm Informationen zuflossen, die nicht über meinen Schreibtisch gingen und denen er mehr Vertrauen schenkte als meinen Berichten. Einige Leute streuten das Gerücht aus, ich sei im Begriff, mich von meiner ukrainischen Umgebung beeinflussen zu lassen; ukrainische Interessengruppen hätten mich unter Druck gesetzt, und ich sei schon auf dem besten Wege, ein ukrainischer Nationalist zu werden. Man tuschelte, ich verdiente kein volles Vertrauen mehr, und Stalin ging dazu über, meine Berichte mit einem gewissen Mißtrauen zu lesen, das nur allzu bekannt war. Und woher kamen diese anderen Informationen? Natürlich von den Tschekisten.[6] Die fuhren ständig im ganzen Land umher und erstatteten dem Zentralkomitee Bericht. Einiges davon sickerte bis zu Stalin durch. Normalerweise hatten alle Angst davor, Informationen an Stalin weiterzuleiten, weil allgemein bekannt war, daß ihm schlechte Nachrichten die Laune verdarben, was für den Überbringer gefährlich werden konnte. Stalin gefiel sich in der Vorstellung, das Land blühe und gedeihe. Er sah die Lage gern so, wie es Taras Schewtschenko[7] einmal ausgedrückt hat:

Alle Zungen schweigen still
von der Moldau bis nach Finnland,
denn es herrschen gute Zeiten.

Der Unterschied lag nur darin, daß Schewtschenko dies unter Nikolaus I. geschrieben hatte; jetzt aber lebten wir unter der Herrschaft von Josef I.

6 Auch heute noch spricht man in der Sowjetunion und sogar in der sowjetischen Presse leger von «Tschekisten», wenn Angehörige des Sicherheits- und Geheimdienstes gemeint sind. Offiziell existiert die Bezeichnung Tscheka schon seit 1922 nicht mehr.

7 Ukrainischer Nationaldichter (1814–1861).

Stalin regte an, die landwirtschaftlichen Probleme in einer Plenarsitzung des Zentralkomitees zu diskutieren. Ich weiß nicht, wie lange es her war, daß zum letztenmal ein Plenum stattgefunden hatte. Ende der dreißiger Jahre hatte es Plenarsitzungen gegeben – erst, um den Kampf gegen die Volksfeinde zu diskutieren; dann, um die Ausschreitungen zu diskutieren, zu denen es im Verlauf des Kampfes gegen die Volksfeinde gekommen war. Damals war Stalin in der Rolle des wackeren Streiters gegen diese Ausschreitungen aufgetreten, deren Urheber er selbst war. Wie auch immer, jetzt warf Stalin die Frage auf, ob man ein Plenum einberufen sollte, um darüber zu diskutieren, wie die Erträge unserer Landwirtschaft gesteigert werden könnten.

Hieraus ergab sich eine weitere Frage: Wer sollte damit beauftragt werden, das Hauptreferat zu halten? Stalin überlegte vor versammelter Mannschaft: «Wer soll das Hauptreferat halten? Malenkow? Er ist für den landwirtschaftlichen Bereich zuständig – aber was für ein Referat ist von ihm zu erwarten? Er hat keine Ahnung von der Landwirtschaft. Er kennt sich noch nicht einmal in der Terminologie aus.» Stalin sagte das in Malenkows Gegenwart. Es war auch völlig zutreffend; um so erstaunlicher war es jedoch, daß Stalin eben diesem Malenkow den landwirtschaftlichen Sektor übertragen hatte, wenn er doch wußte, daß Malenkow von diesen Dingen nichts verstand. Es war paradox, und ich registrierte es mit Interesse; aber ich habe keine plausible Erklärung dafür. Nun ja, bei Stalin war alles möglich.

Plötzlich wandte sich Stalin an mich: «Sie halten das Hauptreferat!»

Ich war einfach entsetzt von dieser Anweisung. «Genosse Stalin», sagte ich, «bitte beauftragen Sie jemand anders.»

«Warum?»

«Ich könnte ein Referat über die Ukraine halten. Ich habe mich nun schon einige Jahre lang um die Ukraine gekümmert; dort kenne ich die Situation einigermaßen. Aber über die Landwirtschaft in der Russischen Föderation weiß ich einfach nicht Bescheid. Von Sibirien zum Beispiel habe ich keine Ahnung. Ich bin nie in Zentralasien gewesen. Ich habe nie im Leben ein Baumwollfeld gesehen, und ich weiß nicht, wie das Zeug angebaut wird. Und bevor ich in die Ukraine gegangen bin, hatte ich praktisch so gut wie gar nichts mit Landwirtschaft zu tun. Ich verstehe etwas von Industrie. Für die bin ich zuständig gewesen und für städtisches Verwaltungswesen.»

Aber Stalin ließ nicht locker. «Das macht nichts. Sie übernehmen trotzdem das Haupreferat.»

Ich sagte: «Nein, Genosse Stalin. Ich bitte Sie darum, mich von dieser Aufgabe zu entbinden. Ich möchte das Zentralkomitee nicht falsch informieren; ich möchte mich auch nicht blamieren, indem ich versuche, ein Referat über Dinge zu halten, von denen ich nun wirklich nichts verstehe.»

Er dachte kurz nach und sagte dann: «Also gut. Dann soll Andrejew [8] das Referat halten.» Andrejew hatte sich als der Agrarexperte der Partei einen Namen gemacht. Verglichen mit den anderen Mitgliedern des Politbüros wußte er im landwirtschaftlichen Bereich recht gut Bescheid, wenn ich auch persönlich von seinen Kenntnissen nicht besonders beeindruckt war. Seinem Wesen nach war er ziemlich trocken und formell, und ich wußte, daß er das Hauptreferat zusammenzimmern würde, indem er sich auf Unterlagen stützte, die von anderen Agrarexperten stammten. Ich konnte jedenfalls keinen Geeigneteren vorschlagen und war erleichtert, daß dieser Kelch an mir vorübergegangen war.

Es wurde also festgelegt, daß Andrej Andrejewitsch Andrejew vor dem Plenum des Zentralkomitees referieren sollte. Die Plenarsitzung fand im Swerdlow-Saal des Kreml statt. Andrej Andrejewitsch trug logisch Durchdachtes einigermaßen zusammenhängend vor, wie er es bei solchen Anlässen meistens tat. Ich saß neben Stalin und sah, daß er aufmerksam zuhörte. In der Pause gingen wir in die Halle, wo Mitglieder des Politbüros Erfrischungen zu sich nahmen. Wir setzten uns; man brachte uns Tee, und Stalin fragte: «Nun, was halten Sie von Andrejews Referat?»

Ich sagte: «Er hat darin zweifellos alle wichtigen Probleme angeschnitten.»

«Aber was er sagte, hat Sie vollkommen gleichgültig gelassen. Ich habe Sie beobachtet.»

«Wenn ich ehrlich sein soll: Ich finde, daß man die Problematik aus einer etwas anderen Perspektive hätte darstellen sollen. Es wurden alle erforderlichen Punkte berührt, aber auf sehr stereotype Art.»

Stalin war wütend. «Erst weigern Sie sich, das Referat zu übernehmen, und jetzt kritisieren Sie es.»

Ich hatte gar nicht vorgehabt, das Referat zu kritisieren – gerade weil ich nicht bereit gewesen war, es selber zu übernehmen. Doch ich sagte Stalin auch jetzt noch ehrlich, daß Andrejew meiner Ansicht nach eine ziemlich zweitklassige Arbeit geliefert hatte. Jetzt war nicht zu übersehen, daß Stalin höchst ungehalten über mich war.

Nach der Pause begannen wir mit der Diskussion des Referats. Viele meldeten sich zu Wort, darunter auch ich. Ich sprach über die Probleme,

8 A. A. Andrejew, einer der Männer der ersten Stunde aus der Gruppe um den aufsteigenden Stalin, hatte sich stets für Stalins Interessen eingesetzt. 1943 war ihm der landwirtschaftliche Sektor übertragen worden, für den später Chruschtschow selbst mitverantwortlich wurde. Andrejew war ein entschiedener Gegner der Pläne Chruschtschows, der sich damals (1950–1951) für die Begrenzung des privaten Hoflandes der Bauern und für die Zusammenfassung der Kolchosbauern in sogenannten Agrostädten stark machte. Chruschtschow hatte nach den geschilderten Ereignissen ziemlich schnell begonnen, sich für die Landwirtschaft zu interessieren.

die sich bei dem Wiederaufbau der ukrainischen Wirtschaft ergaben. Ich sagte, daß für mich der Schwerpunkt auf der Mechanisierung und Saatgut-Bevorratung liege. Vor dem Zusammentreten des Plenums hatte man in einem Erlaß festgelegt, was das erste Gebot einer jeden Kolchose zu sein hatte: Das Soll mußte erfüllt und die festgesetzten Mengen an den Staat geliefert werden, ehe Saatgut und andere Erzeugnisse für den eigenen Bedarf bereitgestellt werden durften. Ich war der Ansicht, daß dieses Gebot – eine Idee Stalins – widerrufen werden müsse und daß vor der Ablieferung des Getreides an den Staat Korn zur Aussaat auf dem Kolchosland abgezweigt werden sollte. In früheren Zeiten, so sagte ich, sei ein Bauer eher Hungers gestorben, als daß er das für die Aussaat bestimmte Korn verzehrt hätte. Das Saatgut war seine Zukunft, die Lebensgrundlage des Hofes. Wie konnten wir es verantworten, ihm das Saatgut wegzunehmen? Die Tatsache, daß der Staat an sich verpflichtet war, ihn mit anderem Saatgut zu entschädigen, änderte da nicht viel: Der Bauer erfuhr nie, um welche Sorte es sich handelte und woher es stammte. Der Staat schickte Korn, dessen Eigenschaften kein Mensch kannte und das vielleicht für die örtlichen Klimaverhältnisse ungeeignet war. So konnte man nicht Landwirtschaft treiben.

Mein Beitrag zur Diskussion von Andrejews Referat machte Stalin noch ärgerlicher. Und nachdem Malzew gesprochen hatte, ballten sich noch dunklere Wolken über mir zusammen. Malzew war ein erfahrener Landwirt, der im Uralgebiet den Agrarsektor mit großem Erfolg leitete. Er sagte in seiner Rede, daß im Ural alles sehr gut stünde und daß sie gerade eine gute Ernte Sommerweizen einbrächten. Sobald Malzew das Wort Sommerweizen ausgesprochen hatte, war mir klar, daß ich noch tiefer in der Patsche saß als zuvor. Ich wußte, daß sich Stalin im weiteren nur noch um Einzelfragen kümmern und mir die Sache mit dem Sommerweizen nachdrücklich aufs Butterbrot schmieren würde. Ich hatte mich bereits dagegen ausgesprochen, die Aussaat von Sommerweizen auf dem Verordnungswege zu erzwingen. Sommerweizen brachte in der Ukraine, vor allem in der südlichen Ukraine, nur mäßige Ernten; nur einige bestimmte Kolchosen hatten gute Erfahrungen damit gemacht. Darum war ich dafür, es den ukrainischen Kolchosen selber zu überlassen, ob sie Sommerweizen säen wollten oder nicht; keinesfalls sollte Moskau pauschal verfügen, daß jede Kolchose einen bestimmten Teil der Gesamtanbaufläche dafür bereitzustellen hatte. In manchen Fällen reichte der Ertrag noch nicht einmal aus, die Kosten für die Aussaat zu dekken. Stalin verstand das nicht, und er wollte auch nichts davon hören. Ich hatte ihm das Problem schon vor dem Krieg auseinandergesetzt. Damals hatte er mir zugestimmt und sich damit einverstanden erklärt, die ukrainischen Kolchosen von der Sommerweizen-Anbaupflicht auszunehmen.

Später wurde die Sitzung nochmals unterbrochen. Als wir hinausgingen, fauchte Stalin mich drohend an: «Haben Sie gehört, was Malzew über den Sommerweizen gesagt hat?»

«Ja. Aber er hat vom Ural gesprochen, Genosse Stalin. Bei uns in der Ukraine bringt die Wintersaat den höchsten Ertrag. Im Ural wird überhaupt kein Winterweizen angebaut – nur Sommerweizen. Die haben das gründlich untersucht. Sie wissen, wie sie ihn anbauen müssen und wie sie eine gute Ernte erwirtschaften.»

«Das tut nichts zur Sache. Wenn die im Ural so eine gute Ernte an Sommerweizen einbringen und wenn wir» – dabei schlug er sich auf den Magen – «so gute, fruchtbare schwarze Erde haben, dann müßten wir doch eine noch bessere Ernte zustande bringen! Es sollte eine diesbezügliche Resolution gefaßt werden.»

Ich sagte: «Wenn Sie das in einer Resolution festhalten wollen – bitte sehr. Sie können darin auch gleich vermerken, daß ich dagegen bin. Alle Welt weiß, daß ich gegen Sommerweizen bin. Aber wenn Ihnen soviel daran liegt, dann bringen Sie eine solche Resolution für den nördlichen Kaukasus und das Gebiet Rostow heraus.»

«Nein, diese Resolution wird direkt an Ihre Adresse gerichtet sein.» Damit meinte er, daß ich in diesem Punkt die Initiative zu ergreifen hätte, damit die anderen Getreideanbaugebiete folgen sollten.[9]

Es wurde eine Kommission unter dem Vorsitz von Andrej Andrejewitsch gegründet. Auch ich wurde in diesen Ausschuß berufen. Als das Plenum des Zentralkomitees zu Ende war, mußte ich wieder in die Ukraine zurück. Der Ausschuß hatte seine Arbeit noch nicht abgeschlossen, und es blieb Malenkow und Andrej Andrejewitsch überlassen, die von Stalin geforderte Resolution auszuarbeiten. Kurz bevor ich abreiste, schlug ich vor, der Ausschuß möge empfehlen, das erwähnte erste Gebot für die Kolchosbauern aufzuheben. Ich regte an, parallel zur Ablieferung des Getreides an den Staat einen bestimmten Prozentsatz der Gesamtproduktion als Saatgut für die Kolchosen abzuzweigen. Das war eine Konzession meinerseits, aber meiner Ansicht nach besser als gar keine Änderung. Wie die Dinge jetzt lagen, beließ der Staat den Bauern überhaupt nichts. Mein Vorschlag lief darauf hinaus, daß die Bauern nur einen Teil ihres Getreides an den Staat liefern und einen bestimmten Prozentsatz zur Anlage von Saatvorräten zurückhalten sollten. Dann reiste ich nach Kiew ab.

Ein paar Tage später rief mich Malenkow an und sagte: «Die Resolution ist fertig, aber wir haben Ihren Vorschlag zur Bereitstellung von

9 Das Drama Sommerweizen gegen Winterweizen war charakteristisch für Stalins Neigung, sich in Spezialbereiche einzumischen, von denen er nichts verstand. Übrigens verhielt sich Chruschtschow in späteren Jahren ähnlich, als er zum Beispiel ohne Rücksicht auf die örtlichen Verhältnisse auf dem Großanbau von Mais bestand oder ungeachtet der Bedenken anderer die Neulandkampagne forcierte.

Saatgut in den Kolchosen und Sowchosen nicht aufgenommen. Jetzt werden wir Stalin Bericht erstatten. Möchten Sie, daß wir ihm Ihren Vorschlag getrennt vorlegen? Oder sollen wir ihn vielleicht überhaupt nicht erwähnen?»

Das war unmißverständlich eine Herausforderung. Jedermann, und auch Stalin, wußte, daß ich mich bei den Ausschußsitzungen sehr für meinen Vorschlag eingesetzt hatte. Wenn ich Malenkow jetzt bat, meinen Vorschlag Stalin gegenüber nicht zu erwähnen, würde ich als Feigling dastehen. Deshalb antwortete ich: «Nein, Genosse Malenkow, setzen Sie dem Genossen Stalin meinen Standpunkt nur ruhig auseinander.»

«Wie Sie wollen», sagte er, und sie berichteten Stalin von meinem Vorschlag. Nicht lange danach rief Malenkow erneut an und sagte, Stalin habe sich darüber geärgert und den Vorschlag kurzerhand abgelehnt.

Dann warf Stalin auf einmal die Frage auf, in welcher Form man mir da unten in der Ukraine wohl helfen könnte.[10] Das bedeutete, daß er mir genau auf die Finger sah. «Wir tun offensichtlich gut daran, Chruschtschow bei der Leitung der Dinge in Kiew etwas unter die Arme zu greifen», sagte er. «Die Ukraine wird ruiniert, und das könnte unserem ganzen Land zum Verhängnis werden.» Er führte offensichtlich etwas im Schilde, aber ich wußte nicht genau, worauf er hinauswollte. Dann sagte er: «Ich denke, wir schicken Ihnen am besten Kaganowitsch zu Hilfe. Was meinen Sie?»

«Nun», sagte ich, «Kaganowitsch war früher einmal Sekretär des Ukrainischen Zentralkomitees, und er kennt die Ukraine sehr gut. Da es eine so große Republik ist, gibt es dort natürlich Arbeit für ein Dutzend Leute. Wir werden zu zweit vollauf beschäftigt sein.»

Darauf sagte Stalin: «Wir schicken Ihnen auch Patolitschew zu Hilfe.»

«Ausgezeichnet», antwortete ich. «Das ist mir sehr recht.» Der Beschluß wurde protokolliert und veröffentlicht. Stalin schlug vor, den Posten des Vorsitzenden des Ministerrats[11] der Ukraine von dem des Ersten Sekretärs des Zentralkomitees zu trennen. Einige Jahr zuvor, als diese beiden Ämter auf Stalins Vorschlag zusammengelegt worden waren, hatte ich ihn davon zu überzeugen versucht, daß das keine glückliche Lösung war. Jetzt sagte Stalin: «Chruschtschow wird Vorsitzender des Ministerrates der Ukraine, Kaganowitsch Erster Sekretär des Zentralkomitees und Patolitschew Sekretär des Zentralkomitees für den landwirtschaftlichen Bereich.»[12]

10 Wenn Stalin zu verstehen gab, daß einer seiner Untergebenen «Hilfe» brauche, so war anzunehmen, daß er bald abgelöst werden sollte.

11 Nach dem Krieg wurden die Volkskommissariate generell in Ministerien umbenannt. Daher auch Ministerrat.

12 Dies war (Anfang 1947) der bis dahin schwerste Rückschlag in Chruschtschows Karriere. N. S. Patolitschew war, obwohl Chruschtschow das nicht erwähnt, ein Günstling Malenkows, was seine Ernennung in Chruschtschows

«Einverstanden», sagte ich. Wir vereinbarten eine Plenarsitzung des Zentralkomitees der Ukraine und machten Stalins Entscheidung zum offiziellen Beschluß. Dann ging jeder auf seinen Posten und an die Arbeit. Ich sagte zu Kaganowitsch und Patolitschew: «Wir müssen die Aussaat vorbereiten. Die Leute sind am Verhungern; es ist schon zu Kannibalismus gekommen. Wenn wir keine Hilfsaktion organisieren, brauchen wir uns wegen der Aussaat den Kopf nicht mehr zu zerbrechen.»

Wir befürchteten, daß es schon zu spät sei, eine gute Ernte für 1947 zu sichern und Vorräte für 1948 anzulegen. Wir baten Stalin um Hilfe und erhielten von Moskau eine gewisse Menge Saatgut und Nahrungsmittelrationen. Es war Februar. Im Süden der Ukraine hatte hier und dort die Aussaat schon begonnen; im März würden die meisten Kolchosen in der ganzen Ukraine ihre Felder bestellen, und bis Anfang April mußten wir im Gebiet Kiew eine massive Saatkampagne beendet haben.

Ich sagte zu Kaganowitsch: «Wir müssen uns darüber schlüssig werden, was wir unternehmen wollen.»

«Wir sollten eine Rundreise durch die Ukraine machen», erwiderte er.

«Ja, aber nicht jetzt. Im Augenblick gibt es Wichtigeres. Sie sind lange Zeit nicht mehr in der Ukraine gewesen; machen Sie eine Rundreise durch die Republik. Ich bleibe derweil in Kiew. Es kommt im Moment nicht darauf an, ob ich auf einem halben Dutzend Kolchosen auftauche oder nicht. Die Hauptsache ist jetzt, die Saatgutzuteilungen so schnell wie möglich per Bahn zu den Kolchosen zu schaffen, wo sie gebraucht werden. Der Erfolg der ganzen Saatkampagne hängt davon ab.» So reiste Kaganowitsch also ab, und ich blieb in Kiew zurück, betätigte mich als Spediteur und versuchte, Saatgut, Treibstoff und andere für den Erfolg der Aussaat ausschlaggebende Dinge im Eiltempo zu verteilen. An eine Versorgung mit Kunstdünger war nicht zu denken, weil wir ganz einfach keinen hatten.

Kaganowitsch fuhr in das Gebiet Poltawa. Was er dort sah, überzeugte ihn davon, daß sein Posten als Erster Sekretär zwar sehr ehrenvoll, aber auch mit drückender Verantwortung verbunden war. Er sah, daß die Kolchosbauern tatsächlich am Zusammenbrechen waren. Sie konnten nicht mehr arbeiten, und viele von ihnen waren buchstäblich dem Hungertod nahe. Nachdem Kaganowitsch nach Kiew zurückgekehrt war, berichtete er mir von seinen Eindrücken, besonders von einer bestimmten Kolchose. Er erzählte mir von dem Vorsitzenden, einem gewissen Mogiltschenko. «So einem Mann bin ich noch nie begegnet», sagte Kaganowitsch. «So etwas von Trotz und Sturheit – ich fürchte, der ist imstande und bringt schließlich noch eine gute Ernte ein!»

Augen nur um so bedrohlicher machen mußte. Es war übrigens derselbe Patolitschew, den Chruschtschow im 4. Kapitel erwähnt («Hausputz in der Reifenindustrie»). Unter Chruschtschow Minister für Außenhandel.

«Und was stört Sie daran?» fragte ich.

«Ja... Also, als ich auf Mogiltschenkos Kolchose ankam, sah ich sofort, daß sie dort *flach* pflügen...» Man mußte Kaganowitsch kennen, um sich vorzustellen, wie er diesen Kolchosvorsitzenden angebellt haben mag: «Warum zum Henker pflügt ihr nicht tiefer um?»

Mogiltschenko, der sich auf sein Handwerk verstand, sagte: «Ich pflüge so, wie man hier pflügen muß.»

Kaganowitsch schnauzte ihn an: «Wenn ihr so an der Oberfläche pflügt, werdet ihr am Ende den Staat noch um Brot anbetteln müssen!»

«Wir nicht, Genosse Kaganowitsch – niemals!» antwortete Mogiltschenko stolz. «Ich habe noch nie Brot vom Staat verlangt – ich *gebe* dem Staat Brot. Und es ist mir auch vollkommen egal, ob Sie Erster Sekretär der Partei sind; ich werde auch weiterhin so pflügen – da können Sie sagen, was Sie wollen. Diese Felder werden so bestellt, wie ich es für richtig halte. Und wir bringen eine gute Ernte ein – Sie werden schon sehen.»

Ein Jahr später fuhr ich eigens auf jene Kolchose, um diesen Mogiltschenko kennenzulernen. Ich fand eines der wohlhabendsten Kollektivgüter des ganzen Landes vor, das sein Produktionssoll mindestens ein halbes Jahr vor dem Termin ablieferte. All das erschien Kaganowitsch sehr verwirrend, und deshalb hatte er gesagt: «Ich fürchte, der bringt mit seinen flachen Furchen wirklich noch eine gute Ernte zustande.»

Hierzu muß ich erwähnen, daß Kaganowitsch ein persönliches Interesse daran hatte, Mogiltschenko zu diskreditieren; er hatte im Kampf gegen die Befürworter des Oberflächen-Pflügens selber eine Rolle gespielt. Es ist tatsächlich vorgekommen, daß Leute, die nach dieser Methode pflügten, vor Gericht gestellt und in einigen Fällen sogar zum Tode verurteilt wurden. Flaches Pflügen war zum «Verstoß gegen das Gesetz» erklärt worden. Die Theorie, die hinter all dem steckte, war von irgendeinem Professor in Saratow entwickelt worden, der dann später verurteilt wurde – ich glaube zu Gefängnis oder Schlimmerem.

Kaganowitsch suchte in der Ukraine von Anfang an Gelegenheiten, um sich in den Vordergrund zu spielen und, wie man so sagt, den starken Mann zu markieren. Er hatte es sich in den Kopf gesetzt, sich dadurch auszuzeichnen, daß er die ukrainische Industrie insgesamt – vor allem die kleineren Betriebe – dazu brachte, ihr Soll überzuerfüllen.

Ich erinnere mich noch an ein Jahr, in dem ich als Vorsitzender des Ministerrats der Ukraine dem ukrainischen Politbüro die Produktionsperspektiven vorzutragen hatte, die von der Staatlichen Planungskommission vorgeschlagen worden waren. Kaganowitsch war nur äußerst widerstrebend bereit, den Plan zu akzeptieren. Seiner Ansicht nach waren die Zahlen zu hoch angesetzt, es bestand die Gefahr, daß wir scheitern würden; er wollte keinem Produktionsplan zustimmen, den wir dann nicht erfüllen konnten. Er wollte einen Plan, der erfüllt werden konnte. Es ist natürlich leichter, niedrigere Zahlen in einen Plan einzusetzen und später dann laut auszuposaunen, wie er erfüllt, ja übertroffen wurde. Unglücklicherweise denken noch andere so. Ich glaube, daß auch heutzutage noch häufig nach dieser Devise gehandelt wird.

Zu dieser Zeit hatte ich eine Pechsträhne. Ich erkältete mich, und es wurde eine Lungenentzündung daraus. Ich mußte lange Zeit im Sauerstoffzelt liegen und bin mit knapper Not am Leben geblieben. Als ich krank war, sah Kaganowitsch seine Stunde gekommen: Er konnte ungestört tun und lassen, was er wollte, ohne daß ich ihm dabei über die Schulter sah. Er tyrannisierte Patolitschew so sehr, daß dieser zu mir kam, als ich noch krank im Bett lag – ich hatte die Krise gerade erst überwunden –, und sich bei mir beklagte. «Ich halte das nicht länger aus, wie Kaganowitsch mit mir umspringt», sagte er. «Was soll ich nur machen?» Es war ihm anzusehen, daß er nicht mehr aus noch ein wußte. Später schrieb er einen Brief an den Genossen Stalin, worin er darum bat, von seinem Posten abgelöst zu werden, weil er mit Kaganowitsch nicht arbeiten könne. Patolitschew wurde aus Kiew abberufen und nach Rostow versetzt.

Mein Gesundheitszustand besserte sich, aber ich mußte noch zwei weitere Monate im Bett bleiben, bevor ich die Arbeit wiederaufnehmen konnte. Nachdem ich wieder im Amt war, verschlechterten sich meine eigenen Beziehungen zu Kaganowitsch immer mehr. Er wurde einfach unerträglich. Mit großem Eifer ging er gegen zwei Gruppen vor: gegen die sogenannten ukrainischen Nationalisten und gegen die Juden. Der Jude Kaganowitsch war gegen die Juden! Sein Antisemitismus richtete sich jedoch hauptsächlich gegen solche Juden, mit denen ich gut stand. Da war zum Beispiel Traskunow, Redakteur einer Kiewer Zeitung. Kaganowitsch hatte ihm den Stuhl vor die Tür setzen lassen; er behandelte ihn sehr schlecht, verspottete und verhöhnte ihn. Traskunow war ein ehrenwerter Mann. Während des Krieges war er Redakteur bei einer der besten Frontzeitungen gewesen. Ich kannte ihn von der Arbeiter-Fakultät in Jusowka, deren Zeitung er herausgegeben hatte. Als er um Aufnahme in die Partei nachgesucht hatte, hatte ich seinen Antrag befürwortet. Jetzt bestrafte ihn Kaganowitsch ganz einfach für seine Verbindung zu mir.

Die ganze Zeit über produzierte Kaganowitsch am laufenden Band politische Beschwerden gegen jeden, der ihm über den Weg lief. Als Vorsitzender des ukrainischen Ministerrats überließ ich es dem Parteisekretariat, sich damit zu befassen. Soweit sich diese Beschwerden gegen Parteimitglieder richteten, erhielt Stalin oft auf dem Weg der internen Personalberichte Kenntnis davon. Eines Tages rief er mich an und sagte: «Warum sind diese Memoranden von Kaganowitsch nicht von Ihnen gegengezeichnet?»

«Genosse Stalin, diese Memoranden haben mit den Regierungsgeschäften nichts zu tun, sondern betreffen die Partei; meine Unterschrift ist deshalb nicht erforderlich.»

«O doch. Ich habe Kaganowitsch gesagt, daß ich seine Memoranden nicht mehr zur Kenntnis nehmen werde, wenn sie nicht von Ihnen gegengezeichnet sind.»

Kaum hatte ich aufgelegt, läutete das Telefon wieder. Es war Kaganowitsch.

«Hat Stalin Sie schon angerufen?» fragte er.

«Ja.»

«Hat er es Ihnen gesagt?» Er brauchte nicht zu erklären, worum es sich handelte, es war uns beiden klar.

«Ja. Er hat mir gesagt, daß alle Memoranden jetzt von uns beiden unterzeichnet werden sollen.»

Der Strom der Beschwerden versickerte dann bald, weil Kaganowitsch wußte, daß er mich nie dazu bringen würde, sie zu unterzeichnen. Das war schon an und für sich eine erfreuliche Entwicklung; vor allem aber geht daraus hervor, daß ich wieder Stalins Vertrauen besaß. Ich faßte seinen Anruf als Signal auf: Ich stand als Mitglied des Politbüros wieder in Ansehen. Meine Stimmung besserte sich erheblich.

Am Ende gelang es uns, unser Getreide-Soll zu erfüllen; wir lieferten um die 400 Millionen Pud an den Staat ab – nicht übermäßig viel, gemessen an der Vorkriegsproduktion. Wenn man aber berücksichtigte, womit wir nach dem Krieg angefangen hatten, war es gar keine so schlechte Ernte.

Im Herbst wurde Kaganowitsch von Stalin nach Moskau zurückberufen.

Das Jahr 1949 war mein letztes in der Ukraine. Es war auch unser bestes Jahr. Im Wettbewerb zwischen den einzelnen Republiken überrundeten wir Weißrußland und alle anderen, die sich wie wir von den Verwüstungen der deutschen Besetzung erholen mußten. Unsere Erfolge in der Landwirtschaft hoben die Stellung der Ukraine und das Prestige der ukrainischen Führung in den Augen des ganzen Landes. Ich denke gern an diese Zeit zurück. Stalin beauftragte mich mehr als einmal, Erfahrungsberichte über landwirtschaftliche Themen, wie zum Beispiel die Viehzucht in der Ukraine, zu schreiben, die dann auf seine Anweisung hin in der *Prawda* abgedruckt wurden – als Beispiel, dem andere nacheifern sollten. Aber es liegt mir fern, das ganze Verdienst für mich allein in Anspruch zu nehmen. Ich bin Russe und möchte die Leistungen des russischen Volks nicht schmälern; unser Erfolg beim Wiederaufbau der ukrainischen Landwirtschaft und Industrie ist jedoch dem ukrainischen Volk selbst zuzuschreiben.

8
Stalins letzte Jahre

Die Leningrader Affäre

Die sogenannte Leningrader Affäre war in der Sowjetunion nie öffentlich erwähnt worden, bis Chruschtschow vor dem XX. Parteitag seine Geheimrede hielt. Der Außenwelt war nur bekannt, daß 1948, nach dem plötzlichen Tod des Leningrader Parteichefs Andrej Schdanow, der zeitweilig als der wahrscheinlichste Nachfolger Stalins galt, im Leningrader Parteiapparat und unter Schdanows Anhängern in Moskau und anderswo eine großangelegte Säuberungsaktion stattfand. A. A. Kusnezow, Sekretär des Zentralkomitees, rechte Hand Schdanows in Leningrad und einer der Helden während der Leningrader Belagerung, wurde hingerichtet. Das gleiche Schicksal traf sämtliche städtischen und regionalen Parteisekretäre in Leningrad, ferner den Ministerpräsidenten der Russischen Unionsrepublik M. I. Rodionow und noch viele andere. N. A. Wossenskij, der brillante junge Vorsitzende der Staatlichen Planungskommission, der eine großartige Karriere vor sich zu haben schien, wurde damals erschossen. Ein anderer Leningrader kam mit einer vorübergehenden Degradierung davon: Alexej Kossygin, der heutige sowjetische Ministerpräsident. Hauptsächlicher und unmittelbarer Nutznießer des blutigen Geschehens war Malenkow. Für ihn kam der Tod seines Rivalen Schdanow wie eine Fügung des Schicksals. Unverzüglich rückten Malenkows Anhänger sowohl in Leningrad als auch in einigen Moskauer Ämtern in die Spitzenpositionen auf. Sicher hat Chruschtschow recht, wenn er vermutet, Stalin habe ihn Ende 1949 nach Moskau zurückgeholt, damit er ein Gegengewicht zu Malenkow bildete, der zu mächtig zu werden drohte. Zweifelhaft erscheint dagegen, ob Stalin damals vorhatte, Malenkow durch Kusnezow abzulösen. Viel wahrscheinlicher ist es, daß Malenkow nach Schdanows Tod beschloß, dessen Machtapparat mit Berijas Hilfe zu übernehmen, und daß es ihm gelang, die Leningrader, die zumindest potentielle Rivalen waren, bei Stalin zu verketzern. Wie dem auch sei, Malenkows Position war vorübergehend gestärkt. Sein Hauptrivale sollte von nun an Chruschtschow sein.

Meine Versetzung aus der Ukraine zurück nach Moskau Ende 1949 war zum Teil eine Folge der Krankheit, die Stalins Geist in den letzten Jahren seines Lebens zu umnachten begann.

Eines Tages, als ich eine Versammlung von Studenten des Forstinstituts in Lwow leitete, wo der Schriftsteller Galan von ukrainischen Nationalisten ermordet worden war, rief mich Malenkow plötzlich an. Er sagte, Stalin wolle, daß ich nach Moskau komme.

«Wie dringend ist es denn?» fragte ich.

«Sehr. Fliegen Sie gleich morgen früh ab.»

Ich war auf alles vorbereitet und malte mir schon jede nur mögliche unangenehme Überraschung aus. Ich wußte ja nicht, in welcher Stellung ich in die Ukraine zurückkehren würde – oder ob ich überhaupt zurückkehren würde. Aber meine Befürchtungen erwiesen sich als grundlos. Stalin begrüßte mich sehr herzlich nach meiner Ankunft in Moskau.

«Sagen Sie, sind Sie nicht eigentlich lange genug in der Ukraine gewesen?» fragte Stalin. «Sie werden ja allmählich ein richtiger ukrainischer Agronom! Es wird Zeit, daß Sie zurückkommen und wieder in Moskau arbeiten. Wir sind der Meinung, Sie sollten wieder Ihren alten Posten als Erster Sekretär der Moskauer Stadt- und Gebietsparteikomitees übernehmen.»

Ich dankte Stalin für sein Vertrauen und sagte, ich stimme mit ihm überein, zwölf Jahre Dienst in der Ukraine seien eine ansehnliche Zeit: «Ich hatte nichts auszustehen, und ich bin allen dankbar, die mir bei der Führung der Ukraine geholfen haben. Aber trotzdem freue ich mich, wieder nach Moskau zu kommen.»

«Gut. Wir brauchen Sie hier. Es steht nicht alles zum besten. Man hat Verschwörungen aufgedeckt. Sie werden die Leitung der Moskauer Parteiorganisation übernehmen, damit das Zentralkomitee beim Kampf gegen die Verschwörer unbedingt auf die Unterstützung durch den örtlichen Parteiapparat zählen kann. Bisher haben wir ein Komplott in Leningrad aufgedeckt, und auch in Moskau wimmelt es von parteifeindlichen Elementen. Wir wollen die Stadt zu einem Bollwerk des Zentralkomitees machen.»

«Ich werde tun, was in meinen Kräften steht.»

«Gut. Hier ist ein wichtiges Schreiben, das uns in die Hände gefallen ist. Machen Sie sich mit dem Inhalt vertraut, und wenn Sie endgültig wieder hier sind, sprechen wir darüber.» Er reichte mir ein ziemlich langes Schriftstück mit einer Unterschriftenliste am Schluß. Aber es las sich wie eine anonyme schriftliche Erklärung. Es wurde darin behauptet, in Moskau gebe es eine Gruppe von Leuten, die sich gegen das Zentralkomitee verschworen hätten, und als Anführer der Gruppe, die sich aus Sekretären von Bezirkskomitees, Fabrikleitern und Ingenieuren zusammensetzte, wurde Popow [1] genannt, der Sekretär des Moskauer Komi-

1 G. M. Popow. Er wurde nun als Moskauer Parteichef von Chruschtschow abgelöst. (Nicht zu verwechseln mit P. S. Popkow, Parteisekretär in Leningrad, der der Säuberung zum Opfer fiel.)

Woroschilow und Chruschtschow

tees und des Zentralkomitees. Mein erster Gedanke war, daß nur ein Verrückter oder ein Schurke hinter diesen Beschuldigungen stecken konnte. Wer immer es sein mochte, seine Absichten waren eindeutig gehässig. Ich legte das Schriftstück in meinen Safe und beschloß, es nicht wieder zur Sprache zu bringen, sofern Stalin nicht selber darauf zurückkam. Ich war der Meinung, je länger ich die Sache ruhen ließ, um so besser.

Ich fuhr nach Kiew zurück, um alles Nötige für meine Versetzung zu regeln. Kaum war ich zu Hause angekommen, besuchten mich Wanda Lwowna und Kornejtschuk [2] in meiner Wohnung. Als ich ihnen von meinem neuen Auftrag berichtete, brach Wanda Lwowna buchstäblich zusammen und fing an zu weinen.

«Wie können Sie fortgehen? Wie können Sie die Ukraine verlassen», schluchzte sie.

Da beklagte eine Polin, daß ein Russe die Ukraine verließ!

Ich berief eine Plenarsitzung in Kiew ein, bei der wir eine neue Führung für die Ukraine wählten. Ich hatte es eilig, nach Moskau zurückzukehren, da Stalin mich aufgefordert hatte, unbedingt rechtzeitig zur Feier seines 70. Geburtstages am 21. Dezember 1949 wieder dort zu sein.

Kurz nachdem ich offiziell als Erster Sekretär des Moskauer Komitees [3] eingesetzt worden war, kam Stalin auf das Schriftstück zu sprechen, das er mir zur Prüfung gegeben hatte.

«Haben Sie sich mit dem Schreiben vertraut gemacht, das ich Ihnen gab?» Stalin sah mich aufmerksam an.

«Ja, ich habe mich damit vertraut gemacht.»

«Und?» fragte er. Dabei kniff er die Augen zusammen und blickte mich durchbohrend an. Dann warf er den Kopf hoch und schnaubte – eine seiner bevorzugten manierierten Gesten.

«Den Brief müssen entweder Schurken oder Verrückte verfaßt haben», sagte ich.

«Was!?» Er schätzte es gar nicht, wenn jemand Erklärungen, in denen Verschwörungen aufgedeckt oder gemeldet wurden, nicht unbedingt Glauben zu schenken schien.

«Genosse Stalin, ich bin hundertprozentig sicher, daß die Beschuldigungen in dem Schreiben aber auch nichts mit der Wahrheit zu tun haben. Viele der Leute, die darin als Verschwörer genannt werden, kenne ich persönlich. Sie alle sind redliche, loyale Männer. Ich bin überzeugt,

2 A. Kornejtschuk – ein prominenter ukrainischer Schriftsteller und Politiker, der die Gunst der Parteiführung genoß. Wanda, seine Frau, ebenfalls Schriftstellerin. (Siehe Kapitel 5, Abschnitt «Die Sowjetisierung der West-Ukraine».)

3 Als Chruschtschow Ende 1949 nach Moskau zurückkehrte, war er natürlich mehr als nur Erster Sekretär des Moskauer Parteikomitees. Er war nach wie vor Vollmitglied des Politbüros und wurde nun außerdem Mitglied des Sekretariats des Zentralkomitees.

daß Popow kein Verschwörer ist. Zweifellos, er hat sich töricht verhalten, und mit seiner Arbeit war es auch nicht weit her, aber in ein Komplott ließe er sich bestimmt nicht verwickeln. Er ist ein ehrlicher Mann. Was ihn angeht, hatte ich nie irgendwelche Zweifel, und dieses Schreiben ändert meine Meinung über ihn nicht im geringsten.»

Mein überzeugter Ton hatte offenbar einen gewissen Eindruck auf Stalin gemacht. Er sah mich scharf an und sagte: «Mit anderen Worten, Sie sind nicht der Meinung, daß man dieses Schreiben ernst nehmen sollte?»

«Absolut nicht, Genosse Stalin. Ich vermute – mit Sicherheit kann ich das natürlich nicht sagen –, daß es das Werk eines Provokateurs ist.»

Er fluchte ärgerlich, aber er ließ die Angelegenheit fallen. Gewiß, es wäre mir ein leichtes gewesen, meine eigene Position zu stärken und Stalins Vertrauen zu gewinnen: Ich hätte die falschen Beschuldigungen in dem Schreiben nur zu unterstützen brauchen. Ich hätte nur zu sagen brauchen: «Ja, Genosse Stalin, das sieht ernst aus. Wir sollten das untersuchen.» Das hätte Stalin hinreichend darin bestärkt, die Verhaftung Popows und der übrigen zu befehlen. Und natürlich hätten sie gestanden, und wir hätten in Moskau einen Verschwörerprozeß erlebt, der in jeder Hinsicht genauso schändlich gewesen wäre, wie der Leningrader Prozeß. Ich wäre als der Mann gefeiert worden, dessen Wachsamkeit es ermöglicht hatte, das Komplott mitsamt seinen Wurzeln auszurotten.

Für den Augenblick war Popow zwar gerettet, aber wie ich Stalin kannte, wartete er nur auf eine Gelegenheit, Popow zu erledigen. Er würde nicht ruhen, bis Popow aus dem Weg geräumt war. Ich schlug vor, Popow von Moskau weg zu versetzen. Wir fanden eine Stellung für ihn als Leiter einer großen Fabrik in Kuibyschew.

Gelegentlich erinnerte sich Stalin an die Beschuldigung, die in dem Schreiben erhoben worden waren, und fragte drohend: «Wo steckt dieser Popow eigentlich?»

«Er ist in Kuibyschew», antworteten wir.

Stalin beruhigte sich dann, aber hin und wieder dachte er bestimmt: «Vielleicht hat Chruschtschow sich geirrt. Vielleicht schmiedet Popow ein Komplott gegen mich.» Später erfuhr ich übrigens, daß Popow sich, nachdem wir ihn aus Moskau herausgebracht hatten, bitter über mich beschwert hatte. Sicher ahnte er nicht, daß er ohne mich ein toter Mann gewesen wäre. Ich rettete ihn unter beträchtlichem Risiko für mich selber. Ich lief Gefahr, daß Stalin mir mißtraute und sich vielleicht in den Kopf setzte, ich sei zusammen mit Popow in eine Verschwörung verwikkelt. Popow war so ahnungslos, daß er nicht wußte, wer seine wahren Freunde waren, und wandte sich gegen jemanden, der sich um seinetwillen in eine gefährliche Lage begeben hatte.

Nachdem ich meine Tätigkeit in Moskau aufgenommen hatte, erkannte ich, daß mein Erscheinen auf der Bildfläche Berijas und Malenkows

Pläne durchkreuzte. Mir kam sogar der Verdacht, daß Stalin mich unter anderem deshalb nach Moskau zurückberufen hatte, um auf diese Weise das Gleichgewicht der Kräfte im Führungskollektiv zu beeinflussen und Berija und Malenkow einen Dämpfer aufzusetzen. Manchmal schien es, als habe Stalin Angst vor Berija und als wäre er ihn gern losgeworden und wisse nur nicht, wie er das bewerkstelligen sollte. Natürlich hat Stalin mir das nie gesagt, aber ich spürte es[4]. Stalin behandelte mich durchaus gut. Er schien mir zu vertrauen und mich zu schätzen. Zwar kritisierte er mich häufig, doch gab er mir auch den nötigen Rückhalt, wenn ich darauf angewiesen war, und das wußte ich sehr zu schätzen. Bei Berija und Malenkow stieß ich ständig auf Widerstand. Malenkow war nach dem Krieg Mitglied des Politbüros geworden. Im Grunde war er ein typischer Kanzleibeamter und Aktenhengst. Solche Männer können äußerst gefährlich werden, wenn man ihnen irgendwelche Macht gibt. Eiskalt töten sie alles, was lebt, wenn es die vorgeschriebenen Grenzen übertritt.

In Leningrad war inzwischen die Hetzjagd in vollem Gange. Ich weiß nicht, wie Stalin wirklich über die Leningrader Affäre dachte. Er äußerte sich bei mir nie darüber, außer wenn er im Zusammenhang mit meiner Versetzung aus der Ukraine auf die «Moskauer Verschwörer» zu sprechen kam. Die in Moskau verhafteten Leute waren zum größten Teil Parteifunktionäre aus Gorkij, die von Schdanow in Positionen der Moskauer Parteiorganisation befördert worden waren.[5]

Zu der Zeit, als ich meine Tätigkeit als der für die Moskauer Parteiorganisation verantwortliche Sekretär des Zentralkomitees aufnahm, war A. A. Kusnezwo – der Leningrader Kusnezow, wie wir ihn immer genannt haben – bereits verhaftet worden, und nun war man dabei, die Leningrader Parteiorganisation zu zerfetzen. Die Kampagne richtete sich vor allem gegen eine Troika vielversprechender junger Männer: Kusnezow, Wosnessenskij und Kossygin. Kusnezow kannte ich ganz gut und Wosnessenskij kannte ich sehr gut. Als ich nach Moskau kam, war Wosnessenskij noch nicht verhaftet worden, aber man hatte ihn bereits von allen seinen Posten entfernt. Er übte keine Tätigkeit aus und rechnete von Tag zu Tag damit, daß er abgeholt wurde.

Auch nachdem er kaltgestellt worden war, kam Wosnessenskij noch eine Zeitlang zu Stalin zum Essen. Er war ein gebrochener Mann. Da war nichts mehr von dem strahlenden, selbstbewußten, entschlossenen Wosnessenskij, den ich früher gekannt hatte. Tatsächlich hatten gerade

4 Es gibt zahlreiche Hinweise dafür, daß Berija damals tatsächlich die Gunst Stalins zu verlieren begann.

5 Schdanow war Parteisekretär in Gorkij (Nischnij Nowgorod) gewesen, bis er den durch die Ermordung Kirows freigewordenen Posten in Leningrad übernahm. Er hatte einige seiner Protegés nach Leningrad geholt und anderen zu einflußreichen Stellungen in Moskau verholfen.

diese Eigenschaften seinen Ruin bewirkt. Als Vorsitzender der Staatlichen Planungskommission hatte er die Kühnheit besessen, sich mit Berija anzulegen. Er hatte sich um eine gleichmäßigere Neuverteilung der ökonomischen Mittel des Landes bemüht, und das bedeutete, daß gewissen Kommissariaten, die Berijas Protektion genossen, Gelder entzogen werden sollten. Berija hatte viele Kommissariate unter sich, und er drang stets darauf, daß sie weit mehr Geldmittel als den ihnen zustehenden Anteil erhielten. Berija war dank seiner engen Zusammenarbeit mit Stalin äußerst mächtig. Man muß erlebt haben, mit welch jesuitischer Schläue Berija vorging, um sich vorstellen zu können, wie er genau den richtigen Moment abzupassen wußte, in dem er zu seinem eigenem Nutzen Stalins Gunst oder Zorn auf jemanden lenken konnte. Wosnessenskij wagte es, Berija in die Quere zu kommen, und ehe ihn Berija endgültig erledigte, war er nur noch ein Schatten seiner selbst.[6]

Ich erinnere mich, daß Stalin während jener Monate Malenkow und Berija mehr als einmal fragte: «Ist es nicht reine Verschwendung, wenn wir Wosnessenskij nichts zu tun geben, bis wir entschieden haben, was wir mit ihm machen?»

«Ja», antworteten die beiden dann, «wir sollten darüber nachdenken.»

Dann verging eine Zeit, bis Stalin wieder darauf zu sprechen kam: «Vielleicht sollten wir Wosnessenskij die Leitung der Staatsbank übertragen. Schließlich ist er Wirtschaftsfachmann, ein echtes Finanzgenie.»

Keiner widersprach, aber es geschah nichts. Wosnessenskijs Schicksal blieb weiter in der Schwebe.

Stalin hatte offenbar immer noch einen Rest von Achtung für Wosnessenskij übrig. Bevor die ganze Leningrader Affäre begann, hatte Stalin große Hoffnungen auf jene Troika gescheiter junger Männer gesetzt, und ehe das «Komplott» dann «aufgedeckt» wurde, hatte er sie systematisch gefördert. So schien Kusnezow dazu ausersehen, Malenkow abzulösen. Wosnessenskij war zu einem der ersten Stellvertreter Stalins[7] gemacht worden und wurde oft mit der Aufgabe betraut, bei Sitzungen des Ministerrats den Vorsitz zu führen. Kossygin hatte man einen verantwortungsvollen Posten als Leiter des Handels- und Finanzwesens gegeben. Meiner Ansicht nach wurde der Sturz dieser Männer durch eben diese Tatsache ausgelöst: Stalin hatte sie als Nachfolger für die Alte Garde des Kreml aufgebaut[8] – das bedeutete, daß an erster Stelle und vor allem

6 N. A. Wosnessenskijs Erschießung ist bisher stets mit der Leningrader Affäre in Zusammenhang gebracht worden. Zum erstenmal gibt hier Chruschtschow eine einleuchtende Darstellung dessen, was geschah.

7 Als Regierungschef.

8 Hier scheint Chruschtschow Stalins Plänen vorauszueilen. Wahrscheinlich ist, daß Malenkow und Berija aus Neid und mit Intrigen die Vernichtung von Kusnezow, Wosnessenskij und Popow herbeigeführt haben.

Berija, dann aber auch Malenkow, Molotow und Mikojan nicht mehr Stalins Vertrauen genossen. Ich weiß nicht genau, wie die Alte Garde es fertiggebracht hat, Stalins Vertrauen in diese jungen Männer zu untergraben und wie er, um es unverblümt auszudrücken, gegen sie aufgehetzt wurde. Ich kann dazu nur die Schlußfolgerungen vorbringen, die ich auf Grund eigener Beobachtungen und auf Grund von Bemerkungen, die ich in Gesprächen zwischen Malenkow und Berija hörte, gezogen habe.

Ich sah nur zu deutlich, wie Berija und Malenkow sich Stalin gegenüber verhielten, wenn die Namen der drei jungen Männer erwähnt wurden. Und ich gewann sehr bald den Eindruck, daß Berija und Malenkow alles darauf anlegten, die Troika Kusnezow, Wosnessenskij und Kossygin zu zerschlagen. Wie ich schon erwähnte, war Berija der Geschickteste, wenn es darum ging, Stalins Vertrauen in andere Menschen zu unterminieren, und Malenkow benutzte er dabei als Sturmbock. Malenkow saß im Sekretariat des Zentralkomitees und hatte Zugang zu allen Informationen, die Stalin zugeleitet wurden. Er konnte sie so manipulieren, daß sie bei Stalin Mißtrauen und Zorn gegen andere hervorriefen.

Bei Berijas und Malenkows Intrigen gegen die Leningrader Troika spielte noch ein anderer, weiter zurückliegender Fall eine Rolle: der Fall von A. I. Schachurin, der bereits im Gefängnis saß, als die Verhaftung der Leningrader richtig anfing. Er war während des Krieges Volkskommissar für die Flugzeugindustrie gewesen. Ich hatte ihn gut gekannt, als er im Auftrag des Zentralkomitees als Parteiorganisator für das Dreißigste Flugzeugwerk verantwortlich war. Während meiner Zeit in der Ukraine war Schachurin verhaftet worden, da er angeblich während des Krieges die Produktion mangelhafter Flugzeuge zugelassen hatte. Malenkow erzählte mir später, daß Wassja Stalin, der Pilot war, Schachurin bei seinem Vater denunziert habe, und Stalin habe daraufhin eine Untersuchung befohlen.[9] Indirekt war Malenkow selbst in den Fall Schachurin verwickelt.

9 Stalins Sohn war berüchtigt für sein arrogantes und rachsüchtiges Wesen. Er war zudem Alkoholiker. Er nutzte die Tatsache, daß er Stalins Sohn war, wo er nur konnte, aus, und seine Beförderung zum Generalleutnant der Luftstreitkräfte war ein echter Fall von Nepotismus. Stalin selbst sah sich gezwungen, ihn aus dem Oberkommando der Luftstreitkräfte des Moskauer Militärbezirks zu entfernen. Swetlana Allilujewa bestätigte in ihren ‹*20 Briefen an einen Freund*›, daß Wassilij die Verantwortung dafür trug, daß der Oberkommandierende der sowjetischen Luftstreitkräfte, Marschall A. A. Nowikow, in Ungnade fiel und verhaftet wurde. Wegen dieses Falles und anderer Verfehlungen wurde Wassilij nach dem Tod seines Vaters von einem Militärgericht zu acht Jahren Gefängnis verurteilt. Seine vorzeitige Entlassung verdankte er weitgehend der Tatsache, daß Chruschtschow Mitleid mit ihm hatte und «ihn wie ein Vater behandelte». Wassilij erhielt seinen militärischen Rang und seine Parteimitgliedschaft zurück, und auch seine Pension wurde ihm wieder zuerkannt, doch kam er noch einmal ins Gefängnis. Nach seiner Freilassung starb er 1962 an den Folgen seiner Trunksucht.

Kiew 1944: Chruschtschow und seine Frau Nina Petrowna

Moskau 1945: bei der Besichtigung von Trophäen des Sieges über Deutschland im Gorkij-Park. Chruschtschow führt seine jüngste Tochter Jelena an der Hand.

Teil seiner Aufgaben während des Krieges war die Überwachung der Flugzeugindustrie, somit trug er die Verantwortung für die nachlässige Arbeit des Volkskommissars. Gerechterweise muß man erwähnen, daß die während des Krieges geführte Kampagne für Quantität zwangsläufig auf Kosten der Qualität ging. Wie dem auch sei, Schachurin wurde ins Gefängnis geworfen, und Malenkow wurde aus dem Sekretariat des Zentralkomitees entlassen und irgendwohin nach Mittelasien geschickt – ich glaube, es war Taschkent. Berija nutzte seinen Einfluß und brachte Stalin dahin, daß er Malenkow nach Moskau zurückkommen ließ, und seither waren die beiden, Berija und Malenkow, unzertrennlich gewesen.

Luftmarschall A. A. Nowikow war ebenfalls im Gefängnis, als die Leningrader Affäre begann. Er war nach dem Kriege verhaftet worden, weil er mangelhafte Flugzeuge übernommen habe. Auch er soll von Wassja Stalin denunziert worden sein. Er befehligte die Luftstreitkräfte der Roten Armee fast während des ganzen Krieges und hatte während der Schlacht um Stalingrad einmal unseren Befehlsstand besucht. Er hatte seine Fehler. Er trank wahrscheinlich mehr, als ihm guttat, doch er war ein pflichtbewußter, aufrichtiger und ehrenhafter Mann.

Selbst nach diesen Verhaftungen empfand Stalin offenbar noch ein gewisses Maß von Wohlwollen gegenüber Schachurin und Nowikow. Beim Essen fragte er Berija und Malenkow gelegentlich: «Sagt mal, sind Schachurin und Nowikow noch im Gefängnis?»

«Ja.»

«Meint ihr nicht, daß man sie ruhig entlassen könnte?»

Aber im Grunde richtete Stalin die Frage an sich selber. Er hatte nur laut gedacht. Keiner sagte etwas darauf, und die Angelegenheit blieb in der Schwebe, bis er irgendwann wieder einmal darauf zu sprechen kam. Einmal ging er sogar so weit, zu sagen: «Sie sollten ernsthaft in Erwägung ziehen, Schachurin und Nowikow freizulassen. Was nützen sie uns im Gefängnis? Sie können schließlich noch arbeiten.» Mit solchen Bemerkungen wandte er sich immer an Malenkow und Berija, weil sie für das Verfahren gegen Schachurin und Nowikow zuständig waren.

Nach dem Essen bei Stalin gingen wir gewöhnlich alle ins Bad, um uns die Hände zu waschen, und trafen dort zusammen. Es war ein großes, geräumiges Badezimmer, und manchmal standen wir dort vor und nach den Sitzungen – wir nannten die Mahlzeiten bei Stalin immer «Sitzungen» – herum und besprachen, was getan werden mußte und welche Konsequenzen sich aus der Sitzung ergeben würden. Einmal hörte ich, wie Berija im Badezimmer zu Malenkow sagte: «Stalin hat den Fall der beiden Flieger wieder zur Sprache gebracht. Ich fürchte, wenn die erst entlassen sind, dann könnte sich das auf andere ausdehnen.»

«Dann könnte sich das auf andere ausdehnen?» Was meinte Berija damit? Wer waren «die anderen»? Berija muß befürchtet haben, Stalin

Chruschtschow und seine Familie, 1947. Hinten stehend, von links: Julia, Chruschtschows Tochter aus erster Ehe, und Rada. In der mittleren Reihe: Enkelin Julia und Sohn Sergej. Im Gras sitzend: Tochter Jelena und ein unbekanntes Kind

Kiew 1947: mit der Enkelin Julia, Tochter des im Krieg gefallenen Sohnes Leonid aus der ersten Ehe Chruschtschows

könnte, wenn Schachurin und Nowikow erst einmal entlassen waren, den Fall Kusnezow und Wosnessenskij noch einmal überdenken. Er könnte auf die Idee kommen, die beiden freizulassen, noch bevor ein Prozeß gegen sie stattgefunden hatte. Malenkow und Berija befürchteten, falls Kusnezow und Wosnessenskij, die als Anführer des Leningrader Komplotts galten, freigelassen würden, dann würde die Kampagne gegen den ganzen Leningrader Parteiapparat zusammenbrechen. Daher taten Malenkow und Berija alles, was sie konnten, damit Schachurin und Nowikow weiter im Gefängnis blieben. Es gelang ihnen, und infolgedessen wurden auch die Leningrader nicht freigelassen.

Ich habe die Anklageschriften in dem Leningrader Fall nie zu Gesicht bekommen, doch nehme ich an – ebenfalls auf Grund von Gesprächen zwischen Malenkow und Berija, die ich mitanhörte –, daß man der Kusnezow-Gruppe russischen Nationalismus und Opposition gegen das Zentralkomitee zur Last legte. Die Untersuchung begann. Und wer leitete sie? Stalin persönlich. Aber wenn Stalin der Dirigent war, dann spielte Berija die erste Geige. Wie ich darauf komme? Weil Abakumow [10], der nämlich das Verfahren überwachte, Berijas Mann war; er erstattete niemandem Bericht, nicht einmal Stalin, ohne vorher Rücksprache mit Berija gehalten zu haben.

Ich selber hatte mit dem Fall nie richtig zu tun, doch gebe ich zu, daß möglicherweise auch ich den Befehl zur Verurteilung unterschrieben habe. Wenn in jener Zeit ein Fall abgeschlossen war – und wenn Stalin es für nötig hielt –, dann unterschrieb er den Befehl zur Verurteilung auf einer Sitzung des Politbüros und reichte ihn dann herum, damit wir übrigen ebenfalls unterschrieben. Wir setzten unsere Unterschrift darunter, ohne auch nur einen Blick darauf zu werfen. Das nannte man dann «kollektive Verurteilung».

Im Vergleich dazu, wie Stalin gewöhnlich mit Feinden des Volkes verfuhr, war der Leningrader Fall geradezu ein Musterbeispiel für Rechtsprechung. Dem Anschein nach wurden alle Prozeßvorschriften dabei genau befolgt. Untersuchungsbeamte führten eine Untersuchung durch, ein Staatsanwalt übernahm die Anklagevertretung, und es fand eine Gerichtsverhandlung statt. Die aktiven Mitglieder der Leningrader Perteiorganisation waren als Beobachter eingeladen, als man die Angeklagten im Gerichtssaal vernahm. Und vor der Urteilsverlesung hatten die Angeklagten Gelegenheit, etwas zu ihrer Rechtfertigung und Verteidigung zu sagen.

Ich war bei Stalin, als man ihm berichtete, was Wosnessenskij gesagt hatte, bevor seine Verurteilung zum Tode durch Erschießen verkündet worden war. Wosnessenskij hatte sich erhoben und Gift und Galle gegen Leningrad gespuckt. Er verfluchte den Tag, an dem er den Fuß in die

10 Vergleiche Kapitel 3 «Der Terror», Anmerkung 39.

Stadt gesetzt hatte; er kam vom Donezbecken und wollte dort studieren. Leningrad hatte bereits, so sagte er, ausreichend Verschwörungen hinter sich; die Stadt sei reaktionären Einflüssen aller Schattierungen, von Biron [11] bis Sinowjew, ausgesetzt gewesen. Wosnessenskij hatte offenbar den Verstand verloren. Es ist Unsinn, Biron und Sinowjew in einem Atemzug zu nennen, als sei das ein und dieselbe Sache. Sinowjew vertrat eine politische Auffassung über den Aufbau des Sozialismus in unserem Lande, die zu der Auffassung Stalins im Widerspruch stand. Man konnte für ihn oder gegen ihn sein. Ich für mein Teil habe stets Stalins Position vertreten und kämpfte daher gegen Sinowjew und seine Anhänger. Aber Biron! Das war etwas völlig anderes.

Ich weiß nicht, was Kusnezow und die übrigen in ihrem letzten Wort sagten, aber was immer sie sagten, auf ihr Schicksal hatte es keinen Einfluß. In Wirklichkeit waren sie bereits eine beträchtliche Zeit vor der offiziellen Urteilsverkündung, ja sogar schon vor Beginn des Prozesses verurteilt worden. Im Grunde waren sie von Stalin selbst verurteilt worden, und zwar in dem Augenblick ihrer Verhaftung.

In Leningrad sind viele Leute umgekommen. Und nicht anders erging es vielen, die von Leningrad in andere Gebiete versetzt worden waren.

Was Kossygin angeht, so hing sein Schicksal an einem seidenen Faden. Einige der in Leningrad verhafteten und verurteilten Männer erhoben in ihren Aussagen geradezu lächerliche Beschuldigungen gegen ihn. Man schrieb allen nur möglichen Blödsinn über ihn. Kossygin stand von Anfang an auf unsicherem Grund, da er mit Kusnezow verschwägert war. Obwohl Kossygin ein sehr enger Mitarbeiter Stalins gewesen war, wurde er plötzlich aller seiner Ämter entbunden und erhielt eine Arbeit in irgendeinem Ministerium zugewiesen. Die gegen ihn erhobenen Beschuldigungen warfen einen so düsteren Schatten auf ihn, daß ich einfach keine Erklärung dafür weiß, wie es kam, daß er verschont blieb und nicht mit den anderen beseitigt wurde. Kossygin hatte wohl, wie man so sagt, das große Los gezogen, und dieser Kelch ging an ihm vorüber.[12]

11 Biron war der berüchtigte Graf von Bühren, der spätere Herzog von Kurland. Er hatte seine Karriere als Geliebter der Herzogin von Kurland begonnen, die als Anna Joannowna den Zarenthron bestieg. (Sie regierte von 1730–1740). Der Balte Biron wurde als Nichtrusse zu einem der verhaßtesten Tyrannen der russischen Geschichte, und man nannte die Periode seiner Gewaltausübung die «Bironowschtschina». Nach dem Tod der Zarin wurde Biron zum Tode verurteilt, dann begnadigt und nach Sibirien verbannt.

12 Wenn Kossygin mit dem Leben davonkam, mag dies darauf zurückzuführen sein, daß er sich im Leningrader Parteiapparat aus Intrigen herauszuhalten wußte und sich vornehmlich auf administrative Aufgaben sowie auf den industriellen Bereich der Wirtschaft konzentrierte. Nach dem XIX. Parteitag wurde er – noch unter Stalin – wieder in die Führungsspitze berufen und zum Kandidaten des erweiterten Parteipräsidiums gemacht.

In jenen Tagen hätte jedem einzelnen von uns wer weiß was widerfahren können. Alles hing davon ab, was Stalin zufällig gerade durch den Kopf ging, wenn er in die Richtung blickte, wo man sich befand. Manchmal starrte er einen an und sagte: «Warum sehen Sie mir heute nicht in die Augen? Warum weichen Sie meinem Blick aus?», oder einen ähnlichen Unsinn. Ganz unvermittelt konnte er mit regelrechter Bösartigkeit über jemanden herfallen. Ein vernünftiger Vernehmungsbeamter würde sich einem Gewohnheitsverbrecher gegenüber nicht so verhalten, wie Stalin sich gegenüber Freunden verhielt, die er eingeladen hatte, an seinem Tisch mit ihm zu essen.

Bulganin hat einmal sehr treffend beschrieben, was wir alle damals empfanden. Als wir eines Nachts nach einem Abendessen bei Stalin aufbrachen, sagte er: «Man setzt sich als Freund bei Stalin zu Tisch, aber man weiß nie, ob man allein nach Hause fahren wird oder ob man gebracht wird – ins Gefängnis!» Bulganin war an jenem Abend ziemlich betrunken, aber was er sagte, kennzeichnete genau die Unsicherheit unserer Lage von einem Tag auf den anderen.

Stalins Antisemitismus

Ein interessanter Aspekt dieses Abschnitts ist es, wie sehr Chruschtschow den Antisemitismus verurteilt. Er erinnert sich an einen Judenpogrom, dessen Zeuge er in seiner Jugend im Donezbecken wurde. Vielleicht spielen hier auch gewisse Schuldgefühle eine Rolle, denn er muß die Verbannung von Juden aus der Ukraine stillschweigend geduldet haben, die Stalin nach dem Krieg in die Wege leitete. Im befreiten Kiew hatte er sich zudem aus erster Hand über die Vernichtung der Juden durch die Deutschen informieren können, wie Bemerkungen an anderer Stelle seiner Erinnerungen (Kapitel 6, Abschnitt «Sieg») zu entnehmen ist. Dabei ist es erklärlich, daß er auf das Schicksal der Juden unter der deutschen Okkupation nicht näher eingeht. Er hält sich hier an die auch heute noch gültige sowjetische Sprachregelung, daß alle *Sowjetbürger im Zweiten Weltkrieg gleichermaßen gelitten haben.*

Was Chruschtschow über das Schicksal einzelner Juden in der Stalin-Ära nach dem Krieg berichtet, entspricht den Tatsachen; allerdings hätte er noch weit mehr sagen können. Die Vorgänge um die Ermordung Michoels' werden hier zum erstenmal von sowjetischer Seite bestätigt, auch erhalten wir einige Aufschlüsse über das Schicksal von Losowskij. In seiner Geheimrede war Chruschtschow allerdings auf das Schicksal der Juden unter Stalin mit keinem Wort eingegangen, nicht einmal, als er die sogenannte Verschwörung der Kremlärzte erwähnte, die überwiegend Juden waren. Andererseits bietet die Geheimrede erheblich mehr

Informationen als dieser Abschnitt über das Schicksal ganzer Völkerschaften auf der Krim und im Kaukasus, die Stalin wegen «Kollaboration» mit den Deutschen deportieren und vernichten ließ. Im übrigen kommt Chruschtschows gelassene Einstellung zu den Gewaltakten gegen politische Gegner, wie schon in dem Kapitel über die Säuberungen, in der Bemerkung zum Ausdruck, er sei «durchaus dafür, daß man Leute verhaftet», vorausgesetzt, sie erhalten einen fairen Prozeß und werden nur bestraft, wenn einwandfreie Beweise vorliegen.

Während wir noch dabei waren, die Deutschen aus der Ukraine zu vertreiben, war eine Organisation gebildet worden, die sich Jüdisches Antifaschistisches Komitee des Sowinformbüros nannte. Dieses Komitee sollte Material – natürlich positives Material – über unser Land sowie über die Leistungen unserer Sowjetarmee im Kampf gegen den gemeinsamen Feind, Hitlerdeutschland, zusammenstellen und dieses Material der westlichen Presse zugänglich machen, vor allem in Amerika, wo es einen großen Kreis einflußreicher Juden gibt. Das Komitee setzte sich aus Juden zusammen, die hohe Positionen in der Sowjetunion innehatten, und wurde von Losowskij, einem Mitglied des Zentralkomitees und früheren Vorsitzenden der Profintern [13] geleitet. Zu den Mitgliedern gehörte auch Michoels, der prominenteste Schauspieler des Jiddischen Theaters. Ein weiteres Mitglied war die Frau Molotows, Genossin Schemtschuschina. Ich nehme an, daß diese Organisation ursprünglich auf Anregung Molotows gegründet wurde, obwohl es auch Stalins eigene Idee gewesen sein kann. Das Sowinformbüro und das Jüdische Antifaschistische Komitee galten als unentbehrlich für die Interessen unseres Staates, unserer Politik und unserer Kommunistischen Partei.

Losowskij [14] nahm jedesmal Verbindung mit mir auf, wenn ich nach

13 Gewerkschafts-Internationale.

14 Westlichen Korrespondenten war Losowskij gut bekannt; er galt als offizieller sowjetischer Sprecher. 1948 verschwand er spurlos. Bald darauf wurde bekannt, daß er zusammen mit mehreren jüdischen Schriftstellern nach der plötzlichen Auflösung des Jüdischen Antifaschistischen Komitees erschossen worden war. Chruschtschow erwähnte diese «Krim-Affäre» zum erstenmal 1956 in einem Interview mit kanadischen Kommunisten. Der berühmte jüdische Schauspieler Salomon M. Michoels verschwand damals ebenfalls. Er war der Bruder eines der Kreml-Ärzte, die später fälschlich des Mordes an führenden sowjetischen Persönlichkeiten beschuldigt wurden, und obgleich schon ermordet, wurde er in diese «Verschwörung» einbezogen. Bezeichnete die *Prawda* im Januar 1953 bei der «Aufdeckung» des Ärzte-Komplotts Michoels noch als «den bekannten jüdischen bürgerlichen Nationalisten», so nannte sie ihn drei Monate später – Stalin war mittlerweile gestorben – eine «aufrechte Persönlichkeit des öffentlichen Lebens» und «Künstler des Volkes». Daß Michoels und viele andere bekannte sowjetische Juden auf Geheiß Stalins ermordet wurden, haben die Sowjetbürger bis heute offiziell nicht erfahren. Polina Semjonowna Schem-

Moskau kam, und manchmal rief er mich an und bat mich um Material, das sich als Propaganda gegen die Hitler-Faschisten verwenden ließ. Ich veranlaßte die Vorbereitung solchen Materials, für das jeweils verschiedene Autoren zeichneten, und dann wurde es nach Amerika geschickt, wo es ausgiebig dazu benutzt wurde, die Erfolge der Roten Armee publik zu machen und die von den Deutschen in der Ukraine begangenen Grausamkeiten zu enthüllen. Im ganzen gesehen erwies sich Losowskijs Tätigkeit als sehr lohnend. Er war ein energischer Mann und konnte einem manchmal mit seiner Hartnäckigkeit fast auf die Nerven fallen. Er quetschte das Material geradezu aus mir heraus. «Geben Sie mir mehr Material! Mehr! Mehr!» sagte er immer wieder. Wir waren mit dem Wiederaufbau der Wirtschaft vollauf beschäftigt und hatten nicht viel Zeit für solche Dinge. Aber er ließ mir keine Ruhe: «Sie müssen begreifen, wie wichtig es für uns ist, daß wir der Welt das Gesicht unseres gemeinsamen Feindes zeigen und seine Grausamkeiten aufdecken, und daß wir den Wiederaufbau zeigen, der in unseren Städten und Dörfern im Gange ist.»

Als die Ukraine schließlich befreit war, setzten die Mitglieder des Losowskij-Komitees ein Schreiben auf. Es war an Stalin gerichtet und enthielt einen Vorschlag, aus der Krim nach der Deportation der Krim-Tataren eine Jüdische Sowjetrepublik innerhalb der Sowjetunion zu machen.

Stalin sah hinter diesem Vorschlag die Hand amerikanischer Zionisten, die sich des Sowinformbüros bedienten. Die Mitglieder des Komitees, so erklärte er, seien Agenten des amerikanischen Zionismus. Sie versuchten, einen jüdischen Staat auf der Krim zu gründen, um die Krim von der Sowjetunion loszureißen und einen Vorposten des amerikanischen Imperialismus auf unserem Boden zu errichten, der eine unmittelbare Bedrohung der Sicherheit der Sowjetunion darstellen werde. In dieser Richtung ließ Stalin seiner Einbildungskraft wild die Zügel schießen. Er war von manischer Rachsucht besessen. Losowskij und Michoels wurden verhaftet. Bald darauf wurde auch Schemtschuschina festgenommen. Die gegen die Gruppe eingeleitete Untersuchung zog sich lange hin, aber schließlich nahmen doch alle Mitglieder ein tragisches Ende. Losokowskij wurde erschossen, Schemtschuschina verbannt. Zuerst glaubte ich, man habe sie ebenfalls erschossen, da außer Stalin niemand über das, was geschehen war, unterrichtet wurde, und Stalin persönlich entschied, wer hingerichtet und wer geschont werden sollte.

Ich erinnere mich, daß Molotow mich anrief und wegen der ganzen Affäre um Rat fragte. Anscheinend hatte die Schemtschuschina ihn mit

tschuschina war die Begründerin der sowjetischen Kosmetikindustrie. Molotow mußte tatenlos zusehen, wie seine Frau verhaftet und verbannt wurde. Swetlana Allilujewa (Stalina) hat über das Schicksal von Polina Molotowa in ihrem Buch ‹*20 Briefe an einen Freund*› berichtet.

hineingezogen. Hinsichtlich der Notwendigkeit, Schemtschuschina zu verhaften, hat Molotow nie mit Stalin übereingestimmt. Als die Frage ihrer Entfernung aus den Kadern des Zentralkomitees bei einem Plenum des Zentralkomitees aufgerollt wurde, und alle anderen mit Ja stimmten, enthielt sich Molotow der Stimme. Er stimmte nicht dagegen, aber er enthielt sich doch der Stimme. Stalin geriet darüber in Zorn, und der Vorfall wirkte sich nachhaltig auf Stalins Einstellung gegenüber Molotow aus. Stalin fing an, Molotow zu schikanieren. Kaganowitschs Gehässigkeit war ein besonders genaues Barometer der prekären Lage, in der Molotow sich befand. Kaganowitsch spielte, von Stalin angestachelt, die Rolle eines bösartigen Köters, der losgelassen wurde, damit er jedes Mitglied des Politbüros, bei dem er spürte, daß es von Stalin kühl behandelt wurde, zerfleischte. Und Kaganowitsch wurde auf Molotow losgelassen.

Daß Schemtschuschina noch am Leben war, erfuhr ich erst nach Stalins Tod, als Molotow mir erzählte, daß sie in der Verbannung lebe. Wir alle waren uns einig, daß sie freigelassen werden sollte. Berija entließ sie und übergab sie feierlich Molotow. Berija schilderte mehr als einmal, wie Molotow in sein Arbeitszimmer im Ministerium für Innere Angelegenheiten kam, um Schemtschuschina in Empfang zu nehmen. Molotow war außer sich vor Freude, daß sie noch lebte, und warf sich in ihre Arme. Berija sprach Molotow und Schemtschuschina sein Mitgefühl aus, erinnerte sie aber nachdrücklich daran, daß Schemtschuschina auf seine Initiative hin freigelassen worden sei, und er erzählte diese Geschichte stets mit einem Anflug von Ironie in der Stimme.

Eine wesentliche Frage: Bestand die Notwendigkeit, eine Jüdische Unionsrepublik oder Autonome Republik innerhalb der Russischen Föderation oder der Ukraine zu gründen? Meiner Meinung nach nicht. Es war bereits ein Jüdisches Autonomes Gebiet geschaffen worden, das nominell nach wie vor existiert.[15] Also bestand kaum die Notwendigkeit eines auf der Krim zu schaffen. Doch diese Frage war nie grundsätzlich erörtert worden. Man hatte uns daran gewöhnt, Stalins Argumentation zu akzeptieren, und wir beugten uns seiner absoluten Autorität. Er verfocht die Ansicht, falls auf der Krim eine jüdische Republik geschaffen

15 Eine Anspielung auf das «Jüdische Autonome Gebiet» am Amur im sowjetischen Fernen Osten. Es war 1928 als Antwort auf die verstärkte zionistische Bewegung gegründet worden. Allerdings hatte sich der Wunsch der Sowjetbehörden, es möge für die jüdischen Sowjetbürger ein Anziehungspunkt und eine Heimstätte werden, nicht erfüllt, liegt dieses Gebiet doch fast zehntausend Kilometer von Osteuropa, der Heimat der sowjetischen Juden entfernt. (Bei der Errichtung einer jüdischen Republik auf der Krim wären die Juden dagegen in ihrer Heimat geblieben.) Nach amtlichen Angaben leben gegenwärtig dort am östlichen Ende der Sowjetunion nur 25 000 Juden, von insgesamt rund 150 000 Bewohnern. Die Zahl der Sowjetbürger jüdischer Nationalität wird amtlich mit 2,3 Millionen angegeben oder 1,1 Prozent der Gesamtbevölkerung.

werde, dann werde der in Amerika grassierende Zionismus in unserem Land einen Stützpunkt gewinnen. Damit war die Sache erledigt. Er hatte einen Entschluß gefaßt und ließ willkürlich und ohne jede Rücksicht auf rechtliche Normen Menschen verhaften, ungeachtet der wichtigen und positiven Rolle, welche die Beschuldigten während des Krieges gespielt hatten, indem sie dazu beitrugen, die von den Deutschen begangenen Grausamkeiten ans Licht zu bringen. Sie hatten konstruktive Arbeit geleistet, aber das zählte jetzt nicht mehr. Sie wurden ihrer Freiheit und in vielen Fällen ihres Lebens beraubt. Die ganze Affäre ist meiner Ansicht nach eine Schande gewesen. Stalin hätte ihren Vorschlag einfach ablehnen und ihnen einen Verweis erteilen können. Aber nein, er bestand auf der Vernichtung aller jener, die den Vorschlag aktiv unterstützt hatten. Nur wie durch ein Wunder blieb Schemtschuschina am Leben und kam mit einer langen Verbannungszeit davon. Typischer war die grausame Bestrafung Michoels'. Er war der bedeutendste Schauspieler des Jiddischen Theaters, ein hochgebildeter Mann. Wie Bestien brachten sie ihn um. Sie töteten ihn heimlich. Dann wurden seine Mörder belohnt, und ihr Opfer mit allen Ehren begraben. Es schwindelt einem bei dem Gedanken! Offiziell wurde bekanntgegeben, Michoels sei vor einem Lastwagen gestürzt. In Wirklichkeit war er vor einen Lastwagen gestoßen worden. Das war sehr geschickt und wirkungsvoll bewerkstelligt worden. Und wer hatte es getan? Stalin hatte es getan, zumindest war es auf seine Anweisungen hin geschehen. Als wir nach Stalins Tod die Archive des Ministeriums für Staatssicherheit öffneten und Berijas Leute verhörten, erfuhren wir, daß sie geplant hatten, Litwinow auf ähnliche Weise zu ermorden. Litwinow sollte auf der Fahrt von Moskau zu seiner Datscha überfallen und getötet werden.[16]

Später brachte man eine Gruppe von Juden bei den Stalin-Autowerken vor Gericht. Auch in diesem Falle glaubte Stalin an ein Komplott des amerikanischen Imperialismus, der sich der Zionisten bediente. Es war natürlich alles reiner Unsinn. Aber genau das waren die Dinge, die sich aus Stalins Willkürherrschaft und dem völligen Fehlen irgendwelcher Beschränkungen seiner Macht ergaben.

Es scheint mir immer noch unbegreiflich, daß derartige Dinge in unserer Zeit geschehen konnten. Ich bin durchaus dafür, daß man Leute verhaftet, aber die Beschuldigten sollten einem gerechten Verfahren unterzogen werden, und sie sollten nur dann verbannt oder ins Gefängnis gesteckt werden, wenn eine ehrliche Behandlung ihrer Fälle den Nachweis erbringt, daß sie tatsächlich kriminelle oder politische Missetäter sind. Bei der Strafverfolgung und bei einem Prozeß sollte gemäß den Rechts-

16 M. M. Litwinow wurde nach dem Scheitern seiner Kampagne für «kollektive Sicherheit» 1939 durch Molotow als Außenkommissar abgelöst. Über den geplanten Anschlag auf ihn war bisher nichts bekannt. Er starb 1951 eines natürlichen Todes.

normen verfahren werden. Prozesse sollten öffentlich geführt werden, damit bei niemandem Zweifel daran aufkommen, daß die Angeklagten wirklich schuldig sind. Dann wird niemand Leute in Schutz nehmen, die bestraft worden sind, und die öffentliche Meinung wird die Strafbehörden aufrichtig unterstützen. Zu unserer Zeit gab es Leute, die vor Gericht die Stimme erhoben, sich für die Wahrheit von Beschuldigungen verbürgten, sich an die Brust schlugen und schworen, daß die Angeklagten Feinde des Volkes seien, alles ohne eine wirkliche Kenntnis dessen, was geschehen war. Ein Zeuge bekräftigte dann diesen Schuldspruch, hob seine Hand und stimmte für die Beseitigung des Angeklagten, ohne wirklich etwas über den Tatbestand des angeblichen Verbrechens, geschweige denn über die Rolle des angeblichen Verbrechers zu wissen. Richtige Prozesse waren das ohnehin nicht. Es waren Verhandlungen unter Ausschluß der Öffentlichkeit, die von Troikas geleitet wurden. Und welche Leute bildeten diese Troikas? Drei Personen, die alles selber machten, die die Beschuldigten verhafteten, anklagten und verurteilten. Die meisten Menschen, die zu Stalins Zeit umgebracht wurden, sind von einem derartigen Gericht verurteilt worden.

Ich habe versucht, Stalin Gerechtigkeit widerfahren zu lassen und seine Verdienste anzuerkennen, aber es gibt keine Entschuldigung für das, was meiner Meinung nach ein wesentlicher Charakterfehler bei ihm war – seine feindselige Haltung gegenüber dem jüdischen Volk. Als Führer und Theoretiker achtete er darauf, daß in seinen Schriften oder in seinen Reden niemals sein Antisemitismus durchschimmerte. Und Gott bewahre, daß jemand es wagte, öffentlich aus privaten Unterhaltungen zu zitieren, in denen er Bemerkungen gemacht hatte, die scharf nach Antisemitismus rochen. Wenn Stalin über einen Juden sprach, dann imitierte er oft in einem wohlbekannten übertriebenen Tonfall die Art und Weise, wie die Juden sprechen. Es ist genau das gleiche, wie dumme, rückständige Leute, die die Juden verachten, reden, wenn sie sich über negative jüdische Eigenarten lustig machen. Auch Stalin machte es Spaß, in diesem Tonfall zu sprechen, und er konnte es nicht schlecht.

Ich erinnere mich noch, wie Stalin, als ich in Moskau arbeitete, durch Parteikanäle und den Staatssicherheitsdienst über irgendwelche Schwierigkeiten im Dreißigsten Flugzeugwerk unterrichtet wurde. Bei einer Zusammenkunft mit Stalin, während wir herumsaßen und unsere Meinungen austauschten, wandte Stalin sich mir zu und sagte: «Man sollte den guten Arbeitern in der Fabrik Knüppel geben, damit sie diese Juden nach Feierabend tüchtig durchprügeln können.» Als er das sagte, war ich nicht allein da. Molotow, Berija und Malenkow waren dabei. Kaganowitsch war allerdings nicht anwesend. In Kaganowitschs Gegenwart duldete Stalin niemals antisemitische Bemerkungen.[17] Ich dachte im stil-

17 Kaganowitsch ist Jude.

len: «Was sagt er da? Wie kann er das nur sagen?» Als wir den Raum verließen, fragte Berija mich ironisch: «Na, haben Sie Ihre Befehle empfangen?»

«Ja», sagte ich, «ich habe sie empfangen. Mein Vater war Analphabet, aber er hat nie an einem Pogrom teilgenommen. Das galt als Schande. Und jetzt wird mir als einem Sekretär des Zentralkomitees der Kommunistischen Partei der UdSSR diese Weisung erteilt.»

Stalin hatte mir zwar einen direkten Befehl gegeben, doch wußte ich genau, wenn etwas, wie er es vorgeschlagen hatte, geschah, und wenn es allgemein bekannt würde, dann würde bestimmt eine Kommission mit der Untersuchung beauftragt und die Schuldigen würden streng bestraft werden. Nichts hätte Stalin davon abgehalten, vor der Öffentlichkeit jeden Antisemitismus zu bestrafen. Ob Befehle oder nicht Befehle, er hätte jeden erwürgt, dessen Handlungen seinen Namen in Verruf gebracht hätten, besonders wenn es sich um etwas so Unverzeihliches und Schändliches handelte wie Antisemitismus. Es gab viele Gespräche wie das über das Dreißigste Flugzeugwerk, und wir gewöhnten uns daran. Wir hörten uns an, was Stalin uns sagte, und verdrängten es sofort wieder aus unseren Gedanken.

Als ich aus der Ukraine nach Moskau versetzt wurde, waren Melnikow, mein Nachfolger als Erster Sekretär in der Ukraine, und Korotschenko zusammen mit mir in Moskau.[18] Stalin lud uns zum Abendessen in seine Nahe Datscha ein. Er nötigte die beiden zum Trinken und erreichte sein Ziel. Melnikow und Korotschenko waren zum erstenmal bei Stalin. Sie tranken eifrig; sie betrachteten es als eine Ehre, Stalins Gäste zu sein. Ich kannte Stalin besser als sie. Ich wußte, daß er gern Leute betrunken machte und daß Gastfreundschaft für ihn nicht die Hauptsache war. Er war daran interessiert, seine Gäste in einen Zustand zu bringen, der ihre Zungen löste. Er wollte, daß sie Dinge ausplauderten, die auszuplaudern sie sich, wären sie nüchtern gewesen, zweimal überlegt hätten. Ich saß nervös da, während das vor sich ging. Ich war für Melnikow verantwortlich, da ich ihn nach Moskau hatte kommen lassen. Über Korotschenko ist nicht viel zu sagen. Ich kannte ihn als aufrechten Mann, dessen Fähigkeiten allerdings sehr begrenzt waren. Stalin schien damals mit seinem Antisemitismus nicht hinter dem Berg halten zu können und fing an, antisemitische Bemerkungen zu machen. Melnikow war dafür auf Grund seiner eigenen Einstellung äußerst aufgeschlossen. Genau das, was Stalin sagte, wollte er hören. Er und Korotschenko ließen ihre Unterkiefer herunterklappen und hörten Stalin zu, ohne selbst ein Wort zu sagen. Das Abendessen ging zu Ende, und wir brachen auf. Melnikow und Korotschenko kehrten in die Ukraine zurück.

18 Korotschenko, Chruschtschows rechte Hand in der Ukraine, langjähriger Ministerpräsident und Staatschef der Ukraine.

Nach meiner Versetzung nach Moskau verabschiedete das Politbüro des Zentralkomitees eine Resolution, durch die ich beauftragt wurde, ein wachsames Auge auf die Tätigkeit der Ukrainischen Kommunistischen Partei zu haben. In dieser Funktion erhielt ich alle ukrainischen Zeitungen. Ich prüfte die Hauptblätter, und meine Mitarbeiter beschäftigten sich mit den übrigen und berichteten mir über alles, was Beachtung verdiente. Kurze Zeit nach jenem Abendessen in Stalins Datscha brachte mir mein Mitarbeiter Schuiskij eine ukrainische Zeitung und zeigte mir einen Leitartikel, in dem einige Fehler und Unzulänglichkeiten kritisiert wurden. Sechzehn Namen waren für die kritische Untersuchung in diesem Leitartikel herausgegriffen worden, und sie alle waren jüdisch. Ich las den Artikel und war entrüstet. Wie konnte so etwas geduldet werden?

Ich wußte sofort, woher der Wind wehte. Melnikow und Korotschenko, die typische Ukrainer waren, hatten geschaltet und sich in den Kopf gesetzt, daß Stalin eine Kampagne der Kritik gegen die jüdische Bevölkerung in Gang setzen wolle. In der Meinung, sie folgten Stalins Beispiel, hatten sie selbständig zu handeln begonnen. Ich rief Melnikow an und sagte: «Ich habe euren Leitartikel gelesen. Sie sollten sich schämen. Wie können Sie es wagen, zuzulassen, daß so etwas in die Zeitung kommt! Damit wird der Antisemitismus ja geradezu heraufbeschworen. Warum tun Sie so etwas? Ich weiß, was Sie denken, aber Sie haben Stalin falsch verstanden. Lassen Sie sich gesagt sein, wenn Stalin diesen Artikel lesen sollte – nun, ich weiß nicht, was dann mit Ihnen als Sekretär des Zentralkomitees der Ukraine geschehen wird. Da predigt das Zentralorgan der ukrainischen Partei Antisemitismus! Sehen Sie denn nicht ein, daß das Munition ist, die unsere Feinde gegen uns verwenden können? Unsere Feinde werden diese Schande ausbeuten und sagen, die Ukraine erhebe das Banner zum Kampf gegen die Juden, das Banner des Antisemitismus.»[19]

Melnikow versuchte, sich zu rechtfertigen. Dann fing er an, wehleidig zu werden. Ich ließ aber nicht locker: «Wenn dieser Skandal in irgendeiner Weise weiter anhält, werde ich persönlich Stalin davon berichten.» Natürlich ging ich ein Risiko ein, denn ich hatte keine Gewähr, daß unsere Telefongespräche nicht abgehört wurden. Und ich war auch nicht sicher, ob Melnikow nicht vielleicht selbst an Stalin schreiben und ihm erzählen würde, daß Chruschtschow ihm Weisungen erteile, die im Widerspruch stünden zu denen, die er von Stalin erhalten habe, als er in Stalins Datscha gewesen sei. Das hätte sich Stalin von mir nicht bieten lassen.

Kurze Zeit darauf erhielt Nino Petrowna einen Brief aus Kiew und berichtete mir von einer weiteren Geschichte, die mit Melnikow und Antisemitismus zu tun hatte. In Kiew gibt es eine Klinik für Kinder mit

19 Chruschtschow erwähnt allerdings nicht, daß bald nach dem Krieg, als er in der Ukraine die Verantwortung trug, dort ansässige Juden verbannt wurden.

Knochentuberkulose. Die Leiterin dieser Klinik war Professor Frumina. In der Zeit, als wir in Kiew lebten, bevor ich nach Moskau versetzt wurde, war Professor Frumina oft in unserer Wohnung. Sie behandelte meinen Sohn Serjoscha, als er Tuberkulose hatte, und sie heilte ihn. Heute hat Sergej keine Spuren mehr von der Krankheit. Er ist wieder vollkommen gesund. Wir schreiben das hauptsächlich Frau Frumina zu. Ein anderer Spezialist für Knochentuberkulose, Mitglied der Akademie in Leningrad, hatte Nina Petrowna erklärt, es gebe keinen besseren Spezialisten für die Behandlung dieser Krankheit als die Frumina. Und nun, nachdem wir nach Moskau gezogen waren, schrieb Frumina einen Brief an Nina Petrowna, in dem sie berichtete, sie sei aus ihrer Stellung an der Klinik rausgeschmissen worden. Als Begründung habe es geheißen, ihr fehlten die notwendigen Qualifikationen. Ich war empört und rief Melnikow wieder an. Ich sagte: «Wie konnten Sie das zulassen? Wie ist das möglich – eine so verdiente Person zu entlassen, und unter einem solchen Vorwand? Wie können Sie behaupten, sie sei nicht qualifiziert, wenn das Mitglied der Akademie in Leningrad sagt, niemand wisse mehr als sie über Knochentuberkulose? Wer könnte sie da anders beurteilt und gesagt haben, sie sei nicht qualifiziert?» Melnikow versuchte, sich zu rechtfertigen. Es gibt immer Leute, die einem in Fällen wie diesem versichern, daß alles korrekt gehandhabt worden sei. Ich sagte: «Sie schänden ja die Bezeichnung Kommunismus!» Wie ich mich erinnere, wurde die Frumina wieder in ihre Stellung eingesetzt, aber die Exzesse des Antisemitismus hielten an.

Warum tritt diese schmähliche Erscheinung immer wieder aufs neue zutage? Teils liegt es daran, daß der Antisemitismus früher bei uns sehr weit verbreitet war und daß es schwer ist, ihn loszuwerden. Die ältere Generation erinnert sich an zahllose Pogrome und erinnert sich auch an Wladimir Purischkewitsch, den führenden Vertreter der Schwarzen Hundertschaften in der Duma.[20]

Während meiner Jugend im Donezbecken habe ich einmal mit eigenen Augen einen Pogrom miterlebt. Von dem Bergwerk, in dem mein Vater arbeitete, hatte ich einen Schulweg von vier Werst. Eines Tages ging ich von der Schule nach Hause – es war ein herrlicher, sonniger Herbsttag, Spinnweben schwebten in der Luft wie Schneeflocken. Wir gingen barfuß an jenem Tag, wie alle Tage vom Frühjahr bis zum Spätherbst. Jeder Dorfbewohner träumte davon, ein Paar Stiefel zu besitzen. Wir Kinder waren glücklich, wenn wir ein Paar anständige Schuhe hatten. Wir wischten unsere Nasen an unseren Ärmeln sauber und befestigten unsere Hosen oben mit einem Stück Bindfaden. Es war ein schöner Tag, und wir waren

20 Die Schwarzen Hundertschaften waren extrem reaktionäre Organisationen, die von der zaristischen Geheimpolizei finanzielle Unterstützung erhielten und es als ihre Aufgabe ansahen, Anhänger reformistischer und revolutionärer Bewegungen wie auch Juden zu terrorisieren. Die Duma war in den letzten Jahren des Zarismus nominell eine parlamentarische Vertretung.

in einer sorglosen Stimmung. Da begegneten meine Klassenkameraden und ich einem Mann mit einem Einspänner. Als er uns sah, hielt er an und fing an zu weinen. «Kinder», sagte er, «wenn ihr wüßtet, was sie in Jusowka anrichten!» Wir gingen schneller. Sobald ich zu Hause ankam, warf ich meine Büchertasche in die Ecke und rannte den ganzen Weg bis nach Jusowka. Als ich mich der Stadt näherte, sah ich eine riesige Menschenmenge oben auf den Eisenerzhalden stehen, die an den Eisenbahngleisen aufgehäuft waren. Das Erz war aus Kriwoj Rog dorthin gebracht worden und sollte während des Winters in den Hochöfen verarbeitet werden. Die Seiten dieser roten Eisenerzhügel waren mit einem Gewirr von Pfaden bedeckt, die die Bergleute ausgetreten hatten, wenn sie zum und vom Markt in Jusowka kamen. Ich sah, daß die Kosaken schon eingetroffen waren. Ein Hornsignal ertönte. Ich hatte noch nie zuvor Soldaten gesehen. Wir hatten keine Soldaten in Jusowka, und so war das alles eine aufregende Neuigkeit für mich. Als das Horn erklang, erklärten mir die ehemaligen Soldaten unter den Arbeitern, die um mich herumstanden, es sei das Signal, daß die Soldaten sich bereitmachen sollten, das Feuer zu eröffnen, und jeden Moment würden wir die erste Salve hören. Der Mob drängte nach der Südseite des Abhangs hinüber, aber die Soldaten ließen die Arbeiter nicht in die Stadt. Eine Gewehrfeuersalve ertönte. Irgend jemand rief, sie schössen in die Luft, jemand anders rief, sie schössen mit Übungsmunition, und nur ein oder zwei Soldaten schössen mit richtigen Kugeln, um den Juden ein bißchen Angst einzujagen. Jeder erfand sich seine eigene Version von dem, was da geschah. Die Menge zerstreute sich erst spät am Abend. Die Arbeiter von unserem Bergwerk prahlten am nächsten Tag damit, wie viele Stiefel und andere Beute sie beim Plündern mitgenommen hätten. Ein Mann sagte, er hätte sich mit zehn Paar Stiefeln davongemacht. Einige von den Bergarbeitern erzählten, wie die «Schidy»[21] herummarschiert seien und den Russen Schimpfnamen zugerufen hätten; sie hätten Fahnen bei sich gehabt und ihren «Schid-Zar» auf den Schultern getragen. Als die Russen mit Knüppeln über sie herfielen, hätte er sich in einer Lederwarenfabrik versteckt. Die Russen hätten die Fabrik in Brand gesteckt, und der «Schid-Zar» sei drinnen bei lebendigem Leib verbrannt.

An dem Tag, nachdem der Pogrom begonnen hatte, lief ich direkt von der Schule aus nach Jusowka, um zu sehen, was hier vor sich ging. Noch immer wurde viel geplündert. Ich sah Uhrmacherläden, in die eingebrochen worden war, und Bettfedern flogen durch die Straßen, wo die Plünderer in den Wohnungen der Juden die Matratzen aufschlitzten und die Federn aus den Fenstern schüttelten.

Dann ging plötzlich das Gerücht um, es sei ein Erlaß herausgekommen, daß man drei Tage lang mit den Juden machen könne, was man wolle.

21 Vergleiche Kapitel 5, Anmerkung 14.

Drei Tage lang wurde dem Plündern kein Einhalt geboten. Erst als die drei Tage um waren, begann die Polizei, die zuerst gemeinsam mit den Schwarzen Hundertschaften die primitive Mentalität der Arbeiter genutzt hatte, um den Pogrom zu entfesseln, die Ordnung wiederherzustellen. Doch gegen all das Plündern und Wüten wurde nichts unternommen. Die Kräfte, die den Pogrom verordnet hatten, hielten Wort: Drei Tage lang war den Schwarzen Hundertschaften freie Hand gelassen worden, und all die Plünderer und Mörder gingen straffrei aus. Ich hörte, daß viele Juden, die man geschlagen hatte, im Krankenrevier der Fabrik lägen. Ich beschloß, mit einem meiner Freunde, einem anderen Jungen, hinzugehen, und mir anzusehen, was dort los war. Ein schrecklicher Anblick bot sich uns: Die Leichen von Juden, die man zu Tode geprügelt hatte, lagen in langen Reihen auf dem Fußboden.

Später kamen die Arbeiter zur Vernunft. Sie erkannten, daß die Pogrome eine von der zaristischen Polizei gegen das Volk inszenierte Provokation waren. Und die Arbeiter erkannten auch, daß die Juden gar nicht ihre Feinde waren, als sie feststellten, daß unter den Anführern der Streiks in den Fabriken viele Juden waren und daß die Hauptredner, denen die Arbeiter auf politischen Versammlungen begierig zuhörten, Juden waren.

Im Spätherbst nahm mich meines Vaters Bruder Martin von den Gruben mit in das Dorf. Meine Mutter und mein Vater schickten mich mit ihm, da sie wollten, daß ich mit dem Landleben vertraut wurde. Bevor mein Vater eine Arbeit in den Gruben angenommen hatte, war er Landarbeiter. Damals waren wir arm gewesen, und jetzt waren wir auch arm. Meine Mutter verdiente sich Geld durch Waschen dazu. Ich verdiente mir ein paar Kopeken damit, daß ich nach der Schule und an Samstagen Kessel reinigte. Aber mein Vater und meine Mutter, vor allem meine Mutter, träumten von dem Tag, an dem sie wieder ins Dorf zurückkehrten und ein kleines Haus, ein Pferd und ein Stück Land ihr eigen nennen könnten. Das ist der Grund, warum ich manchmal bei meinem Vater beim Bergwerk und manchmal bei meinem Großvater in einem Dorf in der Provinz Kursk wohnte. Als die Streiks im Donezbecken anfingen, zog ich in das Dorf. Rote Fahnen flatterten, und große Versammlungen fanden statt. Als ich vom Dorf in die Stadt zurückkam, erzählte man mir, was alles geschehen war. Man erzählte mir von den Männern, welche die Streiks organisiert und angeführt hatten. Mir fiel auf, daß sie in der überwiegenden Mehrzahl jüdische Namen hatten. Die Leute sagten viel Gutes über diese Redner. Die Arbeiter sprachen alle sehr herzlich von ihnen. So erkannten die Arbeiter, daß man sie überlistet hatte, sich an den Pogromen zu beteiligen, und sie schämten sich über sich selbst, daß sie den Schwarzen Hundertschaften und den getarnten Polizisten, die die Judenverfolgungen organisierten, nicht widerstanden hatten.

Jahre später trug Stalin, nachdem er an die Macht gekommen war, zur

1950, in der Nähe von Moskau: bei der Enthüllung eines Lenin-Denkmals

Ausbreitung des Antisemitismus bei, statt ein Beispiel zu setzen, wie man ihn mit den Wurzeln ausrotten konnte. In Stalins eigenem Hirn wuchs der Antisemitismus wie ein Tumor. Dann, nach Stalins Tod, hielten wir die Ausbreitung ein wenig auf, aber wir konnten sie nur aufhalten. Unglücklicherweise blieben die Keime des Antisemitismus in unserem System haften, und offenbar gibt es noch immer nicht die notwendige Abschrekkung und den nötigen Widerstand dagegen. Die Männer, die mich hier beschützen, sind keine schlechten Kerle, aber selbst in meinen Gesprächen mit ihnen tritt Antisemitismus zutage.

Stalins theoretische Schriften

Chruschtschow beschäftigt sich hier mit einer Seite Stalins, die seiner Umgebung unverständlich war. Stalin wollte einen bleibenden Beitrag zur kommunistischen Theorie leisten, immerhin war er ein sehr belesener und gebildeter Mann, und er hatte in seiner georgischen Heimat das Priesterseminar besucht. So empfand er das Bedürfnis, einige seiner Handlungen durch theoretische Abhandlungen zu rechtfertigen. Stalins Wirken auf dem Gebiet der Sprachwissenschaft, für Chruschtschow völlig unbegreiflich, aber wichtig zum Verständnis der Mentalität Stalins, war im Westen zunächst kaum beachtet worden. Der georgische Gelehrte, der hier erwähnt wird, muß wohl ein Schüler des marxistischen Sprachwissenschaftlers Professor N. J. Marr (gest. 1934) gewesen sein.

Im Sommer 1950 ließ Stalin, der sich (von gelegentlichen Antworten auf Fragen privilegierter Journalisten abgesehen) seit Jahren nicht mehr öffentlich geäußert hatte, plötzlich einen langen und schwerverständlichen Artikel in der Prawda *erscheinen, in dem er die Theorien Marrs (von dem kaum ein* Prawda-*Leser je gehört hatte) als falsch bezeichnete – und dann folgten «Antworten an Korrespondenten», in denen Stalin seine eigenen Gedanken entwickelte. Die* Prawda-*Leser waren verwirrt, aber im wesentlichen ging es um Folgendes: Marr hatte, mit offizieller Billigung, auf marxistischer Grundlage die These vertreten, daß die Sprache ein Aspekt des Überbaus der Gesellschaft sei und sich mit der Gesellschaft verändere; das heißt, mit dem weltweiten Vordringen des Kommunismus würden die sprachlichen Verschiedenheiten allmählich schwinden, und eines Tages werde es eine einzige universale Sprache geben. Stalin fand, daß es an der Zeit sei, einem derartig verschwommenen Internationalismus Einhalt zu gebieten. Die Sprache der Zukunft werde Russisch sein, denn Russisch habe sich noch immer durchgesetzt. Daher war es erforderlich, auf der Grundlage des Marxismus den Nachweis zu erbringen, daß die Sprache* nicht *ein Aspekt des Überbaus der Gesellschaft und nicht eine Angelegenheit einzelner Klassen, sondern etwas Selbständiges sei. Auch wenn Chruschtschow meint, dieser Ausflug in die Sprachwissenschaft habe Stalin nichts eingebracht, so muß ihm eine solche theoretische Übung großen Stils doch tiefe Befriedigung verschafft haben, zumal sich auch im Westen Experten mit seinen Thesen auseinandersetzten. Es ging dabei letzten Endes um den gesteigerten sowjetisch-russischen Patriotismus, den Stalin nun verfocht.*

Das zweite Beispiel für Stalins theoretische Arbeiten, das Chruschtschow hier erwähnt, wurde der Welt am Vorabend des XIX. Parteitages in Form einer Schrift geliefert, die den Titel ‹Ökonomische Probleme des Sozialismus in der UdSSR› *trug. Die Sprecher und auch die Delegierten des Parteitags sollten diese Abhandlung wohl erst verdauen, bevor sie dann endgültig veröffentlicht wurde. Keiner von ihnen scheint dieser Schrift viel Bedeutung beigemessen zu haben. Es handelte sich um eine lange, eintönige Polemik, die allerdings einen für die Zukunft sehr bedeutsamen Gedankengang enthielt. Bis zum Oktober 1952 hatte Stalin allem Anschein nach Lenins These für richtig gehalten, daß der Weg zur Weltrevolution zwangsläufig über Kriege führe – Kriege, als Krisen im Prozeß des Zusammenbruchs der kapitalistischen Gesellschaft gesehen. An diesem Glaubensartikel hielt er auch noch lange, nachdem die Atombombe ihn ad absurdum geführt hatte, fest. Aber in seinen* ‹Ökonomischen Problemen des Sozialismus› *verkündete Stalin dann schließlich dem Sinne nach, die Dinge hätten sich geändert und die Sowjetunion sei jetzt so stark, daß sie sich mit Glück und Besonnenheit aus künftigen Kriegen heraushalten und es den kapitalistischen Mächten überlassen könne, sich in ihrem Kampf um schrumpfende Weltmärkte selbst zu vernichten.*

Zur Zeit des XIX. Parteitages hatte Stalin sich bereits die Rolle des großen Denkers zugelegt und eine Reihe theoretischer Schriften verfaßt. Das alles hatte ein paar Jahre vor dem Parteitag begonnen, als er in eine Polemik über Linguistik verstrickt wurde.

Es war eine sehr seltsame Auseinandersetzung, und sie war für ihn von keinerlei Nutzen. Er hatte einen ihm befreundeten georgischen Gelehrten zum Essen eingeladen, und aus irgendeinem Grund begann er, mit dem Mann über Linguistik zu sprechen. Danach schrieb Stalin seine Artikel über Linguistik, in denen er eben diesen georgischen Freund angriff. Auf diese Weise begannen Stalins theoretische Schriften im letzten Abschnitt seines Lebens zu erscheinen.

Er nahm es auch mit ökonomischen Problemen auf. Er brachte eine öffentliche Diskussion in Gang und veröffentlichte seine eigenen Theorien. Als Stalin kurz vor seinem Tode anfing, sein Werk über die ökonomischen Probleme des Sozialismus in Teilen zu diktieren und zu veröffentlichen, veranlaßte er jeden, diese Abschnitte zu lesen und zu studieren. Die ganze Partei sollte sich hinsetzen und über seinem Pamphlet brüten. Stalin ging sogar so weit, vorzuschlagen, daß die Redner auf dem

XIX. Parteitag sich mit den theoretischen Fragen, die er aufgeworfen hatte, befassen sollten. Malenkow erging sich in seinem Rechenschaftsbericht an den Parteitag in langen Schwärmereien über Stalins Theorien. Alle anderen Redner taten das gleiche, außer mir selbst; aber es geschah nicht etwa, weil ich dreist oder besonders gescheit war oder weil ich Stalins Schriften kritisch gegenübergestanden hätte, daß ich sie in meiner Rede mit keinem Wort erwähnte. Nein, es lag daran, daß ich auf dem XIX. Parteitag keiner der regulären Redner war. Ich sollte einen Bericht über die Parteistatuten abgeben, und in den Parteistatuten gab es nichts, was mich gezwungen hätte, Stalins Schriften über Linguistik und Ökonomie zu erwähnen. Überdies hatte Malenkow ihnen in seinem Rechenschaftsbericht mehr als genug Aufmerksamkeit gewidmet.

Eines schönen Sommertages waren wir alle in Stalins Datscha versammelt. Wir setzten uns zu einem typisch stalinschen, nämlich langen und qualvollen Essen. Plötzlich brach Woroschilow in eine höchst seltsame Tirade aus. Ich konnte mir nicht vorstellen, was in ihn gefahren war. «Koba», sagte er – er nannte Stalin oft bei seinem Spitznamen – «haben Sie nicht die Arbeit gelesen, die dieser Gelehrte Soundso herumgeschickt hat?» Und dann fing Woroschilow an, diesen Gelehrten mit allen erdenklichen Schimpfnamen zu belegen. Er sagte: «Seht euch an, was für ein Dreckstück, was für ein Schurke er ist! Er schreibt das und das... Erinnern Sie sich nicht? Haben Sie es nicht gelesen?»

Stalin sagte: «Nein, ich habe es nicht gelesen.»

Woroschilow blickte uns an. Wir alle erklärten, wir hätten nicht gelesen, wovon auch immer er da rede. Malenkow sagte, seines Wissens habe irgendein Spezialist für Ökonomie ein Buch geschrieben und darum ersucht, daß die Akademie der Wissenschaften auf der Grundlage seiner Theorien ein Symposium veranstalte. An den Namen des Gelehrten kann ich mich nicht mehr erinnern, aber er klang ukrainisch. Er tobte herum, schrieb Briefe an das Zentralkomitee und verlangte, wir sollten uns einschalten und dafür sorgen, daß seinem Werk die Aufmerksamkeit zuteil würde, die es seinem Empfinden nach verdiente. Malenkow fuhr fort und erklärte, dieser Gelehrte habe außerdem Exemplare seines Buches an das Zentralkomitee geschickt. Woroschilow erging sich von neuen in einer Flut von Schmähungen gegen den Autor: «Man sollte diesen Gauner verhaften, verhaftet sollte er werden!»

Stalin pflichtete Woroschilow bei: «So ein Schwein! Verhaftet ihn.»

Wenig später hielt uns Stalin eine wütende Standpauke und warf uns Unachtsamkeit bei der Auswahl unseres Büropersonals vor. Er beschwerte sich, daß geheime Dokumente über unsere Sekretariate nach draußen gelangten. Er sagte, man müsse eine Untersuchung anstellen, um zu ermitteln, wer der Schuldige sei. Wir alle sahen ihn verwirrt an und überlegten, worauf er hinauswollte. Plötzlich ging Stalin auf mich los: «Sie sind es, Chruschtschow! Die undichte Stelle ist Ihr Sekretariat.»

Ich sagte: «Genosse Stalin, ich bin überzeugt, daß das nicht stimmt. Meine Mitarbeiter sind alle zuverlässig. Ich habe großes Vertrauen zu ihnen. Es sind aufrechte Parteileute. Es ist einfach undenkbar, daß einer von ihnen geheime Informationen verbreiten würde.»

«Darauf kommt es nicht an. Trotzdem sind Informationen über jemanden in Ihrem Sekretariat durchgesickert.» Und dann erzählte uns Stalin, irgendein Grundsatz, den er in seinem Werk über Ökonomie formuliert habe, stimme fast Wort für Wort mit der Formulierung des Gelehrten überein, den Woroschilow denunziert hatte. «Wie ist dieser Mann in den Besitz meines Manuskripts gelangt?» fragte er. «Wie hat er herausbekommen, was ich geschrieben habe? Mitgehört haben kann er es nicht. Das bedeutet, daß er Material erhalten hat, das ich diktiert und an Sie verteilt habe. Und jetzt hat er diese Formulierung als seine eigene veröffentlicht.»

Während Stalin sprach, wurde er wütender und wütender. Ich begriff jetzt auch, was passiert war, oder zumindest, warum er mir die Schuld gab. Der betreffende Gelehrte hatte einen ukrainischen Namen. Stalin wußte, daß ich eine Anzahl Ukrainer in meinem Sekretariat hatte, insbesondere meinen Mitarbeiter Schuiskij, einen einwandfreien ehrlichen Mann. Auf diese Weise waren also Schuiskij und die anderen Ukrainer unter meinem Personal in Verdacht geraten!

Stalin glaubte, hier wäre die undichte Stelle. Mir wurde klar, daß er mir durch sein Verblüffungsmanöver ein Eingeständnis ablisten wollte. Das versuchte er oft. Er sah einem dann fest in die Augen, erhob eine Beschuldigung und beobachtete, ob man blinzelte.

Am nächsten Morgen fuhr ich zum Büro des Moskauer Komitees und ließ Schuiskij zu mir kommen. «Kennen Sie den Gelehrten Soundso», fragte ich ihn ruhig und gelassen.

«Nein», sagte er, «ich kenne ihn nicht.»

«Und Sie haben nie von ihm gehört?»

«Doch, ich habe von ihm gehört.»

«Ist er ein Bekannter von Ihnen?»

«Nein, ich bin ihm nie begegnet.»

«Gut. Holen Sie mir seine Akte.»

Schuiskij brachte mir die Akte des Gelehrten. Ich machte mich damit vertraut und stellte fest, daß er, obwohl er einen ukrainischen Namen hatte, in Wirklichkeit aus Sibirien stammte. Sein Großvater hatte die Provinz Poltawa in der Ukraine verlassen und war nach Sibirien gezogen. Der Gelehrte selber war seit 1918 oder 1919 Mitglied der Partei und hatte in einer wichtigen Phase des Kampfes für den Sozialismus während des Bürgerkriegs als Partisan gegen die weißgardistischen Kosaken in Sibirien gefochten.

Am nächsten Tag sagte ich zu Stalin: «Genosse Stalin, Sie haben mich nach diesem Gelehrten gefragt. Ich habe mir seine Akte vorgenommen.

Übrigens stammt er überhaupt nicht aus der Ukraine. Er ist nicht einmal in der Ukraine geboren. Sein Großvater hat die Ukraine verlassen, und er ist Sibirier.» Damit wollte ich Stalin beweisen, daß mein Sekretariat mit dem Durchsickern von Informationen nichts zu tun hatte.

Stalin sah mich grimmig an und knurrte: «Zum Teufel!» Das war seine Art, sich dafür zu entschuldigen, daß er mich getadelt hatte. Dann wurde er milder und sagte: «So, also aus Sibirien stammt er?»

«Ja, er ist ein Sibirier. Und wo würde man keine Leute mit ukrainischen Namen finden? Sie sind über die ganze Erde verbreitet. Es gibt viele davon im Fernen Osten, in Kanada und in anderen Ländern jenseits unserer Grenzen.»

So war es mir gelungen, den Hieb von mir abzuwenden, aber Stalin ließ die Sache nicht ruhen. Es wurmte ihn noch immer, daß seine Formulierung Wort für Wort mit der Formulierung dieses «halbgebackenen Gelehrten», wie er ihn nannte, übereinstimmte. Niemand durfte mit denselben Ideen aufwarten, mit denen Stalin aufwartete. Nur Stalin war ein Genie. Alles Neue mußte von ihm gesagt werden, und von allen anderen wurde erwartet, daß sie es nachsprachen und die neuen Gesetze für den Aufbau des Sozialismus, die er entdeckt und verkündet hatte, verbreiteten. Und da kam jetzt irgendein sibirischer Einfaltspinsel, den keiner kannte, und hatte das gleiche geschrieben wie Stalin.

Wäre Stalin objektiv gewesen, wäre er nicht so egoistisch gewesen, wäre er imstande gewesen, seine eigenen Theorien selbstkritisch zu analysieren, dann wäre nicht allzu schwer festzustellen gewesen, daß das Buch jenes «halbgebackenen Parteitheoretikers» längst geschrieben worden war, bevor Stalin anfing, sein eigenes Werk zu schreiben und zu veröffentlichen. In Wirklichkeit hätte also der sibirische Wissenschaftler zu Stalin sagen können: «Sie haben meine Formulierung gestohlen, denn Sie hatten meine Arbeit bereits.» Schließlich kommt es oft vor, daß ein verhältnismäßig unbekannter Mann eine wichtige Entdeckung macht. Jeder große Mann ist ein einfacher Durchschnittsmensch, bevor er den Schritt tut, der ihn groß macht. Aber Stalin hätte diese Möglichkeit niemals gelten lassen. Solange er lebte, solange er der Große Führer war, mußte er bei der Entscheidung über theoretische Fragen das erste und das letzte Wort haben.

Die Geschichte endete damit, daß der sibirische Gelehrte verfolgt und schließlich aus der Partei ausgeschlossen, in der Presse angegriffen, beschimpft, verhaftet und ins Gefängnis gesteckt wurde. Wie konnte so etwas geschehen? Der Mann hatte lediglich eine wissenschaftliche Arbeit geschrieben. Vielleicht war sie schlecht, vielleicht sogar destruktiv. Aber er hatte sie direkt an das Zentralkomitee geschickt! Sie entsprach seinem eigenen Standpunkt. Er war ein altes Mitglied der Partei und hatte am Bürgerkrieg teilgenommen. Und nun brandmarkten ihn die Leute als Verbrecher. Weshalb? Sie wußten es selber nicht. Alles, was sie wußten, war, daß er eine Abhandlung über Wirtschaftsfragen geschrieben hatte, die

Stalin mißfiel. Hätte Woroschilow die Sache nicht zur Sprache gebracht, hätte dieser Gelehrte wahrscheinlich weiterhin alle Leute als Bürokraten bezeichnet, und das wäre auch schon alles gewesen. So wie die Dinge nun einmal lagen, landete er im Gefängnis.

Nach Stalins Tod ließen wir ihn frei. Er beschwerte sich beim Moskauer Komitee darüber, wie er behandelt worden war, und ließ seine Empörung an mir persönlich aus. Natürlich wußte er überhaupt nichts über die Rolle, die ich in dem Fall gespielt hatte. Er kritisierte, daß ich nicht für ihn eingetreten sei und seine Arbeit nicht zu würdigen gewußt hätte. Vielleicht verdiente sein Werk tatsächlich Anerkennung. Wie dem auch sei, die Sache führte zu nichts. Die sogenannten Gelehrten, die bei der Affäre Stalins Beispiel gefolgt waren, die Stalins Schriften gepriesen und den sibirischen Gelehrten angegriffen hatten, waren natürlich nicht geneigt, jetzt, nach Stalins Tod, ihre Meinung zu ändern. Möglicherweise ist dem Mann nie die Anerkennung zuteil geworden, die er verdiente, aber es steht mir nicht zu, darüber zu urteilen. Die Ökonomie ist ein hochspezialisiertes Gebiet. Sollen sich erfahrene Nationalökonomen seine Abhandlung noch einmal vornehmen, sie bewerten, analysieren und dann ins Bücherregal stellen, wo sie hingehört.

Der Zwischenfall mit dem «Durchsickern» von Stalins ökonomischen Schriften war mit der Verhaftung des sibirischen Gelehrten noch nicht zu Ende. Nachdem ich Stalin überzeugt hatte, daß die undichte Stelle nicht in meinem Sekretariat war, kam er zu dem Schluß, die Sache müsse bei Poskrjobyschew [22] durchgesickert sein. Das war natürlich unerhört, denn Poskrjobyschew arbeitete seit vielen Jahren für Stalin. Er war Stalins treuer Hund. Wie konnte jemand glauben, Poskrjobyschew habe Dienstgeheimnisse weitergegeben? Es war ausgeschlossen, daß er dunkle Verbindungen hatte, denn jeder wußte genau, wer Poskrjobyschew war, und fürchtete und mied ihn. Er war kein Dummkopf, aber er hatte so viel Macht auf sich vereinigt, daß ihm das langsam zu Kopf stieg. Er behandelte jeden von oben herab und zeigte jedem Präsidiumsmitglied, das Stalins Gunst verloren hatte, deutlich seine Verachtung. Molotow und Mikojan zum Beispiel fauchte er, nachdem sie in Ungnade gefallen waren, regel-

22 Es war bisher nicht bekannt, daß Poskrjobyschew kurz vor Stalins Tod in Ungnade fiel. Noch auf dem XIX. Parteitag im Oktober 1952 war er als Vollmitglied ins Zentralkomitee gewählt worden. A. N. Poskrjobyschew leitete (zusammen mit Malenkow) seit den dreißiger Jahren die Privatkanzlei Stalins. Als persönlicher Sekretär Stalins und Leiter einer Sonderabteilung des stalinschen Privatsekretariats besaß er eine gewaltige Machtfülle. Er arbeitete in seiner Position auch eng mit den Sicherheitsdiensten zusammen. (An anderer Stelle erwähnt Chruschtschow, daß Poskrjobyschew den Rang eines Generals bekleidete.) Poskrjobyschew, den Chruschtschow in seiner Geheimrede als «ergebenen Schildknappen» Stalins erwähnte, ist seit dem Tod des Diktators spurlos verschwunden.

mäßig giftig an. Poskrjobyschew konnte unerträglich widerwärtig sein. Er hielt sich aufs engste an Stalin und fand eher als wir anderen heraus, auf wen der Schatten von Stalins Verdacht oder Unwillen gefallen war. Deshalb hatte jeder, gegen den sich Poskrjobyschew wandte, Aussicht, das nächste offizielle Opfer zu werden.

Und jetzt geriet Poskrjobyschew plötzlich selbst bei Stalin in Verdacht. Natürlich hatte Poskrjobyschew Zugang zu allen zur Debatte stehenden Dokumenten. Er selbst hatte sie nach Stalins Diktat niedergeschrieben. Stalin pflegte beim Diktieren im Zimmer auf und ab zu gehen. Er konnte nicht stillsitzen, wenn er nachdachte. Während er diktierte, ging er ständig umher. Stenografen beschäftigte er nie. Er diktierte immer Poskrjobyschew, und anschließend las ihm Poskrjobyschew alles noch einmal vor. Wenn Poskrjobyschew irgendeine Formulierung nicht richtig mitgeschrieben hatte oder wenn Stalin ein treffenderer Ausdruck einfiel, dann berichtigte Poskrjobyschew das Manuskript. Ich möchte Stalin hier Gerechtigkeit widerfahren lassen. Bis unmittelbar vor seinem Tod konnte er sich stets klar und prägnant ausdrücken. Seine Formulierungen waren knapp, verständlich und treffend. Es war eine der größten Gaben Stalins. In dieser Beziehung besaß Stalin eine ungeheure Fähigkeit, die man weder leugnen noch herabmindern kann. Jeder, der Stalin kannte, bewunderte dieses Talent, und deshalb waren wir stolz darauf, mit ihm zusammenzuarbeiten.

Stalin entfernte Poskrjobyschew von seinem Posten und wandte seine Gunst einem anderen zu. Poskrjobyschew wurde kaltgestellt. Ich bin überzeugt, wenn Stalin noch sehr viel länger gelebt hätte, wäre Poskrjobyschew zweifellos verhaftet und als Verräter beseitigt worden. Stalins letztes Wort zu dem Thema war: «Ich habe Poskrjobyschew beim Weitergeben geheimen Materials erwischt. Es kann gar niemand anders gewesen sein. Die geheimen Dokumente müssen durch Poskrjobyschew nach draußen gelangt sein. Er ist derjenige, der die Geheimhaltung verletzt hat.» Geheimhaltung! Was ist denn das für eine Geheimhaltung, wenn alles, was laut Stalin «durchgesickert» sein sollte, in Wirklichkeit bereits veröffentlicht worden war?

Der XIX. Parteitag

Als Stalin im Oktober 1952 den Vorsitz über den XIX. Parteitag führte, war er ein alter, kranker Mann. Fünf Monate später starb er. Chruschtschow vermittelt uns in diesem und den folgenden Abschnitten des Kapitels einen Eindruck von Stalins Stimmung in jenen Tagen. Wie in seiner Geheimrede deutet Chruschtschow auch hier an, daß Stalin neue «Säuberungen» plante, die die Liquidierung einiger seiner engsten Mitarbeiter und der ältesten Mitglieder des alten Politbüros mit sich gebracht hätten. Doch Chruschtschow begnügt sich mit Andeutungen. Ja, er ignoriert die wahre Bedeutung einer Anzahl von Stalins Handlungen. Und er gibt uns nicht den geringsten Hinweis auf den persönlichen Kampf um Einfluß und Macht zwischen ihm und (dem mit Berija verbündeten) Malenkow – ein Kampf, der von Tag zu Tag schärfer wurde. Natürlich war Stalin die beherrschende Persönlichkeit des XIX. Parteitags, auch wenn er nur sieben Minuten lang sprach. Die beiden Hauptakteure aber waren Malenkow, der den Rechenschaftsbericht des Zentralkomitees erstattete, und Chruschtschow, der eine Rede von gleicher Wichtigkeit über die Reform der Parteistatuten hielt. Damit wurden die beiden Rivalen über ihre älteren Kollegen gestellt, und es hat ganz den Anschein, als wollte Stalin damals die beiden als seine gemeinsamen Nachfolger in den Vordergrund schieben – und sie gleichzeitig gegeneinander ausspielen. Was Chruschtschow nicht erwähnt, ist die Tatsache, daß beide in ihren Reden hinterhältige Bemerkungen übereinander machten. Malenkow griff Chruschtschow, ohne ihn beim Namen zu nennen, wegen seiner fehlgeschlagenen landwirtschaftlichen Reformen an; Chruschtschow attackierte Malenkow in ähnlicher Weise indirekt und machte ihn für Demoralisierungserscheinungen innerhalb der Partei verantwortlich.

1952 rief Stalin uns zusammen und schlug vor, wir sollten einen Parteitag einberufen. Er brauchte uns nicht lange zu überreden. Wir alle fanden es unglaublich, daß seit dreizehn Jahren kein Parteitag stattgefunden hatte. Auch ein Plenum des Zentralkomitees hatte es seit langem nicht mehr gegeben. Jahrelang hatte das Zentralkomitee weder in seiner die politische Linie bestimmenden noch in seiner beratenden Funktion getagt.[23] Kurz, die Partei im allgemeinen und das Zentralkomitee im besonderen

23 Nach den Parteistatuten muß ein Parteitag mindestens alle vier Jahre und eine Plenarsitzung des ZK mindestens alle sechs Monate stattfinden. Eine der Aufgaben des Parteitags ist es, ein neues Zentralkomitee zu wählen, das wiederum die Mitglieder des Politbüros (Parteipräsidiums), des Sekretariats und anderer führender Parteiorgane wählt. Stalin hatte seit 1939 regiert, ohne einen Parteitag einzuberufen. Das Zentralkomitee beachtete er nicht weiter, und die Mitglieder des Politbüros ernannte er selber.

waren an der kollektiven Führung in keiner Weise beteiligt gewesen. Stalin machte alles selbst. Er überging das Zentralkomitee, und das Politbüro war für ihn kaum mehr als ein willenloses Werkzeug. Nur selten machte sich Stalin die Mühe, die Mitglieder des Politbüros wegen einer bestimmten Maßnahme nach ihrer Meinung zu fragen. Er traf einfach eine Entscheidung und gab einen Erlaß heraus.

Jedenfalls, es wurde beschlossen, daß wir für Oktober 1952 einen Parteitag einberufen wollten. Eine Zeitlang äußerte sich Stalin weder zur Tagesordnung noch dazu, wer eine Rede halten sollte. Wir alle rätselten herum, ob Stalin selbst den Rechenschaftsbericht übernehmen oder ob er jemand anders damit beauftragen würde. Und wenn er jemand anders damit beauftragte, wer würde es dann sein? Wenn er den Bericht nicht selber erstattete, so überlegten wir, dann bedeutete das, daß er sich der Anstrengung physisch nicht gewachsen fühlte und nicht in der Lage war, so lange auf dem Podium zu stehen. Natürlich hätte er ohne weiteres Abzüge der Rede an die Delegierten verteilen lassen und darauf verzichten können, sie zu verlesen.

Schließlich entschied Stalin über die Tagesordnung für den Parteitag und verkündete, wir wollten den Rechenschaftsbericht Malenkow übertragen. Dann fuhr Stalin fort und sagte: «Lassen wir doch Chruschtschow den Bericht über die Parteistatuten vorlegen und Saburow den Bericht über den Fünfjahresplan.» Saburow war Vorsitzender der Staatlichen Planungskomission.[24] Unsere Aufgaben wurden so, wie sie Stalin uns zuwies, unverzüglich zu Protokoll genommen. Wir hörten zu und nahmen schweigend unsere Weisung entgegen. In dieser Art wurde die Tagesordnung für den XIX. Parteitag festgesetzt und angenommen.

Ich gestehe, daß ich sehr nervös wurde, als ich den Auftrag erhielt, den Bericht über die Parteistatuten vorzubereiten. Natürlich war diese Aufgabe eine große Ehre für mich, zugleich aber wußte ich, wie schwer es war, über dieses heikle Thema einen Bericht vorzubereiten, der die Zustimmung des Kollektivs finden würde. Ich wußte, sobald ich einen Entwurf für den Bericht vorlegte, konnte ich damit rechnen, daß die anderen ihn kritisierten – besonders Berija, der Malenkow auf seine Seite ziehen würde. Und genauso geschah es dann auch. Stalin sah sich meinen Bericht gar nicht an. Er beauftragte Malenkow, Berija, mich und noch jemanden, alle Berichte sorgfältig durchzusehen. Berija versteifte sich darauf, daß meiner zu lang sei und gekürzt werden müsse. Ein großes Stück wurde gestrichen, so daß es am Ende nur eine Stunde dauerte, meinen Bericht zu verlesen. Ich glaube nicht, daß er an Substanz verloren

24 Maxim Sacharowitsch Saburow war während des größten Teils seiner Laufbahn in der Staatlichen Planungskommission tätig gewesen. Er galt als maßgeblicher sowjetischer Wirtschaftsfachmann. 1957 geriet er in ernste Schwierigkeiten, weil er die «parteifeindliche Gruppe» gegen Chruschtschow unterstützte.

hat. Er wurde durch die Streichung von Beispielen gekürzt, und das waren nur literarische Ausschmückungen zur Veranschaulichung einiger Feststellungen. Bis zu einem gewissen Grade hatte ich Schdanow imitiert, als ich meinen Bericht mit bekräftigenden Beispielen spickte. Schdanow hatte auf dem XVIII. Parteitag einen Bericht über die Parteistatuten vorgetragen und darin zahlreiche Beispiele angeführt. Ich weiß nicht, wie weit diese Beispiele nötig waren, aber ich dachte mir, da dieser besondere Berichtsstil bereits einmal Zustimmung gefunden hatte, sollte ich mich am besten daran halten.[25]

Man mag fragen, warum Stalin den Rechenschaftsbericht nicht Molotow oder Mikojan übertrug, die beide höhere Posten in der Partei innehatten als Malenkow und beide bekannte Parteipersönlichkeiten waren. Manche unter uns, die der Parteiführung schon in der Vorkriegszeit angehörten, hatten in Molotow sogar unseren künftigen Führer und den wahrscheinlichsten Nachfolger Stalins gesehen, aber nach dem Kriege schlugen wir uns alle solche Überlegungen aus dem Kopf. In der Zeit vor und nach dem XIX. Parteitag wurden Molotow und Mikojan von Stalin bei jeder Zusammenkunft angegriffen. Diese beiden Männer waren in Ungnade gefallen, und ihr Leben war in Gefahr.

Der Parteitag trat zusammen, die Berichte wurden vorgetragen, und die Diskussion begann. Die Diskussionen nahmen nur kurze Zeit in Anspruch. Die Atmosphäre in der Partei war damals kaum dazu angetan, eine Debatte über die Vorschläge zu veranstalten, die die Führung in ihren Berichten unterbreitet hatte. Als der Parteitag sich dem Ende näherte, erörterten wir Saburows Bericht über den Fünfjahresplan. Es war der schlechteste Fünfjahresplan, der je von einem Parteitag angenommen wurde. Er war dürftig vom Inhalt her und wurde dürftig präsentiert. Später, nach Stalins Tod, waren wir gezwungen, die Verantwortung für die Erfüllung des Plans auf uns zu nehmen. Da es ein unmöglicher Plan war, blieb uns nichts anderes übrig, als einige Änderungen einzubringen. Normalerweise wäre es undenkbar, ein Dokument abzuändern, wenn es erst einmal von einem Parteitag gebilligt worden ist, aber hier handelte es sich um einen Sonderfall: es war uns klar, daß dieser spezielle Fünfjahresplan zu nichts führen würde. In unserem Bemühen um einen demokratischen Weg, den Plan so zu ergänzen, daß seine Ziele einigermaßen der Wirklichkeit entsprachen, verteilten wir, wenn ich mich recht erinnere, sogar die Ergänzungsvorschläge an die Delegierten. Kurz, wir schlugen den einzig vernünftigen Weg ein, der uns blieb.

Zum Abschluß des Parteitags hielt Stalin seine eigene Rede. Sie dauerte nicht länger als sechs oder sieben Minuten. Alles brach in begeisterten

25 Ein in der Tat offenherziges Eingeständnis Chruschtschows, wie er an die Ausarbeitung dieser Rede heranging – und das in einem Augenblick, als er den bis dahin höchsten Punkt seiner Karriere erreicht hatte.

Beifall aus; man hörte Rufe, er sei ein Genius und so weiter und so fort. Nachdem Stalin das Podium verlassen hatte und der Parteitag geschlossen war, versammelten wir uns alle in der Halle des Präsidiums. Stalin sagte: «Na, seht ihr! Ich schaffe es immer noch.» Er schaffte es noch immer – von wegen! Sechs oder sieben Minuten konnte er auf dem Podium stehen, und das hielt er für einen großen Triumph! Es war unglaublich mühsam für ihn, eine sechs oder sieben Minuten lange Rede zu halten – und er dachte, er sei noch stark genug, um weiterhin tätig zu sein!

Stalin selbst eröffnete das erste Plenum des Zentralkomitees nach dem Parteitag und schlug die Bildung eines Präsidiums von fünfundzwanzig Mitgliedern vor. Er zog ein paar Zettel aus seiner Tasche und las uns eine Namensliste vor – die neuen Mitglieder. Der Vorschlag und die Nominierungen wurden ohne Diskussion angenommen. Wir alle waren an solche undemokratischen Verfahren nur zu sehr gewöhnt. Wenn Stalin etwas vorschlug, dann gab es weder Fragen noch Kommentare. Ein «Vorschlag» von Stalin war wie ein von Gott gegebenes Gebot, und man feilscht nicht, wenn Gott einem etwas befiehlt – man bringt sein Dankopfer dar und gehorcht. Als Stalin die Liste der Mitglieder vorlas, senkten wir alle den Blick und rutschten auf unseren Sitzen hin und her. Fünfundzwanzig Leute! Bestimmt würde es schwierig sein, in einem so großen Kollektiv zu arbeiten. Es würde schwierig sein, über Führungsfragen zu entscheiden.

Nachdem die Plenarsitzung vorüber war, wechselten wir flüchtige Blicke untereinander. Was war da passiert? Wer hatte diese Liste zusammengestellt? Die meisten der Leute, die Stalin soeben ernannt hatte, konnte er unmöglich kennen. Er konnte die Liste nicht selbst zusammengestellt haben. Ich gestehe, daß ich anfangs glaubte, Malenkow stecke hinter dem neuen Präsidium und schweige sich uns anderen gegenüber aus. Später horchte ich ihn einmal freundlich deswegen aus. «Hören Sie», sagte ich, «ich glaube, da hatten Sie Ihre Hand im Spiel. Aber ich habe das Gefühl, daß da noch andere am Werk waren. Da hat doch bestimmt Stalin einige Veränderungen vorgenommen, nicht wahr?»

Malenkow antwortete: «Ich schwöre, ich hatte mit der Liste absolut nichts zu tun. Stalin hat mich nicht einmal um meine Hilfe gebeten, noch habe ich irgendwelche Vorschläge für die Zusammensetzung des Präsidiums gemacht.» Durch Malenkows verneinende Antwort wurde die Sache noch mysteriöser. Ich konnte mir nicht vorstellen, daß Berija beteiligt gewesen war, denn es standen Leute auf der Liste, die Berija Stalin nie empfohlen hätte. Aber dennoch fragte ich ihn. «Lawrentij, haben Sie Stalin das eingegeben?»

«Nein, zuerst war ich überzeugt, Malenkow sei es gewesen. Aber er schwört, er habe nichts damit zu tun gehabt.»

Molotow und Mikojan kamen nicht in Betracht. Auch Bulganin wußte nichts davon. Immer wieder grübelten wir darüber nach und versuchten herauszufinden, wer der Mann hinter den Kulissen war. Der Urheber der Sache war natürlich Stalin selbst, aber wer hatte ihm dabei geholfen? Poskrjobyschew leitete Stalins persönliches Sekretariat, aber er hätte die Liste nicht zusammenstellen können, ohne Malenkows Apparat heranzuziehen, und das hätte Malenkow herausbekommen. Es gab Leute in seinem Apparat, die seit vielen Jahren für Malenkow tätig waren, und die hätten ihn selbst dann unterrichtet, wenn sie geheime Weisungen von Stalin erhalten hätten. Wir wußten nicht mehr weiter. Die Liste blieb ein Rätsel. Heute nehme ich auf Grund gewisser Hinweise an, daß Stalin Malenkow völlig überging und Kaganowitschs Hilfe in Anspruch nahm. Einige der Namen waren in der Partei kaum bekannt, und Stalin hatte bestimmt keine Ahnung, wer die Leute waren. Kaganowitsch jedoch kannte sie. Er hat Stalin wahrscheinlich über sie berichtet, und so landeten dann ihre Namen auf der Liste.

Sehen Sie jetzt, was für eine Führung wir hatten? Da leitete Stalin angeblich den Parteitag, stellte ein neues Zentralkomitee zusammen und bildete ein neues Präsidium, aber in Wirklichkeit hatte er kaum eine Vorstellung von dem, was er tat. Ich weiß noch, wie Berija, Malenkow und ich wissende Blicke tauschten. Das neue Präsidium war zu groß, als daß es arbeitsfähig sein konnte, und die Mitglieder waren zu verschiedenartig. Die fünfundzwanzig ausgewählten Leute waren lauter unterschiedliche Persönlichkeiten mit unterschiedlichen Vorzügen und Verdiensten. Sie alle genossen das Vertrauen der Partei und waren zweifellos ehrenwerte Männer. Doch waren viele von ihnen auf eine Aufgabe von dieser Bedeutung nicht vorbereitet.[26]

Als Stalin die Liste der neuen Präsidiumsmitglieder vorlas, hörte ich gespannt zu und überlegte, ob Molotow, Mikojan und Woroschilow wohl darunter sein würden. Ich bezweifelte es. Sie gehörten zu den Männern, die Stalin hatte fallenlassen. Die Gefahr, als Spione betrachtet und folglich zu Feinden des Volkes erklärt zu werden, schwebte drohend über ihnen. Aber nein, sie waren unter den Mitgliedern. Ich sah darin ein gutes Zeichen.

26 Die Ernennung eines fünfundzwanzigköpfigen Präsidiums, das an die Stelle des sehr viel kleineren Politbüros treten sollte, überraschte alle Außenstehenden. Aber wußten Chruschtschow und Malenkow wirklich so wenig über die Hintergründe? Interessant an den neuen Mitgliedern war, und das gilt sowohl für die Vollmitglieder als auch für die Kandidaten, daß ziemlich genau die Hälfte Malenkow-Anhänger (vor allem die Technokraten), und die andere Hälfte Chruschtschow-Leute waren. Das war sicherlich kein Zufall. Bemerkenswert ist, daß zu den elf Kandidaten des Präsidiums Kossygin gehörte, der nach der Leningrader Affäre kaltgestellt worden war, und Breschnjew. Breschnjew war damals ein ausgesprochener Protegé Chruschtschows und trat hier erstmals auf gesamtnationaler Ebene in Erscheinung. Stalin vergrößerte das höchste Parteigremium offensichtlich in der Absicht, im voraus einen Ausgleich zu schaffen für die geplante Ausschaltung einiger der ältesten Mitglieder.

Nachdem Stalin die fünfundzwanzig Namen vorgeschlagen hatte, sagte er, da eine Gruppe dieser Größe zu schwerfällig sei, müßten wir aus den Mitgliedern des Präsidiums einige für ein Büro auswählen.[27] Nun entsprach dieser Vorschlag aber nicht den Statuten. Wir hatten soeben auf dem XIX. Parteitag neue Parteistatuten angenommen, aber ein Präsidiumsbüro hatten wir nicht vorgesehen. Wir verletzten also bereits die Statuten! Stalin sagte, das Büro werde öfter zusammenkommen als das gesamte Präsidium, und es werde Entscheidungen über alle auftauchenden Führungsfragen treffen. Er schlug vor, das Büro solle neun Mitglieder haben, und sogleich ernannte er die Mitglieder: sich selbst, Malenkow, Berija, Chruschtschow, Woroschilow, Kaganowitsch, Saburow, Perwuchin[28] und Bulganin. Molotow und Mikojan wurden übergangen, aber Woroschilow wurde aufgenommen. Daß Woroschilow dazu gehörte, war seltsam, denn schon lange bevor Molotow und Mikojan in Ungnade fielen, hatte Stalin an ihm zu zweifeln begonnen. Ich bedauerte es sehr, daß Molotow und Mikojan nicht in das Büro aufgenommen wurden. Ich war der Meinung, sie hätten ihm angehören sollen. Stalin hielt eine Rede vor dem Plenum und gab einige sehr überraschende und verworrene Erklärungen dafür ab, warum Molotow und Mikojan nicht das Vertrauen der Partei verdienten. Er sagte, sie seien allem Anschein nach Agenten gewisser westlicher Regierungen. Das entbehrte natürlich jeder Logik. Falls sie tatsächlich ausländische Agenten waren und unser Vertrauen nicht verdienten, warum beließ man sie dann im Zentralkomitee und im Präsidium? Wie dem auch sei, Molotow und Mikojan waren damit aus dem tonangebenden Kreis der Regierung ausgeschlossen. Aber ich war froh darüber, daß Woroschilow in das Büro aufgenommen worden war. Stalin hatte, so glaubte ich, doch noch eingesehen, daß es ein Fehler gewesen war, Woroschilow für einen englischen Spion und Gott weiß was sonst noch zu halten. Es hing allein von Stalins blühender Phantasie ab, wer von einem Tag auf den anderen als Agent welchen imperialistischen Landes angesehen wurde.

Nach dem XIX. Parteitag und dem Plenum, bei dem das umfangreiche Präsidium und das neue Präsidiumsbüro gebildet worden waren, ging unsere Arbeit nach dem gleichen Schema weiter, an das wir uns auch vor all den angeblichen Veränderungen und Verbesserungen gehalten hatten. Unter den neun Mitgliedern des Büros wählte sich Stalin nach seinem Willen und Wohlwollen einen inneren Kreis von fünf Leuten aus. Es galt

27 Man hatte damals angenommen, daß ein kleiner innerer Kreis existierte, dem die bevorzugten Untergebenen Stalins angehörten. Seine genaue Zusammensetzung war bisher unbekannt.

28 Michail Georgijewitsch Perwuchin war wie Saburow einer der aufsteigenden Technokraten – Fachleute, die sich in Industrie und Wirtschaft allgemein einen Namen gemacht hatten. Auch er wurde nach 1957 von Chruschtschow der «parteifeindlichen Gruppe» zugerechnet.

als große Ehre, wenn man zu einer Zusammenkunft mit Stalin gebeten wurde. Andererseits galt es als böses Omen, wenn man einmal gebeten, dann aber nicht wieder aufgefordert wurde. Die üblichen Fünf waren Stalin selbst, Malenkow, Berija, Bulganin und Chruschtschow. Kaganowitsch und Woroschilow bat er selten zu sich und Molotow und Mikojan forderte er absolut niemals auf. Genaugenommen wurde das Präsidium niemals einberufen. Das Büro entschied alle Fragen, und «das Büro» bedeutete meist die Fünf vom inneren Kreis. Alle Entscheidungen wurden nach den Methoden getroffen, die Stalin nach 1939 eingeführt hatte. Vor dem XVIII. Parteitag hatte das Politbüro noch immer mehr oder weniger demokratische Methoden gewahrt. Doch nach und nach war die Demokratie der Autokratie gewichen. Seit der alte Mitarbeiterstamm des Zentralkomitees, das man auf dem XVII. Parteitag [1934] gewählt hatte, vernichtet worden war – die «alten Männer», wie wir sie nannten, die schon vor der Revolution den Kampf für die Schaffung unserer Partei geführt hatten –, seither bellte Stalin seine Befehle und erstickte jede Diskussion.

Soviel zur kollektiven Führung.

Die Ärzte-Verschwörung

Die Verhaftung der Kreml-Ärzte im Januar 1953 unter der Beschuldigung, sie hätten Andrej Schdanow und andere sowjetische Prominente durch falsche Behandlung vorsätzlich ermordet, oder geplant, dies zu tun, war ein Vorspiel zu Stalins letzter Säuberung, durch die er sich einiger seiner engsten Mitarbeiter entledigen wollte: vor allem – so vermutet man – Berijas, möglicherweise aber auch Molotows und Mikojans. Chruschtschows Bericht enthält in einem Punkt etwas Neues über jene Vorfälle, die als Ärzte-Verschwörung bekannt wurden: das Ganze war bereits einige Zeit vor dem XIX. Parteitag, der im Oktober 1952 stattfand, eingefädelt worden, andernfalls hätte Chruschtschow nicht wissen können, daß der Arzt, der ihn selbst während des Parteitags behandelte, kurze Zeit später unter Anklage gestellt werden sollte. Dies hinterläßt einen etwas üblen Nachgeschmack, es sei denn, Chruschtschow hätte die Vorgänge zeitlich durcheinandergebracht. Tatsächlich ist Chruschtschows Rolle in dieser finsteren Angelegenheit undurchsichtig. S. D. Ignatjew, der eher zu Chruschtschows Leuten gehörte, hatte Abakumow, einen Handlanger Berijas, als Minister für Staatssicherheit abgelöst. 1952 hatte er sich aktiv daran beteiligt, die Sicherheitsdienste von Berija-Leuten zu säubern. Es war seine Aufgabe, «Beweise» gegen die Ärzte zu liefern (der angebliche Brief von Lydia Timaschuk war augenscheinlich bestellte Arbeit, wie Chruschtschow selbst in seiner Geheimrede andeutete – sie-

he Anhang) und Geständnisse von ihnen zu erpressen. Als die Affäre nach Stalins Tod «überprüft» wurde, war es Berija, der diese Machenschaften «aufdeckte» und Ignatjew die Verantwortung zuschob. Kurze Zeit darauf wurde Berija selbst verhaftet und mit seinen engsten Mitarbeitern, darunter auch Abakumow, erschossen. Chruschtschows unvollständige Version dieser Geschichte lenkt die Aufmerksamkeit von den wirklichen Zusammenhängen der Affäre ab, die nach wie vor im dunkeln liegen. Er stellt sie als ein Beispiel für Stalins widerwärtige Eigenschaft hin, Unschuldige ins Unglück zu stürzen. Die Ärzte – in der Mehrzahl Juden – waren aber nichts weiter als Schachfiguren in einer großangelegten Aktion, die zugleich als umfassender Pogrom gegen die sowjetischen Juden gedacht war. Diese Wahrheit wird hier nicht enthüllt.

Eines Tages rief uns Stalin in den Kreml und las uns einen Brief einer Ärztin namens Timaschuk vor. Sie behauptete, Schdanow sei gestorben, weil die mit dem Fall befaßten Ärzte ihn absichtlich einer falschen Behandlung unterzogen hätten, einer Behandlung, die seinen Tod herbeiführen sollte. Hätte dies der Wahrheit entsprochen, so wäre es natürlich die empörendste Schurkerei gewesen. Wenn Ärzte Leben vernichten, statt es zu erhalten, machen sie sich des schlimmsten Verbrechens wider die Natur schuldig.

Wäre Stalin ein normaler Mensch gewesen, hätte er Frau Timaschuks Brief keine weitere Aufmerksamkeit geschenkt. Immer wieder einmal kommen derartige Briefe von Menschen, die psychisch unausgeglichen sind oder intrigieren, um sich ihrer Feinde zu entledigen. Stalin jedoch war mehr als empfänglich für diese Art Geschwätz. Ich glaube sogar, daß diese Frau Timaschuk selbst ein Produkt stalinistischer Machenschaften war. Stalin hatte uns allen den Argwohn eingetrichtert, daß wir von Feinden umgeben wären und in jedermann einen noch nicht entlarvten Verräter oder Saboteur zu sehen hätten. Stalin nannte dies «Wachsamkeit» und sagte, wenn ein Bericht einen Wahrheitsgehalt von zehn Prozent habe, müßten wir den ganzen Bericht als Tatsache ansehen. Wie aber sollte man auch nur zehn Prozent Wahrheit in einem Brief wie dem von Frau Timaschuk finden?

Stalins Auffassung von Wachsamkeit verwandelte unsere Welt in ein Irrenhaus, in dem jeder dazu angehalten wurde, nach nicht existierenden Tatsachen über jeden zu forschen. Der Sohn wurde gegen den Vater aufgehetzt, der Vater gegen den Sohn und der Genosse gegen den Genossen. Das Ganze wurde «klassenbewußtes Verhalten» genannt. Ich bin mir der Tatsache bewußt, daß der Klassenkampf notgedrungen auch die Familien auseinanderbringt, und zwar unbarmherzig. Der Klassenkampf bestimmt die Haltung jedes einzelnen Mitglieds der Familie. Ich begrüße die kämpferische Unerbittlichkeit des Klassenkampfes. Sie ist notwendig für den Aufbau des Sozialismus und die Verwirklichung einer besseren Zukunft. Der Klassenkampf ist keine festliche Parade, sondern eine blutige Schlacht, die nicht offen geführt werden kann. Das weiß ich. Ich habe selbst am Klassenkampf teilgenommen. Während des Bürgerkrieges, als ich mich dem blutigen Kampf anschloß, den die Rote Armee gegen die zerschlagenen Banden der Machnowiten, der Grigorjewiten, der Antonowiten und gegen die Überreste anderer Weißer Einheiten führte, die noch immer herumzogen, lernte ich, was eine klassenbewußte Einstellung ist. Im nördlichen Kaukasus wimmelte es geradezu von Banditen; ich war selbst auf der Versammlung, auf der der Kampf gegen sie organisiert wurde. Einmal wurde eine Gruppe von uns zusammen mit Furmanow, dem Leiter der politischen Verwaltung, fotografiert. Meine Waffengefährtin Vera Schuzkina in der politischen Abteilung der Armee schickte mir einen Abzug. Sie ist heute Rentnerin. Ich bin froh, daß sie am Leben ist und daß es ihr gut geht. Ich weiß nicht, wie der Kelch an ihr vorüberging, als die stalinistischen Schlächtereien stattfanden. Auf jeden Fall aber bewies Lenin damals, als im nördlichen Kaukasus der Kampf gegen die Weißen Kosaken-Banden geführt wurde, in seiner Voraussicht große Zurückhaltung und Humanität. Er tat alles, was er konnte, um Unschuldige vor Schaden zu bewahren, und wenn er feststellte, daß jemand schuldig war, tat er alles, was er konnte, um ihn zu rehabilitieren, statt ihn zu bestrafen. Selbst wenn jemand einen Fehler gemacht hatte, bemühte sich Lenin, ihm zu helfen und ihn wieder zu einer positiven Haltung zu veranlassen, indem er erstens die negativen Charaktereigenschaften eines solchen Menschen neutralisierte und ihn dann Schritt für Schritt wieder in den aktiven Kampf für den Aufbau einer neuen sozialistischen Lebensform einreihte. Die leninistische Periode lag jedoch hinter uns. Wir waren in die stalinistische Phase gelangt, und die irrationalen Machenschaften, die Methoden eines kranken Mannes schüchterten uns alle ein.

Doch zurück zu Frau Timaschuks Brief: Ich sollte hier erwähnen, daß Schdanow von Kreml-Ärzten behandelt worden war. Diese Ärzte können nur die besten und vertrauenswürdigsten ihres Faches gewesen sein. Nur Männer, die man sehr genau kannte und die in der medizinischen Welt der Sowjetunion großes Ansehen genossen, wurden für die Tätigkeit im Kreml-Krankenhaus herangezogen. Dennoch hat man sie verhaftet und wie gemeine Verbrecher ins Gefängnis geworfen.

Schon einige Zeit vor seinem Tode war Schdanows Gesundheitszustand sehr schlecht gewesen: Ich weiß nicht, woran er litt, aber unter anderem ganz gewiß daran, daß er seine Willenskraft verloren und sich beim Trinken nicht mehr in der Gewalt hatte. Er bot ein Bild des Jammers. Ich erinnere mich auch daran, daß Stalin Schdanow in dessen letzten Lebenstagen mehrfach anbrüllte und aufforderte, das Trinken zu lassen. Das war um so erstaunlicher, als Stalin gewöhnlich die Leute ermunterte, sich zu betrinken. Schdanow jedoch zwang er, Fruchtsaft zu trinken und zu darben, während wir übrigen Wein oder stärkere Getränke zu uns nahmen. Und man kann sich leicht vorstellen, daß Schdanow sich zu Hause völlig gehenließ, wenn Stalin ihn so an der Kandare hielt. Schtscherbakow ging an dem gleichen Laster zugrunde, und bestimmt beschleunigte es bis zu einem erheblichen Grade Schdanows Tod.[29]

Damit will ich auf keinen Fall Schtscherbakow und Schdanow auf die gleiche Stufe stellen. Seit Stalins Tod habe ich erkannt, daß unsere Intelligenz einen tiefsitzenden Groll gegen Schdanow hegt, wegen der Rolle, die er bei der Einstellung der Leningrader Zeitschriften gespielt hat. Man sollte sich jedoch daran erinnern, daß Schdanow nur Stalins Befehle ausführte. Ich bin der Ansicht, daß Stalins Kulturpolitik und insbesondere die Kulturpolitik, die er mit Hilfe Schdanows Leningrad aufzwang, grausam und sinnlos war.[30] Man kann die Entwicklung von Literatur, Kunst und Kultur nicht mit dem Knüppel in der Hand oder durch Brüllen bestimmen. Man kann nicht eine Linie bestimmen und dann alle Künstler darauf festlegen, um sicherzugehen, daß niemand auch nur im geringsten davon abweicht. Wenn man versucht, die Künstler zu stark zu gängeln, gibt es keinen Zusammenprall der Meinungen und infolgedessen auch keine Kritik und folglich auch keine Wahrheit. Das Ergebnis sind trübe Klischees, Langeweile und Unfruchtbarkeit. Derartige Klischees sind nicht dazu angetan, das Volk zu ermutigen, aus der Kunst Nutzen zu ziehen; vielmehr vergiften und zerstören sie die Beziehung der Menschen zur Kunst.

Jedenfalls wurden die Ärzte, die mit dem Fall Schdanow zu tun gehabt hatten, verhaftet. Unter ihnen war auch W. N. Winogradow. Er hatte einmal Stalin behandelt, was eine seltene Auszeichnung darstellte, denn Stalin ließ fast nie Ärzte an sich heran. Aber auch Winogradow wurde von Stalin nicht geschont. Er ließ ihn verhaften und prügeln. Ich lernte Winogradow nach seiner Freilassung kennen. Er wurde mehr als einmal zu Beratungen über meinen Gesundheitszustand hinzugezogen. Auch W. K. Wassilenko, ein angesehener Arzt und Professor, wurde verhaftet. Ich kannte ihn persönlich nicht näher, hatte aber viel Gutes über ihn von Strascheskij gehört, den ich sehr schätzte. Ich kannte Strascheskij aus Kiew. Er galt nicht nur in der medizinischen Welt der Sowjetunion als eine Koryphäe, sondern auch im Ausland. Bei Kriegsende bat Strascheskij mich, für die Entlassung Wassilenkos aus der Armee zu sorgen, damit dieser in der Klinik arbeiten konnte, die Strascheskij leitete. «Wassilenko ist mein Schüler», hatte Strascheskij gesagt, «und ich möchte, daß

29 Andrej A. Schdanow starb 1948. Auch Alexander S. Schtscherbakow (gestorben 1945) wurde als Opfer der Ärzte-Verschwörung bezeichnet.

30 Dieser Hinweis bezieht sich auf Schdanows Säuberung von Kunst und Literatur 1947/48, die als «Schdanowschtschina» bekannt ist. Zeitschriften wurden eingestellt, berühmte Schriftsteller verboten oder bekannte Komponisten mußten Irrtümer eingestehen.

er einmal mein Nachfolger wird, damit sichergestellt ist, daß die Klinik in zuverlässige Hände übergeht.» Strascheskij hatte seine Klinik vor der Revolution gegründet, und sie hatte einen ausgezeichneten Ruf. Als die Verhaftungen anfingen, war Wassilenko gerade in China. Er wurde zurückberufen, und kaum hatte er die sowjetische Grenze überquert, wurde er in Ketten geworfen.

Ich erinnere mich, daß ich kurz nach meinem Bericht über die Parteistatuten, den ich vor dem XIX. Parteitag hielt, krank wurde. Als mein Bericht vor dem Parteitag diskutiert wurde, lag ich krank zu Hause. Ich mußte einige Tage das Bett hüten. Ein älterer Arzt kam, um mich zu untersuchen. Er horchte mein Herz ab und legte sein Ohr an meine Brust. Ich war gerührt über seine rücksichtsvolle Art und seine Sorgfalt. In diesem Augenblick war mir hundeelend zumute, aber nicht, weil ich krank war. Mich quälte der Gedanke, daß ich bereits die belastenden Zeugenaussagen gegen den alten Doktor gelesen hatte, dessen Sorge über meine Gesundheit ich so rührend fand. Ich wußte, daß Stalin ihn nicht schonen würde, was immer ich auch sagte.

Nachdem Winogradow, Wassilenko und die anderen verhaftet worden waren, ließ Stalin Kopien des Briefes von Frau Timaschuk zirkulieren und veröffentlichen, zusammen mit einer von ihm verfaßten Nachschrift, in der er die Wut der Massen gegen die Ärzte beschwor, die «eine derartige Schurkerei begangen» und Schdanow beseitigt hätten. Eine Flut weiterer Briefe setzte ein, in denen die Ärzte als Verräter gebrandmarkt wurden. Diese Briefe spiegelten die Meinungen von Menschen, die glaubten, wenn Stalin ein derartiges Dokument freigebe, muß das Verbrechen bereits bewiesen sein, und sie waren empört, daß so etwas überhaupt hatte geschehen können.

Konjew[31], der zu jener Zeit selber ein kranker Mann war, sandte Stalin einen langen Brief, in dem er behauptete, auch er werde mit den gleichen Medikamenten vergiftet, die angeblich verwendet worden waren, um Schdanow umzubringen. Konjews Brief ließ das Ganze zu einer Groteske werden. Alle Mitglieder des Präsidiums spürten ohne Zweifel den Mangel an Wahrheitsgehalt in Konjews Beschuldigungen, aber wir sprachen niemals offen darüber, denn wenn Stalin sich einmal entschlossen und ein Problem in Angriff genommen hatte, konnte man nichts mehr dagegen ausrichten. Wenn wir im privaten Kreis zu einem Meinungsaustausch zusammenkamen, gestanden wir uns ein, daß wir über Konjews Brief entrüstet waren: da die Leute, die der Ermordung Schdanows beschuldigt worden waren, bereits hinter Gittern saßen, erweiterte der Brief den Kreis der Verdächtigen und gab Stalins Mißtrauen gegenüber den Ärzten neue Nahrung.

31 I. S. Konjew, damals Oberbefehlshaber der sowjetischen Landstreitkräfte. Er gehörte zu den fünf Marschällen und Generalen, die von der Ärzte-Verschwörung angeblich als Opfer bestimmt worden waren.

Die Verhöre begannen. Ich habe selbst miterlebt, wie Stalin mit S. D. Ignatjew sprach, der damals Minister für Staatssicherheit war. Ich kannte Ignatjew persönlich und wußte, daß er ein sehr kranker Mann war. Er hatte einen Herzanfall gehabt, der beinahe tödlich ausgegangen wäre. Er war freundlich, rücksichtsvoll und sehr beliebt. Wir alle wußten, wie schlecht es ihm gesundheitlich ging. Stalin pflegte ihn in unserer Anwesenheit am Telefon übel zu beschimpfen. Stalin tobte vor Wut, schrie Ignatjew an und drohte ihm. Er verlangte, er solle die Ärzte in Ketten legen, zu Brei zerstampfen und zu Pulver zermalmen. Es überraschte niemanden, daß fast alle Ärzte die ihnen zur Last gelegten Verbrechen gestanden. Ich kann ihnen keinen Vorwurf daraus machen, daß sie sich selbst verleugneten. Dazu habe ich zu viele Leute erlebt, die verschiedensten Leute, aufrichtige Menschen und Verräter, Männer der Revolution und Saboteure, die alle gestanden haben. Man denke zum Beispiel an Merezkow. Er steht heute am Ende seines Lebens. Er läuft herum, ein Krüppel, ein gebrochener Mann. Er gab zu, er sei ein englischer Spion. Die Kreml-Ärzte gerieten in die gleiche Lage, und auch sie gestanden.

Auf diese Weise kam es zu der sogenannten Ärzte-Verschwörung. Es war eine beschämende Sache. Nach der Vernichtung des Feindes im Zweiten Weltkrieg, nachdem unsere sowjetische Intelligenz sich durchgesetzt und Weltrang erreicht hatte, da erregten plötzlich unsere Intellektuellen – oder zumindest die Ärzte in ihrer Mitte – den Argwohn Stalins. Die Ärzte-Affäre war eine grausame und schmähliche Angelegenheit.[32]

Schon 1902 hatte es Cholera-Unruhen in Makejewka [im Donez-Bekken] gegeben, bei denen die Ärzte in dem Gebiet unbarmherzig mißhandelt worden waren. Ich erinnere mich auch daran, daß es in meiner Jugend, um 1910, zu einer Cholera-Epidemie im ganzen Donez-Becken gekommen war. Viele Bergleute, die in demselben Bergwerk wie mein Vater und ich arbeiteten, starben. Wenn die Bergarbeiter krank wurden, brachte man sie in die Cholera-Baracken, aus denen keiner zurückkehrte. Unter den Bergarbeitern ging das Gerücht um, daß die Ärzte die Patienten vergifteten. Es fanden sich auch Zeugen, die behaupteten, sie hätten gesehen, wie jemand Pulver in den Brunnen geschüttet habe. Noch andere absurde Behauptungen dieser Art kamen mir zu Ohren. Und jetzt, in unserer Zeit, sollten die gleichen dunklen Mächte wieder ihre Köpfe rekken, und wieder wurden Intellektuelle und Ärzte verfolgt.

32 Unmittelbar nach Stalins Tod wurden Anfang April 1953 alle Beschuldigten öffentlich voll rehabilitiert. Zwei von ihnen sollen allerdings während der Verhöre ums Leben gekommen sein. Der Ärztin Timaschuk wurde der Lenin-Orden, den sie für ihre Denunziation erhalten hatte, wieder in aller Form aberkannt. Ignatjew wurde aus dem ZK-Sekretariat ausgestoßen (sein Ministerium für Staatssicherheit war schon in Berijas Innenministerium aufgegangen). Ohne in diesem Zusammenhang Stalin zu nennen, feierte die Sowjetpresse diese Beschlüsse als Triumph der «sozialistischen Gesetzlichkeit».

Swetlanka

Chruschtschows Eindrücke von Stalins Tochter, von ihrer Beziehung zu ihrem Vater und ihrem Leben im Elternhaus können mit den Aufzeichnungen in Swetlana Allilujewas eigenen zwei Büchern ‹20 Briefe an einen Freund› *und* ‹Das erste Jahr› *verglichen werden. Es gibt einige kleine Diskrepanzen, aber im ganzen gesehen bestätigt Swetlana Chruschtschows Darstellung, die ihn von seiner besten und Stalin von seiner schlechtesten Seite zeigt. Der zeitliche Ablauf ist ungenau wiedergegeben. Swetlanas Bericht stützt jedoch Chruschtschows Angaben über Mikojans Intervention zu ihren Gunsten und Chruschtschows eigene wohlwollende Haltung. In einem für Swetlana und Bradjesh Singh entscheidenden Augenblick wurde Chruschtschow abgesetzt. Es blieb Kossygin und Suslow überlassen, ihr die Heirat zu untersagen und ihr dann auch zu verbieten, Bradjesh Singh nach Indien zu begleiten, wohin er zurückkehren wollte, um in der Heimat zu sterben. Als ihr nach seinem Tod in der Sowjetunion gestattet wurde, seine Asche nach Indien zu bringen, versuchten die Behörden, sie zu einer raschen Rückkehr zu bewegen. Benediktow, damals sowjetischer Botschafter in Indien, den Chruschtschow als «engherzig» bezeichnet, war eher übervorsichtig. Er war einmal Landwirtschaftsminister gewesen und später von Chruschtschow degradiert worden. Nach zuverlässigen Berichten aus Moskau ist Swetlana Allilujewa im Dezember 1969, drei Jahre, nachdem sie ihre Heimat verlassen hatte, die sowjetische Staatsbürgerschaft aberkannt worden. Im April 1970 hat sie in den USA einen Amerikaner geheiratet.*

Stalin hatte einen brutalen Charakter und ein rauhes Temperament; aber seine brutale Art bedeutete nicht immer Bösartigkeit gegenüber den Leuten, mit denen er so grob umsprang. Es war eine Art angeborener Brutalität. Er war grob und beleidigte jeden. Ich bekam seine Grobheit oft selbst zu spüren. Stalin mochte mich gern. Wenn er mich nicht gemocht oder mir gegenüber den leisesten Argwohn empfunden hätte, hätte er mich zu jeder beliebigen Zeit auf die gleiche Weise loswerden können, wie er sich so vieler Menschen entledigte, die ihm lästig waren. Mehr als einmal erlebte ich, daß er seinem Wohlwollen Ausdruck gab, nachdem er mich vorher grob angefahren oder gehässig behandelt hatte. Das soll Gott bewahre nicht heißen, daß er sich irgendwie entschuldigt hätte. Nein. Sich zu entschuldigen, war seinem Wesen fremd. Es gibt da eine Geschichte, die einen besseren Eindruck davon vermittelt, was Stalin sich herausnahm und wie er die Leute in seiner unmittelbaren Umgebung beleidigte und beschimpfte.

Es war in seinem letzten Lebensjahr. Stalin hatte uns alle in die Nahe Datscha eingeladen, um den Jahreswechsel mit ihm zu feiern. Wir alle waren in gehobener Stimmung. Ein neues Jahr! Wir konnten auf ein weiteres Jahr voller Siege und Erfolge zurückblicken, die unser Verdienst waren! Auf den Tischen häuften sich die appetitlichen Gerichte. Wir bekamen ein üppiges Mahl und große Mengen zu trinken. Stalin war glänzender Laune und trank deshalb ziemlich viel, und er nötigte alle anderen, ihm nachzueifern. Wir tranken beachtliche Mengen Wein.

Stalin ging zum Plattenspieler und legte Platten mit russischer und georgischer Volksmusik auf. Wir hörten zu und begannen mitzusingen. Dann legte er Tanzmusik auf, und wir fingen zu tanzen an. Unter uns gab es einen bewährten Tänzer – Anastas Iwanowitsch Mikojan. Alle seine Tanzschritte gingen auf den «Lesginka»[33] zurück. Dann begann Woroschilow zu tanzen, und wir schlossen uns alle an. Ich bewege meine Füße nicht, wenn ich tanze. Ich tanze wie eine Kuh auf dem Eis. Aber dennoch machte ich mit. Genauso hielt es Kaganowitsch. Er konnte auch nicht viel besser tanzen als ich. Bulganin hatte offenbar in seiner Jugend manchmal getanzt. Er bemühte sich, irgendwie in einem russischen Rhythmus herumzustampfen. Auch Stalin tanzte. Er schlurfte mit ausgebreiteten Armen herum. Offenkundig hatte er früher nie getanzt. (Es war zu schade, daß Molotow nicht dabei war. Er war der Tänzer von Welt unter uns. Er entstammte einer Intellektuellen-Familie und war als Student auf vielen Studentenfesten gewesen. Er tanzte ebensogut wie die Studenten. Er liebte die Musik und konnte sogar Geige spielen. Er war ganz allgemein sehr musikalisch. Ich bin auf diesem Gebiet kein Fachmann und kann dazu schlecht ein Urteil abgeben. Aber in meinen Augen war Molotow ein erstklassiger Tänzer.)

Ich würde sagen, die allgemeine Stimmung auf dem Fest war sehr gut. Dann erschien Swetlanka. Ich weiß nicht, ob sie gerufen worden war oder aus eigenem Antrieb kam. Plötzlich sah sie sich inmitten einer Schar Leute, die, gelinde gesagt, etwas älter als sie waren. Kaum war diese nüchterne junge Frau eingetreten, forderte Stalin sie auf, zu tanzen. Ich sah, daß sie ermüdet war. Sie bewegte sich kaum beim Tanzen. Sie tanzte eine Weile, aber als sie aufhören wollte, bestand ihr Vater darauf, daß sie weitertanzte. Sie ging auf die andere Seite hinüber, stellte sich neben den Plattenspieler und lehnte sich mit der Schulter an die Wand. Stalin ging zu ihr hinüber, und ich gesellte mich zu ihnen. Wir standen zusammen. Stalin schwankte. Er sagte: «Nun, Swetlanka, weiter, tanze! Du bist die Gastgeberin, also tanz!»

Sie antwortete: «Ich habe schon getanzt, Papa. Ich bin müde.» Darauf griff Stalin plötzlich nach ihren Stirnlocken und zerrte sie an den Haaren. Ich sah, wie ihr Gesicht sich rötete und ihr die Tränen in die Augen stiegen. Swetlanka tat mir so leid. Stalin zerrte sie noch heftiger an den Haaren und zog sie zurück auf die Tanzfläche.

Das war Stalins Art, seinen zärtlichen Gefühlen für seine Tochter

33 Kaukasischer Volkstanz.

Stalin und Swetlana

Ausdruck zu geben. Es besteht kein Zweifel daran, daß Stalin Swetlanka sehr liebte. Er liebte auch Wassja, aber er hatte etwas dagegen, daß Wassja trank und sich ganz allgemein disziplinlos verhielt. Swetlanka dagegen war eine eifrige Studentin. Als kleines Mädchen hatte sie sich immer ausgezeichnet betragen. Ich habe nie etwas Schlechtes über sie gehört. Stalin war sehr stolz auf sie und liebte sie sehr. Aber in welcher Weise gab er seinen väterlichen Gefühlen gegenüber seiner Tochter Ausdruck! Er benahm sich nicht etwa so brutal, weil er Swetlanka weh tun wollte. Nein, sein Verhalten ihr gegenüber war ganz zweifellos ein Ausdruck von Zuneigung, aber in einer unnatürlichen, brutalen Art, die ihm eigen war.

Wie ich bereits sagte, habe ich Swetlankas Mutter Nadjeschda Allilujewa sehr geschätzt. Sie war ganz anders als Stalin. Ich mochte sie wegen ihrer Bescheidenheit. Wassja war ein guter Junge, intelligent, aber eigensinnig. Schon in früher Jugend begann er übermäßig zu trinken. Er war ein undisziplinierter Student und machte Stalin viel Kummer. Ich bin überzeugt, daß Stalin ihn regelmäßig züchtigte und eigens Tschekisten damit beauftragte, Wassja ständig zu überwachen.

Swetlanka war anders. Als kleines Mädchen pflegte sie unbefangen im Hause herumzutollen, wenn wir dort waren. Stalin nannte sie immer die «Gastgeberin», und auch wir fingen an, sie «Gastgeberin» zu nennen. Sie war immer adrett gekleidet und trug einen ukrainischen Rock und eine bestickte Bluse. Sie sah aus wie eine herausgeputzte Puppe, hatte aber mit ihrem kastanienbraunen Haar und ihren winzigen Sommersprossen sehr viel von ihrer Mutter. Wir erlebten mit, wie die «Gastgeberin» heranwuchs. Ich erinnere mich, daß Stalin jedesmal, wenn wir zu ihm kamen, sagte: «So, Gastgeberin, nun unterhalte deine Gäste!» Und dann lief sie in die Küche. Stalin erzählte: «Wenn sie auf mich wütend ist, sagt sie immer: ‹Ich gehe in die Küche und beschwere mich beim Koch.› Ich flehe sie dann immer an: ‹Gnade! Wenn du dich beim Koch beschwerst, dann ist es aus mit mir!›» Swetlanka erklärte dann mit Nachdruck, daß sie ihren Papa unweigerlich verpetzen werde, wenn er noch einmal etwas Unrechtes tue.

Stalin hatte noch einen älteren Sohn namens Jascha von seiner ersten Frau, einer Georgierin. Jascha war Ingenieur. Ich habe ihn nie kennengelernt. Als ich in Stalins Haus zu verkehren begann, war Jascha nur selten dort. Er wohnte mit seiner Frau und seiner kleinen Tochter in einem anderen Haus. Die wenigen Male, die er kam, um im Kreise der Familie das Essen einzunehmen, erschien er immer allein. Nie brachte er seine Frau und seine Tochter mit.

Dann beging Nadja Selbstmord. Sie starb unter mysteriösen Umständen. Wie immer sie gestorben sein mag, eines steht fest: sie starb wegen etwas, das Stalin getan hatte, und Swetlanka muß davon gewußt haben. Es ging sogar das Gerücht um, Stalin habe Nadja erschossen. Nach einer anderen Version, die mir plausibler erscheint, hat Nadja sich selbst erschossen, weil sie sich in ihrer Ehre als Frau gekränkt fühlte. Sicherlich wußte Swetlanka etwas über den Tod ihrer Mutter und litt sehr darunter.

Nach Nadjas Tod waren Wasja und Swetlanka immer zugegen, wenn wir Stalin in seiner Wohnung aufsuchten. Es wurde mir zu Gewohnheit, Swetlanka zu sehen. Ich war ihr sehr zugetan. Ich empfand väterliche Gefühle für sie. Irgendwie tat sie mir leid, so wie einem eine Waise leid tut. Stalin war ein ungeschliffener Mensch und schenkte ihr keine Beachtung. Nie bekundete er väterliche Zärtlichkeit. Wenn er sie auch nicht direkt barsch behandelte, so war er doch kühl und gleichgültig. Wohin er auch kam, überall blieb in seinen Beziehungen zu anderen eine Trübung zurück. Er war eine tyrannische Natur. Swetlankas Beziehung zu ihrem Vater war kompliziert. Er liebte sie, pflegte aber diesem Gefühl der Liebe auf eine rohe Art und Weise Ausdruck zu geben. Er hatte die Zärtlichkeit einer Katze, die mit einer Maus spielt. Er brach Swetlanka das Herz, zuerst als sie noch ein Kind war, dann, als sie ein junges Mädchen war, und später, als sie Frau und Mutter war. Das alles führte zu Swetlankas allmählichem seelischen Zusammenbruch. Stalin verbrachte seine Ferien immer allein. Niemals nahm er seine Kinder mit. Selbst die Tiere haben es gern, sich von ihren Müttern im Sonnenschein verhätscheln zu lassen. Alle Lebewesen brauchen Liebe, und ein Mensch, dem diese Liebe vorenthalten wird, geht seelisch zugrunde. Das war Swetlankas Schicksal.

Ich weiß nicht, wer Swetlanka großzog. Ich erinnere mich, in ihrem Elternhaus eine junge, hübsche Georgierin gesehen zu haben. Irgend jemand sagte, sie sei Swetlankas Erzieherin. Ich habe keine Ahnung, was für eine Erzieherin sie war und woher sie kam. Es lief das Gerücht um, daß sie von Berija eingeschleust worden sei und mehr im Interesse Berijas als zu Swetlankas Nutzen dort lebe. Eines Tages war sie spurlos verschwunden.

Swetlanka heiratete einen Mann namens Morosow. Sein Name klang russisch, aber Morosow war Jude. Sie lebten einige Zeit zusammen. Stalin konnte ihn kaum ertragen. Ich habe nie erlebt, daß Morosow zu irgendeiner Gelegenheit von Stalin eingeladen wurde. Ich glaube, Stalin hat Swetlankas ersten Sohn nie gesehen. Auch das bekümmerte Swetlanka sehr. Dann, nach dem Krieg, überkam Stalin plötzlich ein Anfall von Antisemitismus. Swetlanka und Morosow wurden geschieden. Er ist ein kluger Mann. Ich habe gehört, daß er heute ein guter Wirtschaftswissenschaftler ist, daß er seinen Doktor gemacht hat und als Dozent für Wirtschaftswissenschaften tätig ist. Kurz gesagt, er ist ein guter, aufrechter Sowjetbürger.

Zu der Zeit, als Stalin Swetlanka aufforderte, sie solle sich von ihrem Mann scheiden lassen, sprach er offenbar auch mit Malenkow darüber. Malenkows Tochter, Wolja, ein sehr nettes Mädchen, hatte den Sohn von

Malenkows Freund Schamberg geheiratet, der jahrelang Malenkows Mitarbeiterstab angehört hatte. Eines Tages erzählte mir Malenkows Frau, Walerija Alexejewna Malenkowa, eine kluge Frau, vor der ich große Achtung hatte, Wolja habe sich von dem jungen Schamberg scheiden lassen und einen anderen, einen Architekten, geheiratet. Ich habe nicht die Absicht, einen Vergleich zwischen den beiden Männern zu ziehen. Das ist Woljas Angelegenheit. Ich bin überzeugt, daß auch ihr zweiter Mann ein netter Kerl ist. Was ich aber nicht verstehen konnte, war, warum sie den Sohn des Freundes ihres Vaters vor die Tür setzte. Damals hat mich die Sache sehr aufgeregt. Malenkow war kein Antisemit, und er hat mir niemals ausdrücklich gesagt, daß Stalin sich ihm gegenüber mißbilligend darüber geäußert hätte, daß seine Tochter mit einem Juden verheiratet sei. Ich bin aber sicher, daß Malenkow – selbst wenn Stalin ihm gegenüber kein Wort davon erwähnte – von anderen erfahren hatte, Stalin habe Swetlanka befohlen, sich von ihrem Mann scheiden zu lassen, weil er Jude sei. Und ohne Zweifel meinte Malenkow, daß er gut daran täte, seiner Tochter das gleiche nahezulegen. Auch diese Geschichte ist ein Beispiel für den unwürdigen, schmählichen Antisemitismus, über den ich schon gesprochen habe. Malenkow möchte ich eine solche Gesinnung nicht unterstellen. Bei ihm war es nur sklavische Unterwürfigkeit seinem Herrn gegenüber. Stalin hatte seine Tochter veranlaßt, sich von einem Juden scheiden zu lassen, also mußte Malenkow das gleiche tun. Grundsätzlich hielt ich Malenkow für einen normalen Menschen mit gesundem Menschenverstand, der von dieser widerlichen Krankheit nicht angesteckt war.

Dann heiratete Swetlanka zum zweitenmal. Es war Stalins Wunsch, daß sie Schdanows Sohn Jurij heiratete. Er ist heute Leiter der Universität Rostow. Ich habe ihn immer gemocht und mag ihn auch noch heute. Er ist ein kluger, gebildeter und verständiger Bursche. Stalin mochte ihn auch, aber Swetlanka mochte ihn nicht. Nach Stalins Tod wurden sie geschieden. Die ganze Sache tat mir sehr leid. Es hat mir nie gefallen, wenn die Leute darüber klatschten, Swetlanka benehme sich schlecht und sei ihren Ehemännern untreu. Sie lebte lange Zeit ganz allein, ohne einen Ehemann. Das war unnatürlich. Sie hatte zwei Kinder, einen Jungen von ihrem ersten Mann und ein kleines Mädchen von dem jungen Schdanow. Die Enthüllungen über den Machtmißbrauch ihres Vaters waren ein weiterer schwerer Schock für sie.

Irgendwann später erzählte mir Mikojan, Swetlanka habe ihn um Rat gefragt. Sie wollte einen indischen Journalisten heiraten. Sie erklärte Mikojan, daß sie diesen Mann liebe. Er war älter als sie, aber sie kannte ihn seit langem, und er war ein anständiger Mann, ein Kommunist. Mikojan sagte: «Sie hat mich gebeten, Ihre Meinung zu erkunden.» Ich war überrascht, daß ihr an meiner Meinung gelegen war. Was mich anging, so war ich der Ansicht, es sei allein ihre Angelegenheit. Ich antwortete Mikojan: «Wenn sie meint, daß er ein würdiger Mann ist, dann soll sie ihn heiraten. Das ist ihre Sache. Wir werden uns nicht einmischen, gleichgültig, wie sie sich entscheidet. Die Tatsache, daß er nicht ein Bürger der Sowjetunion ist, sollte kein Hindernis sein, wenn sie ihn wirklich gern hat. Sie soll selbst die Entscheidung treffen.» Und so heiratete sie ihn. Ich war es zufrieden. Mir ging es einfach darum, daß sie imstande war, ihr eigenes Leben zu führen.[34]

Und dann traf sie ein schwerer Schlag – der Tod und die Bestattung ihres dritten Mannes.

Ich erzähle von Swetlanka zum Teil deswegen so ausführlich, weil sie jetzt sehr unglücklich ist. Als ich erfuhr, daß sie fortgefahren war, um ihren Mann in seiner Heimat zu bestatten, und nicht mehr zurückkehren wollte, glaubte ich zuerst, dies sei nur die neueste verleumderische Falschmeldung bürgerlicher Journalisten. Einige Tage lang konnte ich es einfach nicht glauben. Doch dann erhielt ich die sichere Bestätigung. Ich kann nicht verstehen, warum sie sich entschloß, diesen Schritt zu tun. Sie gab ihre Heimat auf und ließ ihre Kinder im Stich. Sie lieferte den Feinden der sowjetischen Lebensauffassung Stoff zum Klatsch, und sie ließ es zu, daß ihr Name, der Name von Stalins Tochter, von den Feinden des Sozialismus zum Schaden unseres Landes ausgebeutet wurde. Für einen Sowjetbürger war das ein unverzeihlicher Schritt. Dennoch tut sie mir nach wie vor sehr leid. Wenn ich an sie und ihr unglückseliges Schicksal denke, fallen mir Nekrassows Verse ein:

> Beim Anblick der Lichtung kommen ihr die Tränen;
> sie gedenkt all der Birken, die einstmals dort wuchsen.

Beim bloßen Gedanken an Swetlanka kommen mir die Tränen. Es betrübt mich, daß es so mit ihr enden mußte. Schon von früh auf hatte sie ein schweres Los, und sie hatte es auch später niemals leicht. Alles das entschuldigt zwar nicht, was sie getan hat, und dennoch: wenn ich an sie denke, bin ich mehr traurig als zornig.

Ich habe ihr Buch nicht gelesen, aber ich habe Auszüge daraus im Radio gehört. Der Westen verbreitet diejenigen Passagen, die seinen Zwecken dienen, über den Rundfunk. Vielleicht sind die Teile, die ich gehört habe, für das Buch als Ganzes charakteristisch, aber was da gesendet wurde, klang zumindest merkwürdig. Es hörte sich so an, als sei es nach einem geistigen oder seelischen Zusammenbruch geschrieben worden. So schreibt sie beispielsweise in ihrem Buch, daß sie sich stets bekreuzigt habe und sehr religiös gewesen sei. Ich glaube nicht, daß sie jemals wirklich religiös war. Ihr Buch hat irgend etwas Sonderbares und geradezu Krankhaftes. Ich kann mich einfach nicht damit abfinden. Wie konnte eine so-

34 In Wirklichkeit haben die Nachfolger Chruschtschows Swetlana die Registrierung ihrer Verbindung mit dem Inder Bradjash Singh als offizielle Ehe verweigert.

wjetische Bürgerin, die in unserer Gesellschaft heranwuchs, derartiges Zeug schreiben?

Es war ein schrecklicher Fehler von ihr, daß sie in den Westen gegangen ist. Das läßt sich nicht rechtfertigen. Die ganze Angelegenheit hat aber noch eine andere Seite. Sie beging zwar eine Dummheit, doch wurde auch Swetlanka dumm behandelt – dumm und roh. Nach der Bestattung ihres Mannes ging sie anscheinend zu unserer Botschaft in Neu Delhi. Damals war Benediktow unser Botschafter dort. Ich kenne ihn. Er ist ein sehr engherziger Mann. Swetlanka sagte, sie wolle gern einige Monate in Indien bleiben. Benediktow jedoch riet ihr, unverzüglich in die Sowjetunion zurückzukehren. Das war ein törichtes Verhalten. Wenn ein sowjetischer Botschafter einem Bürger der Sowjetunion nahelegt, unverzüglich nach Hause zurückzukehren, macht dies den Betreffenden argwöhnisch. Swetlanka kannte sich in dieser Hinsicht mit unseren Gepflogenheiten besonders gut aus. Sie wußte, es bedeutete, daß man ihr nicht traute. Es bedeutete nicht, daß man um ihr Wohlergehen besorgt war. Es bedeutete Mißtrauen – politisches Mißtrauen –, und es konnte ein böses Ende für sie bedeuten. Dieses Verhalten ihr gegenüber war kränkend und demütigend und hätte selbst einen ausgeglichenen Menschen aus dem Gleichgewicht gebracht, und Swetlanka war kein ausgeglichener Mensch. Ihr Buch ist ein Beweis für ihre Unausgeglichenheit. Sie geriet in Panik und wandte sich an ausländische Mächte um Hilfe. Ihr Abfall war zum Teil Schuld der Leute, die Polizeimaßnahmen ergriffen, statt Takt und Achtung gegenüber einem Bürger unserer sowjetischen Heimat zu bekunden.[35]

Wie hätte man sich verhalten sollen? Ich bin überzeugt, wenn man sie anders behandelt hätte, wäre die leidige Geschichte nie passiert: Als Swetlanka in der Botschaft erschien und sagte, sie wolle zwei oder drei Monate in Indien bleiben, hätte man ihr sagen sollen: «Swetlanka Josifowna, warum nur drei Monate? Lassen Sie sich ein Visum für ein Jahr geben oder für zwei oder sogar drei Jahre. Sie können ein Visum bekommen und hier leben. Sie können in die Sowjetunion zurückkehren, wann immer Sie es wünschen.» Wenn man ihr freie Wahl gelassen hätte, würde sie das wieder aufgerichtet haben. Man hätte ihr zeigen sollen, daß man ihr vertraute. Ich bin überzeugt, wenn man in dieser Weise mit ihr umgegangen wäre, würde sie ihr Buch, selbst falls sie es damals schon geschrieben hatte, nicht veröffentlicht oder aber umgeschrieben haben. Aber man behandelte sie auf eine Art und Weise, als wollte man ihr zu erkennen geben, daß man ihr mißtraute. Sie ist eine kluge Frau und begriff sofort. Und so ging sie zum amerikanischen Botschafter. Auf diese Weise gelangte sie in die Schweiz und von dort nach Amerika. Sie löste für immer alle

35 Über ihre Erfahrung mit der Sowjetischen Botschaft in Neu Delhi berichtet Swetlana Allilujewa ausführlich in ‹*Das erste Jahr*›.

Bande zu ihrer Heimat. Sie trennte sich von ihren Kindern – ihrem Sohn und ihrer Tochter – und ihren Freunden. Sie verlor alles, was ihr vertraut war. So endete ihr Leben als sowjetische Bürgerin. Das ist sehr, sehr traurig. Mir tut Swetlanka so leid. Ich nenne sie noch immer ganz unwillkürlich bei diesem Namen, obgleich sie seit vielen Jahren nicht mehr Swetlanka ist, sondern Swetlana Josifowna.

Und was wäre gewesen, wenn wir, so wie ich es für richtig halte, gehandelt hätten, und Swetlanka wäre dennoch nicht aus Indien zurückgekehrt? Nun, das wäre schlimm genug gewesen, aber nicht schlimmer als das, was geschehen ist. Tatsache ist, daß sie auch unter dem gegenwärtigen System der Visaerteilung nicht zurückkehrte. Was mit Swetlanka geschehen ist, bekümmert mich sehr, aber ich denke nach wie vor, daß noch nicht alles verloren ist. Noch kann sie zurückkehren. Der Wunsch, zu ihren Kindern zurückzukehren, könnte stärker werden. Man sollte ihr noch eine Chance geben. Sie sollte wissen, daß sie willkommen ist, wenn sie den Wunsch hat zurückzukommen, und daß man ihr die Schwäche, die sie gezeigt hat, als sie nach Amerika ging, nicht nachtragen wird. Ich entschuldige Swetlanka und das, was sie getan hat, keineswegs. Aber ich spreche auch die Leute nicht frei, die sie – statt ihr eine helfende Hand zu reichen, damit sie den richtigen Weg fand – dazu trieben, diesen falschen, nicht zu rechtfertigenden und unvernünftigen Schritt zu tun, als sie sich in das Unglück des Emigrantenlebens stürzte.

Feste und Ferien mit Stalin

Zu diesem Kapitel ist kaum etwas zu sagen. Es vermittelt ein anschauliches und erschreckendes Bild des Diktators in der Phase seines Niederganges sowie der kriecherischen und egoistischen Doppelzüngigkeit seiner Umgebung, Chruschtschow eingeschlossen. Man muß bedenken, daß Chruschtschow zu dieser Zeit in einen tödlichen Kampf mit Malenkow verwickelt war und danach trachtete, sich bei Stalin beliebt zu machen, was ihm in beachtlichem Maße gelang. Wer an dem hier von Chruschtschow entworfenen Bild Stalins zweifelt, sollte das Buch ‹Gespräche mit Stalin› *von Milovan Djilas lesen. Djilas zeigt dort Stalin im Kreise seiner Marschälle und «engsten Mitarbeiter» im Jahre 1947:*

«Ein linkischer Zwerg von einem Mann, bewegte er sich durch die vergoldeten und marmorverzierten kaiserlichen Säle, und eine Gasse tat sich vor ihm auf, strahlende, bewundernde Blicke folgten ihm, während die Ohren der Höflinge sich bemühten, jedes seiner Worte aufzuschnappen. Und er, seiner selbst und seiner Taten sicher, schenkte alldem offensichtlich keinerlei Aufmerksamkeit. Sein Land lag in Trümmern, hungrig, erschöpft. Aber seine Armeen und Marschälle, beladen mit Fett und

Medaillen und trunken von Wodka und Sieg, hatten bereits halb Europa zu Boden getrampelt, und er war überzeugt, daß sie in der nächsten Runde auch noch die andere Hälfte unter den Stiefelabsatz bekommen würden. Er wußte, daß er eine der grausamsten, despotischsten Persönlichkeiten in der Geschichte der Menschheit war. Aber dies störte ihn nicht im geringsten, denn er war überzeugt, daß er das Urteil der Geschichte vollstreckte.»

Djilas' Beschreibung, wie Stalin schaltete und waltete, stimmt mit der von Chruschtschow weitgehend überein. 1947 war Stalin noch stark und voller Selbstvertrauen. Chruschtschow zeigt ihn aber auch in seinem letzten Lebensabschnitt. Er beschreibt, wie aus dieser Attila-Gestalt ein gebrochener und paranoider alter Mann wurde, der danach trachtete, seine engsten Mitarbeiter zu vernichten, ehe diese ihn vernichten konnten, der Angst hatte, sein Essen sei vergiftet, aber nach wie vor seine gesamte Umgebung in Schrecken versetzte. Seine Mitarbeiter, auch Chruschtschow, hielten es angesichts der Ungunst der Stunde für ganz selbstverständlich, nicht aufzubegehren.

Jene letzten Jahre mit Stalin waren schwere Zeiten. Die Regierung hörte praktisch auf zu funktionieren. Stalin wählte eine kleine Gruppe von Leuten aus, die ständig um ihn sein mußten. Und dann gab es da stets noch eine andere Gruppe von Leuten, die er, um sie zu bestrafen, auf unbestimmte Zeit nicht zu sich kommen ließ. Jeder von uns konnte sich heute in der einen und morgen in der anderen Gruppe wiederfinden. Nach dem XIX. Parteitag setzte Stalin unter den Mitgliedern des neuen Präsidiums einige mit weitreichenden Vollmachten ausgestattete Ausschüsse ein, die sich um verschiedene Fragen kümmern sollten. In der Praxis erwiesen sich diese Ausschüsse jedoch als völlig wirkungslos, weil jedermann sich selbst überlassen war. Irgendeine Lenkung gab es nicht. Die Ausschüsse erhielten auch keine besonderen Aufgaben zugewiesen, so daß sie sich diese selber stellten. Jeder im Orchester spielte sein eigenes Instrument, wann immer ihm danach zumute war, und der Dirigent gab keinen Takt an.

Die Sitzungen im Büro des Präsidiums kamen gewöhnlich folgendermaßen zustande: Offizielle Sitzungen als solche gab es nicht. Wenn Stalin von der Nahen Datscha, wo er damals lebte, in die Stadt kam, ließ er uns durch das Sekretariat des Zentralkomitees zusammenrufen. Wir trafen uns entweder in seinem Arbeitszimmer im Kreml oder, häufiger noch, im Kreml-Filmtheater. Wir sahen uns Filme an und sprachen zwischen den Filmvorführungen über verschiedene Dinge. Stalin pflegte abends gegen sieben oder acht von seinem Nachmittagsschläfchen zu erwachen und in den Kreml zu fahren. Dort trafen wir ihn dann. Meist wählte er selbst die Filme aus. Die Filme waren gewöhnlich das, was man Beutestücke nennen könnte; wir bekamen sie aus dem Westen. In vielen Fällen waren es auch amerikanische Filme. Besonders schätzte Stalin Cowboyfilme. Oft fluchte er über sie und stufte sie ideologisch entsprechend ein, forderte aber schon im nächsten Augenblick neue an. Die Filme hatten keine Untertitel. Deshalb gab der für die Filmindustrie zuständige Minister, I. I. Bolschakow, mit lauter Stimme eine Übersetzung. Er übersetzte aus allen Sprachen. In Wirklichkeit aber beherrschte er keine dieser Sprachen. Man erzählte ihm jeweils vorher die Handlung. Er gab sich Mühe, sich alles einzuprägen, und «übersetzte» dann den Film. Über seine Übersetzungen machten wir uns oft lustig, vor allem Berija. Bei vielen Szenen mißverstand Bolschakow einfach die Handlung, oder aber er beschrieb lediglich, was jeder selbst auf der Leinwand sah: «Jetzt verläßt er das Zimmer ... Jetzt geht er über die Straße.» Dann fiel ihm Berija oft ins Wort und griff Bolschakow hilfreich unter die Arme: «Da! Er fängt an zu rennen. Jetzt rennt er!»

Stalin sah sich Filme nur im Kreml-Theater an, das mit einem Vorführapparat ausgerüstet war, der selbst damals bereits veraltet war. Heute wird der Saal nicht mehr als Filmtheater benutzt. Damals sahen wir dort jedoch alle möglichen Filme: deutsche, englische, französische, amerikanische und auch Filme aus anderen Ländern. Es gab ein riesiges Filmarchiv. Im ganzen mochten wir diese Filme nicht besonders. Ich erinnere mich, daß wir einmal einen düsteren, unerfreulichen Film über ein historisches Thema sahen. Er spielte in England. Irgendein Schatz mußte von Indien nach London transportiert werden. Aber unterwegs lauerten überall spanische Piraten, die die englischen Schiffe überfielen und ihre Besatzungen niedermetzelten. Als der Transport abgehen sollte, erinnerten sich die Engländer eines Piraten-Kapitäns, der in einem ihrer Gefängnisse saß. Er war ein durchtriebener Bursche, ein Raufbold und ein Teufelskerl. Die Engländer beschlossen, ihn zu fragen, ob er bereit sei, die Aufgabe zu übernehmen. Der Piraten-Kapitän sagte ja, aber nur unter der Bedingung, daß ihm gestattet werde, sich unter den anderen Piraten, die mit ihm im Gefängnis saßen, seine Mannschaft auszusuchen. Die Engländer stimmten zu. Sie gaben ihm ein Schiff, und er machte sich auf nach Indien, wo er den Schatz an Bord nahm. Auf dem Rückweg begann er, seine Piraten-Besatzung Mann für Mann beiseite zu schaffen. Er machte es mit System: in seiner Kajüte stellte er ein Bild des Freundes auf, den er als nächsten zu beseitigen gedachte, nur als Gedächtnisstütze. Hatte er den Mann umgebracht und über Bord geworfen, stellte er das Bild des nächsten Opfers auf. Ich glaube, zum Schluß wurde der Piraten-Kapitän selbst umgebracht. Es hieß, es sei eine wahre Geschichte. Während wir uns den Film ansahen und die Treulosigkeit dieses Kapitäns erlebten, fühlten wir uns daran erinnert, wie oft Leute aus Stalins unmittelbarer Umgebung spurlos verschwanden. Uns quälte der Gedanke: «Wurden nicht die Feinde des Volkes auf genau diese Weise beseitigt?»

Sobald der Film zu Ende war, schlug Stalin in der Regel vor: «Jetzt wollen wir etwas essen, nicht wahr?» Wir anderen waren keineswegs hungrig. Inzwischen war es gewöhnlich ein oder zwei Uhr morgens geworden. Es war Zeit, ins Bett zu gehen; wir mußten am nächsten Morgen arbeiten. Stalin dagegen brauchte am Vormittag nicht zu arbeiten, und an uns dachte er nicht. Jeder sagte, ja, er sei auch hungrig. Diese Lüge kam uns wie ein Reflex über die Lippen. Dann stiegen wir alle in unsere Wagen und fuhren zur Nahen Datscha. Gewöhnlich stiegen Berija und Malenkow in Stalins Wagen. Wir übrigen verteilten uns auf die anderen Autos, wie wir gerade mochten. Ich fuhr gewöhnlich zusammen mit Bulganin. Auf dem Weg vom Kreml bis zur Moskwa pflegte unsere Karawane allerlei Umwege durch Seitenstraßen zu machen. Oft fragte ich diejenigen, die mit Stalin fuhren: «Warum habt ihr einen Umweg gemacht und seid nicht auf der Hauptstraße geblieben?»

Sie antworteten: «Fragen Sie nicht uns. Wir haben die Fahrtroute nicht festgelegt. Stalin selbst hat uns angegeben, durch welche Straßen wir fahren sollten.» Offenbar hatte Stalin einen Straßenplan von Moskau und bestimmte jedesmal eine andere Route. Nicht einmal seiner Leibwache sagte er vorher, welche Route er nehmen würde. Man brauchte nicht allzuviel Verstand, um zu erraten, daß er mit solchen Maßnahmen irgendwelche Feinde täuschen wollte, die es vielleicht auf sein Leben abgesehen hatten. Zum Kreml selbst hatte damals niemand Zutritt. Das Gebäude, in dem sich das Theater befand, war für jedermann gesperrt, außer für diejenigen, die gemeinsam mit Stalin kamen.

Jedesmal wenn wir in der Nahen Datscha ankamen, flüsterten wir einander zu, daß inzwischen noch mehr Schlösser angebracht seien als beim letztenmal. Am Tor befanden sich alle möglichen Riegel, und eine Barrikade war errichtet worden. Außerdem zogen sich zwei Mauern rund um die Datscha, und zwischen den Mauern liefen Wachhunde hin und her. Eine elektrische Alarmanlage und alle nur denkbaren Sicherheitsvorrichtungen waren installiert worden. In gewisser Weise war das alles ganz richtig. Bei seiner Position war Stalin ein verlockendes Ziel für jeden Feind des sowjetischen Regimes. Es gab keinen Grund, sich darüber lustig zu machen, und die Vorkehrungen, die er traf, schienen durchaus sinnvoll – auch wenn es gefährlich gewesen wäre, hätte einer von uns versucht, ihn nachzuahmen.

Sobald wir in der Datscha angelangt waren, ging die «Sitzung» weiter, wenn man es Sitzung nennen kann. Diese Arbeitsmethode – wenn man hier von Arbeit sprechen kann – begann nach dem Kriege und wurde bis zu Stalins Tod beibehalten. Weder das Zentralkomitee noch das Politbüro, noch das Büro des Präsidiums arbeiteten regelmäßig. Stalins Sitzungen mit seinem Inneren Kreis dagegen fanden mit größter Regelmäßigkeit statt. Wenn er uns zwei oder drei Tage nicht zu sich kommen ließ, dachten wir sofort, ihm sei irgend etwas passiert oder er sei erkrankt.

Er litt schrecklich unter Einsamkeit. Er brauchte ständig Leute um sich. Wenn er morgens aufwachte, rief er uns sofort zu sich und forderte uns entweder auf, Filme mit ihm anzusehen, oder er fing ein Gespräch an, das man in zwei Minuten hätte beenden können, das aber in die Länge gezogen wurde, damit wir länger bei ihm blieben. Für uns war das reine Zeitvergeudung. Es stimmt zwar, daß manchmal über Staats- und Parteiangelegenheiten entschieden wurde. Aber wir verwendeten darauf nur einen Bruchteil unserer Zeit. Die Hauptsache war, Stalins Zeit auszufüllen, damit er seine Einsamkeit vergaß. Er litt infolge dieser Einsamkeit an Depressionen und fürchtete sich davor.

Er fürchtete jedoch nicht nur die Einsamkeit und daß er auf dem Wege zur Datscha von seinen Feinden überfallen würde. Stalin rührte, wann immer wir zum Essen bei ihm waren, nicht ein einziges Gericht, keine Vorspeise und kein Getränk an, bevor einer von uns davon gekostet hatte. Dies beweist, daß er allmählich den Verstand verlor. Er traute nicht einmal mehr den Leuten, die ihn bedienten, Leuten, die ihm seit Jahren gedient hatten und ihm ohne Zweifel ergeben waren. Er traute überhaupt niemandem. Wenn wir bei Stalin aßen, wurden uns immer seine Lieblingsgerichte serviert, und die Köche wußten sie hervorragend zuzubereiten. Sie schmeckten köstlich. Bei den Mahlzeiten mußten wir jedoch folgende Prozedur einhalten:

Nehmen wir einmal an, Stalin wollte etwas essen; dann wurde jedem ein Gericht zugewiesen, das er probieren mußte, bevor Stalin es anrührte.

«Oh, hier ist das Gänseklein, Nikita, haben Sie es schon probiert?»

«Nein, das habe ich ganz vergessen!» Ich sah ihm an, wie gern er zugelangt hätte, aber er hatte Angst. Ich aß davon, und erst dann fing er selbst an zu essen.

Danach sagte er zum Beispiel: «Oh! Da gibt es Hering!» Er mochte Hering besonders gern. Er bekam ihn stets ungesalzen, und wir anderen salzten unseren nach Geschmack. Ich probierte Stalins Hering, und dann aß er auch. Und so war es mit jedem Gericht. Jedes Gericht mußte von jemandem probiert werden, der eigens dazu bestimmt wurde und festzustellen hatte, ob es vergiftet war oder nicht.

Berija war der einzige unter uns, der an Stalins Tisch nicht probieren mußte. Er war ausgenommen, weil er niemals die Gerichte zu sich nahm, die den anderen serviert wurden. Selbst wenn es sich um ein großes Essen bei Stalin handelte, ließ sich Berija immer seine eigene Mahlzeit von seiner Datscha herüberbringen. Stalins alte Haushälterin Matrjona Petrowna servierte dann Berija das Essen und sagte dabei mit ihrer heiseren nasalen Stimme: «Hier ist Ihr Grünfutter, Genosse Berija.» Das löste jedesmal schallendes Gelächter aus. Berija aß tatsächlich Gras, so wie man das in Mittelasien tut. Und manchmal stopfte er sich das Grünzeug mit den Fingern in den Mund. Hin und wieder benutzte er auch eine Gabel, gewöhnlich aber aß er mit den Fingern.

Diese Mahlzeiten waren gräßlich. Meist kamen wir erst am frühen Morgen nach Hause, gerade rechtzeitig zum Frühstück, und dann mußten wir zum Dienst. Tagsüber versuchte ich in der Mittagspause ein Schläfchen zu machen, denn wenn man das nicht tat und abends bei Stalin zum Essen eingeladen war, bestand immer die Gefahr, daß man bei Tisch einschlief; und wer an Stalins Tisch einschlief, der konnte ein böses Ende nehmen. Außerdem gab es oft große Trinkgelage. Ich erinnere mich, daß Berija, Malenkow und Mikojan die Serviererinnen baten, ihnen statt Wein gefärbtes Wasser einzuschenken, weil sie mit Stalin nicht mithalten konnten.

Übermäßig getrunken wurde an Stalins Tisch schon seit der Zeit vor dem Kriege. Schtscherbakow und Schdanow waren die beiden, die es bis zu ihrem Tod am schlimmsten mit diesem abscheulichen Laster trieben – und zwei seiner ersten Opfer wurden. Einmal ging Schtscherbakow sogar so weit, daß er die Vereinbarung, die Berija, Malenkow und Mikojan mit dem Personal getroffen hatten, nämlich daß ihnen gefärbtes Wasser statt Wein eingeschenkt wurde, verriet. Als Stalin erfuhr, daß man ihn getäuscht hatte, kochte er vor Wut und machte eine schreckliche Szene. Wir alle waren über Schtscherbakow sehr verärgert, konnten aber natürlich nichts sagen. Schtscherbakow trank sich schließlich zu Tode – und er trank nicht deswegen so viel, weil er vom Alkohol nicht lassen konnte, sondern einfach deshalb, weil es Stalin gefiel, wenn sich die Leute, die ihn umgaben, unter den Tisch tranken. Allgemeiner gesagt, Stalin fand es unterhaltsam, zu beobachten, wenn die Leute in seiner Umgebung sich in peinliche oder gar entwürdigende Situationen brachten. Aus irgendeinem Grunde fand er die Erniedrigung anderer sehr amüsant. Ich erinnere mich, daß Stalin einmal darauf bestand, daß ich vor einigen Spitzenfunktionären der Partei den «Gopak»[36] tanzte. Dazu mußte ich in die Hocke gehen und die Füße hochwerfen, was für mich, ehrlich gesagt, nicht ganz einfach war. Aber ich tat es und versuchte, ein freundliches Gesicht zu machen. Später sagte ich zu Anastas Iwanowitsch Mikojan: «Wenn Stalin sagt: tanze, dann tanzt ein kluger Mann.»

Während dieser endlosen qualvollen Mahlzeiten pflegte uns Stalin mit Geschichten zu unterhalten. Nie vergesse ich, wie er seine erste Verbannung schilderte. Die Geschichte erklärte zu einem Teil, warum er soviel trank. Man hatte ihn an irgendeinen Ort in der Provinz Wologda geschickt. Dorthin wurden damals viele politische und kriminelle Häftlinge geschickt. Stalin sagte: «Bei meiner ersten Verbannung waren unter den Kriminellen einige nette Kerle. Ich war meistens mit den Kriminellen zusammen. Ich weiß noch, wie wir vor den Kneipen der Stadt haltmachten. Wenn einer von uns noch ein oder zwei Rubel hatte, dann reichten wir unser Geld durchs Fenster, bestellten irgend etwas und vertran-

31 Ukrainischer Volkstanz.

ken noch die letzte Kopeke, die wir besaßen. Mal bezahlte ich, am nächsten Tag ein anderer, und so ging es reihum. Diese Kriminellen waren nette, natürliche, handfeste Burschen. Aber unter den politischen Häftlingen gab es eine Menge Lumpen. Einmal veranstalteten sie sogar ein Ehrengericht und verhörten mich, weil ich mit den Kriminellen trank, was in ihren Augen ein Vergehen war.»

Ich weiß nicht, welches Urteil dieses Ehrengericht über Stalin sprach. Keiner wagte es, ihn danach zu fragen. Wir wechselten lediglich Blicke. Nur hinterher tauschten wir Bemerkungen aus wie: «Sehen Sie, schon in seiner Jugend hat er zuviel getrunken! Wahrscheinlich hat er es geerbt.» Stalin hatte uns auch Geschichten über seinen Vater erzählt. Er sagte, sein Vater sei ein einfacher Schuhmacher gewesen und habe mächtig getrunken. Oft erzählte er, sein Vater habe so viel getrunken, daß er seinen Gürtel versetzen mußte, um sich Geld zum Trinken zu verschaffen. Ein Georgier muß schon in einer verzweifelten Notlage sein, wenn er seinen Gürtel versetzt. «Mein Vater hat seinen Gürtel mehr als einmal versetzt», sagte Stalin. «Und als ich noch in der Wiege lag, pflegte er seinen Finger in ein Glas Wein zu tauchen und mich daran saugen zu lassen. Er brachte mir das Trinken bei, als ich noch in der Wiege lag.»

Ich weiß nicht, was in Stalins Biographie über seinen Vater steht, aber am Anfang meiner Laufbahn ging das Gerücht um, sein Vater sei gar kein Arbeiter und einfacher Schuhmacher gewesen, sondern habe eine Werkstatt mit mindestens zehn Angestellten gehabt. Für die damalige Zeit war das schon ein großes Unternehmen. Hätte sich etwas Derartiges während der Säuberungen bei irgend jemand anderem als Stalin herausgestellt, wäre der Betreffende einem Verhör unterzogen worden, daß ihm die Knochen geklappert hätten. Nach der Revolution nahm man es sehr genau damit, aus welcher Schicht jemand kam. Stellte sich heraus, daß man nicht aus dem Arbeitermilieu kam, galt man als Bürger zweiter Klasse. Diese Haltung war verständlich. Die Arbeiterklasse ist die revolutionärste und stabilste Gesellschaftsklasse. Sie hat im Verlauf der Geschichte die Last aller anderen Klassen auf ihren Schultern getragen. Deshalb ist die Einstellung des Volkes anderen Klassen als dem Proletariat gegenüber stets zurückhaltend und kritisch gewesen.

Hier noch ein anderes Beispiel für die Geschichten, die Stalin uns erzählte.

«An einem Wintertag ging ich auf die Jagd. Ich nahm mein Gewehr und überquerte auf Skiern den Jenissej. Ich legte etwa zwölf Werst[37] zurück. Da sah ich einige Rebhühner auf einem Baum sitzen. Ehrlich gesagt, wußte ich zuerst nicht, daß es Rebhühner waren. Ich hatte schon vorher Jagd auf Rebhühner gemacht, aber ich hatte immer geglaubt, daß sie auf offenem Feld lebten und sich im Grase versteckt hielten. Wie dem

37 Eine Werst = 1,067 km.

auch sei, man lernt nie aus. Ich pirschte mich an sie heran und gab den ersten Schuß ab. Ich hatte zwölf Patronen dabei, und es waren im ganzen 24 Rebhühner. Ich schoß zwölf, die übrigen blieben einfach sitzen. Deshalb entschloß ich mich, zurückzulaufen und mehr Patronen zu holen. Ich machte mich auf den Weg und kam mit weiteren Patronen zurück.» An dieser Stelle waren wir drauf und dran, etwas zu sagen. «Und tatsächlich saßen sie immer noch da.»

Ich unterbrach ihn: «Wie meinen Sie das: sie saßen immer noch da?»

«Ganz richtig», sagte er, «sie saßen immer noch da.» Berija drängte ihn, weiterzuerzählen. «Ich schoß die übrigen zwölf Rebhühner, nahm eine Schnur, knüpfte sie daran, band das Ende der Schnur an meinen Gürtel und zog sie hinter mir her nach Hause.»

Nach dem Essen, als wir uns vor dem Gehen im Bad die Hände wuschen, spuckten wir buchstäblich aus vor Verachtung. Da wollte er also an einem Wintertag zwölf Werst zurückgelegt und zwölf Rebhühner geschossen haben, wolle nach Haus gegangen sein, um die Patronen zu holen, wieder zurückgekommen sein, die übrigen zwölf Rebhühner geschossen haben und dann wieder die zwölf Werst nach Hause gegangen sein – mit anderen Worten: achtundvierzig Werst auf Skiern! Berija sagte: «Wer soll eigentlich glauben, daß jemand aus dem Kaukasus, der kaum Ski gelaufen ist, eine solche Strecke zurücklegt? Er lügt!»

Natürlich log er. Niemand von uns zweifelte daran. Es ist schwer zu sagen, warum Stalin das Bedürfnis hatte, zu lügen. Ich weiß nicht, was ihn dazu veranlaßte. Es muß so etwas wie ein innerer Drang gewesen sein. In diesem Fall war es eine unterhaltsame Lügengeschichte, die keinerlei Schaden anrichtete. Aber oft log er auch, wenn es um ernste Dinge ging. Und was die Prahlerei über seine Schießkünste angeht, so hatte ich mit eigenen Augen gesehen, daß Stalin überhaupt nicht schießen konnte, und schon gar nicht konnte er 24 Rebhühner mit 24 Schuß erlegen. Als wir einmal in der Nahen Datscha beim Essen saßen, ging er mit einem Gewehr nach draußen, um die Spatzen zu verjagen. Sein einziger Erfolg bestand darin, daß er einen von den Tschekisten seiner Leibwache verletzte. Als er ein andermal mit einem Gewehr herumspielte, löste sich plötzlich ein Schuß, der um ein Haar Mikojan getötet hätte. Stalin saß unmittelbar neben Mikojan. Der Schuß flitzte in den Boden, der Dreck spritzte über den ganzen Tisch und über Mikojan. Keiner sagte etwas, aber wir alle waren entsetzt.

Schlimmer noch, als gemeinsam mit Stalin zu essen, war es, mit ihm die Ferien verbringen zu müssen. Natürlich galt es als große Ehre, die Mahlzeit mit ihm einzunehmen oder ihn in die Ferien zu begleiten. Aber zugleich war es eine gewaltige physische Anstrengung. Wenn die Leute nur wüßten, was für eine harte Prüfung es war und wieviel Unerfreuliches man über sich ergehen lassen mußte, um die guten Beziehungen aufrechtzuerhalten! Nach außen hin mußten die freundlichsten Beziehungen demonstriert werden. Dieses Opfer mußte man bringen. Aber es hatte auch seinen Nutzen und seine Vorteile, wenn man sich dieser Qual unterzog. Immer gab es Gespräche, von denen man profitieren und aus denen man wertvolle Schlußfolgerungen für seine eigenen Ziele ziehen konnte.

Nachdem ich meine Arbeit in Moskau aufgenommen hatte, lud Stalin mich häufig ein, ihn zu begleiten, wenn er seinen Urlaub im Kaukasus verbrachte. Diese häufigen Einladungen waren Ausdruck seiner Angst, allein zu sein. Stalin muß mich besonders gern gemocht haben, denn bevor er in Urlaub fuhr, rief er mich oft an und sagte: «Kommen Sie mit in den Süden. Sie können auch Ferien brauchen.»

«Aber gern», sagte ich dann, «ich komme gern mit Ihnen.» Natürlich wäre ich lieber nicht mitgefahren. Aber das zu äußern, wäre völlig undenkbar gewesen. Ich fuhr stets mit und litt. Einmal habe ich einen ganzen Ferienmonat mit ihm verbracht. Ich wurde im Nebenzimmer einquartiert. Es war die reinste Tortur. Ich war gezwungen, die ganze Zeit mit ihm zu verbringen und bei endlosen Mahlzeiten mit ihm zusammen zu sitzen. Jedesmal wenn ich das Opfer war, tröstete mich Berija mit den Worten: «Sie müssen es folgendermaßen sehen: einer muß schließlich leiden. Warum sollen Sie es nicht sein?»

Stalin verbrachte seine Ferien gewöhnlich in Sotschi, und im Gedenken an frühere Zeiten ließ er oft auch Woroschilow dorthin kommen. Als Woroschilow Volkskommissar für Verteidigung gewesen war und bei Stalin noch in hoher Gunst stand, hatte er sich eine riesige, pompöse Datscha gebaut, die das Liwadija-Schloß [38] zum Vorbild hatte.

Einmal verbrachte ich meinen Urlaub allein in Sotschi, und Mikojan hielt sich irgendwo anders auf – ich glaube in Suchumi. Stalin rief uns aus seinem Urlaubsort Borschomi an. Ich glaube, es war das einzige Mal, daß er dort seine Ferien verbrachte. Er ließ alle zu sich kommen, die ihren Urlaub im Kaukasus verbrachten, auch Berija, der zu der Zeit an seinem Moskauer Schreibtisch saß. Wir alle versammelten uns in Borschomi. Es war ein geräumiges, aber dürftig eingerichtetes Haus. Bis kurz zuvor war es ein Museum gewesen; es gab dort also keine Schlafzimmer, und wir mußten alle dicht beieinander schlafen. Es war schrecklich. In allem mußten wir uns nach Stalin richten. Wir hatten einen völlig anderen Rhythmus als er. Morgens, wenn Stalin noch schlief, waren wir längst auf und machten einen Spaziergang. Dann stand er schließlich auf, und der Tag konnte offiziell beginnen.

Eines Tages rief uns Stalin zu sich und sagte: «Rakosi [39] ist auf Urlaub in den Kaukasus gekommen. Er hat mich angerufen und gefragt, ob er mir einen Besuch machen kann.» Na und? Schließlich war es nicht das

38 Zarenschloß bei Jalta auf der Krim; Tagungsort der Konferenz von Jalta im Februar 1945.

39 Der ungarische Parteichef.

erste Mal, daß Rakosi seine Ferien im Kaukasus verbrachte. Aber wir schwiegen. «Jemand sollte Rakosi anrufen und ihn herüberbitten.» Einer von uns rief Rakosi an. Später sagte Stalin: «Woher weiß Rakosi eigentlich immer so genau, wann ich im Kaukasus bin? Anscheinend informiert ihn irgendein Geheimdienst. Das muß anders werden!» Das hieß, daß Rakosi auf die Liste der Verdächtigen geraten war. Stalin sah in ihm also plötzlich einen Agenten! Dabei war es gar kein Geheimnis, wie Rakosi erfuhr, wann Stalin in den Kaukasus reiste. Er brauchte nur das Sekretariat des Zentralkomitees anzurufen, wo er die Auskunft erhielt, daß Stalin im Kaukasus Ferien machte. Das war alles, und genau das hat er wahrscheinlich auch gemacht.

Wenn Rakosi kam, aß er gemeinsam mit uns und nahm auch teil an unseren Trinkgelagen. Einmal, als er selber etwas beschwipst war, sagte Rakosi: «Was geht hier eigentlich vor? Das ist ja ein richtiges Besäufnis!» Rakosi hatte die Dinge beim Namen genannt. Wir wußten, daß er recht hatte, aber wir alle hatten für unser Verhalten irgendeine Rechtfertigung. Keinem von uns war an einem Leben dieser Art gelegen. Wir alle waren Stalins Willen ausgeliefert. Dennoch nahmen wir Anstoß an Rakosis Bemerkung.

Berija erzählte Stalin, daß Rakosi uns eine Horde von Trunkenbolden genannt hatte. Stalin antwortete: «Das wollen wir doch einmal sehen.» Am selben Abend, kaum daß wir uns zum Essen gesetzt hatten, machte sich Stalin daran, Rakosi voll Alkohol zu pumpen. Er trichterte ihm zwei, drei Flaschen Sekt ein und ich weiß nicht wieviel Wein. Ich fürchtete, Rakosi würde dem nicht gewachsen sein und sich zu Tode trinken. Aber nein, irgendwie schaffte er es. Am nächsten Morgen fuhr er ab. Stalin war den ganzen Tag über bester Laune und witzelte: «Habt ihr gesehen, wie weit ich ihn gebracht habe?»

Stalin hielt sich dort einige Zeit auf, und Mikojan und ich mußten noch eine Weile bleiben, um ihm Gesellschaft zu leisten. Schließlich entkamen wir und fuhren zurück in unsere eigenen Ferienhäuser.

Als Hausgäste hatte Stalin gewöhnlich Georgier um sich, wenn er im Kaukasus weilte, meist alte Männer, die er von seiner Kindheit her kannte. Ich erinnere mich an einen alten Eisenbahner, den Stalin ganz besonders gern mochte. Augenscheinlich war er ein guter, redlicher Kerl. Er war Kommunist. Er erzählte Stalin von der schwierigen Situation der jungen Leute in Georgien. Wenn sie ihre Ausbildung hinter sich hatten, konnten sie keine geeigneten Stellungen in Georgien finden, und andererseits wollten sie Georgien nicht verlassen. So kam es, daß sie herumlungerten oder anfingen, Schiebergeschäfte zu machen. Jeder, der in irgendeiner Weise mit Georgien zu tun hatte, wußte davon, aber für Stalin waren das alles Neuigkeiten – böse Neuigkeiten. Später sagte er zu mir: «Wissen Sie, was in Georgien vor sich geht? Die jungen Leute lungern herum, oder sie machen Schiebergeschäfte! Das ist doch entsetzlich!»

Berija war der Herr von Georgien. Er war viele Jahre lang Sekretär des Zentralkomitees von Georgien gewesen, und er war Stalins einziger Informant über die Republik, in der Stalin geboren war. Berija hatte Stalin wirksam von allen Nachrichten über die wahre Situation in Georgien abgeschirmt, aber jetzt war etwas durchgesickert und hatte Stalins Zorn entfacht. Es besteht kein Zweifel daran, daß in Georgien wirklich vielerlei Mängel und Unzulänglichkeiten bekämpft werden mußten, doch betrachte ich sie keineswegs als nationale Fehler der Georgier selbst. Nein, die Probleme waren das Ergebnis der in Georgien vorherrschenden Lebensbedingungen. Georgien ist der paradiesische Winkel der Sowjetunion. Es hat ein warmes Klima, ideal für Zitrusfrüchte und Weinberge. Auch die Menschen haben viele nette Seiten. Natürlich fällt es einem Georgier aus einfachem Milieu schwer, in die Fremde zu gehen, und es gibt dort so manche Versuchungen für Profitmacher. Die unter den labilen Elementen Georgiens so ansteckenden Schwächen würden ebenso in jeder anderen Nationalitätengruppe auftreten, die unter denselben Bedingungen lebt. Ich höre, wie sich sogar meine Wachen beschweren: «Überall trifft man Georgier, die ihre Geschäfte machen, wohin man auch kommt.» Ich sage ihnen dann immer, daß Russen, wenn sie in Georgien lebten, sich ebenso verhalten würden.

Ich erinnere mich daran, daß die Georgier, nachdem ich schon einige Jahre der Führung angehört hatte, plötzlich anfingen, die Preise von Lorbeerblättern in die Höhe zu treiben. Ich wies W. P. Mschawanadse[40] und die führenden Leute auf der Krim an, dafür zu sorgen, daß Lorbeerbäume nur auf Staatsplantagen gezogen wurden. Man sagt mir, daß heute keinerlei Wuchergeschäfte mehr mit Lorbeerblättern gemacht werden.

Natürlich gerät man immer leicht in Versuchung, sich nebenbei etwas Geld zu verdienen. Das ist der Hauptbeweggrund für Geschäftemacherei. Mit der Nationalität hat das nichts zu tun, vielmehr gehört es nun einmal zum Leben. Wenn die Georgier mit Gemüse spekulieren, dann sollte der Staat diese Gemüsesorten auf Frühbeeten in Gewächshäusern ziehen, damit es sich für Spekulanten nicht mehr lohnt, diese Erzeugnisse von Georgien nach Moskau zu transportieren und sie dort wiederzuverkaufen. Außerdem sind sie billiger, wenn sie von staatlichen Betrieben produziert werden. Und wenn dem illegalen Handel erst einmal der Boden entzogen worden ist, dann wird die gesamte georgische Nation nobler dastehen, und die Georgier werden in Moskau ihren schlechten Ruf als Profitmacher verlieren. Stalin jedoch zog eine derartige vernünftige, konstruktive Lösung nie in Erwägung. Er glaubte, administrative Maßnahmen seien der richtige Weg, um dem Problem der Profitmacherei in Georgien zu begegnen, und das bedeutete Verhaftungen und Verbannungen.

40 Parteichef von Georgien.

Furcht und Intrigen im Inneren Kreis

In diesem Kapitel gibt Chruschtschow weitere Beispiele für Stalins Wahnvorstellungen und für seine Rachsucht. Einige dieser Beispiele gehen auf die Kriegsjahre zurück, als Stalin ganz den Eindruck des strengblickenden, unerschütterlichen Generalissimus erweckte. Was man in diesem Zusammenhang und auch sonst in Chrutschschows Aufzeichnungen vermißt, von kurzen Steiflichtern abgesehen, ist ein tiefer Einblick in die Eigenschaften, die Stalin in die Lage versetzten, sich Churchill und Roosevelt gegenüber zu behaupten und scharf und kenntnisreich mit ihnen zu disputieren. Über diese Eigenschaften könnte vielleicht nur Molotow wirklich etwas aussagen. Dagegen erhält der Leser auch in diesem Abschnitt aufschlußreiche Einblicke in die geheimen Intrigen, die unter Stalins «engsten Mitarbeitern» ständig im Gange waren. Die Geschichte von dem georgischen Koch ist ein komisches Zwischenspiel.

Ich erinnere mich an einen bezeichnenden Vorfall, der sich ereignete, als Stalin seine Ferien in Afon verbrachte. Es muß im Jahre 1951 gewesen sein, denn 1952 machte er keine Ferien außerhalb von Moskau. Und wenn Stalin nicht in die Ferien fuhr, fuhr auch sonst niemand. Als Stalin also in Afon war, ließ er mich aus Sotschi und Anastas Iwanowitsch Mikojan aus Suchumi zu sich kommen. Eines Tages – Mikojan und ich machten gerade einen Spaziergang auf dem Grundstück – trat Stalin auf die Veranda des Hauses. Er schien Mikojan und mich nicht zu bemerken. «Ich bin am Ende», sagte er vor sich hinsprechend. «Ich traue niemandem, nicht einmal mir selbst.»

Das war ein erschreckendes Eingeständnis. Wir hatten dieses Mißtrauen gegenüber anderen Menschen schon eine Zeitlang beobachtet. Jetzt aber gab er es selber zu und auf eine so entschiedene Weise. Kann man sich eine solche Feststellung aus dem Munde eines Mannes vorstellen, der das Schicksal seines Landes bestimmte und das Schicksal der Welt mit beeinflußte? Den Menschen nicht zu trauen, ist eine Sache. Das war sein gutes Recht, auch wenn sein extremes Mißtrauen darauf hindeutete, daß er ernsthafte seelische Probleme hatte. Etwas anderes aber ist es, wenn ein Mann unter der Zwangsvorstellung leidet, er müsse jeden beseitigen, dem er nicht traut.

Wir alle, die wir zu Stalins engster Umgebung gehörten, lebten gleichsam auf Abruf. Solange er uns bis zu einem gewissen Grade vertraute, war es uns gestattet, weiterzuleben und weiterzuarbeiten. In dem Augenblick aber, da Stalin aufhörte, einem zu vertrauen, nahm er einen unter die Lupe, bis das Maß seines Mißtrauens überlief. Dann war man an der

Reihe, denjenigen zu folgen, die nicht mehr unter den Lebenden weilten. Das war das Los aller, die mit ihm zusammen arbeiteten und an seiner Seite in den Reihen der Partei und im Interesse der Partei kämpften. Viele dieser Leute, Stalins treueste Waffengefährten, wurden beseitigt. Kamenjew und Sinowjew sind gute Beispiele für das, was ich meine. Ich weiß nicht, welche Beziehungen zwischen Stalin und Trotzki in der frühen Phase nach der Revolution bestanden. In dem Testament, das Lenin kurz vor seinem Tode schrieb, stellte er fest, daß Trotzki nie ein Marxist gewesen sei, während Stalin die notwendigen Eigenschaften eines wahren Marxisten besäße.[41] Aber Lenin sagte auch, daß Stalin intolerant und rachsüchtig sei. Stalins eigenes Eingeständnis in Afon 1951 zerriß für einen Augenblick den Schleier, der über einigen Gründen für die Tragödie lag, die sich in den Jahren abspielte, als er die Partei und das Land führte. Und seine Herrschaft dauerte eine lange Zeit, eine sehr lange Zeit. Viele rechtschaffene und völlig unschuldige Menschen mußten unter Stalins Herrschaft ihren Kopf lassen.

In den letzten Tagen vor seinem Tod war es gewöhnlich eine Gruppe, die sich bei Stalin traf, Berija, Malenkow, Bulganin und ich. Bulganin nahm nicht immer an diesen Mahlzeiten und Sitzungen des Inneren Kreises teil. Von Jahr zu Jahr wurde jetzt deutlicher, daß Stalin geistig und körperlich verfiel. Besonders auffallend waren die zunehmende Geistesverwirrung und der Gedächtnisschwund. Wenn er sich wohl fühlte und nüchtern war, dann war er immer noch eine starke Persönlichkeit, aber er verfiel sehr schnell. Ich erinnere mich, daß er sich einmal an Bulganin wandte und etwas sagen wollte, sich dann aber nicht an dessen Namen erinnern konnte. Stalin starrte ihn an und sagte dann: «Sie da, wie heißen Sie?»

«Bulganin.»

«Bulganin, natürlich! Was wollte ich doch noch sagen?» Wenn so etwas geschah, war Stalin äußerst deprimiert. Er wollte nicht, daß die anderen es bemerkten. Aber diese Gedächtnislücken traten immer häufiger auf und trieben ihn an den Rand des Wahnsinns.

Kaganowitsch nahm an den Treffen des Inneren Kreises noch seltener teil als Bulganin, und Woroschilow wurde fast nie eingeladen. Gelegentlich, wenn auch sehr selten, kam es vor, daß Woroschilow bei einer solchen Sitzung hereinplatzte, ohne daß er eingeladen worden war, und hin und wieder rief er auch vorher an, um zu sagen, daß er kommen werde. Doch war er höchst selten dabei. Seit zehn Jahren hatte Stalin Woroschilow in

41 Trotzki war jahrelang Menschewik gewesen, ehe er sich den Bolschewiki anschloß. Als ehemaliger Menschewik konnte er nach Lenins Ansicht kein wirklicher Marxist sein. Später gelang es Trotzki jedoch, diesen Eindruck zu korrigieren. In dem Testament, auf das sich Chruschtschow hier beruft, hat Lenin nicht ausdrücklich gesagt, daß Trotzki nie Marxist gewesen sei.

dem Verdacht, er sei ein englischer Spion, was der größte Unsinn war. Ich weiß nicht, wie weit man in seinem Mißtrauen gegen die Menschen kommen muß, um in derartige Extreme zu verfallen. Stalin hatte viele, viele Jahre lang Seite an Seite mit Woroschilow gearbeitet und gekämpft. Für die Partei und in den Augen der Arbeiterklasse war Woroschilows Aufrichtigkeit über jeden Zweifel erhaben. Es ist eine Sache für sich, seine Arbeit als Volkskommissar für Verteidigung zu beurteilen, bei der er sich als schlecht vorbereitet, nachlässig und träge erwies. Bestimmt aber war er loyal und aufrichtig. Ich erinnere mich daran, daß Stalin einmal mitten in einer unserer Sitzungen plötzlich ungehalten fragte: «Wie hat es Woroschilow eigentlich geschafft, sich ins Büro[42] einzuschleichen?»

Wir antworteten: «Er hat sich nicht eingeschlichen. Sie haben ihn selbst ernannt.» Hinterher sprachen Berija, Malenkow und ich noch einmal darüber und fragten uns kopfschüttelnd, wie Stalin so etwas hatte sagen können.

Kaganowitsch hatte ein weniger gewinnendes Wesen als Woroschilow, aber was seinen Fleiß betrifft, so war er ein regelrechter Wirbelwind. Er arbeitete so hart, wie er nur irgend konnte. Er trieb sich selbst unbarmherzig an und sah nie auf die Uhr. Er widmete seine gesamte Zeit der Partei. Er war ein Karrieremacher, aber das gehört nicht hierher. Ich spreche hier nur über seinen Arbeitsstil.

Ich erinnere mich, daß Stalin einmal in meiner Gegenwart seinen Argwohn gegen Molotow äußerte. Wir hielten uns im Süden auf – ich glaube in Afon –, als es Stalin plötzlich in den Kopf kam, Molotow sei ein Agent des amerikanischen Imperialismus. Und was war der Beweis für diese Beschuldigung? Wenn Molotow sich in den Vereinigten Staaten aufhielt, benutzte er anscheinend für die Fahrt von Washington nach New York den Zug. Stalin folgerte, Molotow müsse, wenn er mit dem Zug fuhr, einen eigenen, privaten Eisenbahnwaggon zur Verfügung gehabt haben. Und wenn er einen eigenen privaten Eisenbahnwaggon zur Verfügung gehabt hatte, dann ergab sich die Frage, woher er das Geld dafür nahm. Folglich mußte sich Molotow an die Amerikaner verkauft haben. Wir erklärten Stalin, es sei undenkbar, daß Molotow bei seinen Auslandsaufenthalten im Besitz eines eigenen Eisenbahnwaggons gewesen sei. In den Vereinigten Staaten gehörten alle Waggons privaten Eisenbahngesellschaften. Dennoch sandte Stalin ein Telegramm an Wyschinskij, der damals bei der UNO tätig war, und bat ihn, soviel wie möglich über Molotows Aktivitäten herauszufinden. Verfügte Molotow

42 Gemeint ist das sogenannte Büro des Präsidiums, das Stalin auf dem XIX. Parteitag 1952 neugeschaffen hatte, und dem der «Innere Kreis» angehörte. (Siehe den Abschnitt «Der XIX. Parteitag».) Dieses «Büro» wurde zwei Tage nach Stalins Tod, im März des folgenden Jahres, wieder aufgelöst. Damit wurde die Degradierung Molotows und Mikojans rückgängig gemacht.

in den USA über einen eigenen Eisenbahnwaggon? Natürlich antwortete Wyschinskij sofort, daß Molotow keinen Eisenbahnwagen hatte und gar keinen haben konnte. Ich erwähne den Vorfall, um klarzumachen, in welcher Geistesverwirrung sich Stalin in seinen letzten Lebensjahren befand und welche Atmosphäre in der obersten Spitze herrschte.

Ich habe bereits erwähnt, daß Molotow und Mikojan – auf Grund von Stalins Argwohn – nach dem XIX. Parteitag kaltgestellt wurden. Wir waren alle sehr in Sorge um sie. Da Stalin sie nicht ins Büro aufgenommen hatte, wußten wir, daß er irgend etwas gegen sie im Schilde führte. Nach dem Parteitag begann Stalin, Mikojan und Molotow systematisch zu isolieren. Mir ging ihre Entfernung aus dem Inneren Kreis sehr zu Herzen. Ich schätzte beide sehr. Ich hielt Molotow für einen sehr erfahrenen Mann, insbesondere in Fragen der Außenpolitik. Er äußerte sich in meiner Gegenwart oft über außenpolitische Fragen und gab seiner Meinung stets kenntnisreich, logisch und zwingend Ausdruck. Aus diesem Grunde machte ich mir Sorgen, daß sein Ausschluß die Arbeit der Führungsspitze beeinträchtigen könnte. Auch Anastas Iwanowitsch Mikojan mochte ich sehr gern. Ich schätzte sein Urteil in internationalen Fragen, insbesondere wenn es um den Außenhandel ging.

Mikojan und Molotow behielten nach dem XIX. Parteitag die alte Praxis bei und erschienen nach wie vor, wenn wir uns bei Stalin versammelten. Sie hielten sich nicht damit auf, Stalin anzurufen und um Erlaubnis zu bitten. Sie stellten fest, ob sich Stalin im Kreml oder in seiner Datscha aufhielt, und erschienen dann einfach. Sie wurden immer zugelassen, aber offensichtlich war Stalin nicht besonders erfreut, sie zu sehen. Es lag ihnen daran, sich aus dem Kreis um Stalin nicht herausdrängen zu lassen, da sie sich retten wollten – sich selbst und nicht nur ihre Positionen in der Partei und in der Führung. Sie wollten am Leben bleiben. Sie versuchten, Stalins Vertrauen wiederzugewinnen. Ich sah, in welcher Gefahr sie schwebten, und war ganz auf ihrer Seite.

Eines Tages sagte Stalin dann: «Ich möchte nicht, daß die beiden in Zukunft noch hier erscheinen.» Er gab seinen Mitarbeitern Weisung, Molotow und Mikojan nicht zu sagen, wo er sich gerade aufhielt. Später hatten Molotow und Mikojan ein Gespräch mit Berija, Malenkow und mir. Wir vereinbarten, daß wir versuchen wollten, auf Stalins Haltung ihnen gegenüber besänftigend einzuwirken. Wir vereinbarten außerdem, daß wir sie wissen lassen wollten, wenn Stalin in die Nahe Datscha fuhr oder in das Kreml-Filmtheater kam, damit sie uns dort treffen konnten. Eine Zeitlang erschienen dann auch Molotow und Mikojan, wenn wir uns mit Stalin einen Film ansahen. Stalin befragte seine unmittelbaren Mitarbeiter und bekam die Antwort, daß Molotow und Mikojan – so wie Stalin es angeordnet hatte – keine Auskunft darüber erhielten, wo er war. Stalin durchschaute schließlich unser Manöver und glaubte, wir betätigten uns als Agenten Molotows und Mikojans. Eines Tages schlug er einen fürchterlichen Krach. Er beschuldigte zwar keinen von uns namentlich, sah aber hauptsächlich Malenkow an, als er tobte: «Ihr glaubt wohl, ich merke nicht, daß ihr Molotow und Mikojan sagt, wann wir ins Kino gehen, damit sie unauffällig herüberkommen können? Hört damit auf! Hört damit auf, ihnen zu sagen,wo ich bin! Ich dulde es nicht!»

Wir sahen ein, daß es nutzlos war, in dieser Weise fortzufahren. Wir handelten nicht im Interesse Molotows und Mikojans und konnten unsere eigene Position bei Stalin gefährden. Das wollte niemand. Stalin war gereizt, und wenn das der Fall war, mußte man damit rechnen, daß das eigene gute Verhältnis zu ihm sich plötzlich ins Gegenteil verkehrte. Ohne die Frage unter uns noch einmal zur Sprache zu bringen, beschlossen wir abzuwarten, in der Hoffnung, daß sich die Sache von selbst regelte. Ich bin überzeugt, Molotow und Mikojan hätten ein katastrophales Ende genommen, wenn Stalin noch sehr viel länger gelebt hätte.

Hier möchte ich auch etwas über Berijas Beziehung zu Stalin kurz vor dessen Tod sagen. Während des Krieges war Berija immer unverschämter geworden. Als Stalin in der Zeit unseres Rückzugs vor den Deutschen die Übersicht verlor und auch seine Entschlußkraft einbüßte, wurde Berija zum Schrecken der Partei. Sein wachsender Einfluß offenbarte sich für mich in der Tatsache, wie Stalins Personal zusammengesetzt war. Als ich im Kriege einmal von der Front nach Moskau zurückkehrte, bemerkte ich, daß Stalin von Georgiern umgeben war. Da war zum Beispiel ein kaukasischer Chefkoch, der für Stalin Schaschlik zubereiten mußte. Er war zum Generalmajor ernannt worden. Jedesmal wenn ich nach Moskau kam, stellte ich fest, daß der Chefkoch noch mehr Ordensbänder und Medaillen hatte – offenbar eine Anerkennung für seine Geschicklichkeit beim Schaschlik-Zubereiten. Einmal ertappte mich Stalin dabei, wie ich auf die Ordensbänder und Medaillen des Chefkochs starrte, und warf mir einen finsteren Blick zu. Er wußte, was ich dachte, und ich wußte, was er dachte. Aber keiner von uns sagte etwas. Alle empfanden wir den Chefkoch und seine mit Orden bedeckte Uniform als regelrechte Zumutung, aber wir verloren niemals ein Wort darüber, da es doch zu nichts geführt hätte. Außer dem Chefkoch im Range eines Generalmajors gab es einen weiteren Georgier, der für Wein, Lammfleisch für Schaschlik und andere in Stalins Küche benötigten Vorräte zu sorgen hatte. Er wurde im Laufe des Krieges zum Generalleutnant ernannt. Jedesmal wenn ich von der Front zurückkam, stellte ich fest, daß auch er inzwischen mit ein oder zwei weiteren Orden ausgezeichnet worden war. Ich bin überzeugt, daß die anderen über diese Gepflogenheiten ebenso empört waren wie ich. Ich erinnere mich, daß mich Stalin einmal vor diesem für die Küchenvorräte zuständigen Generalleutnant, der sich in Gegenwart von Stalin und uns anderen betrunken hatte, heruntermachte. Dieser Bursche war in keiner Weise die geeignete Gesellschaft für uns. Es war schön und gut, daß er sich um Essen und Getränke für unseren Tisch kümmern mußte. Aber es war nicht recht, daß er sich mit uns zum Essen und Trinken an einen Tisch setzen durfte. Niemand von uns kannte ihn, und dennoch sollten wir uns in seiner Gesellschaft unbefangen und freimütig unterhalten. Meiner Meinung nach fing es schon während des Krieges an, daß Stalin nicht mehr ganz richtig im Kopf war.

Nach dem Kriege wurde Berija Mitglied des Politbüros, und Stalin machte sich allmählich Sorgen über Berijas wachsenden Einfluß. Ja, mehr noch: Stalin begann, Berija zu fürchten. Ich wußte damals nicht, wo die Wurzeln für diese Furcht zu suchen waren. Später jedoch, als Berijas ganze Maschinerie zur Beseitigung von Menschen aufgedeckt wurde, war mir alles klar. Das Instrumentarium, mit dem Stalin seine Ziele durchzusetzen versuchte, lag in Berijas Händen. Wenn es Berija möglich war, jeden zu beseitigen, auf den Stalin mit dem Finger zeigte, dann konnte er, und darüber war sich Stalin im klaren, auch aus eigener Initiative jeden Beliebigen beseitigen. Stalin fürchtete, er selber könnte der erste sein, für den sich Berija entschied. Natürlich sprach Stalin mit niemandem darüber, dennoch spürte ich seine Furcht. Zum erstenmal wurde mir das kurz nach Kriegsende bewußt, an einem Tag, als ich bei Stalin zum Essen war. Unvermittelt blickte sich Stalin plötzlich um, sah die Leute an, die ihn bedienten, und fragte wütend: «Warum bin ich hier eigentlich von lauter Georgiern umgeben?»

Berija war sofort auf der Hut und sagte: «Genosse Stalin, diese Leute sind Ihre treuen Bediensteten; sie sind Ihnen alle sehr ergeben.»

Stalin wurde ungehalten und sagte: «Soll das etwa heißen, daß Russen nicht treu sind? Soll das heißen, daß die Russen mir nicht ergeben sind?»

«Nein», antwortete Berija, «das habe ich nicht gesagt. Aber die Leute hier wurden sorgfältig ausgewählt und sind absolut loyal.»

Stalin schrie: «Ich brauche ihre Loyalität nicht! Werfen Sie die Leute raus!» Die Georgier, darunter der Schaschlik-Koch und der für die Vorräte zuständige Offizier, wurden auf der Stelle davongejagt, und Berija schlich wie ein geprügelter Hund aus dem Zimmer.

Stalin glaubte wahrscheinlich, damit, daß er das gesamte georgische Personal hinausgeworfen und durch Russen ersetzt hatte, habe er Berija den Zugang zu seiner Küche versperrt. Wie dem auch sei: Stalin wurde alt und bemerkte nicht, wie mächtig Berija noch immer war. Abakumow, der Minister für Staatssicherheit, berichtete zum Beispiel Stalin immer erst dann, wenn Berija selbst Stalin Bericht erstattet und dessen Anweisungen erhalten hatte. Aber wie gesagt, Stalin wurde alt, und er begriff nicht, was vor sich ging. Er war überzeugt, er habe in Abakumow einen intelligenten jungen Mann gefunden, der pflichtbewußt seine Befehle ausführte, während Abakumow in Wirklichkeit nur das berichtete, was Stalin – wie Abakumow von Berija erfahren hatte – hören wollte. Hinzu kam, daß Berija nach wie vor Stalins Umgebung unter Kontrolle hatte, auch nachdem das georgische Küchenpersonal hinausgeworfen worden war. Berija hatte lange Zeit in der Tscheka gearbeitet und kannte alle Tschekisten. Sie alle waren um Berijas Gunst bemüht, und so war es leicht für ihn, sie für seine Ziele zu benutzen. Aus diesem Grunde konnte Stalin nicht einmal seinem russischen Personal trauen, auch seiner Tschekisten-Leibwache nicht.

Mein Eindruck, daß Stalin vor Berija Angst hatte, bestätigte sich, als Stalin die Mingrelische Affäre ausbrütete. Ich bin absolut überzeugt davon, daß die Beschuldigung einer «Verschwörung» fabriziert worden war, um Berija, der selbst ein Mingrele war, auf diese Weise zu beseitigen. Stalin veröffentlichte eine Erklärung, in der es hieß, die Mingrelier unterhielten Verbindung zu den Türken, und einige von ihnen hätten sich politisch nach der Türkei hin orientiert. Natürlich war diese Behauptung absoluter Unsinn. Da Stalin alt und krank war, spielte er seine Intrige nicht konsequent durch. Berija vermochte die ganze Sache zu seinen Gunsten zu wenden und biederte sich auf raffinierte Weise bei Stalin als treuer Gefolgsmann an. Keiner von uns anderen hätte es gewagt, sich in eine Angelegenheit einzumischen, die mit der georgischen Republik zusammenhing. Berija erteilte sich selbst den Auftrag, nach Georgien zu fahren, und die Mingrelier, die imaginären Feinde, zu bestrafen. Die armen Kerle wurden wie Schafe zur Schlachtbank geführt.[43] Das alles hinterließ bei uns einen scheußlichen Nachgeschmack. Ich persönlich kam durch diese Affäre zu der Überzeugung, daß nur eine Führung, die unter öffentlicher Kontrolle steht, vor Machenschaften sicher sein kann, die unvereinbar sind mit unserer sozialistischen Lehre und unserer sozialistischen Lebensform Schaden zufügen.

Berijas Arroganz nahm von Tag zu Tag zu. Wenn er zum Beispiel beim Essen eine Bemerkung machte, die Stalin zurückwies, dann brachte er es fertig – und ich war erstaunt, daß Stalin das duldete –, irgendeinem anderen, der im Verlauf der Mahlzeit das gleiche zur Sprache brachte, grob über den Mund zu fahren. «Ich habe Ihnen doch bereits gesagt», erklärte Berija dann, «daß diese Frage nicht zur Debatte steht.» Stalin sagte gewöhnlich nichts, obwohl er mit eigenen Ohren gehört hatte, daß dieselbe Frage kurz zuvor von Berija angeschnitten worden war.

Berija war in jeder Hinsicht arrogant. Nichts konnte ohne ihn entschieden werden. Man konnte nicht einmal Stalin Bericht erstatten, ohne

43 In seiner Geheimrede (siehe Anhang) deutete Chruschtschow an, daß auch die Mingrelische Affäre – die Zerschlagung einer angeblichen nationalistischen Verschwörung in Georgien – von Berija inszeniert worden sei. Wahrscheinlich war sie aber – wie er jetzt zu erkennen gibt – Teil eines Planes, der darauf abzielte, Berija in Mißkredit zu bringen. Die Sache wurde im Auftrag Stalins von Abakumows Nachfolger S. D. Ignatjew verfolgt, der eher Chrutschtschow nahestand und auch bei der «Ärzte-Verschwörung» die «Beweise» lieferte. (Siehe den Abschnitt «Die Ärzte-Verschwörung».)

sich im voraus der Unterstützung Berijas versichert zu haben. Wenn man Stalin in Gegenwart Berijas Bericht erstattete, ohne sich zuvor mit ihm, Berija, abgesprochen zu haben, konnte man sicher sein, daß er den Bericht mit allen möglichen Fragen und Einwänden zerfetzte. Ständig arbeitete Berija an der Festigung seiner Machtposition.

Auch Malenkow begann nach dem Kriege, seine Machtposition zu festigen, obwohl sich seine Situation vorübergehend verschlechterte. Einmal entfernte ihn Stalin sogar aus dem Sekretariat des Zentralkomitees und schickte ihn nach Mittelasien. Berija griff Malenkow unter die Arme und sorgte dafür, daß er wieder nach Moskau versetzt wurde. Von da an schienen Berija und Malenkow unzertrennliche Freunde zu sein. Stalin pflegte sie beim Essen scherzhaft als «diese beiden Schurken» zu bezeichnen. Ich verfolgte mit großem Interesse, wie sich die «Freundschaft» zwischen den beiden Schurken entwickelte. Mir war klar, daß Berija Malenkow weder mochte noch achtete, sondern ihn lediglich für seine Zwecke benutzte. Berija machte mir gegenüber einmal etwa folgende Bemerkung:

«Also, dieser Malenkow, dieser rückgratlose Bursche, der ist nichts weiter als ein Ziegenbock. Der läuft einem davon, wenn man ihn nicht an der Leine hält. Aber er ist ein Russe und sehr tüchtig. Vielleicht erweist er sich noch einmal als nützlich.» Dieses «sich als nützlich erweisen» war der Schlüssel für Berijas Freundschaft mit Malenkow.[44]

Ich war mit Malenkow seit der Zeit vor dem Krieg befreundet, als ich im Moskauer Parteiapparat arbeitete. Wir verbrachten oft unsere freien Tage zusammen. Unsere Datschas auf dem Land lagen dicht beieinander. Deshalb haben Malenkow und ich uns nie ernsthaft gestritten, obwohl Malenkow während des Krieges mir gegenüber ein gewisses Maß an Herablassung bekundete, insbesondere wenn Stalin seine Unzufriedenheit mit mir erkennen ließ.

Einmal waren Malenkow und ich zusammen in Stalins Ferienhaus in Sotschi. Ich kam aus Kiew, und Malenkow war aus Moskau gekommen. Wir machten zusammen einen Spaziergang, und ich sagte zu ihm: «Ich bin überrascht, daß Sie nicht merken, welche Haltung Berija Ihnen gegenüber einnimmt. Erkennen Sie denn nicht, wie die Dinge liegen?» Er blieb stumm. «Sie glauben, daß er Sie respektiert? Ich glaube, daß er Sie nicht für voll nimmt.»

Schließlich antwortete Malenkow: «Ja, natürlich, ich verstehe. Aber was soll ich machen?»

44 Chruschtschow tut Malenkow so gekonnt als charakterlosen Intriganten ab, daß man Mühe hat, sich daran zu erinnern, daß eben dieser «Ziegenbock» 1957 Chruschtschow um ein Haar abgesetzt hätte. Malenkow war sicherlich ein Intrigant; zugleich war er äußerst tüchtig, skrupellos und zäh. Hinzu kommt, daß er gebildet und kultiviert und vielleicht geneigt war, auf Chruschtschow herabzusehen.

«Was Sie machen sollen? Ich möchte nur, daß Sie endlich begreifen. Im Augenblick können Sie gar nichts tun, das ist richtig. Aber die Zeit wird kommen.»

Meine eigenen Befürchtungen wuchsen. Stalin war jetzt in einem Alter, das uns andere in eine schwierige Lage brachte. Ich war weit davon entfernt, auf Stalins Tod zu hoffen: im Gegenteil, ich fürchtete ihn. Ich hatte Angst vor den Folgen. Was würde aus dem Land werden? Obwohl ich hinsichtlich der Kampagne gegen die Volksfeinde bereits meine Zweifel hatte, hatte ich nach wie vor Vertrauen zu Stalin. Ich sagte mir, daß es hier und da vielleicht einige Exzesse gegeben hatte, daß aber grundsätzlich alles richtig gemacht worden sei. Ich verurteilte Stalin keineswegs, sondern pries ihn für die Unerschrockenheit, mit der er die Partei gesäubert und dadurch geeint hatte. Ende der vierziger Jahre war ich bereits davon überzeugt, daß wir, wenn Stalin starb, alles nur mögliche tun mußten, um zu verhindern, daß Berija eine führende Position in der Partei für sich in Anspruch nahm. Wenn uns das nicht gelang, bedeutete dies das Ende der Partei. Ich glaubte sogar, ein Erfolg Berijas könnte das Scheitern der Revolution bedeuten. Es hätte den Verlust der Errungenschaften der Revolution bedeuten können. Schon damals war ich der Meinung, daß Berija die Weiterentwicklung des Landes von einem sozialistischen auf einen kapitalistischen Kurs abbringen würde.

In Stalins letzten Lebensjahren brachte Berija seine Geringschätzung gegenüber Stalin immer unverblümter zum Ausdruck. Mit Malenkow redete er freimütiger als mit mir, aber oft sprach er auch in meiner Gegenwart geringschätzig oder sogar in beleidigender Weise über Stalin. Das ärgerte mich immer und war mir gleichzeitig eine Warnung. Ja, vor allem war es mir eine Warnung. So wie ich die Dinge betrachtete, war Berijas eindeutige Geringschätzung gegenüber Stalin wahrscheinlich eine Provokation mit dem Ziel, daß ich mich zu ähnlichen Bemerkungen verleiten ließ oder ihm auch nur zustimmte, damit er dann zu Stalin gehen und mich als Anti-Stalinist und Feind des Volkes denunzieren konnte. Da mir jedoch Berijas Niedertracht nur zu vertraut war, hörte ich lediglich zu, sagte aber nie etwas. Ich hielt stets die Ohren offen, tat aber nie den Mund auf. Trotzdem redete Berija in der gleichen Weise weiter, auch wenn ich darauf bedacht war, ihn nicht zu ermuntern. Er war überzeugt, daß ihm keinerlei Gefahr drohte. Er wußte, daß ich es nicht fertigbrachte, den Denunzianten zu spielen. Außerdem wußte ich, daß er Stalin beträchtlich näherstand als ich, und es sich leisten konnte, weniger vorsichtig zu sein. Hatten Berija und Stalin eine Auseinandersetzung, konnte Berija stets so tun, als handle es sich nur um einen kleinen Zwist zwischen zwei Liebenden. Wenn zwei Georgier sich streiten, dann tun sie das nur zum Zeitvertreib. Am Ende werden sie sich immer wieder vertragen.

Soviel über Berijas Methode der Provokation. Er war ein Meister darin. Er verstand sich auf alles, was schmutzig und treulos war. Deshalb war ich bei ihm stets auf der Hut. Ich wußte, daß er nach einer Gelegenheit suchte, mich zu denunzieren und sich meiner zu entledigen. Auch bei Bulganin probierte er diesen Trick aus. Aber Bulganin war sich ebenso wie ich darüber im klaren, worauf Berija hinauswollte. Ich bin jedoch sicher, daß Berija sich nie erlaubte, irgend etwas gegen Stalin in Kaganowitschs Gegenwart zu sagen. Berija mißtraute Kaganowitsch nicht nur – er haßte ihn leidenschaftlich.

Das war die allgemeine Situation am Vorabend von Stalins Tod.

Stalins Tod

Am Morgen des 4. März 1953 verkündete Radio Moskau der Welt, daß Stalin «in seiner Moskauer Wohnung» einen Gehirnschlag erlitten habe. Tatsache war jedoch, wie Chruschtschow hier bestätigt, daß Stalin sich in seiner Datscha befand. Das Kommuniqué war von einem Appell des Zentralkomitees und des Ministerrates an die sowjetische Bevölkerung begleitet, Einheit, Standhaftigkeit und Wachsamkeit in diesen schweren Tagen zu verdoppeln. Der russisch-orthodoxe Patriarch und der oberste Rabbiner ordneten Bittgottesdienste an. Zwei Tage später, kurz nach vier Uhr morgens, kam dann, von dumpfem Trommelwirbel eingeleitet, die Meldung, das Herz des Kampfgefährten Lenins, des weisen Führers und Lehrers der Kommunistischen Partei und des sowjetischen Volkes habe aufgehört zu schlagen. Stalin war am 5. März um 21.50 Uhr gestorben.

Chruschtschows Bericht über die makabren Umstände von Stalins Tod ist im großen und ganzen korrekt und wird im wesentlichen durch Swetlana Allilujewas Darstellung in ‹20 Briefe an einen Freund› *bestätigt. Beide Berichte enthalten Details, die der andere ausgelassen hat, aber es ist interessant festzustellen, daß beide Versionen bei der Schilderung von Berijas geradezu unglaublichem Verhalten am Totenbett übereinstimmen. Chruschtschow äußert sich sehr ausgiebig über seine damaligen Befürchtungen, Berija könnte das Ministerium für Staatssicherheit an sich reißen. Der Grund ist darin zu suchen, daß Berija zwar seit Jahren de facto die Geheimpolizei unter sich hatte, aber seit 1946 keine entsprechende formelle Position innegehabt hatte. Als Mitglied des Politbüros behielt er jedoch eine allgemeine Kontrolle über das Ministerium für Innere Angelegenheiten und das Ministerium für Staatssicherheit (MWD und MGB). An der Spitze beider Ministerien (die an die Stelle der ehemaligen Volkskommissariate getreten waren) standen Günstlinge von ihm, bis 1951 S.D. Ignatjew, ein Anhänger Chruschtschows, zum Chef des MGB ernannt wurde. Chruschtschows Sorge bestand darin, daß Berija mit Hilfe seiner großen Gefolgschaft in den Sicherheitsdiensten in der*

Lage sein würde, sich Ignatjews zu entledigen und die Kontrolle über das MGB wiederzugewinnen. Dies gelang Berija auch tatsächlich, allerdings nicht für lange Zeit.

Im Februar 1953 erkrankte Stalin. Malenkow, Berija, Bulganin und ich hatten einen Samstagabend mit ihm auf seiner Datscha verbracht, nachdem wir uns im Kreml einen Film angesehen hatten. Das Abendessen dauerte wie üblich bis gegen fünf oder sechs Uhr früh. Stalin war nach dem Essen ziemlich betrunken und in sehr fröhlicher Stimmung. Man merkte ihm nicht im geringsten an, daß er physisch nicht in Ordnung war. Als es schließlich an der Zeit für uns war, zu gehen, kam er mit in die Halle, um uns hinauszubegleiten. Er scherzte geräuschvoll, stieß mir ausgelassen den Finger in den Bauch und nannte mich mit ukrainischem Akzent «Nikita», wie er es immer tat, wenn er guter Laune war. So machten wir uns gerade nach dieser Sitzung alle glücklich und zufrieden auf den Heimweg, da beim Essen nichts schiefgegangen war. Nicht immer endeten die Mahlzeiten bei Stalin so angenehm.

Der nächste Tag, ein Sonntag, sollte ein freier Tag sein, und ich war sicher, daß Stalin uns zu irgendeiner Art Sitzung rufen würde. Am Sonntagabend schob ich, da ich jeden Augenblick seinen Anruf erwartete, das Abendessen bei mir zu Hause hinaus. Schließlich gab ich jedoch das Warten auf und aß eine Kleinigkeit. Auch nach dem Essen kam kein Anruf. Ich konnte es kaum fassen, daß ein ganzer freier Tag verstrich, ohne daß Stalin uns zu sich rief. Aber nein, er rief nicht an. Es war schon sehr spät, als ich mich auszog und ins Bett ging.

Plötzlich klingelte das Telefon. Malenkow war am Apparat und sagte: «Hören Sie, die Jungens von der Tscheka haben gerade von Stalins Datscha aus angerufen. Sie glauben, ihm ist etwas zugestoßen. Ich meine, wir sollten besser rausfahren. Ich habe Berija und Bulganin schon Bescheid gesagt. Machen Sie sich lieber gleich auf den Weg!»

Ich ließ sofort meinen Wagen holen. Ich hatte ihn bei mir auf meiner Datscha. Ich zog mich schnell an und fuhr zu Stalin. Die Fahrt dauerte fünfzehn Minuten. Als wir uns alle versammelt hatten, sahen wir, bevor wir in Stalins Zimmer gingen, bei den wachhabenden Offizieren herein. Sie erklärten uns, warum sie beunruhigt waren: «Genosse Stalin ruft gegen elf Uhr fast immer jemanden zu sich und läßt sich Tee oder etwas zu essen kommen. Heute hat er das nicht getan.» Die Tschekisten berichteten, sie hätten Matrjona Petrowna geschickt, nach ihm zu sehen. Matrjona Petrowna war eine alte Hausangestellte, die seit vielen Jahren für Stalin gesorgt hatte. Sie war nicht sehr intelligent, aber sie war ehrlich und Stalin treu ergeben. Nachdem sich Matrjona Petrowna umgesehen hatte, kam sie zurück und berichtete den Tschekisten, Genosse Stalin liege schlafend auf dem Boden in dem großen Zimmer, wo er gewöhnlich schlief. Offenbar war Stalin aus dem Bett aufgestanden und dabei gestürzt. Die Tschekisten hoben ihn vom Boden auf und legten ihn auf ein Sofa in dem kleinen angrenzenden Speisezimmer.

Nachdem wir uns das alles angehört hatten, kamen wir zu dem Schluß, daß es unpassend sei, wenn wir uns bemerkbar machten, solange Stalin in diesem unrepräsentablen Zustand war. Wir gingen auseinander und fuhren alle nach Hause. Etwas später in dieser Nacht rief Malenkow erneut an. «Die Jungens von Genosse Stalins Datscha haben wieder angerufen», sagte er. «Sie sagen, daß eindeutig irgend etwas nicht mit ihm stimmt. Matrjona Petrowna hat gesagt, daß er fest geschlafen hat, als wir sie noch einmal zu ihm hineingeschickt haben, aber es ist eine ungewöhnliche Art Schlaf. Wir sollten lieber noch mal rausfahren.»

Wir verabredeten, daß Malenkow auch die anderen Mitglieder des Büros, Woroschilow und Kaganowitsch, anrufen sollte, die am Abend zuvor nicht zum Essen dagewesen und nicht mit zur Nahen Datscha gekommen waren, als Malenkow, Berija, Bulganin und ich dort das erste Mal nach dem Rechten hatten sehen wollen. Wir verabredeten auch, Ärzte kommen zu lassen. Ich erinnere mich, daß Professor Lukomskij unter ihnen war. Nachdem wir uns im Raum der wachhabenden Offiziere versammelt hatten, gingen wir in das Zimmer, wo Stalin auf dem Sofa schlief. Wir sagten den Ärzten, sie sollten alles Notwendige tun und feststellen, in welchem Zustand Stalin sich befand. Professor Lukomskij näherte sich Stalin äußerst vorsichtig. Ich wußte, was er dachte. Zitternd vor Aufregung berührte er Stalins Hand, als wäre sie aus glühendem Eisen. Berija fuhr ihn barsch an: «Sie sind doch Arzt, oder? Los, fassen Sie seine Hand richtig an.»

Professor Lukomskij sagte, Stalins rechter Arm lasse sich nicht bewegen. Sein linkes Bein war ebenfalls gelähmt. Er konnte nicht sprechen. Sein Zustand war ernst. Sie zogen ihn aus und brachten ihn in das große Zimmer zurück, auf das Sofa, wo er gewöhnlich schlief und wo mehr Luft war. Die Ärzte vereinbarten, abwechselnd bei ihm zu wachen. Wir vereinbarten unsere eigene rund um die Uhr gehende Wache unter den Mitgliedern vom Büro des Präsidiums, indem wir uns folgendermaßen einteilten: Berija und Malenkow, Kaganowitsch und Woroschilow und schließlich Bulganin und ich sollten jeweils gemeinsam wachen. Es lag auf der Hand, daß Malenkow und Berija entschieden, wie die Wachen eingeteilt wurden. Sie selbst übernahmen die Tageswache und übertrugen die Nachtwache Bulganin und mir. Ich gebe zu, daß ich sehr durcheinander war. Es tat mir sehr leid, daß wir Stalin verlieren sollten.

Stalin befand sich in einem schlechten Zustand. Die Ärzte sagten uns, nach einer derartigen Krankheit sei es äußerst unwahrscheinlich, daß er je in der Lage sein werde, seine Arbeit wiederaufzunehmen. Es könne sein, daß er am Leben bleibe, aber er werde nicht in der Lage sein, wieder zu arbeiten. Sie versicherten uns, daß Krankheiten wie diese gewöhnlich nicht lange dauerten und tödlich ausgingen.

Wir taten alles, was wir konnten, um Stalin wieder auf die Beine zu bringen. Wir sahen, daß er bewußtlos war und deshalb seinen Zustand gar nicht bemerkte. Aber dann, als die Ärzte eine Urinprobe entnahmen, bemerkte ich, daß er versuchte, sich zuzudecken. Er mußte den Schmerz empfunden haben. Einmal, im Laufe des Tages, erlangte er tatsächlich das Bewußtsein wieder. Zwar konnte er nach wie vor nicht sprechen, aber sein Gesicht bewegte sich. Man hatte ihm Suppe und gesüßten Tee mit dem Löffel eingeflößt. Er hob seine linke Hand und begann, auf etwas an der Wand zu zeigen. Seine Lippen verzogen sich zu einem Lächeln. Ich bemerkte, was er sagen wollte, und bat um Aufmerksamkeit. Ich erklärte, was er mit der Handbewegung andeuten wollte. An der Wand hing ein Bild, ein Ausschnitt aus der Zeitschrift *Ogonjok*. Es war eine Reproduktion von einem Gemälde irgendeines Künstlers, auf dem ein kleines Mädchen ein Lamm aus einem Horngefäß füttert. Jetzt war Stalin mit dem Löffel gefüttert worden und versuchte zu sagen: «Ich bin in der gleichen Lage wie das Lamm, das von dem Mädchen aus dem Horn gefüttert wird. Ihr tut dasselbe für mich mit einem Löffel.»

Dann begann er, uns die Hand zu reichen, einem nach dem andern. Ich gab ihm meine Hand, und er drückte sie mit seiner linken Hand, da er seine rechte Hand nicht bewegen konnte. Damit, daß er uns die Hand gab, drückte er seine Gefühle aus.

Kaum war Stalin erkrankt, ging Berija bereits herum, spie Gift und Galle gegen ihn und machte sich über ihn lustig. Es war einfach unerträglich, Berija zuzuhören. Sobald Stalin jedoch Anzeichen von klarem Bewußtsein zu erkennen gab und uns den Eindruck vermittelte, er könnte sich wieder erholen, warf sich Berija, was höchst aufschlußreich war, auf die Knie, ergriff Stalins Hand und küßte sie. Wenn Stalin wieder das Bewußtsein verlor und die Augen schloß, stand Berija auf und spuckte aus. Das war der wirkliche Berija – treulos selbst gegenüber Stalin, den er angeblich bewunderte und sogar verehrte, auf den er jetzt jedoch spuckte.

Bulganin und ich kamen an einem Abend zur Nachtwache. Wir waren auch fast den ganzen Tag über dort gewesen. Wir mußten die Ärzte im Auge behalten, solange sie da waren, und wir mußten auch in der Nacht Wache halten. Mit Bulganin war ich offener als mit den anderen, und ihm vertraute ich sogar meine innersten Gedanken an. Ich sagte zu ihm: «Nikolaj Alexandrowitsch, Stalin wird nicht durchkommen. Die Ärzte haben schon gesagt, daß er nicht mehr lange leben wird. Ist Ihnen klar, in welcher Situation wir uns wiederfinden werden, wenn Stalin stirbt? Sie wissen doch, welchen Posten sich Berija dann sichern wird?»

«Welchen?»

«Er wird versuchen, sich zum Minister für Staatssicherheit zu machen. Gleichgültig was passiert, das können wir nicht zulassen. Wenn er Minister für Staatssicherheit wird, dann ist das für uns der Anfang vom Ende. Er wird diesen Posten übernehmen, um uns zu vernichten, und er wird das auch tun, wenn wir ihn gewähren lassen. Deshalb müssen wir ihn, ganz gleich, was geschieht, daran hindern – unter allen Umständen!»

Bulganin sagte, er stimme mir zu, und wir begannen zu erörtern, was zu tun war. Ich sagte: «Ich werde mit Malenkow sprechen. Ich glaube, er wird die Sache so sehen wie wir. Er muß auch begreifen, daß irgend etwas zu geschehen hat. Wenn wir nicht etwas unternehmen, und zwar auf der Stelle, dann bedeutet das eine Katastrophe für die Partei. In diesem Fall geht es nicht nur um uns persönlich, auch wenn wir natürlich nicht wollen, daß Berija uns in den Rücken fällt. Falls Berija seinen Willen durchsetzt, dann könnte er die Uhr zurückdrehen auf die Zeit um 1937–1938 – und er könnte noch Schlimmeres tun!»

Wie ich bereits erwähnte, hatte ich schon seit längerem meine Zweifel, ob Berija überhaupt ein wahrer Kommunist sei. Ich hielt ihn jetzt eher für einen Mann, der sich in die Partei eingeschlichen hatte. Ich erinnerte mich an die Worte von Grischa Kaminskij, der gesagt hatte, Berija sei in den ersten Jahren der Revolution Agent der englischen Spionageabwehr in Baku gewesen.[45] Berija war ein Wolf im Schafspelz, der sich in Stalins Vertrauen eingeschlichen hatte und in der Lage gewesen war, sich durch Betrug und Verräterei eine hohe Position zu sichern.

Bulganin stimmte mit allem überein, was ich sagte. Unsere Wache ging zu Ende, und ich fuhr nach Hause. Ich brauchte etwas Schlaf, denn ich hatte seit längerem nicht mehr geschlafen; so nahm ich eine Schlaftablette und ging zu Bett. Kaum hatte ich mich hingelegt, klingelte das Telefon. Es war Malenkow, der sagte: «Kommen Sie, schnell! Stalin hat einen Rückschlag gehabt. Kommen Sie gleich rüber!» Ich rief sofort nach meinem Wagen und war einen Augenblick später unterwegs. In der Nahen Datscha angekommen, stellte ich fest, daß es Stalin tatsächlich sehr schlecht ging. Auch die anderen trafen ein. Wir alle sahen, daß Stalin dem Tode nahe war. Die Ärzte sagten, er liege im Sterben und wir erlebten hier seinen Todeskampf. Plötzlich hörte er auf zu atmen. Ein riesiger Mann kam von irgendwoher und begann, ihn künstlich zu beatmen und zu massieren, um ihn wieder zum Atmen zu bringen. Ich muß gestehen, Stalin tat mir sehr leid, der Mann setzte ihm so hart zu. Es war quälend für mich mitanzusehen, wie er Stalin bearbeitete. Ich sagte: «Halt! Hören Sie auf, bitte! Sehen Sie denn nicht, daß er tot ist? Was soll das alles? Sie bringen ihn nicht mehr ins Leben zurück. Er ist schon tot!» Sie gaben es auf, ihn wiederbeleben zu wollen. Es stimmte – Stalin war tot.

In dem Augenblick, als Stalin starb, stieg Berija in seinen Wagen und fuhr los.

45 Siehe 3. Kapitel, Abschnitt «Berijas Aufstieg zur Macht».

9
Die Nachfolge

Berijas Entmachtung

Für Chruschtschow begann die Verschwörung gegen Berija allem Anschein nach in dem Augenblick, als er, seine Kollegen und Swetlana Allilujewa an Stalins Sterbebett standen. Swetlana und Chruschtschow stimmen in der Beschreibung von Berijas ungewöhnlichem Verhalten überein. Beiden fiel sein triumphierendes Lächeln auf, als er, unmittelbar nachdem Stalin gestorben war, nach seinem Wagen rief; und es war klar, daß er es eilig hatte, die Datscha Kunzewo zu verlassen, um die Sicherheitstruppen unter seine Kontrolle zu bringen und sich eine möglichst starke Machtposition zu sichern. (Erwähnt sei, daß Swetlana Allilujewa Chruschtschows teilnahmsvolle Haltung ihr gegenüber in diesem Augenblick und auch später nachdrücklich rühmt.) Es kann kein Zweifel daran bestehen, daß Berija entschlossen war, die höchste Macht für sich zu beanspruchen. Das gleiche galt für Malenkow, der vorerst Stalins Nachfolger wurde – als Ministerpräsident und als erster Mann im Parteipräsidium und im Sekretariat –, während Berija sich mit dem zweiten Platz in der Hierarchie begnügen mußte. Die beiden Männer waren vorübergehend Verbündete, und zweifellos glaubte jeder, er könne den anderen für seine Ziele einspannen. Aber auch Chruschtschow hatte sich ein hohes Ziel gesteckt. Für den Augenblick beugte er sich zwar der Koalition Malenkow und Berija, doch innerhalb von zehn Tagen wurde Malenkow – der Ministerpräsident blieb – gezwungen, die Führungsposition im Parteisekretariat abzugeben, die sechs Monate später von Chruschtschow übernommen wurde, als er formell der Erste Sekretär des Zentralkomitees wurde. Chruschtschows Behauptung, er sei der führende Kopf bei der Verschwörung gegen Berija gewesen, entspricht zweifellos weitgehend den Tatsachen; doch erscheint es zweifelhaft, ob sich die Ereignisse ganz so abspielten, wie er sie hier schildert. Außer Chruschtschow waren sich auch andere darüber im klaren, welche Machtansprüche Berija stellte und welche Gefahr sich aus einer Konzentration der Macht in seiner Hand ergab. Und was sehr wichtig ist, zu ihnen gehörte – neben einzelnen Mitgliedern des Präsidiums – praktisch das gesamte Oberkommando der Streitkräfte, das zugleich auch Malenkow wegen der Rolle, die er während des Krieges als Stalins «Spion» gespielt hatte, verabscheute. Es ist wahrscheinlich, daß einige der Marschälle, von denen viele mit

Chruschtschow eng zusammengearbeitet hatten und gut mit ihm ausgekommen waren, sich in der ersten Phase der Verschwörung weit aktiver beteiligt haben, als hier angedeutet wird. Auch standen weit wichtigere Fragen zur Debatte als der Vorschlag, in Suchumi Datschas zu bauen, so grotesk diese Geschichte auch ist. Und der Anschlag selbst muß ein wesentlich härteres Unternehmen gewesen sein, bei dem es nicht nur darum ging, die Zaghaften zu bearbeiten und ihre Unterstützung zu gewinnen. Chruschtschows Aufzeichnungen über die Verhaftung Berijas weichen erheblich von den wilden Schilderungen ab, mit denen er gelegentlich ausländische Kommunisten unterhielt, aber vermutlich entsprechen sie der Wahrheit.

Stalin war tot, und damals erschien sein Tod wie eine schreckliche Tragödie; doch befürchtete ich, daß uns das Schlimmste noch bevorstand. Jeder von uns nahm Stalins Tod auf seine eigene Weise auf. Mich traf sein Tod sehr hart. Er traf mich, um ehrlich zu sein, nicht in erster Linie deswegen so hart, weil ich an Stalin hing – obwohl ich tatsächlich an ihm hing. Er war ein alter Mann, und der Tod hatte schon lange einen Schritt hinter ihm gelauert. Schließlich ist der Tod unumgänglich. Jeder wird geboren, und jeder muß sterben. Das ist nun einmal so. Mehr als über Stalins Tod selbst war ich über die Zusammensetzung des Präsidiums beunruhigt, so wie es Stalin hinterlassen hatte, und ganz besonders beunruhigte mich, welchen Platz Berija für sich ausersehen hatte. Alles deutete auf ernste Schwierigkeiten und auf einige unangenehme Überraschungen hin – ich würde sogar sagen, katastrophale Folgen.

Sobald Stalin gestorben war, strahlte Berija. Er wirkte wie neu belebt und verjüngt. Er feierte, um es ungeschminkt zu sagen, seinen Einstand, noch bevor Stalins Leichnam in den Sarg gelegt worden war. Berija war sicher, daß der Augenblick, auf den er so lange gewartet hatte, endlich gekommen war. Jetzt konnte ihn keine Macht der Erde mehr zurückhalten. Nichts konnte sich ihm in den Weg stellen. Jetzt konnte er tun, was immer er wollte. Man sah ihm diese triumphierenden Gedanken an, als er nach seinem Wagen rief und in die Stadt fuhr. Wir blieben zurück in der Nahen Datscha.

Es war mir bewußt, daß Malenkow eigentlich nie aus sich heraus eine Position übernommen oder eine Funktion ausgeübt hatte. Er war nur Laufbursche gewesen. Bei Gesprächen in seinem Inneren Kreis sagte Stalin gelegentlich sehr treffend: «Dieser Malenkow ist ein guter Büroangestellter. Er schreibt schnell eine Resolution ab. Er ist ein Mann, dem man gut allerlei Aufgaben übertragen kann, aber er ist nicht in der Lage, selbständig einen Gedanken zu fassen oder die Initiative zu ergreifen.»[1]

1 Andererseits hatte Stalin im Oktober 1952 Malenkow beauftragt, den Rechenschaftsbericht für den XIX. Parteitag abzugeben. Er dürfte also kaum eine so geringschätzige Meinung von ihm gehabt haben.

Malenkow hatte immer geglaubt, daß es nützlich sei, Berija zu schmeicheln, obgleich er wußte, daß Berija ihn nur herumstieß und nicht für voll nahm. Und Malenkow hatte durchaus recht – es lohnte sich, Berija zu schmeicheln. Vor allem da er Berija nahestand, gelang es Malenkow, sich Stalins Gunst zu erhalten, obwohl Stalin ihn nicht für eine Führerpersönlichkeit hielt. Jetzt, nach Stalins Tod, war Malenkow sicher, er werde sich für Berijas Pläne als «nützlich erweisen», so wie es Berija einmal mir gegenüber ausgedrückt hatte.

Diese Gedanken gingen mir durch den Kopf, während ich in der Nahen Datscha vor Stalins Leichnam stand.

Nachdem Berija gegangen war, beschlossen wir übrigen, alle Mitglieder des Büros und des Präsidiums zusammenzurufen. Während wir auf ihre Ankunft warteten, ging Malenkow nervös auf und ab. Ich entschloß mich, auf der Stelle mit ihm zu sprechen. Ich ging zu ihm hinüber und sagte: «Jegor, ich möchte etwas mit Ihnen besprechen.»

«Was?» fragte er reserviert.

«Da Stalin tot ist, haben wir einiges zu erörtern. Was wollen wir jetzt tun?»

«Was hat es für einen Sinn, jetzt darüber zu reden? Wir setzen uns alle zusammen, und sprechen darüber. Deshalb haben wir doch die Sitzung einberufen.» Das schien eine mehr als demokratische Reaktion, aber ich faßte sie anders auf. Ich schloß daraus, daß Malenkow die Dinge bereits mit Berija besprochen hatte und daß fürs erste alles beschlossene Sache war.

«Na schön», sagte ich, «dann sprechen wir später darüber.»

Alle versammelten sich in der Nahen Datscha und sahen mit eigenen Augen, daß Stalin tot war. Dann traf Swetlanka ein. Ich ging ihr entgegen. Sie war sehr durcheinander und fing an zu weinen. Ich konnte mich nicht zusammennehmen. Ich fing auch an zu weinen, und ich weinte aufrichtig über Stalins Tod.

Ich weinte nicht nur um Stalin. Ich machte mir schreckliche Sorgen um die Zukunft der Partei und die Zukunft des Landes. Ich ahnte bereits, daß Berija anfangen würde, jeden herumzukommandieren, und daß dies der Anfang vom Ende sein konnte. Ich wußte seit langem, daß er kein Kommunist war. Ich hielt ihn für einen verräterischen Opportunisten, der vor nichts zurückschrecken würde, um das zu erreichen, was er wollte. Ideologisch erkannte ich seine Einstellung nicht als kommunistisch an. Er war ein Schlächter und ein Mörder.

Als wir alle versammelt waren, begann die Verteilung unserer neuen Portefeuilles. Berija schlug sogleich Malenkow als Vorsitzenden des Ministerrates vor. Und auf der Stelle schlug Malenkow vor, Berija zu seinem ersten Stellvertreter zu ernennen.

Außerdem schlug er vor, die Ministerien für Staatssicherheit und für Innere Angelegenheiten zusammenzulegen zu einem einzigen Ministerium für Innere Angelegenheiten mit Berija als Minister – ein scheinbar bescheidener Posten, mit dem sich Berija begnügen sollte.[2] Ich schwieg. Ich fürchtete, Bulganin würde vielleicht Einspruch erheben gegen dieses unzulässige Verfahren, aber auch Bulganin schwieg. Welche Haltung die anderen einnehmen würden, war mir klar. Hätten Bulganin und ich Einspruch dagegen erhoben, wie Berija und Malenkow die Sitzung leiteten, dann hätte man uns vorgeworfen, wir verhielten uns streitsüchtig und ordnungswidrig und wollten innerhalb der Partei einen Kampf beginnen, noch bevor die Leiche kalt war. Ich sah, daß sich die Dinge genauso entwickelten, wie ich gefürchtet hatte.

Molotow und Kaganowitsch wurden gemeinsam mit Berija zu Ersten Stellvertretenden Ministerpräsidenten ernannt. Woroschilow wurde zum Vorsitzenden des Präsidiums des Obersten Sowjets ernannt und löste Schwernik[3] ab. Berija war äußerst unhöflich in seinen Bemerkungen über Schwernik; er sagte, Schwernik sei der Öffentlichkeit so gut wie unbekannt und daher ungeeignet für eine wichtige Position in der Führung. Mir war klar, daß diese Neuordnung der Positionen genau in Berijas meisterhaften Plan paßte. Durch die Beförderung Woroschilows zum Vorsitzenden des Präsidiums des Obersten Sowjets versuchte Berija zum Beispiel, in Woroschilow einen Anhänger zu gewinnen, auf den er sich verlassen konnte, wenn er die nächste Runde seiner Metzelei begann. Dann schlug Berija vor, mich von meinen Pflichten als Sekretär des Moskauer Parteikomitees zu entbinden, damit ich mich ganz auf meine Arbeit im Sekretariat des Zentralkomitees konzentrieren könne. Weitere Ernennungen wurden ausgesprochen und weitere Vorschläge unterbreitet. Dann entschieden wir über die Beisetzungsfeierlichkeiten und darüber, wie Stalins Tod der Bevölkerung bekanntgegeben werden sollte.

So verloren wir Stalin und begannen, die Regierungsgeschäfte selbst in die Hand zu nehmen.

Während der Totenfeier und unmittelbar danach verhielt sich Berija mir gegenüber aufmerksam und respektvoll, was mich in Erstaunen versetz-

2 Genau das hatte Chruschtschow augenscheinlich befürchtet. Damit hatte Berija die Gewalt über alle Sicherheitsdienste und die besonderen Streitkräfte des Innenministeriums. Er war außerdem, nach Malenkow, der zweite Mann im Parteipräsidium und der erste unter den vier Ersten Stellvertretenden Ministerpräsidenten.

3 N. M. Schwernik, einer von Stalins ältesten Getreuen, verbrachte den größten Teil seiner Laufbahn an der Spitze der sowjetischen Gewerkschaften. Der Vorsitzende des Präsidiums des Obersten Sowjets, oder Staatspräsident der UdSSR, übte eine weitgehend repräsentative Funktion aus. Auch Bulganin wurde Erster Stellvertretender Vorsitzender des Ministerrats, gemeinsam mit Berija, Molotow und Kaganowitsch. Chruschtschow erhielt kein Ministeramt. Seine Stärke beruhte auf seiner Position als Mitglied des Präsidiums *und* des Parteisekretariats.

te. Seine demonstrativ freundschaftliche Verbindung mit Malenkow löste er keineswegs, doch knüpfte er jetzt ebenso freundschaftliche Beziehungen zu mir. So fingen Berija und Malenkow an, mich bei ihren Spaziergängen auf dem Kreml-Gelände mitzunehmen. Natürlich widersetzte ich mich nicht und hatte nichts dagegen einzuwenden, aber meine Meinung über Berija änderte sich dadurch nicht. Im Gegenteil, ich wurde in meiner Meinung noch bestärkt. Ich erkannte, daß sein freundliches Verhalten mir gegenüber eine List war. Hier kam Berijas asiatische Schläue, wie wir es nannten, zur Geltung. Mit diesem Ausdruck bezeichneten wir die Eigenschaft eines Mannes, der das eine denkt, aber etwas anderes sagt. Ich wußte, daß Berija mir gegenüber eine heuchlerische Taktik betrieb; er spielte mit mir und wollte erreichen, daß ich meine Vorsicht vergaß. Unterdessen wartete er nur auf die Gelegenheit, mich noch vor allen anderen aus dem Weg zu räumen.

Es wurde beschlossen, daß Malenkow und ich in Zukunft die Tagesordnung für die Präsidiumssitzungen ausarbeiteten. Malenkow sollte bei den Sitzungen den Vorsitz führen, und ich sollte gemeinsam mit ihm die Tagesordnung aufstellen.

Berija festigte seine Machtposition mit jedem Tag mehr, und seine Arroganz nahm in entsprechendem Maße zu. Er bot seine ganze Durchtriebenheit als Provokateur auf.

Und dann kam es zum ersten Zusammenstoß zwischen Berija und Malenkow auf der einen und den übrigen Mitgliedern des Präsidiums auf der anderen Seite. Das Präsidium hatte sich bereits erheblich verändert. Das große Präsidium und das kleine Büro des Präsidiums, beide beim ersten Plenum des Zentralkomitees nach dem XIX. Parteitag von Stalin ins Leben gerufen, hatten wir abgeschafft. Wir waren zu einem kleinen Kreis von etwa elf Leuten zurückgekehrt.[4] Auf einer Präsidiumssitzung machte Berija den folgenden Vorschlag:

«Da viele Gefängnis- und Verbannungszeiten demnächst ablaufen und alle diese ehemaligen Sträflinge und Verbannten nach Hause zurückkehren werden, schlage ich vor, eine Resolution zu verabschieden, daß niemand ohne die besondere Erlaubnis des Ministeriums für Innere Angelegenheiten zurückkehren darf. Ich schlage ferner vor, daß sie die Auflage erhalten, in Gebieten zu leben, die vom Ministerium für Innere Angelegenheiten bestimmt werden.» Das bedeutete, in von Berija persönlich bestimmten Gebieten. Dieser Vorschlag war ein alarmierendes Zeichen, was Berija vorhatte.

Ich wurde ärgerlich und wandte mich gegen ihn, indem ich sagte: «Ich erhebe kategorisch Einspruch gegen die von Ihnen vorgeschlagene will-

4 Es waren zehn Mitglieder des Parteipräsidiums. In der offiziellen Reihenfolge ihrer Bedeutung: Malenkow, Berija, Molotow, Woroschilow, Chruschtschow, Bulganin, Kaganowitsch, Mikojan, Saburow und Perwuchin.

kürliche Regelung. So etwas haben wir bereits in der Vergangenheit gehabt. Heute, da wir angefangen haben, kritischer und korrekter darüber nachzudenken, wie die Vergangenheit zu beurteilen ist, wissen wir, daß wir eine derartige als rechtmäßig verkleidete Gesetzwidrigkeit dem Volk nicht mehr zumuten können. Die Sträflinge und Verbannten, von denen Sie sprechen, wurden von Troikas der Staatssicherheitsorgane verhaftet, verhört und nach einer Verhandlung verurteilt.[5] Nie wurde ihnen das Recht auf Zeugen, Ankläger oder Richter zugestanden – sie wurden einfach herangeschleppt und eingekerkert oder getötet. Und jetzt sagen Sie, diese Menschen, deren Strafmaß von den Troikas festgesetzt wurde, sollen erneut aller Rechte beraubt und als Kriminelle behandelt werden; und es soll ihnen nicht gestattet werden, selbst zu entscheiden, wo sie leben wollen. Das ist völlig unannehmbar.»

Die anderen unterstützten mich. Berija war geschickt genug, seinen Vorschlag zurückzuziehen, und da Malenkow das Protokoll führte, wurde der Antrag niemals schriftlich festgehalten. Später stellte Berija einen Antrag, der dem Anschein nach liberal war. Er schlug vor, wir sollten eine alte Verfügung abändern, die ein Höchstmaß von zwanzig Jahren Gefängnis oder Verbannung für die von den Troikas verhafteten und verurteilten Leute vorsah; er empfahl, diese Höchststrafe von zwanzig Jahren auf zehn Jahre herabzusetzen. Das wirkte wie ein ganz liberaler Vorschlag, aber ich wußte, was Berija im Sinn hatte.

Ich sagte: «Auch diesen Vorschlag lehne ich kategorisch ab. Ich bin dagegen, weil wir nicht nur Einzelheiten modifizieren, sondern das ganze Verhaftungs- und Untersuchungssystem revidieren sollten. Sie versuchen erneut, der Willkür Vorschub zu leisten. Ob das Höchstmaß zwanzig oder zehn Jahre beträgt, spielt im Grunde keine Rolle, da man jemanden immer erst zu zehn Jahren und dann zu weiteren zehn Jahren verurteilen kann. Wenn man wollte, könnte man jemanden, den man nicht leiden kann, immer wieder zu zehn Jahren verurteilen, bis er stirbt. Was not tut, ist eine radikale Revision der unzulässigen Praxis, Menschen zu verhaften und zu verurteilen, die zu Zeiten Stalins vorherrschte. Was Sie wollen, ist eine Legalisierung der Willkürherrschaft – Sie wollen den Status quo legalisieren. Gegenwärtig werden Dokumente zusammengestellt, die zeigen, wie die Methoden, die Sie vorschlagen, in der Vergangenheit willkürlich und rechtswidrig angewandt wurden und wie der Partei dadurch Schaden zugefügt worden ist.»

Wieder zog Berija seinen Antrag zurück. Zweimal hatte ich schon entschieden gegen ihn gesprochen. Ich zweifelte nicht, daß er genau wußte, wo ich stand, und daß er seinen nächsten Schachzug plante. Berija konnte sich nie damit abfinden, daß jemand sich ihm in den Weg stellte.

5 Eigens zu diesem Zweck gebildete Dreiergruppen, die gleichzeitig als Ankläger und Richter fungierten und mit äußerster Hast und Willkür vorgingen.

Und was war der nächste Schachzug dieses Schurken Berija? Folgendes geschah: Eines Tages machten wir – Berija, Malenkow und ich – irgendwo einen kleinen Spaziergang, da begann Berija, den folgenden Plan zu entwickeln: «Wir alle sind in Gottes Hand, wie man früher zu sagen pflegte. Wir werden auch nicht jünger. Jedem von uns könnte etwas zustoßen, und wir alle würden unsere Familien hinterlassen. Wir sollten ein wenig an unser Alter und unsere Familien denken. Deshalb möchte ich vorschlagen, daß die Regierung Datschas baut, die sie dann den Führern des Landes zur persönlichen Verwendung überlassen könnte.» Dieser Vorschlag war typisch für Berija. Eine derartige unkommunistische Denkweise konnte mich bei ihm nicht mehr überraschen. Sie stimmte mit seiner Handlungsweise völlig überein. Ich war überzeugt, daß die Idee mit den Datschas Teil irgendeiner Art Provokation war. Aber ich sagte nichts; ich hörte nur zu. Dann sagte er: «Ich schlage vor, daß wir diese Datschas lieber in Suchumi [6], als in der Umgebung Moskaus bauen lassen – und zwar nicht in der Umgebung von Suchumi, sondern direkt im Zentrum. Wir könnten das Stadtzentrum niederreißen lassen und in einen Park mit Pfirsichbäumen verwandeln.» Er fing an, davon zu schwärmen, was für eine wunderbare Stadt Suchumi sei und was für schöne Pfirsiche und Weintrauben dort wüchsen. Er hatte alles ausgerechnet – wie viele Arbeitskräfte man benötigen würde und was an Geldern aufgewendet werden mußte. Er dachte in großartigen und stolzen Maßstäben. Er fuhr fort: «Das Ministerium für Innere Angelegenheiten wird das Projekt überwachen. Zuerst müssen wir eine Datscha für Sie bauen, Jegor, und dann für Sie, Nikita. Und dann für Molotow, Woroschilow und die anderen.»

Ich ließ ihn ausreden und machte keinen Versuch, mit ihm zu diskutieren. Die ganze Zeit, während er sprach, sagte ich nur immer: «Ja, ja, wir müssen darüber nachdenken» – so, als sei ich mit ihm einer Meinung.

Nachdem wir unser Gespräch beendet hatten und zu unseren Wagen zurückgekehrt waren, fuhren Berija, Malenkow und ich zu unseren Datschas auf dem Land. Wir fuhren alle drei im selben Wagen bis zu der Abzweigung an der Rubljow-Straße, wo Malenkow und ich links abbiegen mußten, während Berija weiter geradeaus fuhr. Malenkow und ich stiegen aus Berijas Wagen und setzten uns in einen der anderen Wagen. Als wir unter uns waren, sagte ich zu Malenkow: «Sagen Sie, was halten Sie von Berijas Idee? Das ist doch eine himmelschreiende Provokation!»

«Warum meinen Sie?»

«Ich weiß, daß Berija ein Provokateur ist. Er möchte diese Datschas bauen lassen, um zu provozieren und nichts anderes. Wir werden eine Zeitlang nichts dagegen sagen. Wir lassen ihn machen, was er will, und er wird meinen, keiner merke, was er vorhat.»

6 An der kaukasischen Schwarzmeerküste.

Berija machte sich also daran, seinen Plan in die Tat umzusetzen. Er ließ die Baupläne für die Datschas ausarbeiten. Als sie fertiggestellt waren, lud er uns ein und zeigte sie uns. Er schlug vor, sofort mit dem Bau zu beginnen. Ein bekannter Baumeister hielt Vortrag über das Projekt. Dieser Genosse ist heute für den Bau von Atomkraftwerken verantwortlich. Berija betrachtete ihn als zuverlässigen Bundesgenossen. Er arbeitete für Berija und tat alles, was Berija ihm auftrug. Bei der Sitzung sagte Berija, der Bauplatz für Malenkows Datscha sei sorgfältig ausgewählt worden, damit Malenkow von seinem Fenster aus das Schwarze Meer sehen und ein wachsames Auge auf die Türken haben könne. Dann witzelte Berija: «Jegor, Sie werden die Türkei sehen können. Es ist wunderschön. Begreifen Sie, was für ein hübsches Haus das wird?»

Als alle anderen gegangen waren, blieb ich mit Malenkow zurück. Ich sagte zu ihm: «Ein entscheidender Punkt in Berijas Plänen ist, daß Ihre Datscha genau im Zentrum von Suchumi gebaut wird. Das Projekt macht es erforderlich, daß sehr viele Menschen umgesiedelt werden. Der Wohnungsbauminister hat gesagt, das Datscha-Projekt bedeute für eine große Anzahl von Leuten die Vertreibung. Für sie ist die ganze Sache ein Unglück. Seit Generationen haben sie dort in ihrem Besitz gelebt, und nun sollen plötzlich alle vertrieben werden. Das ist kein Spaß. Sehen Sie immer noch nicht, worauf diese Provokation hinausläuft? Berija möchte eine Art Pogrom auslösen. Er will die Leute aus ihren Wohnungen werfen und ihre Häuser abreißen lassen, um Ihnen eine Art Palast zu bauen. Um die Datscha und das Grundstück werden Mauern gezogen. Die Stadt wird kochen vor Zorn und Empörung. Die Leute werden fragen: ‹Für wen wird das alles eigentlich gebaut?› Und wenn alles fertiggestellt ist, kommen Sie, und die Leute werden beobachten, wie Sie, der Vorsitzende des Ministerrates, aus dem Wagen steigen und in Ihrem Palast verschwinden. Sie werden erkennen, daß alles, das Pogrom und die Vertreibung der Leute aus ihren Wohnungen, nur Ihretwegen geschehen ist. Der Haß auf Sie wird sich nicht nur in ganz Suchumi ausbreiten, sondern überall, im ganzen Land. Und genau das ist es, was Berija erreichen will. Er versucht, Sie in einen so hoffnungslosen Skandal hineinzumanövrieren, daß Sie sich gezwungen sehen, zurückzutreten. Begreifen Sie denn nicht? Berija sagt zwar, daß er auch Pläne für eine eigene Datscha ausarbeiten läßt, aber Sie werden sehen, er wird sie nicht bauen lassen. Er wird eine für Sie bauen lassen und sie dann dazu benutzen, Sie in Mißkredit zu bringen.»

«Wie können Sie so etwas sagen? Berija hat alles mit mir besprochen!»

Aber dieses Gespräch brachte Malenkow zum Nachdenken.

Eines Tages, als Berija mir die Baupläne für die Datschas zeigte, sagte er wieder in seinem typischen georgischen Tonfall: «Werden das nicht reizende Häuser?»

«Ja, wirklich», sagte ich. «Ein großartiger Einfall.»

«Nehmen Sie doch die Bauzeichnungen einmal mit nach Hause.»

Ich nahm die Zeichnungen also mit nach Hause, wußte aber nicht recht, was ich damit sollte. Nina Petrowna entdeckte sie zufällig und fragte: «Was ist denn das hier?» Ich erzählte ihr, was es war, und sie wurde wütend.

«Das ist eine schändliche Idee!»

Ich konnte ihr nicht alles erklären, deshalb sagte ich: «Leg sie erst einmal beiseite. Wir werden später darüber sprechen.»

Berija bemühte sich, den Bau der Datschas in Suchumi durchzusetzen, doch zum Zeitpunkt seiner Verhaftung war noch nichts geschehen. Nachdem er verhaftet worden war, strichen wir das gesamte Projekt. Noch lange bewahrte ich die Pläne für die Datschas bei mir zu Hause auf.

In der Zwischenzeit gerieten die Dinge jedoch in Bewegung. Berija versuchte, sich in die Parteiarbeit einzumischen, besonders in die Arbeit der Tscheka. Er fabrizierte eine Art Dokument über die Situation in der ukrainischen Parteiführung. Also hatte er sich doch entschlossen, den ersten Schlag gegen die ukrainische Parteiorganisation zu führen! Ich war darauf vorbereitet, da ich mir schon gedacht hatte, daß er versuchen würde, mich auf diese Weise in Schwierigkeiten zu bringen. Nach wie vor war ich weitgehend für die Ukraine verantwortlich. Mit Hilfe der Gebietsabteilungen des Ministeriums für Innere Angelegenheiten der Ukraine sammelte Berija Beweismaterial. Strokatsch war der Leiter der MWD-Dienststelle in Lwow. Inzwischen ist er gestorben. Er war aufrichtiger Kommunist und ein guter Soldat. Vor dem Kriege hatte er als Oberst Grenztruppen in der Ukraine befehligt. Dann, während des Krieges, hatte er das Hauptquartier der ukrainischen Partisanentruppen geleitet und mir regelmäßig Bericht über die Situation in den besetzten Gebieten hinter den feindlichen Linien erstattet. Ich konnte feststellen, daß er ein aufrechter, anständiger Mann war. Nach dem Krieg wurde er Beauftragter des Ministeriums für Innere Angelegenheiten im Gebiet von Lwow. Als der Minister für Innere Angelegenheiten der Ukraine, ein Handlanger Berijas, sich mit Strokatsch in Verbindung setzte und von ihm Material über örtliche Parteiarbeiter verlangte, erklärte Strokatsch, wie wir später erfuhren, für Personalangelegenheiten sei er nicht zuständig, man solle sich an das zuständige Gebietskomitee der Partei wenden. Daraufhin rief Berija persönlich Strokatsch an und sagte, wenn er weiterhin Haarspaltereien betreiben wolle, dann werde man ihn zu Lagerstaub zerstampfen. Wir erfuhren von diesem Zwischenfall erst später, nachdem wir Berija verhaftet hatten. Zu der Zeit hatten wir jedoch keine Ahnung davon, daß die Partei unterminiert und dem Ministerium für Innere Angelegenheiten der Ukraine untergeordnet wurde.

Das Präsidium erörterte zunächst ein Memorandum Berijas über die ethnische Zusammensetzung der Führungsgremien in der Ukraine. Berijas Idee war, daß örtliche Funktionäre in den Führungspositionen in ihren eigenen Republiken belassen und nicht in die zentrale Parteiorganisation nach Moskau versetzt und damit befördert werden sollten. Auf Grund seines Memorandums wurde beschlossen, Melnikow seiner Pflichten als Erster Sekretär des Ukrainischen Zentralkomitees zu entbinden und ihn durch Kiritschenko[7] zu ersetzen. Ferner schlug Berija vor, Kornejtschuk ins Präsidium des Zentralkomitees der ukrainischen Partei zu berufen. Das wurde auch getan, und es fand ein Plenum des Ukrainischen Zentralkomitees statt. Kornejtschuk durchschaute nicht, daß er befördert worden war, damit er Berijas parteifeindliche Absichten unterstützte, und so äußerte er sich im Verlauf des Plenums mehrfach sehr positiv über Berija und dessen Memorandum. Dann kamen ein Memorandum über die baltischen Republiken und ein weiteres über Weißrußland zur Sprache. In beiden wurde der Grundsatz hervorgehoben, die Führung einer jeden Republik solle sich aus der dort ansässigen Bevölkerung rekrutieren. Wir verabschiedeten einen Beschluß, daß der Posten des Ersten Parteisekretärs in jeder Republik mit einem aus der Republik stammenden Mann besetzt werden sollte und nicht mit einem aus Moskau geschickten Russen.[8]

Es ergab sich, daß Berijas Standpunkt in dieser Frage richtig war und mit der Haltung des Zentralkomitees der Gesamtunion übereinstimmte, doch nahm er diese Position nur ein, um seine eigenen parteifeindlichen Ziele zu verfolgen. Er predigte, daß das Übergewicht der Russen in der Führung der nicht-russischen Republiken beseitigt werden müßte. Jeder wußte, daß das richtig war und der Parteilinie entsprach, aber die Leute merkten nicht gleich, daß Berija dieses Prinzip verfolgte, um die nationalistischen Spannungen zwischen Russen und Nicht-Russen wie auch die Spannungen zwischen der zentralen Führung in Moskau und den lokalen Führungen in den Republiken zu verschärfen.

Damals nahm ich Malenkow beiseite und sagte: «Hören Sie, Genosse Malenkow, sehen Sie nicht, wohin das führt? Wir steuern auf eine Katastrophe zu. Berija wetzt die Messer!»

Malenkow antwortete: «Ja, aber was können wir machen? Ich bin mir schon darüber im klaren, was vor sich geht, aber was können wir dagegen tun?»

«Jetzt ist es so weit, daß man sich widersetzen muß. Sie müssen doch sehen, daß Berija eine parteifeindliche Haltung einnimmt. Wir dürfen uns nicht bieten lassen, was er tut. Wir müssen uns dagegen wehren.»

7 Ein Ukrainer.

8 Diese Bemerkungen beziehen sich auf die Versuche Berijas, die lokale Parteiführung in den Unionsrepubliken zu stärken, deren eigentlicher Zweck nach wie vor im dunkeln liegt. Berija wurde verhaftet und erschossen, bevor die Ziele dieses Planes offenkundig geworden waren, doch dürfte Chruschtschows Deutung richtig sein.

«Wollen Sie damit sagen, daß ich ihm ganz allein entgegentreten soll? Das möchte ich auf keinen Fall.»

«Wieso Sie allein? Da sind zunächst einmal Sie und ich – das sind schon zwei. Ich bin sicher, daß auch Bulganin mitmacht. Ich habe mit ihm mehr als einmal gesprochen. Ich bin sicher, daß die anderen sich uns anschließen, wenn wir von einer festen Parteiposition aus argumentieren. Das Dumme ist nur, daß Sie nie jemandem Gelegenheit geben, auf unseren Präsidiumssitzungen zu sprechen. Wenn Berija einen Antrag einbringt, dann springen Sie sofort auf und unterstützen ihn, indem Sie sagen: ‹Fein, Genosse Berija, ein guter Antrag. Ich bin dafür. Ist irgend jemand dagegen?› Und dann bringen Sie die Sache sofort zur Abstimmung. Geben Sie uns anderen doch wenigstens einmal die Gelgenheit, auch unsere Meinung zu sagen. Dann werden Sie schon sehen, was passiert. Halten Sie sich zurück! Seien Sie nicht so zappelig. Sie werden sehen, daß Sie nicht der einzige sind, der so denkt. Ich bin überzeugt, daß viele auf unserer Seite stehen und gegen Berija sind. Sie und ich stellen die Tagesordnung auf. Lassen Sie uns ein paar Fragen zur Diskussion stellen, bei denen wir glauben, daß Berija eine falsche Haltung einnimmt. Dann werden wir ihm entgegentreten. Ich bin überzeugt, wir können erreichen, daß die anderen Präsidiumsmitglieder hinter uns stehen und daß unsere Resolutionen angenommen werden. Wir wollen es wenigstens versuchen.»

Malenkow willigte schließlich ein. Ich war überrascht und erfreut. Wir stellten die Tagesordnung für die nächste Präsidiumssitzung auf und setzten einige Fragen darauf, in denen wir der Unterstützung der anderen sicher waren. Und Berija wurde überstimmt. Diese Methode wandten wir auf einer ganzen Reihe von Sitzungen an. Erst dann gewann Malenkow das Vertrauen, daß wir Methoden, die auf der Parteilinie lagen, gegen Berija anwenden und auf diese Weise Vorschläge zu Fall bringen konnten, die unserer Meinung nach der Partei und dem Lande schadeten. Als Berija merkte, daß die anderen Mitglieder des Präsidiums ihn überfuhren, versuchte er die Dinge zu beschleunigen. Er legte eine ungeheure Arroganz an den Tag und versuchte, auf jede nur denkbare Art und Weise seine Überlegenheit zu demonstrieren. Wir machten eine äußerst gefährliche Phase durch. Ich hatte das Gefühl, daß es an der Zeit war, eine Konfrontation zu erzwingen. Es war an der Zeit zu handeln.

Ich sagte Malenkow, wir müßten mit den anderen Mitgliedern des Präsidiums reden und uns ihrer Unterstützung vergewissern. Natürlich war es sinnlos, dies während einer Sitzung in Anwesenheit Berijas zu versuchen. Wir mußten mit jedem einzelnen unter vier Augen sprechen und herausfinden, wie seine wahre Einstellung gegenüber Berija war. Schließlich stimmte Malenkow zu und sagte: «Ja, wir müssen handeln.»

Es war mir von vornherein klar, daß Bulganin die Position der Partei vertrat und voll und ganz verstand, welche Gefahr Berija für die Partei darstellte. Malenkow und ich vereinbarten, daß ich als erstes mit dem Genossen Woroschilow sprechen sollte. Woroschilow und ich saßen gemeinsam in verschiedenen Ausschüssen. Ich beschloß, dies als Vorwand für einen Besuch bei ihm zu benutzen. Ich rief ihn an und sagte, ich würde gern zu ihm kommen, um über einen der Ausschüsse mit ihm zu sprechen. Genosse Woroschilow sagte, er käme lieber zu mir ins Gebäude des Zentralkomitees. «Nein», sagte ich, «ich möchte lieber in Ihr Büro kommen.» Er bestand darauf, zu mir zu kommen, aber am Ende setzte ich doch meinen Kopf durch. Malenkow und ich vereinbarten, daß ich, wenn ich nach Hause kam, bei ihm hereinschauen würde. Wir konnten dann zusammen zu Abend essen und darüber sprechen, wie mein Gespräch mit Woroschilow verlaufen war. Malenkow und ich wohnten in demselben Haus und an demselben Treppenaufgang. Meine Wohnung lag genau über der seinen.

Ich suchte den Genossen Woroschilow in seinem Büro im Gebäude des Obersten Sowjets auf, aber meinen Vorsatz, weshalb ich gekommen war, konnte ich nicht ausführen. Kaum hatte ich sein Büro betreten, fing Woroschilow an, Berijas Loblied zu singen: «Ein bemerkenswerter Mann, dieser Lawrentij Pawlowitsch, nicht wahr, Genosse Chruschtschow? Wirklich, ein bemerkenswerter Mann!»

Ich antwortete: «Vielleicht auch nicht. Möglicherweise überschätzen Sie ihn.» Doch da mich Woroschilow auf diese Weise begrüßt hatte, konnte ich unmöglich freimütig mit ihm über Berija sprechen. Ich sagte mir, daß Woroschilow sich vielleicht deshalb so geäußert hatte, weil er glaubte, seine Gespräche würden abgehört, daß er es also für «Berijas Ohren» gesagt hatte. Andererseits konnte es aber auch darauf zurückzuführen sein, daß er mich für einen Verbündeten Berijas hielt. Das war durchaus denkbar, denn Berija, Malenkow und ich wurden oft zusammen gesehen. Jedenfalls war meine Meinung über Berija genau das Gegenteil von der Woroschilows. Hätte ich jedoch geradeheraus gesagt, was ich hatte sagen wollen, dann hätte ich Woroschilow in eine sehr peinliche Lage gebracht. Allein schon aus Stolz hätte er mir nicht zustimmen können. Er hätte nicht sofort auf meine Seite überschwenken können, nachdem er gerade erst Berija gepriesen hatte, kaum daß ich zur Tür hereingekommen war. Schließlich ging ich bei meiner eigenen Haltung von der Notwendigkeit aus, Berija auszuschalten.

So wechselten Woroschilow und ich nur ein paar Worte über die Angelegenheit, derentwegen ich mich offiziell mit ihm verabredet hatte. Es ging um irgendeine banale Frage, und dann verabschiedete ich mich schnell, um wie vereinbart mit Malenkow zu Abend zu essen. Ich berichtete Malenkow, daß bei meinem Besuch bei Woroschilow nichts herausgekommen war und daß ich nicht offen mit ihm darüber hatte sprechen können.

Genosse Malenkow und ich vereinbarten dann, daß ich mit dem Genossen Molotow reden sollte, der damals Außenminister war und mich kurz zuvor am Telefon gefragt hatte, ob wir im Büro des Zentralkomitees ein paar das Außenministerium betreffende Personalfragen erörtern könnten. Sein Anruf diente mir jetzt als Vorwand für eine Verabredung. Ich rief ihn an und sagte: «Sie wollten sich doch mit mir treffen. Ich stehe Ihnen jederzeit zur Verfügung. Wenn Sie Zeit haben, kommen Sie doch gleich herüber. Dann können wir gleich die Personalfragen besprechen.» Wenig später traf er ein, und ich sagte: «So, nun lassen Sie uns über Personalfragen sprechen, aber nicht über Personalfragen des Außenministeriums.» Ich legte ihm meine Ansichten über die Rolle, die Berija spielte, dar. Ich erklärte Molotow, was für ein Mensch Berija war und welche Gefahr der Partei drohte, wenn wir seine Intrigen gegen die Parteiführung nicht durchkreuzten. Ich hatte ihm schon früher gesagt, daß Berija seine Pläne bereits in die Tat umsetzte, indem er die nationalistischen Spannungen in den Republiken verschärfte.

Anscheinend hatte sich Molotow schon allerlei Gedanken darüber gemacht. Natürlich mußte er sich seine Gedanken machen. Schließlich war er über alles, was während Stalins Herrschaft geschehen war, genau unterrichtet. Damals, als Molotow noch Stalins uneingeschränktes Vertrauen genoß, hatte ich oft mit angehört, wie er sich entschieden gegen Berija geäußert hatten, wenn auch nie in Stalins Gegenwart. Während der Sitzungen mit Stalin war Molotow oft genug ein Opfer der Heuchelei und der verräterischen Provokationen Berijas gewesen. Mehr als einmal hatte ich selbst gehört, wie Molotow Berija gegenüber dessen Machenschaften beim Namen genannt hatte. Sobald ich daher bei Molotow ernsthaft zur Sache kam, sah ich, daß er voll und ganz mit mir übereinstimmte.

«Ja», sagte er, «ich stimme mit Ihnen voll überein. Aber ich möchte Ihnen eine Frage stellen. Wie denkt Malenkow darüber?»

«Ich spreche hier mit Ihnen in Malenkows und Bulganins Namen. Wir haben unsere Ansichten über die Sache bereits ausgetauscht.»

Dann sagte Molotow: «Es ist vollkommen richtig, daß Sie diese Sache zur Sprache gebracht haben. Ich stimme ganz mit Ihnen überein, und Sie haben meine volle Unterstützung. Aber sagen Sie noch eines. Was genau wollen Sie tun? Wohin führt das alles?»

«Als erstes müssen wir Berija von seinen Pflichten als Präsidiumsmitglied, als Stellvertretender Vorsitzender des Ministerrates und als Minister für Innere Angelegenheiten entbinden.»

Molotow meinte, das genüge nicht. «Berija ist sehr gefährlich. Ich glaube deshalb, wir müssen extremere Maßnahmen ergreifen, wie man so sagt.»

«Sie meinen, wir sollten ihn festsetzen und eine Untersuchung gegen ihn einleiten?» Ich sagte ausdrücklich «festsetzen» und nicht «verhaften», denn noch lagen keine Beschuldigungen im strafrechtlichen Sinne gegen Berija vor. Zwar konnte ich mir gut denken, daß er Agent der Mussawaten gewesen war, wie Kaminskij behauptet hatte[9], aber Kaminskijs Beschuldigungen waren niemals verifiziert worden. Eine Untersuchung der Rolle Berijas in Baku hatte nie stattgefunden. Was Berijas provokatorisches Verhalten anging, so waren wir auf unsere Mutmaßungen angewiesen, und auf Grund von Mutmaßungen kann man einen Menschen nicht verhaften. Deshalb sagte ich, wir sollten ihn «festsetzen» und eine Untersuchung einleiten. Molotow und ich waren uns einig, und wir verabschiedeten uns. Später berichtete ich dem Genossen Malenkow und dem Genossen Bulganin, was geschehen war.

Wir beschlossen, die Dinge nach Möglichkeit rascher voranzutreiben, denn es konnte ja sein, daß «Berijas Ohren» mithörten oder daß jemand vorzeitig die Katze aus dem Sack ließ. Kurz, es war möglich, daß Berija über die Schritte, die wir unternahmen, unterrichtet wurde, und Berija hätte uns alle mit Leichtigkeit verhaften lassen können.

Wir kamen überein, daß ich mit Saburow reden sollte, der damals Mitglied des Präsidiums war. Als ich mit Saburow sprach, sagte er sofort: «Ich stimme mit Ihnen vollkommen überein.» Dann fragte er: «Aber wie steht es mit Malenkow?» Jeder, mit dem ich sprach, stellte diese Frage.

Kaganowitsch war damals gerade nicht in Moskau. Er machte eine Rundreise und inspizierte die Holzindustrie. Nach seiner Rückkehr bat ich ihn, im Büro des Zentralkomitees bei mir hereinzuschauen. Er kam abends, und wir hatten ein langes Gespräch. Er berichtete mir des langen und des breiten über Sibirien und über die Sägemühlen. Ich machte gar nicht erst den Versuch, ihn zu unterbrechen, obgleich ich wirklich andere Dinge im Sinn hatte als Sägemühlen. Ich war höflich und taktvoll, wie es sich gehörte, und wartete darauf, daß er endlich genug vom Reden hatte. Als er seinen Bericht beendet hatte, sagte ich: «Was Sie mir da erzählt haben, ist ja alles schön und gut. Aber jetzt will ich Ihnen mal sagen, was hier los ist.» Ich berichtete ihm, wie die Dinge standen und zu welchen Schlüssen wir gekommen waren.

Kaganowitsch spitzte sofort die Ohren und fragte: «Wer ist ‹wir›?» Er stellte die Frage in dieser Form, um die Verteilung der Macht abschätzen zu können. Ich antwortete, Malenkow, Bulganin, Molotow, Saburow und ich seien einer Meinung, und ich sagte ihm, daß wir auch ohne ihn eine Mehrheit hätten. Darauf erklärte Kaganowitsch sogleich: «Ich bin auch dabei. Natürlich bin ich dabei. Ich wollte nur mal fragen.» Aber ich wußte, was er dachte, und er wußte, was ich dachte. Dann fragte er mich: «Und was ist mit Woroschilow?» Ich erzählte ihm von meinem peinlichen Treffen mit Woroschilow und mit welchen Worten Woroschilow Berijas Loblied gesungen hatte. «Das hat er wirklich gesagt?» rief Kaganowitsch ungläubig.

9 Vergleiche Kapitel 3, Abschnitt «Berijas Aufstieg zur Macht».

«Ja», sagte ich. «Kaum hatte ich sein Büro betreten, fing er an, ein Loblied auf Berija zu singen.»

Kaganowitsch verwünschte Woroschilow, aber er meinte es nicht böse. «Dieser verschlagene alte Gauner! Er hat Sie angelogen. Er hat mir selbst gesagt, daß er Berija nicht ausstehen kann, daß Berija gefährlich ist und daß Berija noch einmal unser aller Verderben sein wird.»

«Ich habe mir schon gedacht, daß Woroschilow nicht offen mit mir war, aber immerhin hat er so geredet.»

«Was er gesagt hat, ist ohne Bedeutung.»

«Dann sollten wir wohl noch einmal versuchen, mit ihm zu reden. Vielleicht kann ja Malenkow mit ihm sprechen. Da ich schon mit ihm gesprochen habe, ist es vielleicht besser, wenn ich ihm nicht noch mal mit dem Thema Berija komme. Ich möchte ihn nicht in eine peinliche Situation bringen.» Darüber waren wir uns beide einig.

Dann sagte Kaganowitsch: «Und was ist mit Mikojan?»

«Mit Mikojan habe ich noch nicht gesprochen. Sein Fall ist ein bißchen komplizierter.» Jeder wußte, daß Mikojan sehr gut mit Berija stand. Sie waren stets zusammen und folgten einander auf Schritt und Tritt. Irgendwann mußten wir mit Mikojan sprechen, aber es durfte erst zu einem späteren Zeitpunkt geschehen.

Ich berichtete Malenkow über mein Gespräch mit Kaganowitsch, und er fand auch, daß es besser sei, wenn er selbst mit Woroschilow spreche. Blieb nur noch Perwuchin übrig. Plötzlich sagte Malenkow: «Mit Perwuchin möchte ich selbst reden.»

«Schön, wenn Sie wollen – aber Perwuchin ist ein schwieriger Mann. Ich kenne ihn.»

«Ich kenne ihn auch.»

«Sehr gut, dann sprechen Sie mit ihm.»

Malenkow bat Perwuchin zu sich und setzte sich hinterher mit mir in Verbindung. «Also, ich habe Perwuchin kommen lassen und ihm alles auseinandergesetzt. Perwuchin hat gesagt, er will es überdenken. Das ist sehr gefährlich. Ich glaube, Sie sollten ihn sich selbst noch einmal vorknöpfen, am besten sollten Sie es unverzüglich tun. Wer weiß, was sonst noch alles passieren kann! ‹Ich will es überdenken› – das ist sehr gefährlich.»

Ich rief den Genossen Perwuchin an. Er kam zu mir. Ich sagte ihm alles, ganz offen. Er sagte: «Wenn Malenkow es mir so klar auseinandergesetzt hätte, wie Sie es getan haben, wäre nicht die geringste Frage entstanden. Ich stimme ganz mit Ihnen überein. Es gibt keine Alternative.» Ich weiß nicht, was Malenkow Perwuchin erzählt hatte, aber jetzt war alles in Ordnung.

Auf diese Weise sprachen wir reihum mit allen Mitgliedern des Präsidiums außer mit Woroschilow und Mikojan. Wir vereinbarten, daß ich mit Mikojan und daß Malenkow mit Woroschilow reden sollte. Später ging ich dann zu Malenkow und erkundigte mich nach seinem Gespräch mit Woroschilow. «Na, wie war's?» fragte ich. «Hat er immer noch Berijas Loblied gesungen?»

«Kaum hatte ich ihm von unserem Plan erzählt», sagte Malenkow, «da umarmte mich Woroschilow und fing an zu weinen.» Ich weiß nicht, ob es wirklich so gewesen ist, aber Genosse Malenkow hatte keinen Grund, hier die Unwahrheit zu sprechen.

Noch eine andere Frage erhob sich. Wenn wir erst einmal in aller Form beschlossen hatten, Berija seiner Posten zu entkleiden, wer sollte ihn dann festsetzen? Die Leibwache des Präsidiums war ihm ergeben. Seine Tschekisten würden während der Sitzung im Nebenraum sitzen, und Berija konnte ihnen mit Leichtigkeit befehlen, uns alle zu verhaften und voneinander zu isolieren. Dagegen wären wir völlig machtlos gewesen, da es im Kreml eine ziemlich stark bewaffnete Wachmannschaft gab. Deshalb beschlossen wir, die Hilfe des Militärs in Anspruch zu nehmen. Zunächst übertrugen wir die Festnahme Berijas dem Genossen Moskalenko, Befehlshaber der Luftverteidigung, und fünf Generalen.[10] Das war meine Idee. Dann, am Vorabend der Sitzung, erweiterte Malenkow unseren Kreis und nahm Marschall Schukow und noch einige andere auf. Jetzt waren es ingesamt elf Marschälle und Generale. Damals bestand die Vorschrift, daß alle Militärpersonen beim Betreten des Kreml ihre Waffen abgeben mußten. Deshalb wurde der Genosse Bulganin beauftragt, dafür zu sorgen, daß die Marschälle und Generale ihre Pistolen behalten durften. Wir vereinbarten, daß Moskalenkos Gruppe während der Sitzung in einem separaten Raum auf Abruf warten sollte. Auf ein Signal Malenkows sollten die Männer in den Raum kommen, wo wir die Sitzung abhielten, und Berija in Gewahrsam nehmen.

Wir beriefen eine Sitzung des Präsidiums des Ministerrates ein, forderten dazu aber auch alle Mitglieder des Präsidiums des Zentralkomitees auf. Malenkow eröffnete die Versammlung nicht als eine Sitzung des Präsidiums des Ministerrates, sondern als eine Sitzung des Präsidiums des Zentralkomitees, damit wir die Situation der Partei erörtern konnten. Genosse Woroschilow mußte gesondert geladen werden, da er Vorsitzender des Präsidiums des Obersten Sowjets war und deshalb nicht re-

10 Gemeint ist die Luftverteidigung der Stadt Moskau. Armeegeneral Kirill Semjonowitsch Moskalenko wurde im März 1955 zusammen mit anderen Generalen zum Marschall der Sowjetunion ernannt. Offenbar wurde er auch bald nach der Verhaftung Berijas befördert, denn in einem Tagesbefehl an die Truppen der Moskauer Garnison tauchte General Moskalenko im November 1953 zum erstenmal als «Kommandeur der Moskauer Garnison und Befehlshaber der Truppen des Moskauer Militärbezirks» auf. (Militärische Ernennungen werden in der Sowjetunion im allgemeinen nicht offiziell bekanntgegeben.) Moskalenko gehörte dem Sondergerichtshof an, der Berija und die anderen Angeklagten verurteilte.

gelmäßig an den Sitzungen des Ministerratpräsidiums und des Parteipräsidiums teilnahm.

Kaum hatte Malenkow die Sitzung eröffnet, sagte er: «Wir wollen über Parteifragen sprechen. Es gibt da einige Angelegenheiten, die sofort behandelt werden müssen.» Alle erklärten sich einverstanden. Wie im voraus vereinbart, bat ich den Vorsitzenden Malenkow um das Wort und schlug vor, den Fall Berija zu erörtern. Berija saß rechts neben mir. Er zuckte zusammen, ergriff meine Hand, sah mich völlig verdutzt an und sagte: «Was ist denn los, Nikita? Wovon reden Sie da?»

Ich sagte: «Passen Sie nur auf. Sie werden es schnell genug erfahren.» Und dann sagte ich Folgendes. Ich erinnerte an das Plenum des Zentralkomitees im Februar 1939, auf dem der Genosse Grischa Kaminskij Berija beschuldigt hatte, er habe als Sekretär der Parteiorganisation von Baku für den Abwehrdienst der Mussawaten und insofern für den englischen Geheimdienst gearbeitet. Dann erinnerte ich daran, daß Grischa Kaminskij unmittelbar nach jener Sitzung spurlos verschwunden war, wie ein Stein im Wasser. «Ich habe mich immer gefragt, was es mit Kaminskijs Erklärung auf sich hatte und warum keiner auch nur einen Versuch unternahm, dem, was er sagte, nachzugehen.» Dann gab ich einen Überblick über die Schritte, die Berija seit Stalins Tod unternommen hatte, seine Einmischung in die Parteiorganisationen der Ukraine, Weißrußlands und der baltischen Republiken. Ich schilderte, wie Berija gleich allen Feinden der Kommunistischen Partei auf nationalistische Antagonismen baute, um die sowjetische Einheit zu unterminieren. Ich erwähnte seinen letzten Vorschlag über die Behandlung von Leuten in der Verbannung und in Straflagern und hob dabei besonders Berijas Versuche hervor, eine Herrschaft der Willkür zu legalisieren. Ich schloß mit den Worten: «Auf Grund meiner Beobachtungen seines Handelns habe ich den Eindruck gewonnen, daß Berija kein Kommunist ist. Er ist ein ehrgeiziger Karrieremacher, der sich aus egoistischen Gründen in die Partei eingeschlichen hat. Seine Überheblichkeit ist unerträglich. Kein wahrer Kommunist würde sich der Partei gegenüber je so verhalten wie er.»

Nachdem ich gesprochen hatte, bat Bulganin um das Wort und äußerte sich in sehr ähnlicher Weise. Dann sprachen der Reihe nach die anderen. Molotow brachte die genaue Position der Partei zum Ausdruck. Die anderen Genossen unterstrichen dieselben Grundsätze, mit Ausnahme Mikojans, der als letzter sprach. Er wiederholte, was er vor der Sitzung bei unserem Gespräch zu mir gesagt hatte: nämlich, daß Berija sich unsere Kritik sicher zu Herzen nehmen und sich bessern werde, daß er kein hoffnungsloser Fall sei und daß er nach wie vor in der kollektiven Führung eine nützliche Rolle spielen könne.

Nachdem jeder gesprochen hatte, sollte Malenkow als Vorsitzender das Gesagte zusammenfassen und eine gemeinsame Erklärung formulieren, aber er verlor im letzten Augenblick die Nerven. Nach der letzten Rede kam die Sitzung zu einem Stillstand. Es entstand eine lange Pause. Ich sah, daß wir in einer heiklen Lage waren. Darum bat ich den Genossen Malenkow um das Wort, um einen Antrag einzubringen. Wie wir vorher vereinbart hatten, schlug ich vor, das Präsidium des Zentralkomitees solle Berija seiner Pflichten als Stellvertretender Vorsitzender des Ministerrats und als Minister für Innere Angelegenheiten entbinden und ihn auch aus allen anderen Regierungsposten, die er innehatte, entfernen. Malenkow befand sich noch immer in einem Zustand der Panik. Soweit ich mich erinnere, stellte er meinen Antrag nicht einmal zur Abstimmung. Er drückte auf einen geheimen Knopf, der den Generalen, die im Nebenraum warteten, das Signal gab. Schukow erschien als erster. Dann traten Moskalenko und die anderen ein. Mit schwacher Stimme sagte Malenkow zu dem Genossen Schukow: «Als Vorsitzender des Ministerrats der UdSSR fordere ich Sie auf, Berija bis zur Untersuchung der gegen ihn erhobenen Beschuldigungen in Gewahrsam zu nehmen.»

«Hände hoch!» befahl Schukow Berija.

Moskalenko und die anderen schnallten ihre Pistolentaschen auf für den Fall, daß Berija irgend etwas anstellte. Berija schien nach seiner Aktentasche greifen zu wollen, die hinter ihm auf dem Fensterbrett lag. Ich packte seinen Arm, um ihn daran zu hindern, eine Waffe aus seiner Aktentasche zu ziehen. Später sahen wir nach und stellten fest, daß er keine Pistole bei sich hatte, weder in seiner Aktentasche noch in seinen Anzugtaschen. Seine rasche Bewegung war lediglich ein Reflexvorgang gewesen.

Berija wurde sofort im Gebäude des Ministerrats in einem Raum neben Malenkows Büro unter scharfe Bewachung gestellt. Jetzt erhob sich eine neue Frage. Wohin konnten wir Berija, nachdem wir ihn nun festgenommen hatten, bringen? Dem Ministerium für Innere Angelegenheiten konnten wir ihn nicht übergeben, denn dort saßen ja seine eigenen Leute. Berijas Stellvertreter waren Kruglow und Serow.[11] Kruglow kannte ich kaum, aber Serow kannte ich gut, und ihm vertraute ich. Ich glaubte und glaube noch immer, daß Serow ein rechtschaffener Mann ist. Wenn es ein paar dunkle Punkte bei ihm gibt, wie das bei allen Tschekisten der Fall ist, dann – nennen wir es mal so – war er ein Opfer der allgemeinen Politik Stalins. Zuerst schlug ich vor, Serow sollte Berija in Gewahrsam nehmen, aber die anderen waren dagegen. Schließlich kamen wir überein,

11 Sergej N. Kruglow hatte eine lange Karriere im Staatssicherheitsdienst hinter sich und war unter anderem für die Sicherheit der Staatsmänner in Jalta verantwortlich gewesen. Er stand zuletzt im Rang eines Generalobersten der Sicherheitstruppen. Er wurde Nachfolger Berijas als Innenminister, aber im Februar 1956 ohne Begründung wieder abgelöst und ist seither aus der Öffentlichkeit verschwunden. Zu General Iwan Serow vergleiche Kapitel 4, Anmerkung 9.

ihn dem Genossen Moskalenko, dem Befehlshaber der Luftverteidigung, anzuvertrauen, der Berija von seinen Leuten in einen Bunker bei seinem Hauptquartier bringen ließ. Ich konnte mich davon überzeugen, daß General Moskalenko alles tat, was sich für die Sache der Partei als notwendig erwies.

Nachdem alles überstanden war, nahm mich Malenkow beiseite und sagte: «Hören Sie sich an, was der Chef meiner Leibwache zu sagen hat.» Der Mann kam zu mir herüber und sagte: «Ich habe gerade erst erfahren, daß Berija verhaftet worden ist. Ich möchte Sie davon unterrichten, daß er meine Stieftochter, ein Mädchen im siebten Schuljahr, vergewaltigt hat. Vor ungefähr einem Jahr starb ihre Großmutter, und meine Frau mußte ins Krankenhaus und die Kleine allein zu Hause lassen. Eines Abends ging sie noch einmal hinaus, weil sie in der Nähe des Hauses, wo Berija wohnt, Brot kaufen wollte. Unterwegs begegnete sie einem alten Kerl, der sie unverwandt anstarrte. Sie bekam es mit der Angst. Jemand kam und schleppte sie in Berijas Wohnung. Berija forderte sie auf, sich zu ihm zu setzen und mit ihm zu Abend zu essen. Sie trank irgend etwas, schlief ein, und er vergewaltigte sie.»

Ich sagte zu dem Mann: «Ich möchte, daß Sie während der Untersuchung alles, was Sie mir jetzt gerade erzählt haben, dem Staatsanwalt sagen.» Später erhielten wir eine Liste von mehr als hundert Mädchen und Frauen, die von Berija vergewaltigt worden waren. Bei allen war er nach derselben Methode vorgegangen. Er gab ihnen etwas zu essen und bot ihnen Wein mit einem Schlafmittel darin an.

Als Berija in Einzelhaft saß, bat er um Bleistift und Papier. Wir berieten untereinander. Einige von uns hatten Bedenken, doch dann beschlossen wir, ihm seinen Wunsch zu erfüllen – für den Fall, daß ihm das Bedürfnis überkommen hatte, offen zu den Dingen, deren wir ihn beschuldigt hatten, Stellung zu nehmen. Er fing an, Zettel zu schreiben. Der erste war für Malenkow bestimmt: «Jegor, Sie kennen mich doch! Wir sind doch Freunde! Warum haben Sie auf Chruschtschow gehört? Er ist es doch, der Sie dazu angestiftet hat, nicht wahr?» und so weiter. Auch mir schickte er zwei oder drei Mitteilungen, in denen er schwor, er sei ein ehrlicher Mann und so weiter und so fort.

Wir hatten kein Vertrauen in die Fähigkeit des Staatsanwalts, Berijas Fall objektiv zu untersuchen, deshalb stellten wir ihn kalt und ersetzten ihn durch den Genossen Rudenko [12]. Als Rudenko mit den Verhören Berijas begann, stellten wir fest, daß wir es mit einem wahrhaft furchtbaren Mann zu tun hatten, einer Bestie, der nichts heilig war. Als wir die Archive öffneten, und ihn vor Gericht stellten, erkannten wir, welche Methoden Berija angewandt hatte, um seine Ziele zu erreichen. Er hatte

12 Der sowjetische Hauptankläger beim Nürnberger Kriegsverbrecherprozeß.

nicht nur nichts von einem Kommunisten – er besaß nicht die geringste Spur menschlichen Anstands.

Nach Berijas Verhaftung erhob sich die Frage, was mit Merkulow geschehen sollte, der Minister für Staatskontrolle war.[13] Ich gebe zu, daß ich ihn hochschätzte und ihn für ein gutes Parteimitglied hielt. Er war unbestreitbar ein gebildeter Mann, und im großen und ganzen mochte ich ihn. Deshalb sagte ich zu den Genossen: «Daß Merkulow Berijas Mitarbeiter in Georgien gewesen ist, bedeutet noch nicht, daß er ein Komplice bei Berijas Verbrechen war. Vielleicht ist er es gar nicht gewesen. Wir können nicht jeden, der für Berija gearbeitet hat, als dessen Komplicen behandeln. Wir sollten Merkulow kommen lassen und mit ihm reden. Vielleicht hilft er uns sogar, einige der restlichen Fragen hinsichtlich Berijas zu klären.» Nach Absprache mit den anderen ließ ich Merkulow ins Büro des Zentralkomitees kommen und unterrichtete ihn, was geschehen war: daß wir Berija festgesetzt hatten und daß eine Untersuchung im Gange war. «Sie sind viele Jahre lang für Berija tätig gewesen, Genosse Merkulow», sagte ich, «und darum dachten wir, Sie könnten dem Zentralkomitee vielleicht bei unserer Untersuchung helfen.»

«Ich werde tun, was ich kann, mit Vergnügen.»

«Dann schreiben Sie uns einen Bericht.»

Ein paar Tage vergingen, und dann reichte Merkulow ein langes Memorandum ein. Es war völlig wertlos. Es war eher ein Stück Dichtung. Dieser Merkulow war so etwas wie ein Schriftsteller. Er hatte Bühnenstücke verfaßt und war gut im Prosaschreiben. Nachdem ich dieses Material der Staatsanwaltschaft übersandt hatte, rief mich Rudenko an und bat um eine Verabredung. Als er zu mir ins Büro kam, erklärte er mir, ohne die Verhaftung Merkulows würde unsere Untersuchung des Falles Berija unvollständig bleiben. Das Zentralkomitee billigte die Verhaftung Merkulows. Zu meinem Bedauern – da ich ihm vertraut hatte – stellte sich heraus, daß Merkulow in einige der Verbrechen Berijas tief verwickelt war. Deshalb wurde er auch für schuldig erklärt und mußte die gleiche Verantwortung tragen. In seinem letzten Wort, nachdem das Gericht sein Urteil verkündet hatte, verfluchte Merkulow den Tag und die Stunde, da er Berija zum erstenmal begegnet war. Er sagte, Berija habe ihm dieses Ende eingebracht. Damit erkannte Merkulow letzten Endes das Verbrecherische seines Handelns an und sprach sein eigenes Urteil über den Mann, der ihn zum Verbrechen angestachelt hatte.

Einer von den Männern, denen wir nach Berijas Sturz die Rückkehr in ein nützliches, aktives Leben ermöglichen konnten, was Alexander Pe-

13 W. N. Merkulow, ehemaliger Minister für Staatssicherheit, dann für Staatskontrolle. Er wurde zusammen mit Berija vor Gericht gestellt und wie dieser wegen Hochverrats, terroristischer Akte und antisowjetischer Verschwörung zum Tode verurteilt. Die Todesurteile wurden an insgesamt sieben Angeklagten am 23. Dezember 1953 durch Erschießen vollstreckt.

trowitsch Dowschenko, der brillante Filmregisseur, der während des Krieges so ungerechterweise in Ungnade gefallen war.[14] Kurz nach Berijas Verhaftung bat Dowschenko mich um eine Zusammenkunft. Er kam in mein Büro und erzählte mir die folgende Geschichte:

Eines Tages forderte Tschiaureli, der Regisseur, der den Film *‹Der Fall von Berlin›* drehte, Dowschenko auf, zu ihm zu kommen. Tschiaureli war völlig von der Protektion Stalins abhängig, und es war kein Zufall, daß sein Film über den Fall von Berlin Stalin in einem riesigen Saal und umgeben von leeren Stühlen beim Nachdenken über strategische Fragen zeigte – in einsamer Größe, von General Poskrjobyschew, dem Leiter der Sonderabteilung des Zentralkomitees, abgesehen. Kurz, Tschiaureli war ein armseliger kleiner Speichellecker. Nach Stalins Tod und Berijas Verhaftung schickten wir ihn in den Ural. Ich weiß nicht, welchen Platz er heute in der Welt der Filmkunst innehat und ob er aus der Kritik, die an ihm geübt wurde, nachdem sein Gönner Stalin gestorben war, irgendwelche Lehren gezogen hat. Wie dem auch sei, Tschiaureli ließ Dowschenko zu sich kommen und sagte zu ihm: «Genosse Dowschenko, ich möchte Ihnen raten, den Genossen Berija aufzusuchen. Er ist sehr an Ihnen interessiert und hat Ihnen einen Vorschlag zu machen. Es kann nur zu Ihrem Vorteil sein, wenn Sie sich anhören, was er Ihnen zu sagen hat.» Dowschenko war verblüfft: Warum forderte Tschiaureli ihn auf, zu Berija zu gehen? Was hatte er mit dem Ministerium für Innere Angelegenheiten zu schaffen? Am Ende beschloß er, nicht hinzugehen.

Ich erklärte Dowschenko: «Sehen Sie, Alexander Petrowitsch, Tschiaureli hat versucht, Sie als Agenten für Berija anzuwerben. Er erkannte – ganz zu Recht –, daß Sie ein einflußreicher Mann waren und für Berija bei dessen Plänen für die Ukraine nützlich gewesen wären. Berija wollte Sie zu seinem Handlanger machen, damit er auf Sie zählen konnte, wenn sein Blutbad begann. Seine Pläne konnten immer nur blutrünstig sein, da Berija keine anderen Methoden kannte.»

Ich hielt Dowschenko für einen ehrlichen, loyalen, aufrechten Bürger. Er mag gelegentlich Dinge gesagt haben, die zu hören für die Führer unangenehm war, aber es ist immer besser, solche Dinge aus dem Mund eines ehrlichen Mannes zu hören als aus dem Mund eines Feindes. Mit einem ehrlichen Mann kann man immer vernünftig reden, wenn er im Unrecht ist, und man kann von ihm lernen, wenn er im Recht ist. Nach Alexander Petrowitschs Tod drängte ich die Ukrainer, die Kiewer Filmstudios nach ihm zu benennen, und sie taten es auch.

Dowschenkos Geschichte über Berijas Versuch, ihn einzuspannen, war nur eine der ersten – und bei weitem nicht die empörendste – in einer Flut von Enthüllungen über Berijas Machenschaften, die nach seiner Verhaftung ans Licht kamen.

14 Vergleiche Kapitel 6, Abschnitt «Die dunkelsten Stunden».

Der XX. Parteitag

Berija wurde im Sommer 1953 verhaftet. Was die sowjetische Innenpolitik anbelangt, so machen wir jetzt einen Sprung zu dem entscheidenden XX. Parteitag im Februar 1956 – und danach ist Schweigen. In der Zeit von Juli 1953, als Berijas Entmachtung offiziell bekanntgegeben wurde, bis zum Februar 1956 ging es für Chruschtschow um Biegen oder Brechen. Im September 1953 hatte er das Amt des Ersten Sekretärs der Partei übernommen. Im Februar 1955 wurde Malenkow gezwungen, als Ministerpräsident zurückzutreten. Er wurde abgelöst durch Bulganin, der jedoch eine untergeordnete Rolle spielte. Malenkow war noch immer ein Machtfaktor im Parteipräsidium, und es war klar, daß Molotow, Mikojan und andere ein sehr wachsames Auge auf den Mann hatten, den sie erwählt hatten, die Partei zu führen. Dennoch, die Zeichen mehrten sich, daß Chruschtschow mehr oder weniger offen nach der höchsten Macht strebte. In Industrie und Landwirtschaft kehrte er das Unterste zuoberst, vor allem bei seiner Neuland-Kampagne. Er begann, sich sowohl im Inland als auch im Ausland als der eigentliche Führer vorzustellen, auch wenn einige seiner Amtsgenossen entschlossen gegen manche seiner politischen Maßnahmen opponierten. Mikojan zum Beispiel und auch andere stellten sich der Neuland-Kampagne entgegen; Molotow erhob Einspruch und wurde in der Folgezeit öffentlich gedemütigt. Chruschtschow begann, einen Kult um seine eigene Person aufzubauen. Bis zum XX. Parteitag hatte sich Chruschtschow tatsächlich eine dominierende Stellung geschaffen, aber er brauchte noch mehr als ein Jahr, bis er im Juni 1957, mit der Vernichtung der sogenannten parteifeindlichen Gruppe – Malenkow, Molotow, Kaganowitsch und andere – seine gefährlichsten Opponenten ausschaltete. Im März 1958 schließlich übernahm er auch das Amt des Regierungschefs. Damit war zum erstenmal seit Stalins Tod die volle Macht in einer *Person vereinigt. Aber selbst so war er noch, anders als Stalin, verwundbar, sofern sich seine Kollegen entschlossen, einmütig gegen ihn vorzugehen, wie es im Oktober 1964 geschah. Im Februar 1956 jedoch war er noch mit den letzten Stufen seines Aufstiegs beschäftigt. Nur wenige Beobachter der sowjetischen Szenerie werden zufrieden sein mit dem Bericht Chruschtschows über die Hintergründe seiner berühmten Geheimrede, in der er Stalin angriff. Chruschtschow wurde offenbar von seinen Kollegen aus unterschiedlichen Motiven in eine exponierte Position gedrängt. Einige werden vielleicht gehofft haben, wenn Chruschtschow gezwungen würde, diese Rede zu halten, dann würde er das erste Opfer eines unausweichlichen Sturmes werden. Chruschtschow, der den Parteitag mit dem formellen Rechenschaftsbericht eröffnete, hatte eindeutig zunächst nicht die Absicht, seinen verstorbenen Herrn und Meister zu brandmarken. Dann entschloß er sich, durch einen kühnen Sprung nach vorn das volle Verdienst für den neuen Kurs einzuheimsen, der sich schon abzuzeichnen begonnen hatte. Es war ein gewagtes Spiel, aber er gewann es.*

Eine undurchsichtige Situation war entstanden. Stalin war tot und begraben, aber bis zu Berijas Verhaftung waren Stalins Methoden noch in Kraft. Alles ging seinen gewohnten Gang. Keiner dachte daran, die Menschen zu rehabilitieren, die, als Feinde des Volkes gebrandmarkt, ins Grab gegangen waren, oder die Gefangenen aus den Straflagern zu entlassen, und die meisten blieben dort bis zum XX. Parteitag, drei Jahre nach Stalins Tod! Drei Jahre lang waren wir unfähig, mit der Vergangenheit zu brechen, unfähig, den Mut und die Entschlossenheit aufzubringen, den Schleier zu lüften und zu sehen, was man uns verborgen hatte von den Verhaftungen, Prozessen, der Willkürherrschaft, den Hinrichtungen und allem anderen, was während Stalins Herrschaft geschehen war. Es war so, als seien uns durch unsere eigenen Taten unter der Führung Stalins die Hände gefesselt und als könnten wir uns auch nach seinem Tod nicht von seiner Macht befreien. Erst 1956 konnten wir uns freimachen von den psychologischen Nachwirkungen der Hysterie, die uns während der Jagd nach den Feinden des Volkes in den Klauen gehabt hatte. Wir verharrten in dem Glauben an den von Stalin ausgelösten Wahn, daß wir von Feinden umgeben seien, daß wir gegen sie kämpfen müßten und daß wir durch Befolgen der in der Theorie gerechtfertigten und in der Praxis von Stalin begründeten Methoden den Klassenkampf verstärkten und die Errungenschaften der Revolution festigten. Wir konnten uns nicht vorstellen, daß alle diese Hinrichtungen während der Säuberungen, von einem rechtlichen Standpunkt aus betrachtet, Verbrechen waren. Aber es war so! Verbrecherische Handlungen waren von Stalin begangen worden, Handlungen, die in jedem Staat der Welt, außer in faschistischen Staaten wie denen Hitlers und Mussolinis, strafbar gewesen wären.[15]

Dann kam es zu Berijas Verhaftung und der Untersuchung seines Falles. Es gab empörende Enthüllungen über die geheime Maschinerie, die vor uns verborgen gehalten worden war und die den Tod so vieler Menschen verursacht hatte. Ich erinnere mich, daß ich ganz besonders erschüttert war über die Enthüllung, daß Kedrow als Feind des Volkes hingerichtet worden war. Kedrow war der erste Befehlshaber im Norden gewesen, der die Verteidigung unseres Landes gegen die Engländer organisierte. Doch selbst als uns während des Prozesses gegen Berija die Augen geöffnet wurden, weigerten wir uns zu glauben, daß Stalin selbst hinter dem Terror gestanden haben könnte, den Berija überwachte. Eine

15 Es ist das erste Mal, daß ein sowjetischer Politiker soweit gegangen ist, Stalins Taten mit denen Hitlers zu vergleichen.

Zeitlang gaben wir der Partei und den Leuten unrichtige Erklärungen über das, was geschehen war; wir schoben für alles Berija die Schuld zu. Er war der geeignete Mann dafür. Wir taten alles, was wir konnten, um Stalin zu schützen, wobei wir uns noch nicht voll darüber im klaren waren, daß wir einen Verbrecher in Schutz nahmen, einen Mörder, einen Massenmörder! Ich wiederhole: erst 1956 befreiten wir uns von unserer Unterwürfigkeit gegenüber Stalin.

Ich empfand die Unaufrichtigkeit unserer Haltung zum erstenmal, als wir 1955 nach Jugoslawien fuhren und mit dem Genossen Tito sprachen. Als wir auf das ganze Thema des Terrors kamen und Berija als den Schuldigen für die Verbrechen der Stalinzeit erwähnten, lächelten die jugoslawischen Genossen verächtlich und machten sarkastische Bemerkungen. Wir waren verärgert und stürzten uns in eine lange Debatte zur Verteidigung Stalins. Später verteidigte ich Stalin öffentlich, als ihn die Jugoslawen kritisierten. Heute ist mir klar, daß meine Haltung falsch war. Ich war mir noch nicht ganz der Notwendigkeit bewußt, nicht nur die Verbrechen zu enthüllen, sondern auch dem die Schuld dafür zu geben, dem sie gebührte, damit nie wieder stalinistische Methoden in unserer Partei angewandt werden würden.

Ich trauerte noch um Stalin als einen außerordentlich mächtigen Führer. Ich wußte, daß er seine Stärke willkürlich und nicht immer in der richtigen Richtung ausgeübt hatte, aber in der Hauptsache, so glaubte ich, war seine Macht doch auf die Stärkung des Sozialismus und die Festigung der Errungenschaften der Oktoberrevolution verwandt worden. Stalin mag Methoden angewandt haben, die von meinem Standpunkt aus unzulässig oder sogar barbarisch waren, aber noch hatte ich nicht angefangen, die eigentliche Grundlage seines Anspruchs auf einen besonderen Ehrenplatz in der Geschichte anzuzweifeln. Allerdings kamen mir Fragen, auf die ich keine fertige Antwort hatte. So wie andere fragte ich mich, warum von all den Verhafteten nie jemand freigesprochen und warum von all den Häftlingen nie jemand freigelassen worden war. Mir kamen Zweifel, ob alle Verhaftungen und Verurteilungen unter dem Gesichtspunkt gerichtlicher Normen gerechtfertigt gewesen waren. Aber Stalin war eben Stalin gewesen. Noch im Tode gebot er über eine fast unangreifbare Autorität, und es war mir noch immer nicht aufgegangen, daß er imstande gewesen war, seine Macht zu mißbrauchen.

Dennoch empfand ich, teils wegen der Enthüllungen, zu denen es im Verlauf der Untersuchung im Falle Berijas kam, das Bedürfnis, den Schleier noch ein bißchen mehr zu lüften – herauszufinden, genau welche Personen man eigentlich verhaftet hatte, welche Methoden bei den Verhören angewandt worden waren und welches Beweismaterial überhaupt als Grund für die Verhaftungen vorgelegen hatte. Ich brachte die Angelegenheit bei einer Sitzung des Präsidiums zur Sprache und schlug vor, daß wir eine Untersuchung anstellten, um ein klares Bild darüber zu gewinnen, was unter Stalin geschehen war.[16] Mir war daran vor allem im Hinblick auf den bevorstehenden XX. Parteitag gelegen.

Es war nicht verwunderlich, daß Woroschilow, Molotow und Kaganowitsch nicht sehr begeistert über meinen Vorschlag waren. Soweit ich mich erinnere, hat mich auch Mikojan nicht aktiv unterstützt, doch tat er andererseits auch nichts, um meinen Vorschlag zu blockieren. Denen, die gegen die Idee waren, erklärte ich, da der XX. Parteitag der erste nach Stalins Tod sei, würden wir beweisen müssen, daß wir imstande waren, die volle Verantwortung für die Führung der Partei und des Landes zu übernehmen; das bedeutete, wir mußten genau wissen, was unter Stalin geschehen war und welche Motive ihn bei seinen Entscheidungen in verschiedenen Angelegenheiten geleitet hatten, insbesondere soweit sie all die Menschen betrafen, die verhaftet worden waren. Eine Frage würde auf dem Parteitag mit Sicherheit aufgeworfen werden: Warum waren so viele Menschen noch immer im Gefängnis, und was sollte jetzt mit ihnen geschehen? Kurz, wir würden Stellung nehmen müssen, zu dem, was zu Lebzeiten Stalins geschehen war, und zu den auf seine Politik zurückgehenden Problemen, die uns noch nach seinem Tod zu schaffen machten.

Wir setzten einen Ausschuß ein und übertrugen Pospelow[17] die Verantwortung dafür. Das von Pospelows Ausschuß zusammengetragene Beweismaterial war für einige von uns eine vollkommene Überraschung. Ich spreche hier von mir, von Bulganin, Perwuchin, Saburow und einigen anderen. Ich nehme an, Molotow und Woroschilow waren am besten über die wahren Ausmaße und Ursachen der stalinistischen Repressionen unterrichtet und hatten deshalb am wenigsten Grund, über die Ermittlungen des Ausschusses überrascht zu sein. Mikojan war auch besser darauf vorbereitet als die meisten von uns, die Tatsachen, die ans Licht gebracht wurden, zu glauben. Ich kann nicht mit Sicherheit sagen, daß er alles wußte, aber wie dem auch sei – er hatte Stalin sehr nahegestanden. Viele, die mit Mikojan zusammengearbeitet hatten und denen er vertraute, waren ausgeschaltet worden. Da ich Anastas Iwanowitsch kenne, sein Auffassungsvermögen und seine Fähigkeit, auf Grund spärlicher Hinweise allgemeine Schlüsse zu ziehen über das, was geschieht, würde ich sagen, daß er gewußt haben mußte, was vorgegangen war. Falls er nichts wußte, dann ahnte er zumindest, wie wenig gerechtfertigt all die Verhaftungen und Hinrichtungen gewesen waren.

16 Tatsächlich wurde 1954, bald nach der Hinrichtung Berijas, vom Parteipräsidium ein Untersuchungsausschuß eingesetzt. In seiner Geheimrede teilte Chruschtschow mit, daß auf Grund der Ermittlungen 7679 Personen rehabilitiert wurden.

17 P. N. Pospelow, einer der Ideologen der Partei. Von 1940 bis 1949 war er Chefredakteur der *Prawda* und von 1949 bis 1952 Leiter des Marx-Engels-Lenin-Stalin-Instituts. Bisher war nicht bekannt, daß er für den Ausschuß verantwortlich war, der das Beweismaterial für die Geheimrede zusammenstellte.

Was Kaganowitsch betrifft, so glaube ich nicht, daß er alle Einzelheiten dessen, was geschehen war, kannte. Stalin hatte wohl kaum das Bedürfnis, ihm etwas anzuvertrauen. Kaganowitsch war ein solcher Jasager, daß er auf einen Wink von Stalin seinem eigenen Vater die Kehle durchgeschnitten und gesagt hätte, es sei im Interesse der Sache – der Sache Stalins, wohlgemerkt. Stalin brauchte Kaganowitsch nie an die Kandare zu nehmen. Kaganowitsch war immer ein verabscheuungswürdiger Kriecher gewesen, der Feinde bloßstellte und überall Leute hatte verhaften lassen.

Ein Wort über Malenkow. Ihm hatten während der Säuberungen die Kader für das Zentralkomitee unterstanden, und er hatte bei der ganzen Sache eine ziemlich aktive Rolle gespielt. Er hatte Leuten zur Beförderung verholfen, nur um sie später beseitigen zu lassen. Ich will nicht sagen, daß er die Initiative zu den Unterdrückungen und Hinrichtungen ergriff, aber die Tatsache, daß in all den Gebieten, in die Malenkow von Stalin geschickt wurde, um Ordnung herzustellen, Hunderte von Menschen unterdrückt und beseitigt wurden, spricht für sich.[18]

Der XX. Parteitag stand unmittelbar bevor. Ich hatte nicht den Wunsch, auf dem Parteitag den Rechenschaftsbericht zu erstatten. Da wir die kollektive Führung bekanntgeben wollten, war es meiner Ansicht nach unklug, wenn der Rechenschaftsbericht vom Ersten Sekretär des Zentralkomitees erstattet wurde. Auf einer Präsidiumssitzung unmittelbar vor dem Parteitag schlug ich vor, darüber zu diskutieren, wer den Rechenschaftsbericht verfassen sollte. Als ältestes Mitglied unter uns besaß Molotow die besten Empfehlungen, als der Sprecher aufzutreten, doch er und alle anderen waren einstimmig der Meinung, daß ich den Bericht erstatten sollte. Ich hatte das Gefühl, daß sie es aufrichtig meinten und nicht zum Schein. Eine ihrer Überlegungen war die, daß es, wenn ich als Erster Sekretär des Zentralkomitees den Bericht erstattete, keine Reibereien geben würde, während sich, wenn wir einen anderen Sprecher wählten – und es standen eine Menge Kandidaten zur Verfügung –, Komplikationen ergeben würden. Seit Stalins Tod wurde kein einzelner mehr als unser Führer anerkannt. Es gab Bewerber, aber keinen eindeutigen, anerkannten Führer.[19] Deshalb wurde ich als Erster Sekretär beauftragt, den Rechenschaftsbericht zu geben.

18 Molotow und Malenkow haben Stalin bei seinen Verbrechen Hilfestellung geleistet. Das gleiche tat Chruschtschow, zumindest in der Ukraine.

19 Tatsächlich gab es «Kandidaten» für die «anerkannte» Führung: Chruschtschow und Malenkow. Über ein Jahr lang hatte Chruschtschow sich innerhalb und außerhalb der Sowjetunion – so in Belgrad, Genf und Neu Delhi – bei jeder möglichen Gelegenheit als der führende Mann präsentiert. In den Republiken, in denen seine eigenen Anhänger stark im Aufstieg begriffen waren (vor allem in der Ukraine und in Kasachstan), war ein neuer Personenkult, der

Ich bereitete einen Entwurf vor und legte ihn bei einem Plenum des Zentralkomitees zur Erörterung und Billigung vor. Der Bericht war die Frucht kollektiver Autorschaft. Das Zentralkomitee zog Forschungsinstitute und andere Gruppen heran, die bei der Vorbereitung von Rechenschaftsberichten in der Regel um Hilfe ersucht wurden.

Der Parteitag wurde eröffnet. Ich erstattete den Bericht, und die Diskussion begann. Wir sahen uns einer regelrechten Prüfung ausgesetzt. Jeder fragte sich, was für ein Parteitag das nach Stalins Tod werden würde. Ich würde sagen, der Parteitag verlief gut. Ein Redner nach dem andern billigte die Linie des Zentralkomitees. Niemand spürte irgendeine oppositionelle Haltung.

Trotz der Tatsache, daß der Parteitag reibungslos verlief und mein Bericht günstig aufgenommen worden war, war ich nicht zufrieden. Mich quälte der folgende Gedanke: Der Parteitag wird zu Ende gehen, und man wird Resolutionen verabschieden – alles eine Formsache. Aber was dann? Die Hunderttausende von Menschen, die erschossen wurden, werden weiterhin auf unserem Gewissen lasten, darunter zwei Drittel derjenigen, die beim XVII. Parteitag [20] ins Zentralkomitee gewählt wurden. Fast alle aktiven Parteimitglieder jener Zeit wurden entweder erschossen oder unterdrückt. Kurz, die Ermittlungen von Pospelows Ausschuß lasteten schwer auf meinem Gemüt. Schließlich raffte ich mich auf, und während einer Pause, als sich nur die Mitglieder des Präsidiums im Raum befanden, brachte ich die ganze Sache zur Sprache:

«Genossen, was wollen wir eigentlich mit den Ermittlungen des Genossen Pospelow machen? Was tun wir mit allen denen, die verhaftet und ausgeschaltet wurden? Der Parteitag geht zu Ende, und wir werden auseinandergehen, ohne daß ein einziges Wort über die unter Stalin verübten Mißgriffe gesagt wurde. Wir wissen heute, daß die Menschen, die zur Zeit der Unterdrückung gelitten haben, unschuldig waren. Wir haben unwiderlegbare Beweise, daß sie, weit davon entfernt, Feinde des Volkes zu sein, ehrliche Männer und Frauen waren, der Partei ergeben, der Revolution ergeben, der leninistischen Sache und dem Aufbau des Sozialismus und Kommunismus in der Sowjetunion ergeben. Wir können doch die Menschen nicht länger in der Verbannung oder in den Lagern lassen. Wir müssen darüber nachdenken, wie wir sie zurückholen.» [21]

Chruschtschows, im Entstehen. Aber noch gab Malenkow sich in der Parteiführung nicht geschlagen. Doch nie hätte Chruschtschow, ohne darin eine Niederlage zu sehen, jemand anders den Rechenschaftsbericht vor dem Parteitag erstatten lassen.

20 Januar 1934.

21 Chruschtschow erwähnt nicht, daß Mikojan auf dem Parteitag schon eine veröffentlichte Rede gehalten hatte, die wie eine Bombe wirken mußte. Zwei Tage nach dem Rechenschaftsbericht ergriff er das Wort und flocht als erster in seine Rede – ohne Stalin namentlich zu nennen – kritische Bemerkungen

Sobald ich aufgehört hatte zu reden, griffen sie mich alle an, besonders Woroschilow: «Was ist denn los mit Ihnen? Wie können Sie so reden?» rief er. «Glauben Sie, etwa Sie können dies alles auf dem Parteitag aufrühren und ungestraft davonkommen? Was glauben Sie wohl, was für ein Licht das auf das Ansehen unserer Partei und unseres Landes wirft? Sie können nicht geheimhalten, was Sie sagen. Es wird sich herumsprechen, was unter Stalin geschehen ist, und man wird mit dem Finger auf uns zeigen. Was können wir denn über unser eigenes Verhalten unter Stalin sagen?»

Kaganowitsch schlug den gleichen Ton an und trat mir in der gleichen Weise wütend entgegen. Seine Haltung war nicht gerade von einer profunden philosophischen Analyse der Parteifragen, um die es hier ging, bestimmt. Nein, er argumentierte gegen mich aus selbstsüchtiger Angst um seine eigene Haut. Er wurde ausschließlich von seinem heftigen Verlangen getrieben, sich jeder Verantwortung für das, was geschehen war, zu entziehen. Wenn Verbrechen begangen worden waren, dann wollte Kaganowitsch sichergehen, daß seine eigenen Spuren verwischt waren.

Ich antwortete auf diese Angriffe so ruhig und überzeugend, wie ich konnte: «Selbst wenn ich es von eurem Standpunkt aus betrachte», sagte ich, «halte ich es doch nach wie vor für unmöglich, alles zu vertuschen. Früher oder später werden die Leute aus den Gefängnissen und Lagern kommen und in die Städte zurückkehren. Sie werden ihren Verwandten, Freunden, Genossen und allen daheim erzählen, was passiert ist. Das ganze Land und die gesamte Partei werden erfahren, daß Menschen zehn bis fünfzehn Jahre im Gefängnis verbracht haben – und das alles wofür? Für nichts. Die Beschuldigungen gegen sie wurden erfunden! Wenn sie vor Gericht gestellt wurden, waren die von der Anklage vorgelegten Beweise gegen sie aus der Luft gegriffen! Ich fordere euch auf, noch etwas anderes zu bedenken, Genossen: Wir halten hier den ersten Parteitag seit Stalins Tod ab und sind deshalb verpflichtet, den Delegierten offen einzugestehen, wie sich die Parteiführung während der fraglichen Jahre verhalten hat. Man erwartet von uns, daß wir für den Zeitraum nach Stalins Tod Rechenschaft über uns ablegen, aber als Mitglieder des Zentralkomitees in der Zeit, als Stalin noch lebte, müssen wir auch über die-

zum «Personenkult» ein. Mikojan ging sogar so weit, auf zu Unrecht verurteilte «Volksfeinde» in der Ukraine hinzuweisen, was Chruschtschow durchaus als Kritik an seiner eigenen Vergangenheit hatte auffassen können. In dem Rechenschaftsbericht, den Chruschtschow vorzutragen hatte, war dagegen noch von dem erfolgreichen Kampf gegen «die Trotzkisten, Bucharinisten, bürgerlichen Nationalisten und andere schlimmste Feinde des Volkes» die Rede gewesen. Elf Tage später hielt Chruschtschow dann seine sensationelle Geheimrede und verurteilte die Methoden, mit denen Stalin gegen ebendiese «Volksfeinde» vorgegangen war.

se Periode etwas sagen. Wie können wir so tun, als wüßten wir nicht, was geschehen ist?

Deshalb, Genossen, bitte ich euch, mich zu unterstützen. Der Parteitag geht dem Ende zu, und bald werden die Delegierten auseinandergehen. Nicht lange nachdem wir den Kongreß geschlossen haben, werden entlassene Häftlinge heimkommen und anfangen, die Leute auf ihre eigene Weise über das, was geschehen ist, zu unterrichten. Dann werden die Delegierten des Parteitags mit Recht fragen: Wie ist das möglich? Warum habt ihr uns von diesen schrecklichen Dingen auf dem XX. Parteitag nichts gesagt? Ihr müßt es doch gewußt haben. Und damit haben sie vollkommen recht. Wir werden keine Antwort darauf wissen. Zu sagen, wir hätten nichts gewußt, wäre eine Lüge. Wir haben die Ermittlungsergebnisse des Genossen Pospelow in der Hand, und wir wissen jetzt alles. Wir wissen, daß es eine Herrschaft der Unterdrückung und Willkür in der Partei gegeben hat, und wir müssen dem Parteitag sagen, was wir wissen.»

Wieder war die Reaktion stürmisch. Woroschilow und Kaganowitsch antworteten wie aus einem Munde: «Man wird uns zur Rede stellen! Die Partei hat das Recht, uns zur Verantwortung zu ziehen für das, was unter Stalin geschehen ist! Wir waren in der Führung, und auch wenn wir keine Ahnung hatten, was passierte, haben wir eben Pech gehabt – wir werden dafür bezahlen müssen!»

«Wenn ihr bedenkt, daß unsere Partei auf dem Grundsatz des demokratischen Zentralismus aufgebaut ist», erwiderte ich, «dann hatten wir als die Parteiführer kein Recht, *nicht* zu wissen, was passierte. Einige von uns haben vieles nicht gewußt, weil wir einem Regime angehörten, wo einem nur erzählt wurde, was man wissen sollte, und in dem man seine Nase nicht in andere Dinge steckte. Also hielten wir unsere Nasen heraus. Aber nicht jeder war in dieser Lage. Einige wußten, was geschah, und einige haben sich sogar ihre Nase schmutzig gemacht bei den Ereignissen, von denen wir hier sprechen. Aber während der Grad der Verantwortung für das, was geschah, unter uns verschieden ist, bin ich – als Mitglied des Zentralkomitees seit dem XVII. Parteitag – bereit, meinen Teil der Verantwortung vor der Partei zu tragen – selbst wenn die Partei es für richtig halten sollte, alle zur Rede zu stellen, die in der Führung unter Stalin waren, als die Willkürherrschaft der Partei aufgezwungen wurde.»

Diesmal erhob Molotow Einspruch: «Sehen Sie denn nicht, was passieren wird?»

Woroschilow protestierte heftig und erklärte, daß man das, was ich vorschlüge, nicht zu tun brauche und nicht tun könne, ohne den Zorn der Partei auf uns selbst herabzubeschwören. Immer wieder sagte er: «Wer verlangt das von uns? Wer sagt, daß wir dem Parteitag das alles erzählen müssen?»

«Niemand», antwortete ich. «Aber die Verbrechen sind nun mal begangen worden, oder etwa nicht? Soviel müssen wir zumindest uns selbst eingestehen. Unvermeidlich werden die Leute herausfinden, was geschehen ist; wenn sie anfangen, uns danach zu fragen, nachdem wir geschwiegen haben, dann werden sie auch schon zu Gericht über uns sitzen. Ich möchte nicht, daß das passiert. Ich möchte nicht auf diese Weise die Verantwortung auf mich nehmen. Ich hätte es lieber, wenn wir selber die Sache zur Sprache brächten.»

Aber wir waren noch weit von einer Übereinstimmung entfernt. Ich sah ein, daß es unter diesen Umständen unmöglich war, im Präsidium eine Entscheidung herbeizuführen, und ich wußte, daß wir die Frage erst dann vor dem Parteitag zur Debatte stellen konnten, wenn wir unter uns selbst eine übereinstimmende Meinung erreicht hatten. Ich entschloß mich, es mit dem folgenden Einfall zu versuchen: «Der Parteitag ist im Gange und verläuft reibungslos, aber die innere Disziplin, die für die einheitliche Führung durch das Zentralkomitee erforderlich ist, ist zusammengebrochen. Jetzt, nachdem der Rechenschaftsbericht vorgelegt worden ist, darf ich euch daran erinnern, daß jedes Präsidiumsmitglied das Recht hat, vor dem Parteitag zu sprechen und seinen eigenen Standpunkt darzulegen, auch wenn er nicht mit der durch den Bericht gegebenen Linie übereinstimmt.» Ich brauchte ihnen ja nicht gerade zu sagen, daß ich notfalls bereit war, selber eine solche Rede zu halten und meine Ansichten über die Verhaftungen und Hinrichtungen vorzubringen. Ich fügte hinzu: «Im Leben eines jeden, der ein Verbrechen begangen hat, kommt ein Augenblick, da ihm ein Geständnis Milde, wenn nicht gar Verzeihung gewährleistet. Wenn wir die von Stalin begangenen Mißgriffe offen eingestehen, dann müssen wir es jetzt, auf dem XX. Parteitag tun. Auf dem XXI. Parteitag wird es schon zu spät dafür sein, selbst wenn wir bis dahin durchkommen, ohne daß man uns zur Rede stellt.»

Wir hatten den Punkt erreicht, wo jemand die Initiative ergriff und sagte: «Also gut, wenn die Sache so steht, dann sollte wohl besser jemand eine Rede über Stalins Mißgriffe halten.» Schließlich stimmten alle widerwillig zu, daß eine Rede gehalten werden sollte. Ich glaube, Bulganin, Perwuchin, Saburow und möglicherweise Malenkow gaben mir ihre persönliche Unterstützung. Blieb noch die Frage, wer nun die Rede abfassen und halten sollte. Ich schlug Pospelow vor, da er der Vorsitzende des Ausschusses gewesen war, dessen Ermittlungsergebnisse wir verwenden wollten. Die anderen waren dagegen. Sie sagten, ich sollte die Rede halten. Ich lehnte ab. Ich hatte bereits den Rechenschaftsbericht erstattet, ohne ein Wort über die Ermittlungen Pospelows zu sagen. Wie konnte ich jetzt eine weitere Rede halten, die darauf basierte? Aber die anderen insistierten und sagten: «Wenn Pospelow, ein anderer Sekretär des Zentralkomitees, die Rede hält, werden sich die Leute fragen: ‹Warum hat Chruschtschow von dieser Sache in seinem Rechenschaftsbericht nichts gesagt? Warum bringt jetzt Pospelow eine so wichtige Angelegenheit zur Sprache? Wie ist es möglich, daß Chruschtschow nichts davon gewußt hat – und wenn er von der Sache wußte, wie ist es dann möglich, daß er ihr keine Wichtigkeit beimaß? Wenn Sie die Rede nicht halten, könnte das zu dem Eindruck von Uneinigkeit in der Führung beitragen.»

Dieses Argument war erwägenswert, und schließlich gab ich nach. Es wurde beschlossen, daß ich die Rede halten sollte, und zwar auf der Grundlage der Ermittlungen des Ausschusses. Pospelow wurde beauftragt, seinen Bericht zu einer Rede umzuarbeiten.[22] Wir setzten eine nicht-öffentliche Sondersitzung des Parteitags an, und ich hielt meine Rede. Die Delegierten hörten in vollkommenem Schweigen zu. Es war so still in dem großen Saal, daß man das Summen einer Fliege hätte hören können.[23] Man muß sich vorzustellen versuchen, wie entsetzt die Leute waren über die Enthüllungen der Grausamkeiten, die man Parteimitgliedern, Altbolschewiken und aufstrebenden jungen Männern in gleicher Weise angetan hatte. Für die meisten war es das erste Mal, daß sie von der Tragödie hörten, die unsere Partei durchgemacht hatte – eine Tragödie, die auf Stalins kranken Charakter zurückging, vor dem uns Lenin in seinem Testament gewarnt und den Stalin selbst in seinem Geständnis in Mikojans und meiner Gegenwart bestätigt hatte – «Ich traue niemandem, nicht einmal mir selbst.»[24]

So kam auf dem XX. Parteitag die Rede über Stalins Übergriffe zustande. Eigentlich sollte sie geheimgehalten werden, tatsächlich aber blieb sie alles andere als geheim. Wir veranlaßten alles Nötige, um sicherzuge-

22 Die Entstehung der Geheimrede muß ein komplizierterer Vorgang gewesen sein, als ihn Chruschtschow hier darstellt. Der Text, angefüllt mit Einzelheiten, war mit größter Wahrscheinlichkeit eine Gemeinschaftsarbeit (mit kurzen Passagen, die Chruschtschow offenbar in letzter Minute selbst eingefügt hat) und muß schon vor der Eröffnung des XX. Parteitags am 14. Februar 1956 existiert haben. Chruschtschow erstattete den Rechenschaftsbericht am Eröffnungstag, Mikojan sprach am 16. Februar. Am 25. Februar verlas der Erste Parteisekretär die umfangreiche Anti-Stalin-Rede (deren Wortlaut wir im Anhang wiedergegeben). In der Zwischenzeit fanden die geschilderten Erörterungen im Parteipräsidium statt. Zudem hätte Chruschtschow durchaus darauf bestehen können, Andeutungen in den Rechenschaftsbericht aufzunehmen, so wie Mikojan es in seiner Rede getan hatte. Es könnte mithin auch so gewesen sein, daß Chruschtschow unter dem Druck anderer zu seinen Enthüllungen vor dem Forum der 1400 Parteitagdelegierten gezwungen war. Da es Widerstände gegen ihn selbst und seinen im Entstehen begriffenen neuen Personenkult gab, könnte Chruschtschow auch das Beste aus einer für ihn unangenehmen Situation gemacht und sich selbst als der einzige präsentiert haben, der es wagte, die Vergangenheit aufzurollen.

23 In der dem US-Außenministerium zugegangenen Fassung der Rede waren allerdings lebhafte Reaktionen des Auditoriums vermerkt.

24 Vergleiche Kapitel 8, Abschnitt «Furcht und Intrigen im Inneren Kreis».

hen, daß Abschriften davon zu den brüderlichen Kommunistischen Parteien gelangten, damit sie sich mit dem Inhalt vertraut machen konnten. So kam es, daß auch die polnische Partei ein Exemplar erhielt. Zur Zeit des XX. Parteitags starb der Sekretär des Polnischen Zentralkomitees, Genosse Bierut. Nach seinem Tod herrschte große Unruhe, und unser Dokument fiel einigen polnischen Genossen in die Hände, die der Sowjetunion feindselig gegenüberstanden. Sie benutzten meine Rede für ihre eigenen Zwecke und stellten Kopien davon her. Man erzählte mir, daß sie für sehr wenig Geld verkauft wurde. Also wurde Chruschtschows Rede, die er in nicht-öffentlicher Sitzung vor dem XX. Parteitag gehalten hatte, nicht als besonders wertvoll angesehen! Geheimagenten aus allen Ländern der Welt konnten sie billig auf dem offenen Markt kaufen.

So kam es, daß das Dokument veröffentlicht wurde. Aber wir bestätigten es nicht. Ich erinnere mich, daß ich, wenn ich von Journalisten gefragt wurde: «Was können Sie uns über die Rede sagen, die Ihnen zugeschrieben wird?» meist antwortete, ich wüßte nichts davon und sie müßten ihre Fragen an Mr. Dulles richten – mit anderen Worten an den amerikanischen Geheimdienst.[25]

Rückblickend glaube ich, daß die Frage, was mit den Ermittlungsergebnissen Pospelows zu geschehen habe, völlig richtig und zur rechten Zeit behandelt wurde. Ich bin zufrieden damit, daß ich den richtigen Augenblick erwischte, als ich darauf bestand, daß die Rede auf dem XX. Parteitag gehalten wurde.

Es hätte auch anders ausgehen können. Wir kamen gerade aus einem Zustand der Erschütterung heraus. Menschen waren noch im Gefängnis und in den Lagern, und wir wußten nicht, wie wir erklären sollten, was ihnen zugestoßen war oder was mit ihnen geschehen sollte, wenn sie erst einmal frei waren. Wir hätten uns zurückziehen können auf das, was man grob gesagt die «Berija-Version» nennen könnte, und hätten behaupten können, Berija sei voll verantwortlich gewesen für die von Stalin begangenen Mißgriffe. Nach dem Prozeß gegen Berija stellten wir fest, daß wir Gefangene dieser Version waren, die wir geschaffen hatten, um Stalins guten Ruf zu schützen. Vielleicht wäre es einfacher gewesen, wenn

25 Tatsächlich gibt hier ein sowjetischer Politiker zum erstenmal zu, daß diese Rede gehalten wurde. Bezeichnend ist aber, daß die Sowjetpresse seinerzeit die Antwort Chruschtschows auf die Frage eines westlichen Journalisten veröffentlichte. Im Mai 1957 sagte der Parteichef in einem Interview mit dem Chefredakteur der *New York Times,* Turner Catledge: «Ich habe keinerlei Bedürfnis, Schriften zu lesen, die Allan Dulles zusammenstellt.» Auch in anderem Zusammenhang war die Sowjetbevölkerung davon unterrichtet worden, daß die Rede im Westen veröffentlicht wurde. Das amerikanische Außenministerium selbst erklärte, es habe sie «aus vertraulicher Quelle» erhalten, und gab zu erkennen, sie sei der Führung einer nichtsowjetischen kommunistischen Partei zugegangen.

wir weiterhin Berija die Schuld gegeben und die Illusion unangetastet gelassen hätten, daß Stalin der «Vater und Freund des Volkes» war. Sogar heute noch, lange nach dem XX. Parteitag, gibt es Leute, die sich an die Berija-Version geklammert haben und sich weigern, die Wahrheit über Stalin zu akzeptieren. Manche Leute möchten glauben, daß nicht Gott schuldig war, sondern einer seiner Engel; einer seiner Engel gab Gott falsche Berichte, und das ist der Grund dafür, daß Gott Hagel und Donner und andere Verderben auf die Menschheit herniederschickte; die Menschen litten, nicht weil Gott es so wollte, sondern weil der böse Engel Berija zu seiner Rechten saß.

Vor nicht langer Zeit hörte ich im Rundfunk die Lesung eines Kapitels aus Scholochows Roman ‹*Sie kämpften für die Heimat*›. Michail Alexandrowitsch versuchte an Hand eines Gesprächs zwischen zwei Fischern zu erklären, was während der Zeit der Übergriffe Stalins geschah. Der eine Fischer fragt den anderen: «Was hältst du von dem Genossen Stalin? Es heißt, er hat alle diese schrecklichen Dinge, die damals passiert sind, überwacht. Alle möglichen ehrlichen, treuen Menschen wurden vor Gericht gebracht und hingerichtet. Wie konnte Genosse Stalin das geschehen lassen?»

Der andere Fischer sagt: «Ja, es ist kaum zu glauben.»

Dann fragt der erste wieder: «War nicht Berija der Hauptschuldige? War nicht er es, der Stalin berichtete?»

«Ja, es war alles die Schuld von diesem furchtbaren Berija.»

Nun, Michail Alexandrowitsch ist ein intelligenter Mann und ein guter Schriftsteller, aber es macht ihm keine Ehre, daß er diese Erklärung der Tragödie, die Stalin unserer Partei zugefügt hat, verewigt. Eines steht völlig fest: Berija hat nicht Stalin geschaffen – Stalin hat Berija geschaffen. Und vor ihm hatte Stalin Jeschow geschaffen. «Die Brombeere» und «die Eiserne Faust», das waren Stalins Spitznamen für Jeschow. Und vor Jeschow gab es Jagoda. Stalin hat auch Jagoda erfunden. Einer nach dem anderen traten sie auf und traten sie ab. Der schnelle Wechsel unter den von Stalin geschaffenen Hauptfiguren hatte sehr stark mit Stalins Logik zu tun. Er bediente sich seiner Kreaturen, um ehrliche Männer zu vernichten, von denen er ganz genau wußte, daß sie in den Augen der Partei und des Volkes schuldlos waren. Als dann der Terror seine eigenen Vollstrecker verschlang, stand Stalin erhaben über allem. Wenn eine Mörderbande allzusehr in den Terror verwickelt wurde, ersetzte er sie einfach durch eine andere. So kamen die drei Staffeln zustande: zuerst Jagoda, dann Jeschow, dann Berija. Mit Stalins Tod riß die Kette ab und Berija trat als Verbrecher vor das Gericht des Volkes.

Unmittelbar vor dem XX. Parteitag ließ ich den Staatsanwalt zu mir kommen, den Genossen Rudenko, der in viele der Verfahren während der Säuberungen in den dreißiger Jahren hineingezogen worden war. Ich fragte ihn: «Genosse Rudenko, ich interessiere mich für die öffentlichen

Prozesse. Sagen Sie mir, wieweit gab es eigentlich eine tatsächliche Grundlage für die Anklagen, die gegen Bucharin, Rykow, Syrzow, Lominadse, Krestinskij und viele, viele andere erhoben wurden, die dem Zentralkomitee, dem Orgbüro und dem Politbüro gut bekannt waren?»

Genosse Rudenko antwortete, vom Standpunkt rechtlicher Normen aus betrachtet, habe keinerlei Beweismaterial vorgelegen, das es gerechtfertigt hätte, diese Leute zu verurteilen oder auch nur vor Gericht zu stellen. Die Anklage gegen sie habe sich auf persönliche Geständnisse gestützt, die man unter physischer und psychologischer Folter aus ihnen herausgepreßt habe, und mit solchen Mitteln erpreßte Geständnisse seien unannehmbar als rechtsgültige Grundlage, jemanden vor Gericht zu stellen.

Dennoch beschlossen wir, in meiner Rede vor dem XX. Parteitag nichts über die öffentlichen Prozesse zu sagen. Hier gab es eine gewisse Unklarheit in unserem Verhalten. Der Grund für unsere Entscheidung war, daß Vertreter kommunistischer Bruderparteien zugegen gewesen waren, als Rykow, Bucharin und andere Führer des Volkes vor Gericht standen und verurteilt wurden. Diese Vertreter waren dann zurückgefahren und hatten in ihren Ländern die Gerechtigkeit der Urteile bezeugt. Wir wollten die Vertreter der Bruderparteien, die den öffentlichen Prozessen beigewohnt hatten, nicht in Mißkredit bringen und verschoben deshalb die Rehabilitierung von Bucharin, Sinowjew, Rykow und den übrigen auf unbestimmte Zeit. Ich sehe heute ein, daß unsere Entscheidung ein Fehller war. Es wäre besser gewesen, alles zu sagen. Mord kommt immer an den Tag. Man kann solche Dinge nicht lange geheimhalten.

Aber trotz dieses einen Fehlers hat der XX. Parteitag doch sehr viel erreicht. Seine Haupterrungenschaft war, daß er den Prozeß auslöste, die Partei vom Stalinismus zu reinigen und in der Partei jene leninistischen Lebensnormen wiederherzustellen, für welche die besten Söhne unseres Landes gekämpft haben.

II

Die Welt draußen

10
Die Bruderstaaten

Chruschtschows Ausflug nach Warschau 1945 kam mehr Bedeutung zu, als er ihm hier beilegt. Er war Vorsitzender eines Ausschusses, der den Wiederaufbau dieser Stadt zu planen hatte, die unvorstellbar zerstört und deren Mittelpunkt ein einziger, rußgeschwärzter Trümmerhaufen war. Es spricht für Chruschtschow, daß er so wenig Aufhebens von den unvorstellbaren Schwierigkeiten macht, die ihn in Warschau erwarteten und darüber hinaus in den großen und kleinen Städten der Ukraine, für die er die Verantwortung trug, wo an vielen Orten überhaupt nichts mehr darauf schließen ließ, daß hier einmal menschliche Siedlungen gewesen waren – ausgenommen die unregelmäßigen Reihen der Ziegelschornsteine, die aus dem Schnee ragten wie Grabkreuze eines monströsen Friedhofes. Andererseits ist Chruschtschows Darstellung der Beziehungen zwischen der Sowjetunion und ihren Satelliten der Nachkriegszeit so meilenweit von der Wirklichkeit entfernt, daß sie eigentlich – abgesehen von dieser und jener Anekdote – nur insofern von Interesse ist, als sie die Denkweise eines Menschen erhellt, der über Moskaus Haltung gegenüber Polen, der Tschechoslowakei, Rumänien, Bulgarien und Ungarn mitsamt ihren Marionettenregierungen milde sagen kann: «... Überdies vermieden wir es damals mit voller Absicht, auf die anderen sozialistischen Länder Druck auszuüben ...» Damit meint er Länder, in denen Stalins Agenten, gedeckt von der Roten Armee, kommunistische Regierungen an die Macht gebracht hatten, Länder, in denen die Russen dann jene berüchtigten Prozesse und Justizmorde inspirierten und überwachten (Rajk in Ungarn, Kostow in Bulgarien, Slansky in der Tschechoslowakei und viele andere), durch welche die kommunistischen Parteien Mittel- und Osteuropas in getreue Abbilder jener sowjetischen KP verwandelt wurden, die durch die Säuberungen der dreißiger Jahre geprägt worden war.

Im Januar 1945 erkundigte sich Stalin telefonisch bei mir in der Ukraine: «Können Sie nach Moskau kommen? Wir brauchen Sie hier dringend.» Ich flog von Kiew nach Moskau, wo Stalin mich gutgelaunt empfing. «Die polnischen Genossen haben darum gebeten, daß wir ihnen bei der Wiederherstellung ihrer öffentlichen Versorgungseinrichtungen helfen, insbesondere der Wasser- und Abwasserversorgung. Wir haben Warschau zwar befreit, aber sie können sich dort nicht am Leben halten. Sie sagen, in Warschau gibt es nur Ruinen; sie wissen nicht, was machen und wo anfangen. Wir wollen Sie nach Warschau schicken. Sie haben ja schon ausreichend Erfahrung beim Wiederaufbau solcher Sachen. Sie übernehmen die Aufsicht.»

«Gut, das will ich gerne tun. Ich möchte aber Elektroingenieure und Verwaltungsfachleute mitnehmen. Als erstes muß das Kraftwerk repariert werden, danach die Wasserversorgung und Abwasserbeseitigung.» Ich nahm den Genossen Stramentow mit, der mir als guter Organisator und vorzüglicher Elektrofachmann bekannt war, außerdem noch andere Ingenieure für Kraftwerke, Wasserversorgung und Abwasserbeseitigung. Wir flogen alle miteinander nach Warschau.

Die polnische Regierung – das Komitee [1], wie sie damals hieß – hauste in Praga, einer Vorstadt von Warschau, auf dem rechten Weichselufer. Ministerpräsident war Osobka-Morawski, und Genosse Bierut war Sekretär des Zentralkomitees der Polnischen Kommunistischen Partei. Bürgermeister von Warschau war General Spychalski. Bierut war mir bekannt, Spychalski sah ich zum erstenmal. Beide gefielen mir gut. Spychalski war ein junger, energischer, hart arbeitender Mann, von Beruf Architekt. Bierut hielt ich für einen aufrichtigen Kommunisten, dem Marxismus-Leninismus treu ergeben. Eine Schwäche hatte er aber: er war zu gutmütig, zu sanft und zu vertrauensselig. Das führte später, als polnische Genossen diese Eigenschaften ausnutzten, in Polen zu Komplikationen.

Unsere Ingenieure bildeten zusammen mit polnischen Ingenieuren drei Gruppen. Die eine sollte so rasch als möglich Strom beschaffen; die zweite sollte sich um das Wasser kümmern, die dritte um die Abwässer. Die eigentlichen Aufräumungsarbeiten sollten ausschließlich von Polen besorgt werden, damit hatten wir nichts zu tun. Ich betraute den Genossen Stramentow mit der Oberaufsicht, und er hatte nun sowohl die russischen wie die polnischen Spezialisten unter sich. Er sollte sich um die Ausführung kümmern und mir und den polnischen Genossen über die Fortschritte berichten.

Bald schon brachten unsere Leute gute Nachrichten. Es erwies sich, daß das Kraftwerk zwar in Ruinen dalag, die Einrichtung war aber noch brauchbar. Die Polen hatten angenommen, alles sei total zerstört worden. Auch die Pumpanlagen für die innerstädtische Wasserversorgung waren noch intakt. Schließlich war auch die Kanalisation offenbar nicht so schwer

1 Das «Polnische Komitee der Nationalen Befreiung» (gegr. 21. 7. 1944) war die erste kommunistisch beherrschte polnische Regierung. Sie entstand auf Veranlassung der Sowjetregierung am Vorabend der Befreiung Polens. Gleichzeitig brachen der Kreml und die polnischen Kommunisten in der Sowjetunion mit der polnischen Exilregierung in London, während die Sowjetarmee im befreiten Polen vollendete politische Tatsachen schuf.

Chruschtschow und Gomulka in den sechziger Jahren

Mit Gomulka und Podgorny auf der Jagd in der Nähe von Kiew, 22. Dezember 1962

beschädigt. Ich hörte das alles mit Vergnügen. Nachdem einige Tage mit eingehender Prüfung der Maschinenanlagen vergangen waren, sagte ich im Scherz zum Genossen Bierut: «Sie könnten unsere Reise und die Konsultation eigentlich dadurch bezahlen, daß Sie uns die Hälfte von Ihrem Strom abgeben. Wir könnten ihn in Kiew wirklich gut gebrauchen.» Damals waren wir in Kiew katastrophal dran, denn die Deutschen hatten unser Kraftwerk vollständig zerstört.

Warschau hatte also wieder Strom und Wasser. Bierut strahlte. Er dankte uns überschwenglich, auch Stalin sollten wir seinen Dank ausrichten. Er meinte es augenscheinlich ganz aufrichtig. Ehe wir abflogen, machte Genosse Bierut mir einen Vorschlag: «Wir haben in der Partei einen sehr wichtigen Mann, den Genossen Wladyslaw Gomulka, und ich möchte, daß Sie ihn besuchen, er liegt krank zu Hause.»

«Gut», sagte ich, «mit Vergnügen.» Man gab mir einen Begleiter mit, und ich suchte den Genossen Gomulka auf. Ich weiß noch, daß man mich in eine düstere, verräucherte Einzimmerwohnung führte. Als wir ankamen, wusch Gomulkas Frau gerade Wäsche, und er saß in einem Sessel mit irgendeinem schwarzen Tuch hoch um den Hals gewickelt.

Der Genosse Gomulka sprach nicht gut russisch, doch half uns der Dolmetscher aus. Gomulka berichtete mir, wie sich nach seiner Ansicht die allgemeine Lage in Polen darstellte und wie er die Parteiarbeit organisieren wollte. Er machte starken Eindruck auf mich und schien genau zu wissen, wie die Partei- und Regierungstätigkeit anzupacken war. Kurz gesagt, er beeindruckte mich als fähiger politischer Führer und Staatsmann. «Im Augenblick bin ich krank», sagte er, «aber bald werde ich wieder auf den Beinen sein.»

In meinem Bericht an Stalin erwähnte ich auch Gomulka. Ob er den Namen schon kannte, weiß ich nicht, von uns anderen kannte ihn keiner, Stalin vermutlich ebenfalls nicht. Ich legte ihn Stalin sehr ans Herz.[2]

Stalin war mit meinem Bericht über Polen sehr zufrieden. Er hörte mit Vergnügen, daß wir den Polen hatten behilflich sein können, denn er wußte, diese unsere Hilfe würde bei den Polen, insbesondere der Bevölkerung von Warschau, einen guten Eindruck hinterlassen. Der Hitler-Stalin-Pakt von 1939 hatte die Polen tief getroffen, und diese Wunde blutete immer noch. Stalin wollte alles, was in seiner Macht stand, tun, um sie so rasch als möglich zu heilen. Das sagte er natürlich nicht so offen zu mir, aber ich merkte ganz gut, was in seinem Kopf vorging.

2 In der stalinistischen Ära Polens war Gomulka allerdings im Gefängnis. Erst im Oktober 1956 wurde er wieder an die Spitze der polnischen Kommunisten berufen. Damals begegnete er Chruschtschow unter sehr veränderten Umständen wieder, als der sowjetische Parteichef nach Warschau kam, um angesichts der Veränderungen des «Polnischen Oktober» Druck auf die Polen auszuüben.

Am Ende des Krieges hatten wir in Polen und Ungarn Truppen stehen. Für den Stand der Dinge in diesen Ländern und auch in der Tschechoslowakei, Bulgarien und Rumänien zeigte Stalin ein aktives persönliches Interesse.[3] Wir anderen in der Führung hüteten uns davor, unsere Nasen in osteuropäische Angelegenheiten zu stecken, es sei denn, Stalin selber befahl es uns. Die Außenpolitik im allgemeinen und unsere Politik gegenüber den anderen sozialistischen Ländern im besonderen bewachte er strikt als seine private Domäne. Stalin hatte sich nie viel aus der Meinung anderer gemacht, und nach dem Kriege tat er es überhaupt nicht mehr. Wir übrigen waren seine Laufjungen, und Stalin knurrte einen jeden drohend an, der die ihm gezogenen Grenzen übertrat.

Die osteuropäischen Angelegenheiten interessierten Stalin unter anderem darum so sehr, weil wir uns bereits im Kalten Krieg befanden. Churchill hatte in Fulton seine berühmte Rede gehalten, mit der er die imperialistischen Kräfte der ganzen Welt gegen die Sowjetunion mobilisierte. Unsere Beziehungen zu England, Frankreich, den USA und den anderen Ländern, die mit uns bei der Niederwerfung Hitlerdeutschlands zusammengearbeitet hatten, waren praktisch ruiniert.

Amerika ging in seiner Außenpolitik von der Position der Stärke aus. Die Amerikaner hatten die Atombombe und wußten, daß wir sie nicht besaßen. Daß unsere Feinde die Atombombe besaßen, war schlimm genug, aber schlimmer wurden die Dinge noch dadurch, daß Amerika damals von einem Präsidenten wie Truman geführt wurde, der nicht für einen Groschen Staatsmann war, völlig unbeweglich im Denken und ein geschworener Feind der Sowjetunion. Ich kann mir nicht vorstellen, wie irgendwer Truman für einen geeigneten Vizepräsidenten hatte halten können, geschweige denn für einen brauchbaren Präsidenten. Alle Welt weiß, daß er einen Journalisten ohrfeigte, weil dieser sich abfällig über die Gesangskunst von Trumans Tochter äußerte.[4] Schon allein dieser Vorfall wirft ein Licht auf Trumans staatsmännische Begabung, ganz zu schweigen von seiner Eignung für so ein wichtiges Amt wie das des Präsidenten der Vereinigten Staaten. Damals war die amerikanische Luftwaffe nach Zahl der Flugzeuge und Qualität die beste der Welt. Die «Fliegenden Festungen» und «Superfestungen» hatten zum Sieg über Deutschland und Japan beträchtlich beigetragen. Kein anderes Flugzeug konnte sich mit ihnen messen. Ich möchte sogar sagen, Amerika war damals unbesiegbar, und das nützten die Amerikaner aus; sie ließen ihre Flugzeuge herausfordernd über sämtlichen Ländern Europas kreisen, sie verletzten nach Belieben die Grenzen und sogar den Luftraum der Sowjetunion, und auf ein

3 Eine gelungene Untertreibung des sowjetischen Machtanspruchs und der Einmischung in Osteuropa.

4 Truman hat diesen Kritiker allerdings nicht geohrfeigt, sondern ihm einen groben Brief geschrieben.

Land wie die Tschechoslowakei nahmen sie schon gar keine Rücksicht. Es verging nicht ein einziger Tag, an dem die Amerikaner nicht den tschechoslowakischen Luftraum verletzten. In der Sowjetunion war man äußerst alarmiert und befürchtete, daß die USA Truppen in die Tschechoslowakei entsenden und versuchen würden, die kapitalistische Regierung wieder einzusetzen, die 1948 unter Führung der Kommunistischen Partei von den arbeitenden Klassen gestürzt worden war.

Diese Gefahr war ein weiterer Grund für Stalin, sich so direkt mit den Angelegenheiten der brüderlichen sozialistischen Länder im allgemeinen und der Tschechoslowakei im besonderen zu befassen und alle anderen davon fernzuhalten. Die tschechoslowakische KP ragte unter den anderen kommunistischen Parteien Europas hervor, weil ihre Führung aus echten Proletariern bestand und einen besonderen Ruf genoß. Klement Gottwald war Staatspräsident. Ich hatte im Laufe der Jahre viel Gutes über Gottwald gehört, und ich wußte, Stalin hielt sehr große Stücke auf ihn. Ich hatte Gottwald 1948 kennengelernt, nach dem Sieg der KP über die Bourgeoisie, als das Proletariat die Führung übernommen hatte. Eines Tages rief Stalin gut gelaunt bei mir an und sagte, ich solle doch gleich auf die Krim kommen, wo er im Urlaub war. Auch Gottwald und Frau seien bei ihm und machten Urlaub. «Kommen Sie schon her», sagte Stalin. «Gottwald schwört, er kann es keinen Tag mehr ohne Sie hier aushalten.» So flog ich denn schon am folgenden Tag auf die Krim. Stalin wohnte damals in jenem ehemaligen Zarenpalast in Jalta, wo er während des Krieges mit Roosevelt und Churchill zusammengetroffen war. Auch Gottwald wohnte dort. Wir führten lange Gespräche, gewöhnlich beim Essen. Das waren ganz formlose Plaudereien, sie hatten nichts Amtliches, nichts Gezwungenes, doch beredeten wir lauter ernste Sachen – die Landwirtschaft und die Volkswirtschaft im allgemeinen. Stalin fragte mich immer wieder ungläubig: «Stimmt es denn, daß die Tschechen, wie der Genosse Gottwald behauptet, 250 bis 300 Zentner Zuckerrüben ernten, während wir vor dem Krieg in der Ukraine nur etwa 160 Zentner einbrachten?»

«Ja, das stimmt, Genosse Stalin», versetzte ich. Was Gottwald da behauptete, war Stalin völlig neu. Er fragte, wie das möglich sei, und ich ließ mich von unseren Agronomen informieren. Diese sagten, erstens gäbe es in der Tschechoslowakei nicht die Schädlinge, die gerade in der Ukraine die Zuckerrüben wegraffen, und zweitens regne es dort im Sommer mehr als in unseren ukrainischen Anbaugebieten.

Stalin war sichtlich verschnupft. Er wollte Gottwald mit unserer überlegenen Agrarwirtschaft und den Erfolgen unseres Kolschossystems imponieren, er wollte, daß wir in allem führend wären, in der Landwirtschaft wie in der Industrie. Da die Ukraine damals unser ertragreichstes Agrargebiet war, hatte er mich eigens auf die Krim bestellt, damit ich ihm den Rücken stärkte, wenn er mit Gottwald darüber stritt, wessen Landwirtschaft fortschrittlicher sei. Ich schaffte aber gleich zu Beginn Klarheit. Man konnte es einfach nicht bestreiten, die Tschechen waren in dieser Hinsicht ganz klar weiter als wir in der Ukraine.

Einige Jahre darauf traf ich Gottwald wieder – er führte die tschechoslowakische Delegation zu Stalins Beisetzung. Bei dieser Gelegenheit wurde er selber sehr krank, er mußte nach Prag gebracht werden und ist bald darauf gestorben.

Bulganin, damals Verteidigungsminister, sollte die Sowjetunion bei Gottwalds Bestattung vertreten. Nach seiner Rückkehr berichtete er, die Lage in Prag sei recht undurchsichtig, man könne nicht gut voraussagen, wer Gottwalds Nachfolge antreten würde. Zwar waren unsere Beziehungen zur Tschechoslowakei vortrefflich, doch machten wir uns nach Gottwalds Tod einige Sorge, weil vor allem unsere engen Beziehungen zu ihm unsere Parteien und unsere Staaten aneinander gebunden hatten. Nun wurde Zapotocky, der unter Gottwald Ministerpräsident gewesen war, Präsident der tschechoslowakischen Republik. Nach dem Tode, besser der Verhaftung des Generalsekretärs Slansky, wurde Novotny Führer der Partei.[5] Ich weiß kaum etwas über die Vorgänge, die Novotnys Aufstieg herbeiführten, ich kann nur etwas aus der Zeit berichten, als ich die Tschechoslowakei besuchte, und da war Novotny bereits Sekretär des Zentralkomitees. Novotny war mir eigentlich kein Begriff, als wir von seiner Beförderung erfuhren. Er trat zum erstenmal auf der internationalen Bühne in Erscheinung. Man sagte uns jedoch, daß er Sekretär des Prager Stadtkomitees gewesen war – der mächtigsten Parteiorganisation in der Tschechoslowakei – und daß er überall in der Partei großes Ansehen genieße. Aber das war kaum mehr als ein Gerücht.

Novotny gefiel mir sehr, als ich ihn kennenlernte. Ich halte ihn auch heute noch für einen guten, aufrechten Kommunisten, dem Marxismus-Leninismus und der Sache der Arbeiterklasse treu ergeben. Daran habe ich nie gezweifelt. Als ich ihn bei der Arbeit sah, erkannte ich, das ist ein Mensch, der sein Leben ausschließlich der Partei gewidmet hat. Kurz gesagt, meine Beziehungen zu ihm waren gut.

Ich lernte auch Novotnys Innenminister kennen, einen loyalen und aktiven Freund der Sowjetunion. Der wurde dann allerdings verhaftet und verurteilt und so weiter.[6] Ich gebe zu, daß mir das gar nicht gefiel, aber ich konnte zu seiner Entlastung nichts unternehmen, denn es waren schlüssige Beweise gegen ihn vorgebracht worden.

5 Chruschtschow spricht nur vom Tod, nicht von der Hinrichtung Slanskys, dem 1952 der Schauprozeß gemacht worden war. Danach hatte Präsident Gottwald die Funktionen des Generalsekretärs der Partei mitübernommen, ohne jedoch offiziell den Titel zu führen. 1953, nachdem Gottwald gestorben war, wurde Antonin Novotny Parteichef.

6 Rudolf Barak. Novotny ließ ihn 1962 verhaften und zu 15 Jahren Haft verurteilen, womit er einen gefährlichen Rivalen loswurde.

Überdies vermieden wir es damals mit voller Absicht, auf die anderen sozialistischen Länder Druck auszuüben. Wir gingen davon aus, daß jede kommunistische Partei ihre inneren Angelegenheiten selber regeln sollte und dies auch tun würde. Kamen uns Vorgänge zu Ohren, mit denen wir nicht einverstanden waren, dann gaben wir zwar manchmal unseren Zweifeln und unserer abweichenden Meinung Ausdruck, aber im allgemeinen überließen wir es den Bruderparteien, ihre Entschlüsse selber zu fassen. So war es auch im Fall der tschechoslowakischen Partei.

Ich erinnere mich aber gut daran, daß es einmal zu einer gewissen Spannung zwischen den tschechoslowakischen Führern und mir kam. Ich gehörte einer Delegation an, die die Tschechoslowakei besuchen sollte, und sagte meinen Genossen, schon ehe wir abfuhren, daß mir sehr daran gelegen sei, speziell den General Svoboda aufzusuchen und ihm einige typisch russische Geschenke mitzubringen, zum Zeichen meiner persönlichen Wertschätzung wie auch der Dankbarkeit des sowjetischen Volkes für seine Rolle im Kriege.

1943 wurde Watutin und mir ein tschechoslowakisches Bataillon unter dem Kommando des Obersten Svoboda unterstellt, und es zeichnete sich vor Charkow besonders aus. Später, als er mit seinen Leuten eine Elitebrigade gebildet hatte, lernte ich Svoboda noch besser kennen. Ich weiß noch, daß die tschechoslowakischen Kommunisten ihn während des Krieges im Gespräch mit mir nicht nur als einen hervorragenden Kommandeur bezeichneten, sondern auch als einen sehr aktiven politischen Führer. Damals verbot die tschechoslowakische Verfassung, politische Zellen in den militärischen Einheiten zu bilden, und deshalb war die kommunistische Organisation in der tschechoslowakischen Brigade theoretisch illegal. Das hinderte Svoboda aber nicht, gemeinsam mit dem Leiter der Parteiorganisation innerhalb der Brigade politische Maßnahmen zu erörtern und selbst anzuregen. Die Tschechoslowaken kämpften Seite an Seite mit uns an der Ersten Ukrainischen Front. Ich war Mitglied des Militärrates und Svoboda war einer meiner Untergebenen. Ich bin Svoboda und den anderen tschechoslowakischen Führern nach der Befreiung ihres Landes durch unsere Truppen in Kiew wiederbegegnet, wo die Mitglieder der neuernannten tschechischen Regierung auf der Rückfahrt nach Prag durchkamen und von mir empfangen wurden. Svoboda war von der Sowjetunion mit dem Leninorden ausgezeichnet worden. Mit Rücksicht auf seine Verdienste und unsere persönliche Bekanntschaft wäre es einfach unanständig von mir gewesen, in die Tschechoslowakei zu fahren, ohne ihm einen persönlichen Besuch abzustatten. Als es aber schließlich so weit war, daß ich mit unserer Delegation die Tschechoslowakei besuchen konnte, war Svoboda in Ungnade gefallen. Soweit wir wußten, war er als Buchhalter in einer Kollektivwirtschaft beschäftigt. Das war ziemlich unverständlich. Er hatte diese Demütigung durch nichts verdient. Ich sagte zu meinen Genossen, meiner Ansicht nach müßte Svoboda eine konstruktive Aufgabe bekommen und einen Posten, der seinem wichtigen Beitrag als einziger militärischer Führer der tschechoslowakischen Armee, der an unserer Seite gegen Deutschland gekämpft hatte, gerecht würde. Man mußte unbedingt etwas tun, um sein Ansehen zu heben und ihm zur Rückkehr in das aktive politische Leben zu verhelfen. Meine Genossen in der Führung der sowjetischen KP und der sowjetischen Regierung stimmten mir darin zu.

Als ich unseren tschechoslowakischen Freunden meinen Wunsch mitteilte, General Svoboda aufzusuchen, ließ ich sie merken, daß ich ihn für einen guten Soldaten und einen aufrichtigen Genossen hielt, und ihn deshalb nicht einfach vergessen konnte, so als hätte es ihn nie gegeben. Ich fragte, ob sie etwas gegen unser Treffen einzuwenden hätten. Ich sah ihnen an, daß sie nicht gerade sehr glücklich über mein Anliegen waren, aber sie begriffen, daß ich mich nicht würde abweisen lassen. Ich möchte nicht behaupten, daß sie mir ihren Segen gaben, aber sie hinderten mich auch nicht. Wenn ich Svoboda besuchen wolle, so sei dies meine eigene Angelegenheit, meinten sie. Ich bestand also darauf, daß ich ihn auf dieser Reise zu sehen bekam.

Alle Völker der sozialistischen Länder sind mit der Sowjetunion durch starke brüderliche Gefühle verbunden. Doch habe ich stets gefunden, daß die Bulgaren uns gegenüber eine besonders innige Freundschaft empfinden. Ihre Gefühle sind verständlich. Sind doch noch gar nicht so viele Jahre vergangen, seit die Schlachtfelder Bulgariens übersät gewesen sind mit den Gebeinen russischer Krieger, die ihr Leben ließen, damit Bulgarien die Unabhängigkeit von den Türken erringen konnte.

II
Der Koreakrieg

Auch hier beeindruckt wieder am stärksten die unbekümmerte, fast amateurhafte Art, mit der Stalin Probleme anpackte, wenn sie seiner Ansicht nach nicht in unmittelbarem Zusammenhang mit der Sicherheit der Sowjetunion standen. Wir dürfen annehmen, daß er von seinem Geheimdienst und dem Außenministerium über die Situation in Korea in allen Einzelheiten informiert war; und doch hat er allem Anschein nach die Nordkoreaner in ihrem Vorgehen bestärkt, ohne die Sache gründlich zu überdenken. Das Bedeutsame in diesem Kapitel ist die Tatsache, daß Chruschtschow ganz unumwunden den Nordkoreanern die Verantwortung für diesen Krieg gibt; er tut gar nicht erst so, als habe sich Südkorea der Aggression oder auch nur der Provokation schuldig gemacht. Nach Chruschtschows Darstellung sind die Nordkoreaner im Süden des Landes eingefallen, und Stalins grobe Fehleinschätzung der Lage komplizierte alles noch. Zudem wird den strategischen Fähigkeiten der Chinesen ein Seitenhieb verpaßt. Aber es wird auch klar, daß Stalin seine eigenen Fehler erheblich früher erkannte als Chruschtschow, der nicht begreifen konnte, warum sich sein Herr und Meister auf ein Trommelfeuer der Propaganda beschränkte, im übrigen jedoch in der Rolle des unbeteiligten Zuschauers verharrte und alle russischen Militärberater zurückbeorderte, als sich zum Schießkrieg entwickelte, was als bewaffneter Spaziergang gedacht gewesen war. Es ist nicht verwunderlich, daß Stalin die Vorschläge Chruschtschows verächtlich beiseite schob. Es waren die Vorschläge eines Mannes, der noch keine Ahnung hatte von dem Zusammenwirken der Kräfte in dieser Welt, ja, der noch nicht einmal die führende Rolle erkannte, die die Vereinten Nationen bei der Sache spielten, und daß diese Organisation keineswegs gleichzusetzen war mit den USA.

Ende 1949, etwa zu dem Zeitpunkt, zu dem ich aus der Ukraine nach Moskau zurückberufen wurde, traf dort Kim Il-sung[1] mit einer Delegation ein, um sich mit Stalin zu beraten. Die Nordkoreaner wollten ihre Landsleute im Süden ein wenig mit dem aufgepflanzten Bajonett kitzeln. Der erste Rippenstoß, behauptete Kim Il-sung, werde in Südkorea eine

1 Nordkoreanischer Partei- und Regierungschef.

innenpolitische Explosion auslösen, und die Macht des Volkes werde sich durchsetzen – jene Macht also, die im Norden des Landes herrschte. Dieser Idee konnte Stalin natürlich nicht widersprechen. Hier wurde an seine Überzeugungen als Kommunist appelliert, um so mehr, als die Auseinandersetzung eine innere Angelegenheit der Koreaner sein würde, die sie untereinander austragen konnten. Die Nordkoreaner wollten ja nur ihren von Syngman Rhee geknechteten Brüdern die helfende Hand entgegenstrecken. Stalin setzte Kim Il-sung auseinander, er solle die Sache überdenken und durchkalkulieren; dann möge er mit einem konkreten Plan wiederkommen. Kim fuhr nach Hause; nachdem er den Plan ausgearbeitet hatte, kam er wieder nach Moksau und berichtete Stalin, er sei sich seines Erfolgs absolut sicher. Ich erinnere mich, daß Stalin gewisse Zweifel hatte. Er machte sich Gedanken wegen eines möglichen Eingreifens der Amerikaner; aber wir neigten zu der Ansicht, daß eine amerikanische Intervention vermieden werden könne, wenn es gelang, die Kampfhandlungen bald zu Ende zu bringen – und Kim Il-sung war von seinem raschen Sieg überzeugt.

Trotzdem beschloß Stalin, Mao Tse-tungs Meinung zu Kim Il-sungs Vorschlag zu hören. Es muß betont werden, daß der Krieg nicht Stalins, sondern allein Kim Il-sungs Idee war. Natürlich machte Stalin nicht den Versuch, ihm die Sache auszureden. Ich kann mir keinen wahren Kommunisten vorstellen, der versucht hätte, Kim Il-sung seinen brennenden Wunsch auszureden, Südkorea von Syngman Rhee und den reaktionären amerikanischen Einflüssen zu befreien – es hätte im krassen Gegensatz zur kommunistischen Weltanschauung gestanden. Ich verurteile Stalin nicht, weil er Kim Mut machte; im Gegenteil: ich hätte an Stalins Stelle die gleiche Entscheidung getroffen.

Auch Mao Tse-tung machte keine Einwände. Er stellte sich positiv zu Kim Il-sungs Vorschlag und äußerte die Vermutung, die Amerikaner würden nicht intervenieren, da es sich bei dem Krieg um eine innerkoreanische Angelegenheit handle, in der das koreanische Volk selber entscheiden müsse.

Ich erinnere mich an die Hochstimmung bei einem Abendessen in Stalins Datscha. Kim Il-sung erzählte von den Lebensbedingungen in Korea; vor allem wußte er viel Attraktives vom Süden des Landes zu berichten – von gutem Ackerboden; von einem Klima, das sich vorzüglich zum Reisanbau eigne, von einer blühenden Fischindustrie und so weiter. Von einer Wiedervereinigung der beiden Teilstaaten, sagte er, werde Korea als Ganzes profitieren. Der Norden verfüge über die erforderlichen industriellen Rohstoffe, der Süden sei in der Lage, das ganze Volk mit Fisch, Reis und anderen landwirtschaftlichen Erzeugnissen zu versorgen. Wir wünschten Kim Il-sung viel Erfolg und tranken auf das Wohl der nordkoreanischen Führung und auf den Tag, an dem sie ihr Ziel erreichen würde.

Schon seit einiger Zeit hatten wir Nordkorea Waffen geliefert. Es lag auf der Hand, daß wir nun im erforderlichen Umfang Panzer, Artillerie, Gewehre, Maschinengewehre, Pioniergerät und Flak schickten. Einheiten unserer Luftwaffe wurden zum Schutz von Pjöngjang bereitgestellt und in Nordkorea stationiert.

Zur festgesetzten Stunde begannen die Kampfhandlungen. Der Angriff kam gut voran; die Nordkoreaner stießen zügig nach Süden vor. Aber was Kim Il-sung vorausgesagt hatte, blieb aus: weder brachen nach den ersten Schüssen Unruhen aus, noch wurde Syngman Rhee gestürzt. Seine und seiner Clique Beseitigung war noch während des Vormarsches der nordkoreanischen Truppen vorgesehen gewesen, und zuerst hatte es den Anschein, als sollte Kim Il-sung recht behalten. Das Regime in Südkorea war labil und unfähig, sich erfolgreich zu verteidigen. Der Widerstand war nur schwach. Syngman Rhee hatte in der Tat nicht viel Unterstützung in Südkorea, aber für einen kommunistischen Aufstand gab es noch nicht genügend Kader im Land. Offensichtlich war die vorbereitende Organisationsarbeit der Partei unzureichend gewesen. Kim hatte geglaubt, der Süden sei mit einem dichten Netz von Parteizellen überzogen, und das Volk würde sich erheben, sobald die Partei das Signal gab. Aber dazu ist es nie gekommen.

Die Nordkoreaner nahmen Seoul ein. Wir waren alle begeistert; wieder wünschten wir Kim Il-sung vollen Erfolg, denn dies war ein Krieg der nationalen Befreiung. Es war kein Kampf zwischen Völkern – es war Klassenkampf. Arbeiter, Bauern und Angehörige der Intelligenz schlossen sich unter Führung der nordkoreanischen Partei der Arbeit (die damals wie heute auf der Basis des Sozialismus stand und steht) zusammen, um gegen die Kapitalisten zu kämpfen. Das allein war schon eine fortschrittliche Entwicklung.

Aber Kim Il-sungs Streitkräften ging die Luft aus, gerade als sie Pusan erreicht hatten. Pusan war die letzte Hafenstadt des Südens. Sie mußte fallen; erst dann war der Krieg zu Ende. Hätte die Stadt erobert werden können, wäre Korea wiedervereinigt, die Teilung beendet gewesen. Ein geeinter, mächtiger sozialistischer Staat, reich an Rohstoffen, Industrie und Agrarkapazität, wäre entstanden.

Doch dazu kam es nicht. Der Feind nutzte den Widerstand, den Syngman Rhee in Pusan organisiert hatte, um seine Truppen in Chemulpo[2] zu landen, wodurch die Situation für die Nordkoreaner sehr ernst wurde. Durch dieses Manöver wurde die gesamte nordkoreanische Armee im Süden abgeschnitten; was sie an Waffen und Material besaß, fiel Syngman Rhee in die Hände. In diesem kritischen Augenblick war Nordkorea selbst von der Katastrophe bedroht.

Ein Teil der Schuld an dieser prekären Situation trifft Stalin. Was ihn dazu bewegte, ist mir ein Rätsel – aber als Kim Il-sung den Einmarsch

2 Bekannter als: Inchon, Hafenstadt westlich von Seoul.

vorbereitete, beorderte Stalin unsere sämtlichen Berater zurück, die bei nordkoreanischen Divisionen und Regimentern standen oder auch bei höheren Stäben am Aufbau der Armee mitwirkten. Ich fragte Stalin nach seinen Beweggründen. «Es ist viel zu riskant, unsere Berater dort zu lassen!» fuhr er mich an. «Sie könnten in Gefangenschaft geraten – und wir dürfen der Gegenseite kein Beweismaterial liefern, auf Grund dessen man uns der Einmischung beschuldigen kann. Das Ganze ist Kim Il-sungs Angelegenheit.» Also wurden unsere Berater abberufen. Infolgedessen hatte die nordkoreanische Armee von Anfang an Schwierigkeiten. Als es nach Chemulpo zu regelrechten Schlachten kam, nahm ich mir die Berichte sehr zu Herzen, die wir über die tragische Situation erhielten, in die sich Kim Il-sung hineinmanövriert hatte. Er tat mir leid, und ich schlug Stalin sogar einmal vor:

«Wäre es nicht besser, Genosse Stalin, Kim Il-sung etwas kräftiger unter die Arme zu greifen? Er will für sein Volk kämpfen und ganz Korea frei und unabhängig machen, aber er ist kein Soldat. Jetzt stehen ihm amerikanische Elite-Einheiten gegenüber. Unser Botschafter in Nordkorea war früher Zweiter Sekretär des Leningrader Gebietskomitees; er ist zwar während des Krieges zum Generalleutnant gemacht worden; aber er ist kein Berufssoldat – er hat noch nicht einmal militärische Grundausbildung, und sein Rat kann nie den Rat eines geschulten Truppenführers ersetzen. Sehen Sie, da hätten wir zum Beispiel Malinowskij: Er ist Kommandeur des Militärbezirks Fernost. Warum schicken wir ihn nicht nach Nordkorea – inkognito natürlich –, damit er Kim Il-sung helfen kann, den Krieg wirkungsvoller zu führen?»

Stalins Reaktion war schroff, feindselig – zu meiner Verwunderung: Hatte er nicht Kim Il-sung seinen Segen gegeben? Hatten wir nicht die Waffen für das Unternehmen geliefert? Standen wir nicht auf Kims Seite? Ohne unsere Hilfe hätte er keine Chance gehabt; aber diese Hilfe hatte nur aus Waffenlieferungen bestanden. Hätten wir ihm nicht die Unterstützung durch militärische Fachleute verweigert, die in der Lage gewesen wären, die nordkoreanischen Verbände richtig einzusetzen und die Operationen zu leiten, so würde Nordkorea zweifellos gesiegt haben. Hätte Kim ein, allerhöchstens zwei Panzerkorps zur Verfügung gehabt, so hätte er nach meiner Überzeugung schneller nach Süden vorstoßen und Pusan im Handstreich nehmen können. Das wäre das Ende des Krieges gewesen. Später war in der amerikanischen Presse zu lesen, daß die US-Streitkräfte nicht eingegriffen hätten, wenn Pusan gefallen wäre.[3]

3 Hier spielt Chruschtschow sein Gedächtnis einen Streich. Unmittelbar nach dem nordkoreanischen Angriff hatten schon amerikanische Truppen eingegriffen. Ohne die Amerikaner wäre Pusan mit Sicherheit überrannt worden. Unterdessen bereitete General MacArthur das vernichtende Landemanöver bei Inchon vor, das die nordkoreanische Armee praktisch außer Gefecht setzte. Erst das Eingreifen Chinas im November 1950 gab dem Kriegsgeschehen eine Wende.

Nun, mit erheblicher Verzögerung brachten die Amerikaner schließlich ein Landemanöver zuwege. Ihre Truppen eroberten Seoul zurück und drangen nach Norden vor; sie überschritten den 38. Breitengrad – die Demarkationslinie, die nach der Niederlage Japans festgesetzt worden war. Nordkorea und Kim Il-sung befanden sich in einer verzweifelten Lage.

Die nordkoreanische Luftwaffe war hauptsächlich mit Maschinen vom Typ MIG 15 ausgerüstet, unserem neuesten, besten und wendigsten Düsenjäger. Im Verlauf des Krieges rüsteten die Amerikaner ihre Luftstreitkräfte auf einen neuen Jägertyp um, der schneller war als unsere Maschinen und über eine höhere Feuerkraft verfügte. Unsere MIG 15 konnten einfach nicht mithalten und wurden immer häufiger abgeschossen. Wir verloren die Luftherrschaft. Die Amerikaner konnten unser Luftabwehrsystem durchbrechen und Nordkorea ungestraft bombardieren. Wir waren nicht mehr in der Lage, Städte und Kraftwerke zu schützen.

Während sich die Lage dergestalt zuspitzte und wir alle Kim Il-sung und das nordkoreanische Volk bedauerten, tauchte plötzlich Tschu En-lai auf. Bei seiner Begegnung mit Stalin war ich nicht zugegen. Stalin hielt sich gerade im Süden [4] auf, und Tschu En-lai flog direkt dorthin, um ihn zu treffen. Als Stalin später nach Moskau zurückkehrte, sagte er, Tschu En-lai habe ihn im Auftrag Mao Tse-tungs aufgesucht. Zu diesem Zeitpunkt war die nordkoreanische Armee nahezu dezimiert. Tschu fragte Stalin, ob chinesische Truppen auf nordkoreanisches Territorium gebracht werden sollten, um die Amerikaner und Südkoreaner aufzuhalten. Zuerst sah es so aus, als seien sich Stalin und Tschu darin einig, daß eine chinesische Intervention sinnlos sei. Dann aber, kurz vor der Heimreise Tschu En-lais, wurde das Problem noch einmal von neuem aufgerollt – entweder auf Anweisung von Mao Tse-tung, von Tschu En-lai, oder von Stalin selbst. Nun einigten sie sich darauf, daß China den Nordkoreanern aktiv beistehen sollte. Chinesische Truppen waren bereits entlang der Grenze stationiert. Stalin und Tschu meinten, daß diese Truppen völlig ausreichen würden, die Lage zu meistern, Amerikaner und Südkoreaner zurückzuwerfen und die Katastrophe abzuwenden.

Tschu En-lai flog zurück nach Peking. Er war unter den Beratern Mao Tse-tungs der einflußreichste und der bei weitem intelligenteste; Stalin hielt sehr viel von ihm. Wir alle sahen in ihm einen gescheiten, flexiblen, aufgeschlossenen Mann, mit dem man vernünftig reden konnte.

China verzichtete auf eine Kriegserklärung und schickte einfach Freiwillige nach Korea. Sie standen unter dem Kommando von Peng Te-huai, auf den Mao Tse-tung größte Stücke hielt; er sagte gern, Peng sei der strahlendste Stern am militärischen Himmel Chinas.

Nun wurde wieder gekämpft. Es gelang den Chinesen, den Vormarsch

4 Im Kurort Sotschi an der Kaukasus-Küste.

der Amerikaner und Südkoreaner aufzuhalten. Es kam zu offenen Feldschlachten. In den Archiven kann man noch die Lageberichte einsehen, die Peng Te-huai an Mao Tse-tung schickte. Peng verfaßte längere Telegramme, in denen er umständliche Schlachtpläne erläuterte, mit denen er den Amerikanern beikommen wollte. Er erklärte kategorisch, der Feind werde eingekesselt und durch entschlossen geführte Flankenstöße aufgerieben werden. Immer wieder wurden die amerikanischen Verbände in diesen Berichten niedergewalzt und der Krieg mehr als einmal beendet; Peng schickte sie an Mao, und der gab sie weiter an Stalin.

Unglücklicherweise ging der Krieg dann aber keineswegs schnell zu Ende. Die Chinesen erlitten zahlreiche schwere Niederlagen. Wir erhielten die Nachricht, daß Mao Tse-tungs Sohn als General während eines Fliegerangriffs auf einem Gefechtsstand gefallen war. Maos eigener Sohn in Korea gefallen! China erlitt entsetzliche Verluste, weil es den Amerikanern waffentechnisch und ausrüstungsmäßig weit unterlegen war. Ob Angriff oder Verteidigung – die Taktik der Chinesen konnte sich meist nur an der reinen Mannschaftsstärke orientieren.

Der Krieg zog sich in die Länge; er wurde zum Stellungskrieg, und die Verlustziffern stiegen auf beiden Seiten. Die Fronten schienen zu erstarren. Als dann aber die Nordkoreaner den Druck auf die Truppen des Südens verstärkten, nahmen die Amerikaner Pjöngjang und jagten die nordkoreanischen Verbände über die Demarkationslinie, die bei der Kapitulation der Japaner vertraglich festgelegt worden war.

Meine Erinnerungen an den Koreakrieg sind zwangsläufig nur skizzenhaft. Ich bekam kein einziges der Dokumente zu Gesicht, in denen die Frage der militärisch-technischen Unterstützung Nordkoreas behandelt wurde. Aber ich verstand die Grundlagen unserer Politik. Ich las alle Berichte, die unser Botschafter schickte. Zu dem Zeitpunkt, an dem der Krieg ausbrach, hatte man mich auf den Postverteiler der Regierung gesetzt. Während meiner Tätigkeit in der Ukraine hatte ich dem Politbüro zugehende Schreiben nur erhalten, wenn ihr Inhalt die Ukraine oder mich persönlich betraf.[5] Als ich dann nach Moskau versetzt worden war, sagte Stalin, Geheimdokumente könnten mir zugänglich gemacht werden, weil ich früher die internen Akten nicht erhalten hätte. So kam es, daß ich die Berichte lesen konnte, die Mao Tse-tung von Peng Te-huai empfing und an Stalin weiterschickte, und daß ich in die Lage versetzt war, mich mit der Situation vertraut zu machen, die sich in Südkorea entwickelt hatte.

5 Chruschtschow war immerhin schon seit 1939 Vollmitglied des Politbüros, der formal höchsten Instanz also, die die Richtlinien der sowjetischen Politik festlegte. Dennoch bekam er nicht alle Geheimdokumente zu Gesicht. (Siehe den Abschnitt «Stalin und die Verbündeten».) Das änderte sich erst, als er im Dezember 1949 nach Moskau zurückgerufen wurde. Der Koreakrieg begann am 25. Juni 1950.

12
Aussöhnung mit dem Ketzer Tito

Chruschtschows Reise nach Jugoslawien Ende Mai 1955 war das erste Auftreten des Parteichefs auf der internationalen Bühne. Er sollte den Schaden reparieren, den Stalin 1948 mit der Exkommunizierung Titos angerichtet hatte. Die Nachfolger des sowjetischen Diktators schickten eine gewichtige Delegation nach Belgrad. Neben Chruschtschow gehörten ihr unter anderen an: Ministerpräsident Bulganin, dessen Stellvertreter Mikojan, der Chefredakteur der ‹Prawda› und spätere Außenminister Schepilow (Molotow, der noch Außenminister war, wurde als Repräsentant stalinscher Politik übergangen), und der damalige stellvertretende Außenminister Gromyko. Chruschtschow versuchte, während des ganzen Besuchs (27. Mai – 2. Juni) die erste Geige zu spielen, obgleich die Jugoslawen Wert auf die Feststellung legten, daß es sich um Regierungsverhandlungen handelte, was auch darin zum Ausdruck kam, daß die «Versöhnungs»-Deklaration von Bulganin und nicht von Chruschtschow unterzeichnet wurde. Schon in seiner Ansprache beim Eintreffen auf dem Belgrader Flugplatz trat Chruschtschow ins Fettnäpfchen, als er die Schuld an dem Konflikt mit Jugoslawien allein den «nun entlarvten Volksfeinden» Berija und Abakumow in die Schuhe schob und nach einer kurzen Bemerkung darüber sozusagen zur Tagesordnung überging. Das mußte Tito mehr als verstimmen, dessen Sturz die Sowjetunion noch wenige Jahre zuvor mit allen nur erdenklichen Mitteln, außer dem des Krieges, betrieben und den der Kreml und seine Satelliten mit den übelsten Beschimpfungen eingedeckt hatte. Entsprechend kühl war auch die Reaktion des jugoslawischen Staats- und Parteichefs, über die Chruschtschow berichtet.

Als Stalin starb, war ich einer der Sekretäre des ZK der KPdSU und Erster Sekretär der Moskauer Stadt- und Gebiets-Parteikomitees. Nach Stalins Tod wurde ich meiner Verpflichtungen in der Moskauer Parteiorganisation entbunden, blieb aber im Sekretariat des ZK. Eine Zeitlang war der Posten des Ersten Sekretärs der Partei überhaupt unbesetzt. Bulganin schlug dann auf einem ZK-Plenum vor, das Amt des Ersten Sekretärs wieder einzuführen und nominierte mich für diesen Posten. Auf diese Weise wurde ich mit Zustimmung des Parteipräsidiums Erster

Sekretär des ZK der KPdSU.[1] In dieser Eigenschaft führte ich 1955 eine Delegation nach Jugoslawien an, die gute Beziehungen zum Genossen Tito wiederherstellen sollte.

Vor dem Zweiten Weltkrieg war Tito in der Komintern gut bekannt und sehr geschätzt, und während des großen Kampfes, den das jugoslawische Volk gegen die Hitlerinvasoren führte, gewann er großen Ruhm als Partisanenführer. Ich glaube, es kränkt niemanden, wenn ich sage, daß ganz zu Beginn des Krieges der Widerstand gegen die Naziokkupation am eindrucksvollsten in Jugoslawien war. Er ging von der nationalen Partisanenbewegung aus, die von der Kommunistischen Partei Jugoslawiens organisiert wurde. In Frankreich, in Italien und in anderen europäischen Ländern gab es ebenfalls große Partisanenbewegungen, doch die jugoslawische war die erste und die stärkste.

Ich lernte Tito kennen, als er nach dem Krieg mit Kardelj und Djilas zu Stalin nach Moskau kam. Auf der Rückreise kamen die jugoslawischen Genossen mit der Bahn durch Kiew, denn sie wollten etwas vom Lande sehen, und sei es aus dem Fenster eines Zuges. Stalin rief mich an: «Empfangen Sie sie gut und sorgen Sie gut für sie. Tito soll fühlen, daß unser Land in tiefer Freundschaft mit Jugoslawien verbunden ist. Sehen Sie zu, daß die Ukrainer ihm das auch richtig zeigen!»

«Gut», sagte ich. «Alles soll geschehen, wie Sie wünschen. Wir werden uns freuen, den Genossen Tito zu empfangen.»

Wir empfingen sie mit allem, was russische und ukrainische Gastfreundschaft bieten konnten. Wir waren noch arm, konnten unsere Gäste aber gut bewirten. Auf Titos Bitte arrangierte ich den Besuch einer Kolchose. Obwohl unsere Wirtschaft noch verwüstet war und mit der Landwirtschaft auch kaum Staat zu machen war, meinte Tito, er sei beeindruckt. Mir gefiel Tito. Er war ein lebhafter und schlichter Mensch. Auch Kardelj gefiel mir; Djilas beeindruckte mich durch seinen raschen und subtilen Verstand. Ich hielt ihn für einen tüchtigen Mann. Ich bestreite nicht, daß ich jetzt ganz anders über ihn denke, aber das steht auf einem anderen Blatt. Eines Abends, wir waren in der Oper, erzählte Djilas in der Pause mehrere selbsterdachte Fabeln, von denen mir besonders eine im Gedächtnis geblieben ist, die ich hier erzählen möchte.

Es waren einmal ein Hund, eine Kuh und ein Esel, die wohnten in einem Dorf irgendwo in Jugoslawien. Die Verhältnisse verschlechterten sich mit der Zeit aber so sehr, daß der Hund, die Kuh und der Esel ins Gebirge zu übersiedeln beschlossen. Als sie eine Weile im Gebirge umhergewandert waren, wurden sie hungrig und bekamen auch Heimweh, und darum schickten sie den Hund los, er sollte nachsehen, ob sich die Situation schon gebessert hätte. Bald schon kam der Hund zurück, so

1 Im September 1953; bis dahin war Malenkow der erste Mann in der Regierung *und* faktisch auch in der Partei. Stalin starb am 5. März 1953.

schnell er laufen konnte: «Es ist immer noch unmöglich, dort zu leben», berichtete er. «Das Bellen ist immer noch verboten, also wie soll man dort als Hund leben, wenn man nicht bellen darf?» Da wanderten sie wiederum eine Weile durch die Berge, doch dann schickten sich die Kuh auf Kundschaft aus. «Du bellst nicht», sagten der Hund und der Esel zur Kuh, «also macht es dir auch nichts aus, wenn das Bellen verboten ist.» Die Kuh ging los und es dauerte eine Weile, ehe sie sehr bekümmert zurückkam. «Es ist unmöglich», sagte sie. «Einfach unmöglich! Kaum haben die Leute mich gesehen, sind sie schon über mich hergefallen. Sie zerrten und rissen an meinem Euter. Nur mit Mühe bin ich ihnen entkommen!» Sie blieben also alle drei weiter in den Bergen. Doch schließlich meinten sie, der Esel solle auch noch einen Vorstoß machen, und er war einverstanden. Nach einer Weile kam jedoch auch der Esel zurück, so schnell ihn seine Beine tragen wollten, und rief: «Es ist unmöglich, völlig unmöglich, man kann dort nicht leben.» – «Warum nicht? Was ist passiert?» wollten die anderen wissen. «Was passiert ist? Nun, kaum hatten mich die Leute gesehen, da wollten sie mich auch schon als Kandidaten aufstellen. Es waren gerade Wahlen, und sie wollten mich ins Parlament schicken. Ich konnte mich kaum retten.»

Tito schaute Djilas streng an und fragte: «Wollen Sie damit sagen, daß wir lauter Esel ins Parlament wählen?» Aber Tito meinte das im Scherz. Er lachte, Djilas lachte, wir alle lachten.

Später berichtete ich Stalin, daß während Titos Besuch eine freundschaftliche, gelockerte Atmosphäre geherrscht habe. Stalin war erfreut darüber, daß wir Tito so freundlich aufnehmen konnten und daß den Jugoslawen der Aufenthalt in der Ukraine so gut gefallen hatte. Damals war Stalin daran gelegen, zu Jugoslawien die denkbar brüderlichsten Beziehungen zu unterhalten, und er zweifelte auch nicht daran, daß das möglich war.

Bald darauf berichtete Judin, unser Botschafter in Belgrad, Philosoph und Akademiemitglied, daß die Jugoslawen auf irgendeiner Parteiversammlung spöttische, verächtliche, ja geradezu beleidigende Äußerungen über die Sowjetunion gemacht hatten, insbesondere auch über unsere militärischen und technischen Berater, die auf Ersuchen Titos geschickt worden waren, beim Wiederaufbau des Landes zu helfen. Judin teilte Einzelheiten von dieser Versammlung mit, und Stalin verteilte Kopien dieses Berichts an die Mitglieder des Politbüros. Ich bekam meine nach Kiew geschickt.

Dann mäkelte auch die jugoslawische Führung an uns herum und suchte Streit. Viele Jugoslawen, die mit uns befreundet waren und mit dieser neuen, antisowjetischen Linie ihrer Regierung nicht übereinstimmten, wurden ins Gefängnis geworfen. Einige verloren sogar das Leben. Man bestrafte sie nicht, weil sie unsere Freunde, sondern weil sie gegen die Führung der KPJ und die jugoslawische Regierung waren. Der Höhepunkt wurde erreicht, als die Sowjetunion alle ihre Berater abberief, die Jugoslawien bei der Reorganisation der Industrie, auf wissenschaftlichem Gebiet, in der Wirtschaft und bei der Reorganisation der Armee geholfen hatten.[2]

Nach Stalins Tod berieten wir in der Führung gemeinsam, ob es möglich wäre, den Kontakt zu den Jugoslawen wiederherzustellen und die Feindschaft aus der Welt zu schaffen, die Stalin zwischen der Sowjetunion und Jugoslawien hatte entstehen lassen. Dieser Plan begegnete von Anfang an starker Opposition. Wie konnten wir die Beziehungen zu den Jugoslawen wiederherstellen, so «argumentierten einige Leute», wenn diese bereits wieder kapitalistisch geworden waren? Die jugoslawische Wirtschaft sei vom amerikanischen Monopolkapital geschluckt worden; das Privatvermögen sei legalisiert, und es gäbe schon wieder private Banken. Vor allem war es Michail Suslow, der sich hartnäckig sträubte, daß man versuchen sollte, die Spannung zwischen uns und den Jugoslawen zu verringern. Er bestand darauf, Jugoslawien sei kein sozialistisches Land mehr.

Mir scheint, alle diese lächerlichen Behauptungen wurden nur darum vorgebracht, weil wir uns unterdessen so von Jugoslawien entfremdet und so viele Beschuldigungen gegen die Jugoslawen erfunden hatten, daß wir nun schon selber an das glaubten, was wir da sagten. Es war wie in der Geschichte von dem Mullah, der allen, die ihm auf dem Marktplatz begegnen, erzählt, da, wo er gerade herkomme, gäbe es gratis Lammfleisch mit Reis. Die Kunde verbreitet sich rasend schnell in der Stadt und alle Welt rennt in die Richtung, in die er gezeigt hat. Wie nun der Mullah alle Welt rennen sieht, hält er jemanden auf und sagt: «Was gibt es denn?» – «Nun, dort verteilt man gratis Lammfleisch und Reis!» Also schürzt der Mullah seine Gewänder und stürzt ebenfalls in diese Richtung davon, obschon er es doch selber war, der sich die ganze Geschichte ausgedacht hat. Und genauso war es mit Jugoslawien. Wir hatten uns lauter gräßliche Sachen ausgedacht, die die Jugoslawen angeblich begingen, und hatten das alles so oft gehört, daß wir schließlich selber daran glaubten.

Wenn wir gegen die Sturheit von einigen Leuten aufkommen wollten, die nicht von alten Positionen herunterwollten, die zu Stalins Zeiten festgelegt worden waren, dann mußten wir ihre Argumente mit unseren eigenen kontern. Es reichte nicht aus, nur zu bestreiten, daß Jugoslawien ein kapitalistisches Land sei. Wir mußten es beweisen. Ich schlug also vor: «Warum prüfen wir die Lage nicht objektiv? Wir können doch eine Kommission von Spezialisten einsetzen, die nach einer gründlichen Ana-

2 Im folgenden gibt Chruschtschow dagegen Stalin die Alleinschuld an dem sowjetisch-jugoslawischen Zerwürfnis. Vergleiche auch die Geheimrede im Anhang.

lyse aller maßgebenden Faktoren sagen kann, welche wirtschaftliche und gesellschaftlich-politische Struktur Jugoslawien nun eigentlich hat. Wir werden dann die Ergebnisse sehr sorgfältig Punkt für Punkt durchgehen.»

Schepilow und einige andere Genossen wurden mit dieser Arbeit beauftragt, und sie legten nach gründlicher Untersuchung einen Bericht vor, der in den Archiven des Zentralkomitees zu finden ist. Sie zogen den Schluß, es bestehe kein Anlaß, Jugoslawien zu den kapitalistischen Ländern zu rechnen. Zwar wirtschafteten die Bauern unter den Bedingungen des Privatbesitzes, sie nutzten ihr Land zum persönlichen Gebrauch, doch gäbe es auch Kollektivwirtschaften und Staatsgüter. Banken, Handel und Produktionsmittel befänden sich in Händen des Staates, und die Staatsmacht ginge vom Volke aus; der Staat stütze sich auf die Diktatur der werktätigen Klasse. Mithin könnte Jugoslawien als sozialistischer Staat gelten. Ich selber hatte daran nie gezweifelt, doch um andere zu überzeugen, brauchte es den Bericht dieser sachverständigen Kommission.

Nachdem somit Jugoslawiens guter Ruf in der sozialistischen Gemeinschaft festgestellt war, war dem von Stalin ausgelösten Konflikt die Grundlage entzogen und die Argumente gegen eine Aussöhnung fielen zusammen wie ein Kartenhaus. Wir beschlossen, die Kontakte wiederaufzunehmen und gute Beziehungen zwischen unseren Parteien wiederherzustellen. Aber da andere Parteien, insbesondere die der sozialistischen Länder, in unseren Konflikt mit Jugoslawien hineingezogen worden waren, mußten wir ihre Zustimmung einholen, ehe wir uns direkt an Tito wenden konnten. Wir schickten Schreiben an die kommunistischen Parteien der sozialistischen Länder und auch an die englische, französische, italienische und andere westliche Parteien, und sie alle erklärten sich mit unserer Absicht einverstanden.

Als es darum ging, auf welche Weise wir am besten Kontakt zu Tito aufnehmen sollten, wurde vorgeschlagen, die Jugoslawen aufzufordern, zu Verhandlungen nach Moskau zu kommen. Ich sagte, das komme nicht in Frage. Erstens zweifelte ich daran, daß sie einwilligen würden. Es hätte dann so ausgesehen, als kämen die Jugoslawen mit dem Hut in der Hand als Bittsteller. Zweitens waren ja wir es gewesen, die die Beziehungen abgebrochen hatten, wir hatten sie öffentlich angegriffen, ehe sie ihrerseits uns angriffen. Deshalb sollten wir die Initiative ergreifen, um den Bruch aus der Welt zu schaffen. Drittens waren wir ein mächtiges Land, wir hatten eine große Partei, die in der weltweiten Arena des Kommunismus über große Autorität und großes Ansehen verfügte, und außerdem wären die jugoslawischen Führer ein großes Risiko eingegangen, wären sie mit uns auf unserem Territorium zusammengetroffen, ohne daß wir ein Ergebnis hätten erzielen können.

Also wurde beschlossen, eine Delegation nach Belgrad zu entsenden. Ich sollte die Delegation führen, der auch Bulganin, Mikojan und Schepilow angehörten. Damals war unsere Botschaft in Jugoslawien nur mit stark reduziertem Personal besetzt. Wir wandten uns mit unserem Vorschlag also direkt an die jugoslawischen Genossen, die einverstanden waren, unsere Delegation zu empfangen und Besprechungen zu führen. Als wir in Jugoslawien eintrafen, wurden wir mit dem ganzen, einer ausländischen Besucherdelegation zustehenden Zeremoniell begrüßt, doch von einer Demonstration brüderlicher Gefühle war nichts zu bemerken. Sowohl die Führung als auch die Bevölkerung wirkten zurückhaltend und vorsichtig. Man reichte mir das Mikrophon zur Begrüßungsansprache. Was ich sagte, war von der kollektiven Führung aufgesetzt worden. Es war also weniger meine eigene persönliche Auffassung als die Meinung der Führung des Zentralkomitees der KPdSU.

Als ich meine Rede beendet hatte, sagte Tito: «Also, wir brauchen das ja nicht übersetzen zu lassen, denn jeder hier versteht Russisch.» Ich glaube, er sagte das, um uns absichtlich die Zurückhaltung noch deutlicher zu machen, die überall zu spüren war. Ich selber kann schließlich einigermaßen Ukrainisch, verstehe aber nicht alles, wenn ein Redner schnell Ukrainisch spricht, und Ukrainisch ist dem Russischen doch sehr viel ähnlicher als Serbokroatisch.

Ich muß gestehen, daß mich der kühle Empfang auf dem Flugplatz doch irgendwie enttäuschte, denn ich wußte, er könnte denjenigen in unserer eigenen Führung Auftrieb geben, die gegen die Wiederherstellung guter Beziehungen waren.

Wir ergriffen bei den folgenden Gesprächen die Initiative, indem wir vorschlugen, unsere Differenzen beizulegen. Ich sagte, ich zweifelte keinen Moment daran, daß wir zu irgendeinem gegenseitigen Einverständnis kommen könnten. Zugegeben, unsere Haltung war noch nicht ganz einwandfrei. Die Jugoslawen gaben ganz zu Recht Stalin die Schuld an der Spaltung unserer Parteien, sie machten nicht uns persönlich dafür verantwortlich, sondern Stalin. Auch wir gingen davon aus, daß Stalin den Konflikt angefangen hatte, aber wir versuchten, die Schuldfrage zu umgehen, denn wir waren ja gekommen, um unsere Beziehungen zu Jugoslawien zu normalisieren. Wir fingen erst ganz allmählich an zu begreifen, in welchem Ausmaß Stalin seine Macht mißbraucht und welches Blutbad er unter der Blüte unserer Partei angerichtet hatte. Wie schon gesagt, wir waren psychisch auf das Treffen mit den Jugoslawen nicht vorbereitet. Wir hatten uns von unserer sklavischen Hörigkeit Stalin gegenüber noch nicht befreit. Immerhin meinten auch die Jugoslawen, daß wir irgendeine Verständigung erzielen könnten, und sie schienen für unsere Absichten aufgeschlossen zu sein.

Die jugoslawischen Führer arrangierten für uns eine Besichtigungsfahrt durch das Land. Wiederum wurden wir in kleineren und größeren Orten mit Zurückhaltung aufgenommen. Es war deutlich zu merken, daß die Leute, die an den Straßen standen, nicht spontan zu unserer Begrüßung erschienen waren. Die Partei hatte sie für diesen Zweck organisiert. Nicht, daß sie feindselig gewirkt hätten, aber sehr freundlich waren sie auch nicht gerade. Meist riefen sie rhythmisch: «Es lebe Tito! Tito! Tito!»

Es freute uns aber, bei dieser Rundfahrt feststellen zu können, daß das jugoslawische Volk das Andenken unserer Soldaten gebührend in Ehren hielt, die für die Befreiung Jugoslawiens von Hitler ihr Leben gelassen haben. Die Gräber unserer gefallenen Krieger waren in gutem Zustand und mit kleinen Namensschildern gekennzeichnet.

Das Land war sehr arm. Es war vor dem Krieg ein armes Bauernland gewesen, und die Hitler-Okkupation war lang und schwer gewesen. Wir sahen, daß die Bauern nur mit sehr primitivem Gerät arbeiteten, meist noch ohne Traktoren. Diese Rückständigkeit war sehr verständlich. Jugoslawien war ein isoliertes, verwüstetes Land, auch wenn die Kapitalisten so taten, als hülfen sie.

Ich erinnere mich an Vukmanovic-Tempo, der mir durch seine unbedingte Aufrichtigkeit und sein menschlich-natürliches Wesen sehr großen Eindruck machte. Ich mochte ihn, obgleich er uns sehr stark kritisierte. Vielleicht hätte er sich nicht ganz so sehr fortreißen lassen sollen. Er erzählte von seinem Aufenthalt in Amerika, wo er über Kredite verhandelte. «Wir waren in einer äußerst schwierigen Lage», sagte er. «Die Ernte war schlecht ausgefallen, eine Hungersnot stand vor der Tür. Die Spannung zwischen uns und der Sowjetunion hatte den Höhepunkt erreicht. Die Amerikaner wußten, daß uns das Wasser am Halse stand, und sie versuchten, das auszunutzen, indem sie uns die härtesten einseitigen Bedingungen für einen Kredit auferlegen wollten. Sie glaubten, wir hätten keine Wahl als zu akzeptieren. Ihre Bedingungen hatten ganz klar politischen Charakter. Man wollte Jugoslawien von seinem sozialistischen Kurs abbringen und uns zwingen, zum Kapitalismus zurückzukehren. Ich sagte ihnen, lieber würden wir sterben, als uns solchen Bedingungen beugen. Ich ging hinaus und knallte die Tür hinter mir zu. Ich blieb noch ein paar Tage, um den Amerikanern Bedenkzeit zu geben. Sie hatten Angst, uns zu weit zu treiben, und gaben daher etwas nach. Sie wußten, wenn wir verärgert heimfuhren, hätten sie die letzte Hoffnung verloren, Jugoslawien aus dem sozialistischen Lager herauszubrechen. Ihr Hauptziel war es, unsere Aussöhnung mit der Sowjetunion zu verhindern oder, wie sie es formulierten, uns davor zu schützen, daß wir vor Stalin kapitulieren mußten. Sie hatten es auf eine Spaltung der sozialistischen Welt abgesehen, und wollten zugleich ihr eigenes imperialistisches Lager festigen.»

Mir gefiel ein Mann, der einen so klaren Klassenstandpunkt bezog, aber als Vukmanovic-Tempo auch mich mit scharfen Worten tadelte, mochte ich das weniger. Auf einer der Sitzungen sagte ich: «Wenn Sie wieder mal Ihre Beziehungen zu irgendeinem Land verschlechtern wollen, dann ist Vukmanovic-Tempo genau der richtige Mann dafür.» Tito warf mir einen Blick zu und lachte dann laut los. Später bin ich mit Vukmanovic-Tempo gut zurechtgekommen, denn ich achtete ihn mehr und mehr. Sein heftiges Temperament entsprang seinem Haß auf die Feinde der arbeitenden Klasse. Und darum auch erlaubte er sich einige Ausfälle gegen uns. Denn schließlich hatten wir, milde ausgedrückt, einen gewissen Mangel an Sympathie für Jugoslawien gezeigt, als es sich den gefährlichsten Belastungsproben und Schwierigkeiten ausgesetzt sah.[3]

Am Ende dieses unseres ersten Besuchs in Jugoslawien gaben wir eine gemeinsame Erklärung heraus, die aber nur einen ersten Anfang bedeutete. Tito bestand darauf, daß wir dem Grundsatz der völligen Nichteinmischung in die inneren Angelegenheiten anderer Länder und anderer Parteien zustimmten sowie dem Grundsatz, daß jedes Land das Recht hat, seine eigenen Angelegenheiten ohne Druck von außen zu ordnen. Wir stimmten in der aufrichtigen Überzeugung zu, daß gegenseitige Beziehungen von beiderseitigem Vertrauen getragen sein müssen. Die gemeinsame Erklärung warf einige Fragen auf, die besser unerwähnt geblieben wären, doch die schlimmsten Stellen wurden abgemildert. Diese Übereinkunft war natürlich nur ein Anfang. Nach einer so langen Periode der Feindseligkeit mußte mehr getan werden, die Beziehungen wiederherzustellen, als sich einfach hinzusetzen und ein Glas Wein zusammen zu trinken.

In Moskau berichteten wir über den Verlauf unserer Gespräche mit den Jugoslawen. Wir sagten, unserer Ansicht nach befinde Jugoslawien sich unbeirrt auf dem Weg zum Sozialismus; Volk und Partei schienen fest auf dem Boden des Marxismus-Leninismus zu stehen. Um den Jugoslawen auf halbem Weg entgegenzukommen und um eine Grundlage für weitere wirtschaftliche Zusammenarbeit zu schaffen, beschlossen wir nun, ihnen ihre große Geldschuld zu erlassen. Danach ersuchten die Jugoslawen um eine Anleihe. Ich weiß nicht mehr, wie hoch sie war, aber es war eine beträchtliche Summe. Sie wollten damit ein Stahlwerk bauen. Wir gaben ihnen diese Anleihe unter der Bedingung, daß wir sie in Form von Maschinenausrüstung für den Bau und die Einrichtung des Stahlwerkes gewähren konnten.

Tito war stets ein guter Kommunist und ein Mann von Grundsätzen, doch ehe unsere Beziehungen zu ihm sich verbesserten, hatte Jugoslawien im Austausch für Kreditanleihen meist mit amerikanischen, britischen und anderen westlichen Firmen Handel getrieben. Es hieß sogar, Jugo-

3 Die Gespräche waren sehr schwierig und standen mehr als einmal vor dem Abbruch. Chruschtschow wollte unbedingt enge Beziehungen zwischen den Parteien beider Länder wiederherstellen, also Jugoslawien in den damals noch monolithischen kommunistischen Block zurückführen. Tito dagegen wollte lediglich die Beziehungen auf der Regierungsebene verbessern. Und er setzte seinen Willen durch.

slawien sei es vertraglich verboten, Handel mit der Sowjetunion zu treiben. Tatsächlich war das jedoch ein vorsätzlich falsches Gerücht, das die vielen übelwollenden Gegner Jugoslawiens in der Sowjetunion ausgestreut hatten. Einen solchen Vertrag mit dem Westen hatte Jugoslawien nicht abgeschlossen. Zugleich war nicht zu übersehen, daß die Imperialisten den Jugoslawen nicht ihrer schönen Augen wegen Geschenke machten. Es war damals und ist heute noch für die kapitalistischen Länder sehr profitabel, die brüderlichen Länder eines nach dem anderen mit verführerischen Handelsverträgen vom sozialistischen Lager weglocken zu wollen. In diesem Zusammenhang erinnere ich mich einer freundschaftlichen Unterhaltung mit dem Genossen Gomulka, der Getreide von uns kaufen wollte. Ich durchschaute die wahren Gründe für dieses Ersuchen recht gut und sagte ganz offen zu ihm: «Genosse Gomulka, ich habe so das Gefühl, als wollten Sie nicht zur Deckung Ihres eigenen Bedarfs dieses Getreide von uns kaufen. Von allen sozialistischen Ländern, ausgenommen natürlich die Sowjetunion, hat Polen die am besten entwickelte Landwirtschaft und ganz gewiß genügend Getreide, den eigenen Bedarf zu decken. Folglich beabsichtigen Sie damit etwas anderes.»

Er sah mich einen Augenblick scharf an, begriff, daß ich ihn durchschaute, und sagte lächelnd: «Ganz recht, Genosse Chruschtschow, wir brauchen das Getreide selbstverständlich nicht zur Brotherstellung, sondern als Futtermittel. Wir wollen mit Ihrem Getreide unsere Schweine füttern, von denen unsere Speckproduktion abhängt.» Die Polen machen vorzüglichen Speck, der ihnen auf dem amerikanischen Markt einen sehr guten Preis einbringt. Als die Amerikaner die Einfuhren aus der Sowjetunion und anderen sozialistischen Ländern sperrten, ließen sie für den polnischen Speck ein Schlupfloch offen.

Ähnliche Sonderregelungen hat der Westen auch immer wieder mit Jugoslawien getroffen. Naturgemäß gab es in der Sowjetunion viele Ressentiments gegenüber Jugoslawien wegen seines florierenden Handels mit dem Westen, aber das beruhte mehr auf Eifersucht als auf ideologischen Differenzen. Wir hätten selbst gern Maschinenausrüstungen in den USA gekauft, aber die Amerikaner wollten nicht an uns verkaufen. Nun gut, an die Jugoslawen verkauften sie, aber darum brauchten wir doch unseren Ärger auf die Amerikaner nicht an den Jugoslawen auszulassen, die bloß eine Gelegenheit nutzten, die wir nur allzu gerne selber genutzt hätten! Ich sah also keinen Grund, ärgerlich über die Jugoslawen zu sein.

Außenpolitisch hat Jugoslawien immer einen eigenen unabhängigen Kurs verfolgt, besonders wo es sich um die antagonistischen Strömungen in den imperialistischen Ländern handelte. Jugoslawien hat sich stets gehütet, dem einen oder anderen Block beizutreten, was nicht immer im Einklang mit unserer eigenen Außenpolitik stand und gelegentlich zu Reibungen mit uns führte. Die Jugoslawen weigerten sich, dem Warschauer Pakt beizutreten, weil sie ihre besonderen Handelsbeziehungen mit dem Westen haben. Diese ihre Weigerung ist uns auch nach der Verbesserung der Beziehungen seit 1955 ein Dorn im Fleisch geblieben. Ein weiterer Grund für die Jugoslawen, den Warschauer Vertrag nicht zu unterzeichnen, war natürlich ihr Grenzstreit mit Bulgarien.

Nach den Ereignissen in Ungarn 1956 wurden die Beziehungen zwischen Jugoslawien und uns wieder gespannt, und wir machten manche Maßnahme rückgängig, die wir zur Verbesserung dieser Beziehungen getroffen hatten. So zum Beispiel setzten wir unser Kreditabkommen aus. Aber zu einem neuen Bruch hatten wir keine Veranlassung, und so glätteten Tito und ich auf einer besonderen Konferenz in Bukarest diese Meinungsverschiedenheiten.

In diesem Zusammenhang ein Wort zu der Haltung Jugoslawiens im Hinblick auf die beiden wichtigen Parteikonferenzen von 1957 und von 1960. Die Jugoslawen nahmen daran kaum Anteil, so als seien sie nur Beobachter. Sie mögen sich gelegentlich an den Diskussionen beteiligt haben, doch die Resolutionen unterzeichneten sie nicht. Ich bestreite nicht, daß mich ihre Haltung damals sehr ärgerte.[4] Ich verstand nicht, warum sie sich so verhielten, aber wir konnten daran nichts ändern. Augenscheinlich wollten die jugoslawischen Genossen keine jener Verpflichtungen auf sich nehmen, die mit der Unterzeichnung der Resolutionen verbunden waren. Ich glaube, daß sie einen Fehler begingen, als sie sich nicht festlegten, doch heute kann ich zumindest ihre Motive verstehen. Tito sagte damals zu mir: «Wenn wir uns keinem der Blöcke anschließen wollen, können wir nicht unterschreiben, das müssen Sie verstehen.» Die Jugoslawen wollten im Namen der jungen Staaten sprechen, die sich gerade vom Kolonialismus befreiten und die irgendwo zwischen der sozialistischen und der kapitalistischen Welt standen. Die Jugoslawen hatten und haben das gute Recht, diesen Standpunkt zu vertreten, und wir sollten imstande sein, unsere Beziehungen zu ihnen zu erhalten, obgleich sie sich weigern, eine engere Verbindung mit uns einzugehen. Immerhin hat sich jedoch die Distanzpolitik der jugoslawischen KP im Laufe der Jahre als eine Art Hemmschuh erwiesen.

Nach unserer Reise nach Jugoslawien 1955 luden wir eine jugoslawische Delegation unter Führung des Genossen Tito zu einem Gegenbesuch ein. Er hat dann noch mehrere solche Reisen gemacht und ist mit unserem Land gut bekannt geworden. Einmal luden wir ihn zu einem kurzen Erholungsaufenthalt und zu einem Jagdausflug auf die Krim ein. Die Jagd bietet ja seit Jahrhunderten Persönlichkeiten aus zwei oder mehreren

4 Chruschtschow verschweigt, daß auf diesen sogenannten Welttreffen der Kommunistischen Parteien heftige Kritik am jugoslawischen «Revisionismus» geübt wurde, was sich auch in den Resolutionen niederschlug. An der letzten Konferenz dieser Art 1969, die ohnehin nur noch ein kommunistisches Rumpfkonzil war, nahmen die Jugoslawen überhaupt nicht teil.

Ländern Gelegenheit, sich zwanglos über wichtige Fragen von gemeinsamem Interesse auszusprechen, und so war denn auch die Atmosphäre auf meinen Jagdausflügen mit Tito herzlich und freundlich.

Die Jugoslawen forderten uns neuerlich zu einem Besuch auf, und ich bin dann mehrere Male dort gewesen. Dabei hatte ich Gelegenheit, mir an Ort und Stelle einen Eindruck von vielen der ziemlich ungewöhnlichen Neuerungen zu verschaffen, die die Jugoslawen in ihrer Wirtschaft eingeführt haben.

Wie die ganze Welt weiß, behauptet Jugoslawien, neue administrative Methoden und wirtschaftliche Prozeduren entdeckt zu haben, damit der Übergang vom Kapitalismus zum Sozialismus erleichtert werden kann. Sie meinen, diese neuen Organisationsformen seien demokratischer, weil sie eine stärkere Beteiligung der Arbeiter, Angestellten und Wissenschaftler an der Lenkung der Volkswirtschaft erlauben. Anfangs wiesen wir diese vermeintlichen Reformen zurück. Immerhin wollte ich mir, als ich in Jugoslawien Fabriken besichtigte, ein Bild davon machen, wie sie in der Praxis funktionierten, und feststellen, inwieweit sie sich eventuell unter den Bedingungen in der Sowjetunion anwenden ließen.

Ich erinnere mich, daß man mir eine Traktorenfabrik außerhalb von Belgrad zeigte. Ingenieure, Direktoren, Vorarbeiter, Gewerkschaftsvertreter und Parteileute bemühten sich vereint, mir zu erklären, wie der Produktionsplan nach demokratischen Methoden erarbeitet wurde. Ich konnte aber ihre neue Konzeption von Vermögen und Eigentum nie wirklich begreifen, soviel sie mir auch zu erläutern versuchten. Was sie da vom Miteigentum alles redeten, schien mir pures Larifari zu sein. Sie mochten sagen, was sie wollten, mir kam es doch so vor, als schriebe die Regierung ihnen den Produktionsplan vor und überwache streng die Einhaltung der Planziele. Ich teilte den jugoslawischen Genossen rundheraus meine Zweifel mit, und sie schienen mir halb und halb zuzustimmen. Sie bemühten sich aber immer wieder, mich zu überzeugen, daß ihr System sich irgendwie von dem unseren unterschied und daß es demokratischer sei und dem Volk mehr Mitsprache bei der Festlegung der Produktionsziele einräume.[5]

Trotz meiner Zweifel fand ich, daß diese Gedankengänge doch ohne Frage eine gewisse Aufmerksamkeit verdienten. Solange ich gearbeitet und der Regierung angehört habe, ist unsere Wirtschaft immer zentral gelenkt worden, und ich glaube, daß zu meiner Zeit zentrale Lenkung das beste und leistungsfähigste System war. Seit kurzem will es mir aber scheinen, daß die zentrale Lenkung zwar nach wie vor notwendig, daß es aber nicht weniger wichtig ist, daß die Arbeiter in ihren Betrieben bei

5 Chruschtschow bezieht sich hier insbesondere auf die Arbeiterräte der verschiedensten Betriebe – den Versuch, durch Selbstverwaltung einen von zentraler Planung weitgehend befreiten Sozialismus zu erreichen.

der Festlegung ihrer Normen und Arbeitsbedingungen mehr zu sagen haben als bisher. Produktionspläne müssen zwar immer an der Spitze erarbeitet und von oben überwacht werden, doch glaube ich, daß in Zukunft die Werktätigen bei der Festlegung der Pläne und der Quoten und dabei, wie diese Pläne verwirklicht werden sollen, ganz gewiß selbst aktiver mitwirken müssen. Anders ausgedrückt, meine ich, die von den Jugoslawen eingeführten neuen Organisationsformen enthielten zumindest eine Andeutung, zumindest den Ansatz für einen nützlichen Beitrag zur Lenkung unserer Wirtschaft, und es hat keinen Sinn, das zu bestreiten.

Die Jugoslawen behaupteten, daß unter ihrem System die Wünsche der Verbraucher besser befriedigt würden, doch hatten auch sie ihre Schwierigkeiten. Während eines meiner Besuche gestand mir Tito: «Es zeichnet sich da eine unerfreuliche Entwicklung ab. Ich fürchte, einige Leute, die unsere staatlichen Unternehmungen verwalten, haben Devisenkonten im kapitalistischen Ausland, anders ausgedrückt, sie begehen Unterschlagungen.» Nun, dies schien mir ein natürliches und unvermeidliches Ergebnis der Wirtschaftspolitik Titos. Mittlerweile haben die Jugoslawen dieses Problem vielleicht aus der Welt geschafft oder irgendeine Art Kontrolle erfunden.

Wenn eine Gesellschaft mit einem neuen System experimentiert, kommt es unvermeidlich zu Mißbräuchen und Fehlern, und es ist kaum überraschend, daß nicht alle Aspekte des jugoslawischen Experiments erfolgreich waren. Aber ebensowenig kann man alle Seiten ihres Experiments unbesehen ablehnen. Wir sollten unvoreingenommen alles prüfen und dann beschließen, welche der jugoslawischen Neuerungen wir für die Wirtschaftsorganisationen anderer sozialistischer Länder mit Aussicht auf Verbesserung übernehmen können. Ich gebe zu, daß wir selber diese Prüfung nicht immer gelassen und objektiv vorgenommen haben. Es kam manchmal zu bitteren gegenseitigen Anschuldigungen und Vorwürfen, wenn beide Seiten von sich behaupteten, die endgültige Wahrheit gefunden zu haben. Ich hatte dann immer das Gefühl, keine Seite sei ganz im Recht. Es ist immer ein Fehler, sich selber im Besitz der alleinigen Wahrheit zu glauben; wer hartnäckig behauptet, man könne dies und das nur auf eine einzige Weise tun, der irrt sich und ist dumm. Die Landwirtschaft ist ein Gebiet, wo die Jugoslawen auf dem richtigen Weg zu sein scheinen. Einmal hatte ich darüber mit Tito ein sehr interessantes Gespräch. «Als unsere Beziehungen zur Sowjetunion abgebrochen waren», sagte er, «kam es uns sehr darauf an, den Anschein zu vermeiden, als wollten wir dem Sozialismus den Rücken kehren. Wir setzten also mit administrativen Maßnahmen die Kollektivierung der Landwirtschaft bis zum Ende fort. Rein zahlenmäßig war die Kollektivierung nun vielleicht abgeschlossen, aber wir hatten große Schwierigkeiten, die für den Bedarf der Stadtbevölkerung und der Arbeiterklasse benötigten Lebensmittel in ausreichender Menge zu beschaffen. Doch erst nachdem die Kollektivierung vollständig durchgeführt war, gingen wir zur Errichtung von Staatsgütern über.» Er nannte den erheblichen Prozentsatz des Landes, das von staatlichen Betrieben für Getreide, Gemüse, Milchvieh, Geflügel und Rinder bewirtschaftet wurde. Der Staat kaufte Bauernland auf und machte daraus Staatsgüter, ähnlich wie bei uns in der Sowjetunion.

Die Politik der kooperativen staatlichen Landwirtschaft, die Genosse Tito eingeführt hat, widerspricht nicht nur keineswegs unserer Konzeption, auf welche Weise der Sozialismus zu errichten sei, sie verdient auch unsere sorgfältige Aufmerksamkeit. Lenin selbst pflegte zu sagen, daß die Kooperativen der Bauern und die Staatsgüter das fortschrittlichste Stadium in der Entwicklung der Landwirtschaft seien. Ich glaube, daß die Jugoslawen den richtigen Weg eingeschlagen haben, als sie damit begannen, die Kollektivgüter durch Staatsgüter zu ersetzen.

Wir selbst haben versucht, umwälzende Verbesserungen in unserem Landwirtschaftssystem einzuführen, als wir versuchten, Kolchosbauern in die Neulandgebiete umzusiedeln.[6]

Man kann sich die Schwierigkeiten vorstellen, die die Neulandkampagne für eine Familie bedeutete, die ihre Heimat, wo sie seit Generationen gelebt hatte, verlassen sollte. Das bedeutete für sie große Härten, aber wir mußten viele solcher Familien umsiedeln – Ukrainer, Weißrussen und Russen, Tausende von Kilometern von den Gräbern ihrer Vorfahren entfernt. Gewaltige materielle Mittel wurden in die Neulandkampagne investiert. Unter anderem mußten wir den Jugendlichen, die hinauszogen, um in den Neulandgebieten Siedlungen anzulegen, finanzielle Hilfe wie z. B. Anleihen zukommen lassen. Wir hatten eingesehen, daß wir dort draußen keine Kollektivwirtschaft aufbauen durften; eine Kollektivwirtschaft ist ein künstliches Gebilde, d. h. sie ist kein echtes Gemeinwesen, und es wäre auch zu kostspielig gewesen, die Menschen wieder auf Kolchosen anzusiedeln. Deshalb entschieden wir uns für Staatsgüter. Während ich der Führung angehörte, kam unser billigstes Brot von dem Getreide der Staatsgüter in den Neulandgebieten.

Ich sah mit Genugtuung, daß Tito nicht nur die Überlegenheit der Kooperativen über die Kollektivwirtschaft erkannte, sondern auch begriff, wie wichtig die zentrale Planung ist. Die zentrale Planung, die in der Sowjetunion von der Staatlichen Planungskommission gehandhabt wird, ist für die Lenkung einer sozialistischen Volkswirtschaft unersetzlich. Ohne zentrale Planung drängen sich an die Stelle der wahren sozia-

6 Die Erschließung riesiger Gebiete von Neu- und Brachland in Mittelasien und Westsibirien war ein Lieblingsprojekt Chruschtschows. Das gewaltige Experiment gelang allerdings nur teilweise, und dieser Mißerfolg war auch ein Anlaß für die Kritik, der sich der selbstherrliche Partei- und Regierungschef schließlich ausgesetzt sah.

Chruschtschows Frau und Janos Kadar

Chruschtschows Frau und Titos Frau in Jugoslawien

listischen Beziehungen zwischen dem Individuum und den Unternehmungen sehr bald die Gesetze der Marktwirtschaft – also Angebot und Nachfrage, die Elemente der kapitalistischen Wirtschaft. Ich stellte mit Genugtuung fest, daß der jugoslawische Staat unter der Führung des Genossen Tito die zentrale Planung für unverzichtbar in einer echten sozialistischen Wirtschaft erkannte.

Während meiner Besuche in Jugoslawien und meiner Gespräche mit Tito faßte ich große Achtung und Zutrauen zu seinen Fähigkeiten als einfallsreicher, unternehmungsfreudiger Führer. Ich sah später auf einer Fahrt mit Tito, daß die Verhältnisse sich seit unserem ersten Aufenthalt 1955 sehr verbessert hatten. Es ging den Leuten viel besser. Überall entstanden Fabriken. Einmal besuchten wir die Baustelle einer Plastikfabrik, die mit amerikanischen Maschinen ausgerüstet wurde. Diese Ausrüstung zu sehen, war sehr interessant, und die Fabrik würde sich gewiß für das jugoslawische Volk als sehr nützlich erweisen. Genosse Tito sagte mir einmal, daß Jugoslawien im Jahre 1963 aus dem Tourismus Einnahmen in Höhe von etwa 70 Millionen Dollar gehabt habe. In Ländern wie Italien, der Schweiz, Schweden und anderen westlichen Staaten wäre dieser Betrag nicht ins Gewicht gefallen, für jedes sozialistische Land jedoch, eingeschlossen die Sowjetunion, war das eine eindrucksvolle Summe. Tito erzählte, die Jugoslawen bauten Hotels und neue Straßen, um mehr Touristen ins Land zu ziehen. Der Tourismus bringt Devisen ein, die man für den Außenhandel braucht, und ich möchte sogar sagen, daß wir, die Sowjetunion, die Jugoslawen um ihren Erfolg im Tourismus irgendwie beneideten.

Ich erkundigte mich, wie es den Jugoslawen gelungen war, diesen blühenden Tourismus zustande zu bringen. Sie sagten, das Wichtigste seien gute Straßen, dazu gute Hotels und Restaurants. Sie erklärten, daß sie den guten Service für die Touristen in jugoslawischen Hotels dadurch garantierten, daß sie ihre Leute in den kapitalistischen Ländern lernen ließen, wie man Besucher empfängt, Speisen zubereitet und ein Hotel anständig führt. Ich besuchte einige dieser Touristenhotels und sah, daß sie blitzsauber, modern und mit ausgezeichnetem Personal ausgestattet waren.

Nun hat Jugoslawien selbstverständlich von Natur aus große Vorteile, denn es ist eines der schönsten sozialistischen Länder Europas. Ehe ich nach Jugoslawien reiste, hatte ich geglaubt, unsere Krim und unsere Kaukasusküste seien die schönsten Landschaften der Welt, und sie sind auch wirklich atemberaubend. Aber als ich Dubrovnik und andere Orte Jugoslawiens besuchte, begriff ich, daß wir nicht das einzige sozialistische Land sind, das solche Naturschönheiten vorweisen kann. Das Klima, die Küstenlandschaft und die reichhaltigen historischen Denkmäler Jugoslawiens übertreffen möglicherweise noch die Schönheiten unseres eigenen Landes.

Natürlich bringt auch der Tourismus seine Probleme, und ich fragte den Genossen Tito eines Tages: «Wie bringen Sie es eigentlich fertig, alle Touristen aus dem Westen zu überprüfen, die mit dem Auto nach Jugoslawien hereinkommen?» Wir in der UdSSR haben einen mächtigen bürokratischen Apparat, der dem Touristen viele Hindernisse in den Weg legt.

Er erwiderte lachend: «Das machen wir ganz einfach. Unerwünschte Personen, Spione usw. können jederzeit leicht ins Land kommen, dagegen hilft auch keine Grenzkontrolle, und es gibt andere Methoden, solche Infiltranten zu bekämpfen. Unsere Grenzposten führen bei den Touristen nur die notwendigsten formalen Kontrollen durch. Einreisende und Ausreisende werden in Minuten abgefertigt. Die Personalien überprüfen wir so gut wie nie. Der Reisende sagt, wohin er will, der Schlagbaum hebt sich, und er fährt durch. Das gilt für Personen, die nach Jugoslawien einreisen, ebenso wie für Jugoslawen, die ausreisen wollen. Viele unserer Bergleute zum Beispiel arbeiten eine Zeitlang in Westdeutschland. Die sagen an der Grenze einfach: ‹Ich gehe ins Ausland, weil ich Geld für ein Auto verdienen will›, und schon läßt man sie durch.»

Daß man Grenzkontrollen derartig handhaben kann, faszinierte mich. Nach Hause zurückgekehrt, berichtete ich den Genossen, die den Tourismus unter sich haben, und legte ihnen nahe, darüber nachzudenken. Auch wir begannen, in großem Maßstab Hotels zu bauen und die Attraktionen für Touristen auszunutzen.

In einem anderen Gespräch mit dem Genossen Tito fragte ich ihn: «Würden Sie erlauben, daß wir unsere Leute zu Ihnen schicken, damit sie von Ihrer großen Erfahrung mit dem Massentourismus lernen?»

«Aber gewiß doch», sagte Tito. «Wir werden ihnen mit Vergnügen alles zeigen, was von Interesse für sie sein kann. Bedenken Sie aber, der durchschnittliche Tourist, der zu uns kommt, ist nicht reich. Er ist kein Großkapitalist, sondern meist ein einfacher Werktätiger aus Westdeutschland oder Italien. Er hat ein mittleres Einkommen und fährt einen eigenen Wagen. Unsere Touristen bringen keine großen Geldbeträge ins Land, mit denen sie hier um sich werfen, aber sie beanspruchen unsere Dienstleistungen und bezahlen dafür in Devisen.»

Ich fragte den Genossen Tito auch, ob er Ärger hätte mit übermäßig modebewußten jungen Männern und Frauen, die sich an die Touristen hängen und ihnen alles mögliche abzukaufen versuchen, insbesondere in der Umgebung der Hotels. «In unserem Lande schämen wir uns», sagte ich, «wenn wir immer wieder sehen, wie unsere Leute von den Ausländern etwas erbetteln, ihnen etwas abkaufen oder mit ihnen etwas tauschen wollen. Wie handhaben Sie das?»

«Diese Sorge haben wir nicht», sagte Tito, «und ich will Ihnen auch sagen, warum nicht. Wird etwas modern und bei unseren jungen Leuten beliebt, so kaufen wir die nötigen Maschinen, und stellen den Artikel selber her. Der Geschmack der Konsumenten ändert sich selbstverständlich rasch, aber wenn man seinen Verstand gebraucht, kann man dafür sorgen, daß die Industrie in der Mode auf dem laufenden bleibt und sich dem wechselnden Verbrauchergeschmack anpaßt.»

Ich schlug meinen Genossen vor, Titos Beispiel zu folgen und damit dem beschämenden Zustand ein Ende zu machen, daß unsere jungen Leute den Touristen nachlaufen.

Ich weiß nicht, wie viele meiner Vorschläge jemals tatsächlich verwirklicht wurden, glaube aber, daß wir Leute nach Jugoslawien geschickt haben, die dort den Tourismus studieren sollten, und aus den Zeitungen ersehe ich, daß überall in der Sowjetunion zahllose Hotels entstehen.

Meine Erfahrung mit dem Genossen Tito hat mir gezeigt, daß es verschiedene Wege gibt, den Sozialismus zu erbauen. Es gibt kein allein gültiges Modell, das auf alle Länder der Welt anwendbar wäre, und wer das glaubt, ist einfach dumm. Jede Partei weiß, wie sie am besten die Einheit in den eigenen Reihen erhält. Parteien, die mit geringfügig abweichenden Methoden experimentieren und so versuchen, die elementaren Probleme ihrer Völker anzupacken, sollte man mit mehr Geduld begegnen. Die arbeitende Klasse eines jeden Landes muß Gelegenheit haben, ihren eigenen Entwicklungsgang auf der Basis der eigenen historischen und wirtschaftlichen Bedingungen zu wählen – selbstverständlich unter der einen unabdingbaren Voraussetzung, daß die Produktionsmittel und die Banken dem Volk gehören und daß die Diktatur des Proletariats im Staate gesichert ist.

In den wechselseitigen Beziehungen der verschiedenen Parteien und Staaten zueinander müssen wir tolerant sein und Besserwisserei vermeiden, besonders in öffentlichen Äußerungen. Bedauerlicherweise kommt es vor, daß wir uns nicht beherrschen können, doch möchte ich dafür keine Beispiele geben. Alle richtig denkenden Menschen wissen sehr gut, von wem ich spreche.

13
Gipfeltreffen in Genf

In Belgrad traf Chruschtschow zum erstenmal mit einem ausländischen Staatsoberhaupt zusammen; zugleich sah er sich hier, auf fremdem Boden, den forschenden Blicken ausländischer Diplomaten und Journalisten ausgesetzt. Wenig später kam es dann im selben Jahr in Genf zu seiner ersten Begegnung mit den führenden Männern der kapitalistischen Mächte – Präsident Eisenhower, Premierminister Eden, und Ministerpräsident Faure und John Foster Dulles. Es war eine harte Prüfung und ein Wendepunkt. Der Dorfjunge aus Kalinowka, der Parteifunktionär, der sich im Schatten Stalins emporgearbeitet hatte, trat den gewählten Herrschenden der westlichen Welt als ein Gleichgestellter gegenüber; sie hatten ihre Ausbildung in West Point, Eton und Oxford und an der Sorbonne erhalten. Chruschtschow und Bulganin trugen in Genf noch dieselben Anzüge wie bei ihrem Besuch in Jugoslawien – ausgebeutelte, mauvefarbene Sommeranzüge mit schlotternden Hosen; und Bulganin trug darüber noch einen bis auf den Boden reichenden hellbeigen Sommermantel, in dem er aussah wie einer der ersten Autofahrer vor 1914 (erst nach Genf zeigte sich die sowjetische Führung an guten Herrenschneidern interessiert). Chruschtschow vermittelt einen recht lebendigen Eindruck von der Anstrengung dieser Tage, der Fremdartigkeit und dem Minderwertigkeitskomplex, unter dem er, verständlicherweise, litt. Das Gefühl der Peinlichkeit, das er darüber empfand, daß die sowjetische Delegation nur mit einer zweimotorigen Iljuschin aus Moskau gekommen war, ist sehr aufschlußreich.

Bis unmittelbar vor seinem Tod sagte Stalin immer wieder: «Ihr werdet sehen: wenn ich nicht mehr bin, werden euch die imperialistischen Mächte wie Hühnern den Hals umdrehen.» Wir haben nie versucht, ihn darüber zu beruhigen, daß wir es schon schaffen würden. Wir wußten, es würde nichts nützen. Außerdem hegten wir selbst Zweifel an Stalins Außenpolitik. Zum einen überschätzte er die Bedeutung der militärischen Macht und vertraute infolgedessen zu sehr auf unsere Streitkräfte. Er lebte in der Furcht vor einem feindlichen Angriff. Für ihn bedeutete Außenpolitik, die um Moskau stationierten Flakeinheiten in ständiger Alarmbereitschaft zu halten.

Nach Stalins Tod war es eine interessante Herausforderung für uns zu versuchen, allein mit den fremden Mächten fertig zu werden. 1955 fuhren wir mehrmals zu Begegnungen mit Vertretern der bourgeoisen Staaten ins Ausland, um bei ihnen vorzufühlen, wie sie über verschiedene Punkte dachten. Unsere Reise nach Genf in jenem Jahr gab den bourgeoisen Staatschefs Gelegenheit, uns unter die Lupe zu nehmen. Die Konferenz in Genf war eine entscheidende Prüfung für uns: würden wir in der Lage sein, unser Land angemessen zu vertreten? Würden wir nüchtern an die Konferenz herangehen, ohne unrealistische Hoffnungen, und würden wir verhindern können, daß die andere Seite uns einschüchterte? Im großen und ganzen, möchte ich sagen, haben wir die Prüfung bestanden.

Ein Wort über den Hintergrund der Genfer Konferenz.

Seit Churchill in seiner Rede in Fulton die kapitalistischen Länder der Welt aufgefordert hatte, die Sowjetunion einzukreisen, waren unsere Beziehungen zum Westen gespannt.[1] Ich glaube, in Wirklichkeit war es nun aber Churchills Gedanke gewesen, daß die Westmächte nach Stalins Tod mit der neuen sowjetischen Regierung Verbindung aufnehmen sollten, und zwar möglichst schnell. Churchill war der Meinung, der Westen könne sich die Tatsache zunutze machen, daß die neue sowjetische Regierung noch nicht endgültig etabliert war und daher auf Druck empfindlicher reagieren würde. In der westlichen Presse wimmelte es mit einemmal von Artikeln, die auf eine Konferenz der vier Großmächte drangen. Auch wir waren für eine solche Konferenz. Wir in der sowjetischen Führung hatten das Gefühl, daß wir und der Westen nach einem so blutigen Krieg zu einer Verständigung gelangen und uns untereinander über vernünftige Grundsätze der friedlichen Koexistenz und der Nichteinmischung in die inneren Angelegenheiten anderer Staaten einigen könnten.

Auf diplomatischem Wege wurden ein Ort für die Konferenz, Genf, und ein Datum im Sommer 1955 festgesetzt. Bulganin war damals bereits Vorsitzender des Ministerrats. Einer der Gründe, warum wir der Konferenz in Genf überhaupt zustimmen konnten, war, glaube ich, die Tatsache, daß Malenkow seiner Pflichten als Vorsitzender inzwischen entbunden worden war. Wie jeder bestätigen wird, der Malenkow kannte, zeigte er nach Stalins Tod keinerlei Initiative und reagierte völlig unberechenbar. Seine Labilität war geradezu gefährlich, weil er von anderen so leicht unter Druck gesetzt und beeinflußt werden konnte. Es war

1 Mit dieser Rede hatte 1946 die Zeit des Kalten Krieges begonnen. Es ist interessant, daß Chruschtschow den Ausdruck «einkreisen» verwendet. Er meint damit die Politik der sogenannten Eindämmung, die eingeleitet wurde, nachdem die Sowjetunion ihren Machtbereich auf einen großen Teil Mittel- und Osteuropas ausgedehnt hatte. Aus sowjetischer Perspektive sah diese vor allem von den USA inspirierte Politik der Stärke zweifellos wie eine offensive Politik der Einkreisung aus.

kein Zufall, daß er in Berijas Klauen geraten war. Berija ist wahrscheinlich nicht intelligenter gewesen als Malenkow, war aber viel gerissener und entschlossener.

Als Ministerpräsident sollte Bulganin der Leiter unserer Delegation in Genf sein, obwohl er auf dem Gebiet der Außenpolitik nicht sonderlich versiert und kein geschickter Verhandler war. Da die Regierungschefs der drei anderen Länder – der Vereinigten Staaten, Englands und Frankreichs – mit ihren Außenministern kommen wollten, beschloß das Präsidium des Zentralkomitees, auch unseren Außenminister, Molotow, zu entsenden. Nun wurde vorgeschlagen, daß auch ich der Delegation angehören sollte. Ich wies darauf hin, daß meine Anwesenheit den anderen Delegationen vielleicht nicht so ohne weiteres einleuchten würde, da ich kein Ministeramt innehatte; ich vertrat nur die Partei. Molotow erwiderte: «Es ist unsere Angelegenheit, wen wir mitnehmen. Und außerdem sind Sie Mitglied des Präsidiums der Obersten Sowjets, unserer höchsten staatlichen Institution. Ich finde, Sie sollten mitkommen.»

Ich bin mir immer noch nicht klar, ob es richtig war oder nicht, daß ich an der Genfer Konferenz teilnahm, aber jetzt ist es zu spät, sich darüber Gedanken zu machen, und ich leugne nicht, daß ich sehr begierig war, die Vertreter der USA, Englands und Frankreichs kennenzulernen und an der Lösung der internationalen Probleme mitzuwirken.

Grundlage der sowjetischen Außenpolitik war die friedliche Koexistenz. Aber die westlichen Führer hatten anderes im Sinn. Es war ihnen an einer Verständigung mit uns über die politische Situation im Nahen Osten gelegen, aber sie wollten ihre eigenen Bedingungen durchsetzen. Sie hatten keine Lust, die Interessen oder Wünsche der Sowjetunion und der anderen sozialistischen Länder zu berücksichtigen. Ebenso war es natürlich ihr Ziel, in den nach dem Zweiten Weltkrieg von der Sowjetarmee befreiten Ländern den Kapitalismus wiederherzustellen; vor allem aber wollten sie Polen aus dem sozialistischen Block herauslösen. Aber wir wußten, daß die Engländer, Amerikaner und Franzosen in Genf als Hauptziel die sogenannte «Wiedervereinigung Deutschlands» anstreben würden, was in Wirklichkeit die Vertreibung der sozialistischen Kräfte aus der Deutschen Demokratischen Republik bedeutete: mit anderen Worten, die Liquidierung des Sozialismus in der DDR und die Schaffung eines einzigen kapitalistischen Deutschlands, das dann zweifellos Mitglied der NATO sein würde. Was unseren Standpunkt in dieser Frage betrifft, so waren wir lediglich bereit, einen Friedensvertrag zu unterzeichnen, der die Existenz zweier deutscher Staaten anerkannte und der garantierte, daß beide Staaten sich so entfalten konnten, wie es ihre Bevölkerung für richtig hielt.

Ich war der Meinung, daß die Erhaltung des Friedens die Hauptsache sei, aber die Westmächte waren noch immer nicht geneigt, auch nur die elementarsten Maßnahmen zu treffen, die nötig waren, die Grundlagen für einen sicheren Frieden zu schaffen. Insofern war die Genfer Konferenz wahrscheinlich schon zum Scheitern verurteilt, ehe sie überhaupt begann. Dennoch war sie in mancherlei Hinsicht wichtig und nützlich. Vor allem bot sie den Vertretern der vier Großmächte Gelegenheit, einander aus nächster Nähe zu sehen und zwanglos ihre Meinungen auszutauschen, meist beim Abendessen nach den offiziellen Sitzungen.

Leider befand sich unsere Delegation bereits in dem Augenblick, als wir auf dem Genfer Flughafen landeten, im Nachteil. Die Leiter der anderen drei Delegationen kamen in viermotorigen Maschinen und wir in einer bescheidenen zweimotorigen Iljuschin. Ihre Flugzeuge waren ganz zweifellos eindrucksvoller, und der Vergleich einigermaßen peinlich.

Zu Ehren der vier Delegationen fand am Flughafen eine Militärparade statt, und der Leiter jeder Delegation wurde aufgefordert, die Front abzuschreiten. Bei dieser Zeremonie kam es zu einem unerfreulichen Zwischenfall, als Bulganin, der Chef unserer Delegation, nach dem Vorbeimarsch vortreten und die Ehrenkompanie abschreiten sollte. In dem Augenblick, als er vortreten wollte, pflanzte sich ein Schweizer Protokollbeamter direkt vor mir auf und stieß mit dem Rücken fast an meine Nase. Meine erste Regung war, ihn wegzuschieben. Später wurde mir klar, daß er das auf Weisung seiner Regierung getan hatte. Man hatte ihn beauftragt, dafür zu sorgen, daß ich nicht zusammen mit Bulganin die Front abschritt. An diesem Teil der Zeremonie sollte ich nicht teilnehmen, und deshalb setzte mir die Schweizer Regierung auf so rüde Weise diesen Mann vor die Nase!

Als wir in unsere Hotels fuhren, fiel mir auf, daß Eisenhowers Leibwächter hinter seinem Wagen herrennen mußten. Das fanden wir überaus merkwürdig. Es ist keine Kleinigkeit für einen Menschen, mit einem fahrenden Wagen Schritt zu halten, und auch für ein Auto ist es nicht leicht, seine Geschwindigkeit dem Tempo eines zu Fuß gehenden Mannes anzupassen. Vier Jahre später erlebte ich das gleiche, als Eisenhower mich bei meinem Besuch in Amerika in Washington am Flughafen abholte. Wieder rannten diese kräftigen Burschen von seiner Leibwache hinter dem Wagen her, in dem wir zusammen in die Stadt fuhren.

Bei der Genfer Konferenz traf ich Eisenhower nicht zum erstenmal. Wir waren uns nach Kriegsende in Moskau begegnet, als er dort am 24. Juni 1945 auf der Tribüne des Lenin-Mausoleums die Siegesparade beobachtete. Aber das war zu einem früheren Zeitpunkt unserer Karrieren gewesen, als Eisenhower General war und ich Partei- und Regierungschef der Ukraine. Jetzt, zehn Jahre später in Genf, trafen wir uns wieder als Vertreter unserer beiden Länder. Beim erstenmal hatten wir nebeneinander auf einer Tribüne gestanden, nun sollten wir uns am Konferenztisch gegenübersitzen.

Wenn ich einen Vergleich ziehen müßte zwischen den beiden amerikanischen Präsidenten, mit denen ich zu tun gehabt habe – Eisenhower und

In Genf 1955. Von links nach rechts: Molotow, Bulganin, Chruschtschow, Schukow, Faure, Macmillan, Eden und Dulles

Chruschtschow und Bulganin bei Nehru, 1955

Kennedy –, dann würde er nicht zu Eisenhowers Gunsten ausfallen. Die Männer bei uns, deren Aufgabe es war, Eisenhowers Schritte ständig zu beobachten, haben mir gesagt, in ihren Augen sei er ein mittelmäßiger militärischer Führer und ein schwacher Präsident. Ein guter Mann, aber nicht sehr energisch. Da war irgend etwas Weiches in seinem Charakter. Wie ich in Genf herausfand, war er allzu abhängig von seinen Beratern. Immer wieder wurde mir deutlich, daß er es als eine schwere Last empfand, Präsident der Vereinigten Staaten zu sein.

Unsere Gespräche mit der amerikanischen Delegation waren im großen und ganzen konstruktiv und für beide Seiten nützlich, obwohl jede Seite im wesentlichen an ihrer Auffassung von den Problemen, vor denen wir standen, festhielt. John Foster Dulles lebte damals noch, und die Vereinigten Staaten waren nicht bereit, irgendwelche vernünftigen Konzessionen zu machen. Dulles war es, der die Außenpolitik der Vereinigten Staaten bestimmte, nicht Präsident Eisenhower. Zur Illustration dieser Behauptung kann ich etwas beschreiben, was ich bei einer Plenarsitzung in Genf beobachtete. Die Leiter der vier Delegationen übernahmen abwechselnd den Vorsitz bei den Plenarsitzungen, und als Eisenhower an die Reihe kam, saß Dulles zu seiner Rechten. Ich saß links von Bulganin, so daß mein nächster Nachbar Dulles war oder höchstens ein Dolmetscher zwischen uns saß. Jedenfalls beobachtete ich, wie Dulles mit Bleistift Notizen machte und wie er die Zettel vom Block abriß, sie zusammenfaltete und Präsident Eisenhower unter die Hand schob. Eisenhower nahm die Zettel, entfaltete sie und las sie, ehe er in den zur Debatte stehenden Fragen eine Entscheidung traf. Er machte das so gewissenhaft, wie ein pflichtbewußter Schuljunge die Anweisungen seines Lehrers befolgt. Für uns war es nur schwer vorstellbar, wie ein Staatschef vor Delegationen anderer Länder so sehr das Gesicht verlieren konnte. Ganz offensichtlich überließ es Eisenhower Dulles, für ihn zu denken.

Ein Wort über Dulles. Ein paar Jahre später, als ich bei der Generalversammlung der Vereinten Nationen in New York die sowjetische Delegation leitete, fragte mich Nehru nach Dulles. Nehru war, nebenbei bemerkt, eine überaus anziehende Persönlichkeit. Er lächelte immer und hatte einen gütigen Gesichtsausdruck. «Sagen Sie, Herr Chruschtschow», fragte er, «wie sind Sie bei Ihren Verhandlungen in Genf mit Mr. Dulles zurechtgekommen?» Seine Frage überraschte mich nicht. Nehru wußte, daß Dulles' Politik der unseren genau zuwiderlief. Ich antwortete, ich hätte in Genf bei einem Essen Gelegenheit zu einer zwanglosen Unterhaltung mit Dulles gehabt und ihn sehr stur gefunden; wir hätten über nichts anderes als über unsere Lieblingsgerichte gesprochen.

Dulles hatte oft gesagt, das Ziel der Vereinigten Staaten sei es, den Sozialismus in Europa bis zu den Grenzen der Sowjetunion zurückzudrängen, und er schien besessen zu sein von der Idee der Einkreisung. Er erweiterte Amerikas Wirtschaftsembargo der Sowjetunion um einen Boykott des Kulturaustauschs. Nicht einmal sowjetische Touristen oder Schachspieler durften in die Vereinigten Staaten einreisen. Ich erinnere mich auch, daß, als die USA das Patronat über eine Art internationale Tagung der Küchenchefs übernommen hatten, unsere Delegation nicht daran teilnehmen durfte.

Dennoch will ich ihm eins zugestehen: Dulles wußte immer, wie weit er gehen konnte, und er ging nie zu weit. Als sich zum Beispiel 1958 bei den Ereignissen in Syrien und im Libanon die Truppen unserer beiden Länder gegenüberstanden, machte Dulles einen Rückzieher, um es nicht zum Krieg kommen zu lassen. Unter dem Druck der Weltmeinung, aber teilweise auch dank der vernünftigen Haltung Dulles' willigten die reaktionären Kräfte der Vereinigten Staaten und Englands in den Abzug der Truppen ein. In allen fortschrittlichen Ländern der Welt stieg das Prestige der Sowjetunion.

Als Dulles starb, sagte ich zu meinen Freunden, zwar habe er zeit seines Lebens den Kommunismus gehaßt und den Fortschritt verachtet, doch habe er nie jenen «Rand» überschritten, von dem er in seinen Reden immer sprach, und schon aus diesem Grunde müßten wir sein Hinscheiden eigentlich beklagen.

Da Eisenhower seinen Verteidigungsminister nach Genf mitnahm, legten wir Wert darauf, daß auch unser Verteidigungsminister, Marschall Schukow, unsere Delegation begleitete. Schukow war während des Krieges mit Eisenhower befreundet gewesen, und wir glaubten, ihre Bekanntschaft sei vielleicht eine geeignete Basis für Gespräche, die zu einem Nachlassen der Spannungen zwischen unseren Ländern führen könnten. Wir hofften, Eisenhower und Schukow fänden Gelegenheit, allein miteinander zu sprechen und ihre Ansichten über die Notwendigkeit einer friedlichen Koexistenz auszutauschen. Aber Dulles, dieser bissige Köter, schlich dauernd um Eisenhower herum und schnappte nach ihm, wenn er aus der Reihe zu tanzen versuchte. Dulles konnte den Gedanken an eine friedliche Koexistenz mit der Sowjetunion nicht ertragen. Eisenhower jedoch schenkte Schukow eine Angelschnurrolle und ließ Schukows Frau und Tochter seine Grüße ausrichten; aber abgesehen von solchen Liebenswürdigkeiten kam bei Schukows Unterhaltungen mit Eisenhower nichts heraus.

Nach Beginn der Genfer Konferenz schlug Eisenhower vor, wir sollten uns nach jeder Plenarsitzung zu einem Imbiß treffen. Sein Gedanke war, etwaige Verstimmungen oder Spannungen, die tagsüber bei den Sitzungen entstanden, mit Martinis hinunterzuspülen und dem Tag somit einen erfreulichen Ausklang zu geben. Ich erinnere mich, daß mich Eisenhower bei einer dieser zwanglosen Zusammenkünfte mit Rockefeller bekannt machte, der die amerikanische Delegation als Berater für irgend etwas begleitete. Ich konnte nichts Besonderes an ihm entdecken. Er war ganz wie ein Demokrat gekleidet und war der Typ, der in keiner Weise irgendeinen Eindruck machte.[2] Als ich ihm vorgestellt wurde, sagte ich: «Das also ist Mr. Rockefeller persönlich!» und zum Spaß versetzte ich ihm einen Rippenstoß. Er nahm es als Scherz auf und gab mir ebenfalls einen Rippenstoß.

Uns lag daran, mit Rockefeller über die Möglichkeit zu sprechen, von den Vereinigten Staaten einen Kredit in der Größenordnung von etwa sechs Milliarden Dollar zu bekommen. Andererseits übten die Amerikaner einen Druck dahingehend auf uns aus, wir sollten das Geld zurückzahlen, das wir ihnen aus dem Pacht- und Leih-Programm schuldeten. Wir entgegneten, wenn sie uns einen Kredit von sechs Milliarden gäben, seien wir bereit, eine bestimmte Summe, aber nicht alles zurückzuzahlen, was wir ihnen aus dem Pacht- und Leih-Programm schuldeten. Wir führten einige Gespräche darüber, aber es kam nichts dabei heraus.

Das beste Verhältnis hatten wir in Genf zu den Franzosen. Edgar Faure, dem wir den Spitznamen «Edgar Fjodorowitsch» gaben, war ein sehr zuvorkommender Mann und gab sich alle Mühe, liebenswürdig und gastfreundlich uns gegenüber zu sein. Allerdings gab es damals häufig Regierungswechsel in Frankreich, und deshalb hatte es keinen Zweck, der französischen Delegation auf der Genfer Konferenz ernstlich Aufmerksamkeit zu schenken.

Unser Verhältnis zur britischen Delegation war nicht ganz so freundschaftlich wie zu den Franzosen, aber die Atmosphäre bei den Gesprächen mit Eden war durchaus herzlich. Natürlich verfolgte er im großen und ganzen die gleiche Linie wie die Amerikaner, aber er schien flexibler zu sein und vernünftigen Argumenten gegenüber aufgeschlossener. Eines Abends fragte uns Eden beim Diner: «Was würden Sie davon halten, wenn wir Sie zu einem offiziellen Besuch nach Großbritannien einlüden? Glauben Sie nicht, daß eine solche Reise für unsere beiden Regierungen nützlich wäre?» Wir sagten, das wäre in der Tat nützlich und wir würden eine solche Einladung mit Vergnügen annehmen. Wir waren uns fast sofort einig. Die Engländer wollten eine offizielle Einladung aussprechen, und wir wollten sie annehmen.

Am Schluß der Genfer Konferenz bereiteten wir ein gemeinsames Kommuniqué vor, das die Standpunkte der vier Delegationen darlegte. Diese Erklärung war so formuliert, daß jede Delegation die Möglichkeit behielt, sie auf ihre Weise zu interpretieren. Der Wortlaut war das Resultat verschiedener Kompromisse, die uns allen die Unterzeichnung ermöglichte. Wir wollten nicht auseinandergehen, ohne ein Ergebnis der Konferenz vorweisen zu können. Andererseits wollte keiner von uns, daß irgendein Punkt des Kommuniqués als eine grundsätzliche oder als

2 Die Bemerkung, daß Nelson Rockefeller «ganz wie ein Demokrat» gekleidet war, wirft ein Licht auf das Bild, das sich die Sowjets von den führenden Persönlichkeiten der westlichen Demokratien machten.

eine taktische Konzession der anderen Seite gegenüber ausgelegt werden konnte.

Die Rückreise in unsere Heimat unterbrachen wir in Berlin; dort trafen wir uns mit den Führern der Deutschen Demokratischen Republik und gaben eine weitere gemeinsame Erklärung ab. In Berlin wurden wir mit allen Ehren empfangen. Riesige Menschenmengen jubelten uns auf den Straßen zu. Ich war schon in Deutschland gewesen, aber jetzt kam ich zum erstenmal in offizieller Eigenschaft. Ich war auf eine gewisse Feindseligkeit uns gegenüber gefaßt gewesen, aber nichts dergleichen. Ich sah ein paar mürrische Gesichter, doch nicht viele. Im ganzen wurden wir begeistert begrüßt. Die herzliche Aufnahme in Berlin bestärkte uns in unserer Überzeugung, daß die Deutschen vom Kriegführen genug hatten und feste freundschaftliche Beziehungen mit uns knüpfen wollten.

Wir kehrten nach Moskau zurück in dem Bewußtsein, daß wir zwar keine konkreten Resultate erzielt hatten, aber wir fühlten uns ermutigt, denn wir erkannten jetzt, daß unsere Feinde uns wahrscheinlich ebenso fürchteten wie wir sie. Sie rasselten mit dem Säbel und versuchten, uns zu Abmachungen zu zwingen, die für sie vorteilhafter waren als für uns, da sie Angst vor uns hatten. Als Folge unseres Auftretens in Genf erkannten unsere Gegner nun, daß wir ihrem Druck widerstehen konnten und daß wir ihre Tricks durchschauten. Sie wußten jetzt, daß sie mit uns ehrlich und aufrichtig verhandeln mußten, daß sie unsere Grenzen und unsere Rechte zu respektieren hatten und daß sie das, was sie haben wollten, nicht durch Gewalt oder Erpressung bekommen konnten. Sie hatten erkannt, daß sie ihre Beziehungen zu uns auf neuen Voraussetzungen und neuen Erwartungen würden aufbauen müssen, wenn sie wirklich Frieden wollten. Die Genfer Konferenz war für uns ein wichtiger Durchbruch an der diplomatischen Front. Wir hatten bewiesen, daß wir imstande waren, uns in der internationalen Arena zu behaupten. Unser Erfolg wurde bestätigt durch Edens Einladung zu einem offiziellen Besuch in Großbritannien.

14
Besuch in London

Als Chruschtschow im Frühjahr 1956 mit Bulganin nach London fuhr, war er 1954 bereits in Peking gewesen, und 1955 hatte er sowohl die Indienreise wie auch die «Pilgerfahrt» nach Belgrad und einen Abstecher nach Genf unternommen. Er war allmählich ein erfahrener politischer Reisender geworden. Er hatte den XX. Parteitag und die Geheimrede hinter sich; Bulganin war nominell Ministerpräsident, doch es bestand kein Zweifel darüber, wer von beiden derjenige war, der die Entscheidungen traf, obwohl es Chruschtschow erst im Sommer 1957 gelang, die Opposition lahmzulegen und Malenkow, Molotow, Kaganowitsch und andere zu entmachten. Chruschtschow erwähnt nicht, daß Malenkow – inzwischen nicht mehr Ministerpräsident, aber immer noch Mitglied des Parteipräsidiums – bereits früher eine recht erfolgreiche Englandreise unternommen hatte mit dem Ziel, die Stimmung für künftige Gespräche zu erkunden. Chruschtschows und Bulganins Ankunft wurde in gewisser Weise durch die Tatsache beeinträchtigt, daß man den berüchtigten Polizeichef, General Serow, mit der Überwachung der Sicherheitsmaßnahmen für den Staatsbesuch betraut hatte. Die englische Presse reagierte laut und energisch, und Serow, verantwortlich u. a. für die Deportationen im Baltikum, mußte in die Sowjetunion zurückkehren. Chruschtschow konnte nie begreifen, was die Engländer eigentlich gegen Serow hatten.

Nach Kriegsende zeigte sich die Labour-Regierung Englands nicht gerade entgegenkommend der Sowjetunion gegenüber, und unsere Bemühungen, gute Handelsbeziehungen aufzubauen, waren nicht sehr erfolgreich. Auch nach Stalins Tod, als Vertreter der Labour-Regierung uns besuchten und damit Gespräche über verschiedene Angelegenheiten begannen, besserten sich unsere Beziehungen zu Großbritannien nur wenig. Dann wurde die Labour-Regierung von den Konservativen abgelöst, und Eden wurde Premierminister. In unseren Augen war Eden [1] für einen Konservativen recht fortschrittlich, und wir erinnerten uns noch mit Hochach-

1 Churchill war Premierminister, als die Konservativen wieder an die Macht gelangten. Anthony Eden wurde sein Nachfolger.

tung an die Haltung, die er vor dem Krieg als Außenminister zeigte: er hatte ein Abkommen befürwortet, das Großbritannien und die Sowjetunion gegen Hitlerdeutschland einen sollte. Eden trat zurück, als Chamberlain seine scharfe antisowjetische Politik einleitete, die darauf abzielte, Hitler gegen uns aufzuhetzen.[2] Deshalb ließ uns Edens Rückkehr zur Macht auf eine Verbesserung unserer Beziehungen zu Großbritannien hoffen.

Nachdem wir uns in Genf mit Eden über einen offiziellen Besuch in England geeinigt hatten, wurden sämtliche Vorbereitungen durch den Austausch diplomatischer Noten getroffen, und unsere Delegation fuhr im April nach London. Es muß in der zweiten Aprilhälfte gewesen sein, denn ich erinnere mich noch sehr wohl, daß mein Geburtstag auf der Fahrt nach England gefeiert wurde, und mein Geburtstag ist am 17. April.

Bulganin war noch Vorsitzender des Ministerrats und deshalb formal Leiter unserer Delegation. Ich wurde delegiert, weil ich in Genf am besten mit Eden zusammengearbeitet hatte. Er sprach mit mir mehr als mit jedem anderen, und ich beantwortete seine Fragen als Sprecher unserer Delegation. Mit uns reiste auch das Akademiemitglied Kurtschatow[3] nach London, denn wir wünschten auch Beziehungen zu britischen Wissenschaftlern herzustellen. Kurtschatow ist nicht nur ein gutaussehender und witziger Mann, sondern auch ein brillanter Wissenschaftler.

Wir reisten auf einem Schlachtkreuzer nach England. Wir wollten die Fahrt mit dem Schiff machen, damit wir mit dem Zug nach London fahren konnten. Auf diese Weise würden wir mehr von der Landschaft zu sehen bekommen. Vor unserer Abreise fragte die Britische Botschaft in Moskau an, ob wir einem ihrer Marineattachés gestatten würden, uns auf der Reise zu begleiten. Wir stimmten zu. Natürlich gab es manche, die befürchteten, der britische Attaché würde an Bord unseres Kreuzers nach militärischen Geheimnissen und technischen Einzelheiten Ausschau halten. Derartiger Blödsinn war ein Überbleibsel aus stalinistischer Zeit. Der Marineattaché entpuppte sich als wohlerzogener und angenehmer Mann. Am 17. April, meinem Geburtstag, beschlossen wir, ihn zu einem Essen mit unserer Delegation einzuladen. Selbstverständlich wurde dabei auch etwas getrunken, wobei der Engländer bewies, daß er gute Getränke zu schätzen wußte. Er trank tatsächlich so viel, daß er kaum mehr imstande war, in seine Kabine zurückzufinden, geschweige denn, auf dem Schiff nach militärischen Geheimnissen herumzuschnüffeln. Später scherzte ich darüber mit Eden. Er fragte: «Nun, Mr. Chruschtschow, hat sich der Marineattaché an Bord Ihres Schiffes gut benommen?»

«Er benahm sich wirklich ausgezeichnet. Er hat Großbritannien gewissenhaft vertreten.»

2 Die traditionelle sowjetische Interpretation der Vorkriegsereignisse.
3 Sowjetischer Atomphysiker.

«Soll das heißen, daß er nicht bei Ihnen herumspioniert hat? Er ist also nicht auf dem ganzen Schiff herumgekrochen und hat alles untersucht?»

«Aber gewiß doch, er war einfach unmöglich! Er hat sich in Ecken hineingequetscht, in die nicht einmal eine Wanze gepaßt hätte. Er hat alles gesehen, was es zu sehen gab.» Eden lachte. Ich weiß nicht, ob Eden damals bereits wußte, wie betrunken sein Attaché gewesen war. Jedenfalls war er bereit, mit Bulganin und mir über ihn zu witzeln.

Als unser Schiff in England ankam, wurden wir mit allen militärischen Ehren und dem vorgeschriebenen Salut begrüßt. Nach London fuhren wir mit der Bahn. Wir sahen dabei von dem Land weit mehr, als wir von der Schweiz gesehen hatten. Abgesehen von Genf, war ich noch niemals im westlichen Ausland gewesen. Mein erster und bleibender Eindruck von England waren die langen Reihen kleiner roter Ziegelhäuser. Sie haften in meiner Erinnerung, weil sie mich so sehr an die Häuser erinnerten, die ich während meiner Jugend im Donezbecken gesehen hatte. Mein Vater arbeitete in einem Bergwerk bei Jusowka, in der Nähe der Metallwarenfabrik, die einst dem Waliser John Hughes gehört hatte. Hughes hatte für seine Facharbeiter und sein Verwaltungspersonal kleine rote Ziegelhäuser bauen lassen, die genauso ausgesehen hatten wie jene, die ich auf meiner Englandreise sah. Ich kann mich noch daran erinnern, daß man im Sommer im Donezbecken nur die Fenster dieser Häuser erkennen konnte, weil alles andere von Efeu überwuchert war.

Unser Hotel in England war ausgezeichnet. Die Bedienung hervorragend. Für uns war das alles sehr neu. Bisher waren wir niemals viel mit Ausländern in Berührung gekommen. Ich glaube, daß wir die Einheimischen ziemlich beeindruckten. Ich erinnere mich, daß wir eines Tages, als wir von unseren Wagen zum Hotel gingen, sofort von Londonern umringt wurden. Am meisten fesselte die Leute Akademiemitglied Kurtschatow, der einen Bart trug. Kleine Jungen zeigten auf ihn, lachten und sprangen aufgeregt von einem Fuß auf den anderen, so wie es kleine Jungen überall auf der Welt tun.

Sobald wir untergebracht waren, begannen unsere Gespräche mit der britischen Regierung. Angeführt wurde die Gegenseite von Eden und Selwyn Lloyd. Ich glaube, auch Macmillan nahm an den Verhandlungen teil. Dem Resultat unserer Besprechungen in Genf fügten die Gespräche im wesentlichen nur wenig Neues hinzu. Die wichtigsten Punkte waren noch immer Deutschland, die Abrüstung und die friedliche Koexistenz. Wir hatten bereits erkannt, daß der Westen noch nicht bereit war, sich ernsthaft mit diesen wichtigen Problemen auseinanderzusetzen. Die Westmächte versuchten noch immer, uns zu einer Regelung auf der Grundlage ihrer Bedingungen zu bewegen.

Ich erinnere mich an einen Zwischenfall, der typisch ist für die Atmosphäre, in der unsere Londoner Gespräche stattfanden. Auf dem Weg zu einer Einrichtung des Bildungswesens fuhren Bulganin, Lloyd und ich gemeinsam in einem Wagen. Lloyd benahm sich sehr korrekt und freundschaftlich. Auf einmal wandte er sich mir zu und sagte: «Wissen Sie, unlängst flog ein Vögelchen auf meine Schulter und zwitscherte mir ins Ohr, Sie verkauften dem Jemen Waffen.»

Ich erwiderte: «Nun, offensichtlich fliegen heutzutage alle möglichen kleinen Vögel umher und zwitschern die verschiedensten Dinge, denn neulich hat sich auch einer auf meiner Schulter niedergelassen und mir erzählt, daß Sie Ägypten und dem Irak Waffen verkaufen. Übrigens erzählte mir dasselbe Vögelchen, daß Sie versuchen, jedem Waffen zu verkaufen, der sie Ihnen abnehmen will, und manchmal sollen Sie das auch bei Leuten tun, die sie gar nicht von Ihnen kaufen wollen.»

«Sie mögen recht haben, es gibt alle möglichen kleinen Vögel. Die einen zwitschern Ihnen etwas ins Ohr, die anderen uns.»

«Allerdings», antwortete ich, «aber wäre es nicht ganz hübsch, wenn alle diese Vögelchen uns das gleiche zuzwitscherten, so daß wir eine gegenseitige bindende Verpflichtung eingehen könnten, niemandem mehr Waffen zu verkaufen? Würden die kleinen Vögelchen damit nicht einen Beitrag zur gemeinsamen Sache des Friedens leisten?»

Diese Art Gespräche waren natürlich scherzhaft gemeint. Man sollte daraus keineswegs schließen, daß wir nicht ernsthaft an den Begegnungen mit den Engländern interessiert waren. Vor allem gaben uns diese Zusammenkünfte die Möglichkeit, unseren eigenen Standpunkt klar herauszustellen. Der Westen war aus dem gleichen Grund daran interessiert. Darüber hinaus nehme ich an, daß England ein spezielles Interesse daran hatte, einen militärischen Konflikt, besonders im Nahen Osten, zu verhindern. Die Engländer wollten unsere Zusage, daß wir keine Waffen an Ägypten lieferten. Im Prinzip waren wir zwar dazu bereit, erklärten aber, wir würden eine Vereinbarung nur unter der Bedingung unterzeichnen, daß sie sich vertraglich verpflichteten, den Nahost-Staaten keine Waffen zu verkaufen.

An einem Sonntag lud Eden Bulganin und mich in seine «Datscha», wie wir sein Landhaus nannten, ein. Er erzählte uns, daß irgendein reicher Kapitalist dieses Landhaus der Regierung geschenkt hatte. Es sollte dem jeweiligen Premierminister für seinen persönlichen Gebrauch zur Verfügung stehen, einerlei welcher Partei er angehörte. Vor dem Essen machten Bulganin und ich einen kleinen Spaziergang in der Nähe des Hauses. Die Landschaft erinnerte uns an die Umgebung von Orel und von Kursk.

Rund um Edens Landhaus, das Chequers hieß, waren Blumen gepflanzt. Die eisernen Öfen im Haus wurden mit Anthrazitkohle beheizt. Aus eigener Erfahrung im Donezbecken wußte ich, daß Anthrazit einen hohen Schwefelgehalt hat; das erklärt auch den merkwürdigen Geruch und die klebrige Schicht, die wie ein Film auf allen Gegenständen lag.

Macmillan, Lloyd und mehrere einflußreiche Konservative speisten abends mit uns. Edens Frau war Gastgeberin. Unsere Botschaft hatte uns darauf aufmerksam gemacht, daß sie eine Nichte Churchills sei und in bezug auf Alkohol offenbar einiges von Churchill geerbt hätte. Nun, sie zog sich zwar nicht zurück, als die Getränke gereicht wurden, aber ich könnte nicht sagen, daß sie sich im Übermaß an diese spezielle Tradition Churchills gehalten hätte.

Während des Essen fragte Mrs. Eden: «Was für Raketen besitzen Sie eigentlich? Fliegen sie sehr weit?»

«Ja», erwiderte ich, «sie haben eine sehr große Reichweite. Sie könnten leicht Ihre Insel erreichen und noch ein gutes Stück weiter fliegen.» Darauf schwieg sie. Meine Antwort war wohl ein wenig unhöflich. Vielleicht hielt sie es für eine Art Drohung. Es war gewiß nicht unsere Absicht, jemanden zu bedrohen. Wir wollten lediglich andere Staaten daran erinnern, daß wir mächtig waren und Achtung verdienten und daß wir es nicht dulden würden, daß man zu uns im Ton eines Ultimatums sprach.

Eden lud Bulganin und mich ein, in Chequers zu übernachten. Man brachte uns oben in getrennten Zimmern unter. Am Morgen erwachte ich ziemlich früh und ging hinaus auf den Flur, um Bulganins Zimmer zu suchen und ihn zu wecken. Ich klopfte an eine Tür, in der Meinung, es sei die zu Bulganins Zimmer. Die Stimme einer Frau antwortete, sie war offenkundig überrascht und erschreckt. Ich merkte, daß ich beinahe das Zimmer von Edens Frau betreten hätte. Ich eilte schleunigst in mein Zimmer zurück, ohne mich zu entschuldigen oder meinen Namen genannt zu haben. Bulganin und ich lachten sehr über diesen Zwischenfall, aber wir beschlossen, ihn unseren Gastgebern gegenüber nicht zu erwähnen.

Am nächsten Tag sollten wir von Königin Elizabeth empfangen werden. Irgendwelche Kleidungsvorschriften waren nicht gemacht worden. Wir hatten Eden schon vorher gesagt, wenn es der Königin nichts ausmachen würde, uns in unserer Alltagskleidung zu empfangen, würden wir gern kommen. Falls sie etwas dagegen hätte, müßten wir bedauern. Wir hatten gewisse Vorbehalte gegen derartige Zeremonien und waren nicht gewillt, in Frack und Zylinder oder sonst einer offiziellen Aufmachung zu erscheinen, sofern das Voraussetzung für eine Audienz bei der Königin gewesen wäre. Ich erinnere mich, daß wir einmal in Moskau einen Filmbericht gesehen hatten, der Anastas Iwanowitsch Mikojan in voller Aufmachung als unseren offiziellen Abgesandten in Pakistan zeigte. Wir brüllten alle vor Lachen, als wir ihn so sahen. Er sah wirklich aus wie einer dieser Herren aus dem alten Europa. Ich möchte erwähnen, daß Kostümierungen, wie sie ausländische Diplomaten von einem offiziellen Staatsgast erwarten, Anastas Iwanowitsch nicht ganz wesensfremd waren.

Wie dem auch sei, wir betraten den königlichen Palast an einem warmen, schönen Tag. Laut Eden ist der April der schönste Monat des Jahres, mit nur wenig Regen. Ganze Touristenschwärme besichtigten das Gelände des Palastes. Eden sagte uns, daß wir in der Königin eine natürliche, sehr intelligente und freundliche Frau kennenlernen würden. Beim Betreten des Palastes kam sie uns entgegen. Ihr Mann und zwei ihrer Kinder begleiteten sie. Wir wurden vorgestellt. Sie trug ein schlichtes, weißes Kleid. Sie sah aus wie eine jener jungen Frauen, die man an schönen Nachmittagen im Sommer auf der Gorkij-Straße sehen kann.

Sie zeigte uns den Palast und lud uns anschließend ein, mit ihr ein Glas Tee zu trinken. Während wir beim Tee saßen, unterhielten wir uns über alles mögliche. Ihr Mann zeigte großes Interesse für Leningrad. Er sagte, er sei noch nie da gewesen, träume aber von einer Reise dorthin. Wir versicherten ihm, daß Leningrad eine hochinteressante Stadt sei, auf die wir sehr stolz seien. Wir sagten ihm auch, daß es für uns eine Kleinigkeit sein würde, seinen Traum zu verwirklichen. Wir erklärten uns bereit, ihn jederzeit nach Leningrad einzuladen, wobei wir ihm überlassen wollten, in welcher Eigenschaft er uns besuchen wolle – als Repräsentant der Regierung oder als Militärperson. Er bedankte sich und sagte, er werde gern auf unser freundliches Angebot zurückkommen, wenn sich die Gelegenheit dazu ergebe.

Die Königin interessierte sich besonders für unser Flugzeug, die TU-104, die uns während unseres England-Aufenthalts als Kuriermaschine diente. Einer der Gründe dafür, daß wir die TU-104 nach London fliegen ließen, während wir uns dort aufhielten, war der, den Engländern zu zeigen, daß auch wir eine gute Düsenpassagiermaschine hatten. Die TU-104 war eine der ersten Düsenpassagiermaschinen der Welt, und unsere Gastgeber sollten das auch wissen. Die Königin hatte die Maschine gesehen, als diese beim Ansetzen zur Landung den königlichen Palast überflog. Wir dankten der Königin und stimmten ihr zu, ja, es sei eine vorzügliche Maschine – sehr modern, ohne Zweifel zur Zeit die beste auf der Welt.

Ich war tief beeindruckt von der Königin. Sie hatte eine so sanfte, ruhige Stimme. Sie war so bescheiden, vollkommen frei von dem Hochmut, den man bei königlichen Personen erwarten würde. Sie mag die Königin von England sein, aber in unseren Augen war sie an erster Stelle die Frau ihres Mannes und die Mutter ihrer Kinder. Einige Tage später fragte mich auf unserer Rundreise durch England eine Engländerin: «Sie sind also der Königin begegnet. Was halten Sie von ihr?» Ich antwortete, daß uns die Königin sehr gut gefallen hätte. Die Frau schüttelte traurig den Kopf und sagte: «Sie tut mir so leid. Sie hat kein leichtes Leben.»

«Was meinen Sie damit?» fragte ich.

«Nun, sie ist eine junge Frau. Wahrscheinlich würde sie viel lieber so leben wie andere Frauen ihres Alters, aber als Königin kann sie das nicht. Sie lebt in einem Aquarium. Sie steht immer im Rampenlicht, und bei allem, was sie tut, darf sie nie vergessen, daß sie die Königin ist. Das ist eine große Verantwortung und macht ihr das Leben schwer. Deshalb empfinde ich ihr gegenüber große Sympathie und auch Mitleid.» Mir gefiel diese Frau. Ihre Bemerkungen über die Königin waren menschlich und sehr weiblich. Vielleicht hatte Nekrassow recht, als er in *‹Wer lebt in Rußland gut?›*[4] sagte, nicht einmal der Zar hätte es leicht. Das gleiche gilt für Elizabeth II.

Nominell war Bulganin Regierungschef und Leiter unserer Delegation und ich nur ein Mitglied derselben. Es ergab sich aber, daß ich die Verhandlungen mit den Engländern führen mußte. Ich selbst wünschte diese Entwicklung natürlich nicht, aber Bulganin bat mich immer wieder, ihm die Verhandlungsführung abzunehmen. Es kam vor, daß wir eine Erklärung abgeben sollten und ich auf eine Stellungnahme Bulganins wartete; dann gab es oft eine peinliche Pause, bevor er sich mir zuwandte und sagte: «Fahren Sie fort und antworten Sie!» Um uns weitere Verlegenheit zu ersparen, mußte ich selbst etwas sagen.

So gab zum Beispiel der Erste Lord der Admiralität für uns einen Empfang. Alle möglichen Leute erschienen zu diesem zwanglosen Beisammensein, in der Mehrzahl Marineoffiziere. Als wir vor der Frage standen, wie wir die Rede des Ersten Lords erwidern wollten, sagte Bulganin: «Halten Sie die Rede.» Ich entschloß mich, eine ziemlich harte und unverblümte Sprache zu sprechen und die Offensive gegen die Engländer anzutreten. Ich sagte: «Meine Herren! Sie sind hier versammelt als die Repräsentanten Großbritanniens, und die ganze Welt weiß, daß Britannien einst die Meere beherrschte. Aber diese Ära ist jetzt vorbei, und wir müssen die Dinge realistisch betrachten. Die Welt hat sich geändert. Ihre Fachleute haben mir gesagt, wie sehr sie den Schlachtkreuzer bewundern, auf dem wir hierhergekommen sind. Schön, ich will Ihnen etwas sagen. Wir hätten gar nichts dagegen, Ihnen diesen Kreuzer zu verkaufen, falls Sie ihn haben wollen, denn er ist bereits veraltet. Seine Waffen sind durch neue Waffen überholt. Außerdem spielen Schlachtkreuzer wie der unsere keine entscheidende Rolle mehr. Dasselbe gilt für Bomber. Heute sind es Unterseeboote, die die Meere beherrschen, und Raketen beherrschen die Luft – Langstreckenraketen, die ihre Ziele aus großer Distanz vernichten können.» Während der auf meine Rede folgenden Diskussion kam es zu einem offenen Meinungsaustausch, und niemand war verpflichtet, sich auf eine bestimmte Position festzulegen. Keiner nahm eine drohende oder kriegerische Pose ein. Die Fragen der Engländer hatten einen leicht ironischen Unterton, und manchmal wurde sogar gekichert. Es war keine Verhandlung, sondern eine beiläufige Plauderei bei einer Flasche Whisky.

Als wir am nächsten Morgen mit Eden zusammentrafen, fragte er lächelnd: «Nun, wie haben Sie sich mit unseren Seeleuten verstanden?»

4 Das berühmte Spätwerk des russischen Dichters. Entstanden zwischen 1863 und 1876.

«Ihre Seeleute sind gut, das ist in der ganzen Welt bekannt. Aber an Ihrem Lächeln merke ich, daß Sie bereits über unsere Diskussion informiert sind.»

«Ja», sagte er, «ich bin informiert. Man hat mir davon berichtet. Das gilt übrigens auch für Ihre Bemerkungen.»

«Und wie denken Sie darüber?»

«Nun, Sie wissen, ich stimme weitgehend mit Ihnen überein. Ich bin aber auch Premierminister und kann nicht so zu meinen Marineoffizieren sprechen, wie Sie es können. Ich kann ihnen nicht gut erzählen, wie restlos veraltet ihre Schiffe und Waffen sind. Abgesehen von ein paar Bombern ist die Überwasserflotte alles, was wir besitzen. Ich kann ihnen nicht gut ihr Vertrauen in ihre einzigen Waffen nehmen, nicht wahr?»

Meine Äußerungen vor der Admiralität wurden schließlich mit großem Zeter und Mordio in der amerikanischen Presse veröffentlicht. Mit allen möglichen Argumenten bekämpften die Amerikaner meine Meinung, daß Überwasserschiffe und Bomber der Vergangenheit angehörten. Die Entwicklung hat aber gezeigt, daß ich recht hatte, und auch die Amerikaner geben heute zu, daß die Zeit der Bomber vorbei ist und daß an ihre Stelle Raketen treten müssen.

Für unsere Reise durch das Land hatte Eden ein umfangreiches und anstrengendes Programm vorbereitet. Vom frühen Morgen bis spät in die Nacht rasten wir mit Auto und Flugzeug hin und her. Das Tempo war zermürbend, und ich verbarg meinen Unmut nicht. Als wir eines Tages am Vormittag irgendeine englische Stadt besuchen und anschließend nach Schottland fahren sollten, platzte mir der Kragen. Ich nahm Eden beiseite und sagte zu ihm: «Mr. Eden, meine Beine können mich keinen Schritt länger tragen. Morgen streike ich und setze meinen Fuß nicht vors Hotel.»

Er lachte. «Aber, Mr. Chruschtschow, ich bitte Sie, ich flehe Sie an. Wir werden die Stadt, die wir morgen besuchen wollten, auslassen, aber bitte kommen Sie mit nach Schottland. Wir fliegen ohne Zwischenlandung dorthin. Haben Sie noch nie etwas von den Schotten gehört? Es sind leidenschaftliche Nationalisten. Sie lassen mich nicht zur Ruhe kommen. Wenn Sie nicht mit nach Schottland kommen, bin ich sicher, daß sie einen Aufstand inszenieren und aus dem Commonwealth ausscheren. Bitte, kommen Sie mir zuliebe mit.»

Bulganin und ich wechselten einen Blick und erklärten uns dazu bereit mitzukommen, obgleich sich keiner von uns viel von dieser Reise versprach. Es stellte sich dann allerdings heraus, daß Schottland hochinteressant war, aber wir sahen leider alles nur im Vorüberfahren, sozusagen «im Galopp». Wir hatten nicht die Möglichkeit, irgendwelche Kontakte mit der Bevölkerung aufzunehmen, außer mit den offiziellen Persönlichkeiten, mit denen Begegnungen vorgesehen waren. Dies galt ganz allgemein für unseren Aufenthalt in England.

Bei unserer Ankunft in Schottland erwartete uns eine Ehrenkompanie, die uns mit Parademarsch und Musik begrüßte. Wir sahen uns die Parade von einem Zelt aus an, das uns vor dem leichten, eisigen Regen Schutz bot. Man hatte uns gesagt, daß es in Schottland immer regnet. Von den schottischen Militäruniformen hatte ich schon gehört, und bei Kriegsende hatte ich sie auch einige Male in Wien und Berlin gesehen. Die Uniformen, stahlgraue Röcke, sind seltsam, und die schottische Musik ist eigenartig, man spielt sie auf besonderen schottischen Instrumenten.

Man teilte uns – mit den besten Empfehlungen der Königin – mit, daß man uns zu Ehren ein Essen geben werde. Sie war also auch Königin von Schottland! In dem Schloß, in dem das Essen stattfand, hatte Maria Stuart gelebt. Unsere Gastgeber sprachen mit großer Ehrfurcht von dieser Königin und von der Vergangenheit ihres Landes. Mein Sohn Serjoscha begleitete mich auf dieser Reise. Er saß mit zwei älteren Frauen an einem Tisch. Die eine war Dolmetscherin. Immer wieder versuchte sie, Serjoscha damit zu beeindrucken, daß die andere Frau am Tisch eine Prinzessin sei. Als sie merkte, daß ihn das nicht sonderlich beeindruckte, sagte sie noch einmal mit Nachdruck, daß sie hier nicht mit einer bürgerlichen, sondern mit einer richtigen Prinzessin speisten. Serjoscha erzählte mir das später, und wir lachten beide herzlich darüber. Ich glaube nicht, daß die Dolmetscherin Theater spielte, sondern vielmehr von der Tatsache, mit einer Prinzessin am selben Tisch zu sitzen, zutiefst überwältigt war. Es störte sie, daß dieser junge Russe eine solche Ehre gar nicht voll zu würdigen wußte.

Nach unserer Rückkehr aus Schottland gab uns Eden in London in irgendeinem Regierungsgebäude ein Essen. Vor dem Essen begaben wir uns in Edens Arbeitszimmer. Dort sah ich ein Bild hängen, das ich im ersten Augenblick für ein Porträt von Zar Nikolaus II. hielt. Ich erwähnte, der Mann auf dem Bild sehe unserem letzten Zaren überraschend ähnlich. Eden erklärte, daß es den Vetter von Nikolaus[5] darstelle. Ich ließ das Thema fallen, denn es wäre unfreundlich gewesen, wenn ich die Erinnerung daran wachgerufen hätte, daß der Vetter dieses Mannes im Jahre 1918 in Swerdlowsk getötet worden war.

Unmittelbar vor dem Essen eröffnete uns Eden, daß auch Churchill da sein werde. Ich saß rechts neben Churchill. Er war sehr alt und dick und zitterig. Wir saßen da und tauschen hin und wieder ein paar belanglose Phrasen aus, ohne einander wirklich etwas zu sagen. Es wurden Austern serviert, und Churchill fragte mich: «Haben Sie schon einmal Austern gegessen?»

«Nein, Mr. Churchill.»

«Dann sehen Sie mir zu, wie ich sie esse. Ich liebe Austern.»

«Also gut, ich werde zusehen und lernen, wie man es macht.»

5 König Georg V. von England

Er machte sich über die Austern her, während ich meine Suppe aß und zusah. Er schlürfte seine Austern, und auch ich wurde mit meiner Portion fertig.

«Nun», fragte er, «wie schmecken sie Ihnen?»

«Ehrlich gesagt, nicht besonders.»

«Das liegt daran, daß Sie Austern nicht gewohnt sind.»

Das mochte stimmen, aber mir schmeckten sie trotzdem nicht.

Auf dieser Ebene bewegte sich mein Gespräch mit Churchill. Einmal kam er auch auf Stalin zu sprechen: «Wissen Sie, während des Krieges hatte ich die allergrößte Hochachtung vor Mr. Stalin.» Churchill versuchte offensichtlich, einen politischen Meinungsaustausch zu vermeiden. Er war nicht mehr Regierungschef und überließ es Eden, ernsthafte Gespräche mit uns zu führen. Ich sah Churchill ein zweites Mal, als man uns eingeladen hatte, einer Parlamentssitzung auf der Besuchergalerie beizuwohnen. Ein junger Konservativer, der ausgezeichnet Russisch sprach, war unserer Delegation als Führer und Dolmetscher zugeteilt worden. Er beherrschte vollendet die russische Sprache und kannte sich sogar im Jargon der Lastwagenfahrer aus. Er bemühte sich sehr, uns mit seinen russischen Sprachkenntnissen zu beeindrucken und gleichzeitig den Anschein zu erwecken, er sei ein Mann aus dem Volk. Wir aber beachteten ihn nicht weiter und taten so, als bemerkten wir seine Schauspielerei nicht. Während wir die Debatte im Sitzungsraum des Parlaments verfolgten, flüsterte der junge Mann uns plötzlich zu: «Da kommt Churchill!» Churchill betrat den Raum und begab sich zu seinem Platz. «Er kann nicht länger als fünf bis zehn Minuten zuhören; dann schläft er ein», flüsterte uns unser Dometscher zu. Wir beobachteten ihn, und wirklich, nach kurzer Zeit lehnte Churchill seinen Kopf zurück und schlief ein.

Einmal machten wir eine Stadtrundfahrt durch London. Wir sahen den Tower, die Stätte, wo früher die Könige und Königinnen Menschen hatten hinrichten lassen, und wir sahen dem Wachwechsel zu. Welch farbenfreudige Zeremonie! Ich konnte verstehen, warum sie auf Touristen eine solche Anziehungskraft ausübt! Im allgemeinen machte es mir Spaß zu beobachten, welchen Tribut die Engländer ihrer Vergangenheit zollten und wie sie ihre Geschichte in feierlichen Zeremonien, wie zum Beispiel dem Wachwechsel, lebendig erhielten! Eine Tradition gab es allerdings, die ich als lächerlich empfand. Als wir das Oberhaus besuchten, begrüßte uns der Vorsitzende[6] in einer höchst komischen Aufmachung. Er trug ein rotes Gewand mit einem roten Umhang und dazu eine riesige Perücke. Er zeigte uns den Platz, von dem aus er bei den Sitzungen des Oberhauses den Vorsitz führte. Dieser Sitz war nichts anderes als ein Wollsack. Ich war wirklich erstaunt, daß ernsthafte Männer ernsthafte Versammlungen in solch lächerlicher Kleidung und inmitten von soviel

6 Der Lordkanzler.

Mumpitz leiten konnten. Ich konnte mir das Lachen nicht verbeißen, als ich diesem bizarren, theatralischen Schauspiel zusah.

Leider gab es kurz vor Beendigung unseres Aufenthalts in England zwei unerfreuliche Zwischenfälle. Der eine ereignete sich im Hafen, in dem unser Schlachtkreuzer seinen Liegeplatz hatte. Wir hatten den Kommandanten angewiesen, alle notwendigen Sicherheitsmaßnahmen zu treffen. Dann bekamen wir plötzlich die Meldung, unsere Mannschaft hätte jemanden bemerkt, der unter Wasser unseren Kreuzer umschwamm; offenbar war es ihm jedoch geglückt, zu entkommen, bevor unsere Männer eingreifen konnten. Das war das letzte, was von ihm gesehen wurde. Wir teilten unseren Gastgebern mit, was geschehen war. Ich kann mich heute nicht mehr erinnern, was für Erklärungen sie uns auftischten. Wir ließen es dabei bewenden, obwohl die Möglichkeit nicht auszuschließen war, daß jemand versucht hatte, am Rumpf unseres Kreuzers eine magnetische Mine zu befestigen. Diese Theorie als eine mögliche Erklärung des Zwischenfalls war von einigen unserer Militärs aufgestellt worden. Als man später in England die Leiche eines Geheimdienstoffiziers namens Crabb auffand, vertrat unser Geheimdienst die Ansicht, daß die Engländer möglicherweise versucht hatten, sich über Schrauben und Rumpfkonstruktionen unseres Kreuzers zu informieren. Wir hängten den Fall nicht an die große Glocke. Immerhin war es bemerkenswert, daß die Engländer sich nicht damit zufriedengaben, daß wir ihrem Marineattaché erlaubt hatten, auf unserem Schiff nach England zu reisen, sondern daß sie nicht davor zurückscheuten, bei ihren Gästen herumzuspionieren. Dieser Vorfall trug mit dazu bei, daß wir uns entschlossen, nicht noch mehr Zeit in England zu vergeuden, sondern nach Hause zurückzukehren.[7]

Während unseres Aufenthalts in London arrangierte man für uns auch eine Begegnung mit Angehörigen der Opposition, der Labour Party. Die Labourleute schlugen ein gemeinsames Abendessen vor. Wir erklärten uns dazu bereit, obgleich wir nicht erwarteten, daß bei diesem Treffen etwas Vernünftiges herauskommen würde. Wir hatten die Erfahrung gemacht, daß sich die Labourleute uns gegenüber weit feindseliger verhielten als die Konservativen. Ich glaube, daß ich diesen scheinbaren Widerspruch erklären kann. Unser Standpunkt und der der Konservativen waren einander diametral entgegengesetzt. Sie vertraten das Großkapital und die Großindustrie, wir vertraten die Arbeiterklasse und die Kommunistische Partei. Wir wußten, wo sie standen, und sie wußten, wo wir standen. Sie gaben niemals vor, etwas anderes zu sein als das, was sie waren, und wir machten uns weder Illusionen über sie, noch hegten wir große Erwartungen. Deshalb konnten wir auf einer sachlichen

7 Die Affäre des Commanders Crabb führte seinerzeit zu einem großen Skandal und ist der Öffentlichkeit gegenüber bis heute unaufgeklärt geblieben.

und staatsmännischen Ebene miteinander verhandeln. Bei den Labourleuten war es völlig anders. Sie betrachteten sich als die Vertreter der Werktätigen und glaubten, daß ihre Politik die der Arbeiterklasse sei. Mit einem Wort: sie stellten alle möglichen Forderungen, die wir weder akzeptieren noch anerkennen konnten. Aus diesem Grunde bestand zwischen uns eine beträchtliche Spannung.

Das Essen, das die Labour Party für uns gab, fand in einem Restaurant im Parlamentsgebäude statt. Wilson war damals einer der Führer der Labour Party. Er galt als unser Freund. Obwohl er ziemlich konservativ war, erklärte er, daß er als Regierungschef uns gegenüber eine wesentlich freundlichere Politik betreiben würde als die Eden-Regierung. Aber wenn man bedenkt, wie lange er nun schon im Amt ist! Und ständig hat er uns gegenüber genau die gleiche Politik betrieben wie vor ihm die Konservativen.

Als wir Platz nahmen, wurde sofort der unvermeidliche englische Whisky gereicht. Wie bei jedem öffentlichen Essen, galt der erste Trinkspruch der Königin. Auch wir erhoben unsere Gläser und tranken auf ihr Wohl. Dann tranken unsere beiden Delegationen einander zu. Gaitskell bewies in der Rede, die er nach dem Essen hielt, zumindest noch einigen Takt, aber dann mischte sich plötzlich George Brown ein und ergriff das Wort. Damals verfolgte Brown ehrgeizige Ambitionen und wollte Führer der Labour Party werden, und er stand uns äußerst feindselig gegenüber. Seine Rede war skandalös, und wir konnten sie nicht stillschweigend hinnehmen. Wir saßen hier als seine Gäste, und er steigerte sich in eine Tirade gegen unsere Politik hinein. In meiner Antwort auf diese Attacke nahm ich kein Blatt vor den Mund. Ich sagte: «Mr. Brown, ich werde Ihnen jetzt genau sagen, was ich von Ihrer Rede halte. Wir sind Ihre Gäste und erwarten, auch als solche behandelt zu werden. Wenn Sie uns unbedingt beleidigen wollen, dann – fürchte ich – bleibt uns nichts anderes übrig, als Ihnen für die Einladung zu danken und uns zu verabschieden.» Damit verließen wir demonstrativ den Saal, und das Essen war zu Ende.[8]

Etwa einen Tag später gab das Oberhaus für uns einen Empfang. Brown war auch anwesend. Er trat auf mich zu und wollte mir die Hand geben. Ich sah ihn an und sagte: «Nach dem, was vorgefallen ist, kann ich Ihnen unmöglich die Hand reichen.»

8 Der Zwischenfall erregte großes Aufsehen. Gaitskell war damals Führer der Labour Party. Und Gaitskell selbst verärgerte Chruschtschow, als er ihm eine Liste mit den Namen osteuropäischer, sozialistischer Politiker überreichte, über deren Schicksal niemand etwas wußte, und ihn aufforderte, nach ihrem Verbleib zu forschen. George Brown schrie Chruschtschow im Verlauf eines Wortwechsels an. Daß das Thema der vermutlich liquidierten osteuropäischen Sozialisten aufkam, war für die sowjetischen Besucher natürlich äußerst peinlich und sie reagierten entsprechend.

«Sie wollen mir also nicht die Hand geben?» Zweimal streckte er seine Hand aus und zog sie wieder zurück.

Ich rührte mich nicht und sagte: «Nein, ich will nicht.»

Er ließ die Hand sinken, und wir gingen auseinander. Die anderen Labourleute, die beobachtet hatten, wie ich Brown diese Abfuhr erteilte, wirkten sehr unsicher, als sie auf mich zutraten, um mich zu begrüßen. Nur zögernd boten sie mir die Hand, als wollten sie feststellen, ob ich sie nehmen würde oder nicht. Ich schüttelte ihnen allen die Hand. Wir unterhielten uns freundlich miteinander, obwohl ich noch immer ärgerlich war auf Brown und sie das auch wissen ließ. Später entschuldigte sich eine Delegation von drei Labourleuten bei mir für Browns rüdes Benehmen und versicherte mir, daß Brown nur für seine eigene Person gesprochen habe. Brown war allgemein für seine antisowjetische Einstellung bekannt. Er hatte in unserem Besuch eine günstige Gelegenheit gesehen, unsere gegenseitigen Beziehungen zu vergiften, und das war ihm gelungen.

Als ich Eden nach dem Vorfall mit Brown wieder sah, schmunzelte er sozusagen in seinen Schnurrbart hinein. «Nun, wie war denn die Einladung bei den Labourleuten?» Er war natürlich genau informiert über das, was geschehen war.

Ich erwiderte sein Lächeln und antwortete: «Ach, wissen Sie, es war nicht ganz so, wie es hätte sein können.»

«Ich habe Ihnen doch gesagt, daß es für Sie vorteilhafter ist, mit den Konservativen zu verhandeln. Diese Labourleute sind einfach unmöglich!» Eden wollte sich die Chance nicht entgehen lassen, aus unserem Konflikt mit der Labour Party jeden nur erdenklichen politischen Nutzen zu ziehen. Die Konservativen waren hocherfreut, daß unsere erste Begegnung mit den Labourführern so unglücklich verlaufen war.

Scherzend erklärten wir Eden, daß wir überlegen wollten, welcher Partei wir beitreten sollten. Er lachte und sagte: «Ich würde Ihnen dringend empfehlen, sich für die Konservativen zu entscheiden.»

«Wir werden darüber nachdenken. Vielleicht folgen wir Ihrem Rat.»

Während unserer Verhandlungen in London luden wir Eden zu einem Besuch in die Sowjetunion ein zum Dank für die uns erwiesene Gastfreundschaft. Er dankte für unsere Einladung und nahm sie an. Allerdings hat er es nie geschafft, diese Reise zu unternehmen. Nach unserer Rückkehr aus London kam es zu den Ereignissen in Polen, den Ereignissen in Ungarn und – als wichtigstes – zu dem Angriff Großbritanniens, Frankreichs und Israels auf Ägypten. Wir standen auf der Seite Ägyptens, und wir unternahmen massive diplomatische Schritte, um die Angreifer unter Druck zu setzen, damit sie den Krieg beendeten. Nur zweiundzwanzig Stunden, nachdem wir eingegriffen hatten, war der Krieg zu Ende. Aber die Polemik in der Presse hatte einen solchen Höhepunkt erreicht, daß ein Besuch in der Sowjetunion für Eden nicht in Frage kam.

15
Ordnung in Ungarn

Chruschtschows Bericht über den ungarischen Aufstand von 1956 weicht so erheblich von den allgemein akzeptierten Tatsachen ab, daß es ein Buch füllen würde, wollte man seine Version Punkt für Punkt entkräften und den tatsächlichen Ablauf der Ereignisse schildern. Wir wollen uns deshalb auf ein paar wesentliche Punkte beschränken. Imre Nagy war nicht verantwortlich für den Aufstand. Eine Volkserhebung brachte ihn vorübergehend an die Macht, die er aber nicht zu nutzen verstand. Der stalinistische Parteichef Matyas Rakosi war im Juli auf einer Sitzung des Zentralkomitees, an der Mikojan teilnahm, unter Druck zurückgetreten und hatte Selbstkritik geübt. (Der sowjetische Bevollmächtigte war nach Budapest geflogen, nachdem die Sowjetische Botschaft gemeldet hatte, daß es zu einem Aufstand kommen werde, wenn Rakosi im Amt bliebe.) Gerö trat als Erster Sekretär an die Stelle Rakosis und setzte dessen repressive Maßnahmen gegen die immer häufiger aufbegehrenden Stimmen der Kritik fort. (Reichlich ein Jahr zuvor war Imre Nagy wegen parteifeindlicher Politik und Rechtsabweichung als Ministerpräsident abgelöst worden. Vor allem machte man ihm zum Vorwurf, daß er die Zwangskollektivierung und den forcierten Aufbau der Schwerindustrie rigoros abgestoppt habe.) Den Studenten und Intellektuellen, die nun mehr Freiheit forderten, schlossen sich sehr bald Arbeiter, Kommunisten, an. Zur Explosion kam es am 23. Oktober, als über hunderttausend Menschen durch Budapest zogen und unter anderem die Wiedereinsetzung Nagys forderten. Es kam zu blutigen Zusammenstößen, und als Gerö die Geheimpolizei und die Armee einsetzte, brach der Aufstand los. Teile der Streitkräfte liefen über oder lieferten einfach ihre Waffen aus. Es kam zu Ausschreitungen. Vor allem an den Angehörigen der verhaßten Geheimpolizei wurde nun blutige Rache genommen. In aller Eile holte man Nagy aus der Versenkung und setzte ihn wieder als Regierungschef ein. Die noch immer stalinistische Parteiführung hoffte, er werde die Partei wieder einen und den Aufstand, der immer mehr zu einer Volkserhebung gegen das diskreditierte kommunistische Regime wurde, unter Kontrolle bringen können. In seinem Namen wurde das erste Eingreifen der sowjetischen Truppen sanktioniert. In der Folge schloß sich die Mehrheit der ungarischen Armee der Revolution an. Ka-

dar, selbst ein Opfer der stalinistischen Verfolgung in der Rakosi-Ära, war in letzter Minute Parteichef geworden. Aber es war schon zu spät. Die kommunistische Partei existierte praktisch nicht mehr. Die Bevölkerungsmehrheit stand hinter Nagy, der nun die Russen aufforderte, ihre Truppen zurückzuziehen, freie Wahlen versprach sowie die Neugründung aller demokratischen Parteien und eine Koalitionsregierung ankündigte. Die sowjetischen Truppen zogen zunächst ab, aber der Gegenschlag ließ nicht lange auf sich warten. Als die Sowjetarmee auf Budapest marschierte, erklärte Nagy den Austritt Ungarns aus dem Warschauer Pakt. Er forderte die Vereinten Nationen auf, die Neutralität Ungarns zu schützen (1. November). Janos Kadar brach nun mit Nagy und bildete unter russischem Schutz eine Gegenregierung. Die Sowjetarmee brach jeden Widerstand mit Gewalt, und Kadar kehrte im Gefolge der russischen Truppen nach Budapest zurück. Fast zwei Jahre nach dem Volksaufstand wurde Imre Nagy zum Tode verurteilt und hingerichtet.

1956 brach in Budapest ein blutiger Kampf aus. Mit Hilfe von List und Einschüchterungsversuchen gelang es Imre Nagy, die Bevölkerung zu einer Revolte und zu einem Bruderkrieg zu verleiten. Er schleppte angesehene Bürger vor die Mikrophone und zwang sie, seine Führerschaft zu bestätigen und das Rakosi-System zu denunzieren. Einige entsprachen Nagys Forderungen aus Angst, andere, weil sie gar nicht verstanden, worum es ging. Aktive Parteimitglieder und vor allem Tschekisten wurden in den Straßen gejagt. Parteikomitees und tschekistische Organisationen wurden vernichtet. Menschen wurden ermordet, an Laternenpfählen hochgezogen und an den Füßen aufgehängt. Es kam zu den abscheulichsten Ausschreitungen. Anfangs wurde die Konterrevolution vorwiegend von jungen Leuten geführt. Sie waren gut bewaffnet, da sie Militärdepots und Munitionslager ausgeraubt hatten. Zu ihnen stießen später bewaffnete Einheiten, und es kam zu Schießereien in den Straßen von Budapest. Einige dieser bewaffneten Einheiten waren im Besitz schwerer Waffen, hauptsächlich Flugabwehrgeschütze, die sie nun gegen die Stadt richteten. Ungarische Emigranten kehrten nach Budapest zurück, die Mehrzahl aus Wien. Es waren reaktionäre Elemente, die hatten fliehen müssen, nachdem Hitler vernichtet und eine sozialistische Regierung gebildet worden war. Die NATO-Staaten begannen bereits, sich einzumischen. Sie gossen Öl in das Feuer des Bürgerkriegs in der Hoffnung, daß die revolutionäre Regierung gestürzt und die Errungenschaften der Revolution beseitigt würden und daß der Kapitalismus in Ungarn wiederhergestellt werden könnte.

Imre Nagy forderte uns auf, sämtliche sowjetischen Truppen aus Ungarn zurückzuziehen. Gemäß unserer Verpflichtungen aus dem Warschauer Pakt konnten wir unsere Truppen aber nur auf Verlangen einer legal eingesetzten Regierung zurückziehen. Wir hatten gewiß nicht die Absicht, der Aufforderung eines Putschisten Folge zu leisten. Unserer Auffassung nach hatte eine kleine Clique die Fehler des Rakosi-Regimes ausgenützt und die legitime Regierung Ungarns gestürzt. Vom rechtlichen Standpunkt aus gesehen wurden die Forderungen Nagys nicht vom Parlament unterstützt und waren daher auch nicht rechtskräftig.

Nagy war zwar Kommunist, aber er war nicht mehr der Sprecher der Kommunistischen Partei Ungarns. Er sprach nur für seine eigene Person und einen kleinen Kreis von Emigranten, die zurückgekehrt waren, um die Konterrevolution zu unterstützen.

Wir stellten bald fest, daß der Aufstand und die Regierung Nagy keinen Auftrag von der Gesamtheit der Arbeiter, Bauern und Intellektuellen des Landes erhalten hatten. Die Arbeiterklasse lehnte eine Unterstützung der Konterrevolution ab, und trotz der Aufrufe Nagys an die Kollektivbauern, sich ihm anzuschließen, verhielt sich die Bauernschaft abwartend und ließ sich nicht von Nagy täuschen. Viele landwirtschaftliche Kollektive arbeiteten weiter und kümmerten sich nicht um die gegen die landwirtschaftlichen Kollektive gerichtete Hetzpropaganda des Senders Budapest.

Unabhängig von den Forderungen Nagys beschlossen wir, unsere Truppen aus Budapest zurückzuziehen und sie auf dem Flugplatz außerhalb der Stadt zu stationieren. Auch nach Abzug der Truppen aus Budapest wurden wir laufend über die Lage informiert durch unsere Botschaft, die in Budapest geblieben war. Wir erörterten die Revolte im Präsidium des Zentralkomitees und kamen zu dem Schluß, daß es unentschuldbar wäre, wenn wir neutral blieben und die ungarische Arbeiterklasse in ihrem Kampf gegen die Konterrevolution nicht unterstützten. Dieser Beschluß wurde einstimmig gefaßt. Anastas Iwanowitsch Mikojan und Suslow nahmen an dieser Sitzung nicht teil. Sie waren in Budapest. Den Tag verbrachten sie in der Stadt und kehrten erst nachts auf den Flugplatz zurück, auf dem unsere Truppen stationiert waren.

Es war ein historischer Augenblick. Wir hatten eine wichtige Entscheidung zu treffen: Sollten wir unsere Truppen wieder in die Stadt einrücken lassen und den Aufstand niederschlagen, oder sollten wir abwarten, ob die Kräfte des Landes sich wieder befreien und der Konterrevolution ein Ende machen konnten. Falls wir uns für letzteres entschieden, bestand immer die Gefahr, daß die Konterrevolution sich vorübergehend durchsetzte, was bedeutete, daß viel Proletarierblut vergossen werden würde. Außerdem war zu bedenken, daß es für die Tschechoslowakei, Jugoslawien und Rumänien und auch für die Sowjetunion selbst eine ernsthafte Bedrohung darstellen würde, wenn die Konterrevolution Erfolg hatte und die NATO inmitten der sozialistischen Länder Fuß faßte. Für welchen Kurs auch immer wir uns entschieden: niemals würden wir nationalistische Ziele verfolgen, sondern nur das internationalistische

Ziel der brüderlichen proletarischen Solidarität. Um sicherzugehen, daß alle Länder uns in diesem einen Punkt auch richtig verstanden, beschlossen wir, uns mit anderen sozialistischen Staaten zu beraten, an erster Stelle und vor allem mit der kommunistischen Bruderpartei Chinas.

Wir baten Mao Tse-tung um Entsendung eines bevollmächtigten Vertreters, mit dem wir über die Ereignisse in Ungarn sprechen könnten. Der Chinese antwortete schnell. Unter Führung von Liu Schao-tschi[1] kam eine Delegation mit dem Flugzeug. Liu hatte viel Erfahrung und genoß hohes Ansehen, und wir achteten ihn sehr. Das Sekretariat des Zentralkomitees delegierte mich, unsere Seite zu vertreten. Ponomarjow gehörte ebenfalls unserer Delegation an.

Unsere Beratungen mit den Chinesen fanden in Lipkij statt, einer ehemaligen Datscha Stalins, die heute ein Erholungsheim ist. Wir saßen die ganze Nacht beisammen und erwogen das Für und Wider eines militärischen Vorgehens in Ungarn. Zuerst meinte Liu Schao-tschi, daß dies nicht nötig wäre. Wir sollten uns aus Ungarn zurückziehen, sagte er, und es der Arbeiterklasse überlassen, sich zu organisieren und allein mit der Konterrevolution fertig zu werden. Wir stimmten ihm zu.

Aber nachdem diese Übereinkunft erzielt worden war, sprachen wir die Situation noch einmal durch, und irgend jemand wies warnend darauf hin, daß die arbeitende Klasse Geschmack finden könnte an der Konterrevolution. Die ungarische Jugend sei besonders aufgeschlossen dafür. Ich weiß nicht mehr, wie oft wir unseren Beschluß wieder umstießen. Jedesmal dachten wir, wir hätten uns nun endgültig entschieden. Liu Schao-tschi wollte Mao Tse-tung konsultieren. Liu hatte keine Schwierigkeiten, Mao telefonisch zu erreichen, denn Mao ist wie eine Eule, er arbeitet die ganze Nacht. Mao stimmte Lius Vorschlägen stets zu. Wir beendeten diese die ganze Nacht währende Sitzung mit dem Entschluß, auf ein militärisches Vorgehen in Ungarn zu verzichten. Als diese Einigung erzielt war, fuhr ich nach Hause, Liu und die Mitglieder seiner Delegation übernachteten in der Datscha.

Als ich an diesem Morgen ins Bett ging, beschäftigte mich das ganze Problem noch so sehr, daß ich keinen Schlaf fand. Es bohrte wie ein Nagel in meinem Kopf, und ich konnte nicht einschlafen.

Am späten Vormittag trat das Präsidium des Zentralkomitees zusammen, um meinen Bericht über unsere Gespräche mit der chinesischen Delegation anzuhören. Ich sagte, daß wir unsere Einstellung mehrmals geändert, uns aber schließlich entschlossen hätten, keine militärische Gewalt in Ungarn anzuwenden. Doch dann wies ich das Präsidium darauf hin, welche Folgen sich ergeben könnten, wenn wir versäumten, der ungarischen Arbeiterklasse die Hand zu reichen, bevor die konterrevolutionären Elemente sich formiert hatten.

1 Der während der Kulturrevolution entmachtete chinesische Staatspräsident.

Nach langen Überlegungen entschied das Präsidium, daß es unverzeihlich, einfach unverzeihlich wäre, wenn wir abseits stehenblieben und uns weigerten, unseren ungarischen Genossen zu helfen. Wir fragten Marschall Konjew, den Oberbefehlshaber der Truppen des Warschauer Pakts: «Wieviel Zeit würden Sie brauchen, die Ruhe in Ungarn wiederherzustellen und die konterrevolutionären Kräfte zu zerschlagen?»

Er überlegte einen Augenblick und sagte: «Drei Tage, nicht länger.»

«Treffen Sie die Vorbereitungen. Sie werden von uns hören, wenn es soweit ist.»

Die Entscheidung war gefallen. Liu Schao-tschi sollte am selben Abend noch nach Peking zurückfliegen; er war noch immer der Meinung, wir hätten uns entschlossen, auf die Anwendung militärischer Gewalt in Ungarn zu verzichten. Da wir der Ansicht waren, wir müßten ihn über unsere Meinungsänderung informieren, bereiteten wir ein Treffen mit ihm auf dem Flugplatz Wnukowo vor. Wir baten ihn, früher zum Flugplatz zu fahren, als er ursprünglich vorgesehen hatte, damit wir ihn dort treffen könnten. Auf diese Weise würde er seinen Rückflug pünktlich antreten können.

Sämtliche Mitglieder des Präsidiums begaben sich zum Flughafen. Liu kam mit seinen Genossen, und wir hielten unsere Besprechung ab. Es gab keine Einwände. Die Besprechung fand in einer besonders brüderlichen Atmosphäre statt, und die Chinesen gaben zu erkennen, daß sie offenbar die Besorgnisse des sowjetischen Volks teilten. Wir alle dachten an das Wohl der ungarischen Arbeiterklasse und die Zukunft des ungarischen Volks. Liu stimmte unserer revidierten Entscheidung, die Initiative zu ergreifen und Truppen zu entsenden, zu.

«Im Augenblick kann ich die Zustimmung des Genossen Mao Tsetung nicht bekommen», sagte er, «aber ich denke, daß er Sie unterstützen wird! Gleich nach meiner Ankunft in Peking werde ich das Politbüro der Kommunistischen Partei Chinas informieren, und wir werden Ihnen unsere offizielle Entscheidung übermitteln. Sie können aber davon ausgehen, daß Sie unsere Rückendeckung haben.» Nachdem dies vereinbart worden war, verabschiedeten wir uns von der chinesischen Delegation.

Unsere nächste Aufgabe war die Konsultation Polens.

Die Schwierigkeiten, die wir dort gehabt hatten, waren keineswegs so ernst gewesen wie die in Ungarn. In Polen hatte es keinen bewaffneten Aufstand gegeben, die Genossen Gomulka und Cyrankiewicz und andere Genossen, die unser Vertrauen besaßen, hatten bereits eine vernünftige, polnische Führerschaft gebildet. Wir hatten Grund zu der Annahme, daß sich die Lage in Polen zu stabilisieren begann.

Ein weiterer Grund für uns, Polen zu konsultieren, war die Sorge des polnischen Volks um die Zukunft seines Landes. Für die Polen hing viel vom Ausgang der Ereignisse in Ungarn ab. Ehe wir uns entschlossen, Truppen in Ungarn einmarschieren zu lassen, wollten wir die Meinung der polnischen Genossen erkunden, und zugleich legten wir Wert darauf, daß die polnischen Genossen positiv reagierten. Wir hofften auf ihre Unterstützung. Deshalb vereinbarten wir ein gemeinsames Treffen mit dem Genossen Gomulka sowie mit Cyrankiewicz und den anderen Genossen an einem Ort auf sowjetischem Gebiet, unmittelbar an der sowjetisch-polnischen Grenze. Das Präsidium ernannte eine aus mir, Molotow und Malenkow bestehende Delegation, die unsere Seite vertreten sollte.[2]

Nach den Beratungen mit den Polen flogen Malenkow und ich nach Bukarest. Außer den rumänischen Genossen hatten sich Vertreter der tschechoslowakischen Partei unter Führung von Novotny eingefunden, und die bulgarischen Genossen unter Führung von Schiwkow. Wir mußten nichts anderes mehr tun, als über den Stand der Dinge zu berichten. Wir mußten niemanden von der Notwendigkeit überzeugen, eine entscheidende Maßnahme zu treffen, denn alle diese Genossen waren von ihren Botschaftern in Budapest bereits ausführlich über die Entwicklung der dortigen Situation unterrichtet worden. Außerdem versuchte man in einigen Grenzgebieten Ungarns bereits, von der Tschechoslowakei und Rumänien Waffen zur Verteidigung gegen die konterrevolutionäre Regierung Imre Nagys zu erhalten. Die Führer der sozialistischen Bruderländer waren sich ausnahmslos einig: wir mußten handeln, und wir mußten rasch handeln. Die Rumänen und Bulgaren erklärten, sie wollten wie wir den revolutionären Arbeitern Ungarns in ihrem Kampf gegen die Konterrevolution Militärhilfe leisten. Wir erwiderten, daß sowjetische Truppen auf Grund des Warschauer Vertrages bereits in Ungarn stationiert seien, und daß es deshalb nicht nötig sei, andere als sowjetische Truppen zu diesem Kampfunternehmen heranzuziehen. Wir scherzten mit den rumänischen Genossen darüber, daß Rumänien jetzt so darauf versessen war, gegen die Konterrevolution zu kämpfen, während es 1919 auf seiten der Konterrevolution gestanden hatte, durch die die ungarische Revolution Bela Kuns niedergeschlagen wurde. Die rumänischen Genossen lachten. Dann wünschten sie uns Erfolg und sagten, wir sollten uns beeilen.

Am späten Abend flogen Malenkow und ich nach Jugoslawien, um uns mit dem Genossen Tito zu beraten. Das Wetter hätte nicht schlechter sein können. Wir mußten in einem schweren Gewittersturm nachts das Gebirge überfliegen. Rund um uns zuckten die Blitze. Ich konnte nicht einschlafen. Ich bin viel geflogen, besonders im Krieg, aber noch nie unter so schlechten Bedingungen. Wir hatten einen sehr erfahrenen Piloten; er hieß General Zybin. Während des Sturms verloren wir die Verbindung

2 Chruschtschow schweigt sich darüber aus, was die skeptischen Polen zu den sowjetischen Plänen sagten. Immerhin waren sie gerade wenige Tage vorher militärischem Druck Moskaus ausgesetzt gewesen.

zu dem uns begleitenden Aufklärungsflugzeug, das vor uns flog. Wir nahmen Kurs auf die Insel Brioni vor der jugoslawischen Küste. Der dortige Flugplatz war schlecht, einer der primitiven Flugplätze, die man während des Kriegs gebaut hat. Aber dank der Geschicklichkeit des Genossen Zybin schafften wir es. Nach der Landung erkundigten wir uns, ob unsere andere Maschine bereits gelandet sei. Die Jugoslawen sagten, sie hätten keine Ahnung. Wir machten uns große Sorgen über das Schicksal der Besatzung.

Draußen erwartete uns ein Wagen, der uns zu einem Pier brachte. Wir bestiegen ein Motorboot, das Kurs auf das Landhaus des Genossen Tito auf Brioni nahm. Malenkow war leichenblaß. Ihm wird schon übel, wenn er im Auto auf einer guten Landstraße fährt. Eben erst waren wir nach einem unvorstellbaren rauhen Flug gelandet, und jetzt saßen wir in einem kleinen Motorboot, das durch die kabbelige See fuhr. Malenkow legte sich hin und schloß die Augen. Ich machte mir Sorgen, in welcher Verfassung er bei der Ankunft sein würde, aber es war nichts zu ändern. So wie das alte, russische Sprichwort sagt – wir konnten nicht am Strand hocken und auf gutes Wetter warten.

Als wir anlegten, erwartete uns Tito bereits. Er hieß uns herzlich willkommen. Wir umarmten und küßten einander, obwohl unsere Beziehungen bis vor kurzem recht gespannt gewesen waren; und sie wurden um so gespannter, je weiter sich die Ereignisse in Ungarn entwickelten. Unsere Ansichten darüber, was getan werden sollte, gingen weit auseinander.

Wir erklärten Tito den Zweck unseres Besuchs und konfrontierten ihn mit unserer Entscheidung, Truppen nach Budapest zu schicken. Wir baten um seine Stellungnahme. Ich erwartete, daß Tito noch stärkere Einwände machen würde als jene, auf die wir bei unseren Gesprächen mit den polnischen Genossen gestoßen waren. Aber wir wurden angenehm überrascht. Tito sagte, wir seien absolut im Recht, und wir sollten unsere Soldaten so schnell wie möglich in Marsch setzen. Er sagte, wir wären verpflichtet, Ungarn bei der Niederschlagung der Konterrevolution beizustehen. Er versicherte uns, daß er volles Verständnis für unsere Maßnahmen habe. Wir hatten Schwierigkeiten erwartet und empfingen statt dessen seine ehrliche Unterstützung. Ich möchte sogar sagen, daß er weiter ging als wir, indem er uns drängte, eine schnelle und entschiedene Lösung des Problems herbeizuführen.

Nachdem diese Entscheidung getroffen war, sagten wir: «Vielleicht sollten wir jetzt schlafen gehen, denn wir müssen morgen in aller Frühe nach Moskau zurückkehren.»

«Nein», sagte Tito, «fahren Sie noch nicht zurück. Bleiben Sie noch ein, zwei Tage hier.» Wir dankten dem Genossen Tito für seine Einladung, erklärten aber, daß wir leider unverzüglich nach Moskau zurück müßten. «Und wann», fragte er, «wollen Sie die Ordnung in Budapest wiederherstellen?»

Ich antwortete ihm, ein festes Datum hätten wir zwar noch nicht beschlossen, doch müsse es bald geschehen. Tito mußte wohl gemerkt haben, daß das nicht ganz der Wahrheit entsprach und daß der Tag, an dem wir zuschlagen wollten, bereits feststand, aber ich hatte nicht die Absicht, irgend jemandem zu erzählen, wann unsere Truppen in Budapest einrücken sollten. Die Jugoslawen waren nicht direkt beteiligt an dieser Sache und brauchten deshalb auch nicht alles zu wissen. Je weniger Leute, einschließlich unserer Freunde, eingeweiht waren, um so besser. Uns wäre es teuer zu stehen gekommen, wäre etwas über den genauen Zeitpunkt durchgesickert.

Ich sagte: «Ich meine, wir sollten jetzt versuchen, noch ein wenig zu schlafen.»

«Warum sollen wir jetzt zu Bett gehen?» fragte er. «Warum haben Sie es so eilig? Wir können uns doch noch unterhalten. Bis zum Morgendämmern sind es nur noch ein paar Stunden, und ich würde die kurze Zeit, die uns noch bleibt, gern mit Ihnen verbringen.»

«Also gut», sagte ich. «Dann müssen wir eben auf dem Flug nach Moskau ein Nickerchen machen!»

Wir schafften es, uns bis zum Morgengrauen wach zu halten. Tito erklärte, er würde uns begleiten. Er setzte sich selbst an das Steuer seines Wagens und brachte uns zur Anlegestelle. Wir verabschiedeten uns wie alte Freunde und küßten einander auf beide Wangen. Er wünschte uns eine gute Reise und Erfolg für unser Vorhaben.

Gegen Abend landeten wir in Moskau. Die Mitglieder des Präsidiums begrüßten uns auf dem Flugplatz, und wir fuhren direkt in den Kreml. Wir erteilten Konjew den Befehl, seine Truppen in Marsch zu setzen, und mit Ausnahme von Budapest war die Ordnung überall in Ungarn fast sofort wiederhergestellt. In Budapest wurde allerdings ziemlich hartnäckig Widerstand geleistet. Offiziere der ungarischen Armee hatten sich den Aufständischen angeschlossen, und unsere Truppen stießen auf eine gut organisierte Verteidigung. Sogar Kanonen hatte man in die oberen Stockwerke der Häuser geschleppt, um so die Straßen unter Kontrolle zu halten. Aber der Widerstand in Budapest dauerte, wie Marschall Konjew prophezeit hatte, nicht länger als drei Tage. Wir wären noch rascher mit der Revolte fertig geworden, hätten wir uns zum Einsatz von noch schwereren Vernichtungswaffen entschlossen. Dabei wäre aber noch mehr Blut vergossen worden, und das lag nicht in unserer Absicht.

Imre Nagy und viele führende Mitglieder seiner Bewegung hielten sich in der Jugoslawischen Botschaft versteckt. Diese Entwicklung belastete unser Verhältnis zu Jugoslawien schwer. Die ungarischen Genossen forderten die Auslieferung von Nagy und seinen Leuten, damit sie wegen ihrer Verbrechen vor den Richter gestellt werden konnten. Die Jugoslawen weigerten sich hartnäckig. Die Provisorische Revolutionäre Regierung unter Führung von Kadar und Münnich wartete ganz einfach ab, bis die jugoslawischen Genossen Nagy und alle seine Leute nicht mehr länger halten konnten. Bei der Auslieferung Nagys forderten die Jugoslawen Garantien für seine Sicherheit. Die ungarischen Genossen verweigerten diese Garantien, und sobald Nagy in seine Wohnung gebracht worden war, wurde er verhaftet – was schon längst hätte geschehen müssen. Genosse Kadar schlug vor, Nagy mit dem Flugzeug nach Bukarest zu bringen, wo er bleiben sollte, bis die Ordnung wiederhergestellt sei und die neue Regierung die Lage in Ungarn hätte normalisieren können.[3]

Die Provisorische Revolutionäre Regierung Ungarns, die nach Wiederherstellung der Ordnung sofort aus Uschgorod[4] nach Ungarn gekommen war, änderte den Namen der Partei in Sozialistische Arbeiterpartei. Die neuen Führer sammelten ihre Anhänger, und die Lage begann sich sehr zufriedenstellend zu stabilisieren.

Nachdem überall wieder Ruhe und Ordnung eingetreten waren, schickten die rumänischen Genossen Imre Nagy nach Ungarn zurück. Die Haltung Jugoslawiens während der ungarischen Ereignisse belastete das Verhältnis zwischen der Sowjetunion und Jugoslawien, und deshalb schlug Genosse Tito ein Treffen vor, das dazu dienen sollte, unsere guten Beziehungen wiederherzustellen. Zuerst schlug er ein Geheimtreffen auf einem Dampfer auf der Donau an der rumänisch-jugoslawischen Grenze vor. Unmittelbar bevor ich dorthin fahren wollte, änderte er plötzlich seine Meinung und sagte, daß wir uns in aller Öffentlichkeit in Bukarest treffen sollten. Nach Stalins Tod hatten wir schon einmal einen Streit mit Jugoslawien beilegen müssen, und es lag uns nichts daran, einen neuen vom Zaun zu brechen. Wir unterhielten uns über eine Verbesserung unserer Handelsbeziehungen. Ich erklärte ihm, daß wir, was Jugoslawien betraf, keine Vormachtstellung beanspruchten, und ich wiederholte

3 Tatsächlich hatte die Regierung Kadar den in die Jugoslawische Botschaft geflohenen Mitgliedern der Regierung Nagy freies Geleit zugesichert. Nach westlichen Informationen wurden sie entgegen diesen Zusicherungen von *sowjetischen* Soldaten am 22. November 1956 verhaftet. Die Behandlung des Falles Imre Nagy war mit ein Grund für die starke Verstimmung Titos, was Chruschtschow verschweigt. Der sowjetische Parteichef hatte in einer öffentlichen Rede in Sofia sogar die Jugoslawen beschuldigt, die «Kapitulanten- und Verrätergruppe Nagy» unterstützt zu haben. Chruschtschow erwähnt auch nicht das fernere Schicksal des ungarischen Politikers. Für die Weltöffentlichkeit völlig unerwartet wurde Imre Nagy und acht anderen Angeklagten fast zwei Jahre später im Juni 1958 der Prozeß gemacht. Es war ein geheimes Verfahren, in dem vier Todesurteile ergingen. Hingerichtet wurde auch General Pal Maleter, Verteidigungsminister der Regierung Nagy, der während des Aufstandes bei Verhandlungen mit dem sowjetischen Oberkommando verhaftet worden war. Der Prozeß Nagy war allgemein als ein Rückfall in die stalinistischen Praktiken gewertet worden.

4 Auf sowjetischem Territorium in der Ukraine.

die von uns eingegangene Verpflichtung, daß wir uns grundsätzlich nicht in die inneren Angelegenheiten Jugoslawiens einmischen würden.

Nach einiger Zeit merkten wir, daß sich die Lage in Ungarn nicht sehr günstig entwickelte. Wir diskutierten die Situation im Präsidium und kamen zu dem Schluß, daß es so nicht weitergehen könne. Das Präsidium beauftragte mich, nach Budapest zu fliegen und mit den ungarischen Führern zu sprechen.

Ich hatte meine Hoffnungen auf Münnich gesetzt. Ich dachte, ich würde mit ihm besser zurechtkommen als mit Kadar. Er war ein schlauer und erfahrener alter Wolf; während der ungarischen Revolution hatte er an der Seite Bela Kuns gekämpft. Er hatte viele Jahre in der Sowjetunion gelebt, und ich war der Ansicht, daß er besser als jeder andere geeignet sei, mit den Problemen, die es noch immer in Ungarn gab, fertig zu werden. Ich wurde am Flugplatz abgeholt und fuhr dann in die Stadt. Ich war 1946 in Budapest gewesen, und die Stadt war noch immer so schön, wie ich sie in Erinnerung hatte, obwohl es noch manche Spuren gab, die an die Straßenkämpfe erinnerten, wie zum Beispiel Geschoßeinschläge an den Wänden und sogar einige Ruinen.

In einem düsteren Saal wurde für mich ein Bankett gegeben. Ich weiß nicht, warum die Beleuchtung so schlecht war. Im Westen hatte ich an Banketten mit Kerzenlicht teilgenommen, sie fanden aber nur bei festlichen Anlässen statt. Hier in Budapest gab es keinen festlichen Anlaß; die Dunkelheit war eine Folge der mangelhaften Beleuchtung. Alle Parteiführer waren anwesend. Die Ungarn servierten ihr ausgezeichnetes Gulasch und hervorragenden Wein.

Schon bald wendete sich das Gespräch der Politik zu. Auf meine kritischen Äußerungen erwiderte Münnich: «Wie Sie wissen, bin ich in der Rakosi-Zeit als Botschafter in Moskau gewesen. Man kann mich also nicht für Dinge verantwortlich machen, die damals geschehen sind.» Dann kam ich auf die Presse zu sprechen, die offensichtlich noch nicht auf die richtige Linie eingeschwenkt war, und er sagte: «Genosse Chruschtschow, es ist nicht meine Aufgabe, die Zeitungen zu kontrollieren. Dazu sind andere Genossen da.»

Kurz gesagt, überall gab es noch Schwierigkeiten. So ist es immer, wenn ein Land und eine Partei eine so schwerwiegende Umwälzung durchmachen müssen. Eine der gefährlichsten Nachwirkungen der Revolte war die Demoralisierung der ungarischen Armee. Zwar hatte nicht die ganze ungarische Armee an der Konterrevolution teilgenommen, aber eine kleinere Anzahl von Offizieren hatte sich ihr aktiv angeschlossen. Nachdem die Konterrevolution zerschlagen und Imre Nagys Clique gestürzt worden war, bestand noch immer ein gewisses Schwanken bei den Armeeoffizieren. Deshalb verlangte die neue, von den Genossen Kadar und Münnich gebildete Regierung, daß sämtliche Offiziere der Armee Rechenschaft über ihre Einstellung gegenüber den vorgefallenen Ereignissen ablegten und eine eidesstattliche Erklärung unterschrieben, daß sie bereit seien, dem ungarischen Volk ehrenhaft zu dienen und die Befehle der ungarischen Regierung auszuführen. Einige Offiziere zögerten, diesen Eid zu leisten. Ihre schwankende Haltung führte zu einer Säuberung der Armee von jenen Elementen, die sich weigerten, die zum Aufbau des Sozialismus in Ungarn notwendigen Bedingungen anzuerkennen. Dadurch wurde die Armee zwar zahlenmäßig kleiner, aber ihre Qualität wurde verbessert.

Das Leben im Land begann sich bereits zu normalisieren, trotz des Geschreis der bürgerlichen Presse und der verleumderischen Propaganda des Auslands, die ganz einfach erklärte, die Sowjetunion hätte einen Volksaufstand in Ungarn unterdrückt.

Genosse Kadar und das Zentralkomitee der ungarischen Partei wandten sich an das Zentralkomitee der Kommunistischen Partei der Sowjetunion mit der Bitte, Berater zu entsenden, die beim Wiederaufbau der heruntergewirtschafteten Kohlenindustrie Ungarns helfen konnten. Auf Wunsch der ungarischen Regierung und des ungarischen Zentralkomitees reiste ich im Jahre 1957 mehrmals nach Ungarn.

Einmal, als ich mich dort im Sommer aufhielt, sagte mir Kadar, daß auf dem Platz vor der Botschaft der Vereinigten Staaten eine Versammlung stattfinden sollte. Es werde eine ganz besonders wichtige Versammlung sein, da Mindszenty und die Angehörigen der Amerikanischen Botschaft sie mit Sicherheit vom Balkon aus verfolgen würden. Mindszenty war das Oberhaupt der katholischen Kirche Ungarns. Er repräsentierte den äußersten reaktionären Flügel der konterrevolutionären Kräfte, die 1956 gegen die ungarische Regierung und den Aufbau des Sozialismus in Ungarn losgeschlagen hatten. Nachdem die Konterrevolution niedergeschlagen worden war, versteckte er sich in der Amerikanischen Botschaft und blieb dort.

Selbst wenn Mindszenty und die Amerikaner die Reden auf dem Platz nicht verstehen konnten, so hatten sie sicherlich Agenten in der Menge, die sich über alles Notizen machten.

Noch aus einem anderen Grund interessierte uns diese Versammlung. Als meine Ankunft in Ungarn bekanntgeworden war, behaupteten die amerikanischen Journalisten mit lautem Geschrei, Chruschtschow werde nicht wagen, sich in der Öffentlichkeit zu zeigen, da Chrutschschow wisse, daß er mit Unannehmlichkeiten zu rechnen habe, wenn er sich wie üblich als Spaziergänger auf den Straßen blicken ließe; niemals würden ihm die Ungarn verzeihen, daß er militärische Gewalt angewandt hatte, um die Konterrevolution niederzuschlagen. Wir wußten genau, was für ein unsinniges Geschwätz die amerikanische Presse verbreiten würde!

Kadar eröffnete die Versammlung. Die ungarischen Genossen bestürmten mich, auch eine Rede zu halten, und ich konnte nicht gut nein sagen. In meiner Rede tadelte ich die Werktätigen und Intellektuellen

Ungarns, daß sie es zu einer konterrevolutionären Revolte in ihrem Land hatten kommen lassen.

Während der Versammlung sagte Kadar zu mir: «Schauen Sie, da drüben links können Sie den amerikanischen Botschafter mit seinen Leuten stehen sehen. Ich erkenne auch Mindszenty.»

Als die Versammlung beendet war, sagte ich: «Wie wäre es, Genosse Kadar, wenn wir von der Rednertribüne herunterstiegen und unter die Menge gingen?»

Er lächelte und meinte: «Da unten ist aber eine große Menschenmenge versammelt!»

«Um so besser! Auf diese Weise zeigen wir den amerikanischen Journalisten, dem amerikanischen Botschafter und Mindszenty, daß Chruschtschow keine Angst hat, sich in der Öffentlichkeit zu zeigen, und daß er sich immer noch unter das Volk mischt. Wir verabreichen ihnen eine kräftige Gehirnwäsche, wie es die amerikanischen Journalisten nennen würden – diese Kerle, die der Sowjetunion und Ungarn nur Schlechtes wünschen.»

Eine ähnliche Rede hielt ich in der größten Werkzeugmaschinenfabrik Ungarns. Von dort reisten Genosse Kadar und ich in das Kohlenrevier, wo Kadar sich als Parteiführer während des Krieges in der Untergrundbewegung betätigt hatte. Da ich selbst mit dem Bergbau zu tun gehabt hatte, dachte ich, daß ich den Bergleuten offen und energisch kommen könnte. Ich sagte, ich schämte mich für meine Bergarbeiterbrüder, weil sie weder ihre Stimme noch ihre Fäuste gegen die Konterrevolution erhoben hätten. Sie hätten sich zwar nicht aktiv an der Revolte beteiligt, aber auch keinen Widerstand geleistet. Sie hätten sich demoralisieren lassen und gleichgültig verhalten. Nach Beendigung meiner Rede sagten die Bergleute, sie bedauerten es und bereuten, einen so schwerwiegenden politischen Fehler gemacht zu haben, und sie versprachen, alles zu tun, was sie könnten, damit so etwas nicht wieder passiere.

Unser nächstes Ziel war ein Stahlwerk an der Donau, das mit Hilfe eines Kredites von uns errichtet worden war. Es befand sich in einer Stadt, die früher Sztalinvaros hieß, jetzt aber einen anderen Namen erhalten hatte.[5] Einmal fragte mich Genosse Kadar: «Was halten Sie von einer Begegnung mit Repräsentanten unserer Intellektuellen? Wir könnten ein Treffen mit den Werktätigen von der Akademie der Wissenschaften und von anderen geistigen Institutionen einberufen.» Ich stimmte zu und freute mich, als ich bei dem Treffen feststellte, daß auch die Intellektuellen die Notwendigkeit der ergriffenen Maßnahmen einsahen. Bei all diesen Veranstaltungen entlarvten wir in unseren Ansprachen die Methoden der weltweiten Konterrevolution und des weltweiten Imperialismus, deren Ziel die Wiedereinsetzung des Kapitalismus in

5 Seit 1956 Dunapentele.

Ungarn war. Die ungarischen Genossen ihrerseits bewiesen der bürgerlichen Presse, daß sie keinerlei Ressentiments gegen die Sowjetunion hegten und daß das ungarische Volk uns und unserer Armee dankbar dafür war, daß wir unsere Pflicht als Internationalisten erfüllt und bei der Niederschlagung der konterrevolutionären Revolte geholfen hatten. Es war nicht etwa so, daß bei diesen Versammlungen nur unsere Anhänger zu Worte gekommen wären. Jeder Sprecher gab seinen wahren Gefühlen Ausdruck, und jeder Anwesende hatte die Möglichkeit, völlig frei seine Meinung zu äußern. Stolz und Begeisterung erfüllten die Atmosphäre dieser Versammlungen. Das ungarische Volk gab seine Zustimmung zu den Maßnahmen, die die neue Führung der ungarischen Partei und die Regierung ergriffen hatten.

Wir teilten die Meinung der neuen Führung, daß der Mißbrauch, den Stalin mit der Macht trieb, die Revolte hervorgebracht hatte, und daß Stalins Vertrauter, Rakosi, die Saat der Unzufriedenheit in Ungarn gesät hatte. Mit anderen Worten, auch die Konterrevolution war eine Folge von Stalins krankhaftem Charakter, vor dem uns Lenin in seinem Testament gewarnt hatte.

Ich erinnere mich, daß ich, als wir einmal einen Plan zur Verringerung der in Osteuropa stationierten sowjetischen Truppen vorlegten, auch die Ungarn um eine Stellungnahme bat: «Genosse Kadar, was halten Sie von unserer Absicht, unsere Truppen aus Ungarn zurückzuziehen? Würden Sie dazu raten? Wir verlassen uns ganz auf Ihr Urteil. Wir werden Ihrer Entscheidung folgen.»

«Genosse Chruschtschow, ich glaube, Sie treffen diese Entscheidung am besten selbst. Ich kann Ihnen nur zweierlei dazu sagen: Erstens gibt es in unserem Land keinerlei Ressentiments wegen der Anwesenheit Ihrer Truppen auf unserem Territorium. Das ist meine aufrichtige Überzeugung. Und zweitens glaube ich, daß das ungarische Volk – die Arbeiter, die Bauern und die Intellektuellen gleichermaßen – heute nur noch eines fürchtet: daß Rakosi nach Ungarn zurückkehren könnte.» Damals lebte Rakosi in der Sowjetunion. Offensichtlich hatte er in Ungarn noch immer Anhänger, die seine Entmachtung bedauerten.[6] Auch in der Sowjetunion gab es Leute, die für Stalin selbst dann noch eingetreten wären, als wir in den Augen der Partei seine Schuld bewiesen hatten.

Mir ist klar, daß es Leute gibt, die behaupten, die Regierung Kadar sei moskaufreundlich, wir hätten bei ihrer Gründung die Patenschaft übernommen und unseren Einfluß ausgeübt. Nun, diesen Ball können

6 Erst im Frühjahr 1970 hat die Parteiführung unter Kadar nach verläßlichen Berichten einer Rückkehr Rakosis unter der Bedingung zugestimmt, daß sich der ehemalige, zu diesem Zeitpunkt 78 Jahre alte Diktator jeder politischen Tätigkeit enthält.

wir leicht zum anderen Ende des Spielfelds zurückwerfen, indem wir fragen, wer denn die Patenschaft übernahm, als die Regierung Imre Nagy gegündet wurde! In wessen Flugzeugen wurden denn ganze Wellen von Agenten der Bourgeousie und konterrevolutionären Emigranten nach Ungarn zurückgebracht? Die Antwort lautet: Unter der Patenschaft und in den Flugzeugen der weltweiten imperialistischen Kräfte, insbesondere der Vereinigten Staaten. Nebenbei bemerkt waren die Mitglieder der Regierung Kadar auf einem Kongreß der ungarischen Partei unter dem Vorsitz von keinem anderen als Rakosi selbst in ihre ursprünglichen Führungspositionen gewählt worden.

Deshalb widerspreche ich energisch jenen Leuten, die behaupten, Kadar und seine Regierung seien, grob gesagt, unsere «Handlanger». Eines möchte ich ganz klar herausstellen: Wir, die Sowjetunion, unterstützen die revolutionären Kräfte der Welt. Wir handeln so auf Grund unserer internationalistischen Verpflichtungen. Wir unterstützen von ganzem Herzen den Kampf, der von den arbeitenden Klassen unter dem roten Banner mit der Losung: «Proletarier aller Länder vereinigt euch» geführt wird.

Wir sind gegen den Export der Revolution, aber wir sind auch gegen den Export der Konterrevolution. Deshalb wäre es in unseren Augen unvorstellbar und unverzeihlich, der Arbeiterklasse irgendeines Landes in ihrem Kampf gegen die Kräfte des Kapitalismus unsere Unterstützung zu versagen. In Ungarn wollten wir den Fortschritt unterstützen und dem Volk beim Übergang vom Kapitalismus zum Sozialismus helfen. Die Feinde des Sozialismus hatten sich das genaue Gegenteil zum Ziel gesetzt, wo immer ihnen der Sozialismus begegnete, wollten sie ihn ausrotten, die Arbeiterklasse unterdrücken und den Kapitalismus wiederherstellen. Durch die Hilfe, die wir dem ungarischen Volk bei der Niederschlagung der konterrevolutionären Revolte zuteil werden ließen, hinderten wir den Feind daran, die Einheit des gesamten sozialistischen Lagers, die während der ungarischen Ereignisse einer harten Probe ausgesetzt war, zu durchbrechen. Es war uns bewußt, daß wir mit der Ungarn geleisteten Hilfe bei der Unterdrückung des Aufstandes und der möglichst raschen Beseitigung seiner Folgen zugleich auch allen anderen Ländern des sozialistischen Lagers halfen. Die Hilfe, die wir dem ungarischen Volk bei der Niederschlagung der Konterrevolution gewährten, wurde einstimmig gebilligt von den Werktätigen in den sozialistischen Ländern, von allen fortschrittlich denkenden Menschen in der Welt.

Und deshalb sage ich: ja! Wir haben Ungarn 1956 geholfen. Wir haben – wie ich es einmal bei einem Parteitreffen nannte – Ungarn eine Schuld zurückgezahlt, die von 1848 her noch unbeglichen war. In jenem Jahr fand in Budapest eine erfolgreiche Revolution statt. Aber Nikolaus I. warf seine Legionen in den Kampf, vernichtete die Revolution und half, die Herrschaft der österreichischen Monarchie in Ungarn wieder einzusetzen. Das war eine Schmach! Gewiß, diese Schandtat wurde von Nikolaus I. und seiner Umgebung begangen, aber die Schmach blieb an der Arbeiterklasse und an der Bauernschaft des früheren russischen Reiches hängen. Unser Land hatte beim ungarischen Volk noch eine historische Schuld zu begleichen. 1956 bezahlten wir sie endlich. Jetzt sind wir quitt.

16
Nasser, Suez und der Assuan-Damm

In seinen Ausführungen über die Beziehungen des Kreml zu Staatspräsident Nasser äußert sich Chruschtschow ausführlicher, detaillierter, offener und freimütiger als in allem, was er über Osteuropa berichtet. Die sowjetische Durchdringung des Nahen Ostens, die durch den amerikanischen Rücktritt vom Assuan-Staudamm-Projekt und die nachfolgende Suezkrise erleichtert wurde, ist die Geschichte eines großen Erfolges. Obgleich Chruschtschow gewisse Fakten verdreht, um die Rolle der Sowjets entscheidender und glaubwürdiger erscheinen zu lassen, als sie in Wirklichkeit war, braucht er von den Taten des Kreml – im Gegensatz zu den Motiven – nur wenig zu verschweigen.

Ich will nicht leugnen, daß gewisse Schwierigkeiten für uns entstanden, als es in Polen und Ungarn durch die Machenschaften antisowjetischer Elemente zu einer kritischen Situation kam. Während uns diese Probleme beschäftigten, setzten sich in London und Paris untergeordnete englische und französische Diplomaten mit unsern Leuten von der Botschaft bei einer Tasse Kaffee oder einem Glas Wein zusammen und sagten: «Ihr scheint Ärger mit Polen und Ungarn zu haben. Wir können uns vorstellen, wie unangenehm das für euch ist, denn auch wir haben Ärger, und zwar mit Ägypten. Wollen wir nicht ein stillschweigendes Übereinkommen treffen, daß ihr eure Probleme löst, wie es euch richtig erscheint, und euch nicht einmischt, wenn wir das gleiche tun?» Mit anderen Worten, die Imperialisten versuchten die Schwierigkeiten auszunutzen, die wir in Polen und Ungarn hatten. Sie wollten mit ihrem Angebot erreichen, daß sie ihre Truppen ungehindert nach Ägypten schicken konnten, um dort von neuem eine Kolonialherrschaft zu errichten.

Nun, wir brachten die Sache mit Polen rasch in Ordnung, und sobald wir mit der Revolte in Ungarn fertig geworden waren, stürzten wir uns kopfüber in die Aufgabe, den Krieg zu beenden, den die Kolonialisten gegen Präsident Nasser von Ägypten führten.[1]

1 Der Angriff Israels, Englands und Frankreichs gegen Ägypten begann am 29. Oktober 1956; am 6. November erzwang die UNO einen Waffenstillstand; am 4. November hatten die Sowjets mit der massiven Niederschlagung der ungarischen Revolution begonnen.

Es war ein historischer Wendepunkt, als wir 1956 unseren internationalen Einfluß geltend machten, um der Aggression Englands, Frankreichs und Israels gegen Ägypten Einhalt zu gebieten. Vor dieser Zeit hatte die Sowjetunion – und vor ihr das zaristische Rußland – den Nahen Osten stets als zu England und Frankreich gehörig betrachtet. König Faruk hatte, weil er die Briten zwingen wollte, ihre Truppen aus Ägypten abzuziehen, Stalin einmal um Waffenlieferungen gebeten, aber Stalin hatte abgelehnt. Stalin sagte in meiner Gegenwart, der Nahe Osten gehöre zum britischen Einflußbereich, und daher könnten wir unsere Nase nicht in ägyptische Angelegenheiten stecken. Nicht daß Stalin etwas dagegen gehabt hätte, sich im Nahen Osten zu etablieren, er hätte es liebend gern getan, aber er schätzte die Lage realistisch ein und erkannte, daß auf jeden Fall wir den kürzeren gezogen und daß die Engländer unsere Einmischung nicht geduldet hätten.

Seither hatte sich vieles verändert. Unsere Wirtschaft, unsere Streitkräfte wie auch unser Einfluß auf internationale Angelegenheiten waren erheblich stärker geworden, und im Jahr 1956 konnten wir es wagen, Präsident Nasser und den arabischen Völkern Beistand zu gewähren. Es war keineswegs so, daß wir in Ägypten und anderen arabischen Ländern an Englands Stelle die Rolle des Ausbeuters übernehmen wollten. Wir ließen uns nicht von selbstsüchtigen, merkantilen Interessen leiten. Im Gegenteil, wir hatten keinen anderen Wunsch, als diesen Völkern zu helfen, ihr Joch abzuschütteln, sich von der sklavischen Abhängigkeit von ihren Kolonialherren zu befreien. Wir haben im Nahen Osten eine noble Mission erfüllt. Bei unseren diplomatischen Verhandlungen wandten wir die Grundsätze der Außenpolitik Lenins an, und schon jetzt beginnen wir die Früchte unserer Investitionen in die Zukunft der arabischen Völker zu ernten.

Als wir anfingen, aktives Interesse an den ägyptischen Angelegenheiten zu nehmen, war unsere Haltung vorsichtig, unser Optimismus gedämpft. Als Nasser nach der Revolution in Ägypten zur Macht kam, konnte uns die Politik des neuen Präsidenten nicht davon überzeugen, daß er alles für die Umgestaltung der gesellschaftspolitischen Struktur seines Landes Erforderliche tun würde. Nach dem Staatsstreich und nachdem Oberst Nasser Staatschef geworden war, konnten wir eine Zeitlang nicht sicher sein, welche Richtung diese neue Regierung der Offiziere in der Außen- und Innenpolitik einschlagen würde. Die neuen Führer Ägyptens waren überwiegend hohe Offiziere der ägyptischen Armee, mit anderen Worten, sie kamen aus der Bourgeoisie, nicht aus der Arbeiterklasse. Praktisch gehörten also alle diese Männer zu den Privilegierten, den Begüterten, obgleich das neue Regime von gesellschaftlicher Homogenität weit entfernt war.

Wir neigten zu der Annahme, Nassers Staatsstreich sei nichts weiter als einer jener Militärputsche, wie sie auch in Südamerika gang und gäbe sind. Wir rechneten nicht damit, daß viel Neues dabei herauskam. Doch blieb uns keine andere Wahl, als den weiteren Verlauf der Dinge abzuwarten.

Was da geschah, gefiel uns. Die Ägypter verfolgten eine Politik, die erhebliche Vorzüge aufwies. So wurden die Engländer kräftig unter Druck gesetzt, damit sie ihre Truppen abzogen, und schließlich blieb ihnen nichts anderes übrig, als die ägyptischen Forderungen zu erfüllen.

Nun betrachteten wir Nasser mit Respekt, und wir erkannten, daß seine Regierung nicht eine von vielen neuen Regierungen war, die nach der Übernahme der Macht in die alte Politik zurückfallen. Nein, der neuen ägyptischen Regierung lagen die nationalen Interessen ihres Volkes am Herzen, und deshalb verdiente sie unsere Achtung und unsere Unterstützung. Wir wollten es Nasser ermöglichen, seinen Kampf gegen die Kolonialisten weiterzuführen.

Doch war es nach wie vor sehr schwierig, die gesellschaftspolitischen Ziele der neuen ägyptischen Regierung zu definieren. Im Lande befand sich noch immer viel ausländisches Kapital, und die Regierung hatte die Privatbanken nicht angetastet. Nassers Regierung war allem Anschein nach nationalistisch, und wir hatten den Eindruck, sie entwickle sich immer mehr zu einer bürgerlichen Regierung. Trotzdem lag es in unserem Interesse, Nasser auch als Führer der Bourgeoisie zu unterstützen, weil wir hofften, er werde dazu beitragen, den Einfluß des englischen Kolonialismus im Nahen Osten zu schwächen – und das lag im Interesse der Sowjetunion.

Nassers Beziehungen zu dem Genossen Tito waren sogar noch besser als seine Beziehungen zu uns. Als Tito nach Indien reiste, nahm er ein Schiff durch den Suezkanal. Gleichzeitig überschüttete die jugoslawische Presse die ägyptische Regierung mit Lob. Damals hatten wir unsere Beziehungen zu Jugoslawien noch nicht verbessern können; wenig später aber trafen Genosse Tito und ich zu unserem ersten Meinungsaustausch über internationale Probleme zusammen, und bei dieser Gelegenheit äußerte sich Tito sehr lobend über Nasser und seine Art der Staatsführung.

Das beeindruckte uns, aber wir wiesen Tito darauf hin, daß aus Nassers Reden nicht klar hervorgehe, ob er Ägypten fortschrittlich zu regieren gedenke oder nicht. Er hatte der Bourgeoisie und den Banken noch immer kein Haar gekrümmt.

Genosse Tito erwiderte, Nasser sei ein junger Mann ohne große politische Erfahrung; er habe die besten Absichten, doch sei es ihm noch nicht gelungen, den Angelpunkt seiner Macht zu finden. Tito meinte, wenn wir Nasser eine Chance gäben, wären wir später vielleicht imstande, einen günstigen Einfluß auf ihn auszuüben – günstig sowohl für die kommunistische Bewegung wie auch für das ägyptische Volk. In Ägypten waren die Interessen des Volkes und die Interessen des Sozialismus miteinander verflochten. Letzten Endes kann der Sozialismus seine Früchte allen Völkern der Welt zugute kommen lassen. Deshalb war unser Wunsch, auf den Kurs der ägyptischen Regierung einzuwirken, nicht die Verschwörung eines Landes gegen ein anderes; es war der natürliche Ausdruck unseres Wunsches, einer anderen Nation unsere Erfahrungen zu vermitteln.

Als die Ägypter bald nach dem Staatsstreich beschlossen, die Engländer zu vertreiben, erschienen Nassers Abgesandte bei uns und baten um Militärhilfe. Sie sagten, daß sie eine eigene Armee brauchten, um die Engländer unter Druck setzen zu können. Wir waren einverstanden. Sie bekamen Waffen – von Gewehren bis zu gewöhnlicher Artillerie –, aber ich erinnere mich, daß wir ihnen anfangs keine Flugzeuge gaben. Dagegen schickten wir ihnen Panzer und Schiffsausrüstungen. Nasser sagte, er brauche vor allem Torpedoboote. Ich glaube, wir gewährten ihm die Militärhilfe auf kommerzieller Basis, räumten ihm aber einen ermäßigten Preis ein.

Nachdem Nasser von uns Waffen gekauft hatte, begann er – der inzwischen Tito sehr nahestand – vom Aufbau des Sozialismus in seinem Land zu reden. Allerdings, die Art, wie er über den Sozialismus redete, ließ uns zweifeln, ob er wirklich wußte, wovon er sprach. Es war auch denkbar, daß er mit seinem Bekenntnis zum Sozialismus irgendeinen geheimen Zweck verfolgte. In neuerer Zeit ist das Wort Sozialismus sehr in Mode gekommen und wird überaus freizügig gebraucht. Sogar Hitler faselte von Sozialismus und arbeitete das Wort in den Namen seiner Nazi-Partei ein. Die ganze Welt weiß, was für eine Art von Sozialismus ihm vorschwebte. Daher waren wir immer mißtrauisch gegen Leute, die das Wort Sozialismus im Mund führten, die aber hauptsächlich Wert auf unsere militärische Unterstützung zu legen schienen.

Der Lieblingstraum der Ägypter war es, den mächtigen Nil der Wirtschaft des Landes nutzbar zu machen. Schon im Altertum hatten sie sich des Nils zur Bewässerung ihrer in Ufernähe gelegenen Felder bedient. Aber der Strom war nicht nur für ihre Landwirtschaft das lebenspendende Element, er stellte auch eine bisher unerschlossene Quelle hydroelektrischer Kraft dar. Als Nasser an die Macht kam, befürwortete er mit großem Eifer die Errichtung eines Staudammes, damit die Wasser des Nils für den Antrieb von Turbinengeneratoren genutzt werden könnten. Er verhandelte wegen dieses Projektes mit den Vereinigten Staaten und traf schließlich ein Abkommen mit einer amerikanischen Bank, einer sogenannten internationalen Bank, die versprach, Ägypten die zum Bau des Staudammes erforderlichen Summen als Darlehen zu gewähren. Die Ägypter gaben sich der Illusion hin, der Traum, den sie seit Jahrhunderten hegten, werde nun Wirklichkeit.

Aber diese Illusion wurde ihnen bald geraubt. Ägypten weigerte sich, den Weg zu gehen, den die Vereinigten Staaten, England und Frankreich ihm vorgezeichnet hatten, und das mißfiel den Imperialisten. Plötzlich hieß es, die für den Staudamm versprochenen Kredite seien gestrichen worden.

Präsident Nasser tobte vor Wut und kündigte an, Ägypten werde den Suezkanal verstaatlichen. Die Folge war, daß die Temperatur der internationalen politischen Lage einen gefährlichen Höhepunkt erreichte.

Als die Imperialisten Ägypten mit Waffengewalt angriffen, beriet ich mich mit Molotow. Er war zwar nicht mehr sehr aktiv,[2] aber er war lange Jahre Außenminister gewesen und galt als unser erfahrenster Politiker. Ich rief ihn an und bat ihn um seine Meinung zu einer Idee, die mir gekommen war: «Wjatscheslaw Michailowitsch, ich finde, wir sollten uns an den Präsidenten der Vereinigten Staaten wenden und ihm eine gemeinsame Aktion gegen die Aggressoren vorschlagen, die Ägypten angegriffen haben.»

Molotows Einwand war durchaus berechtigt: «Eisenhower wird niemals einwilligen, mit uns gegen England, Frankreich und Israel zu kämpfen.»

«Natürlich nicht. Aber dadurch, daß wir ihn in die Lage bringen, unseren Vorschlag abzulehnen, stellen wir ihn als Heuchler bloß, denn er hat ja den Angriff auf Ägypten in einer öffentlichen Erklärung verdammt. Wir werden ihn zwingen, Farbe zu bekennen. Wenn er wirklich gegen die Aggression wäre, müßte er doch unseren Vorschlag annehmen und sich bereit erklären, gemeinsam mit der Sowjetunion die Unabhängigkeit Ägyptens zu schützen.»

Ich sagte zu Molotow, wir sollten diese Angelegenheit unverzüglich dem Parteipräsidium vortragen, und berief dann die Mitglieder des Präsidiums zu einer dringenden Sitzung im Kreml ein. Wir diskutierten über meinen Vorschlag und entwarfen ein Schreiben, das Schepilow, unser neuer Außenminister, an Präsident Eisenhower sandte. In der Note an Eisenhower wurde betont, daß unsere gemeinsame Aktion unter der Flagge der Vereinten Nationen vonstatten gehen sollte. An den britischen Premierminister sowie an die Ministerpräsidenten Frankreichs und Israels gingen Noten ab, in denen wir die Aggressoren aufforderten, den Angriff auf Ägypten sofort einzustellen.

Kurz nachdem wir Eisenhower unsere Botschaft übersandt hatten, veröffentlichten wir den Text in der Presse. Wir erfuhren, daß der Präsident, als er unsere Note erhielt, zu Journalisten gesagt hatte: «Das ist unglaublich! Meinen die Russen das wirklich ernst? Zu denken, daß wir uns mit ihnen gegen Großbritannien, Frankreich und Israel verbünden werden! Unfaßbar!» So hatte unsere Note genau das bewirkt, was sie

2 Immerhin war Molotow gerade erst (im Juni 1956) auf Betreiben Chruschtschow als Außenminister abgesetzt worden. Er war aber noch Mitglied des Parteipräsidiums.

bewirken sollte: Die Behauptung der Amerikaner, sie kämpften für Frieden und Gerechtigkeit und Verzicht auf jede Aggression, war als Lüge entlarvt worden. Sie mögen mit Worten für diese Ziele gekämpft haben, keinesfalls aber mit Taten, und wir hatten ihnen die Maske vom Gesicht gerissen.

Im Frühjahr 1956 hatten wir in London eine Reihe von Gesprächen mit den Herren Eden, Lloyd, Macmillan, Butler und anderen britischen Staatsmännern geführt und ihnen dabei offen gesagt, wir besäßen Raketen von unterschiedlicher Reichweite. Später, als Israel, Großbritannien und Frankreich in Ägypten einfielen, übersandte die sowjetische Regierung dem britischen Premierminister eine Note, die die Frage enthielt, wie sich Großbritannien verhalten würde, wenn es von mächtigen Staaten angegriffen werde, die im Besitz moderner Vernichtungswaffen aller Art sind. Und solche Staaten, hieß es in der Note weiter, brauchten nicht einmal ihre Flotte oder ihre Luftstreitkräfte nach England zu schicken; es gäbe ja auch andere Möglichkeiten, beispielsweise Raketen. Diese Verlautbarung der sowjetischen Regierung beeindruckte die Briten offenbar sehr. Vorher hatten sie wohl gedacht, bei unserer freimütigen Mitteilung, die Sowjetunion verfüge über Raketen von großer Reichweite, habe es sich um einen Bluff gehandelt. Nun aber begriffen sie, daß wir tatsächlich Raketen hatten. Und das tat seine Wirkung.

Etwa zur gleichen Zeit flog ich nach Jugoslawien, um mich auf der Insel Brioni mit Tito über die Ereignisse in Ungarn zu beraten. Tito hielt sich dort auf, weil er krank war und seine Ärzte ihm Salzwasserbäder verordnet hatten. Ich erinnere mich, daß ich ihn fragte: «Finden Sie es nicht gefährlich, Genosse Tito, sich hier aufzuhalten, während in Ägypten ein Krieg im Gange ist? Wie leicht könnte ein Flugzeug eine Bombe auf diese Insel abwerfen, und dann wäre von Ihnen und Ihrer Datscha nichts mehr übrig. Unmöglich zu beweisen, daß es kein Zufall war. Bedenken Sie, die Engländer und die Franzosen sind genau über Ihre Beziehungen zu Nasser informiert. Alles könnte passieren.»

Rankovic sagte: «Ich rate dem Genossen Tito wieder und wieder, daß er nach Belgrad zurückkehrt, bis der Konflikt im Nahen Osten beigelegt ist, aber er hört nicht auf mich. Er meint, diese Salzwasserbäder seien für seine Gesundheit unbedingt erforderlich.» Genosse Tito wollte zwar nicht zugeben, daß er in persönlicher Gefahr war, aber wie sehr ihn die Lage im Nahen Osten beunruhigte, war ihm deutlich anzumerken. Er sorgte sich sowohl um Jugoslawien als auch um Ägypten und Nasser.

In unseren Noten an die drei Regierungen, die den Angriffskrieg gegen Ägypten führten, hieß es: «Als Sie Ägypten überfielen, war Ihnen bekannt, daß es beträchtlich schwächer ist als Ihr Land, daß es über keine nennenswerte Armee verfügt und nicht viele Waffen besitzt. Aber es gibt Länder, die durchaus in der Lage sind, Ägypten zu Hilfe zu kommen.» Wir wiesen unverhohlen darauf hin, daß die Sowjetunion zu diesen Ländern gehöre und daß wir notfalls bereit seien, einzugreifen, da eine Ausweitung des Konfliktes im Nahen Osten unsere nationalen Interessen bedrohen würde und wir dann nicht länger neutral bleiben könnten. Die englische und die französische Regierung wußten genau, daß die Rede, in der Eisenhower ihre Aggression verdammte, nichts weiter war als eine Geste für die Öffentlichkeit, mit der er den Schein wahren wollte. Als wir jedoch den drei Aggressoren unsere eindringliche Warnung zukommen ließen, begriffen sie, daß es sich von unserer Seite um keine leere Drohung handelte. Sie nahmen uns sehr ernst. Man hat mir erzählt, daß Guy Mollet, als er unsere Note erhielt, im Pyjama zum Telefon rannte und Eden anrief. Ich weiß nicht, ob das stimmt, aber mag er nun seine Hosen angehabt haben oder nicht, die Tatsache bleibt bestehen, daß zweiundzwanzig Stunden nach Übergabe unserer Note die Aggression beendet war. Wir hatten unsere Warnung nur einmal auszusprechen brauchen – ganz im Gegensatz zu der chinesischen Spielart, die etwa tausendmal wiederholt werden muß, bevor sie eine Wirkung zeitigt.[3]

Ich glaube, ich kann erklären, weshalb sich Israel aus dem mit Hilfe Frankreichs und Englands eroberten Territorium zurückzog. Wir hatten nicht nur die Vereinten Nationen bewogen, die Aggression zu mißbilligen, wir hatten auch in der Presse bekanntgegeben, daß wir für die ägyptische Armee Freiwillige als Panzerfahrer, Piloten, Artilleriespezialisten und so weiter rekrutierten. Mit anderen Worten, wir waren entschlossen, den Ägyptern konkrete Hilfe zu gewähren, und zwar Personal, das mit komplizierten Waffen umzugehen wußte. Die Bedingungen, die wir Israel stellten, waren eindeutig formuliert: Entweder zogen die Israelis ihre Truppen zurück und hielten sich an die Resolution der Vereinten Nationen, oder sie würden mit den ägyptischen Streitkräften zusammenstoßen – und müßten in diesem Fall damit rechnen, auch unseren Freiwilligen gegenüberzustehen.

Das ägyptische Volk und Präsident Nasser billigten unser Vorgehen voll und ganz. Es war ein großer Sieg für uns, als wir die Krise beendeten. Gleichzeitig bedeutete das aber auch einen großen Sieg für die fortschrittlichen Kräfte in aller Welt. Das Ansehen der Sowjetunion stieg, und zwar nicht nur bei dem ägyptischen Volk, sondern auch bei jenen Völkern, die erst vor kurzem das Joch kolonialer Sklaverei abgeschüttelt hatten oder noch immer um ihre Unabhängigkeit kämpften.

Nasser sagte viel Schmeichelhaftes, aber trotzdem Zutreffendes über unsere Politik nach der Intervention zugunsten Ägyptens im Jahr 1956.

3 Chruschtschow will natürlich nicht wahrhaben, daß Großbritannien, Frankreich und Israel ihre Angriffe gegen den Suezkanal in erster Linie wegen des starken amerikanischen Drucks einstellten.

Wir hatten keine Bedingungen an die Verteidigung Ägyptens geknüpft. Die Motive, von denen wir uns bei allem, was wir taten, leiten ließen, waren rein humanitärer, keinesfalls gewinnsüchtiger Natur. Merkantile Interessen spielten dabei überhaupt nicht mit. Tatsächlich konnten wir nichts von dem brauchen, was wir etwa von den Ägyptern hätten bekommen können. Wir haben fast alles, was man in Ägypten produziert, und außerdem vieles, was dort nicht produziert wird. Reis und Öl haben wir selbst. Wir sind ein viel reicheres Land als Ägypten, und wir können auf unsere eigenen Naturschätze zurückgreifen. Und wenn wir doch etwas brauchen, versuchen wir es mit Hilfe regulärer Handelsabkommen von anderen Ländern zu erwerben. Im Gegensatz zu den Kolonialherren haben wir es nicht nötig, uns das Gewünschte durch Krieg oder politische Manipulationen zu beschaffen.

Auch als Ägypten nicht mehr von kolonialistischen Aggressoren bedroht war, gab es dort beträchtliche Schwierigkeiten. Vor dem Juli 1956 waren die Angestellten der Suezkanalgesellschaft und die Lotsen, die die Schiffe durch den Kanal brachten, fast alle Franzosen gewesen. Als Nasser den Kanal verstaatlichte, wurden diese Leute in ihre Heimat zurückgerufen, und es war niemand mehr da, der die notwendigen Arbeiten hätte verrichten können. Der Westen glaubte und hoffte, daß Ägypten nicht imstande sein werde, den Kanalbetrieb aus eigener Kraft durchzuführen, daß es infolgedessen in finanzielle und politische Schwierigkeiten geraten und sich selbst diskreditieren werde. Aber die ägyptische Regierung bat uns um Beistand, und wir schickten sofort Lotsen und Ingenieure. Ergebnis: Die Übernahme ging reibungslos vonstatten, und der Kanal wurde bald unter ägyptischer Leitung wieder eröffnet.

Die ganze Situation hatte zwischen den Großmächten im Nahen Osten eine starke Spannung hervorgerufen. Diese Krise war ein weiteres Ergebnis von Dulles' anmaßender und tyrannischer Politik. Letzten Endes bewirkten seine Machenschaften jedoch nichts anderes, als Ägypten und uns einander näherzubringen. Man könnte sagen, Dulles habe Ägypten ungewollt einen Dienst erwiesen, indem er Nasser zeigte, wo die wahren Freunde saßen und wo die wahren Feinde. Nasser wußte diese Aufklärung zu schätzen und fragte bei uns an, ob er die Sowjetunion besuchen dürfe. Nachdem wir seine Bitte in der kollektiven Führung diskutiert hatten, antworteten wir, wir seien bereit, ihn jederzeit zu empfangen.[4] Wir behandelten im Führungskollektiv alle Fragen, die Ägypten möglicherweise aufwerfen konnte, trugen unsere Ansichten dazu vor und legten gemeinsam die Position fest, die wir beziehen wollten. Dann wur-

4 Der Besuch fand im Mai 1958 statt. In Wahrheit hatte sich Nasser mit seinem Staatsbesuch in der Sowjetunion reichlich Zeit gelassen, denn eine sowjetische Einladung lag schon vor der Suez-Krise vor, und der ägyptische Staatschef hatte die Reise mehrmals verschoben.

de ich beauftragt, mit Nasser zu verhandeln. Es war meine erste Begegnung mit ihm.

Nasser stattete uns seinen Besuch nach einem Ferienaufenthalt in Jugoslawien ab. Vom ersten Augenblick an war ich von ihm beeindruckt. Er war noch jung, ein selbstbeherrschter, intelligenter Mensch, um dessen Lippen immer ein Lächeln spielte. Wenn ich hier von meinem persönlichen Eindruck sprechen soll, so muß ich sagen, daß Nasser mir sehr sympathisch war. Wir trafen uns ganz in der Nähe von Nowoje Ogarewo. Nasser brachte seinen Botschafter Ghaleb mit, einen gescheiten und sehr interessanten Mann, der unsere Achtung durchaus verdiente. Ghaleb sprach fließend Russisch und dolmetschte.

Völlig unerwartet erreichte uns die Nachricht von einem militärischen Staatsstreich in Bagdad. Natürlich begrüßten wir dieses Ereignis, denn es bedeutete das längst fällige Ende eines der reaktionärsten terroristischen Regimes, die es auf der Welt gab. Der Diktator, ein gerissener alter Agent des englischen Imperialismus, war getötet worden.[5] Der Aufstand konnte zu Recht als revolutionärer Umsturz bezeichnet werden, und alles deutete darauf hin, daß Kassem, der neue Staatschef, die fortschrittlichen Kräfte des Irak vertrat. Wir besaßen bereits einige Informationen über Kassem. Er hatte gelegentlich Kontakte mit Kommunisten gehabt und behauptete sogar, daß er selbst Kommunist sei. Nassers Reaktion auf die Nachricht von dem Putsch ließ erkennen, daß er keinesfalls damit gerechnet hatte. Er war sichtlich erregt und sagte, er müsse sofort zurückkehren. Kurz vor dem Staatsstreich im Irak hatten sich Ägypten und Syrien zur Vereinigten Arabischen Republik zusammengeschlossen, und Nasser hoffte nun, die neue irakische Regierung werde sich zur Politik Ägyptens bekennen. Das war ein höchst verständlicher Wunsch, doch Nassers Hoffnungen bestätigten sich ebensowenig wie die Informationen, die wir über Kassem erhalten hatten. Kassem erwies sich in politischer Hinsicht als in hohem Maße unzuverlässig.

Aber ich eile den Ereignissen voraus. Als wir die Nachricht von dem Militärputsch im Irak erhielten, beschloß Nasser, nach Jugoslawien zurückzukehren und von dort mit seiner Familie auf dem Seeweg nach Alexandria zu reisen.

Ich überlegte einen Augenblick und trug dann Nasser meine Bedenken vor. «Herr Präsident», sagte ich, «mir erscheint es nicht ratsam, daß Sie auf dem Seeweg über das Mittelmeer zurückkehren. Der Staatsstreich im Irak hat in diesem ganzen Gebiet eine Situation geschaffen, die dauernden Schwankungen unterworfen ist. Die Vereinigten Staaten, Großbritannien und andere Länder schaffen ihre militärischen Kräfte heran und bereiten sich auf den Kampf vor. Die Spannung wächst. Sie, Herr Präsident, genießen nicht unbedingt die Sympathien der Westmächte.

5 Gemeint ist die Ermordung von Nuri Pascha.

Es wäre für Ihre Gegner ein leichtes, Ihr Schiff auf hoher See zu versenken, ohne daß man es ihnen je nachweisen könnte. Stellen Sie sich das vor: Sie, der Präsident der Vereinigten Arabischen Republik, an Bord einer unbewaffneten Jacht – ein sehr bequemes Ziel für jedes Flugzeug oder U-Boot, das in der Gegend herumschnüffelt. Ich möchte Ihnen dringend raten, von Baku nach dem Iran zu fliegen, dann weiter nach dem Irak und von dort nach Syrien. Sie werden keine Schwierigkeiten haben, von Damaskus nach Kairo zu gelangen.»

Nasser überdachte meinen Vorschlag und gab mir recht. Zu jener Zeit waren unsere Beziehungen zum Iran nicht schlecht, aber auch nicht besonders gut. Daher benutzten wir niemals iranischen Luftraum, ohne zuvor einen entsprechenden Antrag zu stellen. Ich war jedoch sicher, daß der Schah die Genehmigung ohne weiteres erteilen würde, denn während seines Besuches in der Sowjetunion hatten wir gespürt, daß ihm viel daran lag, die gegenseitigen Beziehungen zu verbessern. In unserem Antrag, den Iran überfliegen zu dürfen, erwähnten wir natürlich mit keinem Wort, daß es sich bei dem Passagier des Flugzeugs um den Präsidenten der VAR handelte. Wir erfanden irgendeine Geschichte und bekamen fast umgehend die Erlaubnis. Bald nach Nassers Abreise wurde uns mitgeteilt, er sei heil und gesund in Syrien eingetroffen.

Die ägyptischen Militärdelegationen, die uns regelmäßig besuchten, wurden gewöhnlich von Amer angeführt, dem Oberbefehlshaber der ägyptischen Armee. Ich möchte erwähnen, daß dieser Amer später ein tragisches Ende nahm. Er beging Selbstmord, weil er sich für die katastrophale Niederlage der ägyptischen Armee verantwortlich fühlte.[6] Vielleicht lag die Schuld zum Teil bei ihm; ich kann das nicht recht beurteilen. Bei unseren Begegnungen machte er jedoch auf mich stets den Eindruck eines aufrechten, ehrenwerten Mannes, der treu der Sache des ägyptischen Volkes diente. Nachdem Amer bei Angehörigen unserer Botschaft in Kairo vorgefühlt hatte, kam er nach Moskau und schlug uns vor, den Assuan-Staudamm zu bauen. Zuerst lehnten wir ab.

Ich vermutete damals, Tito habe die Ägypter auf diese Idee gebracht und sie gedrängt, soviel freundschaftlichen Druck wie nur möglich auf uns auszuüben, damit wir einwilligten, den Damm für sie zu bauen. Wenn ich das glaubte – und heute noch glaube –, dann deshalb, weil Tito jedesmal, wenn wir uns begegneten, nachdrücklich für Nasser eintrat und ihn in den Himmel hob. Er sagte immer, wir müßten Ägypten helfen, und er hatte völlig recht. Das Leben hat ihn bestätigt. Und wir sind dann ja auch Titos Rat gefolgt. Natürlich hatten wir unsere Differen-

6 Eher hatte Marschall Amer, stellvertretender Oberkommandierender, die Verantwortung für das Fiasko im Sechs-Tage-Krieg 1967 abgelehnt. Amtlich war in Kairo im September 1967 mitgeteilt worden, Amer sei an einer Verschwörung gegen Präsident Nasser beteiligt gewesen; er habe sich das Leben genommen.

zen. Unsere Presse äußerte sich gelegentlich recht kritisch über Ägypten, aber die Ägypter konnten immer darauf zählen, daß wir ihnen in Zeiten der Gefahr zur Seite standen.

Die Ägypter wollten sich mit unserem Nein zum Bau des Assuan-Staudammes nicht abfinden. Amer beherrschte die Kunst, beharrlich zu sein, ohne lästig zu werden. So oft er nach Moskau kam, bat er um eine persönliche Unterredung mit mir. Er versuchte mich zu überzeugen, daß es unseren gegenseitigen Interessen dienen und nicht nur für Ägypten, sondern auch für die Sowjetunion sehr einträglich sein werde, wenn wir den Damm bauten. Amer betonte, mit Hilfe des Staudammes könnten die Ägypter ihre Anbaufläche um ein Drittel vergrößern, und das bedeute großen Reichtum für sein Land und für jeden, der bereit sei, in die Zukunft Ägyptens zu investieren.

Ich sagte ihm, wir teilten seine Ansicht, doch sähen wir keine Möglichkeit, die hohen Kapitalanlagen zu leisten, die der Bau des Dammes erfordern würde. Nach einer dieser Zusammenkünfte sprachen wir im Führungskollektiv über das ägyptische Anliegen und beauftragten unsere Wirtschaftswissenschaftler in der Staatlichen Planungskommission, den ägyptischen Vorschlag sorgfältig zu prüfen. Das taten sie, und nach einiger Zeit erhielten wir eine Aufstellung, was uns die Investition in den Staudamm sowohl in wirtschaftlicher als auch in politischer Hinsicht einbringen würde. Uns lag daran zu erfahren, ob es sich um eine einträgliche finanzielle Transaktion handelte oder nicht. Natürlich wollten wir gern die Gelegenheit wahrnehmen, der Wirtschaft unserer Freunde auf die Beine zu helfen und gleichzeitig unsere gegenseitigen Beziehungen zu festigen. Aber das waren politische Erwägungen, und wir mußten uns darüber hinaus vergewissern, daß wir unser Geld nicht einfach verschenkten. Wir wollten sicher sein, daß die Ägypter ihre Schulden zurückzahlen würden, und zwar in Gestalt regelmäßiger Lieferungen von bester langfaseriger Baumwolle, von Reis und anderen Produkten.[7]

Ich möchte jedoch nicht den Eindruck erwecken, daß wir den Ägyptern aus Gewinnsucht halfen. Das trifft ganz und gar nicht zu. Politische Fragen interessierten uns weit mehr als wirtschaftliche. Wenn wir den Damm bauten, würde uns das einen unschätzbaren Gewinn einbringen: das Vertrauen und die Dankbarkeit des ägyptischen Volkes. Und nicht nur das Vertrauen des ägyptischen Volkes, sondern das aller Araber. Und nicht nur das Vertrauen aller Araber, sondern auch das aller anderen unterentwickelten Länder, besonders in Afrika. Die Hilfe, die wir den Ägyptern zuteil werden ließen, würde zeigen, daß notleidende Völker in aller Welt, die sich von der Kolonialherrschaft befreiten, auf den Beistand der

7 Vergleiche dazu Chruschtschows frühere Bemerkung: «Tatsächlich konnten wir nichts von dem brauchen, was wir etwa von den Ägyptern hätten bekommen können.»

Sowjetunion zählen konnten. Außerdem wußten wir, daß die Stärkung der arabischen Länder gleichbedeutend mit einer Schwächung des Lagers unserer Feinde war. Wir willigten also ein, den Assuan-Staudamm zu bauen, und unterzeichneten ein Abkommen mit den Ägyptern.

Während der Vorverhandlungen regten die Ägypter an, daß die Sowjetunion bei dem Projekt als Bauherr auftreten solle. Wir hatten schon früher anderen Ländern gegenüber eine solche Vereinbarung abgelehnt, und wir lehnten auch Ägypten gegenüber ab. Es widerstrebte uns, die Rolle des Bauherrn zu übernehmen, weil dann uns die Aufgabe zugefallen wäre, ägyptische Arbeitskräfte anzuwerben. Zwischen uns und dem ägyptischen Volk hätte sich eine Arbeitgeber-Arbeitnehmer-Beziehung entwickelt, und wir wären bei den Ägyptern als Ausbeuter in Verruf gekommen. Um jeden Konflikt mit der einheimischen Bevölkerung zu vermeiden, hatten wir es uns zum Prinzip gemacht, in Ländern, die von uns Darlehen erhielten, niemals als Unternehmer aufzutreten.

Daher antworteten wir den Ägyptern: «Wir sind bereit, euch alles zur Verfügung zu stellen, was ihr an Material, Plänen, Wartungsmitteln und zur technischen Überwachung braucht, aber unsere Spezialisten werden für sämtliche Maßnahmen eure Zustimmung einholen, und ihr müßt auch die Arbeitskräfte beschaffen.»

Die Unterzeichnung des Assuan-Staudamm-Vertrages war ein neuer Wendepunkt in unseren Beziehungen zu den Ägyptern. Sie bekamen dadurch ein genaues und verheißungsvolles Bild, was wir für Länder, die das Joch des Kolonialismus abschüttelten, zu tun gedachten.

Unsere Ingenieure und Wissenschaftler befaßten sich als erstes mit den Entwürfen für den Staudamm, die seinerzeit von westlichen Ingenieuren angefertigt und eingereicht worden waren. Unsere Leute meinten, daß sie eine modernere, sinnreichere und wirkungsvollere Methode finden könnten, um die Wasserkraft des Flusses für die Energiegewinnung nutzbar zu machen. Meiner Meinung nach ist es eine realistische Einschätzung der Tatsachen und nicht bloße Prahlerei, wenn ich sage, daß unsere Fachleute die erfahrensten der Welt sind, wenn es darum geht, hydroelektrische Anlagen zu bauen.

Als das große Werk in Angriff genommen werden sollte, schlugen die ägyptischen Führer vor, daß eine sowjetische Delegation nach Assuan kommen solle, um sich an Ort und Stelle von der ägyptisch-sowjetischen Zusammenarbeit zu überzeugen. Die Ägypter legten bei ihrer Einladung besonderen Wert darauf, daß ich die sowjetische Delegation führte, und ich verstand auch, weshalb sie das wünschten: Sie wollten die Beziehungen zu uns weiter festigen und hielten es für das beste, sich gleich an die oberste Stelle zu wenden und mit mir persönlich zu sprechen.

Ich leugne nicht, daß ich sehr gern nach Ägypten gefahren wäre, um dieses legendäre Land und seine alten Kulturschätze mit eigenen Augen zu sehen. Natürlich hätte es mir auch Freude gemacht, der feierlichen

Grundsteinlegung für das Assuan-Staudamm-Projekt beizuwohnen, aber leider war es mir nicht möglich, der Einladung zu folgen.

Einige Zeit verging. Die Arbeiten am Assuan-Staudamm und auch an anderen Projekten machten rasche Forschritte. Wir bauten – besser gesagt, wir finanzierten – ein Stahlwerk, eine pharmazeutische Fabrik und mehrere andere Unternehmen. Der Bau des Assuan-Staudammes brachte uns nicht nur mit der ägyptischen Regierung, sondern auch mit dem ägyptischen Volk in Kontakt. Unsere Spezialisten arbeiteten Seite an Seite mit ägyptischen Ingenieuren und Bauern an denselben Maschinen, und auf diese Weise entstand ein großes Reservoir gegenseitigen Vertrauens und Respekts.

Als sich der Bau des Assuan-Kraftwerkes seinem letzten Stadium näherte – der Schließung des alten Flußbettes und der Montage der Hydroturbinen –, äußerten die Ägypter die dringende Bitte, daß ich an dem triumphalen Tag zugegen sein möge, an dem die Gebete des ägyptischen Volkes endlich erhört würden. Nasser bat mich, ich solle nicht nur der Feier beiwohnen, sondern auch noch einige Zeit in Ägypten bleiben und dort Urlaub machen. Er meinte, hier biete sich eine gute Gelegenheit zu Gesprächen in einer entspannten Atmosphäre, und zweifellos werde das für uns beide von Nutzen sein. Damit ich auch bestimmt käme, hatten die Ägypter einen zusätzlichen Anreiz: Sie erinnerten uns daran, daß noch einige Kommunisten in ägyptischen Gefängnissen säßen und daß der Staatschef versprochen habe, diese Männer anläßlich meines Besuches freizulassen.

Wir beschlossen, die Reise zu machen, und traten sie im Mai 1964 an.[8] In meiner Begleitung befanden sich unser Außenminister, Andrej Andrejewitsch Gromyko, und Gretschko, der stellvertretende Verteidigungsminister. Wir hatten Gretschko in unsere Delegation aufgenommen, weil er Verhandlungen mit den militärischen Kollegen aus der VAR führen sollte. Was Gromyko betraf, so war er uns wegen seiner umfassenden Kenntnisse auf dem Gebiet der Außenpolitik unentbehrlich.

Bei unserer Ankunft in Assuan hatten wir das Gefühl, in einen Backofen zu kommen. Mir war schon vorher gesagt worden, in Ägypten herrsche eine glühende Hitze und es regne dort nur alle paar Jahre einmal. Gewiß, für manche Leiden ist dies das heilsamste Klima, doch wir fanden es geradezu unerträglich. Nirgends konnte man der sengenden Sonne entrinnen. Zum Glück hatten unsere Zimmer eine Klimaanlage, aber es war einfach nicht möglich, kalt zu duschen. «Kaltes» Wasser bedeutete lediglich, daß es nicht künstlich erwärmt worden war.

Man empfing uns, wie es meiner hohen Stellung und unseren guten Beziehungen zu Ägypten entsprach. Als die große Stunde der Umleitung

8 Zur eigentlichen Einweihung des Hochdammes im Januar 1971 kam wieder eine hohe Delegation aus Moskau an den Nil. Diesmal führte sie Staatspräsident Podgorny.

des Flusses kam, wandte sich Präsident Nasser während des Festaktes an mich und sagte: «Dies ist unser Staudamm, aber eigentlich haben Sie ihn gebaut. Sie haben ihn finanziert, Ihre Leute haben ihn entworfen, und ohne Sie hätten wir dieses Werk niemals in Angriff nehmen können. Deshalb bitte ich Sie, gemeinsam mit mir den Hebel zu betätigen, der die Wasser des Nils aus ihrem alten Bett in ein neues lenken wird.» Das war natürlich eine große Ehre für mich, und es hätte keinen Sinn gehabt, Nasser diese Bitte zu verweigern. Ich dankte ihm also und gab freudig meine Zustimmung. Der Präsident und ich legten gemeinsam den Hebel um. Eine Explosion ließ die Luft erzittern, und das Wasser strömte in sein neues Bett. Riesige Menschenmengen wohnten dem Festakt bei, und ich kann gar nicht sagen, wie wunderbar es war, all die Gesichter aufleuchten und all die Augen triumphierend strahlen zu sehen, als die mächtigen Wasser des Nils die Turbinen in Gang setzten, die Ägypten ein neues Lebensgefühl geben sollten. Später erfuhr ich, daß zwei Männer in den Stollen von den Fluten überrascht und weggespült worden waren. Dieser Unglücksfall war zweifellos auf irgend jemandes Leichtsinn und Unüberlegtheit zurückzuführen.

An jenem Nachmittag fand mir zu Ehren ein Empfang im Klub unserer eigenen Spezialisten statt. Ich wurde gebeten, vor sie hinzutreten und eine Rede zu halten. Ich willigte gern ein. Sie waren bester Stimmung. Ich brachte ihnen gute Nachrichten über die Dinge in der Heimat.

Für den Abend desselben Tages, um die Zeit des Sonnenuntergangs, war eine große Kundgebung geplant. Präsident Nasser wollte sprechen, und wir waren eingeladen worden. Die Kundgebung fand abends statt, weil es für die Teilnehmer unmöglich gewesen wäre, tagsüber draußen in der Hitze zu sitzen und Reden anzuhören.

Ich glaube, an jenem Abend sprach Nasser zum erstenmal vom Aufbau des Sozialismus in Ägypten. Um genau zu sein: Er sagte, die Ägypter würden ihre Gesellschaft auf der Basis des «wissenschaftlichen Sozialismus» aufbauen. Damit meinte er wohl den Marxismus. Er erwähnte weder Marx noch Lenin, und zwar aus mehreren Gründen. Erstens kam er selbst noch nicht so ganz mit dem Marxismus zurecht. Zweitens mußte er die Haltung einiger seiner Feinde berücksichtigen. Vor allem aber hatten eine Anzahl seiner Verbündeten noch nicht voll erkannt, was der Marxismus ihnen bieten konnte. Die Wahl des Ausdrucks «wissenschaftlicher Sozialismus» war also eine Konzession an all diese verschiedenen Anschauungen und Erwägungen, gleichzeitig jedoch ein Zeichen, daß Nasser einen großen Schritt vorwärts getan hatte. Kurzum, ich war sehr zufrieden mit seiner Rede.

Die kurze Ansprache, die ich vorbereitet hatte, wurde von den Zuhörern beifällig aufgenommen. Als nächster ergriff Ben Bella das Wort. Er war einer der eindrucksvollsten Männer, denen ich in Ägypten begegnete. Er fiel mir auf als ein kultivierter, gebildeter Mann, der genau wußte, welche Probleme der Aufbau des Sozialismus mit sich brachte. Er hielt eine ausgezeichnete Rede.

Nach ihm sprach Aref.[9] In seiner Rede ging es ständig um das arabische Volk hier, das arabische Volk da, um die Interessen des arabischen Volkes und so weiter. Während Aref sprach, blickte Ben Bella immer wieder in meine Richtung. Er lächelte. Er wußte, daß mir Arefs Rede ebenso mißfiel wie ihm. Als Aref geendet hatte, kam Ben Bella zu mir und wollte mich bewegen, auf Arefs Äußerungen zu antworten. Ich sagte, daß ich bereits gesprochen und keine zweite Rede vorbereitet hätte. Außerdem erschiene es mir nicht passend, wenn ich als Gast die Kundgebung in eine Diskussion umfunktionierte. Ich sagte, es wäre sehr unangenehm für Nasser, wenn ich die Rede erwiderte. An diesem Punkt aber griff Nasser ein und sagte zu mir: «Ich würde mich freuen, wenn Sie Aref antworteten. Es wird bestimmt nicht zum Streit kommen. Sie brauchen ja nicht einmal Arefs Namen zu nennen. Sagen Sie einfach Ihre Meinung, die zu hören für Aref wie auch für uns andere nützlich sein wird.»

Ich willigte also ein. Ich ergriff das Wort und sagte Folgendes: Aref scheine anzunehmen, daß alle Araber die gleichen Interessen verfolgten, daß es bei den arabischen Völkern keine Klassenunterschiede gebe und daß die arabischen Führer dem arabischen Volk als einem Ganzen verpflichtet seien. Nun, auch mit Nasser hatte ich vor ein paar Jahren über dasselbe Thema diskutiert, aber inzwischen hatte Nasser dieses Stadium in der Entwicklung seines Denkens hinter sich gelassen. Aref mußte sich anscheinend noch von einem weit verbreiteten Irrtum freimachen, der sich auf das Wesen der arabischen Gesellschaft bezog. Ich sagte in meiner Rede, es sei zweifellos ein Fehler, die Araber als ein einziges, einheitliches Ganzes anzusehen. Die arabische Gesellschaft, so erklärte ich, sei in ihrer sozialen Struktur ebenso kompliziert wie jede andere Gesellschaft. Die arabische Welt sei kein Monolith. Es gebe arabische Sklaven und arabische Kapitalisten, arabische Bauern und arabische Grundbesitzer, eine arabische Arbeiterklasse und eine arabische Bourgeoisie. Ich sagte, meiner Ansicht nach sei es durchaus vernünftig, einen arabischen Staatsmann genau zu fragen, für wen er spreche, wenn er von «dem arabischen Volk» und von «arabischen Interessen» rede. Ein arabischer Bauer wolle sein eigenes Land bestellen, während ein arabischer Grundbesitzer durchaus nicht den Wunsch habe, sein Land herzugeben; ihm liege vielmehr daran, den Bauern auszubeuten. Arabische Arbeiter forderten kürzere Arbeitszeit und höhere Löhne, während arabische kapitalistische Arbeitgeber ihnen zumuten wollten, für weniger Geld länger zu arbeiten. «Für welche Araber sprechen Sie also?» fragte ich. «Für die arabischen Arbeiter oder für die arabischen Kapitalisten?»

9 Ben Bella – Staats- und Regierungschef Algeriens, bis 1965; Aref – Staats- und Regierungschef des Irak bis 1968.

Jedem der Anwesenden war vollkommen klar, daß sich meine Worte auf Aref bezogen, aber niemand schien Anstoß daran zu nehmen. Als ich zu Ende gesprochen hatte, war ich sehr zufrieden mit dem, was ich gesagt hatte. Ich hatte das Gefühl, den Keim zu einem klaren Verständnis der gesellschaftlichen Klassenstruktur gelegt zu haben.

Für die Gründe, aus denen Aref so emphatisch von «arabischem Sozialismus» sprach, hatte ich übrigens volles Verständnis. Viele Jahre lang waren die Araber von den englischen Kolonialisten geknechtet worden, und danach hatten sie Krieg gegen die Israelis führen müssen, die sich Teile ihres Landes angeeignet hatten. «Arabischer Sozialismus» bedeutete in den Augen der Araber soviel wie Zusammenschluß gegen einen gemeinsamen äußeren Feind. Ich wußte, daß Aref, als er sich statt zum «wissenschaftlichen Sozialismus» zum «arabischen Sozialismus» bekannte, nicht etwa gegen Nasser opponieren wollte. Keineswegs. In Arefs Augen stellte Nasser die absolute Autorität dar. Mir scheint vielmehr, daß Aref in seinem Denken einfach nicht weit genug gegangen war. Die Frucht des Klassenbewußtseins war in ihm noch nicht gereift, und er hatte bisher versäumt, sich mit der Frage des Klassenkampfes auseinanderzusetzen.

Ben Bella und Nasser waren sehr angetan von meiner Rede. Ben Bella freute sich offenbar besonders, daß er es gewesen war, der mich als erster ermutigt hatte, das Wort zu ergreifen. Er kam auf mich zu und sagte: «Genosse Chruschtschow» – es fiel mir auf, daß er mich jetzt Genosse nannte –, «Sie werden gewiß verstehen, daß wir trotz Ihrer berechtigten Kritik an Aref weiterhin zu ihm halten müssen. Ja mehr noch, wir werden immer für ihn eintreten. Aref ist unserer Sache treu ergeben, und er wird uns nie im Stich lassen. Im Augenblick predigt er die arabische Einheit, so wie er sie begreift, aber eines Tages wird er verstehen, was Sie sagen.»

Einige unserer Leute, die arabisch sprachen, teilten mir später mit, meine Rede sei von den arabischen Zuhörern außergewöhnlich gut aufgenommen worden. Ein sowjetischer Spezialist erzählte mir, sein arabischer Chauffeur habe ihm gesagt, meine Rede habe ihm die Augen geöffnet für eine völlig neue Konzeption der arabischen Einheit. «Bisher», hatte der Chauffeur zu unserem Spezialisten gesagt, «bin ich nie auf den Gedanken gekommen, aber natürlich ist es so, daß wir Araber unterschiedliche Klasseninteressen haben.» Diese Erkenntnis ist für uns ebenso elementar wie das Alphabet, aber für die Araber war sie etwas gänzlich Neues. Kein Mensch hatte je zu ihnen darüber gesprochen. Das lag zum Teil daran, daß die Kommunistische Partei in der arabischen Welt im Untergrund arbeiten mußte und daß ihre Botschaft infolgedessen die einfachen Menschen gar nicht erreichte.

Mein Aufenthalt in Ägypten verlief sehr angenehm. Wir besichtigten das Nildelta, fuhren mit dem Zug den Suezkanal entlang und verbrachten zwei oder drei Tage an Bord eines Schiffes auf dem Roten Meer. Einige unserer Genossen gingen schwimmen, aber ich verzichtete darauf. Ich fischte jedoch etwas. Es war ein vortreffliches Fischen. Die Küstenlandschaft am Roten Meer erinnerte uns stark an die Ufer unseres Kaspischen Meeres. Auf dieser Kreuzfahrt führten wir viele zwanglose, aber nützliche Gespräche. Außerdem konnte man in der frischen Meeresluft viel leichter atmen als in der Wüste rings um Assuan.

Wir besuchten Luxor, die alte Hauptstadt des ägyptischen Königreiches, deren kostbare historische Denkmäler wir davor bewahren mußten, daß sie in den vom neuem Damm aufgestauten Fluten untergingen.

Wir besichtigten auch Fabriken, die mit unserer Hilfe und in Zusammenarbeit mit uns erbaut worden waren und die zum Teil bereits die Produktion aufgenommen hatten. Ich erinnere mich an einen Rundgang durch ein von uns finanziertes pharmazeutisches Werk. In früheren Zeiten mußten die Ägypter, die ein armes Volk sind, riesige Summen für Medikamente aus England aufbringen, und nun würden sie imstande sein, sich sehr viel billiger selbst ihre Heilmittel herzustellen.

Ich kannte mich in der Geographie genügend aus, um zu wissen, daß östlich und westlich des Niltales Wüste war, und doch war ich verblüfft, als ich bei einem Flug über dieses Gebiet von oben den grünen Streifen sah, der Leben bedeutete, und zu beiden Seiten die weite, wasserlose Wüste, die Tod bedeutete. Wenn ich auch nicht mit Leuten konkurrieren kann, denen es gegeben ist, ihre Erlebnisse farbig und fesselnd zu schildern, so möchte ich hier doch über meine persönlichen Eindrücke von Ägypten berichten. Es ist ein überaus schönes Land, trotz des Klimas, an das man sich so schwer gewöhnt, trotz der drückenden, zermürbenden Atmosphäre. In der Gemeindeschule, die ich als kleiner Junge besuchte, zeigte uns der Pope im Religionsunterricht oft Bilder und erzählte uns Geschichten vom Paradies. Das Niltal erinnerte mich sehr an meine Kindheitsvorstellungen vom Himmel. Ein Land, reich an all den märchenhaften Schönheiten der Natur, mit üppigem Grün und exotischen Vögeln.

Besonders interessant an meinen ägyptischen Gastgebern fand ich, daß sie jeden Alkoholgenuß mieden. Natürlich hatte ich auch vorher schon gewußt, daß Moslems keinen Alkohol trinken dürfen, weil ihre Religion es verbietet, aber es ist ja nicht so, daß alle das Gebot ihres Propheten auch wirklich befolgen. Bei den Banketten, an denen wir in Ägypten teilnahmen, wurden jedoch an Getränken nur Obstsäfte gereicht. Diese Säfte schmeckten köstlich und löschten den Durst. Sie waren aus allen möglichen Obstsorten hergestellt. Ich machte die Erfahrung, daß Obstsäfte bei dieser furchtbaren Hitze die denkbar beste Erfrischung waren, und ich kann nur sagen, daß ich dem Propheten, der in seiner Weisheit den Moslems befahl, keinen Alkohol zu trinken, sehr dankbar sein.

Sehr beeindruckt war ich von dem ungeheuren Ansehen, in dem Nasser als Führer des Volkes bei den Ägyptern stand. Wo wir auch erschienen, er wurde überall mit dem begeisterten Ruf «Nasser! Nasser! Nasser!» begrüßt. Allerdings machte ich mir einige Sorgen um seine Gesundheit. Während eines Ausflugs mit ihm – ich glaube, es war in der Umgebung von Alexandria – erlitt er plötzlich einen Schwächeanfall. Er ließ den Wagen halten. Seine Augäpfel verdrehten sich, und er streckte sich auf dem Rücksitz aus. Er bat uns, ihn zu entschuldigen, und wurde nach Alexandria zurückgefahren, aber er bestand darauf, daß wir unsere Fahrt fortsetzten. Amer war fast immer bei uns. Ihn und Nasser verband eine enge Freundschaft. Ihre Häuser lagen nebeneinander, ihre Familien lebten zusammen wie eine einzige Familie. Ihre Kinder spielten zusammen und so weiter. Ich freute mich sehr, daß zwei so gute Freunde, einer wie der andere hochintelligent und mit gesundem Urteilsvermögen begabt, gemeinsam ihre Kraft einsetzten, um Ägypten aus dem Zustand der Armut und Primitivität herauszuheben und es zu einem Land mit einer fortschrittlichen Gesellschaft und einer blühenden Wirtschaft zu machen.

Auf den Besichtigungsfahrten mit Nasser und Amer konnte ich feststellen, daß sich die Bauern redlich bemühten, ihr Stück Land gut zu nutzen, und daß die Regierung versuchte, menschenwürdigere Bedingungen für die Bewohner der Dörfer zu schaffen. Mein allgemeiner Eindruck war jedoch, daß sich die Agrarreformen, die damals verwirklicht wurden, nicht gerade auf die fortschrittlichsten Prinzipien einer revolutionären Organisation der Landwirtschaft stützten. Natürlich behielt ich meine Beobachtungen für mich. Als Gast wollte ich mir zwar alles ansehen und anhören, aber nicht unerbetene Ratschläge geben. Trotzdem konnte ich nicht umhin, all die Schwierigkeiten der Ägypter mit den bemerkenswerten Erfolgen zu vergleichen, die wir bei unseren eigenen landwirtschaftlichen Kampagnen in zentralasiatischen Republiken wie Usbekistan, Turkmenistan und Tadschikistan hatten. Als alter Befürworter der Erschließung von Neuland fühlte ich den heftigen Drang, Nasser meine Gedanken mitzuteilen.

Wenige Tage später, als Nasser und ich allein in seiner Villa in Alexandria zu Mittag aßen, schnitt ich das Thema sehr behutsam an. Ich weiß nicht mehr, ob ich ihn Genosse Nasser oder Herr Präsident nannte, aber ich erinnere mich genau an den Kern dessen, was ich sagte: «Ich habe mir ein paar Gedanken gemacht, die ich Ihnen gern mitteilen würde, obgleich ich zögere, über Dinge zu sprechen, die ausschließlich Ihre Angelegenheiten sind.»

«Nur zu. Erzählen Sie mir, was Sie auf dem Herzen haben.»

«Ich habe über die Ländereien nachgedacht, die Sie erschließen werden, wenn Sie den Staudamm für Bewässerung nutzen können ...»

«Ja, und was ist damit? Wir werden das Neuland parzellieren und es an die Bevölkerung verteilen. Gerade jetzt brauchen unsere Bauern nichts dringender als Land.»

Das war mir nichts Neues. Ich beschloß, noch ein wenig weiter vorzustoßen. «Natürlich ist das ein gewaltiges Projekt, und ich weiß, welche enormen Erträge es Ihnen bringen wird. Aber gestatten Sie mir bitte ein paar Bemerkungen dazu. Ich bitte Sie im voraus, sich nicht gekränkt zu fühlen. Mir ist klar, daß es sich für mich als Ihren Gast nicht schickt, Ihre Nachsicht derart zu mißbrauchen. Es handelt sich um meine eigenen Gedanken, die keineswegs bindend für Sie sein sollen. Hören Sie mich einfach an, und entscheiden Sie danach, ob Sie meinen Rat befolgen wollen oder nicht.»

«Sprechen Sie nur», sagte er. «Ich bin ganz Ohr.»

«Wenn ich an Ihrer Stelle wäre, würde ich das Land nicht parzellieren und an einzelne Bauern verteilen. Ich würde statt dessen Staatsgüter einrichten – in der Sowjetunion nennen wir sie Sowchosen, staatseigene landwirtschaftliche Betriebe. Wir haben dieses System in den zentralasiatischen Republiken gründlich erprobt, und dort sind sowohl das Klima als auch die Bodenverhältnisse denen in Ihrem Land sehr ähnlich. Zur Zeit sind wir dabei, die riesigen unfruchtbaren Steppengebiete nutzbar zu machen. Wir haben beschlossen, dort keine Kollektivwirtschaften einzurichten, sondern lieber stadtähnliche Gemeinwesen zu gründen, in denen es von der Schule bis zum Friseurgeschäft alles gibt, was die Bauern für den täglichen Bedarf brauchen. Dafür sind natürlich gewaltige Geldsummen und Kapitalinvestitionen erforderlich, aber die Erfahrung hat uns gezeigt, daß drei bis vier gute Ernten genügen, um das vom Staat investierte Geld wieder herauszuwirtschaften. Ich garantiere Ihnen, daß dieses System der Staatsgüter Ihnen eine Menge Geld einbringen wird.

Und ich hoffe sehr, Sie nicht zu kränken, wenn ich Ihnen jetzt noch etwas anderes sage. Als ich in der alten, vorrevolutionären Zeit zur Schule ging, wurden uns Bilder von dem Bewässerungssystem gezeigt, das zur Zeit Ramses I. in Ägypten üblich war. Nach allem, was ich hier gesehen habe, verwendet Ägypten noch heute, unter Nasser I., genau dasselbe System, obwohl inzwischen Jahrtausende vergangen sind. Woran liegt das? Es liegt daran, daß ein Mensch, der ein winziges Stück Land bearbeitet, finanziell nicht in der Lage ist, in seinem Brunnen eine elektrische Pumpe zu installieren, ebensowenig wie er sich eine Sämaschine oder eine Baumwoll-Ballenpresse leisten kann. Außerdem könnten solche großen modernen Maschinen auf einem kleinen Stück Land gar nicht herumfahren.

Ich weiß, wenn Sie das Land aufteilen, werden die Bauern es mit Freuden annehmen und Sie wegen Ihrer fortschrittlichen Haltung und Ihrer Großmut vergöttern. Aber die Technologie werden Sie nicht in Ihr Programm der Agrarreformen aufnehmen können, weil auf einem kleinen Stück Land moderne landwirtschaftliche Maschinen weder notwendig noch überhaupt verwendbar sind. Glauben Sie mir, wenn Sie kleine Stücke Land an einzelne Bauern geben, wird der ägyptische Bauer das bleiben, was er seit Jahrhunderten ist: Sklave seines Grund und Bodens.»

Nasser hörte mir aufmerksam zu und sagte dann: «Das, was Sie da vorschlagen, ist bei uns, fürchte ich, einfach nicht möglich. Vor allem fehlen uns die Spezialisten und Verwalter, mit deren Hilfe wir ein solches System von Staatsgütern errichten können. Ferner ist da das Problem der Korruption. Wir wären gar nicht in der Lage, ein hinreichendes Kontrollsystem zu schaffen, das uns gestatten würde, Unterschlagungen und Schwarzmarktgeschäfte zu verhindern. Die Folge wären schwere Verluste für unsere Staatsgüter.»

«Nun ja», sagte ich, «die Entscheidung liegt ganz bei Ihnen. Ich habe Ihnen einen Vorschlag gemacht. Sie kennen Ihr Volk besser als ich, und ebenso wissen Sie über die Probleme und das Potential Ihrer Wirtschaft besser Bescheid als ich. Was aber die Kontrolle der Korruption betrifft, so kann ich Ihnen sagen, daß auch bei uns in einem gewissen Ausmaß Diebstähle vorgekommen sind, aber wir haben Mittel und Wege gefunden, dies weitgehend abzustellen. Und was die Spezialisten betrifft, so könnten Sie die doch aus den Reihen Ihrer Armeeoffiziere nehmen. Schikken Sie sie zu uns in die Sowjetunion. Wir lassen sie dann ein Jahr lang auf unseren Staatsgütern arbeiten, damit sie dort das System kennenlernen, während wir hier den Assuan-Staudamm fertig bauen. Auf diese Weise geht keine Zeit verloren: Wenn der Dammbau beendet ist und die neuen Ländereien erschlossen sind, können Sie sofort das volle Potential erreichen.»

Zum Thema Bewässerung erzählte ich ihm von einem französischen Gutshof nahe der spanischen Grenze, den ich einmal auf de Gaulles Einladung hin besichtigt hatte. Ich war über die hohen Ernteerträge erstaunt gewesen, und ich war begeistert über das raffinierte Bewässerungssystem. Das Wasser wurde durch Kanäle aus Eisenbeton geleitet, so daß es nirgends durchsickern konnte. Bei den Winkeln an den Hängen hatte man sorgfältig darauf geachtet, daß eine gleichmäßige Höhe des Wasserspiegels gewährleistet war, und das ganze System war mechanisiert. Mich hatte das alles so stark beeindruckt, daß ich unsere Ingenieure nach Frankreich schickte, damit sie dieses Bewässerungssystem studierten. Ich sagte zu Nasser, meiner Meinung nach sei die französische Bewässerungsmethode für Ägypten sehr gut geeignet und überdies leicht durchzuführen. Ich merkte, daß er jetzt noch aufmerksamer zuhörte, und er stellte mir auch verschiedene Fragen.

Einige Tage später fuhren wir von dem Palast, in dem ich wohnte, zu Nassers Villa. Unterwegs wandte er sich mir zu und sagte lächelnd: «Wissen Sie, Genosse Chruschtschow, ich habe mir unser Gespräch von neulich durch den Kopf gehen lassen. Ich habe auch Amer davon erzählt. Sie haben da einen sehr verlockenden Vorschlag gemacht, und ich sehe jetzt ein, daß es für uns sehr vorteilhaft wäre, Sie beim Wort zu nehmen. Und auch für Sie dürfte es nützlich sein.»

Ich erwiderte: «Wenn Sie meinen, daß die Hinweise, die ich Ihnen gab, ein fortschrittliches Verfahren für Sie sein könnten, dann hat sich diese Reise für mich mehr als gelohnt.» Ich erklärte ihm, die ägyptische Staatsführung müsse, um die Revolution erfolgreich zu beenden, alle Bauern, die mit primitiven Werkzeugen und Methoden ihre kleinen Äcker bestellten, zu großen administrativen Einheiten zusammenfassen – mit anderen Worten, sie kollektivieren. Ich sagte Nasser, mir sei durchaus klar, wie schwierig diese Aufgabe sei. Als wir in der Sowjetunion die Kollektivierung der Landwirtschaft einführten, hatten wir ebenfalls Schwierigkeiten gehabt – und wenn ich sage «Schwierigkeiten», so ist das eine Untertreibung. Aber wenn die Ägypter erst einmal das gesamte Ackerland unter staatliche Kontrolle gebracht hatten, konnten sie die Bauern in Kooperativen zusammenfassen und Staatsgüter einrichten. Dann würden sie ohne Schwierigkeiten und rentabel arbeiten können. Später ersah ich aus den Zeitungen, daß Nasser die Idee verwirklichte, über die er und ich diskutiert hatten. Eine ägyptische Delegation kam tatsächlich in die Sowjetunion, um das Sowchosensystem zu studieren. Ich nahm mit großer Freude zur Kenntnis, daß mein Rat auch noch galt, obgleich ich jetzt nicht mehr den Posten bekleidete, den ich zur Zeit meines Aufenthaltes in Ägypten innegehabt hatte. Für mich war das ein Beweis, daß Nasser sich nicht nur mit Rücksicht auf meine Stellung an dem Angebot interessiert gezeigt hatte; er muß wohl ehrlich überzeugt gewesen sein, daß mein Vorschlag gut war.

Kurzum, ich bin der Meinung, daß unsere Politik gegenüber Ägypten zweifellos richtig war, und inzwischen hat es unsere Darlehen bereits in voller Höhe zurückgezahlt. Ich bin nach wie vor davon überzeugt, daß ich mit meinen Entscheidungen recht hatte trotz des Murrens dieser Stänker, dieser beschränkten Stänker, die so viel Stunk machten und die Wasser unserer Beziehungen zu Ägypten zu vergiften suchten.[10]

Ägypten hat es gegenwärtig überaus schwer. Ich erinnere mich an mein letztes Gespräch mit Präsident Nasser während meines Besuches im Jahr 1964. Er sagte mir, die Lage in seinem Land wie auch in der übrigen arabischen Welt mache ihm große Sorgen. Er sagte, die Wunden, die dem arabischen Volk durch die Gründung des Staates Israel zugefügt worden seien, würden niemals heilen, weil sich die von ihrem Land vertriebenen Araber sowohl wirtschaftlich wie auch politisch in ernsten Schwierigkeiten

10 Chruschtschow läßt offen, was er mit diesem unvermittelten bitteren Ausbruch meint. Wahrscheinlich trifft es zu, daß ihm das Parteipräsidium bei seiner Entmachtung wenige Monate nach der Ägyptenreise auch sein eigenmächtiges Verhalten am Nil anlastete. Er habe, so soll Chruschtschow vorgeworfen worden sein, Präsident Nasser den Titel «Held der Sowjetunion» verliehen, ohne daß das Präsidium des Obersten Sowjets vorher einen entsprechenden Beschluß gefaßt hatte. Und allgemein sei kritisiert worden, er habe bei Auslandsbesuchen allzu freigebig Entwicklungshilfe verteilt.

befänden. Bevor ich in den Ruhestand trat, hielt ich von Zeit zu Zeit Reden gegen Israels aggressive Politik. Ich konnte Nasser nachfühlen, wie ihm zumute war.

Für mich steht es außer Frage, daß Israel den Krieg gegen Ägypten 1967 angefangen hat, und ich halte es lediglich für einen Propagandatrick, wenn Israel behauptet, es sei bereit, in direkte Verhandlungen mit Ägypten einzutreten, um ein Abkommen über die Beilegung des Konflikts auszuhandeln. Tatsächlich ist Israels Haltung seit dem Krieg aggressiver denn je; es wartet nur auf eine Gelegenheit, militärische Mittel einzusetzen, um die ägyptischen Streitkräfte zu vernichten und Ägypten einen Friedensvertrag auf der Basis von Israels Bedingungen aufzuzwingen.

Aber es gibt einige Dinge, die vor Israels Angriff auf Ägypten geschehen sind und die ich nicht begreife. Es ist mir ganz und gar nicht klar, weshalb Ägypten verlangte, U Thant solle die Truppen der Vereinten Nationen von der Grenze zwischen Ägypten und Israel zurückziehen. Diese Truppen übten einen hemmenden Einfluß auf die israelischen Aggressoren aus. Sie halfen mit, die Gefahr eines bewaffneten Zusammenstoßes entlang der Grenze zu neutralisieren. Ich erinnere mich, daß wir für die Entsendung einer UNO-Friedenstruppe in den Nahen Osten stimmten, damit der Ausbruch eines Krieges zwischen den beiden feindlichen Staaten, Ägypten und Israel, vermieden würde. Mir ist es einfach unbegreiflich, warum Ägypten die Zurückziehung dieser Truppen forderte.

Ebensowenig begreife ich, was sich Ägypten dabei gedacht hat, als es den Suezkanal sperrte, die für Israel wichtigste Wasserstraße zwischen dem Mittelmeer und dem Roten Meer.

Israel nutzte diese Aktionen zu seinen Gunsten und gegen Ägypten aus. Die israelischen Aggressoren besetzten ägyptische Gebiete, die heute noch von Israel ausgebeutet werden, so daß sich Ägypten in einer sehr schwierigen Lage befindet.

Und noch etwas: Wenn Ägypten für einen Krieg gegen Israel gerüstet war, wie konnten dann die Israelis die ägyptische Armee innerhalb von sechs Tagen vernichten?

Alle diese Fragen bereiten mir Kopfzerbrechen, und ich weiß keine Antwort auf sie, weil ich, als jene Ereignisse sich zuspitzen, schon nicht mehr im Amt war. Ich kann nur sagen, daß wir in der Zeit, als wir ein aktives Interesse am Nahen Osten hatten, eine Politik betrieben, die im Geist leninistisch war. Diese unsere Politik hat bereits Früchte getragen, für unser eigenes sowjetisches Volk und für die Völker aller Länder der Welt, die an friedliche Koexistenz und Selbstbestimmung glauben.

17
Berlin

Hier unterbreitet Chruschtschow seine Ansichten zum Berlin-Problem. Sie unterscheiden sich nicht von der bekannten Haltung der Sowjetunion, und deshalb erübrigen sich für den deutschen Leser ein besonderer einführender Kommentar oder richtigstellende Anmerkungen. Die Äußerungen des ehemaligen sowjetischen Partei- und Regierungschefs, der im November 1958 aus heiterem Himmel einseitig den Vier-Mächte-Status aufkündigte und die schwere Berlin-Krise auslöste, sprechen für sich. Sehr bemerkenswert ist im übrigen die Offenheit, mit der Chruschtschow über die Verlockung spricht, die West-Berlin und Westdeutschland für Bürger der DDR darstellt. Der Bericht über die militärische Konfrontation der beiden Weltmächte am Berliner Checkpoint Charlie im Oktober 1961 (wobei es um den freien Zugang der Amerikaner nach Ost-Berlin und nicht um den Abbruch der Mauer ging) zeigt, wie ernst die Lage damals war und daß die Entscheidungen an höchster Stelle getroffen wurden. Als Chruschtschow auf der Höhe seiner Macht, er war nun auch Regierungschef, 1958 das Berlin-Ultimatum verkündete, glaubte er, mit dem Westen leichtes Spiel zu haben. Er erlitt Schiffbruch, und Kritik erhob sich auch im eigenen Lager. In seinen Erinnerungen versucht Chruschtschow nun, diese seine Politik vor der Geschichte zu rechtfertigen.

Nachdem das Hitlerregime zerschlagen worden war, entschieden sich der östliche und der westliche Teil Deutschlands für zwei verschiedene politische Systeme. Ostdeutschland beschloß, den Sozialismus aufzubauen; Westdeutschland verschrieb sich dem Kapitalismus.

Als wir nach Stalins Tod anfingen, uns mit dem Problem West-Berlin zu befassen, erkannten wir, daß das Abkommen über die Aufhebung der Blockade West-Berlins ungerecht gewesen war. Der Westen hatte es fertiggebracht, die durch die Blockade bewirkte Spannung auszunutzen und Ostdeutschland Bedingungen aufzuerlegen, die noch einengender und einseitiger waren als die im Potsdamer Abkommen festgelegten Beschlüsse. Die internationale Lage war in ganz Europa alles andere als stabil, und daher war für die Deutsche Demokratische Republik eine Stabilisierung im Innern unmöglich. Deutschland war eine Art Barometer. Die leiseste

Druckschwankung der weltpolitischen Atmosphäre machte sich naturgemäß an jenem Punkt bemerkbar, wo die Streitkräfte beider Seiten einander in Alarmbereitschaft gegenüberstanden.

Wir wünschten sehr, die Spannung abzubauen, die sich über West-Berlin gefährlich zusammenbraute, und wir wußten, daß sich das nur durch den Abschluß eines Friedensvertrages mit dem Westen bewerkstelligen ließ. Die Frage war allerdings, auf welcher Basis es möglich wäre, ein Übereinkommen mit den Westmächten zu erzielen. Es war bereits zu spät, über einen Vertrag zu sprechen, der auf die Wiedervereinigung Deutschlands abzielte, denn weder Ostdeutschland noch Westdeutschland war gewillt, das gesellschaftspolitische System der anderen Seite zu übernehmen. Das verstanden und akzeptierten wir. Aber wir hatten noch immer den aufrichtigen Wunsch, brauchbare und beiden Teilen zuträgliche Bedingungen für einen Vertrag zu finden, der die Lage stabilisieren, die Sache des Friedens fördern und die Rechte aller Beteiligten wahren sollte. Es stand fest, daß die gegenwärtige Situation gefährlich war, und ebenso gab es keinen Zweifel, daß beide Seiten eine militärische Auseinandersetzung vermeiden wollten.

Daher gelangten wir zu dem Schluß, daß wir einen Friedensvertrag ausarbeiten sollten, der den Status Deutschlands so festlegte, wie er im Potsdamer Abkommen vereinbart worden war. Das Potsdamer Abkommen galt als zeitweilige Lösung bis zum Abschluß eines Friedensvertrages der Alliierten mit Deutschland. Unser Vorschlag hätte die provisorische de-facto-Situation legitimiert und sie endgültig gemacht. Wir ersuchten die andere Seite lediglich, sie möge anerkennen, daß in Deutschland zwei unvereinbare gesellschaftspolitische Systeme existierten: der Sozialismus in Ostdeutschland und der Kapitalismus in Westdeutschland. Wir ersuchten nur um die formelle Anerkennung zweier deutscher Republiken, von denen jede für sich den Friedensvertrag unterzeichnen würde. Unserem Vorschlag entsprechend sollte West-Berlin den Sonderstatus einer Freien Stadt erhalten.

Einige Bestimmungen des Potsdamer Abkommens waren ganz klar bereits überholt. Allermindestens mußte hinsichtlich der Benutzung ostdeutschen Territoriums für den Zugang nach West-Berlin verschiedenes in dem Friedensvertrag niedergelegt werden. Hätte sich der Westen wirklich ans Völkerrecht gehalten, so hätte er sich mit uns in diesem Punkt einigen müssen. Aber wie die Dinge lagen, vertrat der Westen seine eigene, sehr einseitige Auffassung hinsichtlich des Rechtes der DDR, ihre Grenzen zu kontrollieren. Dieses Problem war im Potsdamer Abkommen nicht vorausgesehen worden. Diese Tatsache machte sich der Westen jetzt seinen Zwecken dienstbar. Auch aus diesem Grund war ein dauerhafter Friedensvertrag erforderlich. Die juristischen Rechte der DDR standen auf dem Spiel. Noch heute ist die Streitfrage nicht entschieden.

Die Westmächte lehnten unseren Vorschlag ab; sie weigerten sich, die

Existenz zweier deutscher Staaten anzuerkennen. Wir reagierten mit der Warnung, daß wir dann keine andere Wahl hätten, als einseitig einen Friedensvertrag in die Wege zu leiten, und schlugen ein Datum für die Zusammenkunft aller jener Länder vor, die den Vertrag zu unterzeichnen wünschten. Dabei betonten wir, daß, selbst wenn gewisse Länder ihre Unterschrift verweigerten, wir anderen trotzdem einen Friedensvertrag mit der DDR abschließen würden. In diesem Fall sähen wir uns verpflichtet, uns in verschiedenen Punkten – zu denen auch die Frage des Zugangs nach West-Berlin gehöre – an die Bedingungen des neuen Vertrages zu halten.

Mittlerweile standen Walter Ulbricht und unsere anderen Genossen in der DDR vor ernsten Schwierigkeiten, die unmittelbar von dem unklaren Status West-Berlins herrührten. Berlin war eine offene Stadt, und daraus ergaben sich zwei Probleme: Da war zunächst das Problem der Menschen, die von Ost-Berlin nach West-Berlin hinübergingen. Die DDR hatte es mit einem Feind zu tun, der wirtschaftlich sehr leistungsfähig war und daher bei den Bürgern der DDR großen Anklang fand. Westdeutschland war für die Ostdeutschen um so verlockender, als sie alle dieselbe Sprache sprachen. Ein Ostdeutscher, der einen Beruf erlernt hatte, konnte, wenn er nach Westdeutschland ging, ohne weiteres eine Stellung finden. Die Folge war eine Abwanderung von Arbeitskräften aus der DDR, der es ohnehin an einfachen Arbeitskräften – von Facharbeitern ganz zu schweigen – fehlte. Dadurch entstand eine geradezu katastrophale Situation. Wäre es noch lange in dieser Weise weitergegangen, die Folgen hätten sich nicht absehen lassen. Ich habe viel Zeit darauf verwendet, nach einem Ausweg zu suchen. Wie konnten wir den Kräften entgegenwirken, die so viele junge Ostdeutsche zur Übersiedlung nach Westdeutschland verlockten? Man mußte den jungen Leuten einen Anreiz bieten, in der DDR zu bleiben. Das war eine wichtige Frage – die Frage des Anreizes. Wie konnten wir Bedingungen in der DDR schaffen, die es ihr ermöglichten, der ständig zunehmenden Abwanderung ihrer Arbeitskräfte Herr zu werden?

Das zweite Problem war, daß die West-Berliner ohne weiteres in den östlichen Teil der Stadt gelangen konnten. Bewohner von West-Berlin durften ungehindert nach Ost-Berlin fahren und dort alle möglichen Dienstleistungen in Anspruch nehmen, zum Beispiel Friseurgeschäfte und so weiter. Da die Preise in Ost-Berlin viel niedriger waren, kauften die Westberliner auch alle möglichen vielbegehrten Waren auf – Fleisch, tierische Fette und andere Nahrungsmittel –, und die DDR verlor dadurch Millionen Mark.

Natürlich wären diese Probleme auch durch einen Friedensvertrag nicht zu lösen gewesen, weil der Vertrag den Status West-Berlins als Freie Stadt vorgesehen und es daher keine Verkehrsbeschränkungen gegeben hätte.

Ich diskutierte diese Situation mit dem Genossen Ulbricht und den anderen Führern der Mitgliedsstaaten des Warschauer Paktes. Dabei betonte ich, daß Ulbricht eine besonders schwere Bürde zu tragen hatte. Jedes andere Land hatte seine eigenen Gesetze, sein eigenes Grenzrecht, konnte frei über seine Innen- und Außenpolitik entscheiden und brauchte dabei nur die Interessen des eigenen Volkes zu berücksichtigen. Die DDR dagegen besaß weder diese Rechte noch diese Freiheit.

Für die Wirtschaftslage der DDR war die Errichtung der Grenzkontrolle zwischen Ost- und West-Berlin [1] eine beträchtliche Erleichterung. Genosse Ulbricht selbst sagte mir, die Wirtschaft der DDR habe sogleich, nachdem die Maßnahmen zum Schutz der Grenzen in Kraft getreten waren, einen merklichen Aufschwung genommen. In Ost-Berlin sank die Nachfrage nach Lebensmitteln, weil West-Berliner nicht mehr dort einkaufen konnten. Mit anderen Worten, die nur begrenzt lieferbaren Konsumgüter kamen nun ausschließlich den Bewohnern Ost-Berlins zugute.

Überdies wirkte sich die Errichtung der Grenzkontrolle in Berlin sehr positiv auf das Bewußtsein der Bevölkerung aus. Diese Maßnahme gab den Menschen Kraft und erinnerte sie daran, daß die Aufgabe, den Sozialismus aufzubauen, eine Forderung von höchster und dauernder Bedeutung war. Der zeitweilige Einfluß der westdeutschen Propaganda, die versucht hatte, die Ostdeutschen für den Kapitalismus zu gewinnen, wurde nun stark vermindert. Die Errichtung der Grenzkontrolle brachte Ordnung und Disziplin in das Leben der Ostdeutschen, und Disziplin haben die Deutschen von jeher geschätzt. Die Tatsache, daß die Regierung der DDR nun wieder die Kontrolle über die eigenen Grenzen ausübte, stärkte den Mut der Ostdeutschen und ließ sie erkennen, wie fest und gesichert ihr Staat war.

Natürlich gab es manche Schwierigkeiten. Die Ost-Berliner, die in West-Berlin arbeiteten, verloren plötzlich ihre Stellung. Aber es gab niemals ein Arbeitslosenproblem. Im Gegenteil, die meisten der Betroffenen waren Bauarbeiter, und an denen herrschte in Ostdeutschland großer Bedarf. Sie wurden alle ihren Fähigkeiten entsprechend untergebracht.

Versuche, illegal in den Westen zu gelangen, riefen Zwischenfälle an der Grenze hervor, die manchmal recht unerfreulich waren. Aber mit solchen Unerfreulichkeiten mußte man rechnen. Die Grenzposten waren gezwungen, von den Mitteln Gebrauch zu machen, die man ihnen zur Verfügung gestellt hatte, damit sie Grenzverletzungen verhinderten. Der Westen bauschte die Zwischenfälle maßlos auf und schlachtete sie aus.

Ich weiß, daß es Kritiker gibt – besonders in den bürgerlichen Gesellschaften –, die behaupten, wir hätten gegen den Willen der Ostdeutschen gehandelt, als wir die Grenzen schlossen und dadurch die Souveränität der DDR stärkten. Ich weiß, daß es Leute gibt, die der Ansicht

1 Gemeint ist der Bau der Berliner Mauer am 13. August 1961.

sind, die Ostdeutschen wären im Paradies eingesperrt und die Pforten des sozialistischen Paradieses würden von Truppen bewacht. Zweifellos ist hier noch ein Mangel vorhanden, aber ich glaube, es ist ein notwendiger und nur zeitweiliger Mangel. Wir haben immer den Wunsch gehabt, in der DDR solche Bedingungen zu schaffen, wie die Bevölkerung sie haben will. Könnte die DDR jetzt schon voll und ganz über das moralische und materielle Potential verfügen, das eines Tages von der Diktatur der Werktätigen nutzbar gemacht werden wird, dann wäre ein ungehinderter Verkehr zwischen dem östlichen und dem westlichen Teil Berlins möglich. Leider hat die DDR – und nicht nur die DDR – in ihrer moralischen und materiellen Entwicklung noch nicht jenes Niveau ereicht, das einen Wettbewerb mit dem Westen gestatten würde. Der Grund dafür ist einfach der, daß Westdeutschland ein größeres materielles Potential und folglich auch mehr materielle Güter besitzt als die DDR. Natürlich werden jetzt einige unserer superklugen Kommunisten empört ausrufen: «O nein, da unterschätzen Sie unsere Errungenschaften!» und so weiter. Nun, betrachten wir die Sache einmal ganz nüchtern. Wenn die DDR auf materiellem Gebiet leistungsfähiger wäre und die Bürger ihre materiellen Bedürfnisse leichter befriedigen könnten, wäre die Bevölkerung ohne jeden Zweifel mit dem Vorhandenen zufrieden und würde nicht mehr in so großer Zahl nach Westen drängen, daß die Abwanderung eine ernste Gefahr für einen Staat wie die DDR darstellte.

Es war mein Traum, derartige Bedingungen in Deutschland zu schaffen, daß die DDR ein Schaufenster würde, in dem die westliche Welt ein attraktives Arrangement moralischer, politischer und materieller Errungenschaften sehen und bewundern könnte. Wenn wir uns bemüht haben, unsere ehemaligen Verbündeten zur Unterzeichnung eines Friedensvertrages zu bewegen und damit die Beziehungen zwischen unseren Staaten zu normalisieren, dann zum Teil deswegen, weil uns an der Entwicklung des Handels, des kulturellen Austauschs und des Tourismus lag.

Selbst wenn es uns gelänge, in der DDR solche Lebensbedingungen zu schaffen, wie die Bürger sie sich wünschen, müßten wir doch weiterhin die Grenzen bewachen. Wir würden so viel Freiheit gewähren, wie die materiellen Bedingungen zulassen, aber natürlich kann es in einer Diktatur der Werktätigen so etwas wie absolute Freiheit nicht geben. Was gewisse Länder betrifft, die mit all ihren Freiheiten großtun, so stellt sich bei einer gründlichen Analyse ihrer Gesellschaftsformen heraus, daß auch dort keine absolute Freiheit existiert. Um über moralischen Zwang, moralische Unterdrückung oder moralische Tyrannei urteilen zu können, braucht man eine hochentwickelte und genauestens durchdachte Vorstellung von dem, was menschliche Freiheit bedeutet. Die meisten Leute messen ihre persönliche Freiheit oder Unfreiheit noch immer daran, wieviel Fleisch, wie viele Kartoffeln oder was für Schuhe sie für einen Rubel kaufen können.

Als wir eine Kontrolle an den Grenzen der DDR einrichteten, vertrauten wir fest auf unsere eigenen Streitkräfte, die seit Kriegsende in Deutschland stationiert waren. Aber auch als wir dafür sorgten, daß die Interessen unserer deutschen Genossen geschützt wurden, zogen wir doch unseren Vorschlag nicht zurück, der die bestehenden Grenzen legitimiert und die Neutralität wie auch das Selbstbestimmungsrecht West-Berlins als Freier Stadt garantiert hätte. Die Westmächte lehnten diesen Vorschlag wiederum ab, verlangten jetzt die Beseitigung der soeben errichteten Grenze und drohten mit Gewaltanwendung. Sie sagten, daß sie Bulldozer einsetzen würden, um die von uns errichteten Straßensperren und Schlagbäume zu beseitigen. Wenn nötig, so sagten sie, würden sie diese Maßnahmen mit militärischer Deckung durchführen, denn sie betrachteten es als ihre Aufgabe, den Zustand wiederherzustellen, der den unbehinderten Verkehr zwischen Ost- und West-Berlin – in beiden Richtungen – ermöglichte.

Die Sperren, die wir entlang der Grenze errichtet hatten, waren unserer Meinung nach ausreichend. Sie wurden jedoch von einigen Lastwagen durchbrochen, die mit Höchstgeschwindigkeit auf die Hindernisse zu- und nach West-Berlin hineinrasten. Daraufhin wurden an den betreffenden Stellen noch stabilere Hindernisse errichtet, damit sich solche Vorfälle nicht wiederholten.

Wenn die Westmächte es darauf angelegt hätten, wäre es ihnen ein leichtes gewesen, eine Provokation zu inszenieren. Aber ein solches Vorgehen hätte sehr ernste Folgen gehabt. Zum Glück begannen damals Artikel in der amerikanischen Presse zu erscheinen, die immerhin mit einem Fünkchen Verstand geschrieben waren und die darauf hinwiesen, wie gefährlich jeder Versuch sei, die neu entstandene Situation mit militärischen Mitteln rückgängig zu machen.

Wir nahmen an, daß der Westen keinen Krieg vom Zaun brechen wollte, und wie sich herausstellte, war unsere Annahme richtig. Wegen Berlin einen Krieg zu beginnen, wäre töricht gewesen. Es lag überhaupt kein Grund dafür vor. Die Errichtung einer Grenzkontrolle in der DDR gab dem Westen weder das Recht, noch lieferte sie ihm einen Vorwand, die zwischen uns bestehenden Meinungsverschiedenheiten durch einen Krieg aus der Welt zu schaffen.

Mittlerweile war Kennedy als Präsident ins Weiße Haus eingezogen. Nicht lange, bevor sich die Ereignisse in Berlin zuspitzten, war ich mit ihm in Wien zusammengetroffen. Ich hatte den Eindruck, er sei ein besserer Staatsmann als Eisenhower. Im Gegensatz zu Eisenhower hatte Kennedy zu jedem Thema eine präzise formulierte Meinung. Ich sagte scherzend zu ihm, daß er seinen Wahlsieg über diesen verfluchten Richard Nixon nur uns zu verdanken habe. Er fragte, wie ich das meinte, und ich erklärte ihm, wir hätten mit der Freilassung des U-2 Piloten Gary Powers bis nach den amerikanischen Wahlen gewartet und auf diese Weise verhindert, daß Nixon sich rühmen könnte, er wisse mit den Russen umzugehen; durch unsere Taktik seien Nixon mindestens eine halbe Million Wählerstimmen entgangen, die Kennedy den Vorsprung gaben, den er benötigte.

Übrigens war ich Kennedy schon zwei Jahre zuvor begegnet, und zwar während meines Besuches in Amerika. Bei einem mir zu Ehren gegebenen Empfang eines Senatsausschusses für Internationale Beziehungen machte mich Lyndon Johnson mit dem jungen Senator bekannt. Kennedy beeindruckte mich. Ich weiß noch, daß sein Gesicht mir gefiel; es hatte mitunter einen strengen Ausdruck, der aber ebensooft von einem gutmütigen Lächeln abgelöst wurde. Was Nixon betrifft, so hatte ich ihn in der Vergangenheit nur allzugut kennengelernt. Er war eine Marionette von McCarthy gewesen, hatte sich aber in dem Augenblick von ihm abgewandt, als McCarthys Stern zu sinken begann. Nixon war also eine prinzipienlose Marionette, und diese Sorte ist am gefährlichsten. Ich war sehr froh, daß Kennedy die Wahl gewonnen hatte, und im großen ganzen war ich mit unserem Treffen in Wien zufrieden. Obgleich es zwischen uns nicht zu konkreten Abmachungen kam, merkte ich Kennedy an, daß ihm daran lag, eine friedliche Lösung für internationale Probleme zu finden und einen Konflikt mit der Sowjetunion zu vermeiden. Er war ein vernünftiger Mann, und meines Erachtens wußte er, daß er sich ins Unrecht setzen würde, wenn er es um Berlins willen zum Krieg kommen ließe.

Dennoch beschloß Kennedy, seine Macht zu demonstrieren. Er verstärkte die amerikanische Garnison und ernannte einen General namens Clay, der das Kommando in West-Berlin übernehmen sollte. Kennedy schien die Uhr bis zu der Zeit unmittelbar nach dem Zweiten Weltkrieg zurückzustellen.

Die bürgerliche Presse reagierte mit der üblichen Hetzpropaganda gegen uns. Zu diesem Zeitpunkt bereiteten wir unseren XXII. Parteitag vor. Wir beschlossen, Kennedys Herausforderung anzunehmen. Von unserem Geheimdienst wußten wir, in welchem Maße der Westen die Zusammenziehung von Truppen in Berlin intensivierte, und wir verstärkten unsere eigene Garnison entsprechend. Wir ernannten Marschall Konjew zum Befehlshaber unserer Truppen in Berlin. Damit hatten wir den Fehdehandschuh aufgehoben und waren zum Zweikampf gerüstet.

Ich möchte betonen, daß die Ernennung Marschall Konjews zum Befehlshaber in Wahrheit nur eine «administrative» Ernennung war, mit der wir den Westmächten zeigen wollten, daß wir die Lage als ebenso ernst ansahen, wie sie es taten. Unser regulärer Befehlshaber in Berlin, der rangmäßig unter Konjew stand, hatte nach wie vor das Kommando, wenn Konjew zur Berichterstattung nach Moskau kam. Die Tatsache, daß Konjew sich meistens in Moskau aufhielt, beweist, daß wir trotz der

Truppenzusammenziehung nicht mit einem umfassenden bewaffneten Konflikt rechneten.

Konjew meldete uns, er habe durch geheime Ermittlungen erfahren, an welchem Tag und zu welcher Stunde die Westmächte mit ihren Aktionen gegen uns beginnen wollten. Sie hielten Bulldozer bereit, die unsere Grenzeinrichtungen niederreißen sollten. Den Bulldozern würden Panzer und Welle um Welle von Infanteristen in Jeeps folgen. Es war geplant, diese Aktion zeitlich mit der Eröffnung des XXII. Parteitages zusammenfallen zu lassen.

Wir berieten über die erforderlichen Schritte und darüber, wie wir reagieren würden. Unsere eigenen Infanterieeinheiten wurden in Nebenstraßen nahe den Grenzkontrollpunkten zusammengezogen. Nachts ließen wir auch unsere Panzer kommen und dort Stellung beziehen. Nun mußten wir abwarten, was der Westen als nächstes tun würde.

Dann meldete Konjew, die amerikanischen Bulldozer, Panzer und Jeeps seien in Richtung unserer Kontrollpunkte unterwegs. Unsere Leute blieben ruhig und machten keine Bewegung, selbst dann nicht, als die Bulldozer dicht vor der Grenze waren. Plötzlich aber rollten unsere Panzer aus den Nebenstraßen heraus, den amerikanischen Panzern entgegen.

Die amerikanischen Bulldozer und Panzer hielten an. Die Jeeps fuhren weiter, über die Grenze und nach Ost-Berlin hinein. Da besondere Vereinbarungen im Potsdamer Abkommen vorsahen, daß alliierte Militärfahrzeuge die Berliner Sektorengrenzen überqueren durften, schritten wir nicht ein, sondern öffneten die Schranken und ließen die amerikanischen Jeeps passieren. Kurz hinter dem Kontrollpunkt sahen die Amerikaner, daß in den Nebenstraßen unsere Truppen stationiert waren und daß unsere Panzer auf ihre Jeeps zukamen. Daraufhin wendeten sie sofort und rasten zurück nach West-Berlin.

Während der Nacht standen an der Grenze die Panzer und die Truppen beider Seiten einander gegenüber. Es war Ende Oktober und schon ziemlich kühl. Unsere Panzerbesatzungen fanden es sicherlich recht anregend, die ganze Nacht in kalten Stahlkästen zu sitzen. Am nächsten Morgen meldete uns Marschall Konjew, die amerikanischen Panzersoldaten seien abwechselnd aus ihren Fahrzeugen gestiegen, um sich zu wärmen, und die unseren täten ein gleiches, doch blieben hier wie dort die Kanonenrohre auf den Gegner gerichtet.

Nachdem ich Marschall Konjews Bericht gehört hatte, schlug ich vor, daß unsere Panzer wenden, sich von der Grenze entfernen und wieder ihre Stellungen in den Nebenstraßen beziehen sollten. Dann könnten wir in Ruhe alles weitere abwarten. Ich versicherte meinen Genossen, daß die Amerikaner sofort ihre Panzer zurückziehen würden, wenn sie sähen, daß wir die unseren zurückzogen. Sie waren es ja, die die Initiative ergriffen und sich als erste der Grenze genähert hatten, und deshalb würden sie sich sozusagen in einer schwierigen moralischen Lage befinden, wenn wir sie zwängen, angesichts unserer auf sie gerichteten Kanonenrohre den Rückzug anzutreten. Deshalb beschlossen wir bei diesem Stand der Dinge, selbst die Initiative zu ergreifen und den Amerikanern eine Gelegenheit zu geben, sich von der Grenze zurückzuziehen, wenn die Drohung durch unsere Panzer beseitigt war. Meine Genossen hatten mir zugestimmt. Ich sagte, meines Erachtens könne es nach dem Abzug unserer Panzer nicht länger als zwanzig Minuten dauern, bis die Amerikaner die ihren zurückzögen. Soviel Zeit werde der Kommandeur der amerikanischen Panzertruppen brauchen, um unseren Rückzug zu melden und die Befehle seiner Vorgesetzten zu erhalten.

Konjew ließ unsere Panzer abrücken. Bald darauf teilte er mit, die Amerikaner seien, genau wie ich es erwartet hatte, binnen zwanzig Minuten unserem Beispiel gefolgt.

So hatten die Westmächte vermittels ihrer auf uns gerichteten Kanonenrohre unsere Nerven auf die Probe gestellt und dabei entdeckt, daß wir bereit waren, ihre Herausforderung anzunehmen. Sie wußten jetzt, daß sie uns nicht einschüchtern konnten. Das war, wie ich glaube, ein großer Sieg für uns, und er wurde errungen, ohne daß ein einziger Schuß fiel. Durch die Weigerung, uns den westlichen Einschüchterungsversuchen zu beugen, garantierten wir das Recht der DDR, ihr eigenes Territorium und ihre eigenen Grenzen zu überwachen. Wir hatten allen Anlaß, diesen moralischen und materiellen Sieg zu feiern, denn wir hatten den Westen gezwungen, die ungeschriebenen Rechte der DDR anzuerkennen.

18
Mao Tse-tung und das Schisma

In diesem sehr persönlichen und anekdotisch gefärbten Bericht über die Beziehungen Chruschtschows und Stalins zu Mao Tse-tung steht nichts, was der im Westen gültigen Rekonstruktion der Entstehung und Entwicklung der chinesisch-sowjetischen Spaltung widerspricht, aber vieles, was sie bestätigt. Chruschtschow fügt den bekannten Tatsachen weniger etwas hinzu (tatsächlich läßt er viel von dem aus, was wir wissen), als daß er sie ausschmückt. Er konzentriert sich auf die persönlichen Aspekte des großen Schismas (ob es nun hauptsächlich als ideologischer Konflikt betrachtet wird oder als ein Interessenkonflikt zwischen zwei Großmächten) und auf dessen seismische Auswirkungen auf die kommunistische Weltbewegung. Dennoch vermittelt er uns neue und wertvolle Einsichten in die Bitterkeit des Konflikts, und vor allem läßt er erkennen, wie emotional er selbst an die ganze Angelegenheit herangegangen ist. Es besteht kein Zweifel, daß er, wie die meisten Russen, den Charakter der Chinesen als unbegreiflich und als äußerst unangenehm empfunden hat und noch empfindet. Nur mit erkennbarer Anstrengung nimmt er sich zusammen und zwingt sich, zwischen Mao und seinen Anhängern einerseits und dem chinesischen Volk andererseits zu differenzieren, und stellt abschließend mit einem auffallenden Mangel an Überzeugung fest, daß die Chinesen «Menschen sind wie wir». Hier haben wir einen Widerhall von dem alten großsprecherischen Chruschtschow mit seiner Verachtung für chinesische Art, die beiläufig an vielen Stellen seiner Erinnerungen zum Ausdruck kommt, hervorgehoben noch durch eine untergründige Furcht. Charakteristisch auch, daß er entgegen den Tatsachen behauptet, China sei in der kommunistischen Weltbewegung isoliert.

Politik ist ein Spiel, und Mao Tse-tung hat Politik mit asiatischer Schläue nach seinen Regeln gespielt: mit Schmeichelei, Treulosigkeit, grausamer Rache und Betrug. Einige Jahre lang – bevor wir seine Tricks durchschauten – gelang es ihm, uns zu täuschen. Talleyrand sagte einmal, einem Diplomaten sei die Sprache gegeben, um seine Gedanken zu verbergen. Das gilt auch für den Politiker, und Mao Tse-tung war immer ein Meister im Verbergen seiner wahren Gedanken und Absichten. So erinnere ich mich, daß Mao nach dem XX. Parteitag sagte: «Genosse Chruschtschow hat uns die Augen geöffnet und uns Licht gebracht, damit wir sehen können. Er hat uns endlich die Wahrheit gesagt. Wir werden reformieren.» Aber ich war immer auf der Hut vor ihm. Ich wußte, wann er uns schmeichelte.

Einige Jahre nachdem ich mich zurückgezogen hatte, ging das Gerücht um, ich sei derjenige, der den Streit zwischen der UdSSR und China begonnen hätte. Ich halte es nicht für der Mühe wert, diese Verleumdung zurückzuweisen. Die Geschichte hat bereits bewiesen, daß es eine absurde Unterstellung ist.

Seit meiner ersten Begegnung mit Mao habe ich stets gewußt – und das den Genossen auch gesagt –, daß er sich niemals mit irgendeiner anderen kommunistischen Partei würde abfinden können, die seiner eigenen innerhalb der kommunistischen Weltbewegung überlegen ist. Er würde nie in der Lage sein, eine solche Partei zu tolerieren. Wenn Stalin ein bißchen länger gelebt hätte, wäre unser Konflikt mit China schon früher zutage getreten und hätte vermutlich die Form eines völligen Abbruchs der Beziehungen angenommen. Stalin stand Mao immer ziemlich kritisch gegenüber. Er hatte einen Namen für Mao, der ihn vom rein marxistischen Standpunkt aus genau beschreibt. Stalin pflegte zu sagen, daß Mao ein auf Sand gebauter Marxist[1] sei.

Als Maos siegreiche Revolutionsarmee sich Schanghai näherte, stoppte er den Marsch und lehnte es ab, die Stadt einzunehmen. Stalin fragte Mao: «Warum haben Sie Schanghai nicht eingenommen?» – «Sechs Millionen Einwohner leben dort», antwortete Mao. «Wenn wir die Stadt einnehmen, werden wir alle diese Leute ernähren müssen. Wo aber sollen wir die Lebensmittel dafür hernehmen?»

Nun frage ich, ist das die Sprache eines Marxisten?

Mao hat sich immer auf die Bauern verlassen und nicht auf die Arbeiterklasse. Deshalb hat er Schanghai nicht eingenommen. Er wollte nicht die Verantwortung für das Wohlergehen der Arbeiter übernehmen. Stalin hat Mao auch geziemend für diese Abweichung vom wahren Marxismus kritisiert. Aber es bleibt die Tatsache, daß Mao, der sich auf die Bauern verließ und die Arbeiterklasse ignorierte, den Sieg errang. Nicht etwa, daß dieser Sieg ein Wunder gewesen wäre, aber er gab der marxistischen Philosophie eine neue Wende, da er ohne das Proletariat errungen wurde. Kurz gesagt: Mao Tse-tung ist ein Kleinbürger, dessen Interessen denen der Arbeiterklasse fremd sind und immer waren.

Nachdem Mao an die Macht gekommen war, wurden seine Beziehungen zu Stalin auf der Ebene von Handel und industrieller Zusammenarbeit bald ebenso gespannt wie auf ideologischer Ebene. Zu einem bestimmten Zeitpunkt schloß Stalin mit China einen Vertrag über die gemeinsame Ausbeutung mineralischer Bodenschätze in Sinkiang. Das Ab-

1 «Pestschany marksist».

kommen war von seiten Stalins ein Fehler. Jahrhundertelang hatten Franzosen, Engländer und Amerikaner China ausgebeutet, und jetzt kam die Sowjetunion. Diese Ausbeutung war eine böse Sache, aber nicht ohne Beispiel: Stalin hatte ähnliche «gemischte» Gesellschaften in Polen, der DDR, Bulgarien, der Tschechoslowakei und Rumänien gegründet. Später haben wir diese Gesellschaften alle aufgelöst.

Es gab da noch einen solchen Vorfall. Eines Tages rief Stalin uns alle an und fragte, ob jemand wisse, wo in China die Gold- und Diamantenbergwerke seien. Natürlich wußte es keiner von uns. Wir hatten keine Möglichkeit, es zu erfahren. Wir erzählten uns Flüsterwitze darüber. Berija sagte: «Wißt ihr, wer es weiß? Koslowskij. Der singt doch immer: «Du kannst die Diamanten nicht zählen ...»[2]

Berija machte es Spaß, Stalin aufzustacheln; er sagte, in China gebe es ungeheure Reichtümer, die Mao Tse-tung vor uns geheimhalte, und wenn wir Mao einen Kredit gewährten, müsse er uns irgend etwas dafür geben.

Eines Tages saßen wir bei Stalin und suchten nach einer Möglichkeit, den Bedarf unserer Gummi-Industrie zu befriedigen, ohne Rohgummi bei den Kapitalisten kaufen zu müssen. Mein Vorschlag war, Mao dazu zu bewegen, daß er uns im Austausch für Kredite und technische Hilfe eine Gummibaum-Pflanzung in China anlegen ließ. Dies schlugen wir Mao in einem Telegramm vor. Die Chinesen antworteten, sie würden uns die Insel Hainan für eine Pflanzung zur Verfügung stellen, wenn wir ihnen Kredite gewährten. Wir trafen eine Vereinbarung, aber dann stellte sich heraus, daß das uns zur Verfügung gestellte Gebiet auf der Insel zu klein war für eine vernünftige Gummibaumpflanzung, und der Gedanke wurde fallengelassen.

Ein andermal fand Stalin plötzlich Gefallen an Ananas in Dosen. Er diktierte sofort eine Nachricht an Malenkow, der immer ein geschickter Sekretär war: «Schreiben Sie den Chinesen, daß ich es gern sehen würde, wenn sie uns ein Gelände für eine Ananaskonservenfabrik zur Verfügung stellten.»

Ich sprach frei von der Leber weg und sagte: «Genosse Stalin, die Kommunisten sind in China erst vor kurzen an die Macht gekommen. Es gibt dort schon zu viele ausländische Fabriken, und jetzt will auch noch die Sowjetunion, ein sozialistisches Bruderland, eine eigene Fabrik in China bauen! Das wird Mao Tse-tung bestimmt kränken.»

Stalin fuhr mich zornig an, und ich sagte nichts mehr. Das Telegramm wurde abgeschickt. Einen oder zwei Tage später erhielten wir die Antwort der Chinesen. Mao Tse-tung sagte: «Wir akzeptieren euren Vorschlag. Falls ihr an Dosenananas interessiert seid, dann gebt uns einen

2 Koslowskij: großer Tenor am Bolschoj-Theater. Das Zitat stammt aus der Oper «Die Perlenfischer» von Georges Bizet.

Kredit, und wir werden die Konservenfabrik selber bauen. Den Kredit zahlen wir euch dann zurück mit den Produkten dieser Fabrik.» Ich schwieg, während Stalin fluchte und wütete. Für Mao war Stalins Vorschlag eine Kränkung gewesen, genau wie ich es erwartet hatte.

Solche Telegramme mit Vorschlägen, die darauf abzielten, China auszubeuten, wurden von mir oder von unserer Regierung während meiner Amtszeit an Mao nicht mehr abgeschickt. Wir haben uns stets bemüht, China nicht zu kränken, bis die Chinesen anfingen, uns zu kreuzigen. Und als sie anfingen, uns zu kreuzigen – nun, ich bin nicht Jesus und hatte es nicht nötig, die andere Wange hinzuhalten.

Als das niederträchtige Gerücht aufkam, ich sei für den Zwist der Sowjetunion mit China verantwortlich, war ich besonders verblüfft, betrübt und aufgebracht darüber, daß unter anderen auch Judin verbreitete, ich hätte Mao dazu gebracht, sich so zu verhalten, wie er sich jetzt verhält. Wenn Judin zu mir käme und mir das ins Gesicht sagte, könnte ich ihm an Hand von Dokumenten beweisen, daß in Wirklichkeit er als erster unseren Konflikt mit Mao Tse-tung auf die Spitze trieb. Er war bei Beginn des Zwists unser Botschafter in China. Und falls Judin daran gelegen sein sollte, einen so widerlichen Austausch gegenseitiger Beschuldigungen zu erzwingen, dann könnte ich mit gutem Grund dazu sagen, wir würden mit Sicherheit mit jedem Land Streit bekommen, in das er als Botschafter geht. Judin wurde nach Jugoslawien entsandt, und schon gab es Spannungen mit Tito. Judin ging nach China, und schon gab es Spannungen mit Mao. Das war kein Zufall.

In einer Beziehung respektierte ich Judin. Der Grund, warum er ursprünglich nach China entsandt worden war, war der folgende: Mao Tse-tung hatte an Stalin geschrieben und ihn gebeten, ihm einen sowjetischen marxistischen Philosophen zu empfehlen, der nach China kommen und Maos Werke edieren könne. Mao wollte einen gebildeten Menschen, der ihm dabei half, seine Werke in eine geeignete Form zu bringen, und der in der Lage war, etwaige Fehler in marxistischer Philosophie zu entdecken, ehe die Schriften veröffentlicht wurden. Judin wurde auserwählt und nach Peking geschickt.[3]

Eine Zeitlang arbeitete Judin mit Mao Hand in Hand. Mao suchte Judin öfter auf als umgekehrt. Stalin machte sich sogar etwas Sorgen, ob Judin Mao auch mit dem gebotenen Respekt behandelte, weil er es zuließ, daß Mao ihn aufsuchte, statt daß er zu ihm ging.

Alles lief gut. Dann kam von Judin, wie ein Blitz aus heiterem Him-

3 Pawel F. Judin war Chefredakteur der Kominform-Zeitung *Für dauerhaften Frieden, für Volksdemokratie!* gewesen, die bis zum Streit zwischen Stalin und Tito in Belgrad erschien. (Siehe auch Kapitel 12.) Zum sowjetischen Botschafter wurde Judin allerdings erst im Dezember 1953, also nach Stalins Tod, ernannt.

mel, ein langes verschlüsseltes Telegramm, in dem er von allen möglichen unglaublichen Äußerungen Maos über die Sowjetunion, über unsere Kommunistische Partei und über ihn, Judin selbst, berichtete. Nun war es nicht mehr nötig, sich darüber Sorgen zu machen, daß Mao bei Judin scharwenzelte. Jetzt war es offensichtlich, daß Mao vor Judin überhaupt keine Achtung hatte. Wir kamen zu der Überzeugung, es sei wohl besser, Judin aus China zurückzuholen. Als Botschafter war er ein unfähiger Verwaltungsmann und erbärmlicher Diplomat gewesen, doch solange seine persönlichen Beziehungen zu Mao freundlich gewesen waren, hatte er uns genützt. Was seine Tätigkeit als Botschafter anging, dafür gab es immer noch die Beamten unserer Pekinger Botschaft. Aber wenn er mit Mao über philosophischen Fragen zusammenrasselte, dann taugte Judin für uns weder als Botschafter noch als Kontaktperson zu Mao. Deshalb riefen wir ihn zurück.

Und jetzt versucht dieser Philosoph, anderen die Schuld anzuhängen.

Soweit es um meine Beziehungen zu Mao geht, habe ich mich immer zurückgehalten und mich bemüht, fair und freundlich zu sein. Im Gegensatz zu Stalin habe ich nie versucht, Mao zu übervorteilen. Vielmehr geschah genau das Gegenteil: die Chinesen versuchten, uns zu übervorteilen. Zum Beispiel waren wir 1954, als unser Land vom Kriege her noch immer hungerte und von Armut geplagt war, in Peking, und Tschu En-lai fragte uns, ob wir ihnen nicht vielleicht eine Universität schenken könnten.

«Wissen Sie, wir haben selbst nichts», sagte ich. «Wir mögen reicher sein als Sie, aber der Krieg ist noch nicht lange zu Ende, und wir stehen noch nicht wieder fest auf den Füßen.» Trotz unserer eigenen Sorgen hatten wir den Chinesen Port Arthur und Dalnij[4] ohne Gegenleistung überlassen und große Geldbeträge in China investiert.

Wir hatten auch die Straße von Ulan Bator nach Peking gebaut. Aber 1957 sagte Mao: «Die Straße von Ulan Bator nützt uns nicht viel. Was wir wirklich brauchen, ist eine Straße von Peking durchs Gebirge nach Kasachstan.»

Ich sagte: «Sie kennen Ihr Territorium besser als wir. Wir dachten, die Straße von Ulan Bator würde für Sie die direkte Route sein, aber wir wären auch bereit, eine Straße durch Kasachstan nach China zu bauen. Wäre es nicht denkbar, daß Sie die Straße auf Ihrem Gebiet anlegen, und wir bauen unseren Abschnitt und treffen uns an der Grenze?»

Später brachte Tschu En-lai das Thema Straße noch einmal zur Sprache: «Könnten Sie nicht auch den Abschnitt der Straße auf unserem Territorium übernehmen?» Wir betrachteten die Karte und stellten fest, daß dies bedeutet hätte, Berge zu überwinden und Flußbrücken zu errichten.

4 Dairen.

Wir antworteten: «Nein, lassen wir es bei der ursprünglichen Vereinbarung. Jeder soll den eigenen Abschnitt der Straße bauen.»

Wir begannen mit unserem Anteil der Arbeit. Im Verlauf der Bauarbeiten kamen die Chinesen noch einmal und baten uns, ihren Teil der Straße ebenfalls zu bauen. Und als wir schließlich bis zur Grenze vorstießen, war von den Chinesen weit und breit nichts zu sehen.

Ich erinnere mich, daß ich 1954 nach meiner Rückkehr aus China den Genossen gesagt habe: «Ein Konflikt mit China ist unvermeidlich.» Ich kam zu diesem Schluß auf Grund verschiedener Bemerkungen Maos. Während meines Besuchs in Peking war die Atmosphäre typisch orientalisch gewesen. Alle verhielten sich unglaublich höflich und zuvorkommend, aber ich durchschaute ihre Heuchelei. Nach meiner Ankunft umarmten Mao und ich uns herzlich und küßten uns auf beide Wangen. Oft lagen wir an einem Schwimmbecken und plauderten wie die besten Freunde über alles mögliche. Aber die Atmosphäre war widerwärtig süßlich, so daß einem übel wurde. Darüber hinaus machten mich einige Dinge, die Mao sagte, mißtrauisch. Ich war nie ganz sicher, ob ich verstand, was er meinte. Damals dachte ich, es hätte mit einigen besonderen Charakterzügen der Chinesen und ihrer Denkweise zu tun. Einige Aussprüche Maos fand ich allzu simpel, andere viel zu kompliziert.

Ich erinnere mich beispielsweise, daß Mao mich einmal fragte: «Genosse Chruschtschow, was halten Sie von unserer Losung ‹Laßt hundert Blumen blühen›?»

Ich antwortete: «Genosse Mao Tse-tung, wir können einfach nicht herausfinden, was diese Losung bedeutet. Es gibt alle möglichen Blumen – schöne Blumen, ekelerregende Blumen und sogar tödliche Blumen.» Mao gab zu, daß es für Russen vielleicht keine gute Losung sei. Wir hatten beschlossen, bei uns in der Presse nichts über die Losung von den ‹hundert Blumen› zu veröffentlichen. Mao war kein Narr; er wußte, was unser Schweigen bedeutete: daß wir nicht mit ihm übereinstimmten. Natürlich weiß ich ganz genau, was «Laßt hundert Blumen blühen» bedeutet. Es bedeutet, laßt unterschiedliche Tendenzen in Kunst und Kultur sich entwickeln. Aber inzwischen ist es jedermann klar, daß die Losung als Provokation gedacht war. Sie wurde verkündet, um die Leute zu ermuntern, offener ihre Meinung zu sagen, damit alle Blumen, deren Blüten die falsche Farbe oder den falschen Duft hatten, abgeschnitten und in den Schmutz getreten werden konnten.

Da war auch noch Maos andere berühmte Losung: «Der Imperialismus ist ein Papiertiger.» Für mich war es vollkommen unverständlich, daß Mao den amerikanischen Imperialismus so einfach als Papiertiger abtat, während er doch in Wirklichkeit ein höchst gefährliches Raubtier ist. Die Losung vom «Papiertiger» wurde erstmals verkündet, als unsere Beziehungen zu China noch gut waren, und sie verursachte uns eine gewisse Verlegenheit, da sie ausgerechnet von unserem Freund Mao Tse-

1954: Chruschtschow und Bulganin in China. Ankunft in Kanton.

Auf Besichtigungstour

tung kam, dem Führer des chinesischen Volkes. Jetzt geben die Chinesen anscheinend für den Augenblick Ruhe mit dem «Papiertiger». Sie führen nicht mehr wie früher ständig diese Losung im Mund.

Ich erinnere mich, daß wir, Mao und ich, einmal in Peking in unseren Badehosen am Schwimmbecken lagen und Probleme von Krieg und Frieden erörterten. Mao Tse-tung sagte zu mir: «Genosse Chruschtschow, was meinen Sie? Wenn wir die militärische Macht der kapitalistischen Welt mit jener der sozialistischen Welt vergleichen, dann werden Sie doch zugeben, daß wir offensichtlich im Vorteil gegenüber unseren Feinden sind. Bedenken Sie, wie viele Divisionen China, die UdSSR und die anderen sozialistischen Länder aufstellen könnten.»

Ich sagte: «Genosse Mao Tse-tung, diese Art zu denken ist heutzutage überholt. Sie können beim Vergleich von Streitkräften nicht mehr davon ausgehen, wer über die meisten Männer verfügt. Früher, als eine Meinungsverschiedenheit noch mit Fäusten oder Bajonetten beigelegt wurde, machte es einen Unterschied, wer die meisten Männer und Bajonette auf seiner Seite hatte. Dann, als das Maschinengewehr aufkam, war die Seite mit den meisten Truppen nicht mehr notwendigerweise im Vorteil. Und heute, mit der Atombombe, sagt die Anzahl der Truppen auf jeder Seite praktisch nichts mehr aus über wahre Macht und über den Ausgang eines Krieges. Je mehr Truppen, desto mehr Kanonenfutter.»

Mao wollte mir in seiner Erwiderung klarmachen, daß die Atombombe selbst ein Papiertiger sei. «Hören Sie, Genosse Chruschtschow», sagte er. «Sie brauchen die Amerikaner nur zu einer militärischen Aktion zu provozieren, und ich gebe Ihnen so viele Divisionen, wie Sie nur brauchen, um sie zu zerschmettern – hundert, zweihundert, tausend Divisionen.» Ich versuchte, ihm zu erklären, daß ein oder zwei Raketen alle Divisionen Chinas in Staub verwandeln könnten. Aber er wollte meine Argumente nicht einmal anhören und betrachtete mich offensichtlich als Feigling.

Ganz anders tönte Mao 1957, als er zur Konferenz der Kommunistischen und Arbeiterparteien nach Moskau kam und im Verlauf einer freundschaftlichen und freimütigen Unterhaltung sagte: «Genosse Chruschtschow, in der Zeitung habe ich gelesen, daß Ihr Verteidigungsminister Schukow gesagt hat, falls ein sozialistisches Land von einer imperialistischen Macht angegriffen werde, würden Sie sofort zurückschlagen. Das wäre ein Fehler.»[5]

Ich sagte: «Genosse Mao Tse-tung, Schukow hat nicht nur für seine Person gesprochen. Er hat für das Zentralkomitee gesprochen und unseren kollektiven Beschluß zum Ausdruck gebracht. Das gleiche habe ich auch bereits gesagt.» Wir stritten uns nicht; wir hatten nur eine freundschaftliche Diskussion.

5 Marschall Schukow war zu diesem Zeitpunkt gerade abgesetzt worden.

Chruschtschow und Bulganin (rechts); hinter Chruschtschow der Sicherheitschef General Serow

Mao Tse-tung, Chruschtschow und Mikojan (ganz rechts)

Mao erwiderte: «Ich bin der Meinung, im Falle eines Angriffs der Imperialisten auf China sollten Sie nicht intervenieren. In einem solchen Falle würden wir den Kampf allein austragen. Ihre Aufgabe würde es sein, davonzukommen. Jede Seite sollte auf sich selber aufpassen. Im übrigen glaube ich, sollten Sie nicht zurückschlagen, wenn Sie angegriffen würden.»

«Und was sollten wir statt dessen tun?»

«Sich zurückziehen.»

«Wohin?»

«Sie haben sich auch früher zurückgezogen. Während des Zweiten Weltkriegs haben Sie sich bis nach Stalingrad zurückgezogen, und falls Sie wieder angegriffen werden, können Sie sich bis zum Ural zurückziehen und zwei oder drei Jahre lang aushalten. Sie hätten China im Rükken.»

«Genosse Mao Tse-tung, wenn jetzt ein Krieg ausbräche – was glauben Sie wohl, wie lange der dauern würde? Er wäre nicht wie der letzte Krieg. Das war ein Krieg der Luftstreitkräfte und Panzer. Heute gibt es Raketen und Atombomben. Was veranlaßt Sie zu glauben, wir könnten uns für drei Jahre bis zum Ural zurückziehen? Uns blieben vermutlich nur ein paar Tage; danach wäre wahrscheinlich von uns nichts mehr übrig, außer ein paar zerlumpten Resten, die sich mühsam durchschlagen. Wenn wir dem Feind sagen, daß wir nicht zurückschlagen, laden wir ihn zum Angriff ein. Deshalb müssen wir ihm zu verstehen geben, daß wir ihn mit unseren Warnungen abschrecken wollen.»

Eindeutig bestand hier eine ziemlich grundsätzliche Meinungsverschiedenheit zwischen uns. Aber die Spaltung mit China vertiefte sich noch. Die Chinesen wußten, daß sie sich nach dem XX. Parteitag innerhalb der kommunistischen Weltbewegung in einer gefährlichen Lage befanden. Sie verstanden, welche Folgen sich für sie daraus ergaben, daß sich der Parteitag gegen den Personenkult, gegen selbstherrliches Regieren und alle anderen antidemokratischen, parteifeindlichen Lebensformen ausgesprochen hatte. Stalin wurde auf dem Parteitag bloßgestellt und verdammt, weil er Hunderttausende von Menschen erschießen ließ und weil er die Macht mißbrauchte. Mao Tse-tung trat in Stalins Fußstapfen.

Maos eigener Personenkult ist ein kompliziertes Phänomen. Personenkult ist so etwas wie eine Religion. Jahrhundertelang haben die Leute den Spruch heruntergeleiert: «Herr, erbarme dich unser; Herr, helfe und beschützte uns.» Und hat all das Beten geholfen? Selbstverständlich nicht. Aber die Leute bewegen sich in festgefahrenen Bahnen und glauben weiter an Gott, trotz aller Gegenbeweise.

Es gab sogar ein Echo auf den maoistischen Personenkult in unserem eigenen Land. Etwa 1962 entdeckte ich, daß unsere Militärs Mao Tsetungs Werke über Kriegführung hatten drucken lassen. Ich habe sofort den Verteidigungsminister rufen lassen und gesagt: «Genosse Malinowskij, wie ich höre, hat Ihr Ministerium die Werke Maos veröffentlicht. Das ist doch absurd! Die sowjetische Armee hat die Elitetruppen der Deutschen vernichtet, wohingegen die Männer Maos zwanzig bis fünfundzwanzig Jahre damit verbracht haben, sich gegenseitig Messer und Bajonette in den Hintern zu jagen. Und jetzt veröffentlichen Sie Maos Werke über Kriegführung. Wozu? Um zu lernen, wie man in Zukunft Krieg führt? Wo haben Sie Ihren Kopf gehabt, als Sie diese Entscheidung getroffen haben?» Malinowskij und die anderen Genossen beim Militär waren intelligente Männer, aber Mao Tse-tungs Schriften über Kriegführung zu veröffentlichen, war eine törichte Zeitverschwendung. Ich weiß nicht, was aus den Exemplaren geworden ist. Vermutlich liegen sie irgendwo in einem Lagerraum, vielleicht sind sie aber auch verbrannt worden.

Ich erinnere mich gut daran, wie Mao Tse-tung 1958 unsere Bemühungen, auf militärischem Gebiet zusammenzuarbeiten, zurückwies. Einem Vertrag zufolge sollten unsere Flugzeuge chinesische Flugplätze für Zwischenlandungen und zum Auftanken benutzen dürfen. Als wir dann unsere Fernkampf-Unterseeboote in Dienst stellten, brauchten wir eine Funkstation in China, um den Kontakt mit den Booten aufrechterhalten zu können. Nebenbei bemerkt hatten die Chinesen bereits darum gebeten, daß wir ihnen unsere U-Boot-Pläne überließen und ihnen zeigten, wie man solche Boote baut. Insofern fühlten wir uns berechtigt, sie um die Genehmigung für den Bau einer Funkstation auf ihrem Staatsgebiet zu bitten. Ihre Antwort hieß «Nein». Nicht lange danach erhielten wir Judins verschlüsselte Depesche über die antisowjetische Haltung der chinesischen Führung.

Ich sagte zu meinen Genossen: «Dem Protokoll nach ist Mao an der Reihe, uns einen Staatsbesuch abzustatten,[6] ehe wir wieder nach dort reisen. Aber in Anbetracht der gegenwärtigen Situation ist es vielleicht besser, wenn wir uns auf den Weg machen und mit ihm sprechen. Und am besten wäre eine inoffizielle Begegnung, damit wir herausfinden können, woran wir mit den chinesischen Genossen sind.»

Das war unsere letzte Reise nach China. Es war 1959.

Unsere Diskussionen verliefen in freundschaftlicher Atmosphäre, aber ohne konkrete Ergebnisse. Unter anderem erörterten wir auch das Thema Funkstation. Ich sagte: «Genosse Mao Tse-tung, wir geben Ihnen das Geld für den Bau der Station. Uns kommt es nicht darauf an, wem sie gehört, solange wir sie nur benutzen können, um in Funkkontakt mit unseren Unterseebooten zu bleiben. Wir wären sogar bereit, Ihnen die Station zu geben, aber wir möchten, daß sie so schnell wie möglich gebaut wird. Unsere Flotte operiert jetzt im Pazifik, und unser Haupt-

6 Im November 1957 war Mao offiziell aus Anlaß des 40. Jahrestages der Oktoberrevolution nach der Sowjetunion gekommen.

stützpunkt ist Wladiwostok. Genosse Mao Tse-tung, ließe sich nicht irgendein Übereinkommen treffen, daß unsere U-Boote zum Auftanken, für Reparaturen, Landurlaub usw. in Ihrem Land einen Stützpunkt bekommen?»

«Zum letztenmal, nein, und ich will nichts mehr davon hören.»

«Genosse Mao Tse-tung, die Länder des Atlantik-Pakts haben keine Schwierigkeiten bei der Zusammenarbeit und gegenseitigen Hilfe, und wir sitzen hier und sind unfähig, in einer so einfachen Frage zu einem Übereinkommen zu gelangen!»

«Nein!»

Ich konnte nicht verstehen, warum er so ärgerlich wurde. Ich machte einen letzten Appell an die Vernunft: «Wenn Sie wünschen, können Sie Murmansk als Hafen für Ihre Unterseeboote benutzen.»

«Nein! Murmansk interessiert uns nicht, und wir wollen Ihre Leute nicht im Lande haben. Wir haben über Generationen hinweg Engländer und andere Ausländer in unserem Land gehabt, und wir werden es einer fremden Macht niemals wieder gestatten, daß sie unser Land für ihre eigenen Zwecke ausnutzt.»

Wir haben die Genehmigung für den U-Boot-Stützpunkt nie bekommen.[7]

Als Mao den Gedanken propagierte, China könne Amerika innerhalb von fünf Jahren einholen, ging er gleichzeitig zur Offensive gegen uns über, und zwar in aller Öffentlichkeit. Etwa um diese Zeit begann er, Kommunen zu organisieren, und ließ seine Samowar-Hochöfen bauen.[8] Auf Betreiben Maos begannen die Chinesen zu behaupten, die sowjetische Überzeugung, daß die Verteilung materieller Güter entsprechend der Quantität und Qualität der geleisteten Arbeit erfolgen müsse, sei eine bürgerliche Konzeption. In China wurde verkündet, wir, die Sowjetunion, hingen an den Rockschößen der Bourgeoisie. So tauchten einige grundsätzliche Fragen hinsichtlich der künftigen Richtung unserer Bewegung auf, und wir hatten einen Punkt erreicht, wo sich unsere Wege von denen Chinas trennten.

Mao Tse-tung erklärte auch, daß die friedliche Koexistenz ein bürgerlich-pazifistischer Begriff sei. Seitdem hat China die Kommunistische Partei der Sowjetunion wegen ihrer Politik der friedlichen Koexistenz rücksichtslos verleumdet. Aber, wie ich schon sagte, es ist immer schwierig zu erkennen, was die Chinesen wirklich denken. Es ist schwierig herauszufinden, ob China wirklich für oder gegen die friedliche Koexistenz

7 Die Chinesen ihrerseits ersuchten die Russen um technische Daten für die Herstellung von Atomwaffen, doch die Russen verweigerten sie ihnen.

8 Abfällige Bemerkung über den Versuch der Chinesen, Stahl im Kleinstverfahren zu produzieren, in Mini-Hochöfen zum Beispiel in den Volkskommunen. Praktiziert vor allem während des «Großen Sprungs nach vorn» 1958.

ist. Ich erinnere mich, daß ich nach meiner Amtsabgabe im Rundfunk hörte, Mao habe einem amerikanischen Schriftsteller ein Interview gegeben, der ihm direkt die Frage stellte: «Wollen Sie wirklich einen Krieg in der Welt entfesseln?» Mao antwortete: «Nein, die Chinesen wollen keinen Krieg. Wir ziehen nur in den Krieg, wenn unser Land direkt angegriffen wird.» Auf die bohrenden Fragen bürgerlicher Journalisten wiederholte Mao Tse-tung mehrmals, daß China die friedliche Koexistenz befürworte. Ich habe das Gefühl, daß die sogenannte Erklärung Mao Tse-tungs tatsächlich von Tschu En-lai verfaßt worden ist. Ich war nie sicher, ob ich Maos eigene Einstellung erfahren hatte. Es ist unmöglich, diese Chinesen festzunageln.

Eines weiß ich jedoch ganz sicher über Mao. Er ist ein Nationalist, und zumindest solange ich ihn kannte, platzte er fast vor ungeduldiger Begierde, die Welt zu beherrschen. Sein Plan war, zuerst China zu beherrschen, dann Asien, dann ... was? In China leben siebenhundert Millionen Menschen, und in anderen Ländern wie Malaysia ist etwa die Hälfte der Bevölkerung chinesisch.

Das folgende harmlose Gespräch, das Mao und ich einmal beim Tee führten, ist sehr interessant, weil es ein Licht wirft auf Maos Version vom chinesischen Nationalismus.

Er fragte mich: «Wie viele Eroberer sind nach China eingedrungen?» Die Antwort gab er selber: «China ist oft erobert worden, aber die Chinesen haben ihre Eroberer alle assimiliert.»

Er richtete den Blick in die Zukunft. «Denken Sie mal darüber nach», sagte er. «Sie haben zweihundert Millionen Menschen, wir siebenhundert Millionen.»

Dann begann er mit einem Vortrag über chinesische Eigentümlichkeiten. Als Beispiel erwähnte er, daß es im Chinesischen keine Fremdwörter gebe. «Die ganze übrige Welt verwendet das Wort ‹Elektrizität›», prahlte er. «Man hat es dem Englischen entlehnt. Aber wir Chinesen haben unser eigenes Wort dafür!» Sein Chauvinismus und seine Arroganz jagten mir kalte Schauer den Rücken hinunter.

Später griff die chinesische Presse den Fingerzeig Maos auf und begann zu behaupten, Wladiwostok liege auf dem Territorium Chinas. Man schrieb, die Russen hätten es China gestohlen. Zugegeben, die Chinesen haben früher einmal in jenem Teil Sibiriens geherrscht, ehe unsere Zaren bis in dieses Gebiet vorgedrungen sind. Wir waren bereit, mit den Chinesen über unsere gemeinsame Grenze zu verhandeln. Als sie uns eine Landkarte schickten, so wie sie ihrer Meinung nach aussehen sollte, warfen wir nur einen Blick darauf. Die Karte war so empörend, daß wir sie angewidert fortwarfen.

Mao mag Nationalist sein, aber ein Narr ist er nicht. Als China seine angeblich auf Gleichheit aller zielenden Reformen einleitete, gelangte Literatur zu dieser Frage über die Grenze und wurde in weiten Teilen

Sibiriens verbreitet. Als ich davon hörte, sagte ich zu meinen Genossen: «Das muß sofort aufhören. Die Parolen der chinesischen Reformen sind sehr verlockend. Ihr irrt euch, wenn ihr glaubt, die Saat dieser Ideen werde in unserem Land keinen fruchtbaren Boden finden.»

Wir mußten Maos Behauptungen und Vorschlägen etwas Wesentliches entgegensetzen. Gelinde gesagt, stimmten wir mit seiner Einstellung nicht überein. Tatsächlich hatte ich die Geduld mit ihm bereits verloren. Wenn man meinen Bericht anläßlich des XXII. Parteitages liest, wird man feststellen, daß ich einen Großteil meiner Ausführungen dem Problem China widmete, wenn ich auch China nicht ausdrücklich erwähnte. Aber damals, auf dem XXII. Parteitag, haben wir die Hauptlehrsätze Maos verworfen.[9]

Eine von Maos auf die «Gleichheit aller» zielenden Reformen unterschreibe ich jedoch. Er hatte recht, die Epauletten von den chinesischen Uniformen zu entfernen. Ich meine, das war eine vernünftige Sache, zumal ich glaube, daß wir unsererseits einen Fehler machten, als wir bei unseren Uniformen die Rangabzeichen wieder einführten. Wer, zum Teufel, braucht sie? Wir haben den Bürgerkrieg gewonnen, und ich hatte keine Schulterstücke oder Tressen, obwohl ich im Range eines Kommissars stand. Die Soldaten brauchten keine bunten Tressen zu sehen, um zu wissen, wer ihr Kommissar und ihr Kommandeur war. In jenen Tagen waren wir fähig, unsere Feinde zu vernichten ohne Schulterstücke. Heutzutage sind unsere Militärs aufgedonnert wie Kanarienvögel.

Während der Konferenz der Kommunistischen und Arbeiterparteien im Kreml 1960 stellte sich die chinesische Delegation – die von Liu Schaotschi[10] geführt wurde – in jedem Punkt gegen uns, und die Albaner sprachen sich gegen uns aus und unterstützten China.

Besonders schamlos war das Verhalten von Mao Tse-tungs Handlanger Enver Hodscha. Er zeigte uns seine Hauer noch drohender als die Chinesen selbst. Nach seiner Rede stand die Genossin Dolores Ibarruri, eine alte Revolutionärin und treue Arbeiterin in der kommunistischen Bewegung, entrüstet auf und sagte – womit sie den Nagel auf den Kopf

9 Mit einem scharfen Angriff gegen Albanien brachte Chruschtschow den ideologischen Konflikt im Weltkommunismus auf dem XXII. Parteitag im Oktober 1961 zum erstenmal an die Öffentlichkeit, worauf Ministerpräsident Tschu En-lai, der Abgesandte Pekings, das Vorgehen des sowjetischen Parteichefs ebenfalls öffentlich verurteilte. Bis dahin hatten beide Seiten noch versucht, den Streit vor der nichtkommunistischen Welt zu verschleiern. Ein detaillierter Bericht über das sowjetisch-chinesische Schisma findet sich bei Edward Crankshaw: ‹*Moskau – Peking oder Der neue Kalte Krieg*›.

10 Er hielt sich aber gegenüber der Sowjetunion zurück und überließ die Attacken auf Chruschtschows Politik dem Delegationsmitglied Teng Hsiaoping. Liu wurde während der Kulturrevolution als Staatsoberhaupt entmachtet.

traf –, daß Hodscha wie der Hund sei, der die Hand beißt, die ihn füttert.

Wir wollten alles tun, um ein Schisma zwischen den Albanern und uns zu vermeiden, aber alle unsere Bemühungen waren vergeblich. Unser Konflikt mit den Albanern entwickelte sich stufenweise, als wir nach und nach merkten, daß sie mit den Chinesen gegen uns konspirierten. Wir bekamen Wind von ihrem Verrat, als eine albanische Delegation auf dem Rückweg von China durch Moskau kam. Jemand von den Albanern, eine ehrliche aufrichtige Frau, kam zu uns und erzählte, was da vor sich ging. Ich glaube, sie wurde kurze Zeit später erdrosselt, die arme Frau. Und sie wurde nicht von der Gestapo erdrosselt. Nein, es waren ihre eigenen «Brüder». Ich sage dies, weil sie Kommunistin war und diese Leute ebenfalls der Partei angehörten. Sie erdrosselten die Frau, weil sie, eine Kommunistin, zu uns ins Zentralkomitee der Kommunistischen Partei der Sowjetunion gekommen war und uns von den Geheimtreffen der Albaner mit den Chinesen berichtet hatte.

Wie naiv wir waren! Zur selben Zeit befand sich Mechmet Schehu zu irgendeiner Behandlung in einem Krankenhaus in der UdSSR. Als wir ihn mit der Tatsache konfrontierten, daß wir von den Gesprächen zwischen seinem Land und China wußten, sprang er aus dem Krankenbett und flog auf der Stelle nach Albanien zurück.

Enver Hodscha, Mechmet Schehu und Balluku[11] waren in Albanien dadurch an die Macht gekommen, daß sie einen Aufstand angezettelt und den Ersten Sekretär der albanischen Partei abgesetzt hatten, einen sehr guten Genossen, von dem Tito immer nur Gutes sagte und den die Jugoslawen allgemein unterstützten. Er stammte aus einer zuverlässigen Arbeiterfamilie und war der Gründer der Kommunistischen Partei Albaniens. Tito sagte mir, daß Mechmet Schehu selber diesen Mann umgebracht habe. Diese drei – Hodscha, Schehu und Balluku – pflegten Leute vor Gericht zu bringen und selber das Urteil zu sprechen, ohne darüber irgendein Schriftstück anzufertigen; anschließend suchten sie nach einer Gelegenheit, ihr Opfer heimlich ermorden zu lassen. Das alles ähnelte sehr den Methoden, die Stalin und Berija angewandt hatten.

Der Riß, der sich zwischen der Sowjetunion und Albanien auftat, war hauptsächlich auf die Furcht der Albaner vor einer Demokratisierung zurückzuführen. Obwohl es eine Zeit gab, da ich dachte, es sei noch nicht alles verloren, glaube ich heute, daß die Spaltung unvermeidbar war. Der endgültige Bruch mit den Albanern erfolgte auf dem Kongreß der Kommunistischen Partei Rumäniens im Juni 1960 in Bukarest, wo wir uns zu einem Meinungsaustausch über internationale Angelegenheiten und über besondere Fragen der Beziehungen zwischen den Kommuni-

11 Hodscha ist albanischer Parteichef; Schehu Ministerpräsident und Balluku Verteidigungsminister.

stischen Bruderparteien einerseits und der Kommunistischen Partei Chinas andererseits trafen. Heute, da der Bruch mit den Albanern vollendet ist, stehe ich um so fester auf den Prinzipien der demokratischen Führung, welche die Albaner nie akzeptieren konnten.

Demokratie ist sicherlich wünschenswert, aber in einer Demokratie ist es für einen politischen Führer schwierig, an der Macht zu bleiben, wenn er es sich nicht zum Prinzip macht, seine Anhänger zu konsultieren. Ein demokratischer Führer muß einen scharfen Verstand haben und fähig sein, Rat anzunehmen. Er muß sich bewußt sein, daß seine Führungsposition vom Willen des Volkes abhängt, das ihn sich wünscht, und nicht von seinem Willen, das Volk zu führen. Und die Leute werden einen führenden Mann nur akzeptieren, wenn er sich als vom gleichen Fleisch und Blut wie die Partei erweist. Ein politischer Führer muß sich von den Interessen des Volkes leiten lassen und nicht von Habsucht und Eitelkeit. Ein Führer muß hervorragendes Wissen, Demut und die Fähigkeit haben, als Teil des Kollektivs zu leben. Ich wiederhole: er behauptet seine Führungsposition durch den Willen der Partei. Mit anderen Worten: er steht nicht über der Partei, sondern er ist ihr Diener, und er kann seine Position nur so lange halten, wie er die Zufriedenheit und Unterstützung der Partei genießt.

Enver Hodscha, Mechmet Schehu und Balluku haben in ihrer Parteilaufbahn diese Prinzipien nicht befolgt. Mao Tse-tung auch nicht.

Wenn jedoch Mao Tse-tung seine Macht auch mißbraucht und seine Partei irregeleitet haben mag: ein Verrückter – wie einige behaupten – ist er nicht. Die Leute sagen heute, Mao Tse-tung sei wahnsinnig, sein Verstand habe ihn verlassen. Das stimmt nicht. Mao ist sehr intelligent und sehr schlau. Ich erinnere mich, daß es vor nur ein paar Jahren noch hieß, Mao Tse-tung werde den derzeitigen Machtkampf in China niemals gewinnen. Damals sagte ich: «Unsinn, selbstverständlich wird Mao siegen.» Und ich hatte recht. Mao scheint jetzt in China eindeutig die Oberhand zu gewinnen. Aber mit welchen Mitteln? Die Chinesen erkennen nur ein Gesetz an: das Gesetz der Macht und der Gewalt. Wenn man nicht gehorcht, reißen sie einem den Kopf ab. Und das tun sie sehr kunstvoll – mitten auf einem Platz vor Tausenden von Menschen. Was ist das für eine «Politik»? Man kann es nicht einmal Barbarei nennen. Es ist schlimmer. Schließlich leben wir im zwanzigsten Jahrhundert!

Obwohl Mao sich in China durchsetzt, hat Liu Schao-tschi nicht aufgegeben. Er ist gegen Maos Politik und stellt sich zum Kampf. Liu Schao-tschi ist ein sehr intelligenter Mann und hat sehr viele Leute auf seiner Seite, aber sie haben keine wirkliche Macht. Der Grund dafür, daß Liu Schao-tschi noch am Leben ist, liegt in seiner Popularität. Mao hätte Liu ohne große Mühe umbringen lassen können. Aber Lius Ermordung würde den Zorn der Massen heraufbeschwören. Mao Tse-tung weiß das und bekämpft Liu Schao-tschi nicht als einzelnen, sondern als den Bannerträger eines besonderen politischen Systems. Mit anderen Worten: Mao will Liu besiegen, indem er ihn politisch isoliert.

Natürlich sind es für uns zwei verschiedene Dinge, einerseits über Mao Tse-tung zu sprechen und andererseits über China als ganzes. Würden wir das chinesische Volk verunglimpfen, so würden wir damit die Schwelle überschreiten, die eine objektive Analyse von einem nationalistischen Vorurteil trennt. Wir wären nationalistisch, wenn wir von dem Glauben ausgingen, eine Nation könne anderen Nationen gegenüber besondere Rechte oder Vorrechte haben. Auf diese Weise hat der Nazismus begonnen.

Deshalb müssen wir uns vergegenwärtigen, daß die Chinesen unsere Brüder sind. Sie sind Menschen wie wir. Und wenn chinesische Jugendliche unsere Botschaft in Peking angreifen, so heißt das nicht, daß wir das gesamte chinesische Volk hassen sollten. Die Jugend eines Landes ist nicht die ganze Nation. Außerdem gibt es alle möglichen Arten von Jugendlichen. Nicht jeder war auf dem Platz und hat unsere Botschaft mit Steinen beworfen. Und auch nicht jeder, der auf dem Platz war, hat die Politik Mao Tse-tungs durch Schreien unterstützt. Man bedenke, wie viele Chinesen es geben muß, die beklagen, wohin es mit ihrem Land gekommen ist. Ein großer Kampf ist in China in Gange, und Menschen töten sich gegenseitig.

Ich glaube, wir sollten alle Anstrengungen darauf verwenden, den gegenwärtigen Konflikt zwischen der Kommunistischen Partei der Sowjetunion und den anderen Kommunistischen Parteien einerseits sowie der Kommunistischen Partei Chinas andererseits zu lösen. Wir sollten alles tun, was wir können, damit die kommunistische Bewegung wieder geeint und monolithisch wird. Dieses Ziel muß erreicht werden! Es ist im Interesse der Völker der Sowjetunion. Es ist im Interesse des chinesischen Volkes, und es ist im Interesse aller friedliebenden Völker der Welt. Lang lebe der Kampf für den Frieden – und für die friedliche Koexistenz!

19
Ho Tschi Minh und der Krieg in Vietnam

Auch in den Bemerkungen über die Tragödie in Vietnam kommt Chruschtschows Selbstgefälligkeit zum Ausdruck, so etwa, wenn er moniert, daß Ho Tschi Minh in seinem Testament nicht die sowjetische Hilfe erwähnt habe. Im übrigen stellt er seine Betrachtungen fast ausschließlich im Zusammenhang des sowjetisch-chinesischen Schismas an und verschiebt damit die Gewichte. Nach allen seriösen Informationen, die im Westen vorliegen, ist Chinas Einfluß auch nach dem Tod Ho Tschi Minhs in Hanoi keineswegs so groß, wie Chruschtschow argwöhnt. Die Reserviertheit der Vietnamesen gegenüber den Russen, über die er sich beklagt, ist vielmehr Ausdruck ihres stark ausgeprägten Unabhängigkeitsgefühls gegenüber Russen und *Chinesen. Von Interesse ist die Beleuchtung der Situation vor und während der Genfer Indochina-Konferenz 1954. So verzweifelt, wie Chruschtschow es hier schildert, war die Lage der Nordvietnamesen vor dem Sieg bei Dien Bien Phu kaum. Vielleicht ist der sowjetische Parteichef einer falschen Information der Chinesen aufgesessen, die den Vietminh ihren Sieg nicht gönnten? Unwahrscheinlich ist auch – schon eingedenk historischer Ressentiments –, daß die Vietnamesen China um die Entsendung von Truppen ersucht haben sollen. Im übrigen waren es die Vietminh gewesen, die eine Waffenstillstandslinie noch südlich des 17. Breitengrades forderten, und nicht die Sowjets, wie Chruschtschow behauptet. Allgemein ist zu sagen, daß sich die kommunistischen Vietnamesen in Genf von ihren Verbündeten, der Sowjetunion und der Volksrepublik China, nicht gut unterstützt fühlten. Auf Grund ihres militärischen Sieges hatten sie tatsächlich mehr erwartet als eine Demarkationslinie am 17. Breitengrad mit der Aussicht auf allgemeine Wahlen im Laufe der nächsten zwei Jahre, zumal sie beträchtliche Gebiete im Süden räumen mußten, die unter ihrer Kontrolle gestanden hatten.*

Damit, daß die amerikanischen Aggressoren gezwungen waren, ihre Bombenangriffe auf das Territorium Nordvietnams einzustellen, erlitten sie eine entscheidende Niederlage. Aus Presseberichten ist allgemein bekannt, daß die Vereinigten Staaten sich nicht strikt an die Verpflichtung halten, die sie bei der Einstellung der Bombenabwürfe eingegangen sind, aber allein die Tatsache, daß die Bombardierungen eingestellt wurden, beweist den mutigen Widerstand des vietnamesischen Volkes. Der Widerstand der Vietnamesen wurde unter der Führung ihres verstorbenen Präsidenten, des bemerkenswerten Mannes und Genossen Ho Tschi Minh, organisiert. Während meiner politischen Laubahn bin ich vielen Menschen begegnet, aber Ho Tschi Minh hat mich auf besondere Weise beeindruckt. Religiöse Menschen haben früher oft von den heiligen Aposteln gesprochen. Nun, durch die Art, wie Ho Tschi Minh lebte und andere Menschen beeindruckte, war er wie einer dieser «heiligen Apostel». Er war ein Apostel der Revolution.

Ich werde nie den Ausdruck seiner Augen vergessen, wie sein Blick in einer besonderen Art von Aufrichtigkeit und Reinheit glänzte. Es war die Aufrichtigkeit eines unbestechlichen Kommunisten und die Reinheit eines Mannes, der der Sache im Grundsatz und in der Praxis treu ergeben ist. Er vermochte jedermann zu gewinnen mit seiner Aufrichtigkeit und seiner unerschütterlichen Überzeugung, daß die Sache des Kommunismus für sein Volk und alle Menschen die richtige ist. Jedes seiner Worte schien seinen Glauben zu bekräftigen, daß alle Kommunisten Klassenbrüder sind und daher im Umgang miteinander aufrichtig und ehrlich sein müssen. Ho Tschi Minh war wirklich einer der «Heiligen» des Kommunismus.

Ich begegnete ihm das erste Mal, als Stalin noch lebte. Er war direkt aus den Dschungeln Vietnams nach Moskau gekommen. Er erzählte uns, wie er sich tagelang zu Fuß seinen Weg durch den Dschungel gebahnt hatte, bis er an die chinesische Grenze kam, und wie er von dort aus in die Sowjetunion gereist sei.

Während unseres Gesprächs beobachtete Ho Tschi Minh mit seinen ungewöhnlichen Augen intensiv Stalin. Ich würde sagen, in seinem Blick lag eine fast kindliche Naivität. Ich erinnere mich, daß er einmal in seine Aktentasche langte und ein Exemplar einer sowjetischen Zeitschrift – ich glaube, es war *Die UdSSR im Aufbau* – herausholte und Stalin bat, es zu signieren. In Frankreich jagen alle nach Autogrammen, und offensichtlich hatte Ho Tschi Minh sich diese Manie zu eigen gemacht. Er hatte Spaß an der Vorstellung, den Leuten in Vietnam nach seiner Rückkehr Stalins Autogramm zeigen zu können. Stalin gab ihm das Autogramm, ließ ihm aber kurz danach die Zeitschrift stehlen, weil er sich Sorgen machte, was Ho Tschi Minh damit anfangen würde.

Ho Tschi Minh erzählte uns von dem Kampf, den sein Volk gegen die Franzosen führte, und bat uns um materielle Hilfe, vor allem um Waffen und Munition. Nachdem Ho Tschi Minh aus Moskau abgereist war, bat er uns schriftlich, ihm Chinin zu schicken, da sein Volk unter einer Malaria-Epidemie leide. Unsere pharmazeutische Industrie produzierte Chinin in großen Mengen, deshalb lief Stalin über vor Großzügigkeit und sagte: «Schickt ihm eine halbe Tonne.»

Später bin ich Ho Tschi Minh noch viele Male begegnet. Ich erinnere mich an unsere Zusammenarbeit zur Zeit der Genfer Konferenz. Damals hatten wir noch sehr gute Beziehungen zur Kommunistischen Partei Chinas. Vor der Genfer Konferenz fand ein vorbereitendes Treffen in Moskau statt. China wurde vertreten durch Tschu En-lai und Vietnam durch Präsident Ho Tschi Minh und Ministerpräsident Pham Van Dong.[1] Wir besprachen, welche Haltung wir in Genf auf Grund der Situation in Vietnam einnehmen wollten. Die Situation war sehr ernst. Die Widerstandsbewegung in Vietnam stand am Rande des Zusammenbruchs. Die Partisanen rechneten darauf, daß die Genfer Konferenz zu einem Waffenstillstandsabkommen führte, demzufolge sie die im Kampf des vietnamesischen Volkes gegen die Franzosen eroberten Gebiete behalten konnten. Hanoi befand sich fest in der Hand der Franzosen. Wenn man eine Karte betrachtete, auf der unsere Gebietsforderungen für eine Beilegung des Konflikts eingetragen waren, sah man Nordvietnam wie mit Pockennarben von Enklaven bedeckt, die die Franzosen erobert und besetzt hatten.

Nach einer dieser Sitzungen im Katharinensaal des Kreml hielt Tschu En-lai mich zurück und zog mich in eine Ecke. Er sagte: «Genosse Ho Tschi Minh hat mir gesagt, daß die Lage in Vietnam hoffnungslos ist, und die Bevölkerung, falls wir nicht bald einen Waffenstillstand erreichen, sich kaum noch lange gegen die Franzosen behaupten kann. Sie hätten deshalb beschlossen, sich notfalls bis zur chinesischen Grenze zurückzuziehen. Sie möchten, daß China sich bereit erklärt, Truppen nach Vietnam zu schicken, so wie wir es in Nordkorea getan haben. Mit anderen Worten: die Vietnamesen möchten, daß wir ihnen helfen, die Franzosen zu vertreiben. Wir können dieser Bitte des Genossen Ho Tschi Minh einfach nicht entsprechen. Wir haben in Korea schon zu viele Menschen verloren – der Krieg ist uns teuer zu stehen gekommen. Wir können es uns zur Zeit nicht leisten, uns in einen anderen Krieg hineinziehen zu lassen.»

Ich trug dem Genossen Tschu En-lai meinerseits eine Bitte vor. «Ein entscheidender Kampf ist im Gange», sagte ich, «und die Vietnamesen schlagen sich tapfer. Die Franzosen müssen schwere Verluste hinnehmen. Es gibt keinen Grund, warum Sie Ho Tschi Minh sagen sollten, daß Sie ihm nicht helfen werden, falls sich seine Truppen, von den Franzosen geschlagen, bis zu Ihrer Grenze zurückziehen müssen. Warum erzählen Sie ihm nicht einfach eine harmlose Lüge? Lassen Sie die Vietnamesen doch in dem Glauben, daß Sie ihnen notfalls helfen werden. Für die Partisanen wird das eine Quelle der Begeisterung sein in ihrem Widerstandskampf gegen die Franzosen.» Tschu En-lai willigte ein, dem Genossen

1 Gemeint ist die Indochina-Konferenz von 1954. Damals allerdings war Pham Van Dong noch Stellvertretender Regierungschef und Außenminister.

Ho Tschi Minh zu verschweigen, daß China auf vietnamesischem Territorium nicht gegen die Franzosen Krieg führen werde.

Dann geschah ein Wunder. In den Tagen, als die Delegationen zur Konferenz in Genf eintrafen, errangen die vietnamesischen Partisanen einen großen Sieg und eroberten die Festung Dien Bien Phu. Auf der ersten Sitzung der Konferenz schlug Frankreichs Ministerpräsident Mendès-France vor, die nördliche Grenze der Einflußsphäre der französischen Streitkräfte auf den 17. Breitengrad zurückzuverlegen. Ich gestehe, wir atmeten auf vor Überraschung und Freude, als uns diese Nachricht aus Genf erreichte. So etwas hatten wir nicht erwartet. Der 17. Breitengrad war das absolute Maximum, das wir gefordert haben würden. Wir gaben unseren Vertretern in Genf Weisung, zu verlangen, daß die Demarkationslinie noch weiter nach Süden, auf den 15. Breitengrad verlegt werde, aber das geschah nur, um den Eindruck zu erwecken, daß wir hart verhandelten. Nach kurzem Feilschen nahmen wir das Angebot von Mendès-France an, und das Abkommen wurde unterzeichnet. Es war uns gelungen, die Eroberungen der vietnamesischen Kommunisten zu konsolidieren.

Ich sollte diese Gelegenheit nutzen, Mendès-France Gerechtigkeit widerfahren zu lassen. Er schätzte die Situation, der er gegenüberstand, nüchtern und sachlich ein. Zugegeben, die Partisanen in Vietnam hatten Schwierigkeiten, aber sie hatten keinesfalls größere Schwierigkeiten als die französische Armee. Mendès-France tat den einzig vernünftigen Schritt, als er den Krieg beendete, den die Franzosen in Vietnam führten. Frankreich zog sich aus dem Krieg zurück und transportierte seine Truppen ab.

Alles wäre gut gewesen, hätte sich jedermann an die Verpflichtungen der Genfer Vereinbarungen gehalten. Nach zwei Jahren hätten allgemeine Wahlen stattfinden sollen, und wir hatten keinen Zweifel, daß Ho Tschi Minh – und das heißt, die Kommunisten und die fortschrittlichen Kräfte Vietnams – siegreich daraus hervorgegangen wäre. Aber dann griffen der unselige Dulles und die Vereinigten Staaten ein und zwangen dem vietnamesischen Volk einen langen, blutigen Krieg auf, der noch heute andauert.

Auf den Krieg selbst will ich nicht eingehen, da gründlich darüber in der Presse berichtet worden ist. Ich möchte jedoch etwas über die Schwierigkeiten sagen, denen sich die Vietnamesen infolge des Konflikts zwischen der Sowjetunion und China gegenübersehen.

Während der Schlußphase der Konferenz der Kommunistischen und Arbeiterparteien 1960 willigten alle ein, die Konferenzerklärung zu unterzeichnen, bis auf die Chinesen, die sich halsstarrig weigerten, einen Punkt in dem Dokument zu akzeptieren. Es war ein wichtiger Punkt, und seine Einbeziehung in die Erklärung war für uns eine Grundsatzfrage. Deshalb konnten wir den Chinesen nicht entgegenkommen.

Ho Tschi Minh kam zu mir und sagte: «Genosse Chruschtschow, Sie werden den Chinesen in diesem Punkt nachgeben müssen.»

«Wie können wir nachgeben?» erwiderte ich. «Dies ist eine Grundsatzfrage.»

«Genosse Chruschtschow, China ist ein sehr großes Land mit einer sehr großen Partei. Sie können nicht zulassen, daß es zu einer Spaltung in der Bewegung kommt. Sie müssen dafür sorgen, daß die Chinesen diese Erklärung gemeinsam mit uns anderen unterzeichnen. Nur wenn das Dokument einstimmig gebilligt wird, kann es große internationale Bedeutung haben.»

«Genosse Ho Tschi Minh, unsere Delegation wendet alle Mühe darauf, die Einheit in der kommunistischen Bewegung zu erhalten. Glauben Sie nicht, daß wir die Größe und Macht der Kommunistischen Partei Chinas unterschätzen. Wir tun alles, was wir können, um China in der Gemeinschaft der kommunistischen Bruderparteien zu halten. Aber Sie werden sicherlich verstehen, daß wir, wenn es um unsere Grundsätze geht, keine Kompromisse schließen können. Und das würden wir tun, wenn wir den Chinesen in diesem Punkt nachgäben. Ihre Einstellung widerspricht unserer ganzen kommunistischen Weltanschauung. Sie sagen, China ist ein großes Land und die chinesische Partei ist eine große Partei. Sicherlich werden Sie zustimmen, daß wir weder ein kleines Land noch eine kleine Partei sind. Aber das gehört nicht zur Sache. Alle kommunistischen Parteien sind gleich und müsse gleiche Rechte und gleiche Möglichkeiten haben. Und solange das der Fall ist, müssen alle unsere Bestrebungen dem einen Ziel untergeordnet werden, und dieses Ziel ist der Sieg der kommunistischen Bewegung.»

Ho Tschi Minh stimmte mir zu, aber er sagte: «Für uns ist es doppelt schwierig. Vergessen Sie nicht, China ist unser Nachbar.» Nachdem er mit mir gesprochen hatte, ging er offenkundig zu den Chinesen, um mit ihnen zu reden. Endlich, nach fortgesetzten Bemühungen unserer Vertreter, mit den Chinesen zu verhandeln, fanden wir eine für beide Seiten akzeptable Formel, und China willigte ein, die Erklärung zu unterzeichnen.

Ich war sehr betrübt, als China schließlich doch alle aktiven politischen Beziehungen zu uns abbrach. Als der Bruch zwischen den Kommunistischen Parteien der Sowjetunion und Chinas bekannt wurde, fingen die Chinesen an, die Partei der Werktätigen Vietnams zu gängeln. Ein großer Teil der Bevölkerung Vietnams – und damit der Partei – ist chinesisch.[2] China begann, seinen beträchtlichen Einfluß auszunutzen und Streitigkeiten zwischen Vietnam und der Sowjetunion zu inszenieren so-

2 Chruschtschow sieht Chinesen hinter jedem Busch. Im Vergleich zu anderen asiatischen Ländern, auch zu Südvietnam, ist die chinesische Minderheit in Nordvietnam ohne Bedeutung.

wie die vietnamesische Partei gegen uns aufzuhetzen. Einige der Schlüsselpositionen in der Führung der vietnamesischen Partei werden jetzt von prochinesischen Genossen gehalten. Zu einer Zeit, da wir alles, was wir konnten, taten, um Vietnam zu helfen, haben die prochinesischen Elemente in Vietnam alles, was sie konnten, getan, um den Wünschen Chinas Rechnung zu tragen. Mit anderen Worten, sie haben nicht nur gegen uns gearbeitet, sondern auch gegen die eigenen, besten Interessen Vietnams. Das ist sehr schade.

Wir haben uns aufrichtig alle Mühe gegeben, Vietnam beizustehen, und die Feindseligkeit der prochinesischen Elemente in Vietnam gegen uns war eine bittere Pille, die wir schlucken mußten. Warum ich dies jetzt alles zur Sprache bringe? Ich bringe es zur Sprache, da es in Beziehung steht zu dem, was wir jetzt erwarten können, da Ho Tschi Minh tot ist.

Nach allem, was ich in der Presse lese, sieht es so aus, daß in den sowjetisch-vietnamesischen Beziehungen alles glatt geht. Vietnamesische Delegationen besuchen die Sowjetunion, und Delegationen unserer Reporter fahren nach Vietnam, um über den Kampf des vietnamesischen Volkes zu berichten. Ihre Reportagen erscheinen regelmäßig sowohl in der Presse als auch im Fernsehen und in den Wochenschauen.

Aber gewisse Informationen, die mich erreicht haben, zeigen mir, daß in Wirklichkeit nicht alles so glatt geht, wie es in den Zeitungsartikeln und Fernsehberichten verkündet wird. Nach meinen Informationen lassen die Vietnamesen eine gewisse ungerechtfertigte Reserviertheit gegenüber der sowjetischen Regierung und Partei erkennen. Das kann nur bedeuten, daß es in der vietnamesischen Regierung und in der Führung der Partei der Werktätigen Vietnams noch immer einige prochinesische Kräfte gibt. Von außen betrachtet, könnte es scheinen, daß sich freundliche Beziehungen und ein gegenseitiges Verständnis zwischen Vietnam und der Sowjetunion entwickeln. Aber es ist möglich, daß dieser Anschein nur eine Fassade ist, die die vietnamesische Führung – vielleicht sogar mit dem Segen Chinas – errichtet hat, um die Hilfe der Sowjetunion und der anderen brüderlichen kommunistischen Parteien nicht zu verlieren. Ich hoffe natürlich, daß dies nicht der Fall ist, doch ich würde nach wie vor die Möglichkeit in Betracht ziehen, daß es so ist. Ich würde gern glauben, daß Vietnam wirklich gute Beziehungen zur Sowjetunion wünscht, aber ich glaube nicht, daß China Vietnam aus seinen Klauen entlassen wird, und auch künftig werden prochinesische Kräfte in Vietnam mächtig bleiben. Sie werden alles tun, was in ihrer Macht steht, damit Vietnam China aus der Hand frißt.

Jetzt, nach dem Tod des Genossen Ho Tschi Minh, wird sich das ansteckende Gewächs des prochinesischen Einflusses virulenter ausbreiten können als je zuvor. Falls das geschieht, wäre es sehr schade und ein armseliges Denkmal für den Genossen Ho Tschi Minh, der so viel von seinen

Gedanken und seiner Tatkraft der Festigung der Freundschaft seines Landes zur Sowjetunion gewidmet hat.

Seit dem Tod des Genossen Ho Tschi Minh hat es viele Reden und Artikel von Leuten unterschiedlicher politischer Tendenzen gegeben, die alle versuchten, eine Antwort auf die Fragen zu finden, die heute jedermann beunruhigen: Wie werden sich die Beziehungen Vietnams zur Sowjetunion entwickeln? Zu den kapitalistischen Ländern? Zu den kommunistischen Parteien, deren Ansichten von denen Mao Tse-tungs abweichen? Wie werden sich die Beziehungen Vietnams zur Führung der chinesischen Partei entwickeln? Welche Änderungen wird es in der Politik Vietnams geben? Ich möchte jetzt meine eigenen Eindrücke mitteilen von dem, was ich gelesen und gehört habe, und versuchen, einige meiner Gedanken über die Aussichten für die Entwicklung der sowjetisch-vietnamesischen Beziehungen zum Ausdruck zu bringen.

Selbstverständlich kann niemand voraussagen, was geschehen wird. Es gibt einige Anzeichen dafür, was als nächstes zu erwarten ist, aber wir sollten vorsichtig mit Voraussagen sein, denn nichts ist beständig. Alles ist im Fluß. Die Dinge können sich jederzeit ändern. Zum Beispiel gab es einmal ungetrübte Beziehungen zwischen der Sowjetunion und der Chinesischen Volksrepublik. Es gab sogar gute Beziehungen zwischen der sowjetischen Führung und Mao Tse-tung. Aber inzwischen hat sich das alles geändert. Das gleiche könnte mit Vietnam passieren. Unsere Beziehungen waren ursprünglich sehr gut; und wenn sie sich später verschlechterten, war es nicht die Schuld der Kommunistischen Partei der Sowjetunion. Ich glaube eher, es lag ausschließlich an Mao Tse-tung selbst und an seinem Einfluß auf Vietnam.

Die Dokumente, die mir eine Grundlage geben, den künftigen Kurs Vietnams vorauszusagen oder zumindest zu erraten, sind das sogenannte «Testament» Ho Tschi Minhs und die berühmte Rede von Le Duan.[3] Ich habe beide Dokumente zweimal gelesen, und ich habe sie aufmerksam gelesen, um sie auch richtig zu interpretieren.

In Ho Tschi Minhs Testament wird nichts gesagt über die gewaltige, uneigennützige Hilfe, die die Sowjetunion Vietnam gewährt.[4] Unsere Unterstützung ist entscheidend gewesen, denn ohne materielle Hilfe der Sowjetunion wäre es Vietnam unmöglich gewesen, unter den Bedingungen der modernen Kriegführung zu überleben und einem so reichen und mächtigen Aggressor wie den Vereinigten Staaten Widerstand zu leisten. Um hinreichend Waffen und Munition zu erhalten, hat Vietnam keine andere Wahl gehabt, als sich auf die Sowjetunion zu verlassen. Um den Sieg zu erringen, müssen die Vietnamesen die geeigneten Waffen haben,

3 Erster Sekretär der Partei der Werktätigen Vietnams (KP).

4 Ho Tschi Minh (gest. am 3. 9. 1969) sagte aber ausdrücklich, er werde sich *nach* dem Sieg in allen befreundeten Ländern persönlich bedanken.

und diese Waffen können sie nur von der Sowjetunion bekommen. China kann Vietnam nicht geben, was es heute braucht. Die Weltpresse, einschließlich der kommunistenfeindlichen Presse, räumt ein, daß Vietnam ohne die wirtschaftliche und materielle Hilfe der Sowjetunion nicht in der Lage wäre, seine Politik des militärischen Widerstands gegen die amerikanische Aggression zu verfolgen. Man denke zum Beispiel an die Meldung, daß die vietnamesische Befreiungsarmee einen US-Luftstützpunkt mit Raketen angegriffen hat. Natürlich wurden diese Raketen nicht in den Dschungeln Vietnams hergestellt. Sie kamen aus Fabriken in der Sowjetunion. Unbeeinträchtigt von irgendwelchen selbstsüchtigen Motiven widmet sich die Sowjetunion der Aufgabe, alle jene Kräfte und alle jene Völker zu unterstützen, die um ihre Unabhängigkeit kämpfen, die um ihre wirtschaftliche und politische Freiheit kämpfen und die gegen die imperialistische Aggression kämpfen.

In jüngerer Zeit haben sogar die prochinesischen Elemente in Vietnam angefangen zu begreifen, daß die Freundschaft mit der Sowjetunion eine Notwendigkeit ist, und die Tradition Ho Tschi Minhs ist zu einem Teil wiederhergestellt worden. Die Vietnamesen haben klug gehandelt, als sie ihre Politik neu orientierten. Ich sage «neu orientierten», weil sie ihre Politik nicht grundsätzlich änderten, sondern nur neu ausrichteten – indem sie der Notwendigkeit, den Krieg auch in Zukunft fortzusetzen, Rechnung trugen und einsahen, daß nur die Sowjetunion, und nicht China, ihnen die Hilfe, die sie brauchen, gewähren kann.

Heute wütet der brutale Kampf weiter, und der Sieg ist noch bei weitem nicht errungen. Aber das Licht des Sieges Vietnams über den amerikanischen Imperialismus ist bereits zu sehen, es schimmert in der Ferne. Deshalb dürfen unsere Anstrengungen nicht nachlassen. Alles muß darangesetzt werden, den Kampf des vietnamesischen Volkes zu einem erfolgreichen Abschluß zu bringen. In diesem Krieg steht mehr auf dem Spiel als nur die Zukunft des vietnamesischen Volkes. Die Vietnamesen vergießen ihr Blut und geben ihr Leben hin für die Sache der kommunistischen Weltbewegung. Werden die Nachfolger Ho Tschi Minhs genügend Weisheit besitzen, so daß der Kampf gewonnen werden kann? Nur die Zeit wird es lehren.

20
Fidel Castro und die Kuba-Krise

Chruschtschows Darstellung der Kuba-Krise ist vielleicht der offenste, klarste und eingehendste Abschnitt seiner Aufzeichnungen. Das Auslassen gewisser Einzelheiten bei einer so bekannten Geschichte spielt kaum eine Rolle. Schon zu einem sehr frühen Zeitpunkt war sich die Mehrzahl der verständigen Beobachter darüber im klaren, daß Chruschtschows Motive mehr oder weniger so geartet waren, wie er sie jetzt beschreibt. Im Westen wurde (wenn auch nicht von Präsident Kennedy, der dies im Gegenteil strikt untersagte) zu sehr seine Demütigung hervorgehoben: daß er gezwungen wurde, seine Raketen von Kuba abzuziehen. Die Chinesen schlachteten dies aus, und ebenso Chruschtschows Gegner in seinem eigenen Land. Doch blieb die Tatsache, daß er erreichte, was er wollte, wenn auch nicht ganz in der Weise, wie er es beabsichtigt hatte: er schützte Castros Kuba vor der bestehenden Gefahr einer Invasion. Und er erreichte eine Verständigung mit Präsident Kennedy, dessen Ermordung er als tiefes und persönliches Unglück empfand.

Ich will erklären, worum es bei der Karibischen Krise im Oktober 1962 ging. Auf folgende Weise kam es zu einer Zuspitzung:

Zu der Zeit, als Fidel Castro seine Revolution zum Siege führte und mit seinen Truppen in Havanna einmarschierte, hatten wir keine Ahnung, welchen politischen Kurs sein Regime verfolgen würde. Wir wußten, daß einzelne Kommunisten an der von Castro geführten Bewegung teilnahmen, aber die Kommunistische Partei Kubas hatte keinen Kontakt zu ihm. Der Sekretär des Zentralkomitees der kubanischen Partei hatte die Partei sogar verlassen, um sich Castro in den Bergen anzuschließen. Als Castros Männer Havanna eroberten, mußten wir uns hinsichtlich dessen, was vorging, völlig auf Zeitungs- und Rundfunkberichte aus Kuba und aus anderen Ländern verlassen. Die ganze Situation war sehr unklar. Der Mann, den Fidel zum Präsidenten ernannte, war jemand, von dem wir noch nie gehört hatten. Überdies hatte Kuba unsere Regierung nicht anerkannt, so daß wir lange Zeit keine diplomatischen Beziehungen zu dem neuen Regime hatten.

Jedoch kannten unsere Leute, die sich mit lateinamerikanischen Angelegenheiten befaßten und die in dem Gebiet herumgereist waren, einige der kubanischen Führer. Insbesondere kannten sie Raúl Castro. Offenbar zufällig war einer unserer Genossen mit Raúl Castro auf einem Schiff nach Mexiko zusammengetroffen. Dieser Genosse erzählte mir, er und Raúl hätten sich kennengelernt und miteinander gesprochen, und später, in Mexiko, sei Raúl Castro vor den Augen des Genossen verhaftet worden. Aus Informationen, die über verschiedene Kanäle zusammengekommen waren, wußten wir, daß Raúl Castro ein guter Kommunist war, aber es schien, daß er seine wahren Überzeugungen vor seinem Bruder Fidel verbarg. Auch Ché Guevara war Kommunist und ebenso waren es einige von den anderen – so glaubten wir jedenfalls. Wir hatten keine offiziellen Kontakte zu irgendeinem der neuen kubanischen Führer und konnten uns deshalb nur an Gerüchte halten.

Die Ereignisse entwickelten sich schnell.

Wir beschlossen, Anastas Iwanowitsch Mikojan als Gast unseres Botschafters Anatolij Dobrynin nach Amerika zu entsenden. Mikojans Mission war es, inoffizielle Kontakte zu den führenden Leuten der amerikanischen Geschäftswelt aufzunehmen. Wir wollten herausfinden, wie die Aussichten für eine Verstärkung des Handels mit Amerika waren. Anastas Iwanowitsch war der richtige Mann für eine solche Mission. Er war vor dem Kriege in den USA gewesen und hatte von daher noch einige Kontakte. Wir glaubten, wenn er in Washington auftauchte, würden Leute aus der Geschäftswelt, die interessiert waren, Möglichkeiten zum Handel mit uns prüfen, von sich aus an ihn herantreten. Jedenfalls würde Anastas Iwanowitsch in der Lage sein herauszukriegen, aus welcher Richtung der Wind wehte.

Während Mikojan in den USA war, lud Fidel ihn ein, Kuba zu besuchen. Mikojan nahm die Einladung an. Er reiste durch Kuba, sah sich alles genau an und sprach mit den Leuten. Wir hatten noch immer keine diplomatischen Beziehungen mit Kuba, und Castro verfolgte uns gegenüber eine sehr vorsichtige Politik. Es gibt da eine Geschichte, die die Situation auf Kuba und Fidel Castros Rolle zu jener Zeit charakterisiert: Die Führer der kubanischen Revolution kommen in den Himmel. Petrus als offizieller Vertreter Gottes empfängt sie draußen und befiehlt ihnen, sich alle in einer Reihe aufzustellen. Dann sagt er: «Alle Kommunisten drei Schritt vortreten!» Guevara tritt vor, Raúl tritt vor und noch irgend jemand anders. Aber alle übrigen, einschließlich Fidel, bleiben in der Reihe stehen. Petrus blitzt Fidel an und ruft: «He, du da. Der Lange mit dem Bart! Was ist los, hast du nicht gehört, was ich gesagt habe? Alle Kommunisten drei Schritt vortreten!»

Die Pointe der Geschichte ist, daß, während Petrus und alle anderen Fidel als Kommunisten betrachteten, Fidel selbst das nicht tat. Er dachte, Petrus' Befehl betreffe ihn nicht. Kurz nach Mikojans Besuch nahmen wir diplomatische Beziehungen zu Kuba auf und schickten eine Delegation nach dort. Die Amerikaner hatten alle Öllieferungen an die Kubaner – die Hauptquelle ihrer Energieversorgung – unterbunden, und so waren die Kubaner genötigt, sich an uns um Hilfe zu wenden. Das Leben auf der Insel war in Gefahr, zum Stillstand zu kommen. Es war dringend erforderlich, daß wir Öllieferungen großen Ausmaßes organisierten. Aber das war leichter gesagt als getan. In unserer eigenen Tankerflotte besaßen wir nicht genügend hochseetüchtige Schiffe. Unsere Bemühungen, Kuba mit den benötigten Erdölprodukten zu versorgen, bedeuteten für unsere eigene Schiffahrt eine schwere Belastung und zwangen uns, zusätzliche Tanker in Italien in Auftrag zu geben. Als Italien einwilligte, uns die nötigen Tanker zu verkaufen, verursachte dies einen scharfen Konflikt zwischen Italien und Amerika. Die Amerikaner beschuldigten die Italiener, gegen den Geist der Solidarität mit ihren kapitalistischen Verbündeten verstoßen zu haben. Die Lehre der ganzen Episode war, daß ein kapitalistisches Land, wenn es eine Möglichkeit sieht, durch Handel mit einem kommunistischen Land zusätzliches Geld zu machen, sich einen Dreck um wirtschaftliche Solidarität schert.

Sobald wir diplomatische Beziehungen zu Kuba aufgenommen hatten, entsandten wir einen bewährten Diplomaten als unseren Botschafter nach Havanna. Außerdem hatten wir Alexejew dort, einen mit Fidel und mehr noch mit Raúl befreundeten Journalisten. Wenn die kubanischen Führer etwas von uns brauchten, wandten sie sich häufiger an Alexejew als an unseren Botschafter. Alexejew setzte sich dann unverzüglich mit Moskau in Verbindung und informierte uns über die Wünsche der Kubaner. Es traf sich glücklich, daß wir Alexejew dort hatten, denn unser Botschafter erwies sich als ungeeignet für den Dienst in einem Land, das gerade aus einer Revolution hervortrat. Eines der Probleme unseres Botschafters war, daß er im Bürokratischem steckenblieb. Ein weiteres Problem bestand darin, daß er, als die Situation brenzlig wurde und es zu Schießereien kam, verlangte, daß ihm die Kubaner eine eigene Leibwache zur Verfügung stellten. Die kubanischen Führer, allesamt Guerilla-Kämpfer, die frisch aus den Bergen kamen, waren erstaunt und verärgert über diese Forderung. Sie, die den Feinden der Revolution weit verlockendere Ziele boten, liefen ohne jede Leibwache herum, und da kommt dieser kommunistische Aristokrat von uns und verlangt persönlichen Schutz vor irgendeiner möglichen Unannehmlichkeit! Wir erkannten, daß der Botschafter unseren Beziehungen zu Kuba mehr schadete, als daß er sie förderte, und so beriefen wir ihn ab und ernannten statt dessen Alexejew zum Botschafter. Die Kubaner kannten ihn bereits und hatten Vertrauen zu ihm, und es erwies sich, daß wir keine bessere Wahl hätten treffen können; er war ein Diplomat nach ihrer Art.

Inzwischen nahm die Verwicklung zu. Castro verhielt sich nicht länger neutral; er begann sich wie ein ausgewachsener Kommunist zu benehmen, obwohl er sich selbst nach wie vor nicht als Kommunist bezeichnete. Er nahm Kommunisten in seine Regierung auf.

Seine Politik brachte Castro jedoch viele Feinde ein. Der Präsident, den er, als er zur Macht gelangte, ernannt hatte, floh nach Amerika, und viele der Männer, die während des Unabhängigkeitskampfes an seiner Seite gefochten hatten, wandten sich von ihm ab. Der Grund dafür war, daß viele von ihnen keine sozialistischen Reformen wollten. Sie hatten von Batista die Nase voll gehabt und waren darauf aus gewesen, das korrupte alte Regime zu stürzen, aber sie waren gegen Castros Verstaatlichung aller Betriebe, gegen seine restriktive Politik gegenüber den Landbesitzern und gegen seine Konfiszierung des Eigentums reicher Amerikaner.

Die ganze Zeit über hatten die Amerikaner Castro genau beobachtet. Zuerst glaubten sie, der kapitalistische Unterbau der kubanischen Wirtschaft würde unversehrt erhalten bleiben. So hatten die Amerikaner zu dem Zeitpunkt, als Castro verkündete, er werde Kuba auf den Weg zum Sozialismus bringen, ihre Chance, allein durch Ausüben ihres Einflusses etwas dagegen zu unternehmen, bereits verpaßt: es gab keine Kräfte mehr, die organisiert werden konnten, für Amerika auf Kuba zu kämpfen. Es blieb nur eine Alternative – Invasion!

Die Kubaner baten uns um Waffen. Wir gaben ihnen Panzer und Artillerie und schickten ihnen Ausbilder. Darüber hinaus schickten wir ihnen Flugabwehrgeschütze und einige Jagdmaschinen. Infolge unserer Unterstützung war Kuba nunmehr stark bewaffnet. Der kubanischen Armee fehlte es aber hauptsächlich an Erfahrung. Nie zuvor hatte man dort Panzer verwendet; man hatte immer nur mit leichten Waffen gekämpft – mit automatischen Gewehren, Handgranaten und Pistolen. Aber mit Hilfe unserer Ausbilder lernten die Kubaner schnell den Gebrauch der modernen Waffen, die wir ihnen lieferten.

Wir hörten zuerst im Rundfunk davon, daß eine konterrevolutionäre Invasion gegen Kuba in Gang gesetzt worden war.[1] Wir wußten nicht einmal, wer die Eindringlinge waren: kubanische Verschwörer oder Amerikaner? Wir wußten jedoch, daß die Invasion, gleich, unter welchem Banner sie begonnen worden war, die Rückendeckung der Amerikaner haben mußte.

Fidels Streitkräfte traten in Aktion und machten kurzen Prozeß mit den Angreifern. Die Amerikaner hatten zuviel Vertrauen auf die Verschwörer gesetzt. Sie hatten angenommen, wenn amerikanische Unterstützung hinter der Invasion stünde, würden die Kubaner sich um die Verschwörer scharen und Castro von sich aus stürzen.

Nach Castros vernichtendem Sieg über die Konterrevolutionäre verstärkten wir unsere Militärhilfe für Kuba. Wir lieferten so viele Waffen, wie die kubanische Armee nur brauchen konnte. Aber das wirkliche Problem war auch weiterhin nicht die Quantität oder Qualität der Waffen,

1 Das Landeunternehmen in der Schweinebucht im April 1961.

sondern das Fehlen von Personal, das mit modernem Kriegsgerät umzugehen verstand.

Noch ehe die Invasionstruppen gänzlich vernichtet waren, gab Castro eine Erklärung ab, daß Kuba einen sozialistischen Kurs verfolgen werde. Wir hatten Mühe zu verstehen, warum er gerade diesen Zeitpunkt für diese Verlautbarung wählte. Castros Erklärung hatte die unmittelbare Wirkung, daß sich die Kluft zwischen ihm und den Leuten, die gegen den Sozialismus waren, erweiterte und daß der Kreis derer, auf deren Hilfe er bei der Abwehr der Invasion zählen konnte, kleiner wurde. Was Castros persönlichen Mut betraf, so war seine Haltung bewundernswert und richtig. Aber vom taktischen Standpunkt betrachtet war sie wenig sinnvoll.

Doch wie dem auch sei, Castro war siegreich. Er schlug die Konterrevolutionäre und nahm viele von ihnen gefangen. Selbstverständlich begrüßten wir Castros Sieg, aber zugleich waren wir fest davon überzeugt, daß die Invasion erst der Anfang war und daß die Amerikaner Kuba nicht in Ruhe lassen würden. Die Vereinigten Staaten hatten auf die kubanischen Emigranten *einmal* vertraut, und sie würden es wieder tun. Die konspirativen Emigranten hatten aus ihrer Niederlage einige Lehren gezogen, und sie würden sich eine Chance, die Aggression zu wiederholen, nicht entgehen lassen.

Kuba ist auf Grund seiner geographischen Lage gegenüber seinen Feinden stets sehr verwundbar gewesen. Die kubanische Küste ist nur ein paar Meilen von der amerikanischen Küste entfernt, und sie zieht sich hin wie eine Wurst, eine äußere Gestalt, die es Angreifern leicht- und den Verteidigern der Insel unglaublich schwermacht. Es gibt unendlich viele Möglichkeiten für eine Invasion, insbesondere wenn der Angreifer über Schiffsartillerie und Luftunterstützung verfügt.

Wir waren sicher, daß die Amerikaner sich niemals mit der Existenz von Castros Kuba abfinden würden. Sie fürchteten ebensosehr, wie wir es erhofften, daß ein sozialistisches Kuba möglicherweise ein Magnet würde, der den Sozialismus für andere lateinamerikanische Länder anziehend machte. Welche Politik sollten wir selbst angesichts der ständigen Drohung einer amerikanischen Intervention in der Karibischen See einschlagen? Diese Frage ging mir dauernd im Kopf herum, und ich sprach häufig darüber mit den anderen Mitgliedern des Präsidiums. Alle stimmten darin überein, daß Amerika Kuba nicht in Ruhe lassen würde, sofern wir nicht etwas unternahmen. Wir waren verpflichtet, alles zu tun, was in unserer Macht stand, um Kubas Existenz als sozialistisches Land und als praktisches Beispiel für die anderen Länder Lateinamerikas zu schützen. Es war mir klar, daß wir Kuba sehr wohl verlieren könnten, falls wir nicht einige entscheidende Schritte zu seiner Verteidigung unternahmen.

Kubas Schicksal und die Wahrung des sowjetischen Ansehens in jenem

Teil der Welt beschäftigten mich sogar, wenn ich in Moskau Staatsgeschäften nachging oder in andere Bruderländer reiste. Als ich zu einem offiziellen Besuch in Bulgarien war, hämmerte zum Beispiel ununterbrochen ein bestimmter Gedanke auf mein Gehirn ein: Was passiert, wenn wir Kuba verlieren? Ich wußte, es wäre ein schrecklicher Schlag für den Marxismus-Leninismus gewesen. In der ganzen Welt, vor allem aber in Lateinamerika, hätte unser Ansehen eine schwere Einbuße erlitten. Wenn Kuba fiel, würden andere lateinamerikanische Länder uns zurückweisen und behaupten, daß die Sowjetunion trotz aller ihrer Macht nicht imstande gewesen sei, etwas anderes für Kuba zu tun als nichtssagende Proteste vor den Vereinten Nationen abzugeben. Wir mußten uns irgendeine Möglichkeit einfallen lassen, Amerika mit mehr als Worten zu konfrontieren. Wir mußten ein greifbares und wirksames Abschreckungsmittel schaffen gegen eine amerikanische Einmischung in der Karibischen See. Aber was für eins? Die logische Antwort waren Raketen. Die Vereinigten Staaten hatten die Sowjetunion bereits eingekreist mit ihren Bomberstützpunkten und Raketen. Wir wußten, daß amerikanische Raketen in der Türkei und Italien auf uns gerichtet waren, von Westdeutschland ganz zu schweigen. Unsere entscheidenden Industriezentren wurden direkt bedroht von Flugzeugen mit Atombomben an Bord und von ferngelenkten Raketen mit nuklearen Sprengköpfen. Als Vorsitzender des Ministerrats befand ich mich in der schwierigen Lage, über Maßnahmen entscheiden zu müssen, die eine Antwort auf die amerikanische Drohung darstellten, die aber zugleich geeignet waren, einen Krieg zu vermeiden. Jeder Narr kann einen Krieg beginnen, und hat er es erst einmal getan, wissen selbst die weisesten Männer keinen Rat, den Krieg zu beenden – vor allem, wenn es ein Atomkrieg ist.

Während meines Besuches in Bulgarien kam mir der Gedanke, auf Kuba Raketen mit nuklearen Sprengköpfen zu installieren und ihre Anwesenheit dort vor den Vereinigten Staaten so lange geheimzuhalten, bis es für sie zu spät war, irgend etwas dagegen zu unternehmen. Ich wußte, wir würden zuerst mit Castro sprechen und ihm unsere Strategie erklären müssen, um die Zustimmung der kubanischen Regierung zu erhalten. Meine Gedanken gingen in folgende Richtung: wenn wir die Raketen heimlich installierten und wenn die Vereinigten Staaten erst entdeckten, daß sich die Raketen dort befanden, wenn diese bereits auf ihr Ziel gerichtet und abschußbereit waren, dann würden die Amerikaner es sich zweimal überlegen, bevor sie versuchten, unsere Einrichtungen mit militärischen Mitteln zu vernichten. Ich wußte, daß die Vereinigten Staaten zwar einige unserer Einrichtungen zerstören konnten, aber nicht alle. Wenn ein Viertel oder auch nur ein Zehntel unserer Raketen erhalten blieb – oder wenn auch nur eine oder zwei große übrigblieben –, dann konnten wir noch immer New York treffen, und dann würde von New York nicht mehr viel da sein. Ich will damit nicht sagen, daß alle Menschen in New York getötet würden – selbstverständlich nicht alle, aber schrecklich viele Menschenleben würden ausgelöscht werden. Ich weiß nicht, wie viele: das zu berechnen ist eine Sache unserer Wissenschaftler und Militärs. Sie sind auf atomare Kriegführung spezialisiert und wissen, wie man die Folgen eines Raketenangriffs auf eine Stadt von der Größe New Yorks berechnet. Aber das alles gehört nicht hierher. Die Hauptsache war, daß die Installation unserer Raketen auf Kuba, wie ich hoffte, die Vereinigten Staaten von einer voreiligen militärischen Aktion gegen die Regierung Castro abhalten würde. Abgesehen davon, daß sie Kuba geschützt hätten, würden unsere Raketen das hergestellt haben, was der Westen gern das «Gleichgewicht der Kräfte» nennt. Die Amerikaner hatten unser Land mit Militärstützpunkten umgeben und bedrohten uns mit nuklearen Waffen, und jetzt würden sie erfahren, wie einem zumute ist, wenn feindliche Raketen auf einen gerichtet sind; wir würden nichts weiter tun, als ihnen ein bißchen von ihrer eigenen Medizin zu verabreichen. Und es war höchste Zeit, daß Amerika merkte, wie einem zumute ist, wenn das eigene Land und das eigene Volk bedroht werden. Wir Russen haben im letzten halben Jahrhundert drei Kriege erdulden müssen: den Ersten Weltkrieg, den Bürgerkrieg und den Zweiten Weltkrieg. Amerika hat nie einen Krieg auf seinem eigenen Boden führen müssen, jedenfalls nicht in den vergangenen fünfzig Jahren. In den beiden Weltkriegen hat es seine Truppen zum Kampf ins Ausland geschickt – und auf diese Weise großen Reichtum erworben. Amerika hat nur wenige Tropfen eigenen Blutes vergossen, während es Milliarden damit gemacht hat, daß es die übrige Welt ausbluten ließ.

Alle diese Gedanken wirbelten mir die ganze Zeit, während ich in Bulgarien war, im Kopf herum. Ich ging auf und ab und grübelte darüber nach, was zu tun sei. Ich sagte niemandem, woran ich dachte. Ich behielt mein qualvolles Ringen für mich. Aber die ganze Zeit über reifte die Idee in mir, Raketen auf Kuba zu stationieren. Nachdem ich aus Bulgarien nach Moskau zurückgekehrt war, dachte ich weiter über die Möglichkeiten nach. Schließlich beriefen wir eine Sitzung ein, und ich sagte, ich hätte einige Gedanken zum Thema Kuba vorzutragen. Ich legte alle meine Erwägungen, die ich hier gerade angedeutet habe, dar. Ich trug meine Idee im Zusammenhang mit der konterrevolutionären Invasion vor, die Castro eben erst abgewehrt hatte. Ich sagte, daß es töricht sei zu erwarten, die unausbleibliche zweite Invasion würde ebenso schlecht geplant sein und ebenso schlecht ausgeführt werden wie die erste. Warnend wies ich darauf hin, daß Castro im Falle einer weiteren Invasion gegen Kuba vernichtet werden würde, und sagte, wir seien die einzigen, die verhindern könnten, daß sich eine solche Katastrophe ereigne.

Im Verlauf regierungsinterner Erörterungen beschlossen wir, Mittelstreckenraketen, Abschußvorrichtungen und Il-28-Bomber auf Kuba zu stationieren. Obwohl diese Bomber veraltet waren, würden sie gegen feindliche Landungstruppen nützlich sein. Die Il-28 war zu langsam und deshalb zu leicht abzuschießen, als daß sie feindliches Gebiet überfliegen konnte. Aber sie war gut geeignet für die Küstenverteidigung. Die Il-28 war unser erster Düsenbomber. Zu ihrer Zeit war sie «Herr der Lüfte» gewesen, aber zu der Zeit, als wir Kuba militärische Unterstützung gewährten, war sie bereits aus der Produktion gezogen worden.

Bald nachdem wir begonnen hatten, unsere Raketen nach Kuba zu verschiffen, wurden die Amerikaner mißtrauisch. Ihr Geheimdienst berichtete ihnen, die Zahl unserer nach Kuba fahrenden Schiffe habe sich plötzlich und wesentlich vermehrt, und unsere eigenen Leute würden sie in den kubanischen Häfen entladen. Wir gestatteten den Kubanern nicht, beim Entladen oder Installieren der Raketen in irgendeiner Weise mitzuwirken. Zwar besaßen die Amerikaner keine direkten Informationen über die Art unserer Lieferungen, aber sie wußten, daß wir, was immer wir taten, mit eigenen Händen taten. Es dauerte nicht lange, bis sie auf Grund von Aufklärungsfotos zu dem Schluß kamen, daß wir Raketen installierten. Ebenfalls wußten sie von unseren Il-28-Bombern, die nach Kuba geflogen worden waren. Die Amerikaner bekamen Furcht, und wir verstärkten unsere Schiffstransporte. Wir hatten fast alles geliefert, als die Krise ihren Siedepunkt erreichte.

Hinterher ist man immer klüger als vorher, und so vertreten jetzt manche Leute die Auffassung, vor den ballistischen Raketen hätte man Flugabwehrraketen installieren sollen, um den Luftraum über Kuba abzusperren. Das ist unsinnig. Wie viele Boden-Luft-Raketen kann man schon auf einer winzigen wurstförmigen Insel unterbringen? Die Zahl der Raketenanlagen, die man auf einer so kleinen Insel wie Kuba installieren kann, ist begrenzt. Und wenn man dann alle seine Raketen abgeschossen hat, ist man völlig ungeschützt. Außerdem haben Flugabwehr-Raketen eine sehr kurze Reichweite. Flugabwehr-Batterien können von See her und aus der Luft leicht zerstört werden.

Eines möchte ich absolut klarmachen: als wir unsere ballistischen Raketen auf Kuba stationierten, hatten wir keinerlei Verlangen, einen Krieg zu beginnen. Im Gegenteil, unser Hauptziel war nur, Amerika davor abzuschrecken, seinerseits einen Krieg anzufangen. Wir waren uns sehr wohl bewußt, daß ein wegen Kuba begonnener Krieg sich schnell zu einem Weltkrieg ausweiten würde. Jeder Idiot hätte einen Krieg zwischen Amerika und Kuba in Gang setzen können. Kuba lag 11 000 Kilometer von uns entfernt. Nur ein Narr würde glauben, daß wir von Kuba aus eine Invasion auf dem amerikanischen Kontinent vorhatten. Unser Ziel war genau das Gegenteil: wir wollten die Amerikaner von einer Invasion auf Kuba abhalten, und zu diesem Zweck wollten wir sie zwingen, es sich zweimal zu überlegen, indem wir sie mit unseren Raketen konfrontierten. Dieses Ziel haben wir erreicht – aber nicht, ohne eine Periode gefährlicher Spannungen durchzumachen.

Als die Amerikaner begriffen, was wir auf Kuba vorhatten, eröffneten sie eine gewaltige Pressekampagne gegen uns und behaupteten, wir bedrohten die Sicherheit der Vereinigten Staaten und so weiter und so fort. Kurz gesagt, Feindschaft flackerte auf, und die amerikanische Presse fachte die Flammen an. Dann kam eines Tages im Oktober Präsident Kennedy mit einer Erklärung heraus, in der er warnend darauf hinwies, daß die Vereinigten Staaten alle notwendigen Maßnahmen ergreifen würden, um das, was er die «Bedrohung» durch die russischen Raketen auf Kuba nannte, zu beseitigen. Die Amerikaner begannen, eine kriegerische Schau ihrer Stärke abzuziehen. Sie konzentrierten ihre Kräfte gegen Kuba und kreisten die Insel mit ihrer Kriegsmarine vollständig ein. Die Dinge gerieten in Wallung. Nach unserer Einschätzung der Lage versuchten die Amerikaner, uns einzuschüchtern, fürchteten sich aber nicht weniger vor einem Atomkrieg als wir. Wir hatten nicht genügend Zeit gehabt, alle unsere Schiffstransporte nach Kuba zu bringen, aber wir hatten bereits genügend Raketen stationiert, um New York, Chicago und die anderen großen Industriestädte zerstören zu können, ganz zu schweigen von einem kleinen Dorf wie Washington. Ich glaube nicht, daß Amerika je zuvor einer so realen Gefahr der Vernichtung gegenübergestanden hatte wie in diesem Augenblick.

In der Zwischenzeit befaßten wir uns mit unseren eigenen Angelegenheiten. Wir ließen uns nicht einschüchtern. Unsere Schiffe, mit dem Rest unserer für Kuba bestimmten Lieferungen, steuerten geradewegs durch eine Armada der amerikanischen Kriegsmarine, aber die Amerikaner versuchten nicht, unsere Schiffe zu stoppen oder gar zu kontrollieren. Wir merkten uns, daß wir uns, solange die Vereinigten Staaten sich auf drohende Gesten beschränkten und uns nicht anrührten, erlauben konnten, so zu tun, als ignorierten wir die Belästigung. Schließlich hatten die Vereinigten Staaten keinen moralischen oder rechtlichen Streit mit uns. Wir hatten den Kubanern nichts anderes gegeben, als was die Amerikaner ihren Verbündeten gaben. Wir hatten die gleichen Rechte und Möglichkeiten wie die Amerikaner. Unser Verhalten in der internationalen Arena wurde von den gleichen Regeln und Grenzen bestimmt wie das der Amerikaner.

Wir hatten unsere Schiffstransporte fast abgeschlossen. Als die Krise sich dem Siedepunkt näherte, begann die westliche Presse vor Zorn und Schrecken zu schäumen. Wir antworteten entsprechend, wenn auch nicht so hysterisch. Unsere Bevölkerung war über die gefährliche Lage, die sich entwickelt hatte, voll informiert, doch achteten wir darauf, daß wir durch die Art und Weise, wie wir die Tatsachen präsentierten, keine Panik verursachten.

Ich erinnere mich an einen Zeitraum von sechs oder sieben Tagen, als die Gefahr besonders akut war. In dem Bestreben, der Lage etwas von ihrer Hitze zu nehmen, schlug ich den anderen Mitgliedern der Regierung vor: «Genossen, laßt uns heute abend ins Bolschoj-Theater gehen. Unser eigenes Volk wird das ebenso bemerken wie ausländische Augen, und vielleicht wirkt das beruhigend. Man wird sich sagen: ‹Wenn Chruschtschow und unsere anderen Führer zu einem Zeitpunkt wie diesem in die Oper gehen können, dann können wir zumindest heute nacht friedlich schlafen.›» Wir versuchten, unsere eigene Angst zu verbergen, die groß war.

Dann begann der Austausch der Noten. Ich diktierte die Botschaften und leitete den Austausch von unserer Seite. Eine der gefahrvollsten Nächte verbrachte ich im Büro des Ministerrats im Kreml. Ich schlief auf einer Couch in meinem Arbeitszimmer, und ich behielt meine Kleider an. Mir sollte es nicht wie jenem westlichen Minister ergehen, der, als er 1956 von der Suez-Krise überrascht wurde, buchstäblich ohne Hosen dastand, und in seiner Unterhose herumlaufen mußte, bis die Ausnahmesituation vorüber war.[2] Ich war darauf gefaßt, daß jeden Augenblick alarmierende Nachrichten eintreffen konnten, und wollte bereit sein, sofort zu reagieren.

Präsident Kennedy stellte ein Ultimatium, in dem er verlangte, daß wir unsere Raketen und Bomber von Kuba entfernten. Ich erinnere mich sehr lebhaft an jene Tage. Ich erinnere mich besonders gut an den Meinungsaustausch mit Präsident Kennedy, weil ich ihn einleitete und weil ich während der Korrespondenz auf unserer Seite im Zentrum des Geschehens stand. Ich übernehme die volle Verantwortung dafür, daß der Präsident und ich in der entscheidendsten und gefährlichsten Phase der Krise in direkten Kontakt miteinander traten.

Der Höhepunkt war nach fünf oder sechs Tagen erreicht, als unser Botschafter in Washington, Anatolij Dobrynin, berichtete, der Bruder des Präsidenten, Robert Kennedy, habe ihm einen inoffiziellen Besuch gemacht. Dobrynins Bericht lautete etwa wie folgt:

«Robert Kennedy sah erschöpft aus. An seinen Augen konnte man sehen, daß er seit Tagen nicht geschlafen hat. Er sagte selbst, er sei seit sechs Tagen und Nächten nicht mehr zu Hause gewesen. ‹Der Präsident ist in einer schwierigen Lage›, sagte Robert Kennedy, ‹und er weiß nicht, wie er da herauskommen soll. Wir stehen unter sehr starkem Druck. Tatsächlich werden wir von unserem Militär gedrängt, gegen Kuba Gewalt anzuwenden. Wahrscheinlich hat sich der Präsident in eben diesem Augenblick hingesetzt, um eine Botschaft an den Vorsitzenden Chruschtschow zu schreiben. Wir möchten Sie bitten, Mr. Dobrynin, die Botschaft Präsident Kennedys an den Vorsitzenden Chruschtschow über inoffizielle Kanäle weiterzuleiten. Präsident Kennedy bittet den Vorsitzenden Chruschtschow dringend, sein Angebot anzunehmen und die Eigentümlichkeiten des amerikanischen Systems in Betracht zu ziehen. Obwohl

2 Siehe Kapitel 16.

der Präsident selbst sehr dagegen ist, um Kuba einen Krieg zu beginnen, könnte gegen seinen Willen eine unabänderliche Kette von Ereignissen eintreten. Deshalb appelliert der Präsident direkt an den Vorsitzenden Chruschtschow und bittet ihn um seine Hilfe bei der Beilegung dieses Konflikts. Falls die Situation noch länger andauert, ist der Präsident nicht sicher, daß das Militär ihn nicht stürzen und die Macht ergreifen wird. Die amerikanische Armee könnte außer Kontrolle geraten.›»

Ich hatte diese Möglichkeit nicht übersehen. Wir wußten, daß Kennedy ein junger Präsident und die Sicherheit der Vereinigten Staaten in der Tat bedroht war. Schon eine Zeitlang hatten wir das Gefühl, es bestehe die Gefahr, daß der Präsident die Kontrolle über sein Militär verlieren könnte, und jetzt gab er es uns gegenüber selbst zu. In seiner Botschaft wiederholte Kennedy dringend die Forderung der Amerikaner, daß wir die Raketen und Bomber von Kuba abziehen sollten. An dem Ton seiner Botschaft spürten wir, daß die Spannung in den Vereinigten Staaten tatsächlich einen kritischen Punkt erreichte.

Wir schrieben eine Antwort an Kennedy, in der wir sagten, daß wir die Raketen mit dem Ziel stationiert hätten, Kuba zu verteidigen, und daß wir keinen anderen Zweck verfolgten, als eine Invasion der Insel zu verhindern und zu garantieren, daß Kuba einem von seinem eigenen Volk bestimmten Kurs folgen könne, statt einem von irgendeiner dritten Seite diktierten.

Während wir einiges von diesem Meinungsaustausch über offizielle diplomatische Kanäle leiteten, wurden uns die vertraulicheren Briefe durch den Bruder des Präsidenten übermittelt. Er gab Dobrynin seine Telefonnummer und bat ihn, jederzeit anzurufen. Einmal bei einem Gespräch mit Dobrynin weinte Robert Kennedy fast. «Ich habe meine Kinder seit Tagen nicht mehr gesehen», sagte Robert Kennedy, «und der Präsident seine auch nicht. Wir verbringen Tag und Nacht im Weißen Haus; ich weiß nicht, wieviel länger wir uns noch gegen unsere Generale behaupten können.»

Wir erkannten, daß wir unsere Haltung schnell ausrichten mußten. «Genossen», sagte ich, «wir müssen nach einem würdigen Ausweg aus diesem Konflikt suchen. Gleichzeitig müssen wir selbstverständlich dafür sorgen, daß wir Kuba nicht kompromittieren.» Wir sandten den Amerikanern eine Note, in der es hieß, wir erklärten uns bereit, unsere Raketen und Bomber abzuziehen, unter der Bedingung, daß der Präsident uns seine Zusicherung gebe, daß keine Invasion Kubas erfolgen werde, weder durch die Streitkräfte der Vereinigten Staaten noch durch jemand anders. Schließlich lenkte Kennedy ein und fand sich bereit, uns in einer offiziellen Erklärung eine solche Zusicherung zu geben.

Ich sollte erwähnen, daß die Politik unserer Seite von Anfang an durch die kollektive Führung ausgearbeitet wurde. Erst nach zwei oder drei längeren Diskussionen über das Thema hatten wir überhaupt entschieden, es sei das Risiko wert, Raketen auf Kuba zu stationieren.[3] Ich war der Ansicht gewesen, daß die erste wie auch die folgenden Entscheidungen niemandem aufgezwungen werden sollten. Ich hatte dafür gesorgt, daß der kollektiven Führung Zeit gelassen wurde, damit sich das Problem im Verstand eines jeden einzelnen kristallisieren konnte. Ich hatte Wert darauf gelegt, daß meine Genossen die Entscheidung mit reinem Gewissen akzeptierten und unterstützten und im vollen Bewußtsein, welche Folgen sich aus der Stationierung von Raketen auf Kuba ergeben konnten – nämlich Krieg mit den Vereinigten Staaten. Jeder Schritt, den wir unternommen haben, ist vom Kollektiv sorgfältig erwogen worden.

Sobald wir öffentlich bekanntgaben, daß wir bereit seien, unsere Raketen von Kuba abzuziehen, wurden die Amerikaner unverschämt und bestanden darauf, eine Prüfungskommission nach der Insel zu entsenden. Wir erwiderten, daß sie dafür die Genehmigung der kubanischen Regierung einholen müßten. Dann begannen die chinesische und die amerikanische Presse zu johlen und zu kreischen, daß Chruschtschow feige geworden sei und klein beigegeben habe. Ich will nicht leugnen, daß wir im Interesse des Friedens genötigt waren, erhebliche Konzessionen zu machen. Wir willigten sogar in eine Inspektion unserer Schiffe ein – aber nur aus der Luft. Nie ließen wir die Amerikaner einen Fuß auf unsere Schiffsdecks setzen, wenn sie sich auch vergewissern durften, daß wir wirklich unsere Raketen abzogen.

Nachdem der Abtransport in die Wege geleitet worden war, erhob sich bei uns die Frage, ob die Amerikaner ihre Seestreitkräfte zurückziehen würden, mit denen sie die Insel umzingelt hatten. Wir machten uns Sorgen, daß die Amerikaner, sobald wir uns zurückzogen, zur Offensive übergehen könnten. Aber nein, der gesunde Menschenverstand behielt die Oberhand. Ihre Schiffe verließen die kubanischen Hoheitsgewässer, aber ihre Flugzeuge umkreisten weiterhin die Insel. Castro gab den Befehl, das Feuer zu eröffnen, und die Kubaner schossen ein amerikanisches Aufklärungsflugzeug vom Typ U-2 ab. So wurde ein weiterer amerikanischer Spion – ebenso wie Gary Powers – von einer unserer Raketen heruntergeholt. Der Vorfall rief wildes Geschrei hervor. Zuerst waren wir besorgt, ob Präsident Kennedy die Demütigung auch würde verdauen können. Glücklicherweise jedoch geschah nichts, außer daß die Amerikaner mit ihrer Propaganda unverschämter wurden als je zuvor. Sie taten alles, was sie konnten, um unseren Stolz zu verletzen und Kennedy in ein günstiges Licht zu rücken. Aber das machte nichts, solange sie nur ihre Truppen zurückzogen und ihre Luftstreitkräfte abberiefen.

3 Eine Anspielung Chruschtschows auf die Vorwürfe bei seinem Sturz, er sei auch im Falle Kubas eigenmächtig vorgegangen.

Die Lage stabilisierte sich. Fast unmittelbar nachdem der Präsident und ich auf dem Höhepunkt der Krise Noten gewechselt hatten, begannen sich unsere Beziehungen zu den Vereinigten Staaten wieder zu normalisieren. Unsere Beziehungen zu Kuba dagegen verschlechterten sich plötzlich. Castro empfing nicht einmal mehr unseren Botschafter. Es schien, daß wir durch den Abzug unserer Raketen in den Augen der Kubaner eine moralische Niederlage erlitten hatten. Unsere Aktien in Kuba fielen, anstatt zu steigen.

Wir beschlossen, Mikojan nach Kuba zu schicken. «Wir haben keinen besseren Diplomaten als Mikojan für eine solche Mission», sagte ich. «Er wird die Lage mit den Kubanern in Ruhe erörtern.» Nicht jeder versteht, was Mikojan sagt, wenn er spricht, aber er ist ein vernünftiger Mann. Er hatte seit Jahren bei der Verstärkung unseres Außenhandels eine bedeutende Rolle gespielt und hatte sich als geschickter Unterhändler erwiesen.

Dann gab Castro seine vier oder fünf Bedingungen für eine Normalisierung der Beziehungen zu den Vereinigten Staaten bekannt. Aufrichtig unterstützten wir ihn in seiner Forderung, daß die Amerikaner ihren Marinestützpunkt in der Bucht von Guantánamo aufgeben sollten. Bis zum heutigen Tag unterstützen wir ihn in dieser Forderung, aber die Amerikaner sind noch immer dort, und niemand weiß, wann sie gehen werden.

Während der Krise waren die Amerikaner bei den Verhandlungen im ganzen gesehen uns gegenüber offen und aufrichtig gewesen, vor allem Robert Kennedy. Die Amerikaner wußten, daß, falls russisches Blut auf Kuba vergossen würde, mit Sicherheit amerikanisches Blut in Deutschland vergossen werden würde. Die amerikanische Regierung war dringend bemüht, eine solche Entwicklung zu verhindern. Es war, gelinde gesagt, eine interessante und herausfordernde Situation gewesen. Die beiden mächtigsten Nationen der Welt waren zum Kampf gegeneinander angetreten, jede mit dem Finger auf dem Knopf. Man hatte gedacht, daß ein Krieg unvermeidlich war. Aber beide Seiten zeigten, daß selbst die dringlichste Meinungsverschiedenheit durch einen Kompromiß gelöst werden kann, wenn der Wunsch, einen Krieg zu vermeiden, stark genug ist. Und ein Kompromiß hinsichtlich Kubas wurde tatsächlich gefunden. Die Episode endete mit einem Triumph des gesunden Menschenverstandes. Ich werde mich an den verstorbenen Präsidenten immer mit tiefem Respekt erinnern, da er sich letzten Endes als besonnener Mann erwies, entschlossen, einen Krieg zu vermeiden. Er ließ sich weder erschrecken, noch wurde er leichtsinnig. Er überschätzte Amerikas Macht nicht, und er hielt sich einen Ausweg aus der Krise offen. Er bewies wirkliche Klugheit und echtes staatsmännisches Können, als er den rechtsgerichteten Kräften in den Vereinigten Staaten, die ihn zu einer militärischen Aktion gegen Kuba aufzustacheln versuchten, den Rücken kehrte. Doch war es

Nach der Kuba-Krise: Mit Castro am Riza-See im Kaukasus, 1962

ein großer Sieg für uns, daß wir in der Lage gewesen waren, Kennedy das Versprechen abzuringen, daß weder Amerika noch einer seiner Verbündeten Kuba angreifen werde.

Aber Castro sah das nicht so. Er war wütend, daß wir die Raketen abgezogen hatten. Die ganze Zeit über hatten die Chinesen sowohl öffentlich viel Lärm geschlagen als auch Castro ins Ohr geflüstert: «Denken Sie nur daran, man kann sich bei den Imperialisten nie darauf verlassen, daß sie irgendwelche gegebenen Versprechen halten!» Mit anderen Worten, die Chinesen beuteten die Episode aus, um uns in den Augen der Kubaner in Mißkredit zu bringen. Nachdem ich mich mit Mikojan nach dessen Rückkehr aus Havanna beraten hatte, entschloß ich mich, einen Brief an Castro zu schreiben, in dem ich freimütig meine Gedanken über das Geschehene zum Ausdruck brachte. «Die Hauptsache an der Karibischen Krise ist», so schrieb ich, «daß sie die Existenz eines sozialistischen Kubas garantiert hat. Hätte Kuba diese schwere Prüfung nicht auf sich genommen, würden die Amerikaner höchstwahrscheinlich eine Invasion organisiert haben, um Kubas sozialistische Lebensform zu beseitigen. Jetzt, da der Höhepunkt der Spannung überwunden ist und wir mit der amerikanischen Regierung gegenseitige Verpflichtungen eingegangen sind, wird es für die Amerikaner sehr schwierig sein, sich einzumischen. Sollten die Vereinigten Staaten jetzt eine Invasion riskieren, hätte die Sowjetunion das Recht zum Angriff. So haben wir die Existenz eines sozialistischen Kubas zumindest für weitere zwei Jahre gesichert, solange Kennedy im Weißen Haus ist. Und wir haben Grund zu der Annahme, daß Kennedy für eine zweite Amtszeit wiedergewählt wird. Folglich wird er vielleicht noch insgesamt sechs Jahre im Amt sein. Heutzutage und in dieser Zeit sechs Jahre weitermachen zu können, das ist nicht wenig. Und in sechs Jahren wird sich das Gleichgewicht der Kräfte in der Welt vermutlich verschoben haben – und zwar verschoben zu unseren Gunsten, zugunsten des Sozialismus.»

Mein Brief an Castro beendete eine Episode der Weltgeschichte: Indem wir die Welt an den Rand eines Atomkrieges brachten, gewannen wir ein sozialistisches Kuba. Für mich persönlich ist es sehr tröstlich zu wissen, daß unsere Seite korrekt handelte und daß wir eine große revolutionäre Tat vollbracht haben, weil wir uns vom amerikanischen Imperialismus nicht einschüchtern ließen. Die Karibische Krise war ein Triumph der sowjetischen Außenpolitik und ein persönlicher Triumph in meiner eigenen Laufbahn als Staatsmann und als Mitglied der kollektiven Führung. Wir errangen, so möchte ich sagen, einen spektakulären Erfolg, ohne einen einzigen Schuß abfeuern zu müssen!

Eine Reihe von Jahren sind vergangen, und wir können zufrieden sein, daß die revolutionäre Regierung Fidel Castros nach wie vor lebt und gedeiht. Bis jetzt haben sich die Vereinigten Staaten an ihr Ver-

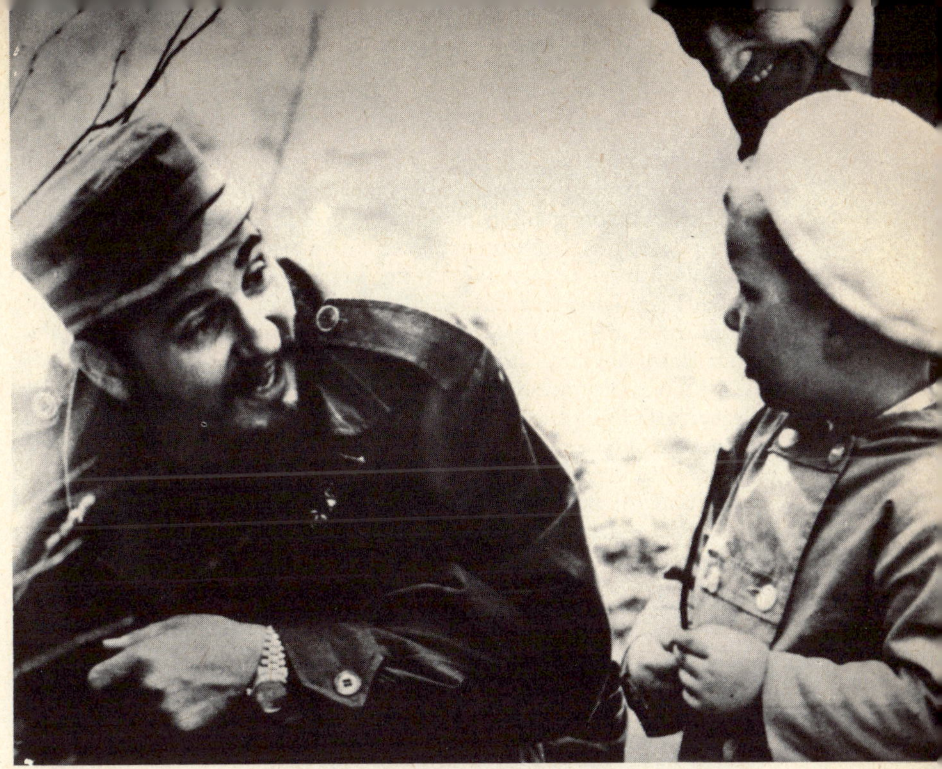

Fidel Castro und Chruschtschows Enkel Nikita

Ein Schnappschuß: Castro fotografiert die Familie Chruschtschow

sprechen gehalten, sich in Kuba weder selbst einzumischen, noch irgend jemand anders zu gestatten, sich einzumischen.

Ich erinnere mich an mein letztes Gespräch mit Fidel Castro. Wir waren in Pizunda[4] und unterhielten uns über Kubas Zuckerernte. Castros Augen brannten vor Verlangen, so bald wie möglich mit der Aufgabe zu beginnen, die kubanische Landwirtschaft zu revolutionieren. Er wußte, daß die einzige Möglichkeit, der kubanischen Wirtschaft aufzuhelfen, darin bestand, den Zuckerertrag zu steigern, und dazu brauchte er Traktoren, Mähdrescher und moderne Zuckerraffinerien. Im Verlauf unseres Gesprächs sagte Castro, es sei sein Ziel, den internationalen Zuckermarkt zu beherrschen. Ich wies ihn darauf hin, daß die Weltmarktpreise für Zucker, die nach der Blockade gegen den kubanischen Zucker in die Höhe geschnellt waren, sich zweifellos wieder normalisieren würden, wenn andere Länder ihre Zuckerproduktion steigerten, um den Weltbedarf zu decken. Es zeigte sich, daß ich recht hatte: die überhöhten Zuckerpreise, die für Kuba so lukrativ gewesen wären, wenn die vorübergehende Marktlage, die sie verursacht hatte, länger angehalten hätte, fielen schnell auf das normale Niveau zurück. Doch bleibt die Tatsache, daß Kuba außerordentlich viel geleistet hat. Ich habe in den Zeitungen gelesen, daß Kuba sich die Aufgabe gestellt hat, 1970 zehn Millionen Tonnen Zucker zu produzieren, in einem Jahr also, das für die gesamte fortschrittliche Menschheit bedeutsam ist, weil in ihm der hundertste Geburtstag des großen Lenin begangen wird. Ich bin sehr froh für das kubanische Volk, daß es soviel erreicht hat.

Heute existiert Kuba als unabhängiges sozialistisches Land, direkt vor dem offenen Rachen des räuberischen amerikanischen Imperialismus. Allein schon die Existenz Kubas ist gute Propaganda für andere lateinamerikanische Länder, die dadurch ermutigt werden, dem Beispiel Kubas zu folgen und den Weg des Sozialismus zu wählen. Andere lateinamerikanische Völker erkennen bereits, welche Schritte sie unternehmen können, sich von den amerikanischen Imperialisten und Monopolisten zu befreien. Kubas Beispiel wird hoffnungsvoll weiterleuchten.

Was Kennedy anbetrifft, so war sein Tod ein großer Verlust. Ihm war die Fähigkeit gegeben, internationale Konflikte durch Verhandlungen zu lösen, wie die ganze Welt während der sogenannten Kuba-Krise erfuhr. Trotz seiner Jugend war er ein wirklicher Staatsmann. Ich glaube, wenn Kennedy noch lebte, würden die Beziehungen zwischen der Sowjetunion und den Vereinigten Staaten sehr viel besser sein, als sie es sind. Warum ich das sage? Weil Kennedy nie zugelassen hätte, daß sich sein Land in Vietnam festfuhr.

Nach Präsident Kennedys Tod versicherte uns sein Nachfolger, Lyn-

4 Erholungsgebiet im Kaukasus.

Gastfreundschaft in Georgien – ein Schluck aus dem Weinhorn

don Johnson, er werde Kennedys Versprechen halten und Kuba nicht angreifen. Bisher haben die Amerikaner ihr Wort nicht gebrochen. Wenn sie es je tun, haben wir noch immer die notwendigen Mittel, unsere eigenen Verpflichtungen Castro gegenüber zu erfüllen und Kuba zu verteidigen.

21
Die Verteidigung des sozialistischen Paradieses

In diesem Kapitel entsteht ein bemerkenswert klares Bild des Staatsmannes Chruschtschow, und zwar sowohl hinsichtlich der Grenzen seiner Persönlichkeit als auch in bezug auf seine nicht weniger verblüffenden Fähigkeiten. Es beginnt mit einer Panoramaschau der internationalen Szene, die neben individuell bedingten Verzerrungen auch von kommunistisch geprägten Vorurteilen getrübt ist; im weiteren treten aber dann ungewöhnliche Weite des Horizonts und tiefe Einsicht zutage. Bei allen Fehleinschätzungen, von denen er sich bis zum Ende seiner politischen Laufbahn nicht freimachen konnte, bleibt doch das Außerordentliche an Chruschtschow bestehen: In seiner Entwicklung als Mensch und Staatsmann trat kein Stillstand ein; man könnte von einem fortwährenden Prozeß des Wachsens und Reifens sprechen. Der bäuerliche Mann aus Kalinowka – ungeschliffen, herrschsüchtig, gewalttätig, gelegentlich rachsüchtig, prahlerisch, voller Bauernschläue und völlig ungebildet im herkömmlichen Sinne – in diesem Mann, dessen Intellekt nie wirklich geschult worden ist, waren doch bestimmte Charaktereigenschaften angelegt – Vorstellungskraft, Einfühlungsvermögen, vielleicht sogar Demut –, durch die er sich von seinen sämtlichen Kollegen abhob, ja, über sie erhob. Es ist ihm nie gelungen, dem Gefängnis seiner eigenen Vergangenheit zu entrinnen und das Handicap seines Temperaments zu überwinden; und doch tritt er uns in diesen Seiten so entgegen, wie er sich in seinen letzten aktiven Jahren immer häufiger gezeigt hat: ein mutiger Staatsmann, zu spontanen Erkenntnissen von großer Weisheit fähig, der unter anderen Umständen eine hervorragende, weithin geachtete Gestalt der Weltgeschichte hätte werden können.

Daß wir den Tag erleben durften, seit dem die Sowjetunion allgemein als zweitstärkste Wirtschaftsmacht der Welt anerkannt wird – das ist keine Kleinigkeit, über die man zur Tagesordnung übergeht. Macmillan hat einmal zu mir gesagt: «Was ist England heute? England ist nicht mehr die Macht, die es war, als es die Meere beherrschte und seine Stimme in der Weltpolitik den Ausschlag gab. Heute sind es die Vereinigten Staaten und Ihr Land, die Sowjetunion, die das entscheidende Wort sprechen.» Und der französische Staatspräsident de Gaulle, der nun wirklich ein nüchtern denkender Mann ist, sagte das gleiche – und in fast den gleichen Worten: «Herr Chruschtschow, die Vereinigten Staaten und die Sowjetunion – das sind heute die beiden großen Mächte. Frankreich hat nicht mehr die *grandeur* und den Einfluß von einst.» So haben beide, Macmillan und de Gaulle, das Gewicht unserer Stimme in der weltpolitischen Arena bereitwillig anerkannt.

Im Lauf der Jahre hat die Sowjetunion in den Augen aller Menschen, die für Frieden, Fortschritt und Befreiung vom Kolonialismus kämpfen, viel an Prestige gewonnen. Es ist nicht das Ziel unserer Außenpolitik gewesen, unser Land auf Kosten anderer Länder zu bereichern; die Ausbeutung des Menschen durch den Menschen oder eines Staates durch den anderen ist nie unsere Sache gewesen – im Gegenteil: Wir haben Länder durch unsere erklärte Politik wie durch unsere Taten immer dazu ermutigt, die Früchte ihrer eigenen Arbeit zu genießen. Wir haben diese Länder nicht nur durch unseren Rat und durch unser gutes Beispiel unterstützt; wir haben ihnen auch ohne Gegenleistung materielle Hilfe geleistet oder ihnen doch Waren und Maschinen zu reduzierten Preisen verkauft. Unsere Außenpolitik wurzelt in der Überzeugung, daß der Weg, den uns Lenin gewiesen hat, nicht nur für die Sowjetunion, sondern für alle Länder und Völker der Welt der Weg in die Zukunft ist.

Da ist zum Beispiel unsere Politik gegenüber Afghanistan. Ich besuchte das Land 1955 auf dem Heimweg von Indien mit Bulganin, der damals an der Spitze unserer Delegation stand. Der König von Afghanistan hatte uns eingeladen, in Kabul Station zu machen. Das Resultat unserer Gespräche mit dem König und seinen Ministern war die klare Erkenntnis der wirtschaftlichen Rückständigkeit des Landes. Wir spürten auch, daß die Afghanen einen Ausweg aus ihrer problematischen Situation suchten.

Ebenso klar war, daß die Amerikaner Afghanistan den Hof machten. In ihrem Bestreben, uns mit Militärbasen einzukreisen, werfen sich die Amerikaner einem Land wie Afghanistan mit Verve an den Hals; sie tun so, als ginge es ihnen nur um Wirtschaftshilfe, aber in Wirklichkeit sind sie viel mehr daran interessiert, politisches Entgegenkommen zu schnorren. Hier nun engagierten sie sich auf eigene Kosten in allen möglichen Projekten – sie bauten Straßen, sie gaben Darlehen und was weiß ich noch alles. Aber sie boten ihre Hilfe nicht in dem warmherzigen oder mildtätigen Bestreben des Reichen an, den Armen zu helfen – o nein: Amerikas sogenanntes Auslandshilfeprogramm ist in Wahrheit Teil einer Kampagne, die darauf gerichtet ist, aus den wirtschaftlichen Engpässen von Ländern in der Lage Afghanistans Nutzen zu ziehen. Und die Amerikaner geben sich nicht einmal besonders Mühe, ihre wahren Ziele zu kaschieren; sie suchen nicht lange nach einem Feigenblatt, hinter dem sie ihre egoistischen militaristischen Absichten verbergen könnten. Wir haben inzwischen gesehen, was passiert, wenn die ganze Sippschaft der

Begrüßung des Kosmonauten Titow auf dem Moskauer Flughafen Wnukowo, August 1961. Hinter Chruschtschow von links: Suslow, Breschnjew und Gagarin. Hinter Titow: Frauen von Kosmonauten.

Ein Ausflug auf dem Dnjepr, 1962

amerikanischen Monopolkapitalisten, Imperialisten und Militaristen ihre Nase in die Angelegenheiten anderer Länder in Asien steckt. Erst sind sie gekommen und haben wirtschaftliche Hilfe in jeder denkbaren Form angeboten – nur, um dann mit einer weiteren Unterschrift unter ihrem SEATO-Pakt nach Haus zu gehen. Pakistan ist der SEATO beigetreten, und die Amerikaner wollten Indien ebenfalls zum Beitritt bewegen. Aber Indien lehnte – dank der fortschrittlichen Führung Nehrus – ab und hielt am Status eines unabhängigen und militärisch blockfreien Landes fest.

Zum Zeitpunkt unseres Besuches in Afghanistan war es uns klar, daß sich die Amerikaner dort breitmachen wollten, und zwar offensichtlich mit dem Ziel, eine Militärbasis zu errichten.

Was uns angeht, so haben wir dort eine Großbäckerei, eine Eisenbahnlinie, Bildungsstätten und mehrere hundert Straßenkilometer gebaut. Die Straße ist heute von großer politischer und wirtschaftlicher Bedeutung, da sie nahe der afghanisch-iranischen Grenze verläuft.

Ich bin fest davon überzeugt, daß das Kapital, das wir dergestalt in Afghanistan investieren, nicht zum Fenster hinausgeworfen war. Wir haben das Vertrauen und die Freundschaft der Afghanen gewonnen, und sie sind den Amerikanern nicht in die Falle gegangen; sie haben den Köder, an dem das amerikanische Geld hing, nicht geschluckt.

Es ist nicht daran zu zweifeln, daß die Afghanen, wären sie nicht unsere Freunde geworden, von den Amerikanern und deren «humanitärer Hilfe», wie sie es nennen, eingewickelt worden wären. In Geldeswert umgerechnet macht die Unterstützung, die wir Afghanistan ohne jede Gegenleistung gewährt haben, einen Bruchteil dessen aus, was wir hätten bezahlen müssen, um die Bedrohung abzuwenden, die eine amerikanische Militärbasis auf afghanischem Territorium bedeutet hätte. Man stelle sich die Summen vor, die erforderlich gewesen wären, um unsere eigene militärische Macht entlang der afghanischen Grenze einsatzbereit zu halten – Summen, die unser Land ausgeblutet, aber keinerlei volkswirtschaftlichen Nutzen gebracht hätten.

Ich meine, unsere Außenpolitik sollte sich unter anderem auch nach einem alten Volksbrauch richten, an den ich mich aus meinen Kindertagen erinnere: Wenn eine Hausfrau in ein anderes Dorf ging, um Freunde oder Verwandte zu besuchen, so nahm sie immer ein Geschenk für ihre Gastgeber mit – ein Tragtuch voll Pasteten oder, wie bei uns in der Kursker Provinz, ein Dutzend Eier. Ich finde, dieser Brauch sollte auch im Bereich der zwischenstaatlichen Kontakte eingeführt werden – mit Maßen, wohlgemerkt, ohne Übertreibungen. Man braucht weder viel Verstand noch besondere Fertigkeiten, um in den Ruf eines netten Onkels zu geraten, der soviel Geld mit Geschenken für andere Familien verplempert, daß er für die eigene nichts mehr zu essen kaufen kann. Es liegt auf der Hand, daß man nicht so weit gehen sollte. Die Politik der «Gastgeschenke» an andere Länder muß klug und maßvoll betrieben

Chruschtschow mit Frau und Kindern. Von links: Jelena, Sergej, Julia (Tochter aus erster Ehe Chruschtschows), Rada, Frau Nina und Alexej Adschubej, der Mann Radas

Mit dem Enkel Nikita, 1963

werden, so daß wir im wirtschaftlichen wie im politischen Bereich die Früchte unserer Großzügigkeit ernten können.

Wir dürfen nie vergessen, daß unsere Feinde ständig am Werk sind, daß sie nur darauf lauern, aus einem Versehen, das uns vielleicht unterlaufen könnte, ihren Nutzen zu ziehen. Eine weltweite Auseinandersetzung ist entbrannt, in der es darum geht, wer die Oberhand behalten wird: die Arbeiterklasse oder die Bourgeoisie. Die Arbeiterklasse ist überzeugt, daß die Bourgeoisie erschöpft ist und sich selbst überlebt hat; die Bourgeoisie glaubt, daß sie ewig am Ruder bleiben wird. Jedem denkenden Menschen muß klar sein, daß die grundlegende Frage der Ideologie nur durch Kampf, und nur durch den Sieg der einen Doktrin über die andere beantwortet werden kann.

Wir Kommunisten, wir Marxisten-Leninisten, glauben daran, daß wir auf der Seite des Fortschritts stehen und daß der Sieg zwangsläufig unser sein wird. Doch die Kapitalisten weichen keinen Zoll zurück und schwören, daß sie bis zum bitteren Ende kämpfen werden. Wie kann da von friedlicher Koexistenz mit der kapitalistischen Ideologie die Rede sein? Friedliche Koexistenz ist möglich zwischen unterschiedlichen Regierungsformen, nicht aber zwischen verschiedenen Ideologien. Zu glauben, daß friedliche Koexistenz zwischen der marxistisch-leninistischen Ideologie auf der einen Seite und der bürgerlichen auf der anderen möglich wäre – das hieße, die obersten Grundsätze unserer Partei verraten.

Das haben wir immer gesagt. Wenn ich mich während der Jahre, in denen die Richtung unserer Politik weitgehend von mir abhing, auf Pressekonferenzen zu diesen Dingen äußerte, habe ich immer ausgeführt, daß es im ideologischen Bereich keine friedliche Koexistenz geben kann. Ich habe immer betont, daß wir bis zum Ende kämpfen würden und sicher seien, die Oberhand zu behalten.

Und so erlaubte ich mir einmal die Formulierung: «Wir wollen die Feinde der Revolution begraben.» Gewiß, damit meinte ich Amerika. Aber die gegnerische Propaganda griff den Ausspruch auf und bauschte ihn gewaltig auf: «Chruschtschow sagt, das sowjetische Volk will das amerikanische Volk begraben.» Ich hatte nichts dergleichen gesagt. Unsere Feinde verdrehten den Sinn eines Satzes, den ich ganz beiläufig hatte fallenlassen, und schlachteten ihn aus. Auf späteren Pressekonferenzen widmete ich diesem Punkt mehr Aufmerksamkeit und stellte klar, was ich gemeint hatte: Wir, die Sowjetunion, hatten nicht die Absicht, wen auch immer zu beerdigen; die Arbeiterklasse der Vereinigten Staaten sei es, die ihren Feind, die bürgerliche Klasse in USA, zu Grabe tragen werde. Mein Ausspruch hatte auf ein inneres Problem abgezielt, das jedes Land für sich selber lösen wird: auf welche Weise nämlich und mit welchen Mitteln die Arbeiterklasse jedes beliebigen Landes den Sieg über die Bourgeoisie erringt.

Die wesentlichste Erkenntnis über den kapitalistischen Westen gewann

Urlaub auf der Krim, 1961. Ganz links im Hintergrund: Gomulka und Ulbricht. Ganz rechts: Suslow und Breschnjew

Bei Sawidowa in der Nähe von Moskau, 1963

ich in New York, in der «Stadt der gelben Teufel», wie sie Gorkij genannt hat: Nicht der Mensch zählt, sondern der Dollar. Jedermann denkt an nichts anderes, als an Geld – wie er mehr verdienen, mehr Dollars zusammenscheffeln kann. Kapitalbedarf und Profit stehen dort im Mittelpunkt der Aufmerksamkeit; nicht Menschen.

Die herrschenden Schichten schildern den sogenannten American Way of Life als Modell für die «Freie Welt». Aber was für eine Freiheit ist das? Es ist die Freiheit, auszubeuten; die Freiheit zu rauben; die Freiheit, angesichts von Überproduktion zu verhungern; die Freiheit, arbeitslos zu werden, sobald die Produktionskapazität nicht voll ausgenutzt werden kann. Freiheit in den Vereinigten Staaten – das bedeutet Freiheit für das Monopolkapital, die arbeitenden Menschen zu unterdrücken, die Leute mit dem Zwei-Parteien-System an der Nase herumzuführen und ihren Partnern in den militärischen Blöcken den eigenen Willen aufzuzwingen. Eine solche Gesellschaftsordnung bereitet den Nährboden für Kriege zwischen den Staaten, weil reaktionäre Tendenzen im Inneren und expansive Tendenzen nach außen charakteristisch sind für Monopolkapitalismus und Imperialismus.

Die Liquidierung des kapitalistischen Systems – das ist das Zentralproblem in der gesellschaftlichen Entwicklung. Nach dem Sieg der Arbeiterklasse, der werktätigen Bauern und der werktätigen Intelligenz, wird es in keinem Land mehr einen sozialen, nationalen oder sonstigen Grund geben, Krieg zu führen. Aber dieser Zustand ist nur zu erreichen, wenn das sozialistische, das kommunistische System in der ganzen Welt an die Macht gelangt sein wird. Dann erst wird die Menschheit in einem wahren Commonwealth gleichberechtigter Nationen vereinigt sein, wie es die Begründer des Marxismus-Leninismus schon vor langer Zeit verkündet und wissenschaftlich belegt haben.

Die entscheidende Auseinandersetzung ist darum der Kampf, der sich in jedem Land zwischen der Bourgeoisie und dem Proletariat abspielt. Diese Tatsache ist nicht ohne Bedeutung für die Frage, eine wie starke Armee die Sowjetunion im eigenen Land und auf den Territorien der sozialistischen Bruderländer aufrechterhalten sollte. Meine Ansichten darüber haben sich im Lauf der Jahre beträchtlich weiterentwickelt.

Nicht lange nach Stalins Tod war ich in Rumänien und sprach mit dem Genossen Bodnaras.[1] Er war ein guter Freund der Sowjetunion, ein alter Bolschewik, der einige Zeit in rumänischen Gefängnissen verbracht hatte; und er genoß unsere Achtung und unser absolutes Vertrauen.

Ohne jede Vorwarnung schoß er die Frage ab: «Wie wäre es, wenn Sie Ihre Truppen aus Rumänien zurückzögen – was halten Sie davon?»

Ich muß gestehen, daß meine erste Reaktion auf diesen Vorschlag nicht besonders intelligent war. Ich würde sogar so weit gehen, zuzuge-

1 Rumänischer Verteidigungsminister.

ben, daß mir der Kragen platzte. «Was reden Sie da? Wie kommen Sie denn auf so was?»

«Nun», setzte er mir auseinander, «schließlich grenzt Rumänien nur an sozialistische Länder, und jenseits des Schwarzen Meeres sind bloß die Türken – sonst niemand.»

«Und wie ist das mit den Türken?» fragte ich.

«Na, Ihr seid doch unsere Nachbarn. Gleich nebenan. Ihr könnt uns doch notfalls immer zu Hilfe kommen.»

«Es geht ja nicht nur um die Türken. Sie kontrollieren den Bosporus und die Dardanellen; also könnte der Feind jederzeit Invasionstruppen ins Schwarze Meer bringen und in Rumänien einfallen.»

Die Rumänen wechselten Blicke. Offensichtlich hatten sie die Sache schon untereinander diskutiert. «Also gut», sagten sie; «wenn Sie das so sehen, ziehen wir die Frage zurück. Wir wollten nur nicht bei Ihnen in Verdacht geraten, wir stünden nur deshalb fest im sozialistischen Lager, weil Ihre Truppen auf unserem Territorium stationiert sind. Wir stehen im sozialistischen Lager, weil wir an den Aufbau des Sozialismus glauben, weil wir von der Richtigkeit einer marxistisch-leninistisch ausgerichteten Politik überzeugt sind und weil uns das rumänische Volk als seine Führer anerkennt und voll unterstützt.» Ich war mehr als befriedigt über diese Erklärung der Gründe, die hinter dem Vorschlag standen, die sowjetischen Truppen abzuziehen. Ich war davon überzeugt, daß es die rumänischen Genossen ernst meinten, als sie ihre Hingabe an den Aufbau des Sozialismus bekräftigten.

Einige Jahre später begannen wir tatsächlich damit, die Mannschaftsstärke der Sowjetarmee zu verringern – fast bis zur Hälfte ihrer Stärke unter Stalin. In der Führungsspitze des Zentralkomitees fand ein Meinungsaustausch statt, und wir kamen zu dem Schluß, daß es möglich sein müßte, Truppen aus Polen, Ungarn und Rumänien abzuziehen. In Bulgarien und der Tschechoslowakei hatten wir ohnehin keine Truppen stehen. Nur in Deutschland haben wir Truppen stehenlassen. Es lag klar auf der Hand, daß sie dort bleiben mußten, bis sich unsere früheren Alliierten – die inzwischen die NATO ins Leben gerufen hatten – bereit fanden, einen Friedensvertrag abzuschließen.

Eine Reihe von Gründen stand hinter unserem Entschluß, unsere Truppen aus den brüderlichen Ländern abzuziehen. Einer der Gründe war politischer Natur: Niemand sollte denken, daß wir dem polnischen, dem ungarischen und dem rumänischen Volk nicht trauten. Sie waren unsere Verbündeten. Sie bauten in ihren Ländern den Sozialismus auf, weil es in ihrem eigenen Interesse lag – und nicht, weil dort sowjetische Truppen stationiert waren. Es war der marxistisch-leninistische Internationalismus, der für die Völker der anderen sozialistischen Länder den Hauptanziehungspunkt darstellte und sich als die einigende Kraft erwies. Man kann die Menschen nicht mit Gewaltandrohung ins Paradies treiben und dann Soldaten am Ausgang postieren; sie müssen sich aus freien Stücken für ein besseres Leben entscheiden – und wenn man ihnen Gelegenheit dazu gibt, dann tun sie es auch. Darum wollten wir jetzt der gegnerischen Propaganda eine Trumpfkarte aus der Hand schlagen. Wir wollten ihre mehr oder weniger versteckte Behauptung Lügen strafen, die Ungarn, Polen und Rumänen würden von den Bajonetten sowjetischer Truppen auf der Straße zum Sozialismus vorangetrieben.

Neben den politischen gab es natürlich auch ökonomische Gründe für den Rückzug unserer Truppen aus den Bruderländern. Der Unterhalt einer Division kostet im Ausland, auf dem Territorium eines anderen sozialistischen Staates, doppelt soviel wie im eigenen Land. Innerhalb wie außerhalb unserer Grenzen mußten wir die Ausgaben für unser stehendes Heer senken. Darum kürzten wir unseren Militäretat erheblich, und zwar hauptsächlich auf dem Sektor der Personalkosten. Nachdem ich von meinen Posten als Erster Parteisekretär und als Vorsitzender des Ministerrats abgetreten war, erreichte mich das Echo der unzufriedenen Reaktionen von Leuten, die mir den Entschluß, die Löhnung der Sowjetarmee zu senken, in die Schuhe schieben wollten. Ich bestreite nicht, daß die Bezüge der Soldaten während meiner Regierungszeit gekürzt worden sind – aber es geschah tatsächlich auf Betreiben von Marschall Schukow. Gewiß, ich habe ihn darin unterstützt, denn es wurde in diesem Bereich ganz offensichtlich häufig des Guten zuviel getan, und da mußte eingegriffen werden. Das geschah, als Schukow Verteidigungsminister war, und auch noch später unter seinem Nachfolger Malinowskij: Hier darf ich nun Schukows Anteil nicht schmälern. Er erkannte die Notwendigkeit, die Ausgaben in der Armee zu senken, und ergriff die Initiative, indem er überflüssige Planstellen in den Stäben strich und die Bezüge einiger Offiziersränge kürzte.

Nun weiß ich, daß es Leute gibt – vor allem in der Armee –, die behaupten, die Verringerung der Mannschaftsstärke der sowjetischen Streitkräfte sei ein Fehler gewesen. Das imperialistische Lager, sagen sie, hat schon seit Jahren von einer Chance geträumt, die Sowjetunion zu vernichten; das einzige, was die Aggressoren zurückgehalten hat, ist unsere militärische Macht gewesen. Nun, diese Leute haben unrecht. Früher – ja, da kam es darauf an, über wie viele Soldaten, Gewehre, Bajonette ein Land verfügte. Aber wir leben heute in einem neuen Zeitalter, in dem sich die Dinge anders darstellen. Die Zahl der Soldaten, Gewehre und Bajonette gibt nicht mehr den Ausschlag. Von entscheidender Bedeutung ist heute allein die qualitative und quantitative Stärke unseres Arsenals an atomaren Raketen. Die Verteidigung unseres Landes, unser Vermögen, die imperialistische Aggression abzuschrecken, hängt von unserer nuklearen und thermonuklearen Feuerkraft ab.[2]

2 Die Mißstimmung unter den Militärs wegen der Reduzierung der konven-

Selbst Leute, die ehrlich bemüht sind, den Einsatz von Atom- und Wasserstoffbomben zu verhindern, kommen nicht um die Frage herum, wie viele von diesen Waffen uns im Falle des Ausbruchs eines globalen Krieges zur Verfügung stehen. Darum müssen wir realistische Entscheidungen treffen und bei den Zuweisungen für Militärausgaben Prioritäten setzen.

Als ich an der Spitze der Partei und der Regierung stand, entschied ich zugunsten einer drastischen Einsparung von Mitteln für den Wohnungsbau, für kommunale Dienstleistungen und sogar für die Entwicklung der Landwirtschaft, um unsere Landesverteidigung ausbauen zu können. Ich stellte sogar den Bau von Untergrundbahnen in Kiew, Baku und Tbilissi zurück, so daß die hierfür bereitgestellten Summen nun für die Vergrößerung unserer Verteidigungs- und Angriffsstärke zur Verfügung standen. Wir bauten auch weniger Sportplätze, Schwimmbäder und kulturelle Einrichtungen. Ich glaube, daß ich richtig gehandelt habe, als ich den Schwerpunkt auf die militärischen Ausgaben legte – auch wenn dies nur auf Kosten aller nicht absolut vordringlichen Investitionen in anderen Bereichen geschehen konnte. Wenn ich unserem Rüstungsbedarf nicht solch hohe Priorität eingeräumt hätte, hätten wir nicht überleben können. Ich habe alles, was mir zu Verfügung stand, in die Umrüstung der Sowjetunion gesteckt. Es war ein bedeutsamer Punkt, eine Herausforderung in unser aller Leben. Heute, da ich nicht mehr viel habe außer meinen Erinnerungen, denke ich oft an die Zeit zurück, in der wir unsere sowjetischen Streitkräfte mit schöpferischem Elan waffentechnisch modernisierten. Ich bin stolz darauf, daß mir, als dem Vorsitzenden des Ministerrates und Ersten Sekretär des Zentralkomitees die Ehre zuteil wurde, darauf zu achten, daß unsere Armee mit den modernsten Waffensystemen ausgestattet wurde.

Unser potentieller Gegner – unser erster, mächtigster und gefährlichster Feind – war so weit von uns entfernt, daß wir ihn mit unseren Luftstreitkräften nicht hätten erreichen können. Nur wenn wir eine nuklearen Raketenmacht schufen, konnten wir ihn daran hindern, einen Krieg gegen uns zu entfesseln. Der weitere Gang der Dinge hat inzwischen bestätigt, daß der Westen, hätten wir ihm die Chance gegeben, den Krieg erklärt hätte, als Dulles noch liebte. Aber wir waren die ersten, die Raketen ins Weltall schickten; wir waren es, die die stärksten nuklearen Sprengsätze zur Explosion brachten – alles dies gelang uns als ersten, ehe die Vereinigten Staaten, England und Frankreich dazu in der Lage waren. Und unsere Erfolge und offenkundige Stärke wirkten ernüchternd auf die aggressiven Kräfte in den Vereinigten Staa-

tionellen Truppenkontingente war um so stärker, als demobilisierte Soldaten und Offiziere in entlegenen Landesteilen an Aufbauprojekten, so in der Neulandgewinnung, eingesetzt wurden.

ten, in England und Frankreich und natürlich auch in der Bonner Regierung. Sie alle wußten, daß ihre Chance dahin war, den Schlag gegen uns ungestraft zu führen.

Heute, da die Größe unseres Arsenals an Atomraketen und nicht die Mannschaftsstärke unserer Armee zählt, sollte diese, so meine ich, auf ein absolutes Minimum verringert werden. Es steht für mich außer Frage, daß wir ein Stadium erreicht haben, da dies möglich ist. Als ich an der Spitze der Regierung stand und letzte Entscheidungsbefugnis über unser Militärbudget hatte, rechneten unsere Theoretiker aus, daß unsere nukleare Kapazität ausreiche, unsere Feinde in Staub zu verwandeln, und sie ist seit damals noch erheblich gewachsen. In der Zeit meiner Führung haben wir genügend Waffen angehäuft, um die wichtigsten Städte der Vereinigten Staaten zerstören zu können, von unseren potentiellen Gegnern in Europa ganz zu schweigen.

Ich erinnere mich, daß Präsident Kennedy einmal in einer Rede oder auf einer Pressekonferenz die Feststellung traf, das atomare Raketenpotential der Vereinigten Staaten reiche aus, die Sowjetunion gleich zweimal auszulöschen; das der Sowjetunion hingegen genüge nur, die Vereinigten Staaten *einmal* zu vernichten. Als ich von Journalisten aufgefordert wurde, auf diese Feststellung Kennedys zu antworten, sagte ich im Scherz: «Ja, ich weiß, was Kennedy da behauptet. Und er hat vollkommen recht. Ich beschwere mich auch gar nicht darüber: Es genügt, daß der Präsident begreift, daß wir in der Lage sind, die Vereinigten Staaten zu vernichten – und wenn es auch nur einmal ist. Soll er uns also zweimal vernichten können; ich bin ihm dankbar dafür, daß er das wenigstens zugibt. Wir sind kein blutdürstiges Volk. Wir geben uns damit zufrieden, daß wir die Vereinigten Staaten *einmal* vernichten können. Einmal, das reicht vollauf. Was hat man davon, wenn man ein Land gleich zweimal vernichtet?» Mit solchen Bemerkungen hatte ich immer einen kleinen Lacherfolg.

Hier muß ich unserem dahingegangenen Feind Adenauer Anerkennung zollen für sein nüchternes Denken. Wann auch immer er von Journalisten angegriffen, wann auch immer der Vorwurf erhoben wurde, Westdeutschland sei ein potentieller Aggressor und warte nur darauf, einen neuen Weltkrieg vom Zaun zu brechen – hat Adenauer stets so unschuldig getan, als sei er Christus in Person. «Ich weiß gar nicht, was Sie wollen», pflegte er bei solchen Anlässen zu sagen. «Wenn ein Dritter Weltkrieg ausbricht, wird die Bundesrepublik das erste Land sein, das in Schutt und Asche liegt.» Ich hörte das gern, und Adenauer hatte auch völlig recht mit dem, was er sagte. Daß er derlei öffentlich verkündete, war viel wert für uns. Wir hielten nicht nur unseren Feind Nummer Eins in Schach – Adenauer half uns, auch unsere anderen Feinde in Schach zu halten.

Ich bin immer gegen den Krieg gewesen; zugleich aber war mir völlig klar, daß die Abwehrkräfte eines Landes gelähmt sein können, wenn seine Führung den nuklearen Krieg fürchtet. Und wenn die Abwehrkräfte eines Landes gelähmt sind, dann ist der Krieg wirklich unvermeidlich geworden: Unweigerlich wird der Gegner die Furcht spüren und seinen Vorteil daraus ziehen. Ich habe immer nach dem Grundsatz operiert: Sei entschieden gegen den Krieg – aber fürchte ihn niemals! Manchmal ist es notwendig, den Rückzug anzutreten; der Rückzug kann aber auch der Anfang vom Ende deines Widerstandes sein. Wenn der Feind jede deiner Bewegungen belauert, kann sogar der Tod etwas sein, dem man tapfer entgegensieht. Und wenn der Feind dich mit Krieg überzieht, so ist es deine Pflicht, das Menschenmögliche zu tun, um zu überleben und am Ende den Sieg zu erringen.

Wir müssen auf der Hut bleiben. Unter keinen Umständen darf unsere nukleare Raketenmacht unter ein von der Notwendigkeit bestimmtes Maß absinken. Und es gibt noch andere Waffen, die für den Eventualfall bereitstehen müssen: die Waffen der chemischen und bakteriologischen Kriegführung. Im Gegensatz zum Ersten Weltkrieg sind sie im Zweiten glücklicherweise nicht zum Einsatz gekommen. Sollte sie aber jemals unser Gegner gegen uns verwenden, müßte unsere Armee in eine sehr üble Situation geraten, wenn sie nicht gleichfalls über solche Waffen verfügte. Solange zwei gegensätzliche Systeme einander gegenüberstehen, sind wir gezwungen, alle denkbaren Mittel zur Kriegführung bereitzuhalten. Ich betone dies, weil ich keinerlei Zweifel an meiner Überzeugung aufkommen lassen möchte: Gegenüber imperialistischen Aggressionsabsichten sind ständige Wachsamkeit und wirksame Abschreckung von größter Bedeutung.

Über alledem dürfen wir jedoch auch die wahre Geisteshaltung aller Imperialisten, Monopolkapitalisten und Militaristen nicht aus dem Blickfeld verlieren, die darauf aus sind, aus den politischen Spannungen zwischen den Völkern Geld zu machen. Wir müssen uns davor hüten, uns auf dem Gebiet der Rüstungsbudgets in einen sinnlosen Konkurrenzkampf mit dem Westen hineinziehen zu lassen. Sobald wir versuchen, mit Amerika hinsichtlich der militärischen Abwehrbereitschaft ganz allgemein zu konkurrieren – das heißt, nicht nur auf einigen Gebieten, wo dies unbedingt erforderlich ist –, begehen wir zwei folgenschwere Fehler. Zum einen bereichern wir jene vermögenden und aggressiven kapitalistischen Kreise in den Vereinigten Staaten, die den Ausbau unserer militärischen Stärke zum Vorwand nehmen, um den Rüstungsetat ihres eigenen Landes in die Höhe zu treiben. Zum anderen erschöpfen wir unsere materiellen Möglichkeiten, ohne daß der Lebensstandard unserer Bevölkerung dadurch gehoben wird. Je weniger Menschen in unserer Armee Dienst tun, das dürfen wir nicht vergessen, um so mehr stehen für andere, produktivere Aufgaben zur Verfügung. Diese Erkenntnis könnte ein guter gemeinsamer Ausgangspunkt für alle fortschrittlichen Kräfte in der Welt sein, die für friedliche Koexistenz kämpfen. Wenn eine Seite damit anfinge, den Ausbau ihrer militärischen Macht einzuschränken, wäre es für die andere Seite leichter, das gleiche zu tun. Wir müssen zwar immer bereit sein, im Falle eines feindlichen Angriffs den Gegenschlag zu führen; zugleich müssen wir aber fragen: Wo ist das Ende dieser Rüstungsspirale?

Ich weiß aus Erfahrung, daß die Führungsspitze der Streitkräfte sehr hartnäckig sein kann, wenn es um die Aufteilung der Etatmittel geht. Jeder Kommandeur hat alle möglichen sehr überzeugenden Argumente dafür bereit, daß er mehr Geld braucht als alle anderen. Leider haben Leute, die an der Spitze der Streitkräfte stehen, die Neigung, gierig für ihren Sektor möglichst viel herausschlagen zu wollen. Sie kommen immer mit dem Spruch angelaufen: «Für das Geld, das man heute an der Landesverteidigung spart, zahlt man in Blut, wenn morgen der Krieg ausbricht.» Ich bestreite nicht, daß diese Männer eine ungeheure Verantwortung tragen, und ich zweifle nicht an ihren moralischen Qualitäten. Aber die Tatsache bleibt doch bestehen, daß der Lebensstandard des Landes darunter leidet, wenn bei der Festsetzung des Staatshaushalts ein Überhang zugunsten unproduktiver Ausgaben entsteht. Die unproduktivsten Ausgaben jedoch, und das ist schon eh und je so gewesen, sind Ausgaben für die Rüstung. Ich meine darum, daß man die militärischen Führer gar nicht oft genug daran erinnern kann, daß es die Regierung sein muß, die den Etat aufstellt, und daß nur die Regierung darüber zu entscheiden hat, wieviel die Streitkräfte ausgeben können.

Allem Anschein nach ist übrigens die Kontrolle der Ausgaben für militärische Zwecke ein weltweites Problem. Ich erinnere mich an eine Unterhaltung, die ich mit Präsident Eisenhower hatte, als ich Gast in seiner Datscha in Camp David war. Wir gingen hin und wieder zusammen spazieren, und dabei kam es zu einigen nützlichen privaten Gesprächen. Bei einer solchen Gelegenheit fragte er mich einmal: «Sagen Sie, Mr. Chruschtschow, wie treffen Sie Ihre Entscheidungen über den Militärhaushalt?» Und noch ehe ich Zeit zu einer Erwiderung hatte, fuhr er fort: «Vielleicht sollte ich Ihnen erst einmal erzählen, wie das bei uns vor sich geht.»

«Nun?» fragte ich. «Wie geht das bei Ihnen vor sich?»

Er lächelte, und ich lächelte zurück. Ich ahnte, was jetzt kommen würde. «Also, das ist so: Da kommen die hohen Militärs zu mir und sagen, ‹Mr. President, wir brauchen soundso viel Geld für dieses oder jenes Programm.› Ich sage: ‹Sorry, soviel Geld haben wir nicht.› Darauf sie: ‹Ja, aber wir haben zuverlässige Informationen, daß in der Sowjetunion die Mittel für das gleiche Programm bereitgestellt worden sind. Wenn wir das Geld nicht kriegen, überholt uns die Sowjetunion auf diesem Sektor.› Also gebe ich nach... Auf diese Weise ziehen sie mir das Geld aus der Tasche. Und dann wollen sie mehr und immer noch mehr, und am Ende bekommen sie es auch. – So, und jetzt erzählen Sie mal, wie das bei Ihnen ist.»

«Genauso. Da kommen ein paar Leute von unserem Verteidigungsministerium und sagen: ‹Jetzt schauen Sie sich das mal an, Genosse Chruschtschow: Da entwickeln doch die Amerikaner dies oder jenes Waffensystem. Wir können das auch entwickeln – aber das kostet soundso viel.› Ich sage ihnen: ‹Tut mir leid, Genossen – das Geld ist nicht da.› Dann sagen sie: ‹Aber wenn ein Krieg ausbricht, ist uns der Feind überlegen.› Dann diskutieren wir noch ein bißchen, und zu guter Letzt bekommen sie das Geld.»

«Ja», sagte er, «so habe ich mir das vorgestellt... Wissen Sie, wir sollten wirklich in irgendeiner Form eine Vereinbarung treffen, statt für diese fruchtlosen Rivalitäten Geld hinauszuwerfen.»

«Das wäre mir sehr recht. Ich bin unter anderem hierhergekommen, um zu sehen, ob bei unseren Zusammenkünften und Gesprächen nicht so etwas wie eine Absprache herauskommen würde.»

Aber wir konnten uns damals nicht darüber einigen, und wir können es heute auch nicht. Vielleicht ist eine Übereinkunft zwischen uns überhaupt nicht zu erreichen – ich weiß es nicht. Wenn ich nach meinen eigenen Erfahrungen urteilen soll, kann ich nur sagen, daß es sehr schwierig ist. Aber selbst wenn sich eine Vereinbarung über den bilateralen Abbau der militärischen Ausgaben zwischen der Sowjetunion und den Vereinigten Staaten als unmöglich erweisen sollte – selbst dann würde ich auf meiner Ansicht beharren, daß wir in diesem Fall eben einseitig vorgehen und unser Militärbudget erheblich zusammenstreichen sollten. Wenn unsere Gegner das ihre noch weiter aufblähen wollen, wenn sie darauf bestehen, Geld für alle möglichen unsinnigen Dinge zum Fenster hinauszuwerfen, dann werden sie das nur auf Kosten des Lebensstandards ihrer Bevölkerung tun. Dadurch aber stärken sie die Position der progressiven Kräfte im eigenen Land, die dann ihre Stimme um so lauter gegen die reaktionären Kräfte des Monopolkapitals erheben können.

So stehen die Dinge. Ich habe hier die Essenz meiner Ansichten offengelegt, und ich glaube, sie haben etwas für sich. Meine Zeit ist vorbei; ich kann jetzt nichts anderes tun, als jedem, der zuhören mag, von meinen Erfahrungen zu berichten und zu hoffen, daß mir jemand Aufmerksamkeit schenkt. Ich kann nicht wieder aktiv werden; dazu ist es zu spät. Ich teile diese meine Beobachtungen als ein Mann mit, der nicht mehr aktiv arbeitet. Aber selbst in mein Rentnerdasein dringt die Erkenntnis, daß unsere damaligen Einsparungsbestrebungen offenbar in ihr Gegenteil verkehrt worden sind; daß heute Geld für unnötige Dinge und auf nebensächlichen Gebieten verschwendet wird, und daß dieser neue Trend zu überhöhten Ausgaben auf dem Militärsektor uns zwingt, in einigen wichtigeren, noch immer nicht ausreichend finanzierten Bereichen im Leben unseres Landes den Gürtel enger zu schnallen.

Zu der Zeit, als ich an der Spitze der Regierung stand, heiratete der junge Pianist Aschkenasy eine Engländerin, die an einem unserer Konservatorien studiert hatte. Sie hatten ein Baby und fuhren nach England, um die Eltern der Frau zu besuchen. Bald darauf berichtete mir Gromyko von einem Telegramm unseres Botschafters in London, in dem dieser mitteilte, Aschkenasy sei in der Botschaft erschienen und habe erklärt, seine Frau weigere sich, in die Sowjetunion zurückzukehren. Er sagte, er liebe sie sehr, und er wollte wissen, was er nun tun solle. Hier möchte ich einschieben, daß ich Aschkenasy spielen gehört und ihn persönlich beglückwünscht hatte, als er den ersten Preis im Tschaikowski-Wettbewerb gewann. Er ist ein hervorragender Pianist; ich höre ihn oft im Radio. Nun, ich beriet mich mit den Genossen und macht einen Vorschlag: «Geben wir ihm doch die Genehmigung, so lange in England zu bleiben, wie es ihm Spaß macht! Auf die Art kann er jederzeit in die Sowjetunion zurückkommen. Wir haben eigentlich keine andere Wahl: Wenn wir darauf bestehen, daß er seine Frau verläßt und heimkommt, wird er sich weigern. Er ist kein Gegner des Sowjetsystems – aber wir könnten einen aus ihm machen, wenn wir ihn in eine Lage bringen, in der er zwischen seiner Frau und dem Gehorsam seiner Regierung gegenüber wählen muß. Er würde sofort Emigranten und ähnlichen Typen in die Klauen fallen, die ihn dann bearbeiten und ihm alle möglichen sowjetfeindlichen Ideen eintrichtern würden. Was schadet es, wenn er in London lebt und seine sowjetische Staatsbürgerschaft behält? Er kann jederzeit nach Moskau kommen und ein Konzert geben. Er ist doch Musiker, und das ist schließlich ein freier Beruf.»

Alle stimmten mir zu, und mein Vorschlag war angenommen.

Ich höre oft Radio in diesen Tagen. Wenn ich Spaziergänge mache, ist mein Radiogerät mein ständiger Begleiter. Es verschafft mir Information und Vergnügen. Ich liebe Volksmusik und Volkslieder. Ich mag auch manche Werke der zeitgenössischen Musik, aber ich muß gestehen, daß ein Mann in meinem Alter doch mehr zu den Dingen neigt, die ihm aus seiner Jugend vertraut sind. Meistens ist das Radioprogramm recht gut, aber hin und wieder verpesten sie den Äther auch mit Sachen, die in den Mülleimer gehören. Besondere Freude macht es mir immer, wenn ich das Radio einschalte und entnehme der Ansage, daß Aschkenasy nach Moskau gekommen ist, um ein Konzert zu geben. Ich bin froh, daß wir damals den guten Ruf dieses großen sowjetischen Pianisten gewahrt und gleichzeitig sein glückliches Familienleben gerettet haben. Vielleicht wird einmal die Zeit kommen, da Aschkenasy *und* seine Frau zurückkehren und für immer in Moskau leben wollen. Es kann ebensogut sein, daß sie in London bleiben – ich schließe dies keineswegs aus. Na und? Laßt sie doch leben, wo sie wollen. Ich finde, daß es an der Zeit ist, das jedem Sowjetbürger freizustellen. Wenn er unser Land verlassen will, um eine Weile anderswo zu leben – gut; wir sollten ihm nichts in den Weg legen. Ich

Der Staatsmann Chruschtschow – das offizielle Foto, 1963

kann einfach nicht glauben, daß ein Paradies nach nunmehr fünfzig Jahren Sowjetmacht hinter Schloß und Riegel gehalten werden sollte.

Wir Kommunisten glauben, daß der Kapitalismus eine Hölle ist, in der die arbeitenden Menschen zur Sklaverei verdammt sind. Wir bauen den Sozialismus. Wir haben bereits auf vielen Gebieten Erfolge erzielt, und wir werden in der Zukunft noch erfolgreicher sein. Die Art, wie wir unser Leben gestalten, ist beim heutigen Stand der Menschheitsentwicklung ohne Zweifel die fortschrittlichste der Welt. Sie ist, um noch einmal die Sprache der Bibel zu benutzen, das Paradies der Menschheit. Kein Paradies in dem Sinne freilich, daß ein Füllhorn über jedermann ausgeleert würde und man nur den Mund aufzusperren brauchte, um satt zu werden. Nein, von dieser Art ist unser Paradies nicht – zumindest noch nicht. Und ich weiß nicht, ob dieser Zustand je erreicht werden wird. Aber, wie es so schön heißt, alles ist relativ. Und in Relation zur kapitalistischen Welt ist unsere Lebensform eine große Errungenschaft. Wir haben vieles erreicht, und wir haben die Voraussetzungen für noch größere Erfolge geschaffen.

Warum sollten wir uns da nun selber widersprechen? Warum sollten wir erst einem ganzen Volk ein schöneres Leben schaffen und dann unsere Grenzen mit sieben Schlössern versperren? Manchmal schimpfen unsere eigenen Sowjetbürger: «So, also mit der Keule treibt Ihr uns ins Paradies, wie?» Solche Kommentare konnte man hören, als die Zwangskollektivierung im Gange war, und bei ähnlichen Maßnahmen. Ich meine, es ist an der Zeit, der Welt zu zeigen, daß die Menschen bei uns frei sind; sie arbeiten willig, und sie bauen den Sozialismus auf, weil sie vom Sozialismus überzeugt sind und nicht, weil sie keine andere Wahl haben.

Ich zweifle nicht daran, daß es praktisch und auch theoretisch denkbar wäre, daß wir unsere Grenzen öffneten – was hätten wir schon für eine Freiheit, wenn das nicht denkbar wäre? Gewiß, ich kenne einige Leute, die argumentieren so: «Sehen Sie, unsere Gesellschaft hat doch eine bestimmte Klassenstruktur. Da können wir doch nicht zulassen, daß die Klassenfeinde des Proletariats einfach kommen und gehen, wie es ihnen Spaß macht.» Aber für denkende Menschen gehört diese Überlegung einer vergangenen Epoche unseres Staates an. Es ist nur fünfzig Jahre her, daß wir die antagonistischen Klassen liquidiert haben, und nur für Narren kann man das Gespenst der Klassenfeinde innerhalb der Sowjetunion heraufbeschwören.

Aus der Zeit, als ich unser Land führte, fällt mir noch eine weitere Begebenheit ein, die ebenfalls zeigt, wie wir uns von dieser beschämenden Erbschaft der geschlossenen Grenzen befreien können, die unser sowjetisches Staatsbewußtsein an die Kette legt. Maja Plisezkaja, die beste Ballerina nicht nur der Sowjetunion, sondern der ganzen Welt, erhielt nie eine Ausreisegenehmigung, wenn das Bolschoj-Theater auf Auslandstournee ging. Man könne ihr nicht trauen, erklärte man mir; es bestehe die Gefahr, daß sie nicht mehr zurückkommen werde. Nun, ich kannte sie nicht persönlich; ich hatte nie mit ihr gesprochen und keine Ahnung von ihrer Einstellung. Fraglos wäre es sehr unangenehm gewesen, wenn eine Berühmtheit wie die Plisezkaja plötzlich der Sowjetunion den Rükken gekehrt hätte. Ihr Überlaufen hätte dem Westen nützlichen Stoff für seine antisowjetische Propaganda geliefert und schmerzliche Folgen für uns gehabt.

Eines Tages – es wurde gerade wieder ein Ensemble für eine Auslandstournee zusammengestellt – erhielt ich einen Brief von Maja Plisezkaja. Sie schrieb an mich in meiner Eigenschaft als Sekretär des Zentralkomitees, und sie schrieb sehr offen. Es war ein langer Brief. Sie schrieb, sie sei eine Patriotin und empfinde das Mißtrauen, mit dem man ihr begegne, als kränkend und beleidigend. Ich ließ den Brief kopieren und verteilte ihn unter den anderen Mitgliedern des Präsidiums. Dann stellte ich die Frage zur Diskussion, was da zu tun sei, und sprach die Empfehlung aus, sie auf Tournee gehen zu lassen. Einige Zweifel wurden laut, ob sie zurückkehren werde. «Das mag richtig sein», erwiderte ich. «Mit dieser Möglichkeit müssen wir rechnen. Aber ich vertraue ihr, obgleich ich sie nicht kenne. Man kann nicht leben, ohne den Menschen zu vertrauen. Wenn dieser Brief nicht aufrichtig ist, wenn sie nur versucht, uns an der Nase herumzuführen, damit wir ihr den Ausbruch ermöglichen – nun, dann werden wir natürlich einen großen Verlust erleiden. Wir werden auch in eine sehr peinliche Situation geraten. Aber wir werden's überleben.»

Maja Plisezkaja ging mit auf Tournee und dankte es mir mit großartigen Leistungen im Ausland. Sie trug bei zur Vergrößerung des Ruhmes des sowjetischen Balletts und der sowjetischen Kultur. Und sie kam wieder zurück. Das war der Lohn für unsere Arbeit am Aufbau einer sozialistischen Gesellschaft, der anzugehören die Plisezkaja stolz war.

Und wenn wir unsere Politik des «Kein-Ausreisevisum» fortgesetzt, wenn wir Maja Plisezkaja unter festem Verschluß gehalten hätten? Wir würden vermutlich einen seelischen Krüppel aus ihr gemacht haben und eine Gegnerin des Sowjetsystems obendrein. Die menschliche Psyche ist etwas ungeheuer Zerbrechliches, demgegenüber man den höchsten Respekt aufbringen muß. Eine einzige Unvorsichtigkeit kann sie in gefährlicher Weise aus dem Gleichgewicht bringen. Ich bin stolz auf meine Entscheidung, Maja Plisezkaja ins Ausland reisen zu lassen, und ich bin froh, daß sie die Geste unseres Vertrauens gebührend honoriert hat.

Wenn wir nun unsere Grenzen öffneten – ist es denkbar, daß unser Vertrauen in den einzelnen Bürger getäuscht werden wird? Natürlich ist das denkbar. Unter 240 Millionen Menschen finden sich zwangsläufig unsaubere Elemente. Und die werden dann rasch an die Oberfläche kommen – Dreck schwimmt immer oben. Soll doch der Müll, der Bodensatz, der Abschaum unserer Gesellschaft nach oben driften, damit die Wellen ihn hinaustragen können, weit weg von unseren Küsten. Was ich hier sage, stimmt völlig mit der Politik Lenins in den ersten Jahren der Revolution überein; damals haben wir die Feinde der Sowjetunion ins Ausland geschickt, ins Exil. Wer weg wollte, dem wurde nichts in den Weg gelegt. «Sie wollen ausreisen?» fragten wir. «In Ordnung. Schnüren Sie Ihr Bündel und machen Sie, daß Sie wegkommen.» Und sie gingen.

Heute, fünfzig Jahre später, müssen wir endlich damit Schluß machen, in jedermann einen Abtrünnigen zu wittern. Die Politik an unseren Grenzen darf nicht länger darauf abzielen, den Bodensatz und den Abschaum in unserem Land festzuhalten. Es wird Zeit, daß wir auch einmal an die Menschen denken, die es nicht verdienen, Abschaum genannt zu werden – Menschen, die vielleicht für eine Weile in ihren Überzeugungen schwankend werden mögen, die dann vielleicht die kapitalistische Hölle einmal ausprobieren wollen – es kann schon sein, daß sie unseren weniger gefestigten Elementen in einiger Hinsicht noch attraktiv erscheint. Aber diese Leute können wir nicht ewig einsperren. Wir müssen ihnen die Chance geben, aus eigener Anschauung herauszufinden, wie es in der Welt aussieht.

Wenn wir unsere Haltung in diesem Punkt nicht ändern – dann, fürchte ich, bringen wir die Ideale des Marxismus-Leninismus in Verruf, die unserer sowjetischen Lebensweise zugrunde liegen.

Anhang

Die Geheimrede

*Wortlaut der Geheimrede, die Nikita S. Chruschtschow am 25. Februar 1956 auf dem XX. Parteitag der KPdSU gehalten hat. Der Text entspricht der am 4. Juni 1956 vom US-Außenministerium veröffentlichten Fassung.**

Genossen! Im Bericht des Zentralkomitees der Partei an den XX. Parteitag, in einer Anzahl von Reden der Parteitagsdelegierten und schon zuvor auf den Plenarsitzungen des ZK der KPdSU ist vieles über den Persönlichkeitskult und seine schädlichen Folgen gesagt worden.

Nach dem Tode Stalins leitete das ZK der Partei eine Aufklärungspolitik ein, um mit zwingender Konsequenz nachzuweisen, daß es unzulässig und dem Geist des Marxismus-Leninismus zuwider ist, eine Person herauszuheben, und sie zu einem Übermenschen zu machen, der gottähnliche, übernatürliche Eigenschaften besitzt, zu einem Menschen, der angeblich alles weiß, alles sieht, für alle denkt, alles kann und in seinem ganzen Verhalten unfehlbar ist.

Ein solcher Glaube an einen Menschen, und zwar an Stalin, ist bei uns viele Jahre lang kultiviert worden.

Der Zweck des gegenwärtigen Berichts besteht nicht darin, eine gründliche Bewertung des Lebens und der Aktivität Stalins durchzuführen. Über Stalins Verdienste ist schon zu seinen Lebzeiten eine völlig ausreichende Anzahl von Büchern, Broschüren und Einzeluntersuchungen verfaßt worden. Die Rolle Stalins bei der Vorbereitung und Durchführung der Sozialistischen Revolution, während des Bürgerkrieges und im Kampf für den Aufbau des Sozialismus in unserem Lande ist allgemein bekannt. Darüber weiß jeder gut Bescheid. Wir haben uns mit der jetzt und künftig für die Partei überaus wichtigen Frage zu befassen, wie der Kult mit der Person Stalins sich allmählich entfalten konnte, der in einer ganz bestimmten, konkreten Phase zur Quelle einer Reihe außerordentlich ern-

* Die hier wiedergegebene deutsche Übersetzung der Geheimrede wurde erstmals in der Zeitschrift *Ost-Probleme* (8. Jg. 1956, Nr. 25/26) abgedruckt, die damals von der Embassy of the U. S. of America, USIS, Press Division, Bad Godesberg, herausgegeben wurde.

ster und schwerwiegender Verfälschungen der Parteigrundsätze, der innerparteilichen Demokratie, der revolutionären Gesetzlichkeit wurde.

Da noch nicht alle Genossen restlos begriffen haben, welche praktischen Konsequenzen sich aus dem Persönlichkeitskult ergeben und wie überaus schädlich die Verletzung des Prinzips der kollektiven Führung innerhalb der Partei ist, aus der die Zusammenballung ungeheurer, unbegrenzter Macht in den Händen eines einzelnen resultiert, hält es das Zentralkomitee für absolut notwendig, dem XX. Parteitag der KPdSU das diese Angelegenheit betreffende Material zugänglich zu machen.

Gestatten Sie mir zunächst, Sie daran zu erinnern, mit welcher Schärfe die Klassiker des Marxismus-Leninismus jede Äußerung des Persönlichkeitskults verurteilt haben. In einem Brief an den deutschen Politarbeiter Wilhelm Bloß erklärte Marx:

> Im Widerwillen gegen alle Personenkults habe ich während der Zeit der Internationale die zahlreichen Anerkennungsmanöver, womit ich von verschiedenen Ländern aus molestiert ward, nie in den Bereich der Publizität dringen lassen, ich habe auch nie darauf geantwortet, außer hier und da durch Rüffel. Als Engels und ich dem Geheimbund der Kommunisten beitraten, verlangten wir die Entfernung all dessen aus den Statuten, was dem Autoritätsglauben förderlich sein konnte. Lassalle tat nachher genau das Gegenteil.

Einige Zeit später schrieb Engels:

> Wir beide, Marx und ich, haben immer jedwede öffentliche Manifestation zu Ehren von einzelnen abgelehnt, von solchen Fällen abgesehen, in denen ein wichtiger Grund vorlag; wir widersetzten uns ganz energisch solchen Manifestationen, die uns persönlich zu unseren Lebzeiten betrafen.

Die große Bescheidenheit des Genius der Revolution, Wladimir Iljitsch Lenin, ist bekannt. Lenin betonte immer die Rolle des Volkes als Schöpfers der Geschichte, die leitende und organisatorische Rolle der Partei als eines lebendigen und schöpferischen Organismus und ebenso die Rolle des Zentralkomitees.

Der Marxismus negiert nicht die Rolle der Führer der Arbeiterklasse bei der Leitung der revolutionären Befreiungsbewegung.

Während er der Rolle der Führer und Organisatoren der Massen große Bedeutung beimaß, brandmarkte Lenin jedoch gleichzeitig schonungslos jede Äußerung des Persönlichkeitskults, bekämpfte unerbittlich die dem Marxismus fremden Auffassungen über den «Helden» und die «Menge» und verwahrte sich gegen jeden Versuch, den Massen und dem Volk einen «Helden» gegenüberzustellen.

Lenin lehrte, daß die Stärke der Partei auf ihrer unauflöslichen Verbundenheit mit den Massen beruht, darauf, daß hinter der Partei das Volk steht – die Arbeiter, die Bauern und die Intelligenz.

> Nur der wird die Macht erringen und behalten – sagte Lenin –, der

an das Volk glaubt, der untertaucht in dem Brunnen der lebendigen Schöpferkraft des Volkes.

Lenin sprach mit Stolz von der bolschewistischen Kommunistischen Partei als der Führerin und Lehrerin des Volkes. Er verlangte, daß alle wichtigen Fragen den bewußten Arbeitern, der Partei, zur Kenntnis gebracht und in diesem Kreise zur Diskussion gestellt werden sollten. Er sagte: «Wir glauben an sie, wir sehen in ihr die Weisheit, die Ehre und das Gewissen unserer Epoche.»

Lenin wandte sich entschieden gegen jeden Versuch, die leitende Rolle der Partei im Gefüge des Sowjetstaates zu bagatellisieren oder zu schwächen. Er entwickelte die bolschewistischen Prinzipien der Parteiführung und die Normen des Parteilebens, wobei er die Kollegialität als Richtschnur der Parteiführung betonte. Schon in den Jahren vor der Revolution bezeichnete Lenin das Zentralkomitee der Partei als ein Führungskollektiv, als den Hüter und Interpreten der Parteiprinzipien. «Im Intervall zwischen den Parteitagen», erklärte Lenin, «hütet und interpretiert das Zentralkomitee die Parteiprinzipien.»

Die Rolle und Autorität des Zentralkomitees der Partei kennzeichnete Wladimir Iljitsch mit den Worten: «Das Zentralkomitee konstituierte sich als streng zentralisierte und höchst maßgebende Gruppe.»

Zu Lenins Lebzeiten war das Zentralkomitee der Partei der echte Ausdruck der kollektiven Führung der Partei und der Nation. Als aktivistischer, revolutionärer Marxist, der in Prinzipienfragen allzeit unbeugsam blieb, drängte Lenin seinen Mitarbeitern jedoch niemals gewaltsam seine Ansichten auf. Er versuchte vielmehr, sie zu überzeugen; geduldig erklärte er anderen seine Auffassung.

Stets war Lenin sorgsam darauf bedacht, daß die Normen des Parteilebens verwirklicht, daß die Bestimmungen des Parteistatuts befolgt, daß die Parteitage und die Plenarsitzungen des Zentralkomitees abgehalten wurden.

Abgesehen von W. I. Lenins großen Verdiensten um den Sieg der Arbeiterklasse und der werktätigen Bauern, um den Sieg unserer Partei und um die Anwendung der Ideen des wissenschaftlichen Kommunismus auf das Leben zeigte sich sein Scharfblick auch darin, daß er beizeiten jene negativen Charaktereigenschaften Stalins aufdeckte, die später so ernst zu nehmende Konsequenzen zeitigten. Aus Besorgnis um die künftigen Geschicke der Partei und des Sowjetvolkes wies er auf die Notwendigkeit hin, die Entfernung Stalins vom Posten des Generalsekretärs in Erwägung zu ziehen, da Stalin zu grob sei, nicht die richtige Einstellung zu den Genossen habe, launisch sei, seine Macht mißbrauche.

Im Dezember 1922 erklärte Wladimir Iljitsch in einem Brief an den Parteitag:

> Genosse Stalin hat dadurch, daß er Generalsekretär geworden ist, eine gewaltige Macht in seinen Händen vereinigt, und ich bin durch-

aus nicht sicher, daß er es immer verstehen wird, diese Macht mit genügender Behutsamkeit zu benutzen.

Wladimir Iljitsch sagte:

Stalin ist zu grob, und wenn dieser Fehler auch in unserem Kreis und in den Beziehungen unter uns Kommunisten erträglich ist, so wird er ganz unerträglich im Geschäftszimmer des Generalsekretärs. Darum schlage ich den Genossen vor, einen Weg zu finden, um Stalin aus dieser Position zu entfernen und dafür einen anderen Mann auszuwählen, der sich aber in jeder Beziehung nur dadurch von Stalin unterscheiden darf, daß er geduldiger, loyaler, höflicher, aufmerksamer gegen die Genossen ist, nicht so launisch, usw.

Dieses Dokument wurde auch den Delegierten des XIII. Parteitages bekanntgegeben, die die Frage der Entfernung Stalins von der Position des Generalsekretärs diskutierten. Die Delegierten befürworteten jedoch die Belassung Stalins auf seinem Posten in der Hoffnung, er werde sich die kritischen Bemerkungen Wladimir Iljitschs zu Herzen nehmen und imstande sein, die Fehler abzulegen, die Lenin so ernste Sorge bereitet hatten.

Genossen! Der Parteitag soll auch zwei weitere Dokumente zur Kenntnis nehmen, die die Beurteilung des Charakters Stalins bestätigen, welche Wladimir Iljitsch Lenin bereits in seinem «Testament» gegeben hatte. Bei diesen Dokumenten handelt es sich um einen Brief von Nadjeschda Konstantinowna Krupskaja an Kamenjew, den damaligen Vorsitzenden des Politbüros, und um ein Schreiben, das Wladimir Iljitsch persönlich an Stalin richtete.

Ich möchte diese Dokumente jetzt zur Verlesung bringen.

Lew Borisowitsch!

Wegen eines kurzen Briefes, den ich in den Worten niedergeschrieben hatte, die mir Wladimir Iljitsch mit ärztlicher Erlaubnis diktierte, gestattete sich Stalin gestern mir gegenüber einen ungewöhnlich groben Ausfall. Ich bin nicht erst seit einem Tage Parteimitglied, aber in all diesen dreißig Jahren habe ich niemals von irgendeinem Genossen ein grobes Wort gehört. Die Sache der Partei und Iljitschs ist mir nicht weniger teuer als Stalin. Ich muß im Augenblick ein Höchstmaß von Selbstbeherrschung aufbieten. Was man mit Iljitsch besprechen kann oder nicht, weiß ich besser als jeder Arzt, weil ich weiß, was ihn nervös macht und was nicht. Auf jeden Fall weiß ich es besser als Stalin. Ich wende mich an Dich und an Grigorij [1] als die Genossen, die W. I. viel näherstehen, und ich bitte Euch, mich vor solchen rücksichtslosen Einmischungen in mein Privatleben, vor so gemeinen Beleidigungen und Drohungen zu schützen. Ich habe keinen Zweifel, wie die einmütige Entscheidung der Kontrollkommission ausfallen wird, mit der Stalin mir drohen zu müssen glaubte; doch habe ich weder genügend

1 Kamenjew und Sinowjew.

Kraft noch Zeit, um sie auf diesen dummen Streit zu verwenden. Ich bin schließlich ein lebendiger Mensch, und meine Nerven sind bis zum äußersten angespannt.

N. Krupskaja

Nadjeschda Konstantinowna schrieb diesen Brief am 23. Dezember 1922. Zweieinhalb Monate später im März 1923, sandte Lenin folgenden Brief an Stalin:

An Genosse Stalin.

Abschriften an Kamenjew und Sinowjew.

Lieber Genosse Stalin!

Du hast Dir erlaubt, meine Frau in grober Form ans Telefon zu zitieren und sie sehr grob zu tadeln. Obwohl sie Dir gesagt hat, sie wolle Deine Bemerkungen vergessen, haben Sinowjew und Kamenjew dennoch durch sie von der Sache erfahren. Ich habe nicht die Absicht, etwas so leicht zu vergessen, was gegen mich gerichtet ist, und ich brauche hier wohl nicht zu betonen, daß ich alles als gegen mich gerichtet betrachte, was meiner Frau angetan wird. Ich ersuche Dich deshalb, sorgfältig zu prüfen, ob es Dir lieber ist, Deine Worte zurückzunehmen und Dich zu entschuldigen, oder ob Du den Abbruch der Beziehungen zwischen uns vorziehst.

5. März 1923. Lenin

(Bewegung im Saale)

Genossen! Ich möchte diese Dokumente nicht kommentieren. Sie sprechen beredt genug für sich selbst. Wenn Stalin sich zu Lenins Lebzeiten so benehmen konnte, wenn er Nadjeschda Konstantinowna Krupskaja so behandeln konnte, die die Partei kennt und schätzt als treue Gefährtin Lenins und als aktive Kämpferin für die Sache der Partei seit deren Gründung, dann können wir uns leicht vorstellen, wie Stalin andere Leute behandelte.

Diese seine negativen Charaktereigenschaften haben sich ständig weiterentwickelt, so daß man in den letzten Jahren mit ihm absolut nicht mehr auskommen konnte.

Wie die späteren Ereignisse bewiesen haben, waren Lenins Befürchtungen gerechtfertigt.

In der ersten Zeit nach Lenins Tod beherzigte Stalin zwar noch seinen Rat, aber dann begann er, die ernsten Ermahnungen Wladimir Iljitschs außer acht zu lassen.

Wenn wir Stalins Praxis bei der Führung der Partei und des Landes analysieren, wenn wir reiflich bedenken, was Stalin alles angerichtet hat, dann müssen wir zu der Überzeugung gelangen, daß Lenins Befürchtungen berechtigt waren. Die negativen Charakterzüge Stalins, zu Lenins Zeit erst im Ansatz vorhanden, entfalteten sich immer stärker und führten in den letzten Jahren zu einem folgenschweren Mißbrauch der Macht durch Stalin, der der Partei unsagbaren Schaden zufügte.

Wir müssen diese Angelegenheit ernsthaft erörtern und korrekt analysieren, um jede Möglichkeit einer Wiederholung, gleichgültig in welcher Form, all dessen ausschalten zu können, was zu Lebzeiten Stalins geschah, der absolut keine Kollegialität der Führung und der Arbeit duldete, der mit brutaler Gewalt nicht nur gegen jeden Widerstand vorging, sondern auch gegen alles, was nach seiner launischen und despotischen Veranlagung seiner Auffassung zu widersprechen schien.

Stalin hielt sich nicht damit auf, die Menschen zu überzeugen, aufzuklären und geduldig mit ihnen zusammenzuarbeiten, sondern er zwang anderen seine Ansichten auf und verlangte absolute Unterwerfung unter seine Meinung. Wer sich seiner Konzeption widersetzte oder einen eigenen Standpunkt zu vertreten, die Korrektheit der eigenen Position zu beweisen suchte, wurde unweigerlich aus dem Führungskollektiv ausgeschlossen und anschließend sowohl moralisch als auch physisch vernichtet. Dies zeigte sich in besonderem Maße in der Zeit nach dem XVII. Parteitag, als zahlreiche prominente Parteiführer und einfache Parteimitglieder, die der Sache des Kommunismus mit aufrichtiger Hingebung dienten, dem Despotismus Stalins zum Opfer fielen.

Dabei ist festzuhalten, daß sich die Partei in einem harten Kampf gegen die Trotzkisten, die Rechten und die bürgerlichen Nationalisten durchgesetzt und daß sie alle Feinde des Leninismus ideologisch entwaffnet hatte. Der erfolgreiche Verlauf dieses ideologischen Kampfes hatte die Partei gestärkt und gestählt, und hierbei spielte Stalin eine positive Rolle.

Die Partei führte damals eine große politisch-ideologische Auseinandersetzung mit Vertretern antileninistischer Thesen in ihren eigenen Reihen durch, die eine parteifeindliche, der Sache des Sozialismus abträgliche Linie progagierten. Es war ein verbissener und schwieriger Kampf, aber er war notwendig, weil sowohl die politische Linie des Blocks der Trotzkisten und Sinowjewisten als auch jene der Bucharinisten zur Wiederherstellung des Kapitalismus und zur Kapitulation vor der Weltbourgeoisie geführt hätte. Denken wir nur einen Augenblick daran, was passiert wäre, wenn sich 1928 bis 1929 die politische Linie der Rechtsabweichler bei uns durchgesetzt hätte, oder die Orientierung auf die «Kattun-Industrialisierung», oder jene auf die Kulaken usw. Dann hätten wir heute keine mächtige Schwerindustrie, wir hätten keine Kolchose, wir befänden uns waffenlos und schwach inmitten der kapitalistischen Umkreisung.

Eben aus diesem Grunde führte die Partei einen unerbittlichen ideologischen Kampf und klärte alle Parteimitglieder sowie die parteilosen Massen darüber auf, wie schädlich und gefährlich die antileninistischen Vorschläge der trotzkistischen Opposition und der rechten Opportunisten waren. Und diese gewaltige Aufklärungsarbeit über die Parteilinie trug Früchte, sowohl die Trotzkisten als auch die rechten Opportunisten wurden politisch isoliert; die überwiegende Mehrheit der Partei erklärte sich für die leninistische Linie. Es gelang der Partei, die werktätigen Massen wachzurütteln und zu organisieren, um sie für die leninistische Parteilinie und den Aufbau des Sozialismus zu gewinnen.

Bemerkenswert ist die Tatsache, daß selbst während dieses erbitterten ideologischen Kampfes gegen die Trotzkisten, Sinowjewisten, Bucharinisten und andere Gruppen noch keine radikalen Unterdrückungsmaßnahmen angewandt wurden, da sich dieser Kampf auf ideologischer Grundlage abspielte. Erst einige Jahre später, als die Fundamente des Sozialismus in unserem Lande gelegt, die ausbeutenden Klassen im allgemeinen liquidiert waren, als sich die soziale Struktur der Sowjetunion von Grund auf geändert hatte und die soziale Basis für parteifeindliche Gruppen und Bewegungen entscheidend eingeengt war, als die ideologischen Gegner der Partei politisch längst geschlagen waren, da erst setzten die gegen sie gerichteten Unterdrückungsmaßnahmen ein.

Massenrepressalien gegen «Volksfeinde»

In dieser Periode, von 1935 bis 1938, begann die Massenunterdrückung durch den Regierungsapparat. Sie richtete sich zunächst gegen die Feinde des Leninismus – die Trotzkisten, Sinowjewisten und Bucharinisten –, nachdem diese von der Partei längst politisch besiegt worden waren. In der Folge griff sie aber auch auf zahlreiche aufrechte Kommunisten über, auf diejenigen Parteikader, die die schwere Last des Bürgerkriegs, der ersten und schwierigsten Jahre der Industrialisierung und Kollektivisierung getragen, auf Männer, die aktiv gegen die Trotzkisten und die Rechten für die leninistische Parteilinie gekämpft hatten.

Von Stalin stammt der Begriff des «Volksfeindes». Dieser Terminus machte es von vornherein überflüssig, einer Person oder Personengruppe, die sich mit ihm im Widerspruch befand, ideologische Irrtümer nachzuweisen. Dieser Terminus ermöglichte die Anwendung grausamster Unterdrückung, die Verletzung aller Normen der revolutionären Gesetzlichkeit zum Nachteil derer, die in irgendeinem Punkt nicht mit Stalin übereinstimmten, bei denen auch nur der geringste Verdacht feindlicher Absichten bestand und die nicht gut angeschrieben waren. Dieser Begriff des «Volksfeindes» machte jede Form des ideologischen Kampfes bzw. jede freie Meinungsäußerung zu dieser oder jener Frage, auch wenn sie rein praktischer Natur war, unmöglich. In der Regel genügte als einziger Schuldbeweis, im Widerspruch zu allen Normen der Rechtswissenschaft, das «Geständnis» des Angeklagten selbst; wie sich später herausstellte, wurden die «Geständnisse» durch physischen Druck von den Angeklagten erpreßt.

Dies führte zu flagranten Verletzungen der revolutionären Gesetzlichkeit und dazu, daß viele vollkommen unschuldige Personen, die in früheren Jahren für die Parteilinie eingetreten waren, diesen Methoden zum Opfer fielen.

Wir müssen feststellen, daß auch bei Personen, die seinerzeit in Widerspruch zur Parteilinie geraten waren, oft keine stichhaltigen Gründe für ihre physische Vernichtung vorlagen. Die Formel vom «Volksfeind» wurde eigens als Handhabe für die physische Vernichtung solcher Personen eingeführt.

Es ist eine Tatsache, daß viele Personen, die in der Folge als Partei- und Volksfeinde liquidiert wurden, Mitarbeiter Lenins waren. Einige von ihnen haben, als Lenin noch lebte, Irrtümer begangen, aber gleichwohl hat Lenin aus ihrer Arbeit Nutzen gezogen, er hat sie korrigiert und sein Möglichstes getan, um sie der Partei zu erhalten. Er spornte sie an, ihm zu folgen.

In diesem Zusammenhang sollten die Delegierten des Parteitags Kenntnis nehmen von einer bisher unveröffentlichten Notiz, die W. I. Lenin im Oktober 1920 dem Politbüro des Zentralkomitees zugehen ließ. Die Aufgaben der Kontrollkommission umreißend, schrieb Lenin, die Kommission müsse zu einem wirklichen «Organ des Partei- und proletarischen Gewissens» gemacht werden.

> Als besondere Aufgabe der Kontrollkommission – heißt es in dieser Notiz – wird die Herstellung einer engen individuellen Verbindung, die in manchen Fällen eine Art Heilbehandlung sein sollte, zu den Vertretern der sogenannten Opposition empfohlen, zu denen, die wegen eines Fehlschlages in ihrer Sowjet- oder Parteilaufbahn in eine psychologische Krise geraten sind. Man sollte bemüht sein, sie zu beruhigen, ihnen die Sache in der unter Genossen üblichen Art zu erklären, für sie (ohne ihnen Befehle zu erteilen) eine Aufgabe zu finden, die ihrer psychologischen Verfassung entspricht. Ratschläge und Richtlinien hierfür sind vom Organisationsbüro des Zentralkomitees auszuarbeiten.

Es ist jedermann bekannt, wie unversöhnlich Lenin gegenüber den ideologischen Feinden des Marxismus und gegenüber denjenigen war, die von der korrekten Parteilinie abwichen. Aber Lenin hat gleichzeitig, wie aus dem erwähnten Dokument hervorgeht, in seiner Praxis der Parteiführung den engsten Parteikontakt zu Leuten gefordert, bei denen trotz gewisser Schwankungen oder zeitweiliger Abweichungen von der Parteilinie noch immer die Möglichkeit bestand, daß sie auf den Weg der Partei zurückfanden. Lenin empfahl, diese Leute geduldig zu erziehen, ohne extreme Methoden anzuwenden.

Lenins Weisheit im Umgang mit Menschen trat in seiner Kaderarbeit zutage.

Ganz anders war dagegen die Einstellung Stalins zu seiner Umgebung. Lenins charakteristische Eigenschaften – geduldige Arbeit mit den

Menschen im Interesse ihrer unablässigen und gewissenhaften Schulung, seine Fähigkeit, die Menschen für sich zu gewinnen, so daß sie ihm ohne Zwang, lediglich unter dem ideologischen Einfluß des gesamten Kollektivs folgten – waren Stalin vollkommen fremd. Stalin gab die leninistische Methode der Überzeugung und Erziehung auf, er vertauschte die Methode des ideologischen Kampfes mit der der administrativen Gewaltanwendung, der Massenunterdrückung und des Terrors. Er stützte sich bei seinen Aktionen in zunehmendem Maße und mit wachsendem Starrsinn auf die Straforgane und verletzte dabei häufig alle bestehenden Normen der Moral und des sowjetischen Rechts.

Die Willkür des einen war zugleich Ansporn und Freibrief für die Willkür der anderen. Massenverhaftungen und Verschickungen, die Tausende von Menschen betrafen, Hinrichtungen ohne ordnungsgemäßes Untersuchungs- und Gerichtsverfahren schufen Unsicherheit und verbreiteten Furcht, ja sogar Verzweiflung.

Das förderte natürlich nicht die Einigkeit innerhalb der Partei und aller Schichten der werktätigen Bevölkerung – im Gegenteil, es hatte zur Folge, daß loyale, aber Stalin unerwünschte Arbeiter vernichtet bzw. aus der Partei ausgeschlossen wurden.

Unsere Partei kämpfte für die Verwirklichung der Pläne Lenins, für den Aufbau des Sozialismus. Das war ein ideologischer Kampf. Wären Lenins Grundsätze im Verlauf dieses Kampfes befolgt worden, hätte man die Prinzipientreue der Partei geschickt mit lebhafter und eifriger Sorge um die Menschen gepaart, wären die Menschen nicht zurückgestoßen und vergeudet, sondern auf unsere Seite gezogen worden, dann wäre es bestimmt nicht zu so brutalen Verstößen gegen die revolutionäre Gesetzlichkeit gekommen, und viele Tausende wären nicht den Terrormethoden zum Opfer gefallen. Außergewöhnliche Maßnahmen hätte man dann nur gegen jene ergriffen, die wirklich verbrecherische Handlungen gegen das Sowjetsystem begangen hatten.

In diesem Zusammenhang möchte ich an verschiedene geschichtliche Tatsachen erinnern.

In der Zeit vor der Oktoberrevolution lehnten zwei Mitglieder des Zentralkomitees der Bolschewistischen Partei, Kamenjew und Sinowjew, Lenins Plan eines bewaffneten Aufstands ab. Außerdem veröffentlichten sie am 18. Oktober in dem Menschewiken-Organ *Nowaja Schisn* eine Erklärung des Inhalts, daß die Bolschewiki einen Aufstand vorbereiteten, was sie als Abenteurerpolitik ansahen. Kamenjew und Sinowjew verrieten also dem Feind den Beschluß des ZK, einen Aufstand zu entfesseln, der binnen kurzem stattfinden sollte.

Das war Verrat an der Partei und an der Revolution. In diesem Zusammenhang schrieb W. I. Lenin: «Kamenjew und Sinowjew verrieten den Beschluß des Zentralkomitees ihrer Partei über den bewaffneten Aufstand an Rodsianko und Kerenskij.» Lenin forderte das Zentralkomitee auf, über den Ausschluß Sinowjews und Kamenjews aus der Partei zu beraten.

Aber nach der Großen Sozialistischen Oktoberrevolution wurden Sinowjew und Kamenjew bekanntlich mit führenden Stellungen betraut. Lenin gab ihnen Posten, auf denen sie äußerst verantwortungsvolle Parteiaufgaben zu bewältigen hatten und an der Tätigkeit der führenden Partei- und Sowjetorgane aktiv teilnahmen. Es ist bekannt, daß Sinowjew und Kamenjew zu Lebzeiten Lenins eine Anzahl weiterer schwerer Irrtümer begingen. In seinem «Testament» hob Lenin warnend hervor, daß «Sinowjews und Kamenjews Oktoberepisode natürlich kein Zufall war». Aber Lenin forderte keineswegs ihre Verhaftung und noch viel weniger ihre Erschießung.

Nehmen wir einmal das Beispiel der Trotzkisten. In diesem Augenblick, mit genügend langem historischen Abstand, können wir über den Kampf gegen die Trotzkisten in völliger Ruhe sprechen und diese Angelegenheit mit ausreichender Objektivität betrachten. Alles in allem befanden sich in der Umgebung Trotzkis Leute, die keineswegs der bürgerlichen Gesellschaft entstammten. Ein Teil von ihnen gehörte zur Parteiintelligenz, und ein gewisser Teil kam aus der Arbeiterschaft. Wir können einige nennen, die sich damals den Trotzkisten anschlossen, Leute, die an der Arbeiterbewegung vor der Revolution, während der Sozialistischen Oktoberrevolution und auch bei der Festigung des Sieges dieser größten aller Revolutionen aktiven Anteil gehabt haben. Viele von ihnen brachen mit dem Trotzkismus und kehrten zum Leninismus zurück. War es nötig, solche Leute zu vernichten? Wir sind zutiefst davon überzeugt, daß gegen viele von ihnen, wenn Lenin noch gelebt hätte, solche extremen Methoden nicht angewandt worden wären.

Das sind nur ein paar geschichtliche Tatsachen. Aber kann man sagen, daß Lenin sich nicht für die Anwendung der schärfsten Mittel gegen die Feinde der Revolution entschieden hat, wenn dies tatsächlich notwendig war? Nein, das kann niemand behaupten. Wladimir Iljitsch forderte ein kompromißloses Vorgehen gegen die Feinde der Revolution und der Arbeiterklasse, und im Notfall griff er unbedenklich zu entsprechenden Methoden. Sie brauchen nur an seinen Kampf gegen die Sozialrevolutionäre zu denken, die den antisowjetischen Aufstand organisierten, gegen die konterrevolutionären Kulaken im Jahre 1918 und gegen andere Gruppen, als er ohne Zögern die radikalsten Methoden gegen die Feinde anwandte. Allerdings brauchte er sie nur gegen tatsächliche Klassenfeinde, nicht aber gegen Leute, die nur einen Fehler gemacht, die sich geirrt hatten, also gegen diejenigen, die man möglicherweise durch ideologische Einflußnahme leiten und sogar in der Führung behalten konnte.

Lenin benutzte harte Methoden nur im äußersten Notfall, solange die ausbeutenden Klassen noch existierten und der Revolution heftigen Widerstand leisteten, das heißt, als der Kampf um den Fortbestand seine schärfsten Formen angenommen hatte, die sogar den Bürgerkrieg einschlossen.

Stalin dagegen griff zu radikalen Methoden und zu Massenunterdrükkungen in einer Zeit, als die Revolution schon siegreich und der Sowjetstaat gefestigt war, als nach der Liquidierung der ausbeutenden Klassen die sozialistischen Produktionsverhältnisse in allen Zweigen der Volkswirtschaft bereits tiefe Wurzeln geschlagen hatten, als unsere Partei politisch gefestigt, zahlenmäßig gewachsen und ideologisch erstarkt war. Es ist klar, daß Stalin sich hier in einer ganzen Anzahl von Fällen als intolerant und brutal erwies und daß er seine Macht mißbrauchte. Anstatt seine politische Korrektheit zu beweisen und die Massen zu mobilisieren, schlug er oft den Weg der Unterdrückung und physischer Vernichtung ein, und zwar nicht nur im Kampf gegen tatsächliche Feinde, sondern auch gegen Personen, die keine Verbrechen gegen die Partei und die Sowjetregierung begangen hatten. Hier ist keine Weisheit, sondern nur die Demonstration brutaler Gewalt festzustellen, die schon Lenin so sehr beunruhigt hatte.

In letzter Zeit, zumal nach der Entlarvung der Berija-Bande, mußte sich das Zentralkomitee mit einer Reihe von Fälschungen befassen, die auf diese Bande zurückgingen. Dabei kam ein sehr häßliches Bild brutaler Eigenmächtigkeiten zum Vorschein, und zwar wiederum im Zusammenhang mit dem unkorrekten Verhalten Stalins. Die Tatsachen beweisen, daß sich Stalin auf Grund seiner unbegrenzten Macht viele Übergriffe erlaubte. Dabei berief er sich auf das Zentralkomitee, ohne dessen Mitglieder, ja nicht einmal die Mitglieder des Politbüros des Zentralkomitees um ihre Meinung zu befragen. Oft unterrichtete er diese nicht einmal über seine persönlichen Entscheidungen in sehr wichtigen Partei- und Regierungsangelegenheiten.

Stalin gegen kollektive Führung

Bei der Behandlung der Frage des Persönlichkeitskults müssen wir zuerst jedem einzelnen klarmachen, welchen Schaden dieser Kult den Interessen der Partei zufügte.

Wladimir Iljitsch Lenin hatte stets die Rolle und Bedeutung der Partei bei der Leitung der sozialistischen Arbeiter- und Bauernregierung betont; hierin sah er die wesentliche Vorbedingung für einen erfolgreichen Aufbau des Sozialismus in unserem Lande. Lenin verwies auf die große Verantwortung der Bolschewistischen Partei als der regierenden Partei im Sowjetstaat und forderte eine peinlich genaue Beachtung aller Normen des Parteilebens; er forderte die Verwirklichung der Prinzipien der Kollegialität in der Führung von Partei und Staat.

Die kollektive Führung ergibt sich unmittelbar aus dem Charakter der Partei, einer Partei, die auf den Prinzipien des demokratischen Zentralismus beruht. «Dies bedeutet», sagte Lenin, «daß alle Parteiangelegenheiten – unmittelbar oder durch Vertreter – von allen Parteimitgliedern geregelt werden, die ausnahmslos den gleichen Regeln unterworfen sind; außerdem sind alle Verwaltungsfunktionäre, alle Führungskollegien, alle Inhaber von Parteiposten wählbar, müssen über ihre Tätigkeit Rechenschaft ablegen und können abberufen werden.»

Bekanntlich gab Lenin selbst ein Beispiel strengster Beachtung dieser Prinzipien. Jede Angelegenheit war Lenin wichtig genug, um sie nicht allein, ohne Beratung und ohne Billigung der Mehrheit der Mitglieder des Zentralkomitees oder der Mitglieder des Politbüros des Zentralkomitees, zu entscheiden.

In der für unsere Partei und unser Land schwersten Periode hielt es Lenin für notwendig, regelmäßig Parteitage, Parteikonferenzen und Plenarsitzungen des Zentralkomitees einzuberufen, auf denen alle wichtigen Fragen diskutiert und die vom Führungskollektiv sorgfältig ausgearbeiteten Beschlüsse gebilligt wurden.

Wir erinnern beispielsweise an das Jahr 1918, als unser Land durch den Angriff der imperialistischen Interventionisten bedroht war. In dieser Situation wurde der VII. Parteitag einberufen, um eine lebenswichtige, unaufschiebbare Angelegenheit zu diskutieren: den Frieden. Während im Jahre 1919 der Bürgerkrieg tobte, trat der VIII. Parteitag zusammen, auf dem ein neues Parteiprogramm angenommen und über wichtige Fragen wie das Verhältnis zu den Massen der Bauern, den Aufbau der Roten Armee, die führende Rolle der Partei in der Arbeit der Sowjets, die Verbesserung der sozialen Zusammensetzung der Partei und andere Fragen entschieden wurde. Im Jahre 1920 wurde der IX. Parteitag einberufen, der die Richtlinien für die Parteiarbeit auf dem Gebiet des wirtschaftlichen Aufbaus festlegte. Im Jahre 1921 billigte der X. Parteitag Lenins Neue Ökonomische Politik und den historischen Beschluß «Über die Einheit der Partei».

Zu Lenins Lebzeiten wurden regelmäßig Parteitage einberufen; jedesmal, wenn eine einschneidende Wendung in der Entwicklung der Partei und des Landes erfolgte, hielt es Lenin für unbedingt notwendig, daß die Partei alle Grundfragen der Innen- und Außenpolitik sowie Fragen der Entwicklung von Partei und Regierung eingehend diskutierte.

Es ist sehr bezeichnend, daß Lenin seine letzten Artikel, Briefe und Bemerkungen an den Parteitag als höchste Parteiinstanz richtete. In der Zeit zwischen den Parteitagen hielt sich das Zentralkomitee als höchstes Führungskollektiv peinlich genau an die Prinzipien der Partei und führte ihre Politik aus.

So war es zu Lenins Lebzeiten.

Wurden die heiligen leninistischen Prinzipien unserer Partei auch nach dem Tode Wladimir Iljitschs beachtet?

Während in den ersten Jahren nach Lenins Tod Parteitage und Sitzungen des ZK-Plenums mehr oder weniger regelmäßig stattfanden, wurden diese Grundsätze später, als Stalin seine Macht immer mehr mißbrauchte, in brutaler Weise verletzt. Das zeigte sich besonders während seiner letzten fünfzehn Lebensjahre. Kann man noch von normalen Verhältnissen sprechen, wenn zwischen dem XVIII. und dem XIX.[2] Parteitag dreizehn Jahre verstrichen, Jahre, in denen unsere Partei und unser Land so viele wichtige Ereignisse durchmachten? Diese Ereignisse verlangten kategorisch nach Parteibeschlüssen über die Landesverteidigung während des großen vaterländischen Krieges und über den friedlichen Wiederaufbau nach Beendigung des Krieges. Selbst nach Kriegsende dauerte es sieben Jahre, bis wieder ein Parteitag stattfand.

Es wurden kaum noch ZK-Plenarsitzungen einberufen. Man braucht nur zu erwähnen, daß während des ganzen großen vaterländischen Krieges keine einzige Sitzung des Plenums des Zentralkomitees stattgefunden hat.

Zwar wurde im Oktober 1941 der Versuch unternommen, das gesamte Zentralkomitee einzuberufen, als die Mitglieder des Zentralkomitees aus der ganzen Sowjetunion nach Moskau beordert wurden. Aber sie warteten zwei Tage lang vergeblich auf die Eröffnung des Plenums. Stalin wünschte nicht einmal, die Mitglieder des Zentralkomitees persönlich zu sprechen. Diese Tatsache zeigt, wie demoralisiert Stalin in den ersten Kriegsmonaten war und mit welcher Überheblichkeit und Verachtung er die Mitglieder des Zentralkomitees behandelte.

In der Praxis setzte sich Stalin über die Normen des Parteilebens hinweg und trat den leninistischen Grundsatz der kollektiven Führung mit Füßen.

Stalins Eigenmächtigkeit gegenüber der Partei und ihrem Zentralkomitee trat nach dem XVII. Parteitag, der 1934 abgehalten wurde, voll und ganz in Erscheinung.

Liquidierung der Führungskader

Das ZK, das sich im Besitze zahlreicher Unterlagen über die brutale und willkürliche Behandlung der Parteikader befindet, hat eine Parteikommission eingesetzt, die unter der Kontrolle des Präsidiums des Zentralkomitees steht. Die Kommission wurde beauftragt, Untersuchungen darüber anzustellen, wieso Massenunterdrückungen gegen die Mehrheit der Mitglieder und Kandidaten des ZK, die auf dem XVII. Parteitag der KPdSU (B) gewählt worden waren, möglich gewesen sind.

Die Kommission hat umfangreiches Material aus den NKWD-Archi-

2 In den Jahren 1939 und 1952

ven und andere einschlägige Dokumente gesichtet und in zahlreichen Fällen festgestellt, daß Anklagen gegen Kommunisten konstruiert, falsche Anschuldigungen erhoben und schamlose Mißbräuche mit der sozialistischen Gesetzlichkeit geduldet wurden – was zum Tode unschuldiger Menschen führte. Es hat sich erwiesen, daß viele Aktivisten der Partei, der Sowjets und der Wirtschaft, die in den Jahren 1937 bis 1938 zu «Volksfeinden» gestempelt worden waren, in Wirklichkeit niemals Feinde, Spione, Schädlinge usw. waren, sondern allzeit aufrechte Kommunisten. Sie wurden nur als Feinde gebrandmarkt und bezichtigten sich oft selbst, weil sie die barbarischen Folterungen nicht länger ertragen konnten, nach den Weisungen der Untersuchungsrichter – und Wahrheitsverfälscher – aller möglichen schweren und unwahrscheinlichen Verbrechen. Die Kommission hat dem Präsidium des Zentralkomitees umfangreiches Dokumentenmaterial über Massenrepressalien gegen die Delegierten des XVII. Parteitags und gegen Mitglieder des Zentralkomitees, die auf diesem Parteitag gewählt worden waren, unterbreitet. Das Präsidium des Zentralkomitees hat dieses Material eingehend geprüft.

Es wurde festgestellt, daß von den auf dem XVII. Parteitag[3] gewählten 139 Mitgliedern und Kandidaten des Zentralkomitees der Partei 98 Personen, das sind 70 Prozent, in den Jahren 1937 bis 1938 verhaftet und erschossen wurden. *(Entrüstung im Saale)*

Wie war die Zusammensetzung der Delegierten des XVII. Parteitags? Es ist bekannt, daß 80 Prozent der stimmberechtigten Delegierten dieses Parteitags in den Jahren der Verschwörung vor der Oktoberrevolution und während des Bürgerkriegs, also vor 1921, der Partei beigetreten waren. Nach der gesellschaftlichen Herkunft handelte es sich bei der Masse der Delegierten des XVII. Parteitags um Arbeiter (60 Prozent der Stimmberechtigten).

Schon aus diesem Grunde mußte es unfaßbar erscheinen, daß ein Parteitag mit einer solchen gesellschaftlichen Struktur ein Zentralkomitee gewählt haben soll, das in der Mehrheit aus Parteifeinden bestand. Der einzige Grund, warum 70 Prozent aller Mitglieder und Kandidaten des Zentralkomitees als Feinde der Partei und des Volkes angeprangert wurden, war der, daß man Verleumdungen gegen sie vorbrachte, falsche Anschuldigungen gegen sie konstruierte und die revolutionäre Gesetzlichkeit in unzulässiger Weise aushöhlte.

Das gleiche Schicksal ereilte nicht nur die Mitglieder des Zentralkomitees, sondern auch die Mehrzahl der Delegierten des XVII. Parteitags. Von 1966 stimmberechtigten oder beratenden Delegierten wurden 1108 Personen, also über die Hälfte aller Delegierten, unter der Beschuldigung gegenrevolutionärer Verbrechen verhaftet. Allein diese Tatsache beweist, wie absurd, phantastisch und widersinnig die Beschuldigungen

3 Im Jahre 1934

wegen gegenrevolutionärer Verbrechen waren, die, wie wir jetzt sehen können, der Mehrheit der Delegierten des XVII. Parteitags zur Last gelegt wurden. *(Entrüstung im Saale)*

Wir sollten uns daran erinnern, daß der XVII. Parteitag als Parteitag der Sieger in die Geschichte einging. Die Delegierten dieses Parteitags nahmen aktiv am Aufbau unseres sozialistischen Staates teil; viele von ihnen litten und kämpften in den vorrevolutionären Jahren der Verschwörung und an den Fronten des Bürgerkriegs für die Interessen der Partei. Tapfer kämpften sie gegen ihre Feinde und schauten oft dem Tod kaltblütig ins Angesicht. Wie konnten wir da glauben, diese Menschen seien Doppelzüngler und hätten in der Zeit nach der politischen Liquidierung der Sinowjewisten, Trotzkisten und Rechten sowie nach den großen Errungenschaften des sozialistischen Aufbaus im Lager der Feinde des Sozialismus gestanden?

Dies war das Ergebnis des Machtmißbrauchs Stalins, der nun mit den Mitteln des Massenterrors gegen die Parteikader vorzugehen begann.

Wie ist es zu erklären, daß nach dem XVII. Parteitag die Massenrepressalien gegen Aktivisten immer mehr zunahmen? Stalin hatte sich damals derart über Partei und Nation erhoben, daß er fortan weder auf das Zentralkomitee noch auf die Partei Rücksicht nahm. Während Stalin vor dem XVIII. Parteitag noch mit der Meinung des Kollektivs rechnete, mißachtete er nach der restlosen politischen Liquidierung der Trotzkisten, Sinowjewisten und Bucharinisten – nachdem die Partei durch diesen Kampf und die Siege des Sozialismus ihre Einheit erreicht hatte – in zunehmendem Maße die Meinung der Mitglieder des Zentralkomitees und selbst der Mitglieder des Politbüros. Stalin glaubte, er könne alles allein entscheiden und brauche nur noch Statisten. Er behandelte alle anderen so, daß sie ihm nur noch zuhören und Beifall klatschen durften.

Mysteriöser Kirow-Mord

Die Massenunterdrückungen und brutalen Verstöße gegen die sozialistische Gesetzlichkeit begannen nach dem Meuchelmord an S. M. Kirow. Am Abend des 1. Dezember 1934 unterzeichnete der Sekretär des Präsidiums des Zentralen Exekutivkomitees, Jenukidse, auf Veranlassung Stalins (ohne die Genehmigung des Politbüros, die beiläufig erst zwei Tage später erteilt wurde) folgende Weisung:

1. Die Untersuchungsorgane werden angewiesen, die Fälle der wegen Vorbereitung bzw. Ausführung von Terrorakten Angeklagten beschleunigt zu erledigen.
2. Die Gerichtsorgane werden angewiesen, die Vollstreckung der wegen Verbrechen dieser Kategorie ausgesprochenen Todesurteile nicht im Hinblick auf eine eventuelle Begnadigung aufzuschieben, da das

Präsidium des Zentralen Exekutivkomitees der UdSSR die Entgegennahme von Eingaben dieser Art nicht für möglich erachtet.

3. Die Organe des Volkskommissariats für Innere Angelegenheiten (NKWD) werden angewiesen, die Todesurteile gegen Verbrecher, die der oben angeführten Kategorie angehören, unmittelbar nach der Urteilsverkündung zu vollstrecken.

Diese Weisung war die Grundlage für den massiven Mißbrauch der sozialistischen Gesetzlichkeit. In zahlreichen arrangierten Gerichtsverfahren wurden die Angeklagten «der Vorbereitung» von Terrorakten beschuldigt; dadurch waren sie jeder Möglichkeit beraubt, ihre Fälle überprüfen zu lassen, selbst wenn sie vor Gericht aussagten, ihre «Geständnisse» seien erpreßt worden, oder wenn sie in überzeugender Weise die gegen sie erhobenen Anschuldigungen entkräften konnten.

Es muß festgestellt werden, daß die Umstände der Ermordung Kirows bis auf den heutigen Tag in vielen Punkten ungeklärt und mysteriös sind, so daß sie noch einer gründlichen Überprüfung bedürfen. Der Verdacht scheint begründet, daß der Mörder Kirows, Nikolajew, von jemandem unterstützt wurde, dessen Pflicht es gewesen wäre, Kirows Person zu schützen. Anderthalb Monate vor dem Mord war Nikolajew wegen verdächtigen Verhaltens verhaftet, dann aber ohne Vornahme einer Leibesvisitation wieder freigelassen worden. Es erscheint ungewöhnlich verdächtig, daß der für Kirows Schutz verantwortliche Tschekist, als er am 2. Dezember 1934 zum Verhör gebracht wurde, bei einem «Verkehrsunfall» ums Leben kam, bei dem sonst kein anderer Mitfahrender Schaden erlitt. Nach Kirows Ermordung erhielten Spitzenfunktionäre des Leningrader NKWD ganz minimale Strafen, aber 1937 wurden sie erschossen. Es ist anzunehmen, daß man mit ihrer Erschießung die Spuren der Organisatoren des Mordes an Kirow auslöschen wollte. *(Erregung im Saale)*

Ende 1936, nach einem Telegramm, das Stalin und Schdanow am 25. September 1936 von Sotschi aus an Kaganowitsch, Molotow und andere Mitglieder des Politbüros gerichtet hatten, nahmen die Massenunterdrükkungen ungewöhnlichen Umfang an. Das Telegramm lautete:

> Wir halten es für unbedingt notwendig und dringlich, daß Genosse Jeschow zum Volkskommissar für Innere Angelegenheiten ernannt wird. Jagoda hat sich endgültig als unfähig erwiesen, den Block der Trotzkisten und Sinowjewisten zu entlarven. Die GPU ist in dieser Angelegenheit um vier Jahre im Verzug. Das wird von allen Parteifunktionären und den meisten NKWD-Mitarbeitern bemerkt.

Es sei darauf hingewiesen, daß Stalin genaugenommen mit Parteifunktionären gar nicht mehr zusammenkam und ihre Ansichten deshalb gar nicht kennen konnte.

Diese stalinsche Formulierung, daß das NKWD bei der Anwendung der Massenrepressalien «vier Jahre im Verzug» sei und daß die Notwendigkeit bestehe, diesen Rückstand «aufzuarbeiten», trieb die NKWD-Mitarbeiter geradezu auf die Bahn der Massenverhaftungen und Massenhinrichtungen.

Wir betonen, daß diese Formulierung auch dem Plenum des Zentralkomitees des KPdSU (B) vom Februar bis März 1937 aufgezwungen wurde. Die Resolution des Plenums billigte sie auf Grund von Jeschows Bericht «Lehren aus der Schädlings-, Diversions- und Spionagetätigkeit der japanischen, deutschen und trotzkistischen Agenten» mit folgenden Worten:

> Das Plenum des ZK der KPdSU (B) ist der Ansicht, daß alle Tatsachen, die im Laufe der Untersuchungen in der Angelegenheit des antisowjetisch-trotzkistischen Zentrums und seiner Anhänger in der Provinz enthüllt wurden, beweisen, daß das Volkskommissariat für Innere Angelegenheiten bei seiner Aufgabe, diese unerbittlichsten Feinde des Volkes zu entlarven, mindestens vier Jahre in Verzug geraten ist.

Die damaligen Massenunterdrückungen erfolgten unter der Losung des Kampfes gegen die Trotzkisten. Waren denn die Trotzkisten zu jener Zeit tatsächlich eine solche Gefahr für unsere Partei und den Sowjetstaat? In diesem Zusammenhang sei darauf hingewiesen, daß 1927, kurz vor dem XV. Parteitag, nur ungefähr 4000 Stimmen für die trotzkistisch-sinowjewistische Opposition, gegenüber 724 000 Stimmen für die Parteilinie abgegeben wurden. Im Verlauf der 10 Jahre vom XV. Parteitag bis zum Februar-März-Plenum des Zentralkomitees wurde der Trotzkismus völlig entwaffnet. Viele Trotzkisten hatten ihre ehemaligen Ansichten geändert und arbeiteten in verschiedenen Sektoren am Aufbau des Sozialismus mit. Es ist doch klar, daß zu dieser Zeit des Sieges des Sozialismus kein Anlaß zum Massenterror in unserem Lande bestand.

Stalins Bericht auf der Plenartagung des Zentralkomitees über Mängel in der Parteiarbeit und Methoden für die Liquidierung von Trotzkisten und anderen Doppelzünglern stellte den Versuch einer theoretischen Rechtfertigung der Politik des Massenterrors unter dem Vorwand dar, daß der Klassenkampf sich angeblich im Fortschreiten auf dem Wege zum Sozialismus zunehmend verschärfen müsse. Stalin versicherte, diese Erkenntnis aus der Geschichte und Lenins Werken abgeleitet zu haben.

Lenin lehrte aber tatsächlich, daß die Anwendung revolutionärer Gewalt durch den Widerstand der Ausbeuterklassen notwendig werde, und er bezog sich dabei auf die Zeit, da die Ausbeuterklassen noch bestanden und über Macht verfügten. Als sich aber die politische Lage des Landes gebessert hatte, nachdem nämlich die Rote Armee im Januar 1920 Rostow eingenommen und damit einen höchst bedeutsamen Sieg über Denikin errungen hatte, wies Lenin Dserschinskij an, den Massenterror einzustellen und die Todesstrafe abzuschaffen. Lenin begründete diesen wichtigen politischen Schritt des Sowjetstaates in seinem Bericht vor dem Allunions-Zentralexekutivkomitee am 2. Februar 1920 folgendermaßen:

> Der Terror, den die Entente ausübte – als starke Weltmächte ihre Horden auf uns losließen, die vor nichts zurückschreckten –, zwang uns unsererseits zur Anwendung von Terror. Wir hätten uns keine zwei Tage behaupten können, hätten wir diese Repressionsversuche von Offizieren und Weißgardisten nicht mit rücksichtslosen Maßnahmen beantwortet, d. h. mit der Anwendung von Terror, der uns aber erst durch die Terrormethoden der Entente aufgezwungen wurde.
>
> Sobald wir aber einen entscheidenden Sieg errungen hatten, also schon vor Kriegsende, unmittelbar nach der Einnahme Rostows, schafften wir die Todesstrafe ab und lieferten damit den Beweis, daß wir unser Programm in der versprochenen Form durchzuführen beabsichtigten. Wir erklären, daß die Anwendung von Gewalt der Entschlossenheit entsprang, die Ausbeuter zu vernichten, die Großgrundbesitzer und Kapitalisten; als dies erreicht war, verzichteten wir auf alle außergewöhnlichen Methoden. Dafür haben wir den praktischen Beweis erbracht.

Stalin wich von diesen klaren und unmißverständlichen Richtlinien Lenins ab. Stalin benutzte die Partei und das NKWD für die Ausübung des Massenterrors zu einer Zeit, als die Ausbeuterklassen in unserem Lande bereits vernichtet und deshalb keine ernsthaften Gründe für die Anwendung des außergewöhnlichen Massenterrors gegeben waren.

Dieser Terror richtete sich im Grunde genommen nicht gegen die Überreste der zerschlagenen Ausbeuterklassen, sondern gegen ehrbare Funktionäre der Partei und des Sowjetstaates; sie wurden in verlogener, verleumderischer und absurder Weise der «Doppelzüngelei», der «Spionage», der «Sabotage», der Vorbereitung fiktiver «Verschwörungen» usw. beschuldigt.

Auf der Plenartagung des Zentralkomitees vom Februar bis März 1937 bezweifelten auch tatsächlich viele ZK-Mitglieder die Richtigkeit des festgelegten Kurses der Massenrepressalien unter dem Vorwande des Kampfes gegen die «Doppelzüngelei».

Genosse Postyschew brachte diese Zweifel überaus einleuchtend zum Ausdruck, als er sagte:

> Ich habe mir folgendes überlegt: die schweren Jahre des Kampfes sind vorüber; die Parteimitglieder, die kein Rückgrat besaßen, sind zerbrochen oder in das Lager des Feindes übergegangen; die gesunden Elemente haben für die Partei gekämpft. Das war in den Jahren der Industrialisierung und Kollektivisierung. Ich hatte es niemals für möglich gehalten, daß Karpow und andere jetzt, nachdem diese schwere Zeit zu Ende gegangen ist, den Weg in das Lager des Feindes finden würden. (Karpow war Mitglied des Ukrainischen Zentralkomitees und

ein guter Bekannter Postyschews.) Und nunmehr hat es nach Zeugenaussagen den Anschein, daß Karpow 1934 von den Trotzkisten angeworben wurde.

Ich persönlich glaube nicht, daß ein anständiges Parteimitglied, das den ganzen Weg des erbarmungslosen Kampfes gegen die Parteigegner und für den Sozialismus mitgegangen ist, im Jahre 1934 ins Lager der Feinde übergewechselt sein kann. Ich glaube es nicht... Ich kann mir nicht vorstellen, wie es möglich sein soll, daß jemand in den schwierigen Jahren zur Partei hält, um sich dann im Jahre 1934 den Trotzkisten anzuschließen. Das ist eine merkwürdige Geschichte...

(Bewegung im Saal)

Unter Berufung auf Stalins These, daß die Zahl der Feinde wächst, je mehr wir uns dem Sozialismus nähern, und unter Berufung auf die Entschließung des Februar-März-Plenums des Zentralkomitees, die sich auf den Jeschow-Bericht stützte, begannen die Provokateure, die im Verein mit gewissenlosen Karrieremachern die Staatssicherheitsorgane durchsetzt hatten, den Massenterror gegen Parteikader, Kader des Sowjetstaates und gewöhnliche Sowjetbürger mit dem Parteiinteresse zu bemänteln. Die Feststellung dürfte genügen, daß die Anzahl der Verhaftungen unter der Beschuldigung gegenrevolutionärer Verbrechen von 1936 bis 1937 auf das Zehnfache anstieg.

Foltern und Fälschungen

Es ist bekannt, daß brutale Willkür gegen viele der Parteiarbeiter angewandt wurde. Die vom XVII. Parteitag gebilligten Parteistatuten stützten sich auf die leninistischen Grundsätze, wie sie auf dem X. Parteitag zum Ausdruck gebracht worden waren. Darin heißt es, daß extreme Maßnahmen wie der Parteiausschluß gegen ZK-Mitglieder, ZK-Kandidaten und Mitglieder der Parteikontrollkommission nur angewandt werden können, wenn vorher «das Plenum des Zentralkomitees einberufen und auch alle ZK-Kandidaten und Mitglieder der Parteikontrollkommission zu dieser Plenarsitzung eingeladen worden sind»; nur wenn zwei Drittel der Mitglieder einer solchen Generalversammlung verantwortlicher Parteiführer dies für notwendig erachten, kann ein ZK-Mitglied oder ZK-Kandidat ausgeschlossen werden.

Die meisten ZK-Mitglieder und Kandidaten, die auf dem XVII. Parteitag gewählt und 1937 bis 1938 verhaftet wurden, hat man durch brutalen Mißbrauch der Parteistatuten widerrechtlich aus der Partei ausgeschlossen, da die Frage ihres Ausschlusses nie vom Plenum des Zentralkomitees erörtert worden ist.

Als nunmehr die Fälle einiger dieser sogenannten «Spione» und «Saboteure» untersucht wurden, hat sich gezeigt, daß diese Fälle restlos erfunden waren. Die Schuldgeständnisse vieler Personen, die verhaftet und volksfeindlicher Tätigkeit bezichtigt wurden, waren mit Hilfe grausamer und unmenschlicher Folterungen erpreßt worden.

Gleichzeitig hat Stalin, wie uns inzwischen von damaligen Mitgliedern des Politbüros berichtet wurde, diesen die Erklärungen vieler angeklagter politischer Aktivisten vorenthalten, in denen diese ihre Geständnisse vor dem Militärtribunal widerriefen und eine objektive Untersuchung ihrer Fälle forderten. Es gab zahlreiche derartige Erklärungen, und Stalin kannte sie genau.

Das Zentralkomitee hält es für absolut notwendig, den Parteitag über viele derartige konstruierte «Fälle» gegen Mitglieder des Zentralkomitees der Partei, die auf dem XVII. Parteitag gewählt worden waren, zu unterrichten.

Ein Beispiel niederträchtiger Provokation, himmelschreiender Entstellung und verbrecherischer Verstöße gegen die revolutionäre Gesetzlichkeit ist der «Fall» des ehemaligen Politbüro-Kandidaten, hervorragenden Funktionärs der Partei und der Sowjetregierung, Genosse Eiche, der seit 1905 der Partei angehörte.

Genosse Eiche wurde am 29. April 1938 auf Grund verleumderischen Materials und ohne Genehmigung des Generalstaatsanwalts, die schließlich nach 15monatiger Haft eintraf, verhaftet.

Die Untersuchung des Falles Eiche wurde in einer Weise durchgeführt, die einen äußerst brutalen Verstoß gegen die sowjetische Gesetzlichkeit darstellte, wobei Willkür und Fälschung stark ins Gewicht fielen.

Eiche wurde durch Folterungen gezwungen, von vornherein ein Geständnisprotokoll zu unterzeichnen, das die Untersuchungsrichter ausgebeitet hatten und in dem er antisowjetischer Tätigkeit beschuldigt wurde.

Am 1. Oktober 1939 sandte Eiche eine Erklärung an Stalin, in der er kategorisch jede Schuld bestritt und eine Überprüfung seines Falles verlangte. In dieser Erklärung schrieb er:

> Es gibt kein größeres Elend, als im Gefängnis des Staates zu sitzen, für den ich immer gekämpft habe.

Auch eine zweite Erklärung Eiches ist erhalten, die er am 27. Oktober 1939 an Stalin sandte; in dieser Erklärung führt er sehr überzeugende Tatsachen an und widerlegt die gegen ihn erhobenen verleumderischen Beschuldigungen; er führt an, die provokatorischen Beschuldigungen seien einerseits das Werk echter Trotzkisten, deren Verhaftung er als Erster Parteisekretär der Region Westsibirien gebilligt hatte und die sich aus Rache gegen ihn verschworen; andererseits seien sie das Ergebnis der gemeinen Fälschung des Materials durch die Untersuchungsrichter.

Eiche schrieb in seiner Erklärung:

> Am 25. Oktober dieses Jahres teilte man mir mit, die Untersuchung meines Falles sei abgeschlossen, und man gewährte mir Einsicht in das Untersuchungsmaterial. Hätte ich auch nur den hundertsten Teil der

mir zur Last gelegten Verbrechen begangen, so hätte ich nicht gewagt, Ihnen vor meiner Hinrichtung diese Erklärung zu übersenden; ich habe jedoch auch nicht eine einzige der mir zur Last gelegten Handlungen begangen, und mein Herz kennt auch nicht einen Schatten von Gemeinheit. Ich habe Ihnen nie in meinem Leben ein unaufrichtiges Wort gesagt, und in diesem Augenblick, da ich bereits mit beiden Füßen im Grabe stehe, lüge ich ebensowenig. Mein ganzer Fall ist ein typisches Beispiel für Provokation, Verleumdung und Verletzung der elementaren Grundlagen der revolutionären Gesetzlichkeit...

Die Geständnisse, die man in meinen Akten aufgenommen hat, sind nicht nur absurd, sie enthalten auch gewisse Verleumdungen gegen das Zentralkomitee der KPdSU (B) und den Rat der Volkskommissare, da richtige Beschlüsse des ZK der KPdSU (B) und des Rats der Volkskommissare, die nicht auf meine Veranlassung und ohne meine Teilnahme gefaßt wurden, als feindliche Akte konterrevolutionärer Organisationen hingestellt werden, die auf meine Anregung entstanden...

Ich komme jetzt zu dem schändlichsten Tun meines Lebens und meiner wirklichen schweren Schuld gegenüber der Partei und Ihnen. Es ist dies mein Geständnis konterrevolutionärer Arbeit... Die Sache liegt folgendermaßen: Da ich die Folterungen durch Uschakow und Nikolajew – insbesondere des ersteren –, die wußten, daß meine gebrochenen Rippen noch nicht geheilt waren und mir große Schmerzen bereiteten, nicht ertragen konnte, habe ich unter Zwang mich selbst und andere beschuldigt.

Mein Geständnis ist zum größten Teil von Uschakow erfunden oder diktiert, der Rest besteht aus von mir selbst rekonstruiertem NKWD-Material aus Westsibirien, wofür ich die volle Verantwortung übernommen habe. Wenn ein Detail der von Uschakow fabrizierten und von mir unterzeichneten Geschichte nicht stimmte, wurde ich gezwungen, eine andere Fassung zu unterschreiben. So war es mit Ruchimowitsch, der mir zuerst als Mitglied des «Reservenetzes» bezeichnet wurde, dessen Name aber später nicht mehr auftauchte, ohne daß mir dies mitgeteilt wurde. Ebenso verhielt es sich mit dem Leiter des angeblich von Bucharin im Jahre 1935 geschaffenen «Reservenetzes». Zuerst setzte ich meinen Namen ein, dann sagte man mir, ich solle den von Meschla'uk einsetzen. Solche Dinge kamen noch öfters vor...

Ich ersuche und bitte Sie, meinen Fall nochmals zu überprüfen, nicht etwa, um mich zu retten, sondern um die niederträchtige Provokation zu enthüllen, die jetzt infolge meiner erbärmlichen und verbrecherischen Verleumdung wie eine Schlange zahlreiche Personen umstrickt. Niemals habe ich Sie oder die Partei verraten. Ich weiß, daß ich auf Grund der niederträchtigen und gemeinen Arbeit der Feinde der Partei und des Volkes, die diese Provokation gegen mich inszenierten, umkommen werde.

Man sollte meinen, eine so wichtige Erklärung sei einer Untersuchung durch das Zentralkomitee wert gewesen. Dies geschah jedoch nicht, und die Erklärung wurde an Berija weitergeleitet, während die fürchterliche Mißhandlung des Politbüro-Kandidaten Genossen Eiche weiterging.

Am 2. Februar 1940 wurde Eiche vor Gericht gestellt. Hier gab er keinerlei Schuld zu und sagte folgendes:

> Von all meinen sogenannten Geständnissen habe ich mit Ausnahme meiner Unterschrift unter die von mir erpreßten Protokolle auch nicht einen einzigen Buchstaben geschrieben. Ich habe unter dem Druck des Untersuchungsrichters, der mich von Beginn meiner Verhaftung an folterte, Aussagen gemacht. Danach begann ich dann, all diesen Unsinn zu schreiben ... Das wichtigste für mich aber ist, dem Gericht, der Partei und Stalin zu sagen, daß ich nicht schuldig bin. Ich habe mich nie einer Verschwörung schuldig gemacht. Ich werde sterben im Glauben an die Richtigkeit der Politik der Partei, wie ich das mein Leben lang geglaubt habe.

Am 4. Februar wurde Eiche erschossen. *(Entrüstung im Saal)* Heute ist einwandfrei erwiesen, daß der Fall Eiche fabriziert wurde; Eiche wurde posthum rehabilitiert.

Genosse Rudsutak, Politbüro-Kandidat und Parteimitglied seit 1905, der zehn Jahre in einem zaristischen Verbannungslager schmachtete, hat vor Gericht die von ihm erzwungenen Geständnisse voll und ganz widerrufen. Das Sitzungsprotokoll des Kollegiums des Obersten Militärgerichts enthält folgende Äußerungen Rudsutaks:

> Seine einzige Bitte an das Gericht geht dahin, das Zentralkomitee der KPdSU (B) möge informiert werden, daß es im NKWD eine bisher noch nicht liquidierte Clique gibt, die auf hinterhältige Weise Fälle fabriziert und unschuldige Menschen zu Geständnissen zwingt; es gibt keine Möglichkeit zu beweisen, daß man an den durch die Geständnisse verschiedener Leute bezeugten Verbrechen nicht beteiligt war. Die Untersuchungsmethoden sind derart, daß die Menschen gezwungen werden, zu lügen und über die bereits angeklagten hinaus völlig unschuldige Personen zu verleumden. Er bittet das Gericht, ihm zu erlauben, das Zentralkomitee der KPdSU (B) über all diese Dinge schriftlich zu unterrichten. Er versichert dem Gericht, daß er persönlich in bezug auf die Politik unserer Partei niemals etwas Böses im Schilde führte, da er mit der Politik der Partei auf wirtschaftlichem und kulturellem Gebiet stets voll und ganz einverstanden gewesen sei.

Diese Erklärung Rudsutaks wurde gar nicht beachtet, obgleich Rudsutak zeitweise Leiter der Zentralen Kontrollkommission gewesen ist, die auf Lenins Veranlassung zum Zwecke des Kampfes für die Einheit der Partei ins Leben gerufen wurde ... So fiel der Leiter dieses äußerst maßgeblichen Parteiorgans brutaler Willkür zum Opfer; er wurde nicht einmal vor das Politbüro des ZK zitiert, da Stalin nicht mit ihm sprechen wollte. Binnen 20 Minuten war das Urteil gefällt, und er wurde erschossen. *(Entrüstung im Saal)*

Nach sorgfältiger Untersuchung des Falles im Jahre 1955 wurde festgestellt, daß die Beschuldigungen gegen Rudsutak zu Unrecht erhoben wurden und auf verleumderischen Unterlagen beruhten. Rudsutak wurde posthum rehabilitiert.

Imaginäre Verschwörungszentren

Auf welche Art und Weise die ehemaligen Mitarbeiter des NKWD die verschiedensten fiktiven «antisowjetischen Gruppen» und «Blocks» mit Hilfe provokatorischer Methoden konstruierten, geht aus dem Geständnis des Genossen Rosenblum hervor, der der Partei seit 1906 angehörte und 1937 von dem Leningrader NKWD verhaftet wurde.

Anläßlich der Untersuchung des Falles Komarow enthüllte Rosenblum folgende Tatsache: Als Rosenblum 1937 verhaftet wurde, unterzog man ihn furchtbaren Folterungen, in deren Verlauf man ihn zwang, falsche Aussagen über sich selbst und andere zu machen. Dann wurde er in das Büro Sakowskijs gebracht, der ihm die Freiheit anbot, unter der Bedingung, daß er vor Gericht ein wahrheitswidriges Geständnis über «Sabotage, Spionage und Diversionsarbeit im Rahmen eines Leningrader Terroristen-Zentrums» ablegte, das das NKWD im Jahre 1937 fabriziert hatte. *(Bewegung im Saal)* Mit unglaublichem Zynismus schilderte Sakowskij ihm den üblen «Apparat», der mit der heimtückischen Erfindung «antisowjetischer Komplotte» beauftragt war.

Zur Illustration – erklärte Rosenblum – zählte mir Sakowskij verschiedene mögliche Varianten des Organisationsschemas dieses Terroristenzentrums und seiner Unterabteilungen auf. Nachdem er mich über die Organisation im einzelnen aufgeklärt hatte, sagte mir Sakowskij, das NKWD werde den Fall in die Hand nehmen, und fügte hinzu, das Gerichtsverfahren werde öffentlich sein.

Gegen vier oder fünf Mitglieder dieser Organisation sollte Anklage erhoben werden, nämlich gegen Tschudow, Ugarow, Smorodin, Posern, Frau Schaposchnikowa (Tschudows Frau) sowie gegen weitere Personen und außerdem gegen zwei oder drei Mitglieder der Unterabteilungen dieser Gruppe...

«Der Fall des Leningrader Zentrums muß fest untermauert sein, und aus diesem Grund werden Zeugen benötigt. Die soziale Herkunft des Zeugen (die ursprüngliche natürlich) und seine Stellung in der Partei werden dabei keine geringe Rolle spielen. Sie persönlich», erklärte Sakowskij, «brauchen gar nichts dazu zu erfinden. Das NKWD wird für Sie genaue Unterlagen, und zwar für alle Unterabteilungen des Zentrums zusammenstellen; Sie brauchen diese nur sorgfältig zu studieren und sich sämtliche Fragen (und Antworten) gut einzuprägen, die das Gericht an Sie stellen kann. In vier bis fünf Monaten oder vielleicht in einem halben Jahr wird dieser Fall zur Verhandlung kommen. Während dieser ganzen Zeit müssen Sie sich entsprechend vorbereiten, damit Sie weder die Untersuchung gefährden, noch sich selbst bloßstellen. Vom Verlauf der Gerichtsverhandlungen und ihrem Ergebnis hängt Ihre eigene Zukunft ab. Wenn Sie bei Lügen oder falschen Aussagen ertappt werden, haben Sie sich die Folgen selbst zuzuschreiben. Wenn es Ihnen gelingt durchzuhalten, retten Sie Ihren Kopf, und wir werden Sie bis an Ihr Lebensende auf Regierungskosten versorgen.»

Auf diese niederträchtige Weise wurden die Dinge damals gehandhabt. *(Bewegung im Saal)*

Noch verbreiteter waren derartige Rechtsbeugungen in der Provinz. Das NKWD-Kommando des Gebiets Swerdlowsk «entlarvte» z. B. den sogenannten «Aufstandsstab Ural» – ein Organ des «Blocks der Rechten, Trotzkisten, Sozialrevolutionäre und Kirchenführer», dessen angeblicher Leiter der Gebietssekretär von Swerdlowsk, ZK-Mitglied der KPdSU (B) Kabakow gewesen sein soll, der seit 1914 der Partei angehörte. Das Untersuchungsmaterial aus dieser Zeit zeigt, daß in fast allen Regionen, Gebieten und Republiken «Spionage-, Terror-, Diversions- und Sabotage-Organisationen bzw. Zentren der Rechten und Trotzkisten» bestanden und daß die Führer dieser Organisationen – aus keinem ersichtlichen Grunde – gewöhnlich Erste Parteisekretäre von Gebieten oder von den Zentralkomitees der Republiken waren. *(Bewegung im Saal)*

Viele Tausende ehrlicher, unschuldiger Kommunisten kamen infolge dieser ungeheuerlichen Rechtsbeugungen ums Leben, weil jedes noch so verleumderische «Geständnis» akzeptiert wurde und weil man Selbstbeschuldigungen und Beschuldigungen anderer Personen durch Gewaltanwendung erpreßte. In gleicher Weise wurden die «Fälle» gegen die hervorragenden Partei- und Staatsfunktionäre Kossior, Tschubar, Postyschew, Kosarew und andere fabriziert.

In diesen Jahren wurden Unterdrückungsmaßnahmen in größtem Maßstab durchgeführt, denen nichts Greifbares zugrunde lag und die schwere Verluste an Parteikadern zur Folge hatten.

Dem NKWD wurde die niederträchtige Praxis gestattet, Listen von Personen zusammenzustellen, für deren Fälle das Oberste Militärgericht zuständig war und bei denen die Urteile im voraus feststanden. Jeschow pflegte diese Listen zur Bestätigung der vorgeschlagenen Strafen an Stalin persönlich zu übermitteln. In den Jahren 1937 und 1938 wurden 383 solcher Listen mit den Namen vieler Tausender von Partei-, Komsomol-, Armee- und Wirtschaftsfunktionären Stalin zugesandt, und diese Listen wurden von ihm gebilligt.

Ein großer Teil dieser Urteile wird gegenwärtig überprüft, und ein großer Teil von ihnen wird annulliert, da sie unbegründet sind und auf Fälschungen beruhen. Ich brauche hier nur zu erwähnen, daß der Militärsenat des Obersten Gerichts seit 1954 7679 Personen rehabilitiert hat, die zum großen Teil erst nach ihrem Tode rehabilitiert werden konnten.

Massenverhaftungen von Partei-, Wirtschafts- und Armeefunktionären haben unserem Land und der Sache des sozialistischen Fortschritts schweren Schaden zugefügt.

Die Massenunterdrückungen hatten in moralischer und politischer Hinsicht eine negative Wirkung auf die Partei; sie erzeugten eine Situation der Unsicherheit, sie trugen zur Verbreitung eines ungesunden Argwohns bei und säten Mißtrauen unter den Kommunisten. Verleumder und Karrieremacher aller Art waren am Werk.

Die im Januar 1938 vom ZK-Plenum der KPdSU (B) gefaßten Beschlüsse hatten zwar gewisse Verbesserungen für die Organisation der Partei zur Folge, aber auch im Jahre 1938 waren die Repressalien noch weit verbreitet.

Nur dank ihrer großen moralisch-politischen Kraft gelang es der Partei, die schweren Prüfungen der Jahre 1937 bis 1938 zu überstehen und neue Kader heranzubilden. Es besteht jedoch kein Zweifel, daß wir in unserer Entwicklung zum Sozialismus und in unseren Verteidigungsvorbereitungen noch größere Erfolge erzielt haben könnten, wenn wir nicht durch die unbegründeten und widersinnigen Massenunterdrückungen in den Jahren 1937 bis 1938 so furchtbare Kaderverluste erlitten hätten.

Stalins Verfolgungswahn

Wir klagen Jeschow mit Recht wegen der gemeinen Handlungen des Jahres 1937 an. Wir müssen jedoch folgende Fragen beantworten: Konnte Jeschow z.B. ohne Wissen Stalins Kossior verhaften lassen? Gab es einen Meinungsaustausch oder einen Politbüro-Beschluß in dieser Angelegenheit? Nein, es gab sie nicht, genausowenig wie in allen anderen Fällen dieser Art. Konnte Jeschow eine Entscheidung in einer so wichtigen Angelegenheit fällen, in der es um das Schicksal so prominenter Parteiführer ging? Nein, es wäre naiv, dies als das alleinige Werk Jeschows zu betrachten. Es ist klar, daß solche Dinge allein von Stalin entschieden wurden und daß ohne seine Befehle und ohne seine Billigung Jeschow niemals hätte so handeln können.

Wir haben die Fälle untersucht und Kossior, Rudsutak, Postyschew, Kosarew und andere rehabilitiert. Auf Grund welcher Verfehlungen wurden sie verhaftet und verurteilt? Eine Prüfung des Beweismaterials zeigt, daß es keine Gründe dafür gab. Wie so viele andere wurden auch sie ohne Wissen des Staatsanwaltes verhaftet. In einer solchen Situation bedurfte es auch keiner Bestätigung, denn welche Art von Bestätigung hätte es denn auch geben können, wenn Stalin alles allein entschied?

Er war sein eigener Generalstaatsanwalt in diesen Fällen. Stalin genehmigte nicht nur Haftbefehle, sondern er stellte sie auch selbst aus. Wir müssen dies den Delegierten des Parteitags sagen, damit sie sich damit auseinandersetzen und ihre eigenen Schlüsse daraus ziehen können.

Die Tatsachen zeigen, daß Mißbräuche auf Stalins Befehl und unter Mißachtung der Parteinormen und der sowjetischen Gesetzlichkeit erfolgten. Stalin war ein sehr argwöhnischer, krankhaft mißtrauischer Mensch; wir wußten das aus unserer gemeinsamen Arbeit. Er konnte einen Menschen ansehen und fragen: «Warum flackern Ihre Augen heute so?» oder: «Warum wenden Sie sich heute immer ab und vermeiden es, mir in die Augen zu sehen?» Der krankhafte Argwohn erzeugte in ihm ein allgemeines Mißtrauen selbst gegenüber hervorragenden Parteifunktionären, die er seit Jahren kannte. Überall und in allem sah er «Feinde», «Doppelzüngler» und «Spione» am Werk.

Da er eine unbegrenzte Macht besaß, war er im höchsten Maße selbstherrlich und drückte jedermann physisch und moralisch an die Wand. So entstand eine Situation, in der man seinen eigenen Willen nicht mehr zum Ausdruck bringen konnte.

Wenn Stalin befahl, daß dieser oder jener zu verhaften sei, dann mußte man es eben in gutem Glauben hinnehmen, daß der Betreffende wirklich ein «Volksfeind» war. Inzwischen beeilte sich dann die Berija-Bande, die die Staatssicherheitsorgane beherrschte, die Schuld des Verhafteten und die Echtheit der von ihr gefälschten Unterlagen zu beweisen. Und welche Beweise legte man vor? Die «Geständnisse» der Verhafteten – und die Untersuchungsrichter akzeptierten sie! Und wie ist es möglich, daß ein Mensch Verbrechen zugibt, die er gar nicht begangen hat? Nur auf eine Weise, nämlich auf Grund der Anwendung physischer Gewalt zur Geständniserpressung – indem man ihn bis zur Bewußtlosigkeit foltert und ihn seiner Urteilsfähigkeit und seiner menschlichen Würde beraubt. Auf diese Weise kamen die «Geständnisse» zustande.

Als die Welle der Massenverhaftungen im Jahre 1939 zurückging und die örtlichen Parteiführer begannen, das NKWD und seine Zwangsmethoden gegenüber den Verhafteten anzuprangern, schickte Stalin am 20. Januar 1939 ein chiffriertes Telegramm an die Parteisekretäre der Gebiete und Regionen, an die Zentralkomitees der Republiken, an die NKWD-Kommissare der Republiken und an die Leiter der NKWD-Sonderorganisationen. Das Telegramm hatte folgenden Wortlaut:

> Das ZK der KPdSU (B) stellt klar, daß die Anwendung physischen Drucks seit 1937 auf Grund einer Genehmigung des ZK der KPdSU (B) zulässig ist ... Es ist bekannt, daß alle bourgeoisen Geheimdienste Methoden der physischen Beeinflussung gegenüber Vertretern des sozialistischen Proletariats anwenden, und zwar solche der schlimmsten Art.

Es erhebt sich daher die Frage, warum der sozialistische Geheimdienst gegenüber den tollwütigen Agenten der Bourgeoisie, den Todfeinden der Arbeiterklasse und der Kolchosbauern, humaner sein soll. Das ZK der KPdSU (B) ist der Ansicht, daß physischer Druck in jenen Ausnahmefällen, bei denen es sich um bekannte und unbelehrbare Volksfeinde handelt, als durchaus gerechtfertigte und angemessene Methode obligatorisch anzuwenden ist.

Damit hat Stalin im Namen des ZK der KPdSU (B) die brutalste Vergewaltigung der sozialistischen Gesetzlichkeit, nämlich Folterungen und Unterdrückungen, sanktioniert, die – wie wir sahen – zur Verleumdung und Selbstanklage unschuldiger Menschen geführt hat.

Vor nicht langer Zeit – nur wenige Tage vor dem gegenwärtigen Parteitag – zitierten wir den Untersuchungsrichter Rodos, der seinerzeit die Untersuchung gegen Kossior, Tschubar und Kosarew führte und diese verhörte, zur Einvernahme vor das ZK-Präsidium. Er ist ein gemeines Subjekt mit einem Vogelhirn und moralisch durch und durch verkommen. Und dieser Mann war es, der über das Schicksal prominenter Mitarbeiter der Partei entschied! Dabei betrafen seine Entscheidungen auch die politische Seite dieser Fragen, da er ja nach der Feststellung der «Verbrechen» der Beschuldigten diesbezügliches Material beschaffte, aus dem wichtige politische Folgerungen gezogen werden konnten.

Es erhebt sich die Frage, ob ein Mann mit einem so beschaffenen Intellekt allein aus sich heraus die Untersuchung so führen konnte, daß die Schuld von Männern wie Kossior und anderen hinreichend bewiesen war. Nein, er konnte das nicht ohne entsprechende Anweisungen. In der Sitzung des ZK-Präsidiums erklärte er uns: «Mir wurde gesagt, daß Kossior und Tschubar Volksfeinde seien und daß ich als Untersuchungsrichter sie also zu dem Geständnis zu bringen habe, daß sie Feinde seien.» *(Entrüstung im Saale)*

Er konnte dies nur mit lang andauernden Folterungen erreichen, für die er detaillierte Instruktionen von Berija erhielt. Wir müssen berichten, daß er in der Sitzung des ZK-Präsidiums zynisch erklärte: «Ich war der Meinung, daß ich die Befehle der Partei ausführte.» Auf diese Weise wurden Stalins Direktiven über die Anwendung physischen Drucks gegen die Verhafteten in der Praxis durchgeführt.

Diese und zahlreiche andere Tatsachen zeigen, daß alle Normen für die Herbeiführung im Sinne der Partei korrekter Lösungen der Probleme außer Kraft gesetzt waren und daß alles von der Willkür eines einzigen Mannes abhing.

Versagen bei Kriegsbeginn

Die Anhäufung großer Macht in den Händen einer einzigen Person, nämlich Stalins, hatte ernste Folgen während des großen vaterländischen Krieges.

Wenn man viele unserer Romane, Filme und «historisch-wissenschaftlichen Studien» betrachtet, dann hat man den Eindruck, daß Stalin während des großen vaterländischen Krieges eine höchst unwahrscheinliche Rolle spielte. Stalin hatte danach alles vorausgesehen. Die Sowjetarmee befolgte auf der Grundlage eines schon lange vorher von Stalin vorbereiteten strategischen Planes die Taktik der sogenannten «aktiven Verteidigung», das heißt eine Taktik, die, wie wir wissen, die Deutschen an Moskau und Stalingrad herankommen ließ. In Anwendung dieser Taktik ging die sowjetische Armee später, angeblich wiederum nur dank der genialen Konzeption Stalins, zur Offensive über und überwältigte den Feind. Den heldenhaften Sieg, der von der bewaffneten Macht des Sowjetlandes, von unserem heroischen Volke errungen wurde, schreiben Romane, Filme und «wissenschaftliche Studien» dieser Art voll und ganz dem strategischen Genie Stalins zu.

Wir müssen diese Angelegenheit sorgfältig analysieren, weil sie eine ungeheure Bedeutung nicht nur vom historischen, sondern besonders auch vom politischen, erzieherischen und praktischen Gesichtspunkt aus besitzt.

Wie verhält es sich nun mit den Tatsachen in dieser Angelegenheit?

Vor dem Kriege waren unsere Presse und unsere gesamte politische Erziehungsarbeit charakterisiert durch ihren prahlerischen Ton: Wenn ein Feind den heiligen Sowjetboden verletzt, dann werden wir jeden Schlag des Feindes mit drei Schlägen beantworten, wir werden den Kampf gegen den Feind in seinem eigenen Lande führen und ohne großen Schaden für uns selbst den Sieg davontragen. – Aber diese optimistischen Erklärungen stützten sich nicht überall auf konkrete Vorkehrungen, die geeignet gewesen wären, die Unverletzlichkeit unserer Grenzen wirklich zu garantieren.

Während des Krieges und danach brachte Stalin die These auf, die Tragödie, die unsere Nation während der ersten Kriegsphase erlebte, sei das Ergebnis des «Überraschungsangriffs» der Deutschen auf die Sowjetunion gewesen. Aber, Genossen, das ist vollkommen unwahr. Sobald Hitler in Deutschland zur Macht kam, stellte er sich selbst die Aufgabe, den Kommunismus zu liquidieren. Die Faschisten sagten dies ganz offen; sie machten keinerlei Hehl aus ihren Plänen.

Um diesen aggressiven Endzweck zu erreichen, wurden Pakte und Blocks aller Art geschmiedet, wie die berühmte Achse Berlin–Rom–Tokio. Zahlreiche Tatsachen aus der Vorkriegsperiode zeigten klar, daß Hitler darauf ausging, einen Krieg gegen den Sowjetstaat anzufangen, und daß er starke bewaffnete Verbände einschließlich Panzereinheiten in der Nähe der sowjetischen Grenzen konzentriert hatte.

Aus Dokumenten, die jetzt veröffentlicht wurden, geht hervor, daß Churchill am 3. April 1941 Stalin durch den englischen Botschafter in der UdSSR, Cripps, persönlich warnen ließ, daß die Deutschen mit einer Umgruppierung ihrer Streitkräfte begonnen hätten, in der Absicht, die Sowjetunion anzugreifen. Selbstverständlich hat Churchill dies nicht etwa aus Freundschaft für die sowjetische Nation getan. Er hatte dabei seine eigenen imperialistischen Ziele im Auge: Er wollte Deutschland und die Sowjetunion in einen blutigen Krieg verwickeln, um dadurch die Position des britischen Imperiums zu stärken. Genau derselbe Churchill bestätigte in seinen Schriften, daß er versucht habe, «Stalin zu warnen und seine Aufmerksamkeit auf die Gefahr zu lenken, die ihn bedrohte». Churchill betonte dies wiederholt in seinen Depeschen vom 18. April und den folgenden Tagen. Stalin nahm jedoch von diesen Warnungen keine Notiz. Und was noch schlimmer ist, Stalin befahl, daß Informationen dieser Art kein Glauben zu schenken sei, um nicht den Beginn militärischer Operationen zu provozieren.

Wir müssen feststellen, daß uns Informationen dieser Art, die sich auf eine drohende deutsche Invasion des sowjetischen Territoriums bezogen, auch über unsere eigenen militärischen und diplomatischen Dienste zugingen; aber wegen der Voreingenommenheit der Führung gegen solche Nachrichten war man ängstlich bei der Weiterleitung und zurückhaltend bei der Auswertung.

So hieß es z.B. in einer Meldung des sowjetischen Militärattachés in Berlin, Hauptmann Woronzow, vom 4. Mai 1941:

> Der Sowjetbürger Boser ... berichtete dem stellvertretenden Marineattaché, nach einer Behauptung eines gewissen deutschen Offiziers aus Hitlers Hauptquartier bereite sich Deutschland darauf vor, am 14. Mai die Sowjetunion durch Finnland, die baltischen Staaten und Lettland hindurch anzugreifen. Zugleich sollen schwere Luftangriffe gegen Moskau und Leningrad geführt und Fallschirmtruppen in den Grenzstädten abgesetzt werden.

In seinem Bericht vom 22. Mai 1941 meldete der stellvertretende Militärattaché in Berlin, Chlopow:

> Der Angriff der deutschen Armee ist Berichten zufolge auf den 15. Juni festgesetzt, doch möglicherweise kann er auch bereits in den ersten Tagen des Juni beginnen.

In einem Telegramm unserer Botschaft in London vom 18. Juni 1941 hieß es:

> Wie die Sache jetzt steht, ist Cripps zutiefst von der Unausweichlichkeit eines bewaffneten Konflikts zwischen Deutschland und der UdSSR überzeugt, der nicht später als Mitte Juni ausbrechen werde. Nach Cripps haben die Deutschen gegenwärtig 147 Divisionen (ein-

schließlich Luftwaffen- und Nachschubeinheiten) entlang der sowjetischen Grenze konzentriert.

Trotz dieser überaus ernsten Warnungen wurden nicht die erforderlichen Vorkehrungen getroffen, um die Verteidigungsbereitschaft des Landes sicherzustellen und es vor Überraschungen zu bewahren.

Hatten wir die Zeit und die Möglichkeiten zu solchen Vorbereitungen? Jawohl, wir hatten die Zeit und die Möglichkeiten. Unsere Industrie war bereits so weit entwickelt, daß sie imstande war, die Sowjetarmee mit allem Notwendigen zu versorgen. Der Beweis hierfür wurde durch die Tatsache erbracht, daß wir während des Krieges zwar fast die Hälfte unserer Industrie und wichtige industrielle und landwirtschaftliche Produktionsgebiete durch die feindliche Besetzung der Ukraine, des nördlichen Kaukasus und anderer westlicher Landesteile einbüßten, daß das sowjetische Volk jedoch trotzdem imstande war, die Rüstungsproduktion in den östlichen Landesteilen aufzubauen, die aus den westlichen Industriegebieten verlagerten Produktionsmittel dort neu zu installieren und unsere Streitkräfte mit allem zu versorgen, was wir zur Vernichtung des Feindes brauchten.

Wäre unsere Industrie rechtzeitig und systematisch mobilisiert worden, um die Armee mit dem notwendigen Material zu versorgen, so wären unsere Kriegsverluste entschieden geringer gewesen. Die Mobilisierung wurde jedoch nicht rechtzeitig begonnen. Und bereits in den ersten Tagen des Krieges stellte sich heraus, daß unsere Armee schlecht bewaffnet war und nicht über genügend Artillerie, Panzer und Flugzeuge verfügte, um den Feind zurückzuwerfen.

Die sowjetische Wissenschaft und Technik hatte vor dem Kriege ausgezeichnete Modelle von Panzern und Geschützen entwickelt. Aber die Massenproduktion war noch nicht angelaufen, und so begannen wir tatsächlich erst am Vorabend des Krieges, unsere militärische Ausrüstung zu modernisieren. Deshalb verfügten wir zur Zeit des feindlichen Angriffs gegen das Sowjetland weder über genügend alte Produktionsmittel – da diese aus der Rüstungsproduktion bereits herausgenommen waren – noch über genügend neue Maschinen, da deren Einführung in die Rüstungsproduktion noch im Stadium der Planung steckte. Besonders schlecht war es mit der Flak bestellt, und auch die Produktion von Panzerabwehrgranaten war nicht organisiert. Als der Angriff begann, zeigte sich, daß viele befestigte Sperrzonen nicht verteidigt werden konnten, weil man die alten Waffen zurückgezogen hatte, neue aber noch nicht verfügbar waren.

Dieser Mangel herrschte aber leider nicht nur bei den Panzern, der Artillerie und den Flugzeugen. Bei Ausbruch des Krieges standen uns nicht einmal genügend Gewehre zur Verfügung, um die mobilisierten Verbände zu bewaffnen. Ich erinnere mich, daß ich in jenen Tagen den Genossen Malenkow von Kiew aus anrief und ihm sagte: «Es haben sich viele Freiwillige für die neue Armee gemeldet, die jetzt nach Waffen verlangen. Ihr müßt uns die Waffen schicken.»

Malenkow antwortete mir: «Wir können euch keine Waffen schicken. Wir schicken alle Waffen nach Leningrad, und ihr müßt euch selbst bewaffnen.» *(Bewegung im Saal)*

Das war der Stand der Rüstung.

In diesem Zusammenhang können wir z. B. folgendes nicht vergessen: Kurz vor der Invasion der Sowjetunion durch die Hitlerarmee schrieb Kirponos, der Leiter des Militärbezirks Kiew, der später an der Front gefallen ist, an Stalin, die deutsche Armee stelle sich am Bug zu einem Angriff bereit und werde wahrscheinlich sehr bald mit einer Offensive beginnen. In diesem Zusammenhang schlug Kirponos vor, eine starke Verteidigung zu organisieren, 300 000 Menschen aus den Grenzgebieten zu evakuieren und dort Befestigungen mit Panzergräben, Unterständen usw. anzulegen.

Moskau beantwortete diesen Vorschlag mit der Bemerkung, daß dies eine Provokation darstellen würde und daß im Grenzgebiet keinerlei Verteidigungsvorbereitungen getroffen werden sollten, damit man den Deutschen keinen Vorwand für die Einleitung militärischer Aktionen gegen uns biete. So waren unsere Grenzen für die Abwehr des Gegners ungenügend vorbereitet.

Als die faschistischen Armeen dann tatsächlich in sowjetisches Gebiet einmarschiert waren und die militärischen Operationen begonnen hatten, gab Moskau Befehl, das deutsche Feuer nicht zu erwidern. Warum? Weil Stalin trotz aller Beweise glaubte, der Krieg habe noch nicht begonnen, daß es sich nur um eine Provokation seitens einiger undisziplinierter Einheiten der deutschen Armee handelte und daß unsere Reaktion den Deutschen die Handhabe bieten könnte, einen Krieg vom Zaun zu brechen.

Auch folgende Tatsache ist bekannt: Am Vorabend der Invasion des sowjetischen Staatsgebiets durch die Hitlerarmee kam ein deutscher Staatsbürger über die Grenze und teilte mit, die deutschen Armeen hätten Befehl erhalten, die Offensive gegen die Sowjetunion in der Frühe des 22. Juni um drei Uhr zu beginnen. Stalin wurde sofort davon in Kenntnis gesetzt, aber er ignorierte selbst diese Warnung.

Wie Sie sehen, wurde alles ignoriert: die Warnungen verschiedener Truppenkommandeure, die Aussagen von Deserteuren der feindlichen Armee und sogar die offenen Feindseligkeiten des Gegners. Ist dies vielleicht ein Beispiel für die Wachsamkeit des Führers von Partei und Staat in diesem besonders bedeutsamen historischen Augenblick?

Und was war das Ergebnis dieser sorglosen Haltung, dieser Außerachtlassung offenkundiger Tatsachen? Das Ergebnis war, daß der Feind bereits in den ersten Stunden und Tagen des Krieges große Teile unserer Luftstreitkräfte, Artillerie und anderer Waffen in den Grenzgebieten zerstört hatte; er vernichtete eine große Zahl unserer militärischen Kader und desorganisierte unsere militärische Führung; infolgedessen konnten wir nicht verhindern, daß der Feind tief in unser Land eindrang.

Sehr ernste Konsequenzen, die sich besonders bei Kriegsausbruch bemerkbar machten, hatte die Liquidierung zahlreicher militärischer Führer und politischer Funktionäre, die in der Zeit von 1937 bis 1941 auf Grund von Stalins Mißtrauen und verleumderischen Beschuldigungen erfolgte. In diesen Jahren wurden bestimmte Teile des Militärapparats, und zwar buchstäblich vom Kompaniechef und Bataillonskommandeur aufwärts bis zu den höheren militärischen Führungsstäben, Repressalien unterworfen. In dieser Zeit wurde der Führungskader, der in Spanien und im Fernen Osten militärische Erfahrungen gesammelt hatte, fast vollständig liquidiert.

Die Politik, Repressalien in großem Maßstab gegen militärische Kader zu ergreifen, führte auch zur Untergrabung der militärischen Disziplin, da Offiziere aller Dienstgrade und sogar einfache Soldaten in den Partei- und Komsomolzellen jahrelang angehalten wurden, ihre Vorgesetzten als verkappte Feinde zu «entlarven». *(Bewegung im Saal)* Natürlich übte dies einen negativen Einfluß auf die militärische Disziplin in der ersten Phase des Krieges aus.

Wie Sie wissen, hatten wir vor dem Krieg hervorragende militärische Kader, die der Partei und dem Vaterland fraglos treu ergeben waren. Hier genügt der Hinweis, daß sich diejenigen von ihnen, die die schweren Folterungen in den Gefängnissen überlebten, von den ersten Kriegstagen an als wahre Patrioten erwiesen und heldenhaft für den Ruhm des Vaterlandes gekämpft haben. Ich denke dabei an Genossen wie Rokossowskij, der bekanntlich im Gefängnis saß, Gorbatow, Merezkow, der diesem Parteikongreß als Delegierter angehört, Podlas, der als hervorragender Truppenführer an der Front fiel, und viele, viele andere. Zahlreiche Kommandeure kamen jedoch in Lagern und Gefängnissen um, und die Armee sah sie nie wieder.

All dies führte zu den Verhältnissen, die bei Kriegsbeginn herrschten und die unser Vaterland aufs schwerste gefährdeten.

Defätismus und Inkompetenz

Man darf auch nicht vergessen, daß Stalin nach den ersten schweren Niederlagen und Rückschlägen an der Front glaubte, daß dies das Ende sei. In einer seiner Reden sagte er damals: «Alles, was Lenin geschaffen hat, haben wir für immer verloren.»

Stalin leitete danach lange keine militärischen Operationen mehr und tat überhaupt nichts. Die aktive Führung übernahm er erst wieder, als ihn einige Mitglieder des Politbüros aufsuchten und ihm erklärten, es sei notwendig, gewisse Sofortmaßnahmen zur Verbesserung der Lage an der Front einzuleiten.

Die drohende Gefahr, der unser Vaterland in der ersten Kriegsphase ausgesetzt war, resultierte deshalb hauptsächlich aus den verfehlten Methoden, mit denen Stalin sowohl die Nation als auch die Partei leitete.

Hier ist jedoch nicht nur vom Kriegsbeginn die Rede, der eine bedrohliche Desorganisation unserer Armee und bedeutende Verluste mit sich brachte. Auch nach dem eigentlichen Kriegsbeginn zeigte Stalin Anzeichen von Nervosität und Hysterie, die, da er sich laufend in die militärischen Operationen einmischte, unserer Armee ernstlichen Schaden zufügten.

Stalin hatte nicht das geringste Verständnis für die wirkliche Situation, die sich an der Front entwickelte. Dies war nur natürlich, denn er hat während des ganzen vaterländischen Krieges niemals einen Frontabschnitt oder eine befreite Stadt besucht, wenn man von einer kurzen Fahrt auf der Moschajsker Rollbahn bei ruhiger Frontlage absieht. Diese Episode wurde später in vielen phantasievollen literarischen Werken jeglicher Art und vielen Gemälden geschildert. Stalin mischte sich gleichzeitig in Operationen ein und erteilte Befehle, die die wirkliche Situation an den einzelnen Frontabschnitten außer acht ließen und die deshalb zwangsläufig zu schweren Verlusten führen mußten.

Ich möchte mir in diesem Zusammenhang erlauben, einen charakteristischen Vorfall zu schildern, der beispielhaft zeigt, wie Stalin die Operationen an der Front leitete. An diesem Parteikongreß nimmt auch Marschall Bagramjan teil, der seinerzeit Chef der Operationsabteilung beim Oberkommando der Südwestfront war und der bestätigen kann, was ich Ihnen sagen werde.

Als sich im Jahre 1942 im Raume Charkow eine für unsere Armee höchst bedrohliche Situation entwickelte, hatten wir uns ganz richtig für den Abbruch einer Operation entschieden, deren Ziel die Einkreisung von Charkow war, da die Fortführung dieser Operation in Anbetracht der damaligen Gegebenheiten katastrophale Folgen für unsere Armee hätte haben können.

Wir erstatteten Stalin Bericht darüber und wiesen darauf hin, daß die Lage eine Änderung der Operationspläne erforderlich mache, um zu verhindern, daß der Feind große Teile unserer Armee in diesem Raum vernichten könnte.

Gegen jede Vernunft lehnte Stalin unseren Vorschlag ab und gab den Befehl, die Einkreisung Charkows fortzusetzen, obwohl viele Teile unserer Armee selbst in Gefahr waren, eingekreist und vernichtet zu werden.

Ich telefonierte mir Wassilewskij und bat ihn: «Alexander Michailowitsch (Wassilewskij ist ebenfalls hier anwesend), nehmen Sie eine Landkarte und erklären Sie dem Genossen Stalin die Situation, in der wir uns hier befinden.» Dazu muß man wissen, daß Stalin militärische Operationen auf einem Globus plante. *(Heiterkeit im Saal)*

Ja, Genossen, er pflegte den Frontverlauf auf einem Globus einzuzeichnen. Ich sagte zu Genosse Wassilewskij: «Erklären Sie ihm die Situation auf einer Landkarte; in der gegenwärtigen Lage können wir die geplante Operation nicht fortsetzen. Die alte Entscheidung muß aus sachlichen Gründen revidiert werden.»

Wassilewskij antwortete mir, Stalin habe das Problem bereits studiert und er, Wassilewskij, werde Stalin die Sache nicht mehr vortragen, da Stalin bezüglich dieser Operation nicht mehr mit sich reden lasse.

Nachdem ich mit Wassilewskij gesprochen hatte, rief ich Stalin in seiner Datscha an. Doch nicht Stalin war am Apparat, sondern Malenkow. Ich sagte dem Genossen Malenkow, daß ich von der Front anrufe und daß ich Stalin persönlich zu sprechen wünsche. Stalin ließ mir durch Malenkow ausrichten, daß ich mit diesem sprechen solle. Ich sagte zum zweitenmal, daß ich Stalin persönlich über die bedrohliche Situation unterrichten wolle, die sich für uns an der Front ergeben habe. Aber Stalin hielt es nicht für nötig, selbst an den Apparat zu kommen und wiederholte, ich solle über Malenkow mit ihm sprechen, obgleich Stalin nur wenige Schritte vom Telefon entfernt war.

Nachdem er auf diese Weise unseren Notruf «zur Kenntnis genommen» hatte, sagte Stalin: «Laßt alles so, wie es ist.»

Und was war das Resultat? Das Schlimmste, was wir befürchteten. Die Deutschen schlossen unsere Truppenmassierungen ein, und wir verloren so Hunderttausende unserer Soldaten.

Das war Stalins «Feldherrngenie», und das hat es uns gekostet. *(Bewegung im Saal)*

Gelegentlich einer Zusammenkunft Stalins mit Mitgliedern des Politbüros nach dem Krieg äußerte Anastas Iwanowitsch Mikojan, Chruschtschow habe seinerzeit doch wohl recht gehabt, als er wegen der Charkow-Operation anrief, und es sei ein Unglück gewesen, daß man auf seinen Vorschlag nicht gehört habe.

Sie hätten Stalins Zornesausbruch sehen müssen! Wie konnte man zugeben, daß er, Stalin, unrecht gehabt habe!? Schließlich war er ein «Genie», und ein Genie hat immer recht. Jeder kann irren, nur Stalin glaubte, daß er niemals irrte und daß er immer im Recht war. Er gab niemals zu, daß er einen Fehler gemacht hatte, weder einen großen noch einen kleinen, und zwar ungeachtet der Tatsache, daß er nicht wenig Fehler machte – sowohl in der Theorie als auch in der Praxis. Nach dem Parteitag werden wir wahrscheinlich viele militärische Operationen des letzten Krieges neu bewerten und im Lichte der Tatsachen richtig darstellen müssen.

Die Taktik, auf deren Durchführung Stalin ohne die elementarsten Kenntnisse der Kriegführung bestand, kostete uns viel Blut, bis wir den

Gegner zum Stehen gebracht hatten und selbst zur Offensive übergehen konnten.

Die Militärs wissen, daß Stalin Ende 1941, statt bereits damals großangelegte Umfassungsmanöver in den Rücken des Feindes einzuleiten, pausenlose Frontalangriffe und die Einnahme von einer Ortschaft nach der anderen verlangte. Dafür mußten wir mit großen Verlusten bezahlen, bis unsere Generale, auf deren Schultern die ganze Last der Kriegsführung ruhte, die Umstellung auf eine beweglichere Kampfesweise erzwingen konnten, was dann sofort bedeutende und für uns günstige Veränderungen an der Front mit sich brachte.

Um so schändlicher war es, daß Stalin nach unserem großen Sieg über den Feind, der so viele Opfer gekostet hatte, zahlreiche Kommandeure, die so viel zum Sieg über den Feind beigetragen hatten, herabzusetzen begann, weil er jede Möglichkeit ausschließen wollte, daß die Leistungen an der Front einem anderen als nur ihm selbst angerechnet würden.

So interessierte Stalin sich sehr dafür, wie andere den Genossen Schukow als militärischen Führer einschätzten. Er wollte oft meine Meinung über Schukow wissen. Ich sagte ihm damals: «Ich kenne Schukow seit langem. Er ist ein guter General und ein guter militärischer Führer.»

Nach dem Krieg begann Stalin allen möglichen Unsinn über Schukow zu erzählen, unter anderem folgendes: «Ihr habt Schukow gelobt, aber er verdient es nicht. Man erzählt sich, daß Schukow sich vor jeder Operation an der Front folgendermaßen benahm: er nahm eine Handvoll Erde auf, roch daran und sagte: ‹Wir können die Offensive beginnen›, oder aber: ‹Die geplante Operation kann nicht durchgeführt werden›.» – Ich sagte damals: «Genosse Stalin, ich weiß nicht, wer das erfunden hat, aber es ist nicht wahr.»

Es ist möglich, daß Stalin selbst diese Dinge erfand, um die Rolle und das militärische Können von Marschall Schukow herabzusetzen.

Was dies anbelangt, so hat Stalin sich selbst recht tatkräftig als großen Führer hingestellt; auf alle mögliche Art und Weise versuchte er, im Volke die Vorstellung zu erwecken, daß alle vom Sowjetvolk im großen vaterländischen Kriege errungenen Siege dem Mut, der Kühnheit und dem Genie Stalins und sonst niemandem zu verdanken seien. Genau wie Kusma Krjutschkow[4] steckte er sieben Leute in eine Jacke. *(Heiterkeit im Saal)*

Auf der gleichen Linie liegen beispielsweise unsere historischen und militärischen Filme sowie einige literarische Werke; da kann es einem übel werden! Ihr eigentlicher Zweck ist es, Stalins Feldherrngenie zu verherrlichen. Erinnern wir uns an den Film *‹Der Fall von Berlin›*. Hier ist es einzig und allein Stalin, der handelt; er gibt Befehle in einer Halle

4 Ein berühmter Kosak, der Heldentaten im Kampfe gegen die Deutschen vollbrachte.

mit vielen leeren Stühlen, und nur ein einziger Mann nähert sich ihm, um ihm etwas mitzuteilen – das ist Poskrjobyschew, sein ergebener Schildknappe. *(Gelächter im Saal)*

Und wo bleibt die militärische Führung? Wo bleibt das Politbüro? Wo bleibt die Regierung? Was tun sie, und womit beschäftigen sie sich? Von ihnen hört und sieht man nichts in diesem Film. Stalin handelt für alle und jeden. Er rechnet mit keinem anderen, er fragt niemanden um Rat. So wird dem Volk alles in diesem falschen Licht gezeigt. Warum? Um Stalin mit der Gloriole des Ruhmes zu umgeben, ganz im Gegensatz zu den Tatsachen und im Widerspruch zur historischen Wahrheit.

Damit erhebt sich die Frage: Wo bleiben die Militärs, auf deren Schultern die ganze Last des Krieges ruhte? Sie sehen wir in dem Film nicht; wenn Stalin auf der Bildfläche erscheint, ist kein Raum mehr für sie.

Nicht Stalin, sondern die Partei als Ganzes, die sowjetische Regierung, unsere heldenmütige Armee, ihre begabten Führer und tapferen Soldaten, das ganze Sowjetvolk – sie sind es, die uns den Sieg im großen vaterländischen Kriege sicherten. *(Stürmischer, anhaltender Beifall)*

Die Mitglieder des Zentralkomitees, die Minister, unsere Wirtschaftsführer, die führenden Männer der Sowjetkultur, die Leiter der regionalen Partei- und Sowjetorganisationen, Ingenieure und Techniker – jeder auf seinem Arbeitsplatz setzte seine ganze Kraft und sein ganzes Wissen ein, um uns den Sieg über den Feind zu sichern.

Ganz besonderes Heldentum bewies der Kern unseres Volkes – ruhmgekrönt ist unsere ganze Arbeiterklasse, unsere Kolchosbauernschaft, die Sowjetintelligenz, die unter der Führung der Parteiorganisationen unerhörte Entbehrungen ertrugen und, die Lasten des Krieges auf sich nehmend, ihre ganze Kraft für die Verteidigung des Vaterlandes einsetzten.

Große und tapfere Taten vollbrachten auch unsere sowjetischen Frauen im Kriege, die auf ihren Schultern die schwere Last der Arbeit in den Fabriken, auf den Kolchosen und auf den verschiedensten Gebieten unseres wirtschaftlichen und kulturellen Lebens trugen; viele Frauen standen im großen vaterländischen Krieg unmittelbar an der Front; unsere tapfere Jugend hat an der Front und in der Heimat Unermeßliches für die Verteidigung des sowjetischen Vaterlandes und die Vernichtung des Feindes geleistet.

Unsterblich sind die Verdienste der Sowjetsoldaten, unserer Kommandeure und politischen Funktionäre; nach dem Verlust eines beträchtlichen Teils der Armee in den ersten Kriegsmonaten haben sie nicht den Kopf verloren, sondern sie brachten es fertig, noch während der Kämpfe die Streitkräfte zu reorganisieren; im Verlaufe des Krieges schufen sie eine starke und heroische Armee, die sich immer mehr festigte, und hielten nicht nur dem Druck des starken und heimtückischen Feindes stand, sondern warfen ihn auch zu Boden.

Die herrlichen, heroischen Taten von Hunderten von Millionen Menschen in Ost und West im Kampfe gegen die schreckliche Gefahr einer Unterwerfung durch die Faschisten werden durch die Jahrhunderte und Jahrtausende in der Erinnerung einer dankbaren Menschheit fortleben. *(Donnernder Beifall)*

Die Hauptrolle bei der siegreichen Beendigung des Krieges spielten unsere Kommunistische Partei, die Streitkräfte der Sowjetunion und die Millionen der von unserer Partei geschulten Sowjetmenschen. Ihnen gebührt das Hauptverdienst. *(Donnernder, anhaltender Beifall)*

Massendeportation

Genossen! Lassen Sie mich noch einige andere Dinge erörtern. Mit Recht wird die Sowjetunion als mustergültiger Vielvölkerstaat angesehen, weil wir in der Praxis die Gleichheit aller in unserem großen Vaterlande freundschaftlich zusammenlebenden Völker sichergestellt haben.

Um so ungeheuerlicher sind die Taten, die auf Veranlassung Stalins begangen wurden und schwere Verstöße gegen die fundamentalen leninistischen Grundsätze der Nationalitätenpolitik des Sowjetstaates darstellen. Wir meinen die Massendeportationen ganzer Völkerschaften mit samt allen Kommunisten und Komsomolzen, ohne jede Ausnahme. Diese Deportationen waren durch keinerlei militärische Überlegungen diktiert.

So wurde bereits gegen Ende des Jahres 1943, als sich im großen vaterländischen Kriege durch die Durchbrüche unserer Armee an den Fronten das Blatt zugunsten der Sowjetunion wendete, ein Beschluß über die Deportation sämtlicher Karatschajer aus ihrer angestammten Heimat gefaßt und durchgeführt. Im gleichen Zeitraum, Ende Dezember 1943, ereilte die gesamte Bevölkerung der Autonomen Kalmückenrepublik dasselbe Schicksal. Im März 1944 wurden sämtliche Tschetschenen und Inguschen deportiert, und die Autonome Republik der Tschetschenen und Inguschen wurde aufgelöst. Im April 1944 wurden alle Balkaren aus dem Gebiet der Autonomen Republik der Kabardiner und Balkaren in entlegene Gebiete verschleppt, und die autonome Republik selbst wurde in Autonome Kabardinische Republik umgetauft. Die Ukrainer entgingen diesem Schicksal lediglich deshalb, weil sie zu zahlreich sind und kein Raum vorhanden war, wohin man sie hätte deportieren können. Sonst hätte er auch sie deportiert. *(Gelächter und Heiterkeit im Saal)*

Kein Marxist-Leninist und überhaupt kein vernünftiger Mensch kann verstehen, wie es möglich ist, ganze Völker samt Frauen und Kindern, alten Leuten, Kommunisten und Komsomolzen für feindliche Handlungen verantwortlich zu machen, Massenrepressalien gegen sie anzuwenden und sie wegen der Schädlingsarbeit einzelner oder kleinerer Gruppen der Not und dem Elend auszusetzen.

Die «Leningrader Affäre»

Nach Beendigung des vaterländischen Krieges sonnte sich das Sowjetvolk im Stolz auf die durch große Oper und gewaltige Anstrengungen errungenen herrlichen Siege. Das Land erlebte eine Zeit allgemeiner politischer Begeisterung. Die Partei ging aus dem Kriege einiger denn je hervor; ihre Kader waren durch das Feuer des Krieges gestählt und gefestigt. Unter diesen Umständen hätte niemand an die Möglichkeit einer Verschwörung innerhalb der Partei auch nur gedacht.

Und in eben jenem Zeitpunkt wurde die sogenannte «Leningrader Affäre» ausgeheckt. Wie wir jetzt festgestellt haben, ist dieser Fall nichts anderes als eine Erfindung. Zu denen, die unschuldig ihr Leben lassen mußten, gehören die Genossen Wosnessenskij, Kusnezow, Rodionow, Popkow und andere.

Bekanntlich waren Wosnessenskij und Kusnezow hervorragende und begabte Führer. Sie standen einst Stalin sehr nahe. Es genügt, daran zu erinnern, daß Stalin Wosnessenskij zum Ersten Stellvertreter des Vorsitzenden des Ministerrates machte und daß Kusnezow zum ZK-Sekretär gewählt wurde. Allein die Tatsache, daß Stalin Kusnezow mit der Überwachung der Staatssicherheitsorgane betraute, beweist, welches Vertrauen dieser genoß.

Wie kam es, daß diese Personen als Volksfeinde gebrandmarkt und liquidiert wurden?

Die Tatsachen beweisen, daß die «Leningrader Affäre» ebenfalls der Willkür Stalins gegenüber den Parteikadern entsprang.

Wenn im ZK und im Politbüro des ZK normale Verhältnisse geherrscht hätten, dann wären Angelegenheiten wie diese nach der regulären Parteipraxis überprüft und alle einschlägigen Tatsachen ermittelt worden; folglich wären derartige Dinge überhaupt nicht passiert.

Wir müssen aber feststellen, daß die Lage nach dem Kriege sogar noch komplizierter wurde. Stalin wurde, wenn möglich, noch launischer, reizbarer und brutaler; vor allem sein Mißtrauen wuchs. Sein Verfolgungswahn erreichte unglaubliche Ausmaße. Er sah es förmlich, wie seine Mitarbeiter vor seinen Augen zu Feinden wurden. Und so entfernte Stalin sich nach dem Krieg noch weiter vom Kollektiv. Alles entschied er selbst, ohne auf irgend jemand oder irgend etwas Rücksicht zu nehmen.

Dieses unglaubliche Mißtrauen machte sich der erbärmliche Provokateur und niederträchtige Feind Berija, der Tausende von Kommunisten und loyalen Sowjetbürgern hingemordet hatte, geschickt zunutze. Die Rangerhöhung Wosnessenskijs und Kusnezows ließ Berija aufhorchen. Wie sich inzwischen herausgestellt hat, war es Berija selbst, der Stalin «vorschlug», ihn und seine Komplicen mit der Beschaffung von Material in Form von Erklärungen, anonymen Briefen, allerhand Gerüchten und Indiskretionen zu beauftragen.

Das Zentralkomitee der Partei hat diese sogenannte «Leningrader Affäre» untersucht; die Personen, die unschuldig leiden mußten, sind nunmehr rehabilitiert, und auch die Ehre der glorreichen Leningrader Parteiorganisation ist wiederhergestellt. Abakumow und andere, die diese Fälle konstruiert hatten, wurden vor Gericht gestellt; der Prozeß fand in Leningrad statt, und sie erhielten die verdiente Strafe.

Es erhebt sich nunmehr die Frage, warum wir die Wahrheit über diese Dinge erst jetzt erfahren und warum wir nicht schon zu Lebzeiten Stalins etwas unternommen haben, um das Leben Unschuldiger zu retten? Dies erklärt sich daraus, daß Stalin die «Leningrader Affäre» persönlich in die Hand genommen hatte und daß der größte Teil der Politbüro-Mitglieder damals nicht alle Umstände dieser Angelegenheit erfuhr und deshalb auch nicht eingreifen konnte.

Nachdem Stalin verschiedene Unterlagen von Berija und Abakumow erhalten hatte, ordnete er ohne vorherige Prüfung des verleumderischen Materials eine Untersuchung der «Wosnessenskij-Kusnezow-Affäre» an. Damit war das Schicksal dieser Männer besiegelt. Ebenso aufschlußreich ist der Fall der «Mingrelischen Nationalisten-Organisation», die angeblich in Georgien bestanden hat. Bekanntlich faßte das Zentralkomitee der KPdSU(B) im November 1951 und im März 1952 in dieser Angelegenheit mehrere Beschlüsse. Diese Entschließungen kamen ohne vorherige Erörterungen im Politbüro zustande. Stalin selbst hatte sie diktiert. Sie enthielten schwere Anschuldigungen gegen zahlreiche loyale Kommunisten. Gefälschte Dokumente wurden als Beweis dafür angeführt, daß in Georgien angeblich eine nationalistische Organisation bestand, die die Liquidierung der Sowjetmacht in jener Republik mit Hilfe imperialistischer Mächte plante.

In diesem Zusammenhang wurde eine Reihe verantwortlicher Partei- und Sowjetarbeiter in Georgien verhaftet. Wie sich später erwies, handelte es sich bei der ganzen Angelegenheit um eine gegen die Parteiorganisation Georgiens gerichtete Verleumdung.

Wir wissen, daß sich in Georgien ebenso wie in verschiedenen anderen Republiken gelegentlich der örtliche bourgeoise Nationalismus bemerkbar machte. Es erhebt sich die Frage: Ist es denkbar, daß in jener Zeit, in der die genannten Beschlüsse gefaßt wurden, tatsächlich die Gefahr bestand, daß sich Georgien von der Sowjetunion loslösen und der Türkei anschließen würde? *(Heiterkeit und Gelächter im Saal)*

Dies ist natürlich Unsinn, und es ist einfach unvorstellbar, wie man auf so etwas verfallen konnte. Es ist allgemein bekannt, welchen großen wirtschaftlichen und kulturellen Aufschwung Georgien unter der sowjetischen Herrschaft erlebte.

Die Industrieproduktion der Georgischen Republik ist heute 27mal so groß wie vor der Revolution. Es sind zahlreiche neue Industrien in Georgien entstanden, die es vor der Revolution dort überhaupt nicht gab:

Eisengießereien, Erdölindustrie, Maschinenbau usw. Seit langem schon gibt es in Georgien keine Analphabeten mehr, während vor der Revolution 78 Prozent der Bevölkerung Analphabeten waren.

Konnten die Georgier, wenn sie die Lage in ihrer Republik mit der bedrängten Lage der werktätigen Massen in der Türkei verglichen, einen Anschluß an die Türkei wünschen? Im Jahr 1955 betrug die Stahlproduktion Georgiens pro Kopf der Bevölkerung das 18fache der türkischen. Georgien erzeugt pro Kopf der Bevölkerung neunmal soviel Kraftstrom wie die Türkei. Wie die Volkszählung aus dem Jahre 1950 zeigt, sind 65 Prozent der Gesamtbevölkerung und 80 Prozent der weiblichen Bevölkerung der Türkei Analphabeten. In Georgien bestehen 19 akademische Lehranstalten mit insgesamt 39 000 Studenten. Auch der Wohlstand der werktätigen Bevölkerung Georgiens ist unter der sowjetischen Herrschaft gewaltig angestiegen.

Es ist klar, daß die Quelle, aus der der bürgerliche Nationalismus seine Kraft schöpft, in dem Maße versiegt, in dem Wirtschaft und Kultur aufblühen und das sozialistische Bewußtsein der werktätigen Massen Georgiens wächst.

Wie sich herausstellte, hat es in Georgien keine nationalistischen Organisationen gegeben. Tausende unschuldiger Menschen wurden das Opfer von Willkür und Rechtlosigkeit. All dies geschah unter der «genialen» Führung Stalins, des «größten Sohnes des georgischen Volkes», wie die Georgier selbst Stalin gern bezeichneten. *(Heiterkeit im Saal)*

Der Stalin-Tito-Konflikt

Die Willkür Stalins zeigt sich nicht nur in seinen Entscheidungen zu innenpolitischen Fragen, sondern auch in den Beziehungen der Sowjetunion zum Ausland.

Das Juli-Plenum des ZK untersuchte die Gründe für die Entstehung des Konfliktes mit Jugoslawien in allen Einzelheiten. Stalin hat dabei eine schändliche Rolle gespielt. An der «Jugoslawien-Affäre» war nichts, was sich nicht durch Parteidiskussionen unter Genossen hätte regeln lassen. Es lag kein ernsthafter Grund vor, um daraus eine «Affäre» zu machen; es wäre durchaus möglich gewesen, den Abbruch der Beziehungen mit diesem Land zu verhindern. Das bedeutet jedoch nicht, daß die führenden Männer Jugoslawiens keine Fehler begangen hätten oder frei von Unzulänglichkeiten waren. Diese Fehler und Unzulänglichkeiten wurden von Stalin aber in monströser Art und Weise aufgebauscht, so daß es darüber zum Abbruch der Beziehungen zu diesem befreundeten Staate kam.

Ich erinnere mich an die ersten Tage des Konfliktes zwischen der Sowjetunion und Jugoslawien als man diese Angelegenheit künstlich aufzubauschen begann. Gerade aus Kiew nach Moskau gekommen, wurde ich damals zu Stalin bestellt, der mir die Kopie eines soeben an Tito abgeschickten Briefes zeigte und fragte: «Haben Sie dies gelesen?»

Ohne eine Antwort abzuwarten, fuhr er fort: «Ich brauche nur meinen kleinen Finger zu rühren – und schon wird es keinen Tito mehr geben. Er wird fallen.»

Wir haben einen hohen Preis für dieses «Rühren des kleinen Fingers» bezahlt. Dieser Ausspruch ist bezeichnend für Stalins Größenwahn; und so handelte er auch: «Ich werde meinen kleinen Finger rühren – und es wird keinen Kossior mehr geben»; «ich werde meinen kleinen Finger noch einmal rühren, und es wird keinen Postyschew und keinen Tschubar mehr geben»; «ich werde meinen kleinen Finger abermals rühren, und Wosnessenskij, Kusnezow und viele andere wird es auch nicht mehr geben.»

Tito verschwand aber nicht, soviel oder sowenig Stalin seinen kleinen Finger und was sonst noch rühren mochte – er brachte Tito nicht zu Fall. Warum wohl? Der Grund ist der, daß Tito bei diesem Streitfall mit den jugoslawischen Genossen einen Staat und ein Volk hinter sich hatte, die durch eine harte Schule des Kampfes für Freiheit und Unabhängigkeit gegangen waren, ein Volk, das seine führenden Männer unterstützte.

Sie sehen, wohin Stalins Größenwahn führte. Er hatte völlig den Sinn für die Realitäten verloren; er demonstrierte sein Mißtrauen und seine Arroganz nicht nur in den Beziehungen zu einzelnen Menschen hier in der Sowjetunion, sondern auch in den Beziehungen zu ganzen Parteien und Staaten.

Wir haben den Fall Jugoslawien sorgfältig untersucht und haben eine vernünftige Lösung gefunden, die sowohl von den Völkern der Sowjetunion und Jugoslawiens als auch von den werktätigen Massen aller Volksdemokratien und auch der gesamten fortschrittlichen Menschheit gebilligt wird. Die Normalisierung der Beziehungen zu Jugoslawien erfolgte im Interesse des gesamten sozialistischen Lagers und im Interesse der Stärkung des Friedens in der ganzen Welt.

Das «Ärzte-Komplott»

Lassen Sie mich auch die «Affäre der Ärzte-Verschwörung» erwähnen. *(Bewegung im Saal)* Im Grunde genommen gab es eine solche «Affäre» überhaupt nicht, wenn man von der Aussage der Ärztin Timaschuk absieht, die wahrscheinlich von irgend jemand beeinflußt oder angewiesen war (schließlich war sie eine geheime Mitarbeiterin der Staatssicherheitsorgane), an Stalin einen Brief zu richten, in dem sie die Ärzte beschuldigte, unsaubere Behandlungsmethoden anzuwenden.

Ein derartiger Brief genügte Stalin, um daraus sofort zu folgern, daß in der Sowjetunion ein Ärzte-Komplott bestünde. Er befahl, eine Gruppe hervorragender medizinischer Spezialisten zu verhaften, und gab persönlich Anweisungen bezüglich der Durchführung der Untersuchung und der Verhörmethoden gegen die verhafteten Personen. Er bestimmte, das Akademiemitglied Winogradow in Ketten zu legen und daß ein anderer zu schlagen sei. Hier auf diesem Parteitag ist der ehemalige Minister für Staatssicherheit, Genosse Ignatjew, als Delegierter anwesend. Stalin erklärte ihm rundheraus: «Wenn Sie kein Geständnis von den Ärzten beibringen können, dann werden wir Sie um einen Kopf kürzer machen.» *(Tumult im Saal)*

Stalin berief den Untersuchungsrichter zu sich, erteilte ihm Instruktionen und gab Anweisung bezüglich der anzuwendenden Untersuchungsmethoden; diese Methoden waren sehr einfach: schlagen, schlagen und nochmals schlagen.

Kurz nach der Verhaftung der Ärzte erhielten wir Mitglieder des Politbüros die Protokolle über ihre Schuldgeständnisse. Nachdem die Protokolle verteilt waren, erklärte uns Stalin: «Ihr seid blind wie junge Katzen; was werdet ihr ohne mich machen? Unser Land wir zugrunde gehen, weil ihr es nicht versteht, Feinde zu erkennen.»

Der Fall wurde uns so dargestellt, daß niemand die Tatsachen nachprüfen konnte, auf denen die Untersuchungen beruhten. Es gab keine Möglichkeit einer Nachprüfung der Tatsachen dadurch, daß man etwa versuchte, mit denen in Verbindung zu treten, die ein Schuldbekenntnis abgelegt hatten.

Wir hatten jedoch das Gefühl, daß an dem Fall der verhafteten Ärzte irgend etwas nicht ganz stimme. Verschiedene dieser Leute waren uns persönlich bekannt, weil sie uns früher einmal behandelt hatten. Als wir nach Stalins Tod diesen «Fall» untersuchten, stellten wir fest, daß er von Anfang bis Ende erfunden war.

Dieser schändliche «Fall» war von Stalin konstruiert worden; doch hatte er keine Zeit mehr, ihn ganz zu Ende zu führen – zu einem Ende in seinem Sinne –, und daher sind die Ärzte noch am Leben. Heute sind sie sämtlich rehabilitiert; sie kehrten an ihren alten Arbeitsplatz zurück; sie behandeln hervorragende Persönlichkeiten, darunter auch Mitglieder der Regierung; sie besitzen unser volles Vertrauen, und sie erfüllen ihre Pflicht so gut wie zuvor.

Bei der Inszenierung der verschiedenen schmutzigen und beschämenden Fälle hat der tollwütige Gegner unserer Partei und Agent eines ausländischen Spionagedienstes, Berija, der sich Stalins Vertrauen erschlichen hatte, eine sehr üble Rolle gespielt. Wie war es möglich, daß dieser Provokateur eine solche Stellung in der Partei und im Staate erlangte, daß er Erster Stellvertretender Vorsitzender des Ministerrats der Sowjetunion und Mitglied des Politbüros des Zentralkomitees werden konnte? Es steht heute fest, daß dieser Schurke über unzählige Leichen zu den höchsten Regierungsämtern emporgestiegen ist.

Gab es irgendwelche Anzeichen dafür, daß Berija ein Feind der Partei war? Sicher gab es die. Bereits im Jahre 1937 erklärte der ehemalige Volkskommissar für das Gesundheitswesen Kaminskij vor dem ZK-Plenum, Berija habe für den Nachrichtendienst des Mussawaten gearbeitet. Doch unmittelbar nach Beendigung des ZK-Plenums wurde Kaminskij verhaftet und anschließend erschossen. Hat Stalin die Erklärung Kaminskijs nachgeprüft? Nein, Stalin vertraute Berija, und das genügte ihm. Und wenn Stalin zu einer Person oder Sache Vertrauen hatte, konnte niemand etwas vorbringen, was seiner Meinung widersprach. Jeder, der gewagt hätte, eine gegenteilige Ansicht zu äußern, hätte das gleiche Schicksal wie Kaminskij erlitten.

Es gab auch andere Anzeichen. Interessant ist eine vom Genossen Snegow vor dem ZK der Partei abgegebene Erklärung. Hier sei nebenbei erwähnt, daß er vor kurzem ebenfalls rehabilitiert wurde, nachdem er 17 Jahre als Gefangener in Lagern zugebracht hat. In dieser schriftlichen Erklärung sagt Snegow:

> In Verbindung mit der vorgeschlagenen Rehabilitierung des ehemaligen ZK-Mitglieds Kartwelischwili-Lawrentjew habe ich dem Vertreter des Staatssicherheitskomitees einen detaillierten Bericht über die Rolle übergeben, die Berija bei der Behandlung des Falles Kartwelischwili gespielt hat sowie über die verbrecherischen Motive, von denen sich Berija dabei leiten ließ.
>
> Nach meiner Ansicht ist es unerläßlich, an eine wichtige, diesen Fall betreffende Tatsache zu erinnern und das Zentalkomitee davon in Kenntnis zu setzen, weil es mir nicht richtig erscheint, sie in die Untersuchungsakten aufzunehmen.
>
> Auf der Sitzung des ZK-Orgbüros der KPdSU (B) vom 30. Oktober 1931 legte der Parteisekretär der Transkaukasischen Region, Kartwelischwili, einen Bericht vor. Von den leitenden Mitgliedern des Regions-Exekutivkomitees, die sämtlich anwesend waren, bin ich als einziger noch am Leben.
>
> Auf dieser Sitzung beantragte Stalin am Schluß seiner Rede, Kartwelischwili zum Ersten und Berija zum Zweiten Sekretär des Transkaukasischen Regionskomitees zu ernennen (dies war das erste Mal in der Geschichte der Partei, daß Berija als Kandidat für eine Parteifunktion benannt wurde). Kartwelischwili erwiderte, Berija sei ihm wohl bekannt, aber gerade deswegen müsse er eine Zusammenarbeit mit ihm kategorisch ablehnen. Stalin schlug daraufhin vor, die Angelegenheit in der Schwebe zu lassen und sie im Verlauf der praktischen Arbeit zu regeln. Zwei Tage später wurde beschlossen, Berija die Parteifunktion zu übertragen und Kartwelischwili aus dem Transkaukasus zu deportieren.

Die Genossen Mikojan und Kaganowitsch, die der Sitzung beiwohnten, können dies bestätigen.

Es war allgemein bekannt, daß seit langem zwischen Kartwelischwili und Berija Spannungen bestanden, die aus der Zeit datierten, da Genosse Sergo [5] im Transkaukasus tätig war; Kartwelischwili war Sergos engster Mitarbeiter gewesen. Die gespannten Beziehungen bewogen Berija, gegen Kartwelischwili einen «Fall» zu konstruieren.

Bezeichnenderweise wurde Kartwelischwili in diesem «Fall» eines Terrorakts gegen Berija beschuldigt.

Die Anklageschrift gegen Berija enthält eine Darstellung seiner Verbrechen. Man sollte sich jedoch einige Dinge ins Gedächtnis zurückrufen, da möglicherweise nicht alle Delegierten des Parteikongresses dieses Dokument gelesen haben. Ich möchte daran erinnern, mit welchen bestialischen Methoden Berija die Fälle Kedrow, Golubjew und der Adoptivmutter Golubjews, Baturina, erledigte, als diese das Zentralkomitee über Berijas verräterische Tätigkeit zu informieren beabsichtigten. Sie wurden ohne jede Gerichtsverhandlung erschossen, und das Urteil wurde erst post factum, nach der Hinrichtung gefällt. Hören Sie, was der Altbolschewik, Genosse Kedrow, durch Vermittlung des Genossen Andrejew (des damaligen ZK-Sekretärs) an das Zentralkomitee schrieb:

> Ich rufe Euch aus einer düsteren Zelle des Lefortoskij-Gefängnisses um Hilfe an. Öffnet Eure Ohren meinem Schreckensschrei; bleibt nicht taub; nehmt mich in Euren Schutz; bitte, helft, diesen Albdruck der Verhöre von mir zu nehmen, und zeigt, daß alles ein Irrtum ist.
>
> Ich leide unschuldig, bitte, glaubt mir. Die Zeit wird die Wahrheit erweisen. Ich bin kein Agent provokateur der zaristischen Ochrana; ich bin kein Spion; ich bin nicht Mitglied einer antisowjetischen Organisation, was man mir auf Grund von Denunziationen vorwirft. Ich habe mich auch keiner anderen Verbrechen gegen die Partei und die Regierung schuldig gemacht. Ich bin ein alter Bolschewik, frei von jedem Makel; ich habe fast vierzig Jahre lang ehrenhaft in den Reihen der Partei für das Wohl und das Gedeihen des Landes gekämpft ...
>
> Heute bedrohen die Untersuchungsrichter mich, einen 62 Jahre alten Mann, mit noch schärferen, grausameren und erniedrigenderen Methoden der körperlichen Folter. Sie – die Richter – sind gar nicht mehr imstande, ihren Irrtum einzusehen und zu erkennen, daß ihre Art der Behandlung meines Falles ungesetzlich und unzulässig ist. Sie versuchen, ihr Tun dadurch zu rechtfertigen, daß sie mich als einen verhärteten und wütenden Feind hinstellen, und sie fordern noch schärfere Repressalien. Aber laßt die Partei wissen, daß ich unschuldig bin und daß es nichts gibt, was einen treuen Sohn der Partei in ihren Gegner verwandeln könnte, selbst bis zu seinem letzten Atemzuge nicht.
>
> Aber für mich gibt es keinen Ausweg mehr. Ich kann die neuen furchtbaren Schläge, die ich kommen sehe, nicht von mir abwenden.

5 Ordschonikidse

Alles aber hat seine Grenzen. Meine Qualen haben das Äußerste erreicht. Meine Gesundheit ist zerrüttet, meine Kraft und Energie schwinden, das Ende rückt heran. In einem sowjetischen Gefängnis zu sterben, als gemeiner Verräter des Vaterlandes gebrandmarkt – was kann es für einen aufrechten Mann Furchtbareres geben? Und wie ungeheuerlich dies alles ist. Unermeßliche Bitterkeit erfüllt mein Herz. Nein! Nein! Dies wird nicht geschehen; das kann nicht sein – so rufe ich. Weder die Partei noch die Sowjetregierung, noch der Volkskommissar L. P. Berija werden diese grausame, nicht wiedergutzumachende Ungerechtigkeit zulassen. Ich bin fest überzeugt, daß es bei ruhiger, objektiver Prüfung, ohne üble Beleidigungen, ohne Zorn und ohne diese fürchterlichen Folterungen ein leichtes wäre, die Grundlosigkeit der Beschuldigungen zu beweisen. Ich glaube inständig, daß Wahrheit und Gerechtigkeit triumphieren werden. Ich glaube es. Ich glaube es.

Der Altbolschewik Genosse Kedrow wurde vom Militärsenat für unschuldig befunden. Aber trotzdem wurde er auf Berijas Befehl erschossen. *(Entrüstung im Saale)*

Berija hat auch die Familie des Genossen Ordschonikidse grausam behandelt. Warum? Weil Ordschonikidse versucht hatte, Berija an der Durchführung seiner abscheulichen Pläne zu hindern. Berija hat alle Personen, die ihm im Wege stehen konnten, beiseite geräumt. Ordschonikidse war stets ein Gegner Berijas gewesen, was er Stalin auch sagte. Aber anstatt diese Angelegenheit zu untersuchen und entsprechende Schritte einzuleiten, ließ Stalin es zu, daß Ordschonikidses Bruder liquidiert wurde, und er brachte Ordschonikidse selbst so weit, daß er sich erschoß. *(Entrüstung im Saal)* – Das war Berija.

Berija wurde vom Zentralkomitee der Partei kurz nach dem Tode Stalins entlarvt. Auf Grund dieses ganz besonders eingehenden Rechtsverfahrens wurde erwiesen, daß Berija ungeheuerliche Verbrechen begangen hatte, und Berija wurde erschossen.

Hier erhebt sich die Frage, warum Berija, der Zehntausende von Parteimitgliedern und Sowjetfunktionären liquidiert hatte, nicht zu Lebzeiten Stalins entlarvt wurde. Er wurde nicht früher entlarvt, weil er sehr geschickt Stalins Schwächen auszunutzen verstand; indem er Stalins Mißtrauen ständig neue Nahrung gab, half er ihm in allen Dingen und handelte mit Stalins Unterstützung.

Stalins Selbstverherrlichung

Genossen! Der Persönlichkeitskult nahm vor allem deshalb so ungeheuerliche Formen an, weil Stalin selbst mit allen denkbaren Methoden die Glorifizierung seiner Person unterstützte. Dies wird durch zahlreiche Tatsachen erhärtet. Eines der bezeichnendsten Beispiele für Stalins Selbstverherrlichung und für seinen Mangel an elementarster Bescheidenheit ist die Herausgabe seiner ‹*Kurzen Biographie*›, die 1948 erschien.

Dieses Buch ist Ausdruck der hemmungslosesten Beweihräucherung, ein Beispiel dafür, wie man einen Menschen zum Götzen macht, wie man ihn in einen unfehlbaren Weisen verwandelt – in den «größten Führer», in den «hervorragendsten Strategen aller Zeiten und Völker». Schließlich konnte man überhaupt keine anderen Worte mehr finden, um Stalin in den Himmel zu heben.

Wir brauchen hier keine Beispiele für die widerwärtigen Lobhudeleien zu geben, die dieses Buch füllen. Wir brauchen nur zu sagen, daß Stalin persönlich alles gebilligt, selbst redigiert und manches sogar eigenhändig in das Manuskript eingefügt hat.

Was hielt Stalin für so wesentlich, daß er es selbst in dieses Buch hineinschrieb? Wollte er den Eifer seiner Schmeichler ein wenig abkühlen, die seine ‹*Kurze Biographie*› zusammenstellten? Nein, er strich ausgerechnet jene Stellen an, wo seine Verdienste seiner Ansicht nach nicht genügend gerühmt wurden.

Hier sind einige charakteristische Beispiele für Stalins Verbesserungen, die er mit eigener Hand eingefügt hat:

> In diesem Kampf gegen die Skeptiker und Kapitulanten, die Trotzkisten, Sinowjewisten, Bucharinisten und Kamenjewisten wurde nach dem Tode Lenins der Führerkader der Partei endgültig zusammengeschweißt…, der das große Banner Lenins hochhielt, die Partei um Lenins Wort scharte und das Sowjetvolk auf die breite Bahn der Industrialisierung des Landes und der Kollektivisierung der Landwirtschaft führte. Führer dieses Kaders und leitende Kraft der Partei und des Staates war Genosse Stalin.

So schreibt Stalin selbst. Und dann fügt er hinzu:

> Obgleich er seine Aufgabe als Führer der Partei und des Volkes mit vollendeter Kunst meisterte und die uneingeschränkte Unterstützung des ganzen Sowjetvolkes genoß, ließ Stalin es niemals zu, daß seine Arbeit auch nur durch den leisesten Schatten von Eitelkeit, Hochmut oder Eigenlob beeinträchtigt wurde.

Wo und wann konnte ein führender Politiker sich selbst so loben? Ist das eines Führers marxistisch-leninistischen Typs würdig? Nein. Gerade dagegen haben sich Marx und Engels so entschieden verwahrt. Und auch Wladimir Iljitsch Lenin hat dies immer aufs schärfste verurteilt.

In dem Manuskript seiner Biographie taucht folgender Satz auf: «Stalin ist der Lenin unserer Tage.» Dieser Satz erschien Stalin zu schwach. So änderte er ihn eigenhändig um, so daß er nunmehr lautet: «Stalin ist der würdige Fortsetzer von Lenins Werk oder, wie es in unserer Partei heißt, Stalin ist der Lenin unserer Tage.» Da sehen Sie nun selbst: nicht das Volk sagte es, sondern Stalin.

Man könnte viele derartige selbstverherrlichende Urteile von Stalins eigener Hand in diesem Manuskript finden. Mit besonders großzügigem Lob bedachte er sein Feldherrngenie und seine strategische Begabung.

Ich möchte noch eine Einfügung Stalins zitieren, die sich auf das militärische Genie Stalins bezieht.

> Die fortschrittliche sowjetische Militärwissenschaft wurde – so schreibt er – in den Händen des Genossen Stalin weiterentwickelt. Genosse Stalin entwickelte die Theorie der permanent wirkenden Faktoren, die über den Ausgang der Kriege entschieden; der aktiven Verteidigung und der Gesetze von Gegenangriff und Angriff; des Zusammenwirkens sämtlicher Waffengattungen und Waffen in der modernen Kriegführung; der Rolle der großen Panzermassen und der Luftwaffe im modernen Krieg sowie der Artillerie als der wirkungsvollsten Waffengattung. In den verschiedenen Phasen des Krieges fand Stalins Genius die richtige Lösung, bei der alle Umstände der jeweiligen Lage in die Berechnungen einbezogen wurden.

(Bewegung im Saal)

Und weiter schreibt Stalin:

> Stalins militärische Meisterschaft zeigte sich sowohl in der Defensive als auch in der Offensive. Genosse Stalins Genie ermöglichte es ihm, die Pläne des Gegners vorauszusehen und zu durchkreuzen. Die Schlachten, in denen Genosse Stalin die sowjetischen Armeen führte, sind glänzende Beispiele operativer Führungskunst.

In dieser Weise wurde Stalin als Stratege gelobt. Wer aber tat dies? Stalin selbst, nicht in seiner Rolle als Stratege, sondern in der Rolle des Autors und Herausgebers, als einer der Hauptschöpfer seiner von Selbstlob triefenden Biographie.

Dies, Genossen, sind die Tatsachen. Wir sollten eher sagen: die beschämenden Tatsachen.

Und noch eine weitere Tatsache aus derselben ‹*Kurzen Biographie*› Stalins. Bekanntlich wurde der ‹*Kurze Lehrgang der Geschichte der KPdSU (B)*› von einer Kommission des Zentralkomitees der Partei verfaßt. Nebenbei gesagt ist auch dieses von einer besonders ausgewählten Autorengruppe verfaßte Buch vom Persönlichkeitskult durchsetzt. Diese Tatsache spiegelte sich in folgender Formulierung im Korrekturexemplar der ‹*Kurzen Biographie*› Stalins:

> Eine Kommission des ZK der KPdSU (B) hat unter Leitung des Genossen Stalin und mit seiner tatkräftigen persönlichen Beteiligung einen ‹*Kurzen Lehrgang der Geschichte der KPdSU (B)*› verfaßt.

Aber selbst diese Formulierung befriedigte Stalin nicht. An ihre Stelle trat in der endgültigen Fassung der ‹*Kurzen Biographie*› der folgende Satz:

> 1938 erschien das Buch ‹*Geschichte der Kommunistischen Partei (Bolschewiki), Kurzer Lehrgang*›, das von Stalin verfaßt und von einer Kommission des Zentralkomitees der KPdSU bestätigt wurde.

Braucht man dem noch etwas hinzuzufügen? *(Heiterkeit im Saale)*

Wie Sie sehen, verwandelte eine überraschende Metamorphose das von einer Gruppe von Genossen geschriebene Werk in ein von Stalin verfaßtes Buch. Man braucht nicht darzulegen, wie und warum diese Metamorphose erfolgte.

Nun erhebt sich die berechtigte Frage: Wenn Stalin der Verfasser dieses Buches ist, warum hatte er dann nötig, gerade die Person Stalins so sehr zu loben und die gesamte geschichtliche Entwicklung unserer glorreichen Kommunistischen Partei in der Periode nach der Oktoberrevolution lediglich in eine Aktion des «genialen Stalin» umzudeuten?

Spiegelt dieses Buch in zutreffender Weise die Anstrengungen der Partei bei der sozialistischen Umgestaltung des Landes, beim Aufbau der sozialistischen Gesellschaft bei der Industrialisierung und Kollektivisierung des Landes und alle anderen Maßnahmen der Partei, die unbeirrbar den von Lenin gewiesenen Weg weiterverfolgte? Dieses Buch spricht hauptsächlich von Stalin, von seinen Reden, von seinen Berichten. Alles ohne die geringste Ausnahme wird mit seinem Namen verknüpft.

Und wenn Stalin in eigener Person versichert, daß er den *‹Kurzen Lehrgang der Geschichte der KPdSU (B)›* selbst geschrieben habe, dann ist das zumindest höchst verwunderlich. Kann ein Marxist-Leninist derart über sich selbst schreiben, indem er seine eigene Person zum Himmel erhebt?

Oder greifen wir einmal die Stalinpreise auf. *(Bewegung im Saal)* Nicht einmal die Zaren stifteten Preise, denen sie ihren eigenen Namen gaben. Stalin wählte als besten Text für die sowjetische Nationalhymne ein Elaborat aus, das kein einziges Wort über die Kommunistische Partei enthält, dafür aber die folgende, beispiellose Lobpreisung Stalins:

«Stalin erzog uns in Treue zum Volk,
Er beflügelte uns zu großen Werken und Taten.»

In diesen Zeilen der Hymne wird die ganze erzieherische, leitende und anspornende Funktion der großen leninistischen Partei Stalin zugeschrieben. Das ist natürlich eine klare Abweichung vom Marxismus-Leninismus, eine klare Herabsetzung und Bagatellisierung der Rolle der Partei. Wir möchten zu Ihrer Unterrichtung hinzufügen, daß das Präsidium des Zentralkomitees bereits einen Beschluß über die Abfassung eines neuen Textes der Hymne gefaßt hat, der die Rolle des Volkes und die Rolle der Partei richtig wiedergibt. *(Starker, anhaltender Beifall)*

Und ist es ohne Stalins Wissen geschehen, daß viele der größten Betriebe und Städte nach ihm benannt wurden? Ist es ohne Stalins Wissen geschehen, daß überall im Lande Stalindenkmäler errichtet wurden – diese «Gedenksteine des Lebenden»? Es ist eine Tatsache, daß Stalin selbst am 2. Juli 1951 einen Beschluß des Ministerrats der UdSSR unterzeichnete, der die Errichtung eines eindrucksvollen Stalindenkmals am Wolga-Don-Kanal betraf. Am 4. September des gleichen Jahres ordnete er selbst die Bereitstellung von 33 Tonnen Kupfer für die Errichtung dieses imposanten Monuments an. Jeder, der in Stalingrad gewesen ist, muß die riesige Statue gesehen haben, die dort gebaut wird, und zwar an einer Stelle, die kaum besucht wird. Während damals die Bewohner dieser Gegend – seit Kriegsende – noch immer in Hütten lebten, wurden Unsummen für den Bau dieses Denkmals ausgegeben. Überlegen Sie selbst, ob Stalin recht hatte, als er in seiner Biographie schrieb, er habe niemals zugelassen, «daß seine Arbeit auch nur durch den leisesten Schatten von Eitelkeit, Hochmut oder Eigenlob beeinträchtigt wurde».

Gleichzeitig lieferte Stalin Beweise für seinen Mangel an Respekt für Lenins Gedächtnis. Es ist kein Zufall, daß ungeachtet des vor dreißig Jahren gefaßten Beschlusses, einen «Palast der Sowjets» als Denkmal für Wladimir Iljitsch zu bauen, dieser Palast niemals errichtet, seine Ausführung stets hinausgezögert und das Projekt schließlich gänzlich aufgegeben wurde.

Wir wollen auch nicht den Beschluß der Sowjetregierung vom 14. August 1925 vergessen, in dem die «Stiftung eines Leninpreises für erzieherische Arbeit» gefordert wurde. Dieser Beschluß wurde sogar in der Presse veröffentlicht, aber bis heute gibt es noch keinen Leninpreis. Auch das sollte geändert werden. *(Langanhaltender, tumultartiger Beifall)*

Zu Stalins Lebzeiten wurden mit den von mir erwähnten Methoden und durch Zitate aus Stalins ‹*Kurzer Biographie*› sämtliche Ereignisse so wiedergegeben, als habe Lenin – selbst während der Sozialistischen Oktoberrevolution – stets nur die sekundäre Rolle gespielt. In vielen Filmen und in vielen literarischen Werken wurde die Gestalt Lenins unrichtig dargestellt und in unzulässiger Weise herabgesetzt.

Mit Vorliebe sah sich Stalin den Film ‹*Das unvergeßliche Jahr 1919*› an, in welchem er auf den Stufen eines Panzerzuges gezeigt wird und den Feind praktisch mit blankem Säbel niederschlägt. Möge nur unser guter Freund Kliment Jefremowitsch[6] den nötigen Mut aufbringen und die Wahrheit über Stalin schreiben; denn wer weiß schon, wie Stalin gekämpft hat! Es wird eine schwierige Sache für den Genossen Woroschilow sein, aber es wäre ganz gut, wenn er es täte. Jedermann wird es ihm danken, das Volk und die Partei. Selbst seine Enkel würden ihm dafür noch dankbar sein. *(Langanhaltender Beifall)*

Bei der Behandlung der Oktoberrevolution und des Bürgerkrieges wurde der Eindruck erweckt, Stalin habe immer die Hauptrolle gespielt und Lenin bei jeder Gelegenheit instruiert, was und wie es zu tun sei. Dies ist jedoch eine Verleumdung Lenins. *(Langanhaltender Beifall)*

Ich gerate wahrscheinlich nicht mit der Wahrheit in Konflikt, wenn ich sage, daß 99 Prozent der hier Anwesenden vor 1924 wenig von Stalin gehört oder gewußt haben, während Lenin dagegen allen bekannt

6 Woroschilow

war. Er war der gesamten Partei, der gesamten Nation, den Kindern wie den Greisen bekannt. *(Tosender, langanhaltender Beifall)*

All dies muß gründlich revidiert werden, damit die Geschichte, die Literatur und die bildende Kunst die Rolle Lenins, die großen Leistungen unserer Kommunistischen Partei und des sowjetischen Volkes, des schöpferischen Volkes, im richtigen Lichte würdigen. *(Beifall)*

Verfehlte Agrarpolitik

Genossen! Der Persönlichkeitskult hat zur Anwendung falscher Prinzipien in der Parteiarbeit und in der Wirtschaft geführt; er hatte grobe Verstöße gegen die innerparteiliche und Sowjetdemokratie, steriles Administrieren, Abweichungen aller Art, Vertuschung von Fehlleistungen und Schönfärberei zur Folge. Unsere Nation brachte viele Schmeichler, Spezialisten für Zweckoptimismus und Augenwischerei hervor.

Wir sollten aber nicht vergessen, daß auf Grund der Verhaftung zahlreicher Partei-, Sowjet- und Wirtschaftsführer viele Funktionäre in ihrer Arbeit unsicher und übervorsichtig wurden, alle Neuerungen und schließlich ihren eigenen Schatten fürchteten und dadurch immer weniger Initiative entwickelten.

Nehmen wir zum Beispiel die Partei- und Regierungsbeschlüsse. Sie kamen ganz routinemäßig, oft ohne Berücksichtigung der konkreten Situation zustande. Das ging so weit, daß Parteifunktionäre selbst in den kleinsten Sitzungen ihre Reden ablasen. Daraus ergab sich für die Partei- und Regierungsarbeit die Gefahr des Formalismus und der Bürokratisierung des gesamten Apparats.

Stalins Lebensfremdheit und die Tatsache, daß er über die wahren Zustände in der Provinz nicht Bescheid wußte, ergibt sich auch aus seiner Landwirtschaftspolitik.

Jeder, der sich auch nur im geringsten um die innere Situation kümmerte, sah die Schwierigkeiten in der Landwirtschaft. Stalin aber sah sie nie. Haben wir Stalin informiert? Ja, das haben wir getan, aber er unterstützte uns nie. Warum? Weil Stalin niemals reiste, nie Arbeiter in den Städten oder auf den Kolchosen besuchte. Er war nie über die wahre Lage im Lande unterrichtet.

Er kannte das Land und die Landwirtschaft nur aus Filmen, und diese Filme waren frisiert und gaben ein rosiges Bild von der Lage in der Landwirtschaft.

In diesen Filmen über das Kolchosleben bogen sich die Tische vielfach unter der Last der Truthähne und Gänse. Offensichtlich glaubte Stalin, daß dies die Wirklichkeit sei.

Wladimir Iljitsch Lenin dagegen betrachtete das Leben anders; er war dem Volke immer nahe, empfing Bauerndelegationen und sprach oft auf

Betriebsversammlungen. Er pflegte auch in die Dörfer zu gehen und mit den Leuten zu reden.

Stalin schloß sich vom Volke ab und ging nirgendwo hin. Das war so jahrzehntelang. Zum letztenmal besuchte er im Januar 1928 eine Stadt, als er wegen der Getreideerfassung eine Sibirienreise unternahm. Woher konnte er also wissen, wie es im Lande aussah?

Als er einmal in einer Diskussion darauf aufmerksam gemacht wurde, daß die Lage auf dem Lande schwierig und daß es besonders schlecht um die Viehzucht und die Fleischproduktion bestellt sei, wurde eine Kommission gebildet und mit der Abfassung eines Beschlusses über «Wege zur Weiterentwicklung der Viehzucht auf den Kolchosen und Sowchosen» beauftragt. Wir machten einen entsprechenden Entwurf.

Natürlich berücksichtigten unsere damaligen Vorschläge noch nicht alle Möglichkeiten, aber wir zeigten Wege und Mittel auf, um die Viehzucht auf den Kolchosen und Sowchosen zu verbessern. Wir haben damals vorgeschlagen, die Preise für Agrarprodukte zu erhöhen, um den Kolchos-, Sowchos- und MTS-Arbeitern einen materiellen Anreiz für die Entwicklung der Viehzucht zu geben. Aber unser Entwurf wurde nicht akzeptiert, und im Februar 1953 wurde er endgültig zu den Akten gelegt.

Aber schlimmer noch: Als wir an diesem Projekt arbeiteten, schlug Stalin vor, die Steuern für die Kolchose und Kolchosbauern um 40 Milliarden Rubel zu erhöhen. Denn er war der Ansicht, es gehe der Landbevölkerung sehr gut und ein Kolchosarbeiter brauche nur ein Huhn mehr zu verkaufen, um seine Steuern bezahlen zu können.

Stellen Sie sich vor, was das heißt. 40 Milliarden Rubel sind eine Summe, die die Kolchosbauern für den Teil ihrer Produktion, den die Regierung erhielt, nicht bekamen. Im Jahre 1952 zum Beispiel haben die Kolchosen und Kolchosbauern für sämtliche an die Regierung gelieferten und verkauften Erzeugnisse nur 26,28 Milliarden Rubel erhalten.

Und stützte sich Stalin damals auf irgendwelche statistischen Unterlagen? Natürlich nicht.

In solchen Fällen interessierten ihn Tatsachen und Zahlen nicht. Wenn Stalin etwas sagte, dann war es eben so. Schließlich war er ein «Genie», und ein Genie braucht nicht zu rechnen, es braucht nur hinzusehen und kann sofort sagen, wie es gemacht werden muß. Wenn es seine Meinung kundtut, muß jeder sie wiederholen und diese Weisheit bewundern.

Aber welche Weisheit steckte in dem Vorschlag, die Steuern für die Landwirtschaft um 40 Milliarden Rubel zu erhöhen? Keine, absolut keine, weil der Vorschlag nicht auf einer sachlichen Beurteilung der Situation beruhte, sondern auf den phantastischen Ideen, die zwischen Oksa Jerson und der Wirklichkeit standen. Wir fangen jetzt langsam an, uns aus den Schwierigkeiten unserer Landwirtschaft herauszuarbeiten. Was einige der Delegierten auf dem XX. Parteitag gesagt haben, bereitet uns allen Freude; wir freuen uns darüber, daß viele Delegierte Reden halten, und darüber, daß in der Viehzucht gute Voraussetzungen für die Erfüllung des 6. Fünfjahresplans nicht in fünf, sondern in zwei oder drei Jahren gegeben sind. Wir sind sicher, daß die Aufgaben des neuen Fünfjahresplans erfolgreich erfüllt werden. *(Langanhaltender Beifall)*

Wie konnte das geschehen?

Genossen! Wenn wir heute den Persönlichkeitskult, der zu Stalins Lebzeiten so verbreitet war, scharf kritisieren und wenn wir über die vielen negativen Erscheinungen sprechen, die durch diesen Kult, der dem Geist des Marxismus-Leninismus so fremd ist, hervorgerufen wurden, mag mancher fragen: «Wie konnte das geschehen?» Stalin stand 30 Jahre lang an der Spitze der Partei und des Landes, und viele Siege wurden zu seinen Lebzeiten errungen. Können wir dies abstreiten? Meiner Meinung nach können so nur Leute fragen, die durch den Persönlichkeitskult hoffnungslos verblendet und hypnotisiert sind, die das Wesen der Revolution und des Sowjetstaates nicht begreifen und die Rolle der Partei und der Nation bei der Entwicklung der sowjetischen Gesellschaft nicht im Sinne Lenins erfassen.

Die sozialistische Revolution wurde von der Arbeiterklasse und der Dorfarmut mit teilweiser Unterstützung der Mittelbauern durchgeführt. Sie wurde vom Volke durchgeführt unter der Leitung der Bolschewistischen Partei. Lenins große Leistung bestand darin, daß er eine militante Partei der Arbeiterklasse schuf. Aber dazu besaß er das marxistische Verständnis der Gesetze der sozialen Entwicklung und war gewappnet mit der Wissenschaft vom Siege des Proletariats im Kampf gegen den Kapitalismus. Er härtete diese Partei im Feuer des revolutionären Kampfes der Volksmassen. In diesem Kampf verteidigte die Partei konsequent die Interessen des Volkes und führte die Massen als deren erfahrene Führerin zur Macht und zur Errichtung des ersten sozialistischen Staates.

Sie erinnern sich wohl der weisen Worte Lenins, daß der Sowjetstaat deshalb so stark ist, weil die Massen sich der Tatsache bewußt sind, daß die Geschichte von Millionen und aber Millionen von Menschen gemacht wird.

Unsere historischen Siege wurden errungen dank der organisatorischen Arbeit der Partei, ihrer vielen regionalen Gliederungen, und dank der aufopfernden Arbeit unseres großen Volkes. Diese Siege sind das Ergebnis des großen Arbeitselans des Volkes und der Partei in ihrer Gesamtheit. Sie sind keineswegs die Frucht der persönlichen Führung Stalins, wie es während der ganzen Periode des Persönlichkeitskults dargestellt wurde.

Wenn wir diese Angelegenheit als Marxisten-Leninisten betrachten, müssen wir eindeutig feststellen, daß die Führungspraxis, die sich in den letzten Lebensjahren Stalins herausgebildet hat, zu einem ernsthaften Hindernis auf dem Wege der sowjetischen Gesellschaftsentwicklung geworden ist.

Stalin ließ wichtige Probleme des Partei- und Staatslebens oft monatelang in der Schwebe, obwohl ihre Lösung eigentlich nicht aufgeschoben werden konnte. Während Stalins Herrschaft wurden unsere friedlichen Beziehungen zu anderen Nationen oftmals bedroht, weil sich aus den Einmannentscheidungen große Komplikationen ergeben konnten, was auch oft der Fall war.

Als es uns in den letzten Jahren gelang, uns von der nachteiligen Praxis des Persönlichkeitskultes zu befreien und als wir einige richtige Schritte auf innen- und außenpolitischem Gebiet unternahmen, konnte jedermann mit eigenen Augen sehen, wie die Aktivität, die schöpferische Aktivität der breiten werktätigen Massen, sich entfaltete, wie günstig sich all dies auf die wirtschaftliche und kulturelle Gesamtentwicklung auswirkte. *(Beifall)*

Manche Genossen mögen nun fragen: Wo waren die Mitglieder des Politbüros des Zentralkomitees? Warum setzten sie sich nicht rechtzeitig gegen den Persönlichkeitskult zur Wehr? Und warum tut man das erst jetzt?

Zunächst müssen wir bedenken, daß die Mitglieder des Politbüros diese Dinge zu verschiedenen Zeiten verschieden beurteilten. Anfangs gaben viele von ihnen Stalin tatkräftige Unterstützung, weil er einer der stärksten Marxisten war und mit seiner Logik, seiner Festigkeit und seinem Willen die Kader- und Parteiarbeit erheblich beeinflußte.

Es ist bekannt, daß Stalin nach Lenins Tod und insbesondere in den ersten Jahren danach aktiv für den Leninismus eintrat und ihn gegen die Feinde der leninistischen Lehre und gegen Abweichler verteidigte. Von Lenins Lehre ausgehend nahm die Partei, mit dem Zentralkomitee an der Spitze, auf breiter Basis die sozialistische Industrialisierung des Landes, die Kollektivisierung der Landwirtschaft und die kulturelle Revolution in Angriff. Zu jener Zeit gewann Stalin große Popularität, Sympathie und Unterstützung. Die Partei mußte gegen jene kämpfen, die das Land von dem richtigen leninistischen Wege abzubringen suchten; sie mußten gegen die Trotzkisten, Sinowjewisten, die Rechten und die bürgerlichen Nationalisten kämpfen. Dieser Kampf war unerläßlich. Später allerdings begann Stalin, seine Macht in zunehmendem Maße zu mißbrauchen, den Kampf auf hervorragende Partei- und Regierungsfunktionäre auszudehnen und mit Terrormaßnahmen vorzugehen. Wie wir bereits dargelegt haben, beseitigte Stalin auf diese Weise so hervorragende Männer der Partei und der Regierung wie Kossior, Rudsutak, Eiche, Postyschew und viele andere.

Wer versuchte, sich gegen grundlose Verdächtigungen und Anschuldigungen zur Wehr zu setzen, fiel den Repressalien zum Opfer. Ein typisches Beispiel hierfür bietet der Sturz des Genossen Postyschew.

Stalin brachte in einer seiner Reden seine Unzufriedenheit mit Postyschew zum Ausdruck und fragte ihn: «Was sind Sie eigentlich?»

Postyschew antwortete unmißverständlich: «Ich bin ein Bolschewik, Genosse Stalin, ein Bolschewik.»

Diese Entgegnung wurde zunächst als Respektlosigkeit gegenüber Stalin angesehen; später machte man daraus einen Schädlingsakt, der Postyschews Beseitigung und unbegründete Anprangerung als «Volksfeind» zur Folge hatte.

In der damaligen Situation habe ich mich oft mit Nikolaj Alexandrowitsch Bulganin unterhalten. Als wir einmal zu zweit im Auto fuhren, sagte er: «Es kann passieren, daß jemand einer Einladung Stalins als Freund Folge leistet; und wenn er dann mit Stalin zusammensitzt, dann weiß er nicht, ob er anschließend nach Hause oder ins Gefängnis geschickt wird.»

Es ist klar, daß solche Verhältnisse jedes Mitglied des Politbüros in eine sehr schwierige Situation brachten. Wenn wir dazu noch in Betracht ziehen, daß das ZK-Plenum in den letzten Jahren nicht mehr einberufen wurde und daß Politbüro-Sitzungen nur noch gelegentlich, von Zeit zu Zeit, stattfanden, dann wird verständlich, wie schwierig es für die Politbüro-Mitglieder war, sich gegen die eine oder andere ungerechte oder unkorrekte Maßnahme, gegen schwere Irrtümer und Unzulänglichkeiten in der Führungspraxis aufzulehnen.

Wie bereits dargelegt, wurden viele Entscheidungen entweder überhaupt nur von einer Person oder aber hintenherum und ohne Diskussion im Kollektiv getroffen. Das traurige Schicksal des Politbüro-Mitglieds Genossen Wosnessenskij, der ebenfalls den Repressalien Stalins zum Opfer fiel, ist allen bekannt. Es ist bezeichnend, daß der Beschluß über seine Ausstoßung aus dem Politbüro niemals diskutiert worden ist, sondern auf irreguläre Art zustande kam. Das gleiche gilt für den Beschluß über die Amtsenthebung Kusnezows und Rodionows.

Die Stellung des Politbüros des Zentralkomitees wurde geschwächt und seine Arbeit durch die Schaffung verschiedener Politbüroausschüsse – der sogenannten «Fünfer-», «Sechser-», «Siebener-» und «Neunerkommissionen» – desorganisiert. Hier sei als Beispiel ein Beschluß des Politbüros vom 3. Oktober 1946 angeführt:

Stalins Vorschlag:

1. Die Kommission für auswärtige Angelegenheiten des Politbüros («Sechserkommission») soll sich in Zukunft zusätzlich zu außenpolitischen Fragen auch mit Angelegenheiten des inneren Aufbaus und der Innenpolitik befassen.

2. Die Sechserkommission ist um den Vorsitzenden der Staatskommission für Wirtschaftsplanung der UdSSR, Genossen Wosnessenskij,

zu erweitern und soll fortan als Siebenerkommission bezeichnet werden.

gez. Der Sekretär des Zentralkomitees, J. Stalin.

Welch ein Kartenspielertrick! *(Gelächter im Saal)* Es ist klar, daß die Schaffung von Ausschüssen dieser Art innerhalb des Politbüros – der «Fünfer-», «Sechser-», «Siebener-» und «Neunerkommissionen» – gegen das Prinzip der kollektiven Führung verstieß. Dies führte dazu, daß einige Mitglieder des Politbüros von der Mitwirkung beim Zustandekommen wichtiger, den ganzen Staat betreffender Entscheidungen ausgeschlossen waren.

Eines der ältesten Mitglieder unserer Partei überhaupt, Kliment Jefremowitsch Woroschilow, befand sich in einer nachgerade unmöglichen Situation. Jahre hindurch hat man ihm praktisch das Recht auf Teilnahme an den Sitzungen des Politbüros vorenthalten. Stalin untersagte ihm die Teilnahme an den Tagungen des Politbüros und verwehrte ihm die Einsicht in die Unterlagen. Wenn das Politbüro tagte und Genosse Woroschilow davon erfuhr, rief er jedesmal an und fragte, ob ihm die Teilnahme gestattet sei. Manchmal gab Stalin die Erlaubnis, doch brachte er in solchen Fällen stets sein Mißfallen zum Ausdruck. Infolge seines übergroßen Argwohns spielte Stalin auch mit dem absurden und lächerlichen Verdacht, Woroschilow sei ein englischer Agent. *(Gelächter im Saal)* Sie hörten richtig – ein englischer Agent. Um seine Gespräche zu überwachen, wurde eine Abhöranlage in seine Wohnung eingebaut. *(Entrüstung im Saal)*

Stalin schloß auch noch ein anderes Mitglied durch eine eigenmächtige Entscheidung von der Mitarbeit im Politbüro aus: Andrej Andrejewitsch Andrejew. Dies war einer der hemmungslosesten Willkürakte.

Lassen Sie mich nun auf die erste Sitzung des Zentralkomitees nach dem XIX. Parteitag eingehen, als Stalin im Rahmen einer Charakterisierung Wjatscheslaw Michailowitsch Molotows und Anastas Iwanowitsch Mikojans andeutete, diese alten Parteiarbeiter hätten sich irgendwelcher, natürlicher frei erfundener Verfehlungen schuldig gemacht. Es ist nicht ausgeschlossen, daß die Genossen Molotow und Mikojan auf diesem Parteitag keine Reden mehr hätten halten können, wenn Stalin noch einige Monate länger am Ruder geblieben wäre.

Offensichtlich beabsichtigte Stalin, sich der alten Politbüro-Mitglieder zu entledigen. Er hat oft erklärt, daß die Mitglieder des Politbüros durch neue ersetzt werden sollten.

Als er nach dem XIX. Parteitag den Vorschlag machte, 25 Mitglieder für das ZK-Präsidium auszuwählen, zielte dies auf die Beseitigung alter Politbüro-Mitglieder und ihre Ersetzung durch weniger erfahrene Personen ab, die ihn auf jede Weise beweihräuchern sollten.

Es ist anzunehmen, daß er damit zugleich auf die spätere Vernichtung der alten Mitglieder des Politbüros hinarbeitete, um sämtliche von ihm begangenen schändlichen Handlungen zu kaschieren, jene Handlungen, mit denen wir uns heute befassen.

Genossen! Damit sich die in der Vergangenheit begangenen Irrtümer nicht wiederholen, hat sich das Zentralkomitee energisch gegen jeden Persönlichkeitskult ausgesprochen. Wir sind der Ansicht, daß Stalin in übertriebenem Maße herausgestellt wurde. Andererseits hat Stalin in der Vergangenheit der Partei, der Arbeiterklasse und der Internationalen Arbeiterbewegung zweifellos auch große Dienste geleistet.

Dieses Problem wird dadurch kompliziert, daß alles, was wir soeben erörtert haben, zu Lebzeiten Stalins unter seiner Führung und mit seiner Billigung geschah; Stalin war überzeugt, daß dies alles im Interesse der Verteidigung der Arbeiterklasse gegen die Anschläge der Feinde und gegen die Angriffe des imperialistischen Lagers notwendig gewesen sei. Er betrachtete diese Dinge unter dem Gesichtspunkt der Interessen der Arbeiterklasse, der Interessen der Werktätigen, des Sieges des Sozialismus und Kommunismus. Wir dürfen nicht sagen, daß dies etwa Handlungen eines vom Schwindel befallenen Despoten gewesen seien. Nach seiner Ansicht lagen diese Handlungen im Interesse der Partei, der werktätigen Massen, der Sicherung der Errungenschaften der Revolution. Das ist die eigentliche Tragödie.

Genossen! Lenin hat oft betont, daß Bescheidenheit ein unabdingbares Merkmal jedes echten Bolschewisten ist. Lenin selbst war die lebendige Verkörperung höchster Bescheidenheit. Wir können nicht sagen, daß wir diesem Beispiel Lenins in jeder Hinsicht gefolgt sind. Es genügt darauf hinzuweisen, daß zahlreiche Städte, Fabriken und Industriebetriebe, Kolchosen und Sowchosen, Sowjet- und Kulturinstitutionen, so als ob sie – mit Verlaub zu sagen – unser Eigentum wären, mit dem Namen dieses oder jenes führenden Regierungs- oder Parteifunktionärs bedacht wurden, der noch im Amte ist und sich bester Gesundheit erfreut. Viele von uns machten mit, wenn es galt, Städte, Rayons, Industriebetriebe und Kolchosen nach uns zu benennen. Das müssen wir abstellen. *(Beifall)*

Dies aber sollte langsam und in Ruhe gemacht werden. Das Zentralkomitee wird über diese Angelegenheit beraten und sie sorgfältig untersuchen, um Irrtümer und Überspitzungen zu vermeiden. Ich erinnere mich, wie es war, als die Ukrainer von der Verhaftung Kossiors hörten. Radio Kiew pflegte bis dahin seine Sendungen mit den Worten einzuleiten: «Hier ist Radio Kossior». Als eines Tages die Sendung ohne Erwähnung des Namens Kossior begann, war es für jedermann klar, daß mit Kossior etwas los war, daß man ihn wahrscheinlich verhaftet habe.

Wenn wir uns also heute daranmachen würden, überall die Bezeichnungen und Namen zu entfernen oder zu ändern, würden die Leute denken, diesen Genossen, denen zu Ehren die betreffenden Werke, Kolchosen oder Städte benannt wurden, sei das gleiche Unheil widerfahren und wir hätten sie verhaftet. *(Heiterkeit im Saal)*

Wonach beurteilt man Prestige und Bedeutung eines führenden Mannes? Danach wie viele Städte, Industriewerke und Fabriken, Kolchosen und Sowchosen seinen Namen tragen. Ist es nicht allmählich an der Zeit, daß wir diesen «Privatbesitz» abschaffen und die entsprechenden Fabriken, Industriewerke, Kolchosen und Sowchosen «verstaatlichen»? *(Gelächter, Beifall, Zwischenrufe: «Richtig»)* Das wird unserer Sache nur dienlich sein. Schließlich ist auch dies ein Ausdruck des Persönlichkeitskults.

Wir sollten die Frage des Persönlichkeitskults mit größtem Ernst prüfen. Wir können diese Angelegenheit nicht aus den Reihen der Partei hinaus, vor allem nicht in die Presse dringen lassen. Aus diesem Grunde behandeln wir sie hier auf einer geschlossenen Sitzung des Parteitages. Wir müssen die Grenzen kennen; wir dürfen dem Feind keine Munition liefern; wir dürfen unsere schmutzige Wäsche nicht vor seinen Augen waschen. Ich denke, die Delegierten des Parteitags werden alle diese Vorschläge verstehen und richtig beurteilen. *(Tosender Beifall)*

Genossen: Wir müssen den Persönlichkeitskult entschlossen abschaffen, ein für allemal; wir müssen die entsprechenden Konsequenzen ziehen, und zwar sowohl hinsichtlich der ideologisch-theoretischen als auch der praktischen Arbeit.

Dies ist aus folgenden Gründen nötig:

Erstens müssen wir den Persönlichkeitskult als echte Bolschewisten verurteilen und mit der Wurzel ausrotten, weil er dem Marxismus-Leninismus fremd ist und im Widerspruch zu den Grundsätzen der Parteiführung und den Normen des Parteilebens steht, und wir müssen alle Versuche, diese Praktiken auf die eine oder andere Art wieder einzuführen, unerbittlich bekämpfen.

Wir müssen in unserer gesamten ideologischen Arbeit zu den wichtigsten Thesen der marxistisch-leninistischen Wissenschaft vom Volk als der bewegenden Kraft der Geschichte und dem Schöpfer aller materiellen und geistigen Güter der Menschheit, von der entscheidenden Rolle der marxistischen Partei im revolutionären Kampf für die Umwandlung der Gesellschaft, vom Siege des Kommunismus zurückkehren und sie in die Praxis umsetzen.

Was dies anbelangt, so werden wir viel tun müssen, um die mit dem Persönlichkeitskult verbundenen weitverbreiteten irrigen Ansichten in der Geschichtsschreibung, der Philosophie, der Volkswirtschaft und anderer Wissenschaften sowie in der Literatur und der bildenden Kunst vom marxistisch-leninistischen Standpunkt kritisch zu untersuchen und richtigzustellen. Vor allem ist es nötig, daß wir bereits in allernächster Zukunft ein ernst zu nehmendes Lehrbuch über die Geschichte unserer Partei auszuarbeiten, das mit wissenschaftlich-marxistischer Objektivität verfaßt ist, ein Lehrbuch über die Entwicklung der sowjetischen Gesellschaft, ein Buch, das den Ereignissen des Bürgerkrieges und des großen vaterländischen Krieges gerecht wird.

Zweitens müssen wir systematisch und konsequent die Arbeit fortführen, die das Zentralkomitee der Partei in den letzten Jahren geleistet hat, eine Arbeit, die sich durch die genaueste Beachtung der leninistischen Grundsätze der Parteiführung in sämtlichen Parteiorganisationen, von den Grundeinheiten bis zur Spitze auszeichnet, vor allem aber durch Befolgung des wichtigsten Grundsatzes der kollektiven Führung, durch die Beachtung der in den Parteistatuten festgelegten Normen des Parteilebens sowie schließlich durch umfassende Kritik und Selbstkritik.

Drittens müssen wir den leninistischen Grundsätzen der sowjetisch-sozialistischen Demokratie, wie sie in der Verfassung der Sowjetunion niedergelegt sind, wieder volle Geltung verschaffen und die Willkür einzelner Personen bekämpfen, die ihre Macht mißbrauchen. Die üblen Folgen aller Verstöße gegen die revolutionäre sozialistische Gesetzlichkeit, die sich im Laufe der Jahre infolge des schädlichen Einflusses des Persönlichkeitskults häuften, müssen restlos beseitigt werden.

Genossen! Der XX. Parteitag der KPdSU war ein erneuter und kraftvoller Beweis für die unerschütterliche Einheit unserer Partei, ihrer Verbundenheit mit dem Zentralkomitee, ihres entschlossenen Willens, die große Aufgabe des Aufbaus des Kommunismus zu vollbringen. *(Tosender Beifall)* Die Tatsache, daß wir die Grundprobleme der Überwindung des dem Marxismus-Leninismus fremden Persönlichkeitskults in all ihren Verästelungen und dazu das Problem der Liquidierung seiner lästigen Folgen dargelegt haben, ist ebenfalls ein Beweis für die große moralische und politische Kraft unserer Partei. *(Langanhaltender Beifall)*

Wir sind zutiefst überzeugt, daß unsere Partei mit dem Rüstzeug der historisch bedeutsamen Beschlüsse des XX. Parteitags das Sowjetvolk auf dem Wege Lenins zu neuen Erfolgen, zu neuen Siegen führen wird. *(Donnernder, anhaltender Beifall)*

Lang lebe das siegreiche Banner unserer Partei – der Leninismus! *(Donnernder, langanhaltender, in stürmische Ovationen übergehender Beifall. Alle erheben sich von den Plätzen)*[7]

7 In «Daily Mail», London, 22. 5. 1956, berichtet P. Sergeant aus Moskau: «Nach seiner Rede wurde Chruschtschow ein Zettel hinaufgereicht, auf dem geschrieben stand: ‹Was tatest Du, als Stalin diese Verbrechen beging?› – Chruschtschow las die Frage vor und sagte: ‹Ich bitte den Fragesteller aufzustehen.› Niemand rührte sich. ‹Das›, sagte Chruschtschow, ‹ist genau das, was ich getan habe, während Stalin an der Macht war.›»

Zeittafel

(Wichtige Ereignisse der sowjetischen Geschichte in Kursivdruck)

1894 17. April – Nikita Sergejewitsch Chruschtschow wird als Sohn eines Gruben- und Landarbeiters in dem Dorf Kalinowka, Provinz Kursk, geboren. In seiner frühen Jugend Dorfhirte.

1909 Die Familie siedelt nach Jusowka (später Stalino, heute Donezk) im ukrainischen Donezbecken über, wo der Vater im Bergwerk arbeitet. Nikita lernt Maschinenschlosser und Monteur und arbeitet in verschiedenen Fabriken und im Bergbau.

1917 *25. Oktober (7. November nach dem neuen Kalender) – bolschewistische Oktoberrevolution.*

1918 Eintritt in die Kommunistische Partei der Bolschewiki.

1919 In der Roten Armee: Teilnahme am Bürgerkrieg und Wahrnehmung von Parteiaufgaben bei der Truppe.

1921 Chruschtschows erste Frau, Galina, stirbt während der Hungersnot.

1922 Wieder in Jusowka. Chruschtschow wird stellvertretender Leiter einer Grube und studiert an der Arbeiterfakultät.

1923 Chruschtschow wird mit Parteiaufgaben an der Arbeiterfakultät beauftragt.

1924 *21. Januar – Tod Lenins.*
Betätigung in der Parteiorganisation von Jusowka.
Heirat mit Nina Petrowna.

1925 Parteisekretär des Bezirks Petrowsko-Marinsk, Gebiet Stalino. Teilnahme am XIV. Parteitag der KPdSU (B) in Moskau als beratender Delegierter. Erster persönlicher Eindruck von Stalin.

1926 Erste protokollierte Rede Chruschtschows auf einer ukrainischen Parteikonferenz in Charkow.

1927 Stimmberechtigter Delegierter für den XV. Parteitag der KPdSU (B) in Moskau. Beförderung in den Parteiapparat des Gebiets Stalino.

1928 *Beginn der Zwangskollektivierung.*
Beförderung zum Stellvertretenden Leiter der Organisationsabteilung des Ukrainischen ZK in Charkow, der damaligen Hauptstadt der Ukraine. Versetzung nach Kiew als Leiter der dortigen Organisationsabteilung.

1929/1930 Studium an der Stalin-Industrieakademie in Moskau. Sekretär der Parteiorganisation an der Akademie und damit Beginn der Parteiarbeit in der Hauptstadt. Zusammenarbeit mit Nadjeschda Sergejewna Allilujewa, der Frau Stalins. Chruschtschow engagiert sich gegen die «Rechts»-opposition und erregt Stalins Aufmerksamkeit.

1931 Übernahme verantwortlicher Parteiarbeit in der Hauptstadt. Als Verfechter der stalinschen Parteilinie wird Chruschtschow Erster Sekretär des Moskauer Baumann-Bezirks.

Sechs Monate später Beförderung zum Ersten Parteisekretär des Industriebezirks Krasnaja Presnja, des führenden Parteibezirks von Moskau.

1932 Zweiter Sekretär des Stadtparteikomitees von Moskau. Abgang von der Industrieakademie ohne Examen.

9. November – Stalins Frau Nadjeschda nimmt sich das Leben.

1933 Zweiter Sekretär des Gebietsparteikomitees von Moskau.

Chruschtschow ist maßgeblich am Bau der Moskauer Untergrundbahn beteiligt und wird dafür mit seinem ersten Leninorden ausgezeichnet.

1934 *Januar – XVII. Parteitag «der Sieger»: Stalin hat die Opposition an die Wand gedrückt.*

Chruschtschow wird auf dem Parteitag in das Zentralkomitee der KPdSU (B) gewählt.

1. Dezember – Kirow ermordet: Auftakt zu den Säuberungen und der Terrorherrschaft Stalins.

1935 Erster Sekretär des Stadt- und des Gebietskomitees von Moskau.

1935/1938 *Die Jahre der blutigen Säuberungen und der Schauprozesse.* Chruschtschow genießt das volle Vertrauen Stalins und unterstützt generell die Politik des Diktators.

1938 Erster Sekretär des Zentralkomitees der Ukrainischen KP und Kandidat des Moskauer Politbüros: unter Chruschtschow wird auch die Ukraine von «Parteifeinden» gesäubert.

1939 Vollmitglied des Politbüros.

23. August – Hitler-Stalin-Pakt.

1940 Als Parteichef der Ukraine beaufsichtigt Chruschtschow die Einverleibung der polnischen Ukraine in die Sowjetunion.

1941 *22. Juni – der deutsche Überfall auf die Sowjetunion.*

1941/1943 Als Vertreter des Politbüros und Mitglied des Militärrats an verschiedenen Fronten. Als politischer Berater der Frontkommandeure hat Chruschtschow zuletzt den Rang eines Generalleutnants.

Chruschtschows Sohn Leonid (aus erster Ehe) fällt als Flieger an der Front.

1944 Vorsitzender des ukrainischen Rates der Volkskommissare (Regierungschef) und weiterhin Erster Parteisekretär der Ukraine.

1945 Leiter einer Expertenkommission, die den Polen beim Wiederaufbau Warschaus hilft.

1947 Der erste schwere Rückschlag in der Karriere Chruschtschows: er wird als Parteichef der Ukraine abgelöst, bleibt aber Regierungschef dieser Sowjetrepublik. Lebensgefährlich an Lungenentzündung erkrankt.

1948 *Stalin bricht mit Tito.*
Chruschtschow wird wieder in sein Parteiamt in der Ukraine eingesetzt.

1949 *Säuberung in Leningrad: die «Leningrader Affäre».*
Dezember – Chruschtschow wird – von Stalin nach Moskau zurückgerufen – wieder Erster Sekretär des Stadt- und des Gebietsparteikomitees der Hauptstadt, ferner Sekretär des ZK mit der Verantwortung für die Moskauer Parteiorganisation.

1950/1951 Mißglücktes Debüt als oberster sowjetischer Landwirtschaftsexperte.

1950 *Ausbruch des Korea-Krieges. Verhärtung der Fronten im Kalten Krieg zwischen Ost und West.*

1952 Chruschtschow referiert auf dem XIX. Parteitag über die Reform der Parteistatuten.

1953 *Januar – die «Ärzte-Verschwörung».*
5. März – Tod Stalins. Malenkow wird Ministerpräsident und erster Mann im Parteipräsidium.
Chruschtschow an fünfter Stelle in der neuen «kollektiven Führung», hinter Malenkow, Berija, Molotow und Woroschilow.
17. Juni – Aufstand in Ostberlin und in der DDR.
Juli – Berija verhaftet und im Dezember erschossen.
September – Chruschtschow wird formell der Erste Sekretär des Zentralkomitees der KPdSU.

1954 Chruschtschow reist an der Spitze einer Regierungsdelegation zu Verhandlungen mit Mao Tse-tung nach Peking.
Beginn der Neulandkampagne, eines Lieblingsprojekts des Parteichefs.

1955 *Februar – Bulganin wird Ministerpräsident.*
Mai/Juni – Chruschtschow reist mit Bulganin nach Belgrad zur Aussöhnung mit Tito.
Gipfelkonferenz in Genf. Reise nach Indien.
September – Adenauer in Moskau; Chruschtschow führend an den Verhandlungen beteiligt.

1956 25. Februar – Chruschtschow hält die «Geheimrede» vor dem XX. Parteitag: *Beginn der Entstalinisierung.*
April – Reise mit Bulganin nach London.
Unruhen in Polen; Chruschtschow interveniert persönlich in Warschau; *Aufstand in Ungarn.*

1957 Gegen die Widerstände der Wirtschaftsexperten dezentralisiert der Parteichef die Industrie.
Juni – Chruschtschow entmachtet seine Opponenten; mit Hilfe Marschall Schukows läßt er die ZK-Mitglieder aus allen Teilen der Sowjetunion nach Moskau fliegen. Malenkow, Kaganowitsch und Molotow als «Parteifeinde» aus dem Parteipräsidium und dem Zentralkomitee ausgestoßen. Ihre Anhänger werden in der Folge ebenfalls politisch kaltgestellt.
Oktober – Schukow wegen Selbstherrlichkeit aus dem Parteipräsidium und dem Zentralkomitee ausgestoßen und als Verteidigungsminister entlassen.
Oktober – der erste Erdsatellit.
November – 1. Welttreffen der Kommunistischen Parteien; Mao Tse-tung nimmt teil.

1958 März – Chruschtschow übernimmt auch das Amt des Ministerpräsidenten; Bulganin wird kaltgestellt.
November – Chruschtschows Berlin-Ultimatum.

1959 September – Chruschtschow in den USA; mit Eisenhower in Camp David; anschließend noch einmal inoffiziell in China.
Mißernte im Neulandgebiet.
Beginn des sowjetisch-chinesischen Schismas.

1960 März – offizieller Besuch in Frankreich.
1. Mai – U-2-Zwischenfall, Chruschtschow läßt Pariser Gipfeltreffen scheitern.
Juni – Bruch mit Albanien, der aber noch geheimgehalten wird.
Oktober – Chruschtschow brüskiert die UNO-Vollversammlung, schlägt mit dem Schuh auf den Tisch.
November – 2. Welttreffen der Kommunistischen Parteien in Moskau.

1961 *April – Jurij Gagarin als erster Mensch im Weltall.*
Juli – Treffen mit Kennedy in Wien.
13. August – Bau der Mauer in Berlin.
Oktober – XXII. Parteitag; Chruschtschow auf dem Höhepunkt seiner innenpolitischen Macht. Er berichtet öffentlich von den Verbrechen Stalins und läßt Stalins Leichnam von der Seite Lenins aus dem Mausoleum entfernen. Albanien offen attakiert.
Der Konflikt mit China wird von jetzt an immer heftiger in aller Öffentlichkeit ausgetragen.

1962 *Oktober – die Kuba-Krise.*

1963 Maßregelung der Schriftsteller und Künstler.
August – Atomteststop-Abkommen in Moskau unterzeichnet.
Mißernte. Abbruch von Gesprächen mit Peking.

1964 13. April – Vier Tage vor dem 70. Geburtstag Chruschtschows erregt eine von der Deutschen Presse-Agentur verbreitete Blitz-

meldung vom Tode Chruschtschows weltweites Aufsehen. Die Urheber der Falschmeldung konnten bis heute nicht ermittelt werden.
Mai – triumphale Reise nach Ägypten.
Juni – Freundschafts- und Beistandspakt mit der DDR für zwanzig Jahre.
Besuch in Skandinavien.
Juli – Chruschtschow schickt eigenmächtig seinen Schwiegersohn Alexej Adschubej, Chefredakteur der ‹Iswestija›, auf Erkundungsfahrt nach der Bundesrepublik Deutschland; der Partei- und Regierungschef plant einen Besuch in Bonn schon im Oktober 1964.
Chruschtschow forciert gegen Widerstände anderer Parteien ein neues weltweites Kommunistentreffen; es soll China in aller Form ächten.
14. Oktober – Chruschtschow wird als Partei- und Regierungschef gestürzt und scheidet auch aus dem Parteipräsidium aus. Das amtliche Kommuniqué verweist auf sein fortgeschrittenes Alter und seinen schlechten Gesundheitszustand. Erst sechs Jahre später wird eine neue amtliche Version des Sturzes postuliert. In der «Geschichte der KPdSU» heißt es nun, Chruschtschow sei wegen seiner Irrtümer und Fehleinschätzungen scharf kritisiert worden und habe daraufhin um Entbindung von seinen Ämtern gebeten.

Personenregister

Stalin/Churchill
Die unheilige Allianz

Stalins Briefwechsel mit Churchill 1941-1945

Mit einer Einleitung und Erläuterungen zum Text von Manfred Rexin. Redaktion der deutschen Fassung: Gerhard Schoenberner. Mit Zeittafel und Register. RP Band 34. 8. Tausend. 480 Seiten

Diese Chronik einer politischen Vernunftehe ist ein Beitrag zur jüngsten Geschichte, wie er aufregender nicht gedacht werden kann. Weil man hier Zeugnisse eines Geschichtsabschnittes verfolgt, dessen unmittelbare Folgen wir täglich erleben, ist der Band von eminenter Bedeutung. Durch diesen Briefwechsel wird unter anderem deutlich, daß es Churchill war, der die Oder-Neiße-Linie vorschlug und für sinnvoll hielt, indessen Stalin den Warschauer Aufstand von eineinhalb Nazidivisionen niederkämpfen ließ, obwohl seine Truppen das Massaker vom anderen Ufer der Weichsel beobachten konnten.

Bücherkommentare, Freiburg: «Eine ungemein faszinierende Lektüre, die nicht allein das damalige Kriegsgeschehen in seiner Quintessenz widerspiegelt, sondern auch die in Osteuropa lokalisierte Vorgeschichte des gegenwärtigen Ost-West-Konflikts. Für den Zeitgeschichtler ist der Dokumentenband ein überaus wichtiges Quellenwerk, das den in der Nachkriegszeit herausgegebenen großen Dokumentensammlungen über die Außenpolitik der Weltmächte zur Seite gestellt werden kann. Kein politisch Interessierter sollte an diesem Buch vorbeigehen, das auch durch seine knappen, doch abgewogenen Kommentare zu den einzelnen Abschnitten der Sammlung und durch andere Erläuterungen dem Leser einen tiefen Einblick in die sowjetisch-britische Kriegsallianz vermittelt.»